珍藏本
纪念版

汉译世界学术名著丛书

耶稣传

第二卷

〔德〕大卫·弗里德里希·施特劳斯 著

吴永泉 译

2017 年·北京

目　录

第二卷　耶稣神话故事的形成和发展

第　二　卷

耶稣神话故事的形成和发展

第二卷 耶稣神话故事的形成和发展

51. 排列组合

在第一卷里，我们已经对耶稣的真实生平描绘出一个大概的 3
轮廓。我们力图使不仅在时间上距离我们如此遥远，而且主要还是通过一种非常混浊不清，又以其独特方式进行折光的媒介所观察到的人物形象，尽可能地易于被我们所理解。现在我们将进而就这个媒介本身进行一番分析，这就是说，分析出从其中所看到的假象[1]，并说明它们是在怎样的条件下产生的。

为了作出这种说明，我们可以采取几种不同的排列组合方法。既可以将四部福音书的每一部，按其所描绘的基督教思想的发展阶段，指明教会在该时代曾作过某些努力，假定过某些教条主义原则，因而耶稣生平也就必然会被描绘成某种情况；或者，考虑到前三福音书彼此间的密切关系，以及它们的不同倾向性之间的复杂联系，又可以将其合并起来，同第四福音书进行对比，根据它们各自的起源，先阐明共观福音书的神话范围，然后再阐明约翰福音书的神话范围。这样一来，在前一种情况下，我们就必须对耶稣生平

---

① 假象，德文为 Scheinbilder，英译本译成 images，歪曲了原意，以致整个句子很难理解，中译本有许多地方同英译有出入，大多由于这类缘故，恕不一一列举。——译者

作四次考察，在后一种情况下，至少也必须作两次考察。第一种方
4 法肯定会流于繁琐，第二种方法，又难免有武断之嫌。尽管共观福
音书同约翰福音书在思想上有很多不同之处，但它们之间也有最
紧密的联系，无论是在个别叙述方面或所有基本原则方面，它们之
间的关系就像最高级与比较级和原级之间的关系一样。因此，一
个以使福音书成为可理解的文学和历史作品为其最高任务的批判
主义，可能认为，将每一部福音书分别加以研究，并有联系地阐明
其所描述的耶稣生平的做法是适当的。我们的最终目的就是回答
这样一个问题：福音书的记述是不是关于耶稣生平的历史性报道；
如果不是的话，有什么其他方法可以采取。我们并不完全按照其
各别的记述，而是按照各自的类别，例如，关于家谱、生育、洗礼、耶
稣的神迹等记述，对其在所有四福音书中的发展加以研究，在这样
做的同时，我们将尽可能以耶稣生平的时间顺序为线索。

第一部分的材料很自然的就是：耶稣神话故事的来历；一方面包括先锋出身的记述，另一方面也包括先锋的引见、洗礼的历史，以及与之不可分割的试探。

第一章　耶稣神话故事的早期历史 5

52. 划分

展现在我们面前，以福音书记载的形式出现的耶稣的全部早期历史，以其关于耶稣家住拿撒勒，后来同施洗约翰的关系，他本人的名字以及他父母的名字的记述都具有历史性为先决条件。这是从新信仰的一个简单论点发展起来的，那就是：耶稣就是弥赛亚。

489

耶稣是弥赛亚，也就是说：他是大卫的子孙，是上帝的儿子，是第二个摩西，是他的人民以及人类中凡信仰他的人的最终的、伟大的救主。

他是大卫的子孙，也就是说，第一，他出身于大卫家族。人们力图从各个不同方面和不同观点，对此加以证明，因而产生了马太福音书和路加福音书的两个家谱。他是大卫的子孙，第二点，也就是说，他出生于大卫城。但由于他是众所周知的“拿撒勒人”，一个福音书的作者就运用一种特殊的手法，把耶稣的父母从拿撒勒带出来，而另一个福音书作者则把他们从伯利恒带到拿撒勒去。他是大卫的子孙，第三点，就是说他像大卫一样，被一位先知涂了膏油，由于被涂了膏油，他就被圣灵充满，为执行他的崇高使命而作好了准备[①]。

作为弥赛亚，按最严格的意义来说，耶稣也是上帝的儿子。这就意味着，从第一和第三福音书作者的观点看来，耶稣是没有父亲的合作，由圣灵在他母亲胎中生成的，是由天使宣告并受到天使欢
6 迎的。从第四福音书作者的观点看来，这意味着耶稣是由上帝的创世之道成为肉身的。同这种尊贵地位比较起来，不仅大卫后裔和由大卫城出生，就连天使在牧野宣告其诞生，也都显得渺小而无足轻重了[②]。

最后，作为弥赛亚，耶稣还是第二个摩西，也就是说，他像头一个拯救者一样，曾神迹般地从威胁他婴儿时期的危险中保存下来。摩西书中所应许的出于雅各的星[③]已经在他诞生的时候出现，从示巴带来礼物的人已经向婴儿弥赛亚致敬。第二个摩西，像第一个摩西和撒母耳一样，还在儿童时代就献身给他的崇高事业，成了学者的导师。最后，他经受住了试探的诱惑，而在摩西领导下的人民却向试探屈服了。就这样，他证明了自己是复兴者和重建者。

---

① 准备，德文为 Ausgerüstet，有配备齐全和武装起来的意思。——译者

② 除了“大卫的子孙”和“上帝的儿子”以外，还可加上但以理书里的“人子”这个称呼。正如从弥赛亚是大卫子孙的概念产生了耶稣的两个家谱和耶稣诞生于伯利恒的故事，从弥赛亚是上帝的儿子的概念产生了耶稣的超自然诞生一样，从耶稣自选的称呼“人子”，根据但以理书这段话（见《但以理书》第 7 章第 13 节。——译者），也产生了人们经常谈起的耶稣还要驾云再来之类的话。请参看《耶稣传》第一卷第 39 节（按这段脚注英译者漏译，兹根据德文原著《耶稣传》第二卷第 6 页补上。——译者）。

③ 请参看《诗篇》第 72 篇第 10 节。——译者

第一组神话　耶稣是大卫的子孙

I. 作为弥赛亚，耶稣出身于大卫家族。两个家谱

53.

关于耶稣是大卫后裔这个问题，在他的同胞（指犹太人——译者）看起来，如果他是弥赛亚，那就必须证明他是大卫的后裔（《约翰福音》第7章第42节；《罗马书》第1章第3节）。这项工作，由于相反的两种情况是容易实现的。一方面是大卫的家谱，无论是从下向上或从上向下，都是人所共知的，而另一方面，耶稣的家谱都毫无疑问，无人知晓。

491

任何人都可以从一直到被掳时期为止的犹太王世系表中看到 7
大卫的家系。从《历代志上》的引言部分可以看出直到被掳归回的人民领袖所罗巴伯及其近裔的系谱表。当然，一个是大卫后裔的人同时也就是全民族族祖亚伯拉罕的后裔。但由于弥赛亚不仅是大卫的后裔，他也是应许给亚伯拉罕，世上万民将因之得福的亚伯拉罕的后裔（《创世记》第22章第18节；《加拉太书》第3章第16节[1]），因此，将大卫的家谱上溯到亚伯拉罕看来是适当的，这已经部分地包含在《创世记》里，部分地包含在那本小书《路得记》末尾

---

[1] 英译本说是第8章第15节，但按中文及英文圣经以及德文原著都应是第16节。——译者

和《历代志》的引言里了。而且，如果想从亚伯拉罕再上溯到第一个被造之人亚当，那也没有什么困难。所缺的部分可从《创世记》第 5 章和第 11 章里找到。还可以从《历代志》的引言部分里找到。

所以，《旧约》里的这条家谱线，从亚当一直到所罗巴伯及其近裔，到这里就中断了。比所应该有的还差约五百年。如果要把它作为耶稣的家谱的话，那就需要再补上这么多年才行。这有两种方法可以做到；当然，最好是能有原始记录证明，把耶稣家系上溯到那个时候。但不得不承认，很少可能做到这个地步。我们甚至不需要有尤里乌斯·阿非利加奴斯的资料说希律因耻于自己出身
8 微贱，把所有犹太人的家谱都毁了①才能看出首先由于马其顿统治的急风暴雨时期，接着又是马克比家族的统治时期，最后是罗马帝国统治的初期，像加利利木匠这样一个微贱的家庭，能够把家谱追溯得这么远是极其可疑的。可以相信，在基督教会兴起以后的一个较晚时期，正如同一尤里乌斯·阿非利加奴斯告诉我们的那样，"主"的亲属们就忙着整理他们的家谱了。这种努力，肯定还得到了教会其他成员的协助，我们在《马太福音》(第 1 章第 1—17 节)和《路加福音》(第 3 章第 23—38 节)所看到的两个家谱，可以认为就是这样产生的。但这些作者用全然不同的名字填补上面所说的空白这一事实，证实了我们的猜想，即他们并没有掌握可资利用的原始记录，而是倚靠了他们自己的臆测和猜想。耶稣的家系赖以连贯的所罗巴伯的儿子，马太称之为亚比玉，路利则称之为利撒(这两个名字都和《历代志上》第 3 章不同)，而耶稣借以被认为

① 引自尤西比乌斯:《教会历史》I,7,13。

是所罗巴伯和大卫后裔的约瑟的父亲，马太称之为雅各，路加却称之为希里。在这两者之间，不仅人的名称不同，世代的数目也不同。在《马太福音》里，包括所罗巴伯不包括约瑟在内，一共是十代，但在《路加福音》里则几乎增加了一倍，成了十九代。

正如我们已经说过的，既然两个家谱的作者都不得不靠他们自己的发明创造去填补空白，而且他们两人中的任何一人都不知道另一个人在怎么干，这种歧异就是很自然的了。但即使路加家谱的作者熟悉马太的家谱，他也很可能有其自己的理由不愿与马太相同，因为甚至在从大卫到所罗巴伯的代数上他也和马太不同。其实，两个家谱的作者都有《旧约》在他们面前可供参考。耶稣的家世在《马太福音》里从大卫往下是通过所罗门及人所熟知的犹太列王，而路加则是从大卫诸子中挑选了拿单。《历代志上》第 3 章第 5 节在所罗门之前提到了拿单的名字，但在《旧约》却没有一处提到过他的后裔。因此，路加家谱的编者既然在别处找不到这些名字，就不得不自己来创造发明了。他之所以和《旧约》里记载的王家谱系的名称不同，可能有几种不同的原因。当然，并不是因为在他看来，这些名字对基督来说是太高贵、太好了，而一定是因为，从某一方面来说，是太卑鄙、太不足取了。人们都熟知，像世代相传的朝代常有的情况那样，大卫王朝在较晚时期也堕落了。关于这个朝代的最后一个苗裔，被掳到巴比伦去的耶哥尼雅(Jechoniah)或约雅斤(Jehoiachin)，先知耶利米(第 22 章第 30 节)曾以耶和华的名义宣判说：“这人的后裔中再无一人得亨通，能坐在大卫的宝座上，治理犹大。”任何一个记住耶和华这些话的人，就不能不把一个“上帝要把他祖大卫的位给他，他要作雅各家的王直到永远

的人”(《路加福音》第1章第32节往下)说成是这样一个被弃绝的祖先的后裔。其实,这样一个堕落的王室直系成员并不是第一个步入歧途的人,早就有罗波安(Rehoboam)甚至连所罗门本人的淫荡生活及偶像崇拜,也可以认为是个堕落的人。无怪乎根据一个古代传说,①在犹太人中早就有一派人,他们不是希望从沾满罪恶的统治家族大卫的后裔中出现弥赛亚,而是希望从一支尽量微贱却保持纯洁的后裔中出现。很明显,受过保罗学派教育的第三福音书作者,比较容易在他的著作里采用具有这种观点的家谱,就像第一福音书作者,由于他抱有更多的犹太基督徒精神,喜欢采用另一种家谱一样。犹太基督徒对于他们的弥赛亚很自然地抱有一种正统王权主义②的态度,而在另一方面,保罗学派的人,好像具有奥尔良派人③精神似的,则宁愿从一个非统治家族后裔中,也就是从一个非犹太王位支派④中出现一个弥赛亚。基于同样理由,第三福音书作者欢喜他所采用的,超越亚伯拉罕上至亚当直至上帝本身的家谱,或者可以说,这种家谱的延伸,是他自己编造出来的。通过这个家谱,耶稣作为第二亚当(《哥林多前书》第15章第45、47节)就处于犹太教范围之外,而和全人类发生了关系。

但我们之所以认为这两个家谱不是历史研究的产品而是出于教条主义的假定,不仅由于它们之间的歧异,也是由于这两个家谱

---

① 参看克莱纳(Credner):《新约引论》,I. 68,往下。

② 指支持法国波旁王朝长子一支继承法国王位的一派人而言。——译者

③ 这一派是支持法王路易十四的弟弟奥尔良(Orleans)家族继承法国王位的人,与上述正统主义者相对立。——译者

④ 参看希尔根菲尔特:《福音书》。

各自性质的不同。马太的家谱共分三个部分,每一部分包含同等数目的成员,第一部分从亚伯拉罕到大卫,第二部分从大卫到被掳至巴比伦,第三部分从被掳至巴比伦到耶稣[①]。从他所说的"耶稣基督的家谱"这个名称来看,显然在作者的心目中,是把《创世记》原始家谱的两部分名单都包括在内的(《创世记》第 5 章第 1 节往下;第 11 章第 10 节往下)。根据亚历山大译本[②],《创世记》里的家谱叫做"人的家谱"[③]。这个家谱记载,首先,从亚当到挪亚共十代,然后,肯定不是没有意义和目的的,从闪到亚伯拉罕也是十代。在这期间重大的历史转折点一个一个相继产生,首先是人类的第一个祖先,接着是第二个祖先,然后就是信徒的鼻祖[④]。人们以 11
为,这就是历史的韵律,仿佛从此就可以辨认出上帝统治世界的节奏来,其实情况并不如此简单。当福音书家谱的作者把《创世记》里的家谱同《路得记》末尾的家谱联系起来的时候,他就发现,从亚伯拉罕到大卫,连头带尾共十四代。无论是《创世记》里的十代,或是十四代,对他来说,都是一样。但在另一方面,十四这个数目是七的一倍,是一个特别神圣的数目,既然在一种情况下,把十这个数目重复了,在这里也就必须把十四加以重复。由于即使把许多

① 英译本作"到大卫"是错误的。——译者

② 亚历山大译本,亦称七十士译本(Septuagint),据说是公元前三世纪由七十二个人(每支派六人,十二支派共七十二人)在七十天之内,从希伯来文译成希腊文的。——译者

③ 《创世记》第 5 章第 1 节:ἄυτη ἡ βίβλος γεγέσεως ἀνθ ρώτων(人的家谱)。《马太福音》第 1 章第 1 节:βίβλος γενέσεως,Ἰησοῦ χριστοῦ(耶稣基督的家谱)。

④ 人类的第一个祖先指亚当,第二个祖先指挪亚,信徒的鼻祖指亚伯拉罕。——译者

犹太王都计算在内，单是一个十四也到不了基督，必须有两个十四才行。因此，总共计算起来，就又出现了“三”这个神圣数字。而且，由于第一个十四是到大卫为止，第三个十四是到弥赛亚为止，第二个十四的末了也就应该与某一重要历史事件相对应才好。但在这个时候并没有上帝所钟爱的伟大历史人物，而只有上帝所施行的重大惩罚——以色列人被掳至巴比伦。

除了家谱编者所用以美化家谱的所罗巴伯和他的父亲名字外，他手边已再没有什么别的名字可以用来使第三组和第一组在人员数目上相等了。但这并难不倒他。此外，从耶哥尼雅到耶稣（不包括后者）约六百年间，只有十三代也是不够的，因为平均算来，每一个儿子必须在他父亲四十六岁的时候[①]才生下来，但这对他也没有什么困难。当中一组倒是更难办些。因为从所罗门到王

12 国的终了，共有二十个犹太王，如果不把与家系无关的约阿施和西底家计算在内，也还有十八个，所以若要把十四这个数目保持下去，就必须弃掉四个人才行。不能说家谱编者在决定取舍的时候是把最坏的舍去，因为他所舍掉的约阿施和亚玛谢两人，他们在《旧约》历史家的评价中都是值得称赞的君王，无论如何总要比约兰和许多别人好些，然而他却认为这些人有资格在家谱中占一席位置。但当我们看到他在耶哥尼雅或约雅斤之前把他父亲约雅敬省去的时候，我们就会认为由于声音的近似，实际上编者在这里是犯了一个错误，特别是因为他提到了约雅斤的兄弟，其实，约雅斤

① 英译本作 64 岁（64 years old），而根据德文原著（第 11 页倒数 15 行）则为“Sechsundvierzigstem jahre”（46 岁）。显然，英译者忽视了德语对于数学的习惯表达法。——译者

并没有兄弟，有兄弟的是他的父亲约雅敬。但当我们接下去又看到他不是接着约兰就叙述亚哈谢，或者亚哈谢的希腊文名字Ochoziah[①]，而是省略了亚哈谢、约阿施和亚玛谢三个名字，径直叙述乌西雅，乌西雅的希腊文译名为Ozias（乌亚雅）我们几乎会认为他故意选择这种省略法，是想在某种程度上借声音之近似而使人看不出所省掉的名字。其实，他做得太过分了，因为经过这番省略之后，第二组十四个名字就必须在起头把大卫重计在内，并以约西亚为结束才能足数。或者，如果我们从所罗门开始，就必须在结尾把耶哥尼雅计算在内，因为如果没有他，第三组就只有十三个人。在这里不是大卫，而是耶哥尼雅计算了两次，在作为分组界线的被掳到巴比伦前后各计了一次。通过这种方法，编者的目的就达到了，这个目的就是：作为弥赛亚的耶稣的家系，并不是亚伯拉罕和大卫的一般后裔，而是经过同样的十四代联串构成的。在编者心目中，以为这就是个标志，说明不是盲目的偶然性，而是由一个更高的权力对人类命运所作的安排。但在我们看来，这并不是历史研究的产物，而是一种武断的教条式编纂方法的产物。

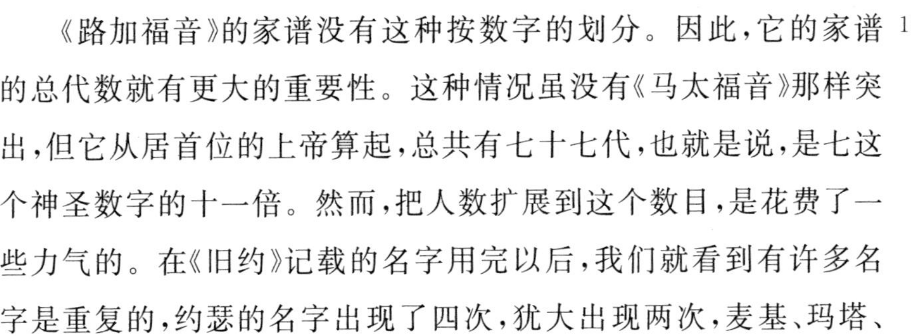

《路加福音》的家谱没有这种按数字的划分。因此，它的家谱 13
的总代数就有更大的重要性。这种情况虽没有《马太福音》那样突出，但它从居首位的上帝算起，总共有七十七代，也就是说，是七这个神圣数字的十一倍。然而，把人数扩展到这个数目，是花费了一些力气的。在《旧约》记载的名字用完以后，我们就看到有许多名字是重复的，约瑟的名字出现了四次，犹大出现两次，麦基、玛塔、

① Ochoziah是亚哈谢的希腊文译名。——译者

玛他提亚也出现了两次，另外还有个玛达他。的确，这类名字在家谱的历史上是出现过的，但像这样的反复出现，却只能证明编者的智穷力竭，由于再也想不出新的名字来，只好把已经用过的名字拿来重复使用了。

此外，这个名单的编者显然并不是第三福音书的作者，而是第三福音书作者发现了这个已经单独存在的家谱，尽可能地把它收进他的著作之中，也许还像上边提到过的那样，加以扩展，根据施莱马赫的非常中肯的说法，这个家谱在这本福音书里，显然是被插进两个紧密关联的记述，即耶稣的受洗与遇试两者之中的。在《马太福音》里，它被列在该福音书的起头，很恰当地同耶稣诞生的历史紧密地联系着。说到这里，很可能有人会认为家谱是作者自己编写的，其目的正是要把它放在作品的这个部位。但根据家谱的内容，无论是对《马太福音》或《路加福音》来说，这种设想都是不可能的。在他们关于耶稣诞生的记载中，两位福音书作者都排除了约瑟和耶稣的出生有任何关系，但家谱却是通过约瑟而证明耶稣
14 是大卫后裔的。尽管两者在家谱里都只把约瑟作为耶稣的养父，或者说仅是他母亲马利亚的丈夫，但这一切显然都是他们为了使家谱和他们记述的耶稣诞生故事符合一致而作的篡改。任何一个为了证明耶稣是大卫的后裔即弥赛亚而编制出以约瑟为大卫后裔的家谱的人，一定认为这个约瑟就是耶稣的真正父亲。第一福音书和第三福音书里的这两部家谱，不禁令人想起了以耶稣为按自然规律而生的真正的人那样的时代和那样的人们。任何一个认为耶稣的出生是没有男性的合作而只是由于圣灵在马利亚身上所起作用的人，如果还要认为他是大卫的子孙，除了坚持母系一边并证

明他母亲出自大卫家族以外别无他法。我们福音书的作者们，展示了他们所不愿放弃的约瑟的家谱，却不能按其原来形式使用，承认耶稣真正是约瑟的儿子，由于这种篡改，他们就割断了耶稣和约瑟之间的自然联系，却没有想到，这样做也就是割断了这些家谱生命攸关的神经中枢，使它们失去了证明的能力。

54.

上面我们从自然的观点对这两部家谱进行了考察。它们之间的互不一致，以及这些福音书记述本身的历史和过程之间的互不一致，都从这个观点很简单、很容易地得到了说明，以致我们几乎很难想象，从任何其他观点怎么能发现其中存在的如此严重的困难。首先我们看出，那种引起如此严重困难的观点决不可能是正
确的观点。这些困难来自这样一种假设，即不仅所有这两部家谱 15
都是真正符合历史的文献，而且关于耶稣诞生的故事也都具有历史价值。

首先，根据这种假设，能够说明为什么马太，或者其所记述的家谱的任何编撰人，把四个著名的犹太列王省略掉，还提出这样荒谬的主张，说从大卫至被掳到巴比伦总共只有十四代人一个接一个继续下来吗？一个被圣灵感动的作者犯这样的错误是不可想象的，即使是一个没有被圣灵感动的作者，顶多也只能把约雅敬和约雅斤当作一个人罢了，但他除了这一点以外，还略去了另外三个君王，而且这样做正好是使第二组数目构成十四所必需的，这不能出自偶然，而必然是有意干的。我们说，其目的就是不使人数超过十四，但我们发现，作者所采取的却是一种不符合历史事实的任性做

法。反之，近代教会的神学家们，像在他们以前的教父一样，倒从其中看出了深奥的意义来。这就是说，他们认为把从约兰到乌西雅之间的三王略去，意味着上帝教导人民不可敬拜偶像(《出埃及记》第 20 章第 5 节)。他们说，[①]约兰娶了亚哈与耶洗别的拜偶像的女儿亚他利雅为妻，他们的子孙不配继承神权国家的王位，所以就从基督家谱中除掉了。但是，既然以后的诸王和耶稣的祖先都是这一对夫妻的子孙，如果根据这种说法，整个家谱名单就应该从此中断了。神学家们说，不然，律法书的那段话说，上帝对于犯拜偶像罪的人所施加的刑罚只到三、四代为止；因此，正如我们从《马
16 太福音》书里所看到的，只有这对夫妻的儿子、孙子和重孙，才没有在耶稣家谱中占一席位置的资格。我们从这里所看到的是一套神经错乱的做法：对于合理的根据作出了错误的引用。

第二，如果把家谱当作历史文献，首先就必须对它们之间的不一致处作出说明。约瑟怎么能够同时既是雅各的儿子又是希里的儿子，怎么能够同时既是所罗门和列王的后裔又是拿单和非王室一支的后裔呢？乍看起来，答案似乎并不怎么困难。如以小西皮俄·阿非利加奴斯[②](Jünger Scipio Africanus)的家谱为例，可能

---

① 克拉夫特：《四福音书的纪年和协调》，第 55 页。艾布拉德：《福音书历史的科学的批判》，第二版，第 192 页。

(《福音书历史的科学的批判》德文原名与《耶稣传》第一卷第 57 页完全相同，但英译本译名前后却不一致，英译本第 39 页脚注译为“Scientific Critique of the Gospel History”，这里却译为“Scientific Critique of Evangelical History”。——译者)

② 小西皮俄·阿非利加奴斯拉丁名为 Publius Cornelius Scipio Aemilianus Africanus Numantinus，公元前 184？—129？罗马将军和政治家。164 年灭迦太基。他是打败汉尼拔(Hannibal)的老西皮俄·西非利加奴斯(Publius Cornelius Scipio Africanus)的孙子(收养关系)。——译者

一个作者是根据西皮俄本人的家世叙述，而另一个作者则是根据艾米利(Aemilier)的家世叙述，但两者都是符合历史的，因为一个作者是根据血缘关系叙述，而另一个作者则是根据这位英雄同其养父的关系叙述。例如，教父奥古斯丁[①]认为，《马太福音》里的雅各是血统关系而《路加福音》里的希里则是养父关系。按摩西律法书的规定，为了避免一个家族绝嗣，如果有一个结了婚的男子死而无子，他若有兄弟，则这个兄弟可以娶他的遗孀，由此而生的长子要归于已死兄弟的名下(《申命记》第25章第5节往下)。因此，甚至在奥古斯丁以前，基督教学者尤里乌斯·阿非利加奴斯[②]就认为，解释这两个家谱不一致的方法可以假设约瑟的母亲先嫁给了希里没有生子，希里死后，他的兄弟雅各娶了她生下约瑟。因此，
马太说雅各生约瑟是从血统关系而言，因为雅各是他的生父；路加 17
称约瑟是希里的儿子，因为他是按律法规定，记录在希里名下的，两者都是对的。

但如果雅各和希里是同胞兄弟，他们就应该有同一个父亲，再往上去这两部家谱也应彼此一致，但实际远非如此。因此，亚非利加奴斯就假定雅各和希里仅是就母亲方面的关系而言是弟兄，这就是说，他们的母亲先后有两个丈夫，一个丈夫是大卫家族中所罗门的一支，另一个丈夫属拿单一支。这两个丈夫中一个是雅各的父亲，另一个是希里的父亲。这种解决办法尽管非常牵强，但如果问题就此而获得解决，仍不失为一个差强人意的解决办法，因为这

---

① 《论福音书作者的一致性》(*De Consenu Evangelistaram*)II. 3。

② 据尤西比乌斯：《教会历史》I. 7；后来奥古斯丁在《回顾》(*Retractationen*)一书II,7曾对此表示赞同。

不是不可能的。但正如这里的约瑟一样，再往上去，到所罗巴伯的父亲撒拉铁，明显不一致的两部家谱的两个名字，不幸又一致起来了。但在这两部家谱里，撒拉铁的父亲的名字和世系又不同了，根据《马太福音》，他的父亲是为王的耶哥尼雅，根据《路加福音》则是另一个支派的尼利（Neri）。这样，就又必须用双重假设来予以说明。首先假设耶哥尼雅和尼利是弟兄，一个是血统上的，另一个则是根据利未律法，是撒拉铁的法定父亲，其次还要假定这两个人仅是同母异父弟兄，两个父亲先后娶了同一个女人，而且完全和上边的例子一样，一部家谱叙的是法定的父亲，另一个则与摩西条例的规定相反，叙的是血统关系的父亲。但连许多神学家也认为这种解释太牵强了。他们宁愿认为这是简单的收养关系[①]，或者把《路加福音》里的撒拉铁和所罗巴伯解释为是和《马太福音》所记两个不同的人，另外还有一种人们特别喜欢的解释，就是认为有一个家谱是马利亚的家谱。

我们不禁非常希望知道，最后这种解释究竟适用于哪一部家
18 谱，因为在一部家谱里根本就没有提到过马利亚的名字，而在另一部家谱里，仅仅提到她是大卫后裔约瑟的妻子。然而正是在这部提到过她名字的家谱里，由于在提到她的时候说："雅各生约瑟，就是马利亚的丈夫"，就把它是马利亚家谱的可能性完全排除了。因此，人们宁愿认为，那部完全没有提到马利亚名字的家谱，也就是说，《路加福音》里的家谱，倒可以比较有把握地看作是她的家谱[②]。

---

① 参看施密特（Schmidt）：《圣经神学》，I，45。

② 见克拉夫特：《四福音书的纪年和协调》，第 56 页往下。艾布拉德：《科学的批判》，第 195 页。

在这种情况下，当说道：(第 23 节往下)依人看来，耶稣是约瑟的儿子，约瑟是希里的儿子，希里是玛塔的儿子等话的时候，“儿子”这个词，在第一、第三和以下几处就应当意味着真正的儿子，只有在第二处谈到约瑟和希里的关系的时候，才意味着女婿[①]。或者可以解释说，依人看来，耶稣是约瑟的儿子(再往上去，通过母亲马利亚的关系是希里的孩子，更往上去，是玛塔的曾孙，如此等等[②])。在这两种解释之间，如果我们必须选择的倒是那种最牵强的解释，那么何去何从，就不能不令人踌躇莫决了。此外，还有一些教父和伪福音书，把马利亚也说成是大卫的后裔[③]。不过《路加福音》并没有这么说，否则，在进行户口登记的时候，他就不会说，约瑟要和马利亚一同报名上册，因为他本是大卫一族一家的人，而应该说，因为他们俩都是大卫一族一家的人了。

第三点必须说明的是，如果不仅是家谱，连我们以后要探讨的
关于耶稣诞生的故事，都要看作是历史的记述，这就是说，如果约
瑟的确是大卫的子孙，但却不是耶稣的父亲，那么，就耶稣而言，家
谱所要证明的是什么呢？答案就是，这些家谱，或者，如果我们认 19
为路加所记是马利亚家谱的话，至少马太的家谱，不是要证明耶稣
血统上的谱系，而是要证明由于约瑟是他母亲的丈夫，他就具有大
卫后裔弥赛亚继承神权统治的权力。这样，它就不是一个家族的

① 保罗斯：关于该段经文的注释。(女婿一词，英语为 Son-in-law，德语为 Schwiegersohn 都带有 Son 或 Sohn，即儿子的意思。——译者)

② 克拉夫特，同上，第 58 页。

③ 《雅可比前福音书》(*Protevang Jacobi*) c，1，2，10《马利亚诞生福音书》(*Evang. de Nativ. Mariæ*)1。13。《贾士丁同特里孚的对话》，(*Dial. Cum Tryph*. 23. 43. 100)。

谱系，而是一种法律上的谱系[①]。但根据犹太人和原始基督徒的思想(《罗马书》第1章第3节；《约翰福音》第7章第42节)，正如在家谱的原来计划中所明显表现的那样，两者是不可分割的。弥赛亚的权利要求，被认为就是根据大卫血统继承下来的一种要求。只是因为他们对于耶稣身份的看法发生了变化，这些家谱，至少约瑟的家谱而不是马利亚的家谱，才失去了其存在的依据。正因如此，才促使不愿放弃这些尽管陈旧却被重视的文献的福音书作者们对这些文献作出了上述的剪裁，通过这种剪裁，固然使得这些家谱对于新的教条变得无害了，但同时就这些家谱本身而言，却变得没有意义了。

II. 作为弥赛亚，耶稣诞生于大卫城

55.

根据先知的预言(《弥迦书》第5章第1节)，上帝子民渴望的牧者即弥赛亚，应当来自伯利恒城。这被理解为他应当诞生于伯利恒(《马太福音》第2章第4节往下)；因为，如果耶稣是弥赛亚，当然他就必须诞生于大卫城了(《约翰福音》第7章第42节)。

要达到这个目的并不像追溯耶稣为大卫的子孙那么容易。对于耶稣的父母，人们并不知道他们是属于大卫家族。但既然人们也不知道他们不是大卫家族，在这点上任何人都可以信心十足地照着他所认为合适的作出自己的主张。至于耶稣的家庭，他父母

---

① 艾布拉德，同上，第191页。

的住处，情况就不是这样了。关于这一点，就人们记忆所及，任何 20
人都知道他们的家是在拿撒勒，而不是在伯利恒。但由于家庭和出生地并非必然要一致，先知的预言就仍然可以维持住。耶稣可能是生在路上，也可能在他最早的婴儿时期他的父母就搬了家。就第一种情况而言，他们一直是住在拿撒勒的，只有一次，由于偶然情况，他们曾暂时寄住过伯利恒。就另一种情况来说，他们可能原来就住在伯利恒，但后来由于某种原因，就迁居到拿撒勒了。叙事者可以自由选择采取哪种方式来叙述这个故事，但我们仍然可以看出促使他采取这种说法或另一种说法的原因是什么。如果犹太教条主义思想在一个人的心里很强烈，他就会认为关于伯利恒的预言具有更大的重要性；如果希腊实用主义思想在另一个人心里比较强烈，他就会倾向于认为，历史上知名的拿撒勒城关系更为重要。对于一个人来说，伯利恒不仅是耶稣的出生地，同时也是他祖先自古以来的家乡，但对于另一个人来说，拿撒勒不仅是耶稣长大成人的地方，而且，如果没有必要迁就先知的预言，说他必须生在另一个地方的话，也将是他出生的地方，我们不难看出，前一种情况正是《马太福音》的情况，而后一种情况则是《路加福音》的情况。

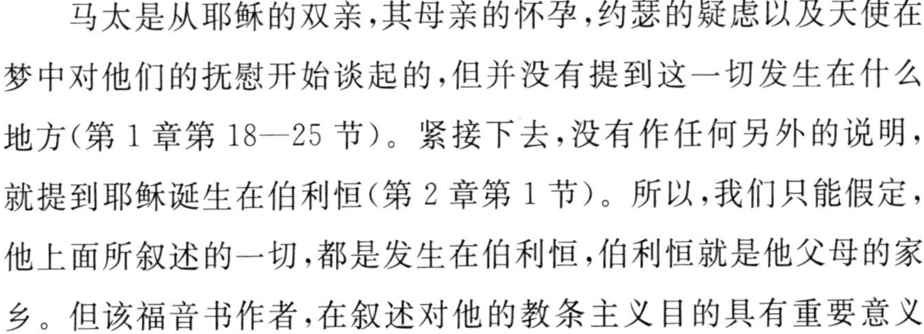

马太是从耶稣的双亲，其母亲的怀孕，约瑟的疑虑以及天使在梦中对他们的抚慰开始谈起的，但并没有提到这一切发生在什么地方(第 1 章第 18—25 节)。紧接下去，没有作任何另外的说明，就提到耶稣诞生在伯利恒(第 2 章第 1 节)。所以，我们只能假定，
他上面所叙述的一切，都是发生在伯利恒，伯利恒就是他父母的家 21
乡。但该福音书作者，在叙述对他的教条主义目的具有重要意义

的耶稣诞生以前并没有提到伯利恒的名字，因为如果耶稣不是出生在大卫城，他就不可能是弥赛亚。他的父母接受东方博士的访问就是在这里，如果不是在梦中受到天使的警告，要他们逃到埃及去，躲避要杀害婴儿的凶手，他们是不会想离开这个地方的（第 2 章第 14 节）。不仅如此，当这个扼杀婴儿的刽子手死后，如果不是因为考虑到他在犹太的继任者亚基老同他是一丘之貉（而提高了他们警惕性的话），他们也还是会从那里立即回到伯利恒来的：只是由于诚实的天使在梦中作了指示，他们才定居在加利利的拿撒勒（第 2 章第 22 节往下）。在这里任何人都会清楚地看出，福音书作者是把耶稣的父母住在伯利恒当作是一个既定的事实的。他表示他们一直就住在那里，所以他并不需要为使他们到伯利恒去生耶稣作任何安排，相反，他的问题是在耶稣诞生之后，怎样使他们离开那里，并说明为什么在较晚时期，他们和耶稣又都出现在拿撒勒。

另一方面，路加在一开始提到耶稣的父母的时候，就说他们是
住在拿撒勒。他说天使加伯列是在这里向他们宣告马利亚将要奇
迹般地怀孕生子的（第 1 章第 20 节往下）；马利亚的家也一定就住
在这里，因为她探望过以利沙伯后，就又回到这里来了（第 1 章第
56 节）；在他们暂时寄居伯利恒之后，耶稣的父母又带着孩子回到
这里来，这时作者说，拿撒勒是“他们自己的城”，这也就是说，是他
们的家乡（第 2 章第 39 节）。所以，根据《路加福音》，伯利恒并不
像马太所说的，是耶稣父母的家乡，而是正好相反，拿撒勒才是他
22 们的家乡。因此，叙事者的全部目的就是在适当的时候，把他们带
到伯利恒去。拿撒勒本来就是他们的家乡，所以，从那里再回到拿

撒勒就是很自然的事了。

在面临这个问题的时候，让我们更设身处地地为第三福音书作者想一想。一方面，由于他生活在历史的传说中，就在他面前摆着一个耶稣是拿撒勒人的问题；而另一方面，耶稣作为弥赛亚，又必须诞生在伯利恒。我们不知道他是否知晓马太关于耶稣诞生及其婴儿时期的记述，但即使他知道，他也可能认为，他的这位比较年长的同事，未免把事情看得过于简单了。耶稣的父母是怎样到伯利恒来的？这是他给自己提出来的问题。马太的回答是他们一直就住在那里。在他看来，对于这种假设，还应当提出一个理由来。由于路加使用天使显现的故事并不比马太更少，他很可能提出这样一个天使显现指示他们访问伯利恒的故事来。天使可能明白地指示约瑟带着他的未婚妻到伯利恒去，以便使弥赛亚的预言得到应验。但这种做法总还是可能会显得有点突然，除非在必需的情况下不应采用。何况在预报耶稣及其先锋[①]时已经使用过天使，以后在耶稣诞生时还要使用天使。因此，他认为，为了说明地点的改变，使用一种自然的原因，一种由当时历史环境造成的原因似乎更巧妙些，何况，这样做也并不排除更高一级的安排[②]。

特别是这样做还给第三福音书作者提供一个机会，证明他知道许多其他福音书作者所不知道的事情。他不仅熟悉犹太历史和古代事情，而且对罗马历史也并不陌生。他非常喜欢提供这种资料，我们不仅可以从当前谈到的记事看得出来，而且还可以从他试 23

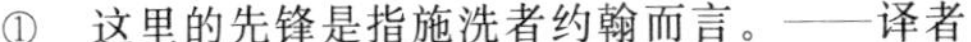

① 这里的先锋是指施洗者约翰而言。——译者

② 所谓“更高一级的安排”是指上帝的安排而言。——译者

图确定施洗约翰出现的年代(第3章第1节)以及使徒行传记载的迦玛列演说词中所涉及的历史事实里看出来(第5章第36节往下)。其实,我们在看到作者具有这些历史知识的同时,还可以看到他的这些知识并不很准确。在上述第一处经文里,他提到一个叫做吕撒聂的,在耶稣诞生30年后作分封王,其实,毫无疑问,这个人在那时的30年前就已经死了[①]。在上述第二处经文里,他提到耶路撒冷公会的一个会员讲到一件在演讲以前的“起义”。而其实那是在那次演讲以后十多年才发生的事情。还有一次“造反”被说成是在那次事件以后,而其实是发生在约30年以前。迦玛列在提庇留[②]在位时说:“从前丢大起来”,接着他就用和约瑟弗[③]同样的言辞描述了那次叛乱。根据约瑟弗的记载我们得知,那是革老丢[④]差遣到犹太去做巡抚的库斯皮乌斯·法都斯任职时的事情。“这个人以后”,迦玛列继续说,“报名上册的时候又有加利利的犹大起来”,这是在亚古士督免了亚基老[⑤]的职以后居里扭[⑥]任职时

---

① 详情请参看拙著《耶稣生平的批判的研究》,第四版(英译本误作第二版——译者)。本节所述,读者均可与该处参照。

② 提庇留(Tiberius Claudius Nero Caesar)公元前42—公元37,(公元14—37)做罗马皇帝。——译者

③ 约瑟弗:《犹太古事记》,XX,5,1。

④ 革老丢(Tiberius Claudius Drusus Nero Germanicus)公元前10—公元54,公元41—54做罗马皇帝。——译者

⑤ 亚基老(Archelaus),大希律(Herod the Great,即耶稣诞生时杀害伯利恒城婴儿的希律王)之子,曾统治以土买(Idumea)、撒马利亚(Samaria)及犹太,公元6年被罗马政府免职。——译者

⑥ 居里扭(Quirinius),公元6—9年任叙利亚巡抚,此时犹大与叙利亚合并,曾进行户口调查,即《新约圣经》中的“报名上册”,引起了加利利犹大的叛乱。(参看《路加福音》第2章第2节,《使徒行传》第5章第37节。)——译者

有名的报名上册。但神学家们讨好圣经作者，就像计分员讨好打靶的伟大人物一样，这些人虽然任意射击远离目标，却仍然被认为是击中了金色靶心。同样，在这次事例中较晚的吕撒聂和较早的丢大，都是凭空虚构出来的，为的是保持路加具有历史知识的荣誉，或者更确切地说，是保持圣灵的荣誉。但当一个作者在从事历史著述时犯了三次错误时（因为我们立即会发现，在我们所考察的这段经文里，又发生了同样一次错误）。我说他犯了三次这类错 24
误，以致为他解释的人，为了把问题解释得差强人意而忙得不可开交。由此可见，他在这类事情上，并非一切都正确无误。

但尽管如此，作者还是知道不少历史上的事情。他特别知道关于征税，或者说罗马人的人口调查这类事的执行，曾在犹太人中引起非常强烈的不满，并促使加利利人犹大起来造反。当他正在为怎样把耶稣本来住在拿撒勒的父母带到伯利恒来，使耶稣能以降生在那里而伤透脑筋的时候，他想起了征税这件事难道是什么特别值得奇怪的吗？这种征税的办法曾经是许多别的事情的起因，难道它不会也是作者所迫切需要的耶稣的父母伯利恒之行的起因吗？征税或报名上册的确具有令人民奔波往来的力量；由于福音书作者并不清楚知道历史上征税的确切时期，他就更可能认为从年代上说，这种征税更符合他的目的。当他在使徒行传那段话里说这次征税发生在另一发生在三十年以后事件之后的时候，他就是把两件事之一，或者甚至把两件事全都搞错了。关于这次征税，他还知道好几件与之有关的事情。这是从他在使徒行传这段经文里所尽力表现的情况看得出来的。他知道（第 2 章第 1 节往下）这次征税是罗马帝国第一次在犹太地进行的征税，这也已经

由历史证实了，而且这也是犹大叛乱的根本原因。此外，他还知道，正如约瑟弗也告诉我们的那样，这次征税是居里扭做叙利亚巡抚时执行的。最后，他还知道这次征税是由罗马皇帝该撒亚古士督的命令发动的，叫天下人民都报名上册，这也就是说，整个罗马帝国人民都要上税。

在这最后一点上，他所知道的，的确比历史上记载的还多，因
25 为没有任何比较接近亚古士督的古代作家提到过这位皇帝下令对整个帝国进行普遍的人口调查。无论是斯维陀尼乌斯[①](Sueton)或迪俄·卡西乌斯[②]或安奇拉纪念碑[③]，除了记载帝国政府再三要求人民，即罗马公民，登记和纳税外，都不知其他，而且除了从公元五世纪末往下的很晚时期有关于统治者下令调查或登记整个帝国人民的事以外，没有任何别的记录，而这些较晚记录所用的语言，明显地暴露了它们受到了路加这段话的影响。但只要关于当时在犹太地进行人口调查的记载正确就好，至于该福音书作者，无论是出于认为只有这样一种普遍的勒令，才符合罗马世界统治者的身份，或者认为，必须有一轰动世界的大事[④]，才足以促使救世主的

① 斯维陀尼乌斯(Caius Suetonius Tranguillus，公元69？—140?)，古罗马传记家兼历史家。——译者

② 迪俄·卡西乌斯(Dio Cassius，约公元150—235)，古罗马历史家，曾用希腊文著述直至公元229年的古罗马史(Romaika)。——译者

③ 安奇拉纪念碑(das Ancyranische Monument)，安奇拉(Ancyra)是古地名，位于小亚细亚，即现代土耳其首都安卡拉(Ankara)，当时是罗马帝国加拉太省省会。约于公元14年，在该城罗马亚古士督皇帝庙宇的墙壁上，以拉丁原文及希腊译文，镌刻了亚古士督皇帝亲自撰写的描述其丰功伟业的碑文(Resgastae dnivi Augusti)，这就是所谓的安奇拉纪念碑。——译者

④ 最近一位基督徒法学家胡施开(Huschke)，在《论基督诞生时的人口调查》

父母来到伯利恒，他这样做是否招揽太多，我们就不必去管它了。

在一定范围内，的确有过这样的情况。正如上面已经提到过的，在根据皇帝圣谕，被派为犹大和撒马利亚分封王的亚基老被废黜，其辖区合并于叙利亚省之后，居里扭作为该省的总督，下令对
境内居民及其财产作必要的登记，以为征税的依据[①]。但根据基 26
督教纪年，耶稣那时已是六七岁儿童，而且按照《马太福音》（第2章第1节）以及《路加福音》（第1章第5节，26节），耶稣是诞生在大希律统治时期，他应该还要大两三岁。因此，无论如何，居里扭的这次征税时间已经太晚，赶不上使耶稣的母亲来到伯利恒生耶稣了。

但是，难道不会在十年以前，有过一次人口调查，因而产生了同样的效果吗？可能是可能，但只有我们假定，根据这种假设，路加首先是把一种地区性的人口调查同一种世界性，即全国性的人口调查混淆了，其次他还把一次早先的人口调查同一次较晚的人口调查混淆了，才有这种可能。在这两个错误之中，后者不仅是一种年代上的错误，而且早先的人口调查，也不可能像路加所说的，是由居里扭作为叙利亚总督所进行，因为居里扭是在希律死了几年之后，才做叙利亚总督的。此外，对于这段时期情况非常熟悉的

（1840年版，第35页）一书中说，不仅亚古士督在位时在罗马帝国全境进行的人口调查，就连与之同时发生的基督诞生，都有其历史的内在必然性，因为自天而降的救世主，即第二亚当，恰好诞生在“地上的新亚当”进行人口调查的时候是完全必要的。作者还以最坚定的信仰口吻问道：“这种普遍的人口调查，没有在同时代的或其他值得完全信赖的历史资料中提到过，是不是令我们为之担忧呢？”当然不是，特别是如果我们有像这位法学家那样的慧眼，能够从迪俄·卡西乌斯作品的残缺部分或安奇拉纪念碑的裂缝中看出这类资料的话！

① 约瑟弗：《犹太古事记》，XVII，13，5，XVII，1、1。

约瑟弗，并没有只字提到过这种人口调查，而且，在一个地区的土著首领完全被废黜并将该地置于帝国直接管辖下之前就进行这类调查，也不是罗马人的习惯做法，特别是因为，在亚基老被废黜之后，由居里扭所进行的人口调查，在犹太人中曾引起过骚动，它似乎是作为在犹太人中进行的第一次人口调查而被提出来的。但即使由于某种原因——例如有人认为，在约瑟弗[①]著作中曾例外地发现到的，还有人认为，在塔西图斯[②]著作中也可能出现过同样的例外——在犹太被改为罗马帝国的一个省之前，就曾进行过人口调查，但那必然是一次按照常例并根据当时目的而进行的调查。
27 而照《路加福音》(第 2 章第 3 节往下)所说，则是按照皇帝圣谕，每一个人都回到自己的本城，也就是像后来在叙述约瑟时所说明的那样，回到他的祖先所从出的城那里去。因为约在一千年前，约瑟家族的祖先大卫，就是在伯利恒诞生的。根据通常的推测，这就是犹太人人口调查的习惯做法，因为犹太人的政治制度，是以家族为基础的。与此相反，罗马人调查户口的目的，则纯粹是统计性和财政性的。外省的人口调查没有这种目的，但根据最可信的资料[③]，农村居民则被召集到该地区的首府，一般地说，每个人都是被召至生父或养父所住的城市。大卫尚存的子孙们(即使假定约瑟是他们当中的一个)，既然已经迁居到遥远地方，在经历了一千年的动乱之后，仍然被认为是伯利恒的居民，这种情况也是极不可能的。

---

① 《犹太古事记》，XVI，9、3。

② 《编年史》，VI，41。

③ 保罗斯：《圣经注释手册》，在解释路加这段经文时，提到了这些证据。胡施开在上面引用的论文中，也提到了这些证据，第 116 页往下。

如果认为，罗马人在对附属国人民征税时采取了这些被征服国家的习惯做法，那也只有在这样做不致挫败他们的目的时才有可能，但如果他们为了登记约瑟及其家属的户口和财产而把他们从遥远的加利利召到伯利恒来，他们就很难核对其所登记项目是否属实，这就明显地挫败了他们的目的。何况根据《路加福音》所记，约瑟不仅自己来到了伯利恒，还将其未婚妻马利亚也一同带来（第5节）。但把马利亚一同带来，完全是多此一举，不仅根据罗马人习惯，即使根据犹太人习惯也是如此。从《旧约》上我们看到，犹太人户口登记并不包括妇女在内，而且根据塞维斯·特利乌斯[1]的律法，凡 28
罗马公民进行户口调查时，只要把名字记下就行了，他们的妻儿子女并不需要亲自到场。如果是外省人民，根据罗马律法，也无法证明[2]有妇女亲自到场的必要。所以，如果马利亚曾到伯利恒去过的话，那一定是由于约瑟或她本人的自由意志。不仅如此，根据路加所记，在整个旅程中也并未出现过强迫他们的事，都是他们自愿做的。它也不可能是居里扭所进行的户口调查，因为那次调查是发生在十年以后；也不可能发生得更早，因为我们并不知道有过这类事情，而且那是和当时的情况相抵触的。它也不是一次罗马人的户口调查，因为罗马人的户口调查，不会把一个加利利人召到伯利恒来。同样，也不可能是一次犹太人的户口登记，因为在这种场

① 塞维斯·特利乌斯（Servius Tullius）是公元前578—前534罗马帝国的第六代皇帝。——译者

② 即使从胡施开所援引的拉克坦（Lactant）的《论迫害者之死》23（de Mort persecutor，23）中，也得不到证明，同时他还承认，这桩事不仅发生在300年后，而且也是一桩特别严重的例子。

合，也和罗马人的户口调查一样，马利亚是可以留在家里的。

所以，耶稣的父母并没有什么明显的理由，必须在这样一个对怀孕妇女来说最不方便的时刻，从事这种旅行。另一方面，福音书作者却有极充分的理由让他们做这样的旅行。对福音书作者来说，那个不方便的时刻却是使耶稣得以诞生在大卫城里并从而使弥赛亚所应具备的特征，发生在耶稣身上的唯一方便时刻。

III. 作为弥赛亚的耶稣，像大卫一样，由一位先知授任圣职

56.

为了表现耶稣在各方面都像伟大的大卫一样，单说弥赛亚出
29 身于大卫家族，诞生于大卫城还不够，他还必须像大卫那样，由上帝委派的一位先知授任圣职，就登王位。在大卫当时，这项任务是由撒母耳执行的，先知用油膏了大卫，正像他过去用油膏了（以色列人的）第一个王扫罗一样。但对于大卫，上帝是派先知到伯利恒的耶西家，在那里上帝应许要向他指明在耶西的众儿子中上帝所挑选的是谁（《撒母耳记上》第 16 章第 1 节往下）。另一方面，在立扫罗为王的时候，上帝只是派扫罗到撒母耳那里去。当扫罗进到撒母耳跟前的时候，上帝就告诉撒母耳，扫罗就是他所要用油膏的人（《撒母耳记上》第 9 章第 15 节往下）。

大卫作为典型，预示弥赛亚将被奉为神圣担任圣职的这种思想，在以色列人被掳以后，曾和另一种思想交织在一起。耶和华向其堕落的子民警告说，他将对他们进行一次可怕的审判，但在这个

日子来临以前，先知玛拉基应许说（第 3 章第 23 节往下）[①]，耶和华将作最后一次尝试，差遣先知以利亚来，通过其强有力的说教，纯洁并拯救他的百姓，尽可能地准备他们的心灵，迎接那施行审判的上帝（《路加福音》第 1 章第 17 节）。他就是那要为耶和华预备道路的使者（《玛拉基书》第 8 章第 1 节），《以赛亚后书》[②]（the second Isaiah）（第 40 章第 3 节）[③]所说，在被掳时期的终了，在旷野将会听到叫喊着要为以色列的上帝修直道路的声音就是指他而言。所有虔诚的以色列人都在迫切期待着这位将使一切堕落和乖谬的人回心转意的以利亚来临的时刻，凡能活着看到这一时刻的人都是幸福的（《西拉书》[④]第 48 章第 11 节往下），由于以利亚所要为其来临做准备的那一位，后来被认为不是耶和华而是弥赛亚，人们又认为，以利亚就是弥赛亚的开路先锋了（《马太福音》第 17 章第 11 节）。但由于他对后者的关系同时也有撒母耳对大卫那样的关系，人们就认为，像撒母耳膏大卫一样，他也将膏弥赛亚，从而使自 30
己和别人都认识弥赛亚所肩负的崇高使命[⑤]。

① 按：无论是中文或英文圣经，《玛拉基书》第 3 章都没有第 23 节，只是在第 4 章第 5 节有这样一句话，是否德文《圣经 · 玛拉基书》没有第 4 章第 5 节连着 3 章一起算，因而造成这种情况（如连着算，正好是第 3 章第 23 节）因手头没有德文圣经，无法查证。——译者

最近查到德文圣经，果然不出所料，《玛拉基书》没有第 4 章，这里援引的经文，出现在《玛拉基书》第 3 章第 23 节。——译者又志

② 《以赛亚书》第 40 章至 66 章又称《以赛亚后书》。——译者

③ 英译本漏译此句。——译者

④ 《西拉书》（Sirach）是所谓次经（Apokryphen）之一，德文圣经以附录形式，刊于新旧约之间，中英文圣经都没有这本书。——译者

⑤ 在贾士丁的《同特里孚的对话》Ⅷ 49 里，犹太人特里孚曾说，这是普遍存在于犹太人民中的希望。

没有人知道有过以利亚复生并膏了耶稣这样的事,作出这样的断言是很困难的,因此,为了让弥赛亚的这一特征不致丧失,就必须从耶稣所接触过的真实人物中找出一个同以利亚有某种相似之处并且对耶稣进行过可以勉强解释为是膏过他的人来。在耶稣前不久很有人望的施洗约翰正是具有这样特点的人物。他曾在犹太的旷野出现,因而就被认为是以赛亚所说的那个声音;他曾号召人悔改,因为天国近了,因而被认为是为耶和华预备道路的人;他是一个严厉的苦行主义者,因而被认为在这方面也和提斯比人[①]相类似。他虽未用油膏过耶稣,但却给他用水施过洗,如果认为向耶稣行这种仪式,不是像对别人那样,表示他有悔改的义务,而是表示他献身于其弥赛亚职务并为之做好准备的话,这也就可以算为膏过他了[②]。

施洗者为其职务所限,只能在约旦河一带活动,不可能像从前撒母耳膏大卫那样,被差派到耶稣家里去,但正如实际上毫无疑问地那样,后者却有必要到约旦河那里就近他去。为了给耶稣施洗(《马太福音》第3章第13至17节;《马可福音》第1章第9至11节;《路加福音》第3章第21节往下;《约翰福音》第1章第32—34
31 节),约翰没有像撒母耳膏大卫那样,需要上帝的特别委派,因为他原是一视同仁不分畛域地给众人施洗的,但既然给耶稣施洗具有特别重要意义,就必须在给他施洗的时候,把他为执行弥赛亚职务所必需的能力授予他,即使不是通过施洗本身,至少也必须在给他

① 提斯比人即以利亚,参看《列王记上》第17章第1节。——译者

② 连给基督徒施洗,有时也被描述为是一种施膏,因为这种仪式被认为也包括表示赐予圣灵的意义在内,见《约翰一书》第2章第20—27节。

施洗的同时，把施洗所代表的施膏的能力给予他。按照犹太人的想法，这些神圣能力的集中体现，或者更准确地说，承载并分配这些神圣能力的就是上帝的圣灵。当撒母耳在大卫的众弟兄中给他施膏的时候(《撒母耳记上》第 16 章第 13 节)，据说从那天起耶和华的灵就降在大卫身上了。以赛亚(第 11 章第 1 节往下)曾预言说，“从耶西的本必发一条……耶和华的灵必住在他身上，就是使他有智慧和聪明的灵，谋略和能力的灵，知识和敬畏耶和华的灵。”

在旧约圣经里，君王和先知(《以赛亚书》第 61 章第 1 节)等特别受恩宠的列圣先贤们的优越性就在于有上帝的圣灵降临在他们身上，这是通过这种崇高灵感所起的作用可以觉察出来的，这种崇高灵感在弥赛亚的新教会里已经成为共同的财富了，因为根据约珥的预言(《约珥书》第 3 章第 1 节往下)接受圣灵被认为是和奉耶稣的名施洗和使徒按手紧密联系着的(《使徒行传》第 2 章第 38 节，第 8 章第 17 节，第 19 章第 5 节往下；《罗马书》第 8 章第 9，11，15 节；《加拉太书》第 3 章第 2 节)。人们认为，耶稣本人接受圣灵是第一位的，基督徒接受圣灵是第二位的，前者就应当远超过后者，它不仅应当有可以觉察得到的不寻常的效果，而且其本身也必须是一个客观发生的神迹。人们从来就是把火当作是圣灵的自然象征。约翰曾预言说，在他以后来的那位，将用圣灵与火给人施
洗。因此，当基督开天以后第一次从那里将圣灵赐予使徒的时候，32
正如《使徒行传》(第 2 章第 3 节)所说的那样，就和后来通过使徒按手下降不同，而是有看得见的火焰般的舌头显现出来。在贾士丁用过的一本福音书里说，当耶稣受洗下到约旦河水里的时候，曾

有火燃着起来[1]。但在旧约圣经里，关于圣灵，除火以外，还有另一种象征性说法。那就是"停留"在大卫的枝上，"降落"在它上面。在创世以前它曾"运行"在原始的水面上(《创世记》第 1 章第 2 节)；古代犹太解经家曾补充说，这就是说"像鸽子"一样"运行"或者"翱翔"在其幼雏之上而不碰着它们[2]。在挪亚时期的洪水上面曾再度出现过一只鸽子(《创世记》第 8 章第 8—12 节)。由于基督教曾把具破坏力的洪水看作是具拯救力的洗礼之水的对立面(Gegenbild)(《彼得前书》第 3 章第 21 节)，具新生力(neuschaffendes)的洗礼之水就被认为是创世期原始之水的对应物(Seiten stück)，当弥赛亚受洗时，也就是说，当洗礼之水第一次以其崇高意义呈现时，鸽子再度出现，就是容易理解的了。此外，鸽子和羔羊的象征意义，在基督教也是人所熟知的(《马太福音》第 10 章第 16 节)，而且在表示圣灵的温和性格方面，还很可能被认为比具毁灭性的火更为合适哩！

《希伯来人福音书》[3]说圣灵不仅像鸽子一样，落在耶稣身上，而且还进到了他里面[4]；对于同后来的教会教义相反，坚决主张耶
33 稣原来具有人性的伊比奥尼教派来说，以最明确的方式，强调耶稣

---

① 《同特里孚的对话》，88。在《保罗的赞歌》(*Praedicatio Pauli*)里也有类似说法。根据《西普里安作品集》(*Cyprian's Werke*)，第 142 页，《论不重复施洗》，李加特(Rigalt)版。

② 参看拙著：《耶稣生平批判的研究》中的有关段落，Ⅱ，第 416 页往下(416，英译本误作 116。——译者)

③ 《希伯来人福音书》是伊比奥尼派用的一本福音书，据说是由《马太福音》经过大量篡改所形成。——译者

④ 引自艾皮菲尼乌斯：《论异端》，XXX. 13 参看 29。

后来的高贵装备[1]，是非常自然的。前三福音书关于耶稣受洗的记述，按其原来计划，也同家谱一样，是从耶稣是一个自然地出生的人的观点出发的。但尽管有这样的观点，他们仍然可以不介入那种荒谬的想法，即认为鸽子竟然进入——当然是通过耶稣的嘴进入——到耶稣里面，因为尽管只有《约翰福音》(按照《以赛亚书》第 11 章第 1 节的说法)明确宣称圣灵仿佛鸽子“住”在他身上，但毫无疑问这也是其他福音书作者所赞同的，这种说法，同样满足了他们的要求，这也就是说，上帝神性的作用，即使不是耶稣所固有，至少也是永久地在他里面。

天门敞开，鸽子飞出来；即使《希伯来人福音书》没有说过有大光照亮那地方的四周，我们也可料想到这决不是一只寻常的鸽子，而是一个更高级的生物。但到目前为止，全部过程仅是一出有待说明的哑剧。能够为之作出说明的是施洗者；这个证明就是，耶稣由于领受了圣灵，他就具备了做弥赛亚的资格[2]，并从看得到的现象而得到了证明。人们认为，《旧约·诗篇》(第 2 篇第 7 节)，假耶和华自己之口说出的一句名言，“你是我的儿子，我今日生你，”就是这样一个说明。这句话是指某一个以色列君王而言，宣称他是上帝的代表，这一点是肯定无疑的，至于这个君王究竟指

① “高贵装备”德文为 höhere Ausrüstung，英译本作“higher preparation”。作者意思显然是说，坚持耶稣本来是人的伊比奥尼派，为了说明耶稣后来的神性是由于圣灵降在他身上而取得的一种“高贵装备”(关于此点，伊比奥尼派内部并不完全一致)，但本书著者认为前三福音书作者，通过其关于耶稣家谱及受洗的叙述，同样表达了他们认为耶稣本来为人，后来获得神性的看法，并毋需借助圣灵以鸽子形态由口进到耶稣里面的那种荒诞不经的说法，参看下文自明。——译者

② “具备”原文为“ausgerüstet”，此句如直译就是“他就为做弥赛亚而武装起来。”——译者

34 谁[1]，则是不明确的，而且对我们来说，也是无关紧要的。另一方面，新约里曾将这段经文重复过三次（《希伯来书》第 1 章第 5 节，第 5 章第 5 节；《使徒行传》第 13 章第 33 节），都被理解为是指耶稣而言，宣称他是弥赛亚或在更高意义上的上帝的儿子。在诗篇里，这被认为是大卫受上帝之托而说出来的话（参见《使徒行传》第 4 章第 25 节），但现在由于证实的时候已到，就把它说成是由上帝自己一再庄严宣告的话，有什么比这更容易理解的呢？天门已经敞开，圣灵像鸽子一样降下来，上帝的声音从天上发出，由于人所熟知的上帝对于弥赛亚的这番讲话，整个情节的重要意义就充分表现出来。

人们认为，天上声音的原来表现形式，正和贾士丁从《使徒回忆录》[2]中所引用的一样，同《诗篇》第 2 章第 7 节“你是我的儿子，我今日生你”一字不差。后来的几位教父所知道的就是这种形式。我们的福音书——《路加福音》——的一个抄本这一段文字[3]也是这种形式。在艾皮菲尼乌斯的《希伯来人福音书》里，这种形式已经同我们自己福音书里的形式结合了起来。在那里，正如我们现在的《马可福音》和《路加福音》记载的那样，天上的声音先是说：“你是我的爱子，我喜悦你，”接着就说：“我今日生你。”后来当光亮出现的时候，施洗者问耶稣说：“主啊，你是谁？”正如我们现在从《马太福音》里看到的，天上声音回答说：“这是我的爱子，我所喜悦

---

① 参看梅伊尔（E. Meier）（英译本误作 C. Meier）：《三首君王的诗篇》，载蔡勒尔：《神学年鉴》，1836，第 324 页往下，及奚芝（Hitzig）关于该段经文的注释。

② 《同特里孚的对话》88，103。

③ 参看希尔根菲尔特：《贾士丁的福音书》，第 169 页往下。

的。”“我今日生你”这句话，先是被搁在一边，然后又全然废除，其
原因何在，我们从贾士丁对这一难题试图加以掩饰一事中就可以
清楚地看出来了。他说，并不能由此得出结论说，在那个时刻以前 35
耶稣就不是上帝的儿子。客观地说，耶稣为上帝的儿子并不是从施洗约翰给他施洗的时候开始的，而只是主观地说，人们对于他是上帝儿子的认识，是从那时开始的。这里的话，正如我们上面已经指出的，同作为《马太福音》和《路加福音》耶稣家谱基础的见解是完全符合一致的，从后来赛林图斯和伊比奥尼派认为耶稣是一个自然地诞生的人，其较高的本性（指他的神性——译者）是在他受洗的时候才赋予他的，也可以看出这种观点来。但乃至后来耶稣被认为从一开始就是圣灵所生以后，像我们刚从前三福音书及贾士丁所看到的那样，这些话才成了难题，因而不得不勉强地予以解释或者完全废除掉。但如果完全废除则从天上来的声音就将完全丧失，这是不可取的，于是就抓住了《以赛亚书》第 42 章第 1 节也可以解释为上帝关于弥赛亚的另一些话。马太在另一处（第 12 章第 18 节）把这些话应用在耶稣身上时是这样说的：“看哪，我的仆人，我所拣选，所亲爱，心里所喜悦的。”这段经文看来对施洗的场合更为合适，因为接着耶和华就宣告说他已将他的灵放在他所爱的里面（其实，如果根据先知说这话时的历史背景来说，它只是指以色列人而言）。《马太福音》的形式：“这是我的爱子，”以及《马可福音》和《路加福音》的称呼：“你是我的爱子”，等等，同先知书那段话的吻合是最明显不过了，这种声音在诗篇那段被否决的话里仍然依稀可以听到。

其实，严格说来，同对耶稣的身份发生变化以后的观点不相一

致的不仅是诗篇里的那段经文，如果耶稣本来就是由圣灵而生，那
36 还有什么圣灵降在他身上的必要呢？难道能够说除了形体上是儿子身份以外（且不说还有神圣的逻各斯[①]住在他里面）还需要一种更高的、更完全的神性授予吗？依常理说来，上帝的儿子屈身受约翰施行悔改的洗礼，难道是适当的吗？为了消除后一种困难，第一福音书作者（《马太福音》第 3 章第 14 节往下）插进了如下一种场面，即当耶稣来到施洗约翰跟前时，施洗者对他说，“我应当受你的洗，你反倒上我这里来么？”试图劝阻他不要这样做。对此耶稣回答说，“你暂且许我，因为我们理当这样尽诸般的义。”毫无疑问，这就是说，应当完成那种认为根据预言和预表，另一个以利亚将为弥赛亚施膏的期望。

不过，尽管施洗的一切不适当处似乎全都消除了，圣灵的补充授予[②]和原本由圣灵而生之间的矛盾依然存在，不仅如此，这种矛盾反而显得更加突出了。既然施洗者在耶稣受洗之前就反对给他施洗，这也就是说，在他看到耶稣受洗时的神迹之前就反对这样做，这就意味着他已经知道耶稣是高于他的，他自己应该受耶稣用圣灵与火之洗，正如弥赛亚本人将要做的那样；因此，那些神迹就不可能是为他而行的，而必然是为耶稣本人或人民群众行的。按这篇记事的原意，关于耶稣受洗时的神迹，其字面意义乃是指在耶

① 逻各斯即《约翰福音》里所说的“道”。——译者

② 这里的“圣灵的补充授予”系指耶稣受洗时圣灵降于其身而言，而“原本由圣灵而生”即指马利亚由圣灵怀孕生耶稣而言，既然耶稣本来就由圣灵怀孕而生，就不应再需要圣灵的补充授予（即受洗时再有圣灵降于其身），本书作者认为，这两者是互相矛盾的。——译者

稣受洗时才第一次把上帝的灵授予他；但由于对耶稣的身份有了更高的看法，这种意义就被排除了。因此，马太和马可就都表示这件事是显示给耶稣看的（我们不知道这样做的目的是什么），（但由 37
于这里的文字含糊不清）可能也是显示给施洗者看的；路加则明确表示圣灵具体表现为一只鸽子的形状，并说旁观者也都看见了。这种表述方式不可能使第四福音书作者满意，该作者是不会承认耶稣于受洗时除了已经住在他里面的逻各斯之外，又接受了任何别的什么的。这就有必要把出现这种现象的目的断然从耶稣转移到施洗者身上，使之成为其借以识别耶稣为上帝儿子的一种标志。但只有在施洗者事先不知道耶稣为弥赛亚的情况下才需要这种现象，因此，第四福音书作者和第一福音之间就发生了矛盾，而且这种矛盾很可能还是在对第一福音作了一定的考虑后产生的，他明确地说施洗者并不知道（耶稣是弥赛亚）。正是由于这种观点，天上的声音也被取消了，变成了这样一种说法，上帝预先指示施洗者他可能期待看到什么样的征兆。

通过这样历史地理解耶稣受洗时出现的神迹，也就是说，按照叙述者们及其时代精神来理解，并因此而承认其非历史性，我们就可以避免为了保持事情的历史性而作的神学解释所必然会遇到的一系列困难。例如，有一个解经家，为了使这种神迹更可接受，竟将一切都看作是一种尽管由上帝而产生，但仅存在于耶稣和施洗者心中的幻象。第二个则将其解释为一个真正的野生鸽子偶然翱翔于耶稣头顶之上。第三个更喜欢将其想象为一次雷电交加的大气现象，这同时至少还可以帮助他对天上来的声音作出解释。但我们仍然面临的一个问题是，对于一个已经生而为上帝儿子的人

38 这样一种圣灵的补充授予究竟能有什么目的？在我们看来，这个问题自身就已经作出了答案，但神学家们却挖空心思编造出一大堆一个比一个更为荒唐的一系列胡诌八扯和闪烁其词来。一个说[1]，从永恒以来上帝的灵就住在上帝的儿子耶稣里面，但现在，上帝神性的第三位即圣灵，同他发生了一种新的关系，一种不同于父子本质同一性的新关系。另一个说[2]，圣灵本来就作为生命因素住在耶稣里面，但在受洗时则作为职位的灵而授予了他，或者说，从永恒以来他就有作为上帝儿子的儿子意识，但现在则第一次得到了向世人证明自己为上帝儿子的能力。诸如此类的蹩脚的诡辩和毫无意义的抽象观念，恐怕连它们的发明者本人也很难想象出究竟有什么确定的意义。

据此，尽管福音书关于耶稣受洗时发生的事情还由于其他方面的考虑而添了一些附加的东西，但其基本特征则是：努力给作为大卫子孙的耶稣提供一个同样的受膏机会，并使之也像其祖先通过撒母耳而受圣灵那样，接受与受膏有密切关系的圣灵，而且我们发现，这种努力还被一本福音书作者更加向上延伸了。以大卫为真正主人公的《撒母耳记》，不是从大卫的诞生历史开始，而是从撒母耳诞生的历史开始，同样，路加在记载关于耶稣诞生的报喜和怀孕以前，先记载了关于其先锋诞生的报喜和怀孕，而且其情况如此类似，使人对于其为模仿，不可能有任何怀疑的余地。本来这里正
39 是应该追溯施洗者婴儿时期历史发生和形成的地方，但由于它是

① 艾布拉德：《科学的批判主义》，第 261 页。

② 路特哈尔特：《约翰福音书及其特征》，第 238 页。

和耶稣诞生的宣告和历史紧密联系在一起的，只能同后者合并加以考察，草拟这方面文稿已不属于耶稣为大卫子孙的范围，而属于其为上帝儿子的范围，基于这一观点，不得不开始一新的篇章。

第二组神话　耶稣是上帝的儿子

I. 不借助人力而通过圣灵，耶稣由马利亚而生

57.

根据以上所述一切，基督教在道德和宗教基础方面，虽然发源于犹太教，但也只有在历史演变过程中，后者被各种外来杂质，特别是起源于希腊的文化要素所渗透，有改变其形式的趋势以后，才能产生基督教。一种并不属于基督教精神基础，但却有利于规定其形式的概念，即耶稣为上帝儿子这个概念之产生，也有这种情况。上帝的儿子这一称呼应用到作为弥赛亚的耶稣身上，本起源于远古犹太教，但正如我们从上面看到的，它只有一种象征性意义，并不排除人的儿子这一概念的完整意义。当把这个词认真地应用到耶稣身上，把他理解为没有人做父亲那样的上帝的儿子时，我们就不能不看出异教思想对于早期基督教圈子的影响来了。

《诗篇》里说到上帝的儿子，我今日生你的那一段，正如我们已经看到的，最初是由这样一些人应用到耶稣身上的，他们认为耶稣
虽是约瑟的儿子，但按传统的神权政治意义来说，他像在他以前大 40

卫家族中那些最好的列王那样，也可以认为就是上帝所宠爱的人，是上帝的代表，不过他比他们更无比高贵而已。的确，关于耶稣复活、光荣地继续与上帝同在的信仰，在扩大耶稣为上帝儿子的思想方面，起了不小的作用，但并没有立即破坏了对他的出身的自然观。正如我们从保罗致罗马人书的引言（第1章第3节）所读到的，使徒在论耶稣时说，“按肉体说，他是从大卫后裔生的，按圣善的灵说，因从死里复活，以大能显明是上帝的儿子。”

由此我们可以看出，从犹太教观点看来，这两种观点并不是互相排斥的。

然而，即使在犹太教本身范围之内，将自然观与宗教观彼此对立起来，特别在重要人物的诞生方面，为了扩大上帝的作用，竟使父母作用的重要性尽可能缩小的趋势也是显然可见的。在希伯来人传说中：对于那些在上帝同其选民的关系中占重要地位的个人，常爱将其描述为年龄衰老的父母或久不生育的母亲的子女。使徒保罗说（《罗马书》第4章第17节往下），亚伯拉罕相信那叫死人复活，使无变为有的上帝，当他将近百岁的时候，虽然想到自己的身体如同已死，撒拉的生育已经断绝，他的信心还是不软弱，总没有因不信心里起疑惑，反倒因信心里得坚固，将荣耀归给上帝，满心相信，上帝所应许的必能做成——这就是说，在他们老年的时候，将以撒赐给他们做儿子。还有雅各的聪明而受宠爱的儿子，后来成为全家救主的约瑟，也是一个久不生育的母亲所生；还有臂力过
41 人的英雄参孙，复兴人民对上帝纯洁崇拜的撒母耳。后两个人的诞生都是在很不可能的时刻由天使宣告的，正如以撒的诞生是由上帝亲自宣告一样。《路加福音》里施洗者诞生的故事，其情况也

大致相同，这在以前已经约略提到过了。在伪经福音书里，耶稣的母亲马利亚也被描绘为一个晚生的孩子。一个伪经作者还富有启发意义的揭示了这种描绘所由产生的根本思想。他说，“如果上帝决心封闭一个妇女的子宫的话，那是因为他将要更神异地打开它，从而证明其所产生的婴儿不是人的情欲的结果，而是上帝的恩赐。”[①]既然对于这类晚生事例还认为有必要使上帝起更大的作用，很显然，对于特别有重大关系的事情，就会更把上帝描绘为唯一的动因了，这就是说，当问题涉及人之诞生这类女性作用为必不可少的事情的时候，就把它描绘为没有男性参与，专门而且完全由女性作用而发生的事情。

然而，这种思想是一定会令一个严格正统信仰的犹太人起反感的。世界万有的创造者和保存者，在宇宙间起作用的上帝，固然可以打开一个久已封闭的子宫，使失却生殖能力的老年夫妇恢复生殖能力而无损于其超肉欲的纯洁性，但如果将其作用描绘为绝对代替缺席男性的生殖能力，则是令人难以同意的，因为这么一来就好像使他堕落为声色之徒，和异教徒的多子女偶像等同起来。的确，在《旧约》里有一处经文似乎有利于这种理论，而且长久以来曾被基督徒们作这样的解释，那就是《以赛亚书》第 7 章第 14 节所 42
说的“必有童女怀孕生子”那一段。当亚哈斯王在位的时候，亚兰王和以色列王前来攻打犹太，吓得发抖的犹太王寻求亚述人的支援，先知给他一个令其安心的预兆，他说，情况将会很快变得好起

① 《马利亚诞生福音》(Evangel. de Nativ. Mariae)C. 3. 载《提罗抄卷・伪经新约》(*Thilo. Cod. apocr. N. T.*)1. 322，参看拙著：《耶稣生平批判的研究》，I. 130，注 2。

来。有一个童女[①](可能就是先知本人的妻子,参看第 8 章第 3、8 节)现正怀孕,足月生产的时候,她将给她的儿子起名为以马内利,即上帝与我们同在的意思。其实,这段经文里既没有提到弥赛亚,也没有提到童女生子,但由于盛行于犹太人中的荒诞的解经法,既未能阻止他们把这段圣经解释为是指弥赛亚而言,基于同样原因,也未能阻止基督徒们把它认为是适用于他们的基督的一种预言。如果说关于弥赛亚出身的这种想法已经在犹太人中间存在,我们却没有能够证实在前基督教时期已经有这种解释。

另一方面,在希腊罗马宗教领域里,关于上帝儿子的这种想法非常普通,是无需证明的。它不仅涉及神话时期的半人半神,而且还涉及较晚时期的历史性人物。在许多情况下是由于统治者的虚荣心,或者由于臣民们的谄媚心理;在另一些情况则不可否认是由于在或多或少的人群中存在着一种真正的信仰,而这种信仰有时还出现得很早,几乎在受崇拜的人物还没有去世以前就发生了。至于在较晚时期,毕达哥拉斯的热情追随者把他描绘为阿波罗(Apollo)[②]之子,那就更不必说了。甚至在毕达哥拉斯的侄儿斯颇夕普斯(Speusippus)还在世的时候在雅典就流行着一种传说,
43 说阿波罗曾同他的母亲佩利克钦[③](Periktione)交媾。基督教的一位博学教父对此曾说过,人民只能把一个杰出的哲学家理解为

① 按希伯来文此字原系指婚龄妇女而言,已婚未婚均可,并非指绝对的童贞女,与贺拉西(Horaz〔德〕,Horace〔英〕,古罗马诗人——译者)著作中 virgines nuptae 和 puellae jam virum expertae 同义,Carm. II,8,22;III,14,10。

② 冉布利希;毕达哥拉斯传 2〔Iamblich,Vita Pythag. 2〕。

③ Diog. Laert. III. 1,2。(英译本作 Diog. Suet III. 1,2。——译者)

是由童女所生（他本可再加上一句，说是由智慧女神所生）[①]。大亚历山大是由宙斯和他的母亲奥林匹阿斯结合而生的传说，很可能就是亚历山大本人编造出来的。利维（Livius）[②]也曾暗示，老夕皮奥（Scipio）助长了流行于罗马人民中关于他自己的一种类似的传说。亚古士督（Augustus）更是精于此道，正如斯维陀尼乌斯（Sueton）和迪欧·卡西乌斯（Dio Cassius）[③]根据古代资料告诉我们，显然是模仿亚历山大故事的关于他出身的故事，说他的母亲阿提阿（Atia），如何在一次纪念阿波罗神节日的夜间，在庙里睡着了，有一条蛇同她性交，过十个月生了一个儿子，被认为是阿波罗的后裔。但正如经常发生的那样，过去有一个时期，由于人们渴望与超自然界接触的心理，这类故事往往得到人们相信。因此，基督徒们企图给他们的弥赛亚同由神而生的哲学大师和世界统治者以同等出身的地位就不足奇怪了，在这样做的时候，他们会把像在希腊罗马故事中甚至会故意加以渲染的所有关于肉感的和男女闺房之事一概去掉，那就是很自然的了。同耶稣的母亲结合的不是具人形的神或一条蛇，而是上帝的超乎肉欲之上的创造力圣灵。圣灵在纯洁的童女的子宫里结出了生命的果子来。

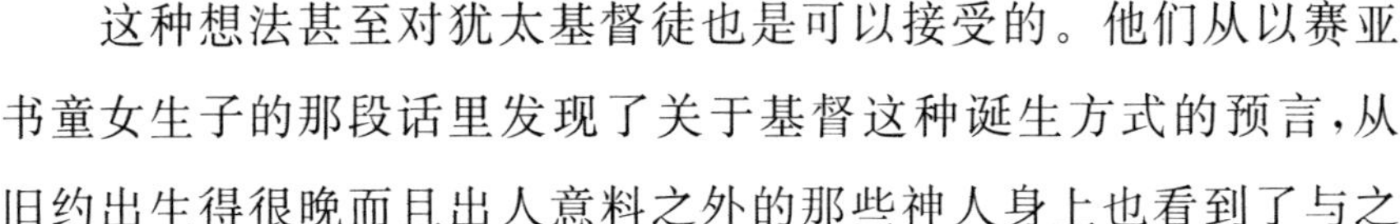

这种想法甚至对犹太基督徒也是可以接受的。他们从以赛亚书童女生子的那段话里发现了关于基督这种诞生方式的预言，从旧约出生得很晚而且出人意料之外的那些神人身上也看到了与之 44

① 《耶罗姆驳约芬》，i. 26（Hieron. adv. Jovin. i，26）。

② L. XXVI，19.

③ 斯维陀尼乌斯：《屋大维》94 迪欧·卡西乌斯《历史》45（Sueton. Octav. 94. Dio Cass. Hist. 45）。

近似的典型。由于这种想法的超肉感性使自己避免了犹太教徒指责的同时,还由于基督的这种优越出身保证了他的地位超出于摩西和所有犹太教先知之上,从而获得了一种同犹太教进行斗争的有力武器。

但是,一旦有了这种想法,就要适当地表演一番,并在正规记事中将其讲述出来。首先,像《旧约》里大多数老年父母所生的子女那样,在其出生前作出神圣的预先宣告。至于作为家谱主要依据的还在世的生身之父,那就只好另外予以补偿使其得到满足了。最后,还有必要为这位天庭之子准备一种受到世人欢迎的场面。

关于前两点在我们的福音书里有两种报道,一个是在第一福音书里,另一个是在第三福音书里(《马太福音》第1章第18—25节,《路加福音》第1章第26—38节),如果我们对它们作不怀成见的考察就一定会看出,第一种报道是最早的也是最原始的,它比另一种报道更率直、更简单。更率直,因为它将令人反感的事实即新娘没有和新郎同房就怀孕生子直截了当地叙述出来。就读者而言,他还加上一句说,这种怀孕是由圣灵所引起的,就立刻把读者的反感消除了。但新郎约瑟却真的有了反感,只是在梦中得到了天使的指示后才受到了抚慰。至于马利亚是不是事先已经知道自己怀孕是由于超自然的原因,我们从这段经文是不得而知的。如果说《路加福音》有关记述作者知道了马太的记述,在他看来,也会
45 认为,这样的记述未免太突然了。马利亚不可能是受到了异教之神的强迫,而一定是事先就得到了关于这件事的通知。因此,他提到了有一位天使被差派到马利亚那里去。这位天使并不是普普通

通的无名之辈，而是《旧约》(《但以理书》第 8 章第 16 节；第 9 章第 21 节；参看《陀比特书》第 12 章第 15 节)[①]里上帝天庭中显贵之一，有名的加伯列。他向马利亚宣告说，她是在上帝面前蒙恩的女子，将怀孕生下弥赛亚来，在回答她的疑问时还说，这一切都是圣灵的作用，因此，她所要生的圣婴，按最充分的意义来说，将是上帝的儿子。由于马利亚已屈身服从上苍的旨意，再赘述约瑟何以自处，就是多余的了；反之，马太则认为，再从头叙述马利亚是怎样接受通知的，以及对她发生了什么事，也是多余的了。

除了由于两种记事的不同设计所产生的分歧之外，它们也还
有共同的特征。这些特征是，第一，有一位天上使者宣告弥赛亚圣
婴的奇妙受孕；第二，预定他将取名为耶稣。这类事在旧约圣经里
关于以撒和以实马利，参孙和撒母耳的故事中提供了典型的事例。
例如，在《马太福音》里天使对约瑟说，你的妻子(《路加福音》里对
马利亚说，你)将要生一个儿子，你要给他起名叫耶稣。同耶和华
在(《创世记》第 17 章第 19 节)对亚伯拉罕所说，“你妻子要给你生
一个儿子，你要给他起名叫以撒，完全一样。”以撒这个名字的原意
为“笑”，一次是亚伯拉罕本人的笑(《创世记》第 17 章第 17 节)，另
一次是撒拉的笑(《创世记》第 18 章第 12 至 15 节)，最后一次是百
姓的笑(《创世记》第 21 章第 6 节)。在《马太福音》里，耶稣这个名
字是从圣婴所肩负的将要把百姓从罪恶里拯救出来的使命得来
的。这也令我们想起对参孙所作的宣告，说他将要把以色列人从 46
非利士人的手中拯救出来(《士师记》第 13 章第 5 节)。这种模仿

① 《陀比特书》(*Tobit*)是《次经》中的一卷。——译者

《旧约》记事的说法，说明其原起源于犹太基督徒圈子。犹太人对于耶稣使命的理解，特别是《路加福音》所说，他要在他祖大卫的位上，作雅各家的王，直到永远，也具有决定性意义（《路加福音》第1章第32节往下）；而且《马太福音》还说，这位奇妙的诞生者他不仅要把他的百姓从罪恶里救出来（《马太福音》第1章第21节），与此同时，还要按犹太人的理解，把他们从罪恶的后果，即异邦人的奴役和虐待中拯救出来。

58. 宣告先锋诞生

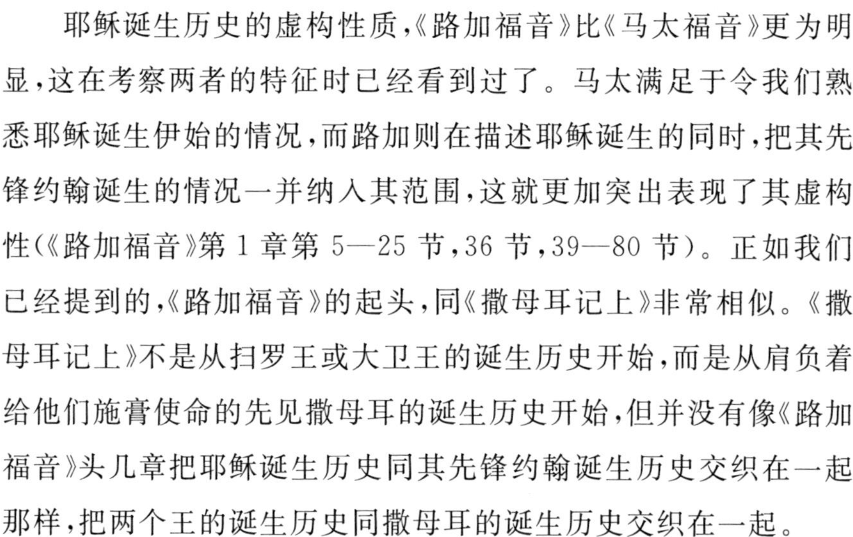

耶稣诞生历史的虚构性质，《路加福音》比《马太福音》更为明显，这在考察两者的特征时已经看到过了。马太满足于令我们熟悉耶稣诞生伊始的情况，而路加则在描述耶稣诞生的同时，把其先锋约翰诞生的情况一并纳入其范围，这就更加突出表现了其虚构性（《路加福音》第1章第5—25节，36节，39—80节）。正如我们已经提到的，《路加福音》的起头，同《撒母耳记上》非常相似。《撒母耳记上》不是从扫罗王或大卫王的诞生历史开始，而是从肩负着给他们施膏使命的先见撒母耳的诞生历史开始，但并没有像《路加福音》头几章把耶稣诞生历史同其先锋约翰诞生历史交织在一起那样，把两个王的诞生历史同撒母耳的诞生历史交织在一起。

像撒母耳的父母住在以法莲山地一样，施洗者的父母也住在
犹太山地（第1章第39节）。国王拥立者撒母耳，至少根据犹太晚
47 期传说，被认为是利未家族的后裔（《历代志上》第7章第26节往
下）这大概是因为根据犹太晚期法制，给国王施膏者必须是一个祭
司的原故（《列王记上》第1章第39节）。同样，在《路加福音》里，

给弥赛亚施膏者，从其父系一方面说，也是出身于利未家族，而其母系一方，甚至还是亚伦的后裔，同亚伦的妻子是同名人[①]（《出埃及记》第 6 章第 23 节）。也许正是因为这个原因，才把耶稣的母亲称为是其先锋施洗约翰母亲的亲戚（第 1 章第 36 节），同时也可能还有另一个目的，那就是通过大卫王后裔的母系方面，把耶稣同祭司家族联系起来，使他能按麦基洗德的等次，成为祭司王（《诗篇》第 110 篇第 4 节）[②]。撒母耳的母亲长期不育，约翰的母亲也是一样，不过前者像拉结和利亚一样，虽然不育，却是丈夫所钟爱的，尽管丈夫还有一个能够生育子女的妻子。另一方面，施洗约翰的母亲却成了第二个撒拉，这就是说，根据当时的风俗，她是唯一的妻子，她和丈夫都已年老而无子。在这两种情况中所用的措辞是一样的，那就是，“两个人都已年纪老迈了”（《路加福音》第 1 章第 7 节；《创世记》第 18 章第 11 节）。这就令人对于其为模仿，毫无怀疑的余地了。另一方面，在以撒母耳为模式的事例中，赐予儿子的应许则是同宗教旅行联系着的；在撒母耳一方面，是和他的父母每天一次到示罗（Shiloh）向耶和华献祭联系着；在施洗约翰方面，则是和他的父亲前往耶路撒冷执行祭司任务的旅行联系着。从撒母耳父母求子的心情来说，由于他父亲已从另一个妻子获得了子女，当然他的不育的妻子求子的心情最为强烈。她向耶和华作了求子

---

① 按亚伦的妻子名为以利沙巴，希伯来文为אֱלִישֶׁבַע（中译名为以利沙巴）施洗约翰母亲的名字是以利沙伯，希腊文为 Ελισαβέτ，是希伯来文的希腊文音译，虽然读音略有出入，实际是一个词，故谓同名。——译者

② 像在《十二族长约书》里所表现的那样，参看希尔根菲尔特：《贾士丁福音书》第 265 页注。

的祈祷，并从大祭司那里得到了祈祷已蒙垂听的保证(《撒母耳记上》第1章第10节往下)。但施洗约翰父母求子的心情则双方都
48 是同样强烈。但由于妻子未能陪同丈夫一同前往，我们只能假定，求子的祈祷是由丈夫单方面在圣所[①]献香时向上帝提出并由天使加伯列向他表示其祈祷已蒙垂听的。撒母耳故事里所没有的天使显现情节，则是福音书报道从参孙故事里借来的，参孙也是年迈父母所生的儿子(《士师记》第13章)。天使在某一未指明的乡间地方向参孙的父母显现，在圣殿里向撒加利亚显现。其所以有此不同乃是因为做父母的地位不同的原故，但《路加福音》所特别提到的天使的名称，却是从被掳以后犹太人的神话中得来的(《但以理书》第8章第16节，第9章第21节)。这在参孙的故事里已经在一定程度上透露出来了。尽管天使拒绝说出自己的名字(第18节)，但由于一再称他为神人(《士师记》第13章第6节;8节)，正好把加伯列这个词的原意道出来了[②]。

在参孙的故事里没有对上帝使者的应许会成就表示任何怀疑。同样，在撒母耳的故事里也没有对大祭司的保证表示任何怀疑。在这两个事例中都没有说他们的父母已经年纪老迈，因此，也就没有认为这些应许不可能实现。但在《路加福音》里却说施洗者的父母，像亚伯拉罕和撒拉一样，都已年纪老迈，还模仿那次天使显现时的情况说，一开始撒拉利亚似乎认为天使的话是难以置信的。像那次两位父母一先一后相继以年老为理由表示异议那样

① 圣所是犹太教大祭司举行敬神仪式的地方。——译者

② 按希伯来文，加伯列这个词的意思就是上帝的人或“神人”。——译者

(《创世记》第 17 章第 17 节,第 18 章第 12 节),撒加利亚也坚持说,他自己已年老,妻子也年老了(《路加福音》第 1 章第 18 节)。虽然亚伯拉罕和撒拉的疑虑消逝了,但他们在此以前并没有看到 49
过上帝大能的类似作用。另一方面,从其本国人民历史上看到过一些类似例证的撒加利亚,在应许成就以前却被罚成了哑巴(第 20 节)。正如根据《使徒行传》记载,保罗在基督向他显现:遭受谴责以后双目失明,但以理在见到天使以后变得哑口无言(当然不是由于遭受谴责而是由于所见场面的威严可畏)直到天使摸了他的嘴唇才恢复说话能力一样(《但以理书》第 10 章第 15 节往下)。

预先给所应许的孩子起名是从以实马利和以撒的故事里模仿来的(《创世记》第 16 章第 17 节;第 17 章第 19 节)。关于孩子未来的生活方式,即清酒浓酒都不喝的规定,则是同要参孙母亲怀孕期间遵守的一字不差(《士师记》第 13 章第 4 节,第 7 章第 14 节)。此外,两个孩子从母腹开始就献身于庄严崇高事业,以及他们精神力量的成长也几乎是以完全相同的词句表达的(《士师记》第 13 章第 5 节,24 节往下;《路加福音》第 1 章第 15,80 节)。另一方面,《路加福音》里同叙事文交织在一起的赞歌则是从撒母耳故事中模仿来的。正如撒母耳的母亲在把所赐给她的儿子带到大祭司跟前的时候脱口而发出赞美的歌声一样,施洗者的父亲在施洗者受割礼时,舌头舒展,也唱起了赞美的歌声(《路加福音》第 1 章第 67 节往下),尽管马利亚的赞歌(《路加福音》第 1 章第 46 节往下)在某些地方似乎比撒加利亚模仿得更和撒母耳母亲的赞歌近似。

第三福音早期历史的作者把《旧约》里各式各样的模式在其记事中像拼嵌马赛克(Masaic)那样拼嵌了起来,只有那些对晚期犹

太思想方式和写作方式毫无认识的人才会认为这种做法未免令人
50 难以置信。模仿文艺时期[1]的犹太人完全生活在其民族的早期历史中，生活在其早期历史的圣书中，他们认为后来所发生的一切都是早期所预示过的，到处都有关于后来事情的预言和象征。同样，那些想要歌颂晚期圣者的诗人，除了把这些人想象为在原始时代宗教历史的有关事例中早已预言过的人物以外，再也想不出别的方法来。

但在其他方面这个早期历史的编撰人也并非完全是毫无生气的模仿者，如果有必要的话，他也能运用其独立自主的发明才能把其心目中所要描绘的人物加以渲染发挥而不受其业已发表过的言论的约束。作者别出心裁地编造出弥赛亚的母亲和其先锋的母亲相会见的场面就是一个例证。在安排这次会见中他的唯一目的就是尽可能早地使耶稣和施洗约翰发生一种从属关系，从而为耶稣歌功颂德。达成这一目的的最好方式，不是让这两个儿子首先相会而是让这两个母亲连同她们腹中的胎儿首先相会，并且把这次会见安排得能够预示他们以后的关系来。为了使这种会见成为可能就必使这两个女人发生亲属关系，而她们能够实现这次会见则是由天使示意促成的。天使为了向马利亚说明对她的应许是可信的，向她提到了上帝向她的亲戚以利沙伯所行的几乎同样难以置信的事情。作者把预示两个孩子将来关系的预兆放在先锋的母亲向弥赛亚母亲问安的话里（第 1 章第 43 节）："我主的母亲到我这

① 模仿文艺时期（Epigonenzeit）指在文学或艺术上毫无创造性思想而一味以模仿古代或前人为能事的暗淡无生气的文艺时代而言。——译者

里来这是哪里的话呢?”这就是说,“我怎么得到这么大的光荣,我主的母亲竟到我这儿来呢?”在这句话里,已经把马太(第 3 章第 51
14 节)当耶稣走近时假施洗者之口所说的话:“我当受你的洗,你反倒上我这里来么?”包含在内了。如果把胎儿期的施洗者也包括在这次致敬中的话,这个预兆就更加令人惊异了。在作者面前摆着旧约历史中一桩类似的晚期生子的事例。族祖以撒的妻子利百加在耶和华听了她丈夫的祈祷赐给她一对后来成为以东和以色列两个民族祖先的双生子以前也患不育症(《创世记》第 25 章第 21 节)。根据希伯来人传说,这两个民族后来的关系早在这两个孩子在母腹中的时候就已经预先表示出来了。首先,由于两个孩子在母腹中彼此相争(第 25 章第 22 节)预示了他们后来的彼此敌对立场。其次,由于诞生时雅各抓住了先生的哥哥以扫的脚跟预示了多才多艺但体质比较孱弱的以色列对具有蛮力的以东在精神上的优越性(第 25 章第 26 节,参看第 27 章第 36 节)。但施洗者和耶稣并不是孪生兄弟,当马利亚走近时除了在母腹中做出一种具有深远意义的动作外,不可能有别的办法。亚伯拉罕因为将会看到基督显现而欢欣鼓舞,而且因为的确(在乐园里)看到这个日子感到非常快乐(《约翰福音》第 8 章第 56 节)[①]。同样,基督的先锋,当马利亚进来向以利沙伯问安的时候,虽然还在母腹中,就做出了表示欣喜的动作来,表示他因看到了他将为之作宣告的那一位的来临而感到非常高兴(第 1 章第 44 节)。为了显示事物的可能性,连神迹故事的编撰者,必要时在次要情节方面也会喜欢联系事物

① 英译本误作第 10 章第 56 节,其实第 10 章根本没有第 56 节。——译者

的自然进程来谈论。作者解释说，这时已到了胎儿开始活动时期，
52 因为当马利亚听天使的话访问以利沙伯时，以利沙伯已经怀孕六
个月了。

撒母耳母亲在给孩子断奶以后，把他献给服事耶和华的崇高事业时所唱的赞歌，是不能不加以利用的典范。首先是假施洗者父亲之口唱出类似的赞歌来。但在孩子诞生和受割礼以前，还有一段时间，于是出现了马利亚的访问，并在撒加利亚之前，利用了撒母耳母亲的赞歌(参看《路加福音》第1章第47节同《撒母耳记上》第2章第1节；《路加福音》第1章第49节同《撒母耳记上》第2章第2节，《路加福音》第1章第51节同《撒母耳记上》第2章第8节往下；《路加福音》第1章第52节同《撒母耳记上》第1章第11节)，这样，为撒加利亚在他儿子受割礼时留下的就只好是由选自《诗篇》和先知书的一些美丽章句中编造出来的赞歌了。

59. 耶稣诞生

关于施洗者诞生的宣告；耶稣诞生的宣告；他们母亲的会见；施洗者的诞生和受割礼；耶稣的诞生和受割礼，在《路加福音》里，这些事都是互相交织在一起的。另一方面，在《马太福音》里不仅没有提到施洗者，连耶稣的诞生也只是在事前(第1章第25节)和事后(第2章第1节)间接地提了一下；至于诞生这件事本身以及有关情况，都没有作为主题加以叙述。

但在《路加福音》(第2章第1—20节)里，却有以居里扭时期的报名上册为根据并以之作为耶稣父母前往伯利恒原因的这类叙述。关于这些，我们在前面已经考察过，并且发现其为由于教条上

的需要而产生的历史性错误。叙事的其他特征也都和这个根据有 53
关。作为由于报名上册才来到伯利恒的异乡人，耶稣的父母找不到住宿的地方。基于同一原因，许多别的人也来到这个同一地方。既然连在客店里都找不到地方，耶稣的父母就不得不住在马棚里，或者根据《次经》[1]《圣婴福音》和几位教父的传述，他们不得不住在离该地不远的一个洞穴里[2]，并把新生的婴儿放在马槽里。接着讲到一种牧羊者的生活情景，但该书作者并非仅是由于马棚和马槽才想到牧羊者生活，而是有他们自己的原因。希伯来民族的祖先们都是些牧羊人，他们都是在羊群中接受启示的。当人民的第一个救主摩西看守他岳父叶忒罗（Jethro）羊群的时候，耶和华向他显现（《出埃及记》第3章第1节往下）；上帝把弥赛亚的祖先大卫从伯利恒的羊群中领出来，叫他牧养上帝的百姓（《诗篇》第78篇第70节往下，《撒母耳记上》第16章第11节）。希腊罗马传说中的居鲁士（Cyrus）或罗姆鲁斯[3]（Romulus）也都出身于牧羊人行列[4]。同样，第一次听到弥赛亚诞生喜讯的人也都只是些贫苦、朴实的牧人，而不是法利赛人和文士和京城里的残暴君王。

天使在夜间向牧羊人显现，主的荣光照耀在他们周围。这又

---

① 《次经》亦译《伪经》，一般的中、英文《圣经》里都没有，但在路德·马丁所译的德文《圣经》里，都以附录形式夹在《新、旧约》之间并加以按语说，“这些书虽然不能同《圣经》各卷等量齐观，但对读者还是有教益的”。——译者

② 贾士丁：《同特里孚的对话》，78；阿利金：《驳赛尔赛斯》，1，51；《雅可比前福音书》，C. 18；《马利亚诞生福音书》，C. 13；并说贾士丁还援引了《以赛亚书》第33章第16节。

③ 居鲁士（Cyrus，公元前600？—529），波斯帝国创立者，亦称大居鲁士。罗姆鲁斯（Romulus），罗马神话人物，据说是第一位罗马王。——译者

④ 希罗多德（Herodotus），I，160往下，利维（Livius），I，4。

是和另一种思想联系着的，根据《以赛亚书》(第 9 章第 2 节)“在黑
暗中行走的百姓看见了大光，住在死荫之地的人有光照耀他们。”
54 不仅马太(第 4 章第 16 节)曾把这预言应用在弥赛亚耶稣身上，路
加(第 1 章第 79 节)在叙述圣婴历史时也曾用过。耶稣就是从高天照临的曙光，是照亮黑暗的晨曦(参看《约翰福音》第 1 章第 5 节)。这种象征性语言一旦按照字面意义来理解，路加在这里描绘的夜景就是很自然的结果了。

在高天亮光中向牧羊人显现的天使，对他们宣告了弥赛亚救主已在大卫城诞生。为了证实他向他们作的宣告，他告诉他们当他们回到城里时将看见一个婴儿卧在马槽里。以赛亚(第 7 章第 14 节)曾给犹大王亚哈斯一个兆头，说必有童女生子，人将给他起一个令人欢欣鼓舞的名字，这是完全符合希伯来传统精神的。在希伯来人传说中，经常为了保证一个预言的真实性，或者一桩事情的神圣性，或者一个神人的尊严性，说即将有某种情况发生(请参看《撒母耳记上》第 2 章第 34 节，第 10 章第 7 节往下；《马太福音》第 21 章第 2 节往下；《使徒行传》第 10 章第 5 节往下，17 节往下)。天使一说完这些话，立刻就是天上大军同他一同歌唱。牧羊人回到城里，看见了婴儿，就把天使论这孩子的话传开。一般人听了这些话都感到非常惊异，孩子的母亲却把这一切记在心里，反复思想，正如从前雅各听了他宝贝儿子约瑟把所梦见的一切告诉他之后，把它们全都记在心里反复思想一样。

既然耶稣诞生由于天使显现已获得了光荣，再像施洗者受割礼时那样，对于情节加以修饰就显得是多余的了。不过如果对之加以忽视也是不应当的，必须根据路加叙述圣婴历史的意图，突出

表现耶稣家庭忠实遵守法律的精神。

II. 耶稣是上帝创世之道成为肉身 55

60.

如上所述，耶稣由圣灵从童女腹中出生的观点，尽管由于排除了有关怀孕的一切肉欲成分而同犹太人的上帝观念协调一致了，但由于肉欲观点必然仍会经常不自觉地袭来，这不仅对犹太基督徒，就连对那些对于神性本质已经有了更高尚认识的从异教皈依过来的基督徒来说，必然还保留着某种不很体面的意味，但这类基督徒，特别是后者，必定仍然希望使他们的宗教独立于古犹太宗教之外，使他们的基督超出于全人类和旧约最伟大的先知之上。在他们看来，似乎除了这种不无疑问的方法之外，一定还有另一种方法，可以达到同样的目的，甚至最终还可能达到更高的目标[①]。

由于被杀害的弥赛亚的追随者们不可能想象他们的弥赛亚已经死亡，已经成为离开身体的幽灵，这也就是说，由于他们产生了耶稣已经复活、已经上升到上帝那里的信仰，他们就有了一种想

---

① 关于以下所述，请参看蔡勒尔：《论新约的基督论》，载《神学年鉴》，1842 年，第 51 页往下。《希腊人的哲学》，III，第 2，621 页往下。施维格勒：《后使徒时代》，II，第 286 页往下。海瓦格（Hallwag）：《古代教会的基督预先存在观念》，载《神学年鉴》，1848 年，第 144 页往下，第 227 页往下。卢克（Lücke）：《约翰福音注释》，第三版，I，第 283 页往下。鲍威尔：《前三世纪的基督教》，第 308 页往下。伏克马尔（Volkmar）：《约翰的启示录注释》，第 72 页往下，第 113 页。豪尔斯吞：《保罗见到的基督异象》，载《科学的神学杂志》，1861 年，第 231 页往下。

56 法，认为至少耶稣从复活升天时起，就已经和天庭里的大臣即天使处于同等地位，甚至还超过了他们，上帝已经把天上、地上的一切权柄都交给了他（《马太福音》第 28 章第 18 节）。但是，如果他的存在仅仅从其降生时开始，他甚至连天使的地位都达不到，因为天使们都是同天地同久远的，如果他要和天使处于同等地位，那他就必须从他诞生以前已经存在，诞生不是他的存在的开始，而仅是他从早先超自然的存在下降为人。

耶稣是弥赛亚这种观点的形成，是由犹太人的好几种不同想法促成的。但以理书里驾云降临到上帝宝座前并被授予统治世界权柄的人子，本来可能只是预示以色列人的一个象征，但像我们从福音书里明显地看到的那样，当这个名称应用到弥赛亚身上的时候，后者就被认为是一个超自然的存在者了。弥赛亚的名字、犹太民族及其律法，在犹太人看来，都是从创世以前就存在于上帝心中的，这就是说，在自私心重的犹太人看来，上帝创造世界是为了以色列人，打发弥赛亚到世上来，也是为了犹太人，在上帝草拟宇宙蓝图的同时，就已经为弥赛亚及其使命作好了规划。但人们都清楚地知道，这类想法会产生什么样的情况。预先的决定很容易变成了既成的事实，理想的预先存在变成了现实的预先存在。耶稣从上帝是亚伯拉罕的上帝、以撒的上帝、雅各的上帝这一名称中推断出犹太族祖们的永世长存来（《马太福音》第 22 章第 31 节往下）。同样，另一个人也可能从耶稣被列于上帝创造宇宙的永恒计
57 划之内推断出当上帝创造宇宙的时候他已经同上帝在一起了。[①]

① 原文为：“bei Gott genesen”。——译者

《启示录》(第 3 章第 14 节)[①]把耶稣称为“上帝创世之始”,[②]可以说这种称呼正好位于对于这个概念的理想的理解和现实的理解的分界线上。

从摩西的创世历史的独特性质上,也可以得出类似的结论来。众所周知,《创世记》关于人类的创造有两种不同的说法。第一,第 1 章第 27 节说,“上帝就照着自己的形象造人,乃是照着他的形象造男造女。”第二,第 2 章第 7 节以下说,“耶和华上帝用地上的尘土造人,将生气吹在他的鼻孔里,”然后又用男人的一根肋骨创造了女人。近代批评主义认为,其所以有这两种不同的讲法,乃是因为《创世记》是由两种不同的文献合并在一起所造成,而犹太思想家对此却有全然不同的看法。由于这里首先说人是按上帝的形象造的,第二次又说人是用地上的尘土造出来的,他们就认为,这决不可能是指同一个人而言,第一句话一定是指超自然的属天的人而言,第二句话是指有肉欲的、属地的人而言。我们发现,亚历山大的犹太人菲罗就作了这样的区分,使徒保罗也作了这样的区分,而且是把它应用在作为弥赛亚的耶稣身上。根据保罗的说法,就耶稣的本性而言,他是另一个人,是第二个亚当,是上帝的形象,是和第一个人形成对照的属天的人(《哥林多前书》第 15 章第 45 节往下;《哥林多后书》第 4 章第 4 节)。尽管他被创造在第一亚当之

① 英译本误作第 3 章第 3 节。——译者

② “上帝创世之始”,希腊文为“ἡ ἀρχὴ τῆς κτίσεως τοῦ θεοῦ”,英文钦定本《圣经》译为“The beginning of the creation of God”,中文《圣经》一般译为“在上帝创造万物之上为元首的”,最近国外一种汉译本译为“神的创造之本源”(见《当代圣经》,第 549 页)。——译者

前，却被称为第二或末后的亚当，毫无疑问，这是因为他出现在第一个亚当之后。上帝一直等到属地的亚当的后裔发展到一定地步，这时而不是在这时以前，为了结束世界的当前时代，才差遣属天的亚当成为人的形象来到世上。属天的亚当，自从其被创造以来，就作为上帝的儿子，在荣耀的光中一直和上帝同在。尽管在耶稣降世以前并没有在人世间出现过，作为属天亚当的弥赛亚，既然从创世以来就这样存在着，他就仍然有可能对人类，特别是对选民
58 产生影响。当有一次保罗称基督为在旷野随着以色列人的灵盘石(《哥林多前书》第 10 章第 4—9 节)并警告哥林多基督徒不要像从前以色列人中有些人那样试探基督的时候，我们无论如何也不必认为，第一，那仅仅是一个寓言，或者第二，通过一种牵强附会的解释，逃避这样的结果，即保罗关于亚当——基督的构想是，甚至在以色列人漂流旷野期间，基督就已经同他们发生了一种特殊关系。

保罗是不是认为基督也参与了世界的创造，如所周知，这是一个有争议的问题。当我们从《哥林多前书》第 8 章第 6 节读到“我们只有一位上帝，就是父，万物都本于他，我们也归于他，并有一位主，就是耶稣基督，万物都是借着他有的，我们也是借着他有的”。对此，我们首先就会认为，这些话的意思只能是说，基督就是世界的创造者，尽管只处于一种次要的、助手的地位。如果保罗同时也是《歌罗西书》的作者的话：那里说(第 1 章第 15 节往下)基督是那不能看见的上帝的象，是首生的，在一切被造的以先，因为万有都是靠他造的，无论是天上的、地上的、能看见的、不能看见的。所以，如果用第二处经文来解释第一处经文的话，则根据保罗的教训，基督是世界的创造者，就是没有怀疑余地的了。的确，根据摩

西书的原始记载，人，即使是按上帝形象创造的人，也只是在创造了其他一切之后，第六天才创造出来的。至于第六天才创造出来的人，怎么能被认为能够参与上帝创造世界的工作，这一点就不很清楚了。不过他的被造，一般说来，并不排除他也具有创造活动能力，则是我们从《歌罗西书》这段经文里看得出来的：在他被创造之 59
后，其余的一切都是借他创造出来的。但如果《歌罗西书》以及《腓立比书》和《以弗所书》属于一个较晚时期，《哥林多书》那段话就其本身而言，还可能有另一种解释，连同《希伯来书》一道，我们也还能看出，这些概念的发展趋势是什么。《希伯来书》同《歌罗西书》一样，在略过保罗关于原始人的观念的同时，立刻就把创世的观念同上帝的儿子弥赛亚联系起来，虽然不是按照犹太人的神权政治意义，却是按照形而上学意义。基督是上帝荣耀所发的光辉，是上帝本体的真象，是首生的。借着他，上帝创造了诸世界[①]，这就是说，现在的和将来的、看得见的和看不见的世界（第 1 章第 1—6 节）后来为了人的原故，上帝使他成了人，有了人的血肉之体（第 2 章第 14 节往下）。按实际情况而言，这里已经具备了第四福音书作者所称之为逻各斯[②]的同样本质，只是《希伯来书》作者没有用这个词[③]罢了。其实由于作者所受亚历山大学派和菲罗的教育，他是熟悉这个词的（第 4 章第 12 节往下）这就越发令人感到惊

① “诸世界”，希腊文为 αἰῶνας，是 αἰὼν 的复数，一个 αἰὼν 就是具有某种特征的极长时期，也就是具有某种重要特征的世界情况或秩序，英文的 œon 或 eor 就是这个希腊字的译音。这里中、英文《圣经》都译为“诸世界”（Worlds），是指具某种特征或秩序的极长时期，也可指当前的或将来的物质世界而言。——译者

② 逻各斯（λόγos，logos）就是《约翰福音》里的“道”。——译者

③ “这个词”就是指“逻各斯”。——译者

异了。

像全部亚历山大宗教哲学一样，菲罗的逻各斯理论有犹太和希腊两个根源。但从其原始意义讲，并不是指上帝为创造世界所说的话而言[1](《创世记》第1章)；尽管《诗篇》第33篇第6节作了像“诸天借耶和华的话[2]而造，万象借他口中的气而成”那样的应用，但就连在这里，也没有诗词拟人法的思想。《旧约迦勒底语释义》其实只能看作是对亚历山大学派逻各斯理论所作一次回顾的结果。另一方面，全部希伯来沉思和箴言文学，贯穿着从《约伯记》和《箴言》直到《西拉书》和《所罗门智慧书》[3]的神圣智慧思想。在
60 《约伯记》(第28章第12节往下)则明显地是一种诗词拟人法。但在《箴言》(特别是第8章和第9章)对神圣智慧所作的描述，即使作者无意，也很容易被看作是一个真正的人。这里是智慧亲自登场讲话，她夸耀自己在上帝造化之始就已存在，“在太初创造万物以先就已作好准备，当上帝奠定大地基础的时候，我已作为工艺师在他身旁[4]并为他所喜爱，像人的众子为她所喜爱一样。”根据《西拉书》(第24章)，上帝在万世以前就已经创造了智慧，太初她从至高者口中而出，她在万民中为自己寻找居所，直到上帝对她说，应

---

① 逻各斯既有话的意思，也有道的意思，还有特指耶稣基督的拟人用法。——译者

② 这里的“话”，中文《圣经》译为“命”，但根据原文，似仍以译为“话”比较忠实贴切。——译者

③ 如前所言，德文《圣经》除一般中英文《圣经》所列的《新旧约》各卷书外，还附有《次经》(亦称《伪经》)14卷，这里的《西拉书》、《所罗门智慧书》都是《次经》书名。——译者

④ 此处英译本漏译。——译者

当住在雅各中间①，并在以色列中占有她的产业（参看《巴录书》第3章第36节往下）。在《所罗门智慧书》里说（第7章第25节往下，第10章第1节往下），智慧是上帝荣耀的流溢，是永恒之光的余辉，是奠定世界秩序、友爱人类并在世上保持善意的上帝精神。她住在敬畏上帝的人们心里，特别是她曾以云柱火柱形式引导以色列人走过旷野。在最后引用的《次经》里不仅把这种创造世界并保存世界的神圣智慧区别为上帝的创世之道（第9章第1节）和威力强大的上帝的审判之道；而且还同样把他们描绘成具人格的角色。当埃及人在摩西施行的神迹面前继续坚持不信的时候，威力强大的上帝之道，就像一个身佩利剑的强有力的武士，携带着上帝严肃的命令，（像《历代志上》第22章第16节②降瘟疫的天使那样）在一个静悄悄的夜间（《智慧书》第18章第14节往下），忽然自天而降，置身于天地之间，使一切充满了死亡。

希腊哲学体系中除了柏拉图哲学以外，对亚历山大犹太人影
响最大的当首推亚历山大的斯多噶派。在这个哲学体系里，用来 61
描绘贯穿世界并艺术地塑造世界的神圣理性的词，不是：智慧，而是亚历山大人翻译《旧约》和讲希腊语的犹太人一般用来表示上帝创世之道的词：逻各斯。由于希腊语的特殊性，这个词既表示理性，同时又表示道。其结果是，亚历山大犹太人在进行哲学探讨时，很快就习惯于把过去认为属于神圣智慧的事物转而归之于神

① 第8节，ἐν'Ιακωβ κατασκὴνωσον（“在雅各中间定居”或直译：“在雅各中间支搭帐篷。”）《约翰福音》第1章第14节（说逻各斯）καί ἑσκήνωσεν ἐν ἡμιῦ（住在我们中间）。

② 德文原著及英译本均作第22章第16节，但德、中、英文《圣经》均在第21章第16节，可能有误。——译者

圣逻各斯。就这样，特别在与耶稣同时代并活得比耶稣更长的菲罗的思想中，逻各斯一方面相当于犹太人箴言文学中的神圣智慧；另一方面又相当于斯多噶派的世界理性、柏拉图和新毕达哥拉斯派的世界灵魂和世界理念。菲罗的逻各斯是上帝和世界之间的中间人①。他处于两者之间的分界线上，使两者有交往的可能，向下来说，由于他是神圣理念的化身，就把神圣理念灌输给世界，向上来说，他向上帝是世界的代表，特别是人类的代表。他既不是非被造，又不是像我们这样的被造，而是一切存在者中最早和最原始的存在者。对于我们这些远比他低下的生物来说，他就是一个上帝，不是绝对的上帝，而是一个第二位的或者说，次一级的上帝。这个逻各斯作为一个看不见的天使，曾以云柱和火柱形式把以色列人从埃及领出来。根据菲罗的说法，也许应当把他理解为弥赛亚时代的超人的显现，只有得救的人才认识他，而对其他一切人来说，则是看不见的。他将要带领散居各地的犹太人归回应许地。不
62 过，菲罗心目中将要在回归的人民之前带领他们的弥赛亚王，是和超人的理性有所不同的。他的逻各斯是超感觉的，不可能进入物质之内，几乎不可能是一个有一定形体的人。

但这两种观念，逻各斯观念和弥赛亚或基督观念的结合是不可能长期拖延下去的。他们所起的中介作用，一方面是在上帝和选民之间的中介作用；另一方面是在上帝和一般世人之间的中介不可能不把他们结合在一起。的确，在《约翰福音》之外或之前是看不到这种结合的（第 1 章第 1—18 节）。使徒保罗虽然认为弥赛

---

① “中间人”《新约》译作“中保”。——译者

亚在人类以前就已经存在，却并不知道有菲罗意义的逻各斯存在。希伯来书里有逻各斯这个词，但在那里像在《智慧书》里被列于智慧一边那样，逻各斯是作为锋利的、能够刺入剖开一切的审判精神（第 4 章第 12 节往下）而列于创造世界并救赎世界、上帝荣耀所发的光辉，上帝本体的真像（第 1 章第 1—3 节）的圣子一边的。在约翰的《启示录》里（第 19 章第 13 节）“上帝的道”这几个字，作为即将来临的胜利者基督的神秘名称写在他的头上。但这里所描绘的耶稣仅仅是上帝对世人进行宣判的传令官和执行者。这是从上下文，特别是从他口中发出了有如利剑的（第 15 节）强有力的上帝之道看得出来的。此外，生活于较晚时期被认为也和约翰同名的《约翰福音》作者，可能看到过《启示录》作者约翰的描述并对之作了形而上学的理解。但如果认为这位福音书作者是第一个把这两种观念结合起来的人则似乎和实际情况并不相符。因为我们发现，在和他同时代的，如果不是更早的作品中，特别是在贾士丁·马特尔的著作中，已经有了独立于他，而且在许多方面和约翰不同的描述
形式，以致人们不能不清楚地认识到，贾士丁和第四福音书作者一 63
样，把逻各斯学说作为当时的一种流行思想接受过来，并以他自己的方式应用于其基督教理论之中。

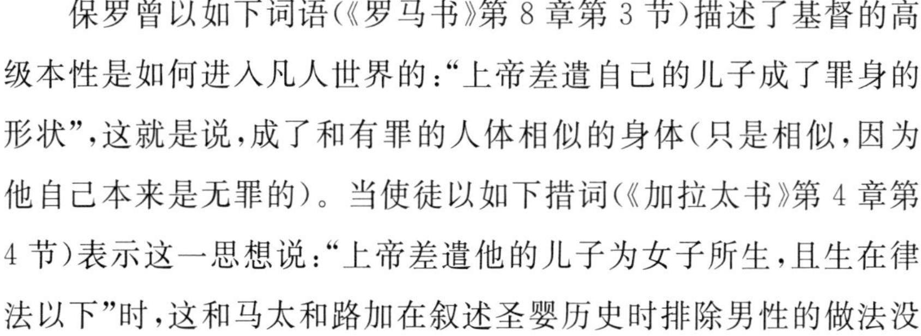

保罗曾以如下词语（《罗马书》第 8 章第 3 节）描述了基督的高级本性是如何进入凡人世界的：“上帝差遣自己的儿子成了罪身的形状”，这就是说，成了和有罪的人体相似的身体（只是相似，因为他自己本来是无罪的）。当使徒以如下措词（《加拉太书》第 4 章第 4 节）表示这一思想说：“上帝差遣他的儿子为女子所生，且生在律法以下”时，这和马太和路加在叙述圣婴历史时排除男性的做法没

有任何关系，就像他在另一场合(《罗马书》第 1 章第 3 节往下)说：按肉体说，是从大卫后裔生的，按圣善的灵说，因从死里复活，以大能显明是上帝的儿子，同排除男性作用没有任何关系一样。反过来说，保罗认为，耶稣是一个按自然规律诞生的人是毫无疑义的；上帝的儿子，属天的亚当可能是在他诞生以前同他结合在一起的。

在把这种高级精神描述为独生子、太初就与上帝同在，万物都是借他造的神圣逻各斯的《约翰福音》里，对于他进入凡人生活的方式并没有作详细的讲述，而只是说(第 1 章第 14 节)“道成了肉身”，这就是说，他取得了人的身体；但并没有告诉我们，他是在什么时候，或者怎样取得这个身体的。因此，在这部福音书里，像在保罗的著作里一样，我们没有任何理由排除男性对于他生育的参与。不仅是犹太人(第 6 章第 42 节)就连使徒腓力，在他承认耶稣为律法和先知所预言的弥赛亚之后，仍然称他为约瑟的儿子(第 1
64 章第 46 节)，而且没有暗示过任何要加以更正的意思。根据约翰的看法，正如按自然规律出生的忠实基督徒，“不是从血气生的，不是从情欲生的，也不是从人意生的，而是从上帝生的”(第 1 章第 13 节)那样，基督本人，尽管他是完全按人的常规生育的人，仍然可能是上帝的独生子。不过这位福音书作者并没有作出任何暗示，这种结合是在什么时候发生的。当说到逻各斯是真光(显然是指施洗者工作时期而言)，照亮一切生在世上的人(第 1 章第 9 节)，而且紧接着又说，受洗时圣灵降在耶稣身上(第 1 章第 32 节往下)的时候，人们从此推断出，第四福音书作者认为，耶稣受洗就

是逻各斯同为人的耶稣结合的时刻①。至于说圣灵以鸽子形态降在耶稣身上，则是不能轻易地同逻各斯相提并论的，它是该福音书作者所因袭的关于耶稣高级本性的最古老的传统观点的残余，尽管这和他自己的逻各斯学说并不一致，就像圣灵在耶稣受洗时降在他身上的说法同《共观福音》耶稣由圣灵而生的观点并不一致一样。最可能的是，第四福音书作者认为，这种结合，像柏拉图的先在灵魂（Präexistirenden Seelen）同身体的结合那样，从耶稣生命一开始就结合起来了，但他略过了童年期的历史，这样做部分地因为，描述成为肉身的次级上帝②，比描述由上帝而生的人的童年时期困难得多，部分地因为，童年时期福音对他的高昂的文风和生动描述来说，调子未免过于低沉了。

《约翰福音》序言和《共观福音》里耶稣诞生故事关于耶稣身份
起源的观点虽然都同耶稣受洗故事中关于耶稣的弥赛亚装备的较 65
老观点不相一致，但他们彼此之间对于这个问题的看法也不是一致的。

贾士丁认为③，只应把马太和路加所说，对马利亚怀孕起作用的圣灵或至高者的能力理解为逻各斯的做法也是站不住脚的。圣灵也好，道也好，在耶稣里面成为肉身并住在他里面的上帝本性和仅仅作为耶稣生育条件的上帝作用，总应该是有区别的。在后一种情况下，福音故事的主体是通过这种作用才产生的，在前一种情

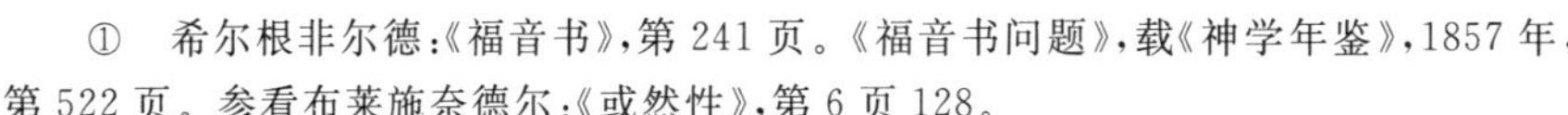

① 希尔根非尔德：《福音书》，第 241 页。《福音书问题》，载《神学年鉴》，1857 年，第 522 页。参看布莱施奈德尔：《或然性》，第 6 页 128。

② 作者称耶稣为次级上帝。——译者

③ 《卫道篇》，I，31，35。

况下，福音故事的主体早就存在，只是由于成为肉身，换了一种存在方式而已。在一种情况下，耶稣的身份是由上帝的授精作用同人的，也就是说，女人的受精合作而产生的一种混合产物，在另一种情况下，耶稣的身份则是一种纯粹的神圣逻各斯身份，而人的成分则处于一种暂时的附属的地位。

61.

《箴言》和《西拉书》中的神圣智慧之所以受人注目，不仅是因
为人们要为弥赛亚耶稣的身份寻找一个崇高的、超人的主体，而且
也是因为作为教师的耶稣已经指明了这个方向。智慧经常以人类
教师的姿态出现在这些著作之中；当人们发现耶稣是教师的典范
的时候，他们就很容易把他当作人类的教师智慧来看待。当《箴
言》（第 9 章第 1 节往下）中说：智慧建造房屋，宰杀牲畜，调和旨
66 酒，设摆筵席，并打发使女到城中高处呼叫说：“你们来，吃我的饼，
喝我调和的酒”的时候，人们就想起了福音书中请客赴宴的比喻了
（《马太福音》第 22 章第 1 节往下；《路加福音》第 14 章第 16 节往
下）。那里说：同样，主人打发仆人到城里的大路上去邀请客人说，
筵席已经预备好了，牛和肥畜已经宰了，一切都已齐备，只等客人
来了。在这个比喻里，上帝亲自取代了《箴言》里智慧的地位，但我
们在上面已经看到一种情况，在基督教传统里，耶稣取代了智慧的
地位。关于所说差遣先知和使徒到犹太人那里，受到他们逼迫和
杀害的话，在《路加福音》（第 11 章第 49 节往下）里耶稣说是“上帝
的智者”说的，但《马太福音》（第 23 章第 34 节往下）却直截了当地
说是耶稣本人以他自己名义说的，正如古代犹太基督徒历史家郝

格西普斯称耶稣同时代人为配得亲耳聆听“上帝感动的智者”讲话[1]一样。

《西拉书》的结尾是一篇感恩的祷告，作者作为智慧的弟子和智慧的施予者，部分地运用了在第一和第三福音书假耶稣之口所说同样人所熟知的话，他说：“我主我王啊，我要赞美你”（第 1 节往下），因为主不仅以多种方式保护并拯救了他，而且还把所应许的智慧赐予了他。他喊叫说（第 23 节）“你们愚昧人要就近找来，因为你们的心灵渴望得到满足（第 26 节）；要把你们的颈项放在轭下，使你们的灵魂接受教育（第 27 节）；瞧，我的劳苦很少，我的安息却是很多。”在这里我们一定会想起《马太福音》（第 11 章第 25 节）耶稣所说的话。“父啊，天地的主，我赞美你，”接着就是耶稣所特有的感恩祷告，因为你将这些事向聪明通达人就藏起来，向婴孩 67
就显出来，然后就是同《西拉书》完全一样的邀请，“凡劳苦担重担的人，可以到我这里来，我就使你们得安息，你们当负我的轭，学我的样式，这样，你们心里就必得享安息。”这样的符合一致很难说是一种偶然的巧合。很可能在耶稣心里已经有了《西拉书》这段话的印象，因为《西拉书》原来是用希伯来文写的。

但我们从《箴言》（第 8 章第 1—22 节往下）听到智慧呼喊说：“在耶和华造化的起头，在太初创造万物之先，就有了我……大山未曾奠定，小山未有之先，我已生出，……当他立定天地的根基时，我在他那里为工艺师，日日为他所喜爱……众子啊，现在要听从我，因为谨守我道的，便为有福……寻得我的，就寻得生命，也必蒙耶和华的恩惠，得罪我的，却害了自己的生命，恨恶我的，都喜爱死

① 引自尤西比乌斯：《教会史》，iii，32，8。

亡。”我们在《西拉书》(第 24 章第 1 节往下)还看到:“智慧称赞自己,在她的人民中获得荣耀……我是从至高者口中出来的……(第 19 节往下)你们凡羡慕我的,都到我这里来吧!从我的果实获得满足吧![①] ……吃我的人还要再饿,喝我的人还要再渴”,等等。我们从此就看到了《约翰福音》里耶稣讲话的根源。历史上的耶稣同《旧约》和《次经》里的智慧结合起来了。智慧作为人类教师以及创世以前作为上帝的伙伴和共同创世者的职位都归给他了。智慧所作关于凡寻得她的就寻得生命,得罪她的就害了自己的生命,凡恨恶她的就喜爱死亡之类的断言,在《约翰福音》记载的基督的讲话中还多次一再地回响着(例如,第 3 章第 20 节往下,第 36 节,第 5 章第 24 节);智慧请客,吃她的饼,喝她的酒,甚至吃喝她本身之
68 类的话,我们从《约翰福音》基督的口中也听到了(第 4 章第 10 节往下;第 6 章第 51 节往下;第 7 章第 37 节),只有在《西拉书》中智慧所作的附加语,即凡一次吃喝过她的人还会如饥如渴的想望她,在《约翰福音》里耶稣作了更高意义的改动,成为凡到他那里并相信他的人将永不再渴因为他所赐的水,将在人里面成为泉源,直涌到永生(第 6 章第 27 节,35 节;第 4 章第 14 节)。在《约翰福音》里基督用来比拟他自己和门徒关系的葡萄树和枝子(第 15 章第 1 节往下)是从《西拉书》里智慧所说的话引用来的(第 24 章第 17 节往下)。总的说来,《西拉书》里的话为基督在《约翰福音》里所说的一切话定下了调子:“智慧称赞自己,在她的人民中获得荣耀。”这样一种持续不断的自我夸耀和自我表扬,如果用在人格化的概念

① 英译本漏译。——译者

或上帝的属性上是一点也称不得有失体统的，但一用到一个真正的人身上，尽管是一个具有神人二性的人身上，就是另一回事了。

既然把讲话的基督和《旧约》及《次经》里讲话的智慧等同起来。由于在亚历山大有教养的犹太人都熟悉柏拉图哲学和斯多噶哲学，后来在那里这个智慧就变成了神圣逻各斯观念。公元第二世纪期间，基督教闯进了这个有教养的圈子之中，其自然结果就是我们在《约翰福音》里所看到的，像《箴言》和《西拉书》中的智慧一样，耶稣在其说话中，夸耀自己是救恩和生命的根源，终于在《约翰福音》序言里，根据菲罗学说，他被直截了当地宣布为神圣创造世界的逻各斯。

第三组神话　耶稣是另一位摩西[1] 69

555

I. 生命受危害，由于弥赛亚之星而得保全

62.

可以这样说，凡是能够理解斯维陀尼乌斯[2]著作的人，一定会受到启发，懂得应当怎样看待福音故事中的神迹。因为从耶稣的

① 此标题德文原著为：Jesus der andere Moses，英译本误作 Jesus the second man。——译者

② 斯维陀尼乌斯（Suetonius，德译名为 Sueton），约生于公元 69 年，大概死于 144 年，罗马传记家兼历史家，著有《名人传》（*De viris illustribus*）及《帝王列传》（*De vita caesarum*）等书。——译者

超自然生育一直到他升天，两者之间有一种类似的情况不断出现。尽管《旧约》关于神迹的记述，可能部分地提供较有决定意义的对比情况，但在斯维陀尼乌斯方面，值得考虑的是他提供了一种有益的情况，那就是，他所记述的奇事和神迹，凡是不能按自然常理解释的，都被认为是寓言。在几乎同时出现的帝王神迹和基督神迹之间，常有非常能说明问题的相似之处，不过时至今日，已经很难分辨哪些是寓言，哪些是神迹了。

首先摆在我们面前的这组叙事文的主题：注定要有重大成就的伟大人物的幼儿期生命遭受危害，但又奇迹般被保存下来，是所有英雄传奇的基本主题之一。不必旁征博引，在我们所屡见不鲜的希伯来人、波斯人、希腊人和罗马人传说和这些民族之间有什么大概的或可能的联系，更不必讲论威胁宙斯、赫拉克雷斯幼年生命的危险是怎样避开的，单在五经中的摩西，晚期犹太传说中的亚伯拉罕、希罗多德著作中的居鲁士，利维著作中的罗姆鲁斯和同一世
70 纪里斯维陀尼乌斯著作中的初期罗马帝王以及《马太福音》（第2章）的基督教弥赛亚等的青、幼年历史中就已经发现了这个主题。在贯彻这一主题的在所有特征方面表现得如此类似，以致不可能不看到一种传说对另一种传说的影响，和他们之间的共同心理根源。这个心理根源就是那种令人一方面对于善良而伟大人物的价值可能濒临丧失和另一方面由于上帝的关怀而获得保全有比较深切感受的幻想规律。由于一种传说对另一种传说的影响、摩西传说对基督教传说有影响是肯定无疑的，波斯传说对希腊传说有影响是有极大可能的，对罗马传说有影响至少也是可能的。

耶稣婴儿时期遭遇的危险是非常特殊的。其原因是耶稣诞生

时在天空出现了一颗明星,引导东方博士来到了耶路撒冷,在那里
他们对犹太人新生之王的探寻引起大希律王对于后者的注意。就
这样,明星之出现一方面固然说明了婴儿耶稣生命遭受危险的原
因,但同时它也为传说本身提供了依据。新出现的星体,特别是不
期而出现,转瞬即逝的彗星从远古以来一直到我们时代,人们就相
信它意味着人间的变革,伟大人物之生或死、战争,或者往好处说,
丰收年景。人们假定如果天上出现了一种异乎寻常的现象,地上
人类社会必然有一种相应的类似情况发生,如果在一百桩事例中
发生了一桩这样的巧合,人们就会认为这就证明这种假定是正确
的,而九十九桩没有相对应的历史事件的自然现象则被忽视不谈。
反之,对于人们所要特别突出的一桩历史事件,尽管实际并没有与 71
之相对应的特殊自然现象,人们也会凭空杜撰出一个与之相对应
的自然现象来。对于这类的传统叙述,即使我们假定其自然现象
的确发生过,但和某一历史事件实际并没有关系,它们之间的紧密
联系乃是叙事者臆造出来的,或者认为所谓的自然现象完全建立
在虚构的基础上,都必须由在其他方面对该现象是否有无可怀疑
的资料,以及该叙事的性质及来源来决定。当斯维陀尼乌斯[①]讲
到屋大维(Octavian)[②]为纪念其被刺身死之伯祖父而举行运动会,
在进行第一轮比赛时,彗星出现七天之久,群众认为这是死后成神
的凯撒[③]显灵。撇开这种迷信的意义不谈,当时看到有彗星出现

① 《尤利乌斯》,88;参看普卢塔克:《凯撒》,69。

② 屋大维(Octavian)即亚古士督(Augustus),亚古士督是《圣经》译名,一般译奥古斯都(公元前63—后14),是凯撒之甥孙。——译者

③ 凯撒(Caesar,Gaius Julius,公元前100—前44),古罗马将军,政治家,历史家,独裁者,被布鲁土斯(Brutus)刺杀。——译者

很可能是完全正确的，因为文中不含有同流星出现相矛盾的任何事情。而且历史家的生活时代和地点也和事件发生的时代和地点非常接近，可以获得可靠的有关资料。我们还从普林尼[1][2]的著作中得知，在亚古士督本人的《札记》里，的确有关于这次流星现象的记载。然而，当我们从一位拉比[3]著作中读到在亚伯拉罕诞生时东方出现了一颗星，它把出现在天之四方的另四颗星吞噬了。部分地由于所讲的是如此荒唐透顶，部分地由于报道的日期距离所谓的事件发生时期是如此之辽远以致无论从两方面的任何一方面看只能把它当作童话来看待。最后贾士丁[4][5]告诉我们一个关于米特利达提斯（Mithridates）的故事[6]，说在他诞生的那年和即位的那年天上都出现了彗星，每次七十天，每天出现四小时，大小占
72 有天空的四分之一，比太阳还明亮，这种描述无论怎么说总是非常荒谬的。至少两次中要有一次，的确有彗星出现过，因为说两次都有同样情况实在太令人难以置信了。我们是否能相信其总的陈述，就要看对于贾士丁，更准确点说，对于贾士丁所摘引的特洛古斯（Trogus）[7]在其编写历史时所采用的史料加以研究之后才能

---

① 普林尼（Gaius Plinius Secundus，公元 23—79），古罗马博物学家，称大普林尼。——译者

② 《自然史》，II，23。

③ 《雅尔库特·流便尼》，f，32.4（英译本误作“32.3”）。——译者

④ 《腓力比历史书》，（*Hist. Philipp*），37.2。

⑤ 贾士丁（Marcus Junianus Justinus），《腓力比历史书》（拉丁文全名为 Histonarum Philippicam）的作者，该书是特洛古斯（Trogus）所著历史的摘要，特洛古斯原书已失传。——译者

⑥ 米特利达提新（Mithridates）是古本都（Pontus）国王名。——译者

⑦ 特洛古新（Trogus，鼎盛期为公元前一世纪——公元后一世纪），罗马历史家，《腓力比历史书》的原作者。——译者

决定。

《马太福音》所记关于耶稣诞生时有星体出现这一有争议的事件，第一，就时间方面来说，离该事件发生并不很远，因而不能凭这一理由加以反对。如果在巴勒斯坦有特殊星体出现，这个消息八十年甚至一百多年以后很可能仍然流传在民间，就如凯撒死后彗星的故事在斯维陀尼乌斯也就是说，在图拉真(Trajan)[1]在位时期仍然在罗马流传一样。不过在这里有一种情况是对福音书记载不利的。斯维陀尼乌斯记载的彗星是在为纪念凯撒举行的运动会时发生的，是在众目睽睽下出现的，这种天体现象在民众心里必然留下很深刻的印象，而且还记载在当时的史籍中。与此相反，耶稣诞生的年代，除了其真实性还有待说明的福音书记载外，并没有以什么特殊事件给同时代人留下标记。因而在一百年后在人们的记忆中已无法确实知道是有星体出现过。

第二，关于马太所描述的这颗星当博士们在东方看到它并认出它是犹太人新生之王的星(我们不知道他们是怎样认出来的)，也就是说，是弥赛亚之星的时候，他们就开始向耶路撒冷走去。至
于在旅程中是不是一直看到这颗星并没有说过。另一方面，在接 73
到希律命令之后，他们就沿着通向伯利恒的路走去。忽然他们又看到这颗星了，它不仅在他们前头引领他们，而且还清楚地停在耶稣父母所住的房子上面，于是博士们也就停下来，带着他们的礼物，进到房子里面。并没有告诉我们这是一颗什么样的星，但无论

① 图拉真(Trajan，公元53？—117)，罗马将军兼政治家，98—117年为罗马皇帝。——译者

如何，如果是一颗自然的星体的话，它决不能像马太说的那样（要停就停，要走就走）。[①] 如果是一颗由上帝直接派来并受上帝指导的超自然的星体，那它就应该做得更好些，它应该避开耶路撒冷，把博士们一直带到伯利恒去，这样就不致引起老暴君的愤怒，使可怜的伯利恒婴儿无端遭受不必要的杀戮之苦。因此，无论如何，我们必须把关于这颗星的行在博士前，并停在房子上面等超自然描述完全撇开，唯一的问题是，我们是否有理由完全放弃这颗星的出现，或者坚持它是历史的真实。

目前据我们所知，没有任何当时的其他历史文献，证实了这件事，只有大人物开普勒（Kepler）[②]为了获得线索以便决定基督诞生的真实年份，推算出在罗马纪年 748 年即希律逝世前二年，木星、土星、水星会合。开普勒以及在他以后的一些近代天文学者和神学家们[③]，认为他们已经发现了作为《马太福音》里博士们所看到历史核心的那颗星。但是，除了《马太福音》只说到一颗星而不
74 是一群星之外，两颗或者甚至三颗行星的会合对于熟悉天文的东方人来说并不是很稀罕的事情（木星和土星每 20 年会合一次）。不会像马太所记载的那样，认为是那么非常的事情。因此，连开普勒自己也认为单是那次行星会合并不能充分说明问题，因此开普勒猜想，可能还有一颗具有恒星亮度的非常的新星同会合的行星一道，就像在他自己时代 1604 年所发生的情况一样。这三个会合

---

① 括弧内的话是译者所加。——译者

② 开普勒（Johann Kepler，1571—1630），德国天文学家兼数学家。——译者

③ 作为其余一切人的代表，请参看韦色勒（Wieseler）：《四福音纪年概要》，第 62 页往下（英译本漏译页数。——译者）。

的行星和突然出现的新星，以一等星的光度，照亮了一段时间以后，就逐渐暗淡并终于消逝。但是，在这颗突然出现的新星和三颗会合的行星之间是绝对没有任何内在联系的，这种关于在公元1604年和耶稣诞生那年出现了同样情况的猜想，在戈丁根大学韦色勒教授从中国史册中发现在公元前4年(公元纪年正好比耶稣诞生晚了4年)确曾出现过一颗明星并在一段时间内被人们看见以前，一直悬而未决的问题才终于解决了。

向高度准确的天朝[①]史册致敬！向为了证明基督教真确性不远万里跑到中国去搜集资料的神学家致敬！至于我们，我们却不得不承认这条路太遥远了，也太迂回曲折了，我们相信我们能够以更好更令人满意的方式就在我们跟前发现我们寻找的对象。因为即使假定在耶稣降生那年有一颗彗星，或者一颗特殊的自然星体出现，它仍然不可能是像马太所描述的那样一颗星。因为那颗星不仅让博士们看到而且还行在他们前头。不仅像别的星那样，当
走路的人停下的时候它也停下，而且还在他们应该停下的地方先 75
停下来。星是一个天体，它为其自身存在，完全为另一些事物存在而不是为找地上的事物存在。另一方面，我们却在《民数记》(第24章第17节)里看到了完全为我们的需要服务，像马太所夸耀的那颗完全为朝觐弥赛亚服务的星一样。巴兰所声称的那颗将要出于雅各的星并不是真的星，而是弥赛亚之星，所以凡是犹太基督徒信仰为了尊崇弥赛亚所要求于它的它都不能拒绝。

① 天朝(Himmlicho Reich)这里并不是指宗教意义的天国，而是指旧时代的中国，故译为天朝。——译者

巴兰及其预言这一插曲是人所熟知的《旧约》中最美妙的《诗篇》之一。它是在以色列人民因战胜了邻近部落，特别是摩押人和以東人，而重新感到欢欣鼓舞的幸运时刻作成的。这篇插曲的作者把这种感情在一篇叙述惊恐失措的摩押王巴勒把歌手[①]巴兰从幼发拉底河畔召来，令他反对正在从旷野向前挺进的摩西，诅咒以色列人，但他不但没有诅咒，反而受了耶和华的灵感以高雅的预言和祝福支持了以色列人，在这些预言中有以下一些词句(第 17 节)“我看他却不在现时，我望他却不在近日，有星要出于雅各，有杖要兴于以色列；必打破摩押的四角，灭绝战争贩子的叫嚣。”[②]这里的“有星要出于雅各”和“有杖要兴于以色列”显然是对偶句，指的是同一事物。因而并不需要(第 19 节)[③]的补充说明“有一位出于雅各的必掌大权”才能使我们懂得前面几句话只具一种象征意义，是指的一位声势显赫的统治者而言。其次，同样明显的是，这位统治
76 者，并不是指弥赛亚，而是指以色列历史上的一位君王，很可能是指诗人生活时代的一位君王而言，为了抬高他的地位而假托是摩西时代一位先见的预言，至于所指究竟是谁，是大卫或是较晚时期的一个君王，可能还有争议。

---

① 英译本的先见(Seer)德文原文为(Sänger)应译为歌手。(先见是中文《圣经》的译名，相当于先知)。——译者

② 此句各种文版《圣经》译法不同，英文为“destroy all the children of Seth”(毁坏塞特的众子)，德文为“vertilgt alle Söhne des Kriegsgetümmels”(灭绝战争贩子的叫声)，中文《圣经》为“毁坏扰乱之子”，《当代圣经》为“砸烂骄傲狂暴人的脑袋”。杨氏《圣经汇编》(Young's Bible Concordence)把塞特解释为摩押人首领或部落名。而克鲁登《圣经汇编》(Cruden's Concordence)则说塞特一词是指定之意。——译者

③ 德文原著为“第 19 节”英译本误作“第 18 节”。

被认为比我们的福音书更早的《五经迦勒底语释义》，不是讲有一颗星，而是讲有一位君主，不是讲有一根杖而是讲有一位受膏者。虽然没有明确讲到弥赛亚，却是为讲弥赛亚作好准备。因为每一个君王都可以称为受膏者或弥赛亚。后来的许多拉比，肯定就把这段经文理解为是指弥赛亚而言。从海德利安在位时两个根据这段经文公开自称为巴科赫巴（意为星之子）的假弥赛亚引起犹太人的叛乱来看，很可能这种解释很早就已经成为传统的解释了。如果他仅是把星理解为弥赛亚的象征性描述，他已经很可能这样称呼自己了，但由于当时有拘泥于字面意义的倾向以及对于星象的迷信思想，人们不久就把有星出于雅各理解为是在弥赛亚时期真的有星出现，宣告他的来临了。在第一世纪末期的《十二族长约书》里关于弥赛亚有这样的说法[①]：“他的星将像帝王之星出现于天空；放射出智慧的光辉。”不仅弥赛亚诞生时有明星，据犹太人的传说，亚伯拉罕诞生时也有明星宣告。弥赛亚诞生时有星出现的思想一旦被接受了，人们就必须承认，一个抱这种思想的基督徒，像早期福音历史的作者那样，不管他知不知道有什么特异的天象，
都会很自然地说，星的出现是和耶稣诞生符合一致的，而且在他描 77
述弥赛亚之星的时候，不是受历史的探索的指引，而是受他自己的弥赛亚之星的思想的指引。

① 《利未约书》，18；《圣经外传》法布里克抄卷 V. T. 第 584 页往下，《马太福音》第 24 章第 30 节的“人子的兆头要显在天上”毫无疑问就是指弥赛亚之星而言。根据弥赛亚出现的不同情况，无论是降世为人，或驾云降临都可能期待这种星出现。《圣经外传》是指一批未收入《圣经》或《次经》的古代著作而言，其中有些伪称是圣经人物所写，英文称 Pseudepigrapha，德文称 Pseudepigraphen。——译者

由此可知，故事的作者所说的星，是从《民数记》得来的，而博士则是从星引来的。因为除了那些对于自然哲学，特别是天文学奥秘已经有了启蒙知识的人，以及那些来自神秘知识之乡的东方，很可能就是那位在远古就看到遥远的未来之星像其接班人现今看到眼前的星一样的巴兰的家乡巴比伦或幼发拉底河流域的人以外，谁能够首先看到并认出弥赛亚之星来呢？

博士们看见了弥赛亚之星，给婴儿弥赛亚带来了礼物；巴兰不仅没有带来礼物，反而接受了幼发拉底河畔的巴勒，为了诱使他出来不得不送给他的礼物（《民数记》第 22 章第 7 节）。巴兰因接受了礼物，就促使他希望立即看到出于雅各之星；博士们紧跟星的指引，为的是好将礼物献上。这里在摹本[①]中出现了一种只能用受到另一底本（Vorbild）的影响来予以说明的干扰现象，[②]这是不必广征博引就可以看得出来的。弥赛亚不仅是出于雅各之星，他还是从高天照临的曙光[③]（《路加福音》第 1 章第 78 节，参看《马太福音》第 4 章第 16 节）。根据以赛亚的预言（第 60 章第 1 节往下），这就是将要在耶路撒冷上空升起的光，百姓和君王都要携带丰盛

① 作者认为，福音书关于弥赛亚之星的记载，是由于摹拟《旧约》巴兰故事中“出于雅各之星”得来，故称之为“摹本”，但这种“摹本”又和原来的底本有差异，他把这种差异解释为是由于受到另一“底本”即《以赛亚书》第 60 章第 1 节往下的影响所造成。此种解释似乎含有极大的主观想象成分。——译者

② 干扰现象德文 Perturbation 原系一科学术语，我国天文学译为“摄动”，指一个天体绕别一天体运行，其轨道因受另一天体影响而发生偏差而言；物理学译为“微扰”，指一物体除了受外界主要影响外，同时又受到其他的较小影响。这些译名在这里显然都不合适，为普通读者易于理解起见，译为干扰现象。——译者（请参看《辞海》，“摄动”及“微扰”条）

③ 中文《圣经》译为“从高天临到的清晨的日光。”——译者

的礼物，聚拢到他跟前。其实，正如先知明确表示的那样，这光指的乃是耶和华的荣光，也就是耶和华自身。他曾因以色列人的罪孽离弃了耶路撒冷(参看第 52 章第 7 节往下)，到被掳期末了，他 78
要同以色列和好，回到耶路撒冷来，复兴并治理自己已得洁净，蒙恩宠的百姓。但在被掳归回，整顿了对于耶和华的崇拜之后，所应许的其他繁荣并未实现，于是人们就很自然地认为，这方面的应许，是指一个更远的未来，即弥赛亚时代说的，那时，外邦人将把黄金和乳香带到耶路撒冷，作为礼物献上(第 6 节)，正如《诗篇》第 72 篇第 10 节所说，将有一王按公义审判以色列民，粉碎那欺压他们的人。帮助贫穷人和困苦人，太阳还存，月亮还在，人要敬畏他直到万代，到后来人们只能把这位统治者理解为弥赛亚。示巴和西巴的王要把礼物，特别是黄金献给他。这仿佛是隐隐约约地向人指出了福音书这段故事的真实来源，所以从很早以来在教会里就有这样的传说，认为这些博士都是些国王。

所以，第一福音书关于博士和星的故事是由于把巴兰和以赛亚后书两篇预言合并理解为指弥赛亚而言的结果。从第一个预言产生了对于星和看到星的人都是些占星家的想法，从第二个预言产生了跟着天上的光而行的思想，这就是说根据把两篇预言合并起来理解的想法，他们受星的带领带着礼物来到了新生的弥赛亚那里，正如以赛亚所预言的把黄金和乳香献给他。福音书作者。也许是根据《诗篇》第 45 篇第 9 节的说法又加上了没药，因为在《希伯来书》第 1 章第 9 节，也是把这篇《诗篇》当作指弥赛亚来理解的。此外，以赛亚还把这些献礼物的人说成是犹太人在被掳期间居留国的外国人。因而马太就说这些博士不是海外犹太人而是 79

外邦人，以致在教会中就有了这样的传说，这些东方博士是第一批皈依基督教的外邦人。从这一点来看，他们似乎比许多近代神学家对于事实的理解还要正确些，因为这些神学家，为使博士们的探询更易理解把他们说成都是海外犹太人。

63.

据福音书记载，博士们为了寻找犹太人新生之王，首先向耶路撒冷走去。其所以这么说可能是因为在以赛亚书里有一段说，那些带着礼物的人正是向着那里走去的。但其主要原因乃是因为暴君希律住在那里，因为尽管像我们所已经看到的那样，星和博士的故事都各自有指弥赛亚的含义，但连接起来叙述还有揭示新生的弥赛亚生命遭遇危险，由于神迹而获得保全的意思，这样就把他生命的重大价值以及上帝对他的保护，更加清楚地显示出来了。

如前所述，第一位民族救星的婴儿期历史，对第二位救星的婴儿期起了典型示范作用。希律就是第二个法老。如果不是由于上帝的特殊拯救安排，像第一个法老一样，为了不漏掉他所要杀戮的一个婴儿，他就是宁愿把许许多多别的婴儿也统统都杀掉的。不过，像我们从《出埃及记》第一章所看到的，法老所怕的是许许多多婴儿，而不单是这一个，他对这一个婴儿的诞生及其使命是毫无所知的。他发命令把以色列人的所有婴儿都杀死，其目的乃是为了防止以色列人有危险的增长。与此相反，希律所怕的，只是一个婴
80 儿弥赛亚，因为博士们已经把弥赛亚诞生的事告诉他了。只是由于他没有别的方法实现其目的，他才下令把他所料想的弥赛亚诞生地伯利恒城的一定年龄以内的男性婴儿统统杀掉。同时，像《旧

约》里许多其他故事一样，法老的屠杀命令，后来还被进一步修改，使其更好地为福音书故事典型服务。法老在发命令时没有特别提及像摩西这样负有如此崇高使命而且对他自己如此危险的婴儿，似乎同孩子的重要性很不相称。因此约瑟弗[①]很可能是根据古代传说，提到法老下达这个普遍屠杀命令是因他受到博学者[②]的启发（就像希律受到前来的星学家的启发一样）说有一个婴儿即将诞生，他将帮助以色列人压抑埃及人。

摩西的事迹一直是按居鲁士、罗姆鲁斯和亚古士督的轨道发展的，耶稣的事迹也是一样。就居鲁士的情况来说，法老或希律就是他的祖父阿斯塔格斯（Astyages），对罗姆鲁斯和雷姆斯（Remus）来说就是他们的叔祖父阿姆流斯（Amulius）。对亚古士督来说就是罗马元老院。阿斯塔格斯做了个梦，博士们给他解释说他的女儿将生一个儿子，他要篡夺他的王位[③]。阿姆流斯自然是害怕这一对双胞胎报仇的，因为他废黜了他们的祖父[④]。在亚古士督诞生前，据说在罗马曾有人预言说大自然将要怀孕生出一个统
治罗马人民的君王来。[⑤] 从晚期犹太氏族祖先历史著作模仿了立 81
法者[⑥]所遭遇的危险这一事实中可以清楚地看出希伯来人民的幻想是多么特别倾向于这类虚构的故事，在这个例子中宁禄[⑦]就是

① 《古事记》，2.9.2。

② 原文为 Schriftdeuter，意为能阐释古代著作的人。——译者

③ 希罗多德：1；108。

④ 利维：I，3。

⑤ 斯维陀尼乌斯：《屋大维》94。

⑥ 立法者指摩西。——译者

⑦ 宁禄，参看《创世记》第 10 章第 8 节往下。——译者

法老：一种记载说宁禄梦见一颗星；另一种记载说，这颗星是实际出现在天空中的。他的智囊们向他解释说这意味着那时他拉[①](Tharah)正在生一个儿子，一个强大的氏族将由他而出，注定将承受当时和未来的世界为产业[②]。后来同样的特征又被用在幼年时期的耶稣身上，最后像彩虹的反映一样，又被应用到幼儿期的施洗者身上，据说他逃脱伯利恒大屠杀的危难，也是由于一个神迹才得以保全的[③]。

在关于居鲁士、罗姆鲁斯和亚伯拉罕的传说里，暴君们下达特别命令，只杀那些已经向他们指明，对他们有危害的儿童。摩西、亚古士督和基督故事的共同特点乃是，统治者大张罗网，要把他们本人并不认识的婴儿连同许多其他婴儿一齐杀掉。在原始的摩西故事里，如已经指明的那样，一般说来法老甚至并不知道有这样一个儿童即将出生，在较晚时期约瑟弗的传说中像《马太福音》里的希律和斯维陀尼乌斯笔下的罗马元老院一样，他虽然知道一些，但并不知道，哪个要生的或哪个已生的是危险人物。因此法老下令把以色列人所有的男性儿童都淹死在水里；元老院下令不许把那年生的男性婴儿抚育成人，希律则下令把伯利恒和其附近发现的
82 所有两岁以下的男性婴儿统统杀死。的确，一开始希律本想像居鲁士、罗姆鲁斯和亚伯拉罕传说中的暴君那样，等博士们从伯利恒回来得到确实消息以后，立即对危险婴儿进行突击的，但由于博士

① 他拉是亚伯拉罕的父亲，见《创世记》第 11 章第 26 节。——译者

② 雅库特·流便尼：f. 32，3 及《圣经外传》法布里克抄卷里一段阿拉伯文记载。V. T. 1. 345。

③ 《雅可比前福音书》，C. 22 往下。

们得到上苍的指示在回去时避开了耶路撒冷，才采取了另一种办法。我们现在也是第一次知道，为什么在一开始当他以为事情对他并不重要的时候，竟然认为还是有必要向博士们仔细查问，他们最初看到星出现是在什么时候，以便获得资料，判定婴儿的年龄大概有多大。进行普遍屠杀的命令，虽然同暴君希律的老奸巨猾并不完全符合，却把他的凶暴残忍充分暴露出来。但从历史方面来考虑，除了公元 4 世纪一个把希律下令杀死他的一个儿子的事同《马太福音》所记臭名昭著的屠杀婴儿的事搞混了的人[①]以外，无论是在其他方面对于希律事迹都知道得很详细的约瑟弗或任何其他更早的作家都没有提到过这件事，因此，这件事的历史真实性如何，仍然是值得怀疑的。

这些神异儿童从死亡危险中获得保全的方式方法各个故事是不一样的。在摩西和古罗马传说中，是按照儿童的地理环境，他们受到葬身水域的威胁。在埃及是尼罗河，在拉齐姆[②]（Latium）是台伯河（Tiber）岸边放着的盘子和发现他们的人的同情是他们获得拯救的手段。居鲁士的获救是由于受派杀害他的人的明智和善意；在关于亚古士督的传说中是元老们本身的利害关系起了作用，因为他们中也有人的儿子是在那一年生的，这就使元老院的决议得不到贯彻（除此以外，也像希律的屠杀婴儿一样，没有其他方面 83
的资料）；第一福音书作者在这里提供了另一个因素那就是在犹太人和早期基督徒传说故事中经常使用的，特别是第一福音书作者

① 马克拉布·沙透因：(Macrob Saturnal) II，14。

② 拉齐姆是意大利中部地区名。——译者

喜欢使用的——在梦中得到了指示。天使已经在梦中向约瑟显现告诫他不要因未婚妻怀孕而生反感(第 1 章第 20 节),后来,博士们又在梦中(是不是天使出现并未说明,但无论如何总是从上帝那里)受到告诫,离开伯利恒不要再回到希律那里去(第 2 章第 12 节)。当博士绕道回去希律正在忙着要屠杀伯利恒婴儿的时候,天使又在梦中劝告约瑟逃到埃及去(第 2 章第 13 节),暴君一死天使又立即叫约瑟回到以色列地去(第 2 章第 20 节);然后又在梦中补充指示他不要回到其残暴不亚于希律的亚基老辖区伯利恒去而是回到加利利去。

但是,几年之内出现了一颗神妙的星和五次神妙的梦,其中有四个还是给同一个人的,确是太多了些,特别是如果能够证明,把其中几个合并起来,不仅不会有害,反而会明显地有益。不难立即看出,最后一次梦中的告诫是可以省去的,只要把在那以前一次指示约瑟到不确定的以色列地去改成建议他到加利利去就行了。但即使分成两次不同的梦也没什么害处。另一方面,正如已经指出的那样,如果善于指示道路的星,不是直接领博士到伯利恒去然后再从那里回家,而是先领他们到耶路撒冷,或者,在梦中给博士们的警告不是在他们到耶路撒冷以前的路上作出的话,那就可能产生很大的害处。因为如果直接领他们到伯利恒,则希律的干预和伯利恒的屠杀就都可以避免了。上帝容许这类的暴行发生在正常
84 的自然界和历史过程中是可以理解的,但由于用他自己的非常干预来产生这类暴行却是很难令人相信的。如果不是那颗星把博士们领到耶路撒冷,引起那里的震惊的话,伯利恒的儿童们就会安然无恙了。

所以，摆在我们面前的并不是什么自然的或历史的事实，甚至也不是我们可以想象为由于上帝神异的干预而发生的事情。我们甚至有权利把它认为是第一世纪末虔诚的犹太基督徒想象出来的事情。这样的一个基督徒才会由于第一位民族救星曾按照上天的安排，从暴君的屠杀中拯救出来的，所以第二位民族救星也有必要那样从暴君所指定的对于无辜者的屠杀中被以神迹方式拯救出来。除此以外，还由于在《耶利米书》有一段讲到拉结哭他儿女的话(第31章第15节;《马太福音》第2章第17节往下)，尽管在先知心目中那段话是指人民被掳而言，但也可应用在这次大屠杀上。至于神异的梦，那就更是越多越好。不仅《旧约》里的神人们常有做梦的事，而且还是末世也就是弥赛亚时代的一个特殊标志，因为在这个时代，由于男男女女们接受了圣灵，他们就要说预言，少年人要见异象、老年人要做异梦(《约珥书》第3章第1节;《使徒行传》第2章第17节)。

天使在梦中向婴儿弥赛亚监护人指明的逃避刽子手希律的方法就是逃到国外去。在约翰的《启示录》里(第12章第5节往下)，身披日头，头戴星冠，脚踏月亮的妇人正在生下的男孩被从要吞噬他的大龙面前被提到天上，而他的母亲则逃到了旷野。居鲁士、罗 85
姆鲁斯是在牧人中长大的，摩西是法老的女儿抚养成人的，后来因他杀了一个埃及人才逃到国外去(《出埃及记》第2章第15节)。很明显，福音书作者在叙述第二位救主幼年期生活时他心中所想到的正是第一位救主后来逃到国外这件事情，因为在希律死后，他在叙述第二位救主从埃及回来的动机时所用的语言正是《旧约》作

者在法老[①]死后，叙述摩西回本乡时所用的语言，在叙述摩西回埃及时耶和华对摩西说，“你要回埃及去，因为寻索你命的人都死了”，以后又说，“摩西带着妻子和两个儿子，叫他们骑上驴回埃及地去。”（《出埃及记》第 4 章第 19 节往下）主的使者在梦中向约瑟显现说，“起来”（这时约瑟正睡觉，耶和华向摩西显现是在他醒的时候，所以头一句用了不同的说法），“带着小孩和他的母亲往以色列地去，因为要害小孩子性命的人已经死了”，接着就告诉我们，“约瑟就起来，把小孩子和他母亲带到以色列地去”（《马太福音》第 2 章第 20 节往下）。我们从此可以看出，约瑟取代了摩西的地位，马利亚取代了摩西妻子的地位，幼儿耶稣取代了摩西孩子的地位，在教会的传说里还说他们带着一头驴[②]，再度表现了人们正确地约莫了解到福音故事的来源出自以摩西事迹为根据的教会传说。

生长在埃及的第一位救主从埃及逃到了米甸，出生巴勒斯坦的末后的救主逃难到埃及，后来又从那里回来。福音书作者从此认为，何西亚的预言，“我从埃及召出我的儿子来”，得到了应验（第 11 章第 1 节）。其实，先知在这里用的“儿子”这个词并不是指弥赛亚而言，因为耶和华一开始说，“以色列年幼的时候我爱他。”接着就说，“从埃及召出我的儿子来，”后来又说，“我原教导以法莲行
86 走，用膀臂抱养他们”，尽管如此，他们却向偶像献祭。因此很明显，像别处的“上帝的仆人”一样，这里的所谓儿子，不是指某一个人，而是指以色列人民。不错，这段经文还讲到了上帝的儿子，但

① 英译者把法老死后误作“希律死后”，请比较德文原著第 77 页第 9 行“Nach Tode pharao's”和英译本下卷第 85 页第 10 行“after the death of Herod”。——译者

② 请参看《出埃及记》第 4 章第 20 节。——译者

根据犹太基督徒的解释，上帝的儿子指的是弥赛亚耶稣，既然上帝从埃及召出他的儿子，那就意味着耶稣一定到过埃及（而且是作为孩子到那里去的），因为《何西阿书》还说过，“我原教导他行走”的话。这就是原始基督徒的逻辑，照他们看来，这完全是一个非常有说服力的决定性论据，连犹太人也奈何不得，因为这种逻辑原是基督徒从犹太人那里学来的。此外，许多古代事情已经预示出埃及就是少年弥赛亚逃难的目的地。虽然立法者[①]本人没有到埃及逃过难，而是从埃及逃出来，但埃及曾多次成为族祖们在遇到饥荒灾难时逃难的地方。如果像何西亚那样，把以色列人作为一个整体来看，可以说他的儿童时期（族祖时代）是在巴勒斯坦度过的，稍后时期是在埃及度过的，最后上帝把他们从埃及召回到他们的目的地。很明显，上帝的集体的儿子的生活进程，现在被模仿成个人的生活进程。

此外，第一福音书作者由于热心寻找他臆想中的旧约预言走得多么远，他不顾一切正确的解经规则，对这些经文作牵强附会解释的任意做法又使他走得多远，也终于从他坚决认为约瑟到拿撒勒去就是应验了先知的预言“他将称为拿撒勒人”（第 2 章第 23 节）这件事上充分表现出来了。其实这个预言肯定没有别的意思而仅是说在先知书里弥赛亚经常被描述为“耶西的本”，以赛亚在人所熟知的那段经文（第 11 章第 1 节）里用的是希伯文 Nezer 这个词（别的先知书，如《耶利米书》第 23 章第 5 节，第 33 章第 15 节；《撒加利亚》第 3 章第 8 节，第 6 章第 12 节则用的是同义词

① 立法者指摩西。——译者

87 Zemach)，现在除了这个词的本来意义以外又加上了一个神秘的预示大卫的苗裔弥赛亚将以拿撒勒为他未来家乡的意义了。

另一报道：耶稣出现在圣殿里

64.

我们且把《马太福音》的故事放在一边，用比较的眼光对另一部给我们提供耶稣童年期历史的福音书即《路加福音》进行考察。我们发现，在同样地位所讲的故事，其内容和基本思想彼此都很不相同(第 2 章第 22—40 节)。在《马太福音》里由于明显出现和博士来朝而获得光荣的弥赛亚圣婴也由于同一原因使其生命遭受了威胁，只是由于上帝的警告逃到外国去才脱离了危险，他不得不留居国外直到迫害者死去。但同时，在《路加福音》里却说在律法规定的时间，即诞生后四十天他被带到耶路撒冷，作为头生的男儿献给了耶和华[①]。这时，他的母亲也为了分娩而献上了洁净祭。在《马太福音》里是东方博士向圣婴朝拜，现在在《路加福音》里则是严格遵守律法的以色列人向他致敬。只字未提危险，而只是说父母在完成他们的虔诚任务之后，就带着孩子平平安安地回家乡去了(第 2 章第 22—40 节)。因此，在《路加福音》里耶稣获得的光荣与马太比较起来，其范围是比较狭小的，并没有像后者那样，引起

---

① 参看《旧约·出埃及记》第 13 章第 2 节，12 节，第 27 章第 29 节，第 34 章第 19 节；《民数记》第 3 章第 13 节，第 8 章第 17 节。——译者

悲剧性的复杂后果，而是一切进展得很顺利，关于威胁着未来的复 88
杂情况，只是在年老的西面讲到耶稣所要遇到的反对和利刃将要刺透他母亲的心的讲话里略微预示了一下。

此外，在《路加福音》的故事里我们看不出有什么地方提到过摩西生活的模式，而是只在开头部分三次引述了摩西的律法；一次是关于洁净的日子，后来两次是讲头生男子的救赎问题和产妇献祭问题。最后我们看到在他的父母履行了耶和华律法的一切要求之后，他们就回家去了。我们当能记得，叙事者还明确地提到过耶稣受割礼的事，从此我们可以看出叙事者所特别关心的事乃是证明基督教的弥赛亚从其最早的婴儿时期起，凡是摩西律法所要求于幼儿的，没有一样被疏忽过。犹太教狂热之徒最恨的是说耶稣要毁坏律法和圣殿(《马太福音》第 26 章第 61 节；《使徒行传》第 6 章第 14 节)，这些人喜欢诸如晚期犹太谤书①之类的敌意的虚构说他是非法出生而且受的是非法教育就是很自然的了。为了反对这种观点，必须证明耶稣乃出身于严格虔诚的家庭，所谓的毁坏圣殿者很早以来就在圣殿里献给上帝并被圣殿里受圣灵感动的虔诚服事上帝的人们承认为仰望已久的救世主。婴儿耶稣在诞生时受到天使的朝拜之后(也是《路加福音》)又受到西缅和哈拿的更光荣的欢迎。这从犹太人的观点上看来决不是多余的。对一个犹太人来说，单知道耶稣和一般宗教的关系还不够，他还要准确地知道他同犹太教、律法和圣殿的关系。

① 像《妥勒多特·姚储》(Tholedoth Jëschu)一书就是如此；请参看艾森蒙格(Eisenmenger)：《揭开犹太教的面纱》(Entdecktes Judenthum)。

89 同时，虔诚的以色列人向弥赛亚圣婴致敬这回事还可以用来达到另一个目的。犹太人对于基督教弥赛亚最反感的事是从世俗人眼光看来，他来到世间竟得了一个可耻的下场。基督被钉十字架，对他们来说是一块无法逾越的绊脚石(《哥林多前书》第1章第23节)。因此，当像西缅那样又公义又虔诚，素常盼望以色列的安慰者来到，又受圣灵感动的人，在第一次看到弥赛亚圣婴的时候就向他预言了他未来的斗争和他母亲的痛苦，从而明白无误地预示了他将要遭受的惨死。所有这一切的教训是，如果正确地并按精神意义来理解弥赛亚观念，则不仅不排除而且还包含着受苦和受死的特征在内。当西缅说这孩子被立是要叫以色列中许多人跌倒，许多人兴起又要作毁谤的话柄的时候，他就是间接表示犹太人抗拒耶稣这件事，已经考虑在上帝计划之内了。对于每一个犹太人来说，怎样使上帝所立的弥赛亚不是要叫他跌倒而是要叫他兴起，那就要由他自己来抉择了。

《路加福音》耶稣被呈献的情况，在某些方面同博士们的朝觐有相似之处。圣灵曾应许西缅在他未死之先，他将看见弥赛亚，他受圣灵感动来到圣殿。同样，博士受星的引领来到耶路撒冷，星对博士来说，就是弥赛亚诞生的标志。当星向博士们指明，婴儿所在的房子的时候他们就向他下拜并献上了礼物。同样，当西缅一看到孩子的时候，我们可以推想，圣灵一定向他指明，这就是所应许的弥赛亚，他抱起了孩子，用圣灵感动的言语，向孩子表示敬意。而且，正如从前博士们的到来和探询，使首都为之震惊一样，这次
90 女先知亚拿特意把孩子的事传开，使耶路撒冷的所有相信弥赛亚的人无不知晓。这种相似，可能是偶然的，是由于弥赛亚圣婴历史

的相应阶段具有类似特征而自然地出现的，但由于第三福音作者知道第一福音的叙述而故意以另一种叙述与之形成对照也并非不可能。我们从马特尔·贾士丁[①]的著作得知，最早时期反对基督教的人的指控之一就是说耶稣的神迹只不过是些魔术的假象，而耶稣本人则是一个魔术师和骗子手，同当时另一些游行各地冒称有天上能力的人是一丘之貉。这一类的指控如何能够从第一福音书的记述，耶稣逃往古代魔术之乡埃及得到支持，我们从赛尔赛斯反对基督徒的著作里可以看得出来。这个异教徒哲学家假一个犹太人之口断言，耶稣在其青年时期由于贫穷曾在埃及工作过，在那里学会了秘术，回到家乡以后就将其付诸实践[②]，一旦有了这类嫌疑，不仅逃往埃及，就连同东方博士接触，也可能遭人反对，因而援引品质无可指摘，关怀圣殿和圣灵事业的以色列人以取代星象和天文就显得是可取的了。至于结束语所用的套话，说孩子渐渐长大，强健起来，充满智慧，则完全具有古希伯来特征，几乎逐字逐句是从参孙故事的类似套话模仿而来(《士师记》第13章第24节往下)。

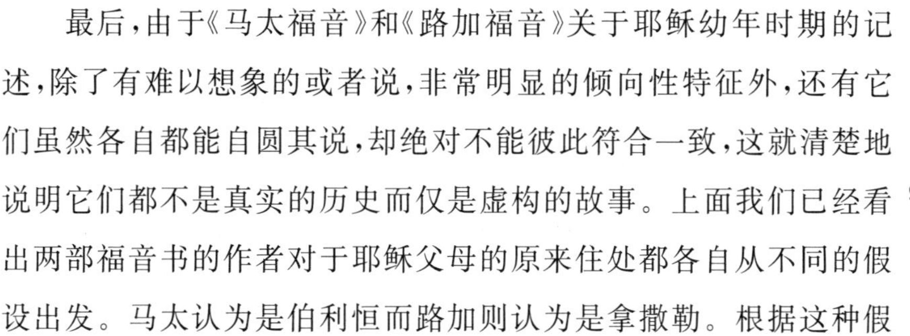

最后，由于《马太福音》和《路加福音》关于耶稣幼年时期的记
述，除了有难以想象的或者说，非常明显的倾向性特征外，还有它
们虽然各自都能自圆其说，却绝对不能彼此符合一致，这就清楚地
说明它们都不是真实的历史而仅是虚构的故事。上面我们已经看 91
出两部福音书的作者对于耶稣父母的原来住处都各自从不同的假
设出发。马太认为是伯利恒而路加则认为是拿撒勒。根据这种假

① 《同特里孚的对话》(*Dial. C. Tryph*)，69。

② 阿利金：《驳赛尔赛斯》，I. 28。

设,《马太福音》说孩子生下来以后,耶稣的父母继续安舒地住在伯利恒,接待博士也是在这里,如果不是由于伯利恒婴儿有遭受屠杀的迫切危险,而且在梦中受到天使警告叫他们逃到埃及去,他们是不会想到要离开那里的。如果不是在梦中得知亚基老现在统治犹太地,而且有其父必有其子[①],还是以避开他的辖区,定居加利利为好的话,则他们在得到屠杀婴儿的暴君已经死去的消息之后,他们是会立即回到伯利恒家中去的。所以,在《马太福音》里,耶稣父母的生活一直是受到伯利恒这个重心的吸引,他们之所以没有回到那里,完全是受梦外力的影响。与此相反,在《路加福音》里,拿撒勒才是重心,因此,已经摆动的钟摆尽快地就又趋于平静了。他们原是异乡人,由于报名上册才来到伯利恒,在那里只住了四十天,在这期间,一方面,由于母亲的情况;另一方面,由于在这段时期的末了还必须到耶路撒冷去,住在离首都近的地方是可取的,但一等耶路撒冷的事办完,就再也没有什么可以阻止他们回到遥远的拿撒勒去了。

如果这两种报道都具有历史性,那么他们就应该可以合并在一起。博士们的来访应该或是在圣殿奉献之前或是在其后。在圣
92 殿里奉献应该发生在来访之前或在其后,但总还是在逃往埃及之前,或者,是在父母和孩子从埃及回来之后。但无论我们采取这些立场中的任何一种立场,这里的论述和任何一种都不能吻合。如果我们把在圣殿的奉献放在前面,接着全家立即回到拿撒勒去,当博士们后来到的时候,就再也找不到他们了,但马太却明明地说他

① 亚基老是希律的儿子,继希律之后管辖犹太等地。——译者

们还在那里。此外，如果在圣殿奉献的时候，女先知亚拿已经把弥赛亚诞生的消息告诉了全耶路撒冷盼望这事的人，那么，当博士们后来来到的时候，事情就不会像马太所说的那样，在首都还是新鲜事了。如果我们试着把博士的来朝和与之有联系的逃往埃及统统都放在圣殿奉献之前，我们就会在路加所说在耶稣诞生和圣殿奉献之间总共只有四十天这件事上陷于困境。因为当希律询问博士自从星第一次出现以来已有多久的时候，他似乎认为弥赛亚圣婴的诞生和星的出现是同时发生的事情。当他获得博士们关于这方面的报告之后，他就下令把伯利恒两岁以内的婴儿尽都杀死，他一定认为圣婴弥赛亚至少就接近这个年龄。因此，我们认为，根据马太的记载，耶稣诞生和博士从他们遥远的家乡来到之间，一定已经超过了四十天，此外，可以料想在上述时限之内博士们一定已经回去，父母一定已经带着孩子前往埃及，在那里一直待到希律死，而且在那以后还从埃及回到了巴勒斯坦。很明显，六个星期要做这 93
么多的事情是太不够了；因此就有必要将逃往埃及和博士来朝分开来，像打进一个楔子那样把圣殿的奉献插在两者之间，尽管这样做是很难成功的，因为马太的叙事，都是一个和另一个紧密地联系着的。这样一来，在博士们离开之后，耶稣的父母就得带着孩子到耶路撒冷去。这件事只能发生在由于希律威胁的危险，天使指示他们逃往埃及之前。但是，怎能想象，天使没有首先阻止他们冒险到暴君的所在地去，或者在他们到了那里以后，由于饶舌的亚拿把弥赛亚圣婴来到了首都的消息传开了去，希律怎么竟没有抓住他把他干掉，免得自己去干那种既没有把握又臭名远扬的屠杀伯利恒婴儿的下策呢？恰恰相反，路加所记述的圣殿奉献并不以博士

来临和探询为前提，而是一切进行得好像在首都并没有发生过什么事一样，对于远近闻名的圣婴也没有任何危险。

所以，两部福音书描述的非历史性，已为其各自的特征所表明，并为其互不相容性所证实，因此，我们只能把它们作为虚构看待，这些虚构可能是第一福音和第三福音作者自己编造出来的，也可能是他们引进他们著作中来的。但还有一件令我们惊讶的事情。我们已经看到，犹太教化成分在第一福音占优势，保罗主义在第三福音占优势，如果我们把关于星和博士的记述放在一边，把关于割礼和圣殿奉献的记述放在另一边，我们就会因发现前者在《马
94 太福音》里，而后者在《路加福音》里而不是相反感到惊讶。因为很明显，星和博士表示异教徒世界将被容纳到基督国度里来，而突出割礼和圣殿奉献则表示犹太法制的神圣不可侵犯。但我们已经看到，在《马太福音》里，除了不可否认的犹太化部分外，同时还存在着宣召异教徒的部分，而在关于博士的故事里并没有明确提到他们是以什么方式或在什么条件下容纳进来的。另一方面，强调基督到世上来的时候是生在律法以下的正是外邦使徒本人（《加拉太书》第 4 章第 4 节往下）[①]，从而《路加福音》的描述只能看作表示保罗的言论在耶稣婴儿期历史中的贯彻。同时保罗还补充说，就基督方面而言，这一安排的目的乃是要使他能够把在律法以下的人救赎出来（第 5 节）并使律法得以结束[②]（《罗马书》第 10 章第 4

① 英译本误作《加拉太书》第 6 章第 4 节往下。——译者

② “使律法得以结束”德文原文为“dem Gesetz ein Ende machen”，本书英译本作“Put an end to the law”。但中文《圣经》把它译为“律法的总结就是基督”，end 变成总结，意义很有出入。参看《当代圣经》《罗马书》第 10 章第 4 节译作“其实，基督已经达成了律法的要求”。——译者

节），这种思想在路加的耶稣婴儿期历史中没有涉及。其实，如果我们联系论施洗者约翰的话来考虑这种早期历史，我们就不可能不发现无论在形式或内容方面都存在着犹太教化成分，不过在有些地方路加已经把这些犹太教化同他的福音结合在一起，只是在有的情况下用具有对立倾向的部分加以平衡，在另一些情况下则使其本身带有大公无私的精神。这种使犹太教对于全部福音计划变得无害的特征可能在原来的故事里本来就有，在这种情况下福音书作者就可以毫不踌躇地采用，也可能是他自己第一次引进来
的。当西缅称弥赛亚圣婴为照亮外邦人的光的时候（第 2 章第 32 95
节；参看《以赛亚书》第 42 章第 6 节）星的故事的全部意义就包含在这一句话里了；至于在另一方面西缅所说要叫以色列人中许多人跌倒，许多人兴起和要叫许多人心里的意念显露出来（第 2 章第 34 节往下）则表示许多犹太人将面临极其严格的筛选，其时许多人将站立不住。

II. 耶稣像摩西和撒母耳那样，自幼即献身于其崇高使命

65.

斯维陀尼乌斯[1]告诉我们，亚古士督小时候，一天晚上奶妈把他放一个底层房间的摇篮里躺着，第二天早晨忽然不见了，经过长时间寻找，终于发现他在房子的最高部位，面向东方躺在那里。

也许有人会问这个故事同耶稣十二岁在圣殿的故事有什么相

① 《屋大维》，94。

同之处呢？（《路加福音》第 2 章第 41—52 节）的确，年龄和与之有关的情节两者是不同的，但他们之间仍然有共同的特征，那就是一个注定要从事崇高事业的儿童，没有在他们通常应该在的地方，却被发现在一个奉献给上帝的地方。当然，在亚古士督的故事里这个地方并不是圣殿；但东方是世上的神圣方向，正如斯维陀尼乌斯所说的高塔表示靠近神的地方，因此我们可以认为，亚古士督这个孩子，被以超自然方式，从摇篮移到了那里。基督的情况是如此，亚古士督的情况也一样，崇高的使命意味着崇高的出身，上面引述的故事不可能不是由于亚古士督父亲是阿波罗的传说所引起，阿
96 波罗作为太阳神，东方是特别属于他的地方，就如根据福音书记载，耶稣说圣殿是他父的家，明显地是指他的超自然的出身而言。

耶稣是成为人的形状的上帝的儿子，同样，居鲁士是以牧羊人儿子的身份长大成人的，他是一个帝王的孙子，但却成了奴仆的形状，他的帝王本性和使命早在他十岁的时候就突破其乔装而表现出来。当十岁左右的时候，他的玩耍伙伴们推举他为王，他郑重其事地尽了他为王的责任，以致人们很快就发现了他的真正出身[①]。

摩西以同样具有预示意义[②]的方式发现其为人民救星的使命是在一个较晚时期。为了成功地达到以臂力拯救同胞的目的，他必须像《出埃及记》[③]（第 2 章第 11 节）所说首先“长大”起来。尽管未必像以较晚传说为根据的《使徒行传》（第 7 章第 23 节）那样比较明确地说当时他将 40 岁，但我们知道另一种来源于拉比的与

---

① 希罗多德第 I 章第 114 页往下。

② 原文 Vorbedeutend 是预示之意。——译者

③ 英译本未将书名译出，以致无法判明究指何书。——译者

此不同的传说,说他当时只 20 岁。即使人的精力在成人或青年期以前未必能充分发展出来,但这位立法者的特殊智力在很早时期就表现出来了。据约瑟弗说[①],他的智力和他的年龄极不相称,菲罗说[②],摩西小时候,对于儿童游戏等琐碎事务不感兴趣,而是喜爱思考严肃的问题。很早就得为他聘请教师,但过不多久他就证明自己在自然才智方面胜过了这些教师。

当撒母耳的母亲把撒母耳带到示罗帐幕要他在圣殿里经常侍 97
奉耶和华的时候,他年纪还很小(《撒母耳记上》第 1 章第 25 节),当上帝在夜间第一次呼召他对他说话的时候他还是个儿童(第 3 章第 1 节往下)。在《旧约》里没有明确地说明他的岁数,但正如《使徒行传》说到摩西时那样,约瑟弗[③]在提到撒母耳时(无疑也是根据晚期的传说),说他在 12 岁时就开始说预言,因为根据塔尔默德[④],以色列人当一个孩子到达 12 岁的时候就认为他已到了懂事的年龄,这和我们把 14 岁认为是从童年期到青年期的过渡期一样;有一份记录,虽说起源于基督教,但很可能是从犹太教得来的,把所罗门和但以理的英明判断说是在他们 12 岁时做出来的(《列王记上》第 3 章第 23 节往下;《苏撒拿传》[⑤]46,往下)。但从其他特征上,可以清楚看出,撒母耳的青年期历史,无论是在这件事上或是在较早的事上,都成了我们的福音历史家写作的蓝本。首先,

① 《古事记》,ii,9.6。

② 《摩西传》,II,83 往下(De Vita Mosis,Opp. ed. Mang. II,83ff)。

③ 《古事记》,V. 10,4。

④ 塔尔默德,参看本书第一卷第 223 页(页边码)注。

⑤ 伊格那休斯:《致马格尼斯书》(*Ignat. Epist. ad. Magnes.* 3)。(《苏撒拿传》是《次经》中的一个书名。——译者)

在故事的起头他就说(第 41 节)耶稣的父母每年都上耶路撒冷过逾越节,就像《撒母耳记上》不仅在起头(第 1 章第 3 节),而且一再地说(第 1 章第 21 节;第 2 章第 19 节)撒母耳父母每年都上示罗向耶和华献祭一样。其次,福音书故事的末了说,孩童耶稣的智慧和身量,并上帝和人喜爱他的心都一齐增长(第 2 章第 52 节),显然是从关于孩子撒母耳的结束语:“孩子撒母耳渐渐长大,耶和华与人越发喜爱他”抄来的(第 2 章第 26 节)。

如果我们从产生此类故事的一般原因,即广泛存在于英雄传
98 说本身性质中的原因以及存在于希伯来先知传说中的比较特殊原因,进而考虑基督教弥赛亚传说的特殊性质,就必须记住,耶稣这个人之得以用执行其弥赛亚任务所必要的能力装备起来,首先是和施洗者约翰的洗礼联系着的,因而是在一个比较成熟的年龄,只是在稍后时期才认为从其生命一开始就由于超自然原则的作用,具有了弥赛亚的这种高超能力。如果像第一福音书作者那样,把这种能力装备看作是从耶稣诞生及其最早的婴儿时期直到受洗,那么在两者之间就有了很大的漏洞。人们可能提问说,唉,如果你们的耶稣从在母腹中就充满了圣灵,那么,为什么那么长的时期圣灵什么事也未干,一直等到他成人之后,才显示出他的能力和智慧来呢? 这个可能意味着伊比奥尼派怀疑耶稣超自然出生思想重复出现的问题,已经被次经耶稣婴儿期福音书的故事排除了。根据《耶稣婴儿期福音书》,耶稣在婴儿时期就已经能行神迹了,在摇篮里就会讲话,说自己是上帝的儿子,向老师透露了字母的神秘意义,据说,在他12岁以前就已经提出使所有的教师感到难堪的

问题[①]。

同诸如此类的晚期狂乱幻想产物对比起来，《路加福音》的故事可以算是原始基督教比较健全的创作了。首先，它完全避免了行神迹这类事，但就耶稣的智慧这方面来说，它仍然完全超出了人类可能的范围。因为它说在耶稣 12 岁的时候没有按照他的年龄和惯例所要求的坐在老师们脚前（参看《使徒行传》第 22 章第 3 99
节），而是和老师们平起平坐，还称上帝为他的父亲，这样做就是表示关于他的超自然出生的历史是真的，或者，他已经达到了一个儿童所不能有的宗教发展的成熟期。尽管如此，他总算还没有像《次经》里的故事那样彰明昭著地违反了自然规律。不过除了他称上帝为父亲以外，他也还没有像自命不凡的约瑟弗那样说他自己 14 岁的时候由于他的早熟的天才和广博的知识如何引起人们的重视[②]。但故事以非常合适的方式，把从耶稣诞生及其最早婴儿期到成熟期的踏脚石恰好放在从少年期过渡到青年期的中间阶段，就这一点来说，则是令人满意的。

故事从说明第三福音关于耶稣整个婴儿期历史的基本主题开始，即耶稣父母每年上耶路撒冷过逾越节证明了他们严格遵守律法的虔诚精神。当他们离开耶路撒冷回去的时候，孩童耶稣留下了，他的父母找他没有找到。这就证明他的道路不是平常人的道路，他在遵循着一条他自己的更高的律法。当他们找到他的时候，他问他们为什么找他，难道他们不知道他应当以他父的事为念吗？

① 参看《雅可比前福音书》，《多马福音书》及《提罗抄本次经》I 记载的阿拉伯语《婴儿期福音书》。

② 《自传》，2。

令他们感觉到这句话的不无严厉的意味。结束语说他顺从他们(第 51 节)虽然略微减轻了这种严厉的分量,但在《约翰福音》记载的另一个场合他说“妇人,我与你有什么相干”(第 2 章第 4 节)却又大大加重了这种分量。由于他的父母是人,他们对于上帝的儿
100 子的理解力非常之低,这一点从作者的附加语“他所说的他们不明白”(第 50 节)也可以看得出来,前一段经文说他们对老西缅的话感到惊奇(第 2 章第 33 节)也有同样的情况。但是,如果在耶稣诞生以前天使已经告诉马利亚和约瑟她所要生的儿子是由圣灵而生并将称为上帝的儿子,那么,他们就必定已经知道,耶稣所说他父亲的家是什么意思,当福音书作者说他们不明白他所说的话的时候,他就不自觉地暴露了自己不是一个历史记述者而是一个神迹记述者,其文章风格恰好是以人们处于行神迹者之前的不断惊异和不明白为特征。最后,当牧人们讲完他们的故事之后,(第 2 章第 19 节)所说“马利亚却把这一切事存在心里”那句话显明福音书作者心目中所想到的正是《旧约》里神异儿童约瑟的故事,在那篇讲到约瑟童年作梦的故事里也曾说过同样的话:他父亲却把这话存在心里。

III. 耶稣成功地经受了百姓在旷野在摩西领导下未能经受住的试探

66.

当青年人到达自立年龄要表示他们将走德行之路或罪恶之路的时候,普拉迪克斯(Prodicus)说赫拉克雷斯遭受了试探,或者,

用色诺芬[1]的话说，面临了选择。当亚伯拉罕的信心和顺从遭遇 101
严格试炼，要他把晚年的独生子献上的时候，他的年纪已经很大了（《创世记》第 22 章）。另一方面，如先知所说，当耶和华召选以色列人作为他的儿子，从埃及出来的时候，他还很年轻（《何西阿书》第 11 章第 1 节）。四十年之久他在旷野试炼他们，用各样的苦难鉴察他们的心，看他们是不是遵守耶和华的命令（《申命记》第 8 章第 2 节）。（根据经过《列王记》上下编者汇编后的描述）大卫在受撒母耳的膏和圣灵充满以后，在其公开生涯一开始，立即面临同非利士巨人歌利亚作战的危险试炼（《撒母耳记上》第 17 章）。同赫拉克雷斯一样，亚伯拉罕和大卫，都胜利地经受了这些试炼，但以色列人却在试探面前失败了。他们为试探所胜，竟到了向耶和华发怨言、行淫和拜偶像的地步。这样，他们就像人类第一对祖先听了蛇的诱惑，违反上帝命令，被赶出乐园，离开了生命树一样。

正如摩西历史一般地留在以色列人记忆中一样，他们在旷野未能经受住试炼的失败经验，连同所招致的上帝的惩罚也作为引以为戒的典型事例，特别存留在他们的记忆中。使徒保罗在简短地叙述了这些事以后说，“这些事都是我们的鉴戒……写在经上，正是警戒我们这末世的人”（《哥林多前书》第 10 章第 6—11 节）；在另一个场合，为了怕哥林多基督徒由于他们的天真单纯，受了伪传道人的迷惑，他提醒他们，不要像夏娃那样受狡猾的蛇的诱惑（《哥林多后书》第 11 章第 3 节）。

弥赛亚的使命就是叫道德败坏的人恢复善良，把别人做的坏 102

---

① 《回忆录》，II，1，21。（参看拙译《回忆苏格拉底》，商务版，第 47 页。——译者）

事做好，因此，他就有必要更好地经受住试探。耶稣作为弥赛亚，已经比以色列人在旷野或人类第一对祖先在乐园更好地经受住试探。其实，耶稣整个一生，特别是他所受的苦难，就是一系列这样的试炼（《路加福音》第 22 章第 28 节；《希伯来书》第 4 章第 15 节）；人们很容易看出，把像亚伯拉罕的试炼，或人类第一对祖先的试探中个别庄严的事例挑选出来，加以扣人心弦的生动描绘的诱力是多么强烈（《马太福音》第 4 章第 1—11 节；《马可福音》第 1 章第 12 节往下；《路加福音》第 4 章第 1—13 节）。

另外一个情况也促成了这件愿望的实现。亚伯拉罕、在旷野的以色列人民，都是由上帝亲自使他们遭受试探的，当然，上帝的用意是好的，因为只要人民能像他们的祖先那样顶得住这些试探就行。但随着时间的推移，人们似乎感到说上帝直接试探人是要不得的。许多本来是正直的人跌倒了；许多人遭受了他们所不该遭受的困难；如果上帝亲自叫他们遭受试探岂不显得他是个妒忌的、幸灾乐祸的神了吗？如果上帝试探人做坏事，岂不是显得他自己也参与了坏事吗？（《雅各书》第 1 章第 13 节）因此，很早就产生了把试探归在另一个身上的倾向。在《创世记》里引诱夏娃违抗上帝命令的是蛇，它是田野里最狡猾的生物；这是一种荒谬的站不住脚的说法。以色列人被掳时期接触到祆教（Zend religion），该教
103 持善恶二元论，认为整个世界的发展是由这两个相互对立的原则斗争所造成。这种观点很适合当时正处于危机中的犹太人的胃口，他们接受了这种观点，认为波斯教关于阿里曼[①]（Ahriman）的

① 阿里曼是祆教恶神名。

想法对他们特别合适，他虽然反对善神的作为，却仍旧处于善神的严格控制之下，他就是仇敌(撒旦)，是在上帝面前控告并毁谤人的。由于他怀疑约伯对上帝的坚贞。使得上帝把严重的苦难加在约伯身上来试炼他，在乐园里伪装蛇的形象试探人类第一对祖先从而把死亡和毁灭带到世上来的也是他(《智慧书》第 2 章第 24 节，《哥林多后书》第 11 章第 13 节；《启示录》第 12 章第 9 节往下)。

关于犹太人世界观的改变没有把较早的《列王记》和较晚的《历代志》所记关于大卫因受激动数点人数而受上帝严重惩罚的事对比一下更富教益的了。在第一处说"耶和华又向以色列人发怒，就激动大卫，使他吩咐人去数点以色列人和犹太人"(《撒母耳记下》第24章第1节)。与此相反，在第二处却写道(《历代志上》第21章第1节)"撒旦起来攻击以色列人，激动大卫数点他们"。如果族祖们和以色列人在旷野流浪的历史也是写在被掳以后的话，我们很可能会看到在亚伯拉罕和以色列人遭受试探的事上也有撒旦牵连在内了。不管怎么说，在《塔尔默德》里实际就有这样的事例。同样在巴比伦的《格马拉》[①]里说上帝受撒旦的激动，试炼亚伯拉罕就像在约伯记前言部分试炼约伯一样。据说，当亚伯拉罕出去要把他儿子作为祭物献上的时候，撒旦在路上遇到他亲自试探了他。
同样，当犹太人在旷野行进的时候，据晚期犹太传说，因摩西迟迟 104
未下山，撒旦就对百姓说他已经死了。引诱他们拜了牛犊。[②]

① 《格马拉》，请参看第一卷第 223 页(页边码)注。——译者

② 《公会格马拉》载《圣经外传》，法布里克抄卷 V. T. 第 335 页，转引于格弗洛勒尔《救恩世纪》。《沙巴特·巴比》，第 381 页。(Gemara Sanhedr. in Fabric. Cod. pseudepigr. V. T. , p. 335. Schabbat bab. bei Gfrörer, Das Jahrhundert des Heils, II. 381)

这样，世上的一切坏事，特别是对于以色列人的坏事，就都归之于作为其第一原因的撒旦，这样做的自然结果就是清除百姓罪孽，把他们从压迫他们的罪恶中拯救出来的弥赛亚就成了撒旦的反对者和胜利者。基督来就是要除灭魔鬼（《约翰一书》第 3 章第 8 节），[1]消灭污鬼（《马可福音》第 1 章第 24 节；《路加福音》第 4 章第 34 节）；他看见撒旦从天上坠落，像闪电一样（《路加福音》第 10 章第 18 节）。这个世界的王不是别人，乃是魔鬼，要被赶出去了（《约翰福音》第 12 章第 31 节）。但要达到这个目的，必须首先战胜他，如果他向基督进攻，决不能让他抓到任何把柄（《约翰福音》第 14 章第 30 节），但正如他攻击过许多旧约圣徒那样，他是一定会攻击基督的，他还肯定会在基督徒中像吼叫的狮子，遍地游行寻找可吞吃的人（《彼得前书》第 5 章第 8 节），在一般情况下撒旦的这种筛选只在于把邪恶的、试探人的思想灌输到人里面来（《路加福音》第 23 章第 31 节；《约翰福音》第 13 章第 2 节）。但对于弥赛亚的这场斗争是一场决定胜负的斗争，是和弥赛亚的一场决斗，要求撒旦亲自出马。像大卫对抗狂妄的非利士巨人那样，弥赛亚也必须对抗这世界之王撒旦，正如大卫用机弦甩石胜了非利士人，同样，弥赛亚用上帝的话也使撒旦溃逃，两个人都经受了圣灵的考验，他们在不久前都接受了圣灵，一个是通过撒母耳的敷膏，另一个是通过约翰的施洗。

试探发生的时期，是由大卫的模式所决定，或者，一般地说，是
105 由于考虑到所接受的圣灵必然要立即通过最强烈的试炼经受考

① 英译本误为《约翰福音》第 3 章第 8 节。——译者

验。同样，事情发生的地点、耶稣在该处逗留的时间、试探的内容和形式以及耶稣抗拒试探的情况，都是从摩西历史上模仿来的。舞台就是旷野，不仅因为犹太人一直把旷野当作邪灵的居所（《利未记》第 16 章第 8—10 节；《约伯记》第 8 章第 8 节；《马太福音》第 12 章第 43 节），而首先是因为以色列人也是在旷野受了试探。百姓在旷野受试探达四十年之久，弥赛亚受试探的内容从四十年压缩到四十天，这同时是和撒旦为他准备的第一次试探性质联系着的。

百姓在旷野遭遇的第一个试探就是饥饿，他们立即在这第一个试探上失败了，以致他们埋怨摩西和亚伦，其实，归根结底，他们埋怨的就是耶和华自己（《出埃及记》第 16 章），不久，他们又对赐给他们的吗哪感到不满，想要吃肉（《民数记》第 11 章），因此，弥赛亚也要首先受饥饿的试探，要感到饥饿，就必须先禁食；在旷野行进期间摩西在西乃山曾禁食四十天（《出埃及记》第 34 章第 28 节，《申命记》第 9 章第 9 节），同样，以利亚后来也禁过食（《列王记上》第 19 章第 8 节），因此，耶稣也在旷野禁食四十天，过了这些日子以后他饿了。撒旦希望通过这件事使耶稣落在他的掌握之中。但要想让弥赛亚发怨言是不行的，因为他禁食是完全出于自愿，因此试探者就把力量集中在他为上帝儿子这一点上，企图引诱他擅用自己的权力来帮助自己。撒旦要求他把在他面前的石头变成食物，这种试探方式部分地由旷野多石的情况所决定，部分地也是由 106
于在新约别处常有这类人所熟知的成语所决定。施洗者约翰在旷野说过，如果必要的话上帝能从这些石头中给亚伯拉罕兴起子孙

来(《马太福音》第 3 章[①]第 9 节)。与这段试探故事更为密切结合的是耶稣曾说过,你们中间,谁有儿子求饼,反给他石头呢?(《马太福音》第 7 章第 9 节)在幸灾乐祸的撒旦看来,对一个饥饿的人不是把饼而是把石头指给他并叫他抢在上帝之先用一句话,把石头变成饼,是再适当不过的了。此外,尽管有个别性格特征是来自别处,这个试探故事主要还是以以色列人在旷野受试探为其真正模式,这是从耶稣反驳试探者第一个试探的话立即可以看得出来的。根据《申命记》所说,在旷野行进的末了,摩西要求百姓纪念耶和华如何在旷野引导他们,试炼他们(《申命记》第 8 章第 3 节)。还说:"他苦炼你,任你饥饿,将你和你列祖所不认识的吗哪赐给你吃,使你知道人活着不是单靠食物乃是靠耶和华口里所出的一切话。"最后几句话,正是耶稣回答试探者所用的话(《马太福音》第 4 章第 4 节),同时要撒旦注意,这是经上记的话,撒旦的第一个试探被挫败之后,就着手进行第二次试探。

为了更好地了解这第二个试探,我们必须从耶稣在这次试探末了所说的话:"经上又记着说,不可试探主你的上帝"出发,在这句话的出处《申命记》那段经文里(第 6 章第 16 节)说得更确切些:
107 "当你们(即以色列百姓)进到迦南地的时候,不可像在玛撒那样,试探耶和华你们的上帝。"这是指百姓在旷野因缺水向摩西和亚伦发怨言说的(《出埃及记》第 17 章),这件事被认为是"试探耶和华",因为它暗含着怀疑上帝用神迹对他们的支援(第 7 节)。这种试探上帝,或者,按他的理解,试探基督,也就是使徒保罗要基督徒

① 英译本误为第 8 章第 9 节。——译者

从以色列人在旷野的经历中引以为戒的事件之一，使他们可以避免遭受同样的惩罚（《哥林多前书》第 10 章第 9 节往下，在那里把《出埃及记》第 17 章第 1 节往下同《民数记》第 21 章第 4 节往下都结合了起来），还有初期基督徒经常诵读的被认为有预示弥赛亚意义的《以赛亚书》第 7 章即亚哈斯王受到先知指示要他向上帝要求一个兆头的时候回答说（第 12 节）“我不求，我不试探耶和华”。毫无疑问这是一句有同样意义的话，但也可能把它解释为亚哈斯王不愿向上帝作任何不适当的要求，像《诗篇》第 78 篇第 18 节指以色列人发怨言要求吃肉时所说：（《民数记》第 11 章）“他们心中试探上帝，随自己所欲的求食物。”撒旦可能向弥赛亚建议向上帝提出什么不适当的要求呢？《诗篇》第 91 篇第 8 节往下指受到至高者的保护的人特别是弥赛亚时说：“他要为你吩咐他的使者，在你行的一切道路上保护你，他们要用手托着你，免得你的脚碰在石头上。”这段话如按字面来理解，可能意味着受上帝保护的人，即使从很高处跳下来，也不致遭遇危险，因为上帝的使者会接住他，使他不受损伤降落地面。所以撒旦就要求耶稣这样做。还有一首诗篇
在谈到手洁心清的人，特别是指弥赛亚时曾说（《诗篇》第 24 篇第 108
3 节，参看第 15 篇第 1 节），他将登耶和华的山，站在他的圣所，现在弥赛亚也应上到殿顶上，从那里跳下来。耶稣对这试探的恰当答复就是经上记着说“你不可试探主你的上帝”。

在常被人们引述的《哥林多前书》那段经文里，使徒保罗从以色列人旷野行军历史中所得出的一个重要教训就是第 10 章第 7 节所说：“也不要拜偶像，像他们有人拜的。”（《出埃及记》第 32 章第 6 节）在同一段经文里，根据晚期犹太人中流行的见解，保罗把

拜偶像解释为敬拜魔鬼(第 10 章第 20 节往下);按照这种想法,魔鬼之王就是别西卜(《马太福音》第 12 章第 24 节)[①],即撒旦。因此,在相当长的时间内,犹太人一定会看到,世界权力,掌握在拜偶像之人的手中;因而照他们的想法,最高的偶像撒旦,就是当今世界的统治者或神(《哥林多后书》第 4 章第 4 节;《约翰福音》第 12 章[②]第 31 节,第 14 章第 30 节,第 16 章第 11 节)。弥赛亚作为人民的原型,必须经历拜偶像的试探,按照晚期犹太人的想法,这种试探所采取的形式,就是要求他敬拜魔鬼。作为一种诱惑力量魔鬼还答应把支配整个世界的权力都交给他,而其实,弥赛亚作为世界之主,这种权力理应是属于他的。为了使这种试诱具有尽可能大的感性力量,魔鬼必须把全世界的荣华指给他看,抱着这种意图,他把耶稣带到一座高山上。就像耶和华曾经在摩西死之前把他带到尼波山上,让他观察他所要赐予以色列人的全部地区一样(《申命记》第 34 章第 1 节往下)。很明显,弥赛亚像在其他试探上没有失败一样,也决不会在这次试探上失败,他所用以击退试探者
109 的武器,就是以色列人在旷野飘流的末期摩西向百姓所说的一句警戒的话:"你要敬畏耶和华你的上帝,事奉他,不可敬拜别神。"(《申命记》第 6 章第 13 节往下)[③]

三次进攻都被打败之后,撒旦不得不自认失败而暂时引退,但正如《路加福音》补充所说(第 4 章第 13 节),这只是为了伺机再度发起进攻。毫无疑问,路加所谓的再度进攻,是指耶稣受难而言,

① 英译本误作"《马太福音》第 22 章第 24 节"。——译者

② 《约翰福音》第 12 章第 31 节,英译本误作第 22 章第 12 节,31 节。——译者

③ 此处英译本漏译。——译者

而这种受苦，在《马太福音》(不是在《路加福音》)是由三组事件展开的，这就是在客西马尼园里，耶稣为了向天父祈求，让这个苦杯离开他，三次离开了睡着的门徒(《马太福音》第 26 章第 36—45 节)，后来，彼得三次不承认他的主(《马太福音》第 26 章第 69—75 节)，接着他的爱主之心又三次受到了考验(《约翰福音》第 21 章第 15 至 17 节)；所有这些事例都重复了三次，其原因只有一个，那就是不仅犹太人，连别的人也都自然地喜欢用三这个数字，对于像试探故事这类的戏剧性场面，显然认为用三这个数字特别合适。因此，上边所引述的格马拉注释里，说撒旦同亚伯拉罕打了三回交道，而在可能是模拟埃及受灾难次数的其他拉比们的叙述中，则说亚伯拉罕受了十次试探。

在《马可福音》的简略叙事里，三次试探的三这个数字没有了，只说"随后(受洗以后)，圣灵把耶稣催到旷野里去，他在旷野四十天受撒旦的试探，并与野兽同在一处，且有天使来伺候他"。无论这里的野兽是为了生动地描绘旷野景色(参看《马克比二书》第 5 章第 27 节)还是为了表示耶稣是第二位亚当，这种现象总是非常离奇的，同缩短得几乎无法理解的其余描述合并起来看，并不能表
现这篇报道或第二福音书有什么独创之处。连路加的记述同马 110
太[①]的记述比较起来也显得是第二手的，这部分地是由于这样的事实即根据一般译文路加是第一个说试探共延续四十天之久的人，然后紧接着又提到了试探共分三个阶段；部分地是由于他对马太的故事情节作了艺术加工。这种艺术加工就在于路加把敬拜魔

① 英译本把马太误作马可。——译者

鬼的试探列为第二项，把从殿顶上跳下来的试探列为第三项。因为从内容来看，向魔鬼下拜是魔鬼可能向耶稣作出的最强烈的要求，因而作为结束语最为合适。使路加改变这种次序的原因无疑是因他认为魔鬼先跟耶稣从旷野上到山上，然后又从山上进到城里，比从旷野进到城里，然后又从城里去到山上的可能性更大。这种想法对于我们当前的这一事例是不适当的，因为在这里并不存在可能性大小的问题。从以下几个附加语暴露出(路加是个)加工者。例如，说魔鬼在“霎时间”把天下万国都指给他看，又说，他之所以能够作出这建议是因统治世界的权柄已交付给他，最后还说魔鬼仅是“暂时”离开了耶稣。其实，从那以后魔鬼再也没有在耶稣面前出现，至少没有亲自以看得见的形式在耶稣面前出现过。马可的叙述虽然简短却保留了马太所记的最后一句，即在魔鬼离开耶稣以后，“有天使来伺候他，”但《路加福音》里这句话却不见了①。他们在事后给耶稣东西吃，为他提神，就像从前天使在事先给以利亚东西吃给他提神一样(《列王记上》第 19 章第 5 节往下)，当然给耶稣吃的不是世上的食物而是天上的食物，是天使的食物，
111 根据晚期犹太人的想法，吗哪就是一种天上的食物(《诗篇》第 78 篇第 25 节希腊文译文；《智慧书》第 16 章第 20 节)。这就证实了

① 英译本不仅把德文原著的马可(Marcus)误作马太(Mathew)，而且整个句子的意思也完全错了。如照英译本译，广大读者将无法理解，势必贻害无穷，试比较德文“Darüber kommt dem Lucas der von Marcus trotz Seiner Verkurzung bewahrte Schluss der erzählung bei Matthäus abhanden, dass nach dem abzuge des Teufels Engel sich eingestellt und Jesum bedient haben.”和英文“Meantime Luke loses the conclusion of the narrative in Matthew, which Matthew in spite of all his abbreviations preserves, that after the departure of the devil, angels came and worshipped Jesus.”

耶稣在受试开始时所作充满自信的断言；上帝为了维持敬畏他的人的生命，并不以用通常的食物为限。

第四福音书没有记载耶稣受试探的故事，不仅如此，还好像有意排除这件事一样，在从耶稣受约翰施洗到他行第一个神迹之间的每件事都用最短的时限如次日再次日第三日（第 1 章第 29，35，43 节，第 2 章第 1 节）[①]非常紧密地联系起来，以致四十天的试探时间简直无法插进。的确，《约翰福音》在这里比《共观福音》少了一个令人难以置信的故事，但其所以不提这件事，并不是因为他以为这件事从历史的眼光看没有充分的证据，而是因为从教条主义的眼光看这件事不合他的口味。尽管在他的教条主义理论里，魔鬼既是人类犯罪的根源，也是耶稣的仇敌占突出地位，但魔鬼以可见的形体出现在耶稣之前却和他所受的希腊主义教育格格不入，而且耶稣降低身份，以平等地位和魔鬼较量，在约翰看来也是和耶稣作为上帝儿子的高贵身份不相称的。因此，第四福音作者在这里也像在其他许多方面一样，力图牺牲形式而保持试探故事的实质及其结果，坚持第三福音作者所说耶稣受难是撒旦对他的一次新的进攻。正是在这种意义上，他追随路加的思想（第 22 章第 3 节）特别把犹大出卖耶稣说成是魔鬼的主使（第 13 章第 2 节），尽管在形式上避免使用容易使我们联想到魔鬼附身的正规说法，但在第 6 章第 70 节[②]，当和他自己的主张符合一致时却保持了其内容实质。此外，在受难故事开始之前，他还把凡是能够被认为试探

① 英译本漏注。——译者

② 英译本误作第 7 章第 70 节。——译者

112 故事的真正内容的东西归纳成一句话，假耶稣之口说出来（第 14 章第 30 节）："这世界的王将到，他在我里面毫无所有。"

由于我们把试探故事作为一种弥赛亚神话来理解，首先我们就避免了传统上为了试图把延续四十天之久的试探故事插入到约翰在这里编织得如此严密无间的组织里去，在这方面所作的一切折磨人的纠缠。辩护神学（apologetische Thologie）为了达到这一目的，在从第四福音第 1 章第 19 节到第 4 章第 54 节的这段初期历史记述中，几乎没有一处没有作过尝试，但处处都遭遇到了同样的失败，因为约翰叙事的目的不仅是不让有一处给耶稣受试探的故事有钻空子的可能，而且还总是千方百计对之加以排除。但尽管在第四福音和共观福音之间有这种不一致之处，尽管我们对于前者有一定的看法，[①]并不能因此就证明后者的记述有任何不当之处。而是由于后者的记述自身本来就有许多重大困难，才使得有必要把另一种能够断然排除这些困难的思考方法看作是一种值得欢迎的发现。在今天，很少有人会胆敢和艾布拉德（Ebrard）站在一起，断言耶稣作为第二亚当的尊严有权要求撒旦亲自以其本来面目和看得见的形象出现在他面前，而不是像从前以伪装动物的样子出现在第一个亚当之前。不言而喻，鉴于经文明确地说，这是一件客观地发生的事情，除非在具备正确观点的情况下，任何以幻象、异梦或寓言为托词的提法，或假定其为神话的做法，都同样是不可接受的。

由于问题牵涉到受洗历史和试探故事方面，我们就逾越了一

① 本书作者对于第四福音持否定态度。——译者

般认为划分福音早期历史的界线，而且最近人们对于在这个经过特别挑选受到保护的领域内存在着神话成分已不再加以反对了。113
以迪威特（Dewette）和哈斯（Hase）为代表并带有施莱马赫（Schleimachar）标志的整个神学界，同他们的老师一道，甚至比他们的老师在更大范围内和更完全意义上，放弃了耶稣诞生和幼儿期记述具有历史性的主张认为这种主张是站不住脚的。不仅如此，他还认为，这些记述只是原始基督徒的传说和虚伪的产物，即使本来以为其中有作为历史核心的根据，现在也无法找出这种历史核心来了。[①] 在作出这种让步的时候，他们正是模仿了聪明果断的统帅的榜样，为了能更好地守住要塞，就毅然放弃守不住的外围工事，甚至不惜自己动手把它们烧毁。其实，在近代就有充分的机会认识到，在批判的炮火围攻下，福音书的初期历史就好比这类无法守住的外围工事一样。只有像老图宾根学派那些顽梗不化的蠢材或者现代救会诸如施密特（Schmidt）和艾布拉德之流具有诡辩倾向的厚颜无耻的人们，才能对于如此光辉夺目的现象熟视无睹，仍然坚持主张福音书的这一部分具有完全的历史性。

但在后一类神学家们的处事方法上，同前一类比较起来，仍然有一些我们必须公正对待的地方。烧毁外围工事，只有在这些外围工事同打算保留的要塞部分隔离开来，或者要塞部分是用耐火材料建筑不怕火灾殃及的情况下才是可取的。另一方面，如果有可能或者有很大可能的话，则人们宁愿把外围工事保留着，看其能支持多久，而不是一下子把它毁掉，从而加速全部地区的毁灭。其

① 哈斯：《耶稣传》，第 26 节。

114 实，如果我们听从前一类神学家们的说法，我们就会相信，福音书关于耶稣公开生活的记述，从任何情况来说，都是保证不会有这类危险的。（根据《使徒行传》第1章第21节往下，第10章第36节往下，参看《马可福音》第1章第1节）耶稣公开生活是从约翰施洗时开始的。他们认为应当把使徒们的见证，看成能起到像金城汤池那样的作用[①]。但这些神学家们却一点也不承认使徒们在《共观福音》里的见证。至于他们所坚持认为目睹见证人的约翰，只要他所说的是他们所不能相信的，最近他们就用一些人所熟知的辩解，使其成为虚幻而无实效，而构成耶稣公开生活的他们认为比较能持久的材料，首先是构成受洗历史和鸽子及天上来的声音他们就放在防守墙之内，其中的第二项也是目睹见证人约翰所记述的，还有试探故事和魔鬼亲自出现这些都和幼儿期故事中任何其他故事一样是易燃性的，不仅有受到外围工事战火殃及的危险，而且也没有避免殃及的希望。或者如果从福音故事的结尾开始，则耶稣升天的故事和他超自然出生的故事完全一样，变像的故事和受洗的故事一样还有他一生中所行的神迹也都同样是由易燃的材料构成的。要塞内部的情况既然如此，放火烧毁外围工事就应三思而后行了。如果我不幸处在要塞内部的话，我将会站在那些主张保卫包括外围工事在内的全部阵地者的一边（尽管这样未必有成功
115 的把握），而不是放火焚烧外围工事，从而使全部阵地陷于必然的毁灭。根据摆在我们面前的福音书记载，耶稣婴儿期历史和其公开生活历史之间的真正区别，仅在于前者除了很少的简短记事外，

---

① 哈斯：《耶稣传》前引处。

没有任何历史性的东西，而后者在非历史的东西外还有许多批判的火焰所不能损害的历史性的东西，但历史性的东西同时也总是自然的东西：耶稣公开生活的历史中的超自然成分，同其婴儿期历史中的超自然成分非常类似，凡是承认有必要保持一方面的历史性的人就会认为最好也不怀疑另一方面的历史性。

116 第二章　耶稣公开生活中的神话故事

67. 概况

在耶稣诞生和婴儿期故事中，除了极少的历史记事外，尽是些由教条主义思想编造出来的东西，因而也就必然属于我们目前阐释的范围。我们目前阐释的目的，就是要显示基督神话故事的逐渐形成和发展，在第一卷里所关注的是耶稣的真实历史，没有牵涉到早期的记述，但在耶稣的公开生活史中，正如第一卷分析所显示的那样，有许多事实，特别是耶稣的言论，是不得不承认其历史性的，因此，我们现在所关心的，就是在第一卷的历史综合里所没有受到注意的其余部分。

很明显，按照这种研究方法，首先应当加以探讨的神异成分不仅包括耶稣本人所行的神迹，还应包括有他在场或与他有关的神异成分。其中有许多虽不像神迹那样同自然律相抵触，但却不大合乎历史的可能性，这就是说，把它们理解为虔敬传说的产物或诗一般的虚构，比相信其为真实发生过的事实还更近情理些。这种研究方法可能包含一些有争议的论点是明显的，因此，我们将满足于从耶稣公开生活史中指出一些有一定把握可能认其为神话构成
117 的事例为限。这类事例，首先是耶稣和其先锋的关系以及他和其

门徒的关系，临近末尾则是耶稣变相和其进耶路撒冷的故事，而这个时期从始至终还贯串着无数的神迹故事。

第一组神话　耶稣和其先锋

68.

约翰给耶稣施洗，这是作为历史记载着的。人们从教条主义出发企图证明：由于约翰给耶稣施洗就像给他施膏一样，就是给耶稣举行了就任弥赛亚圣职的典礼。关于这种施洗的历史我们已经考察过了。

施洗者在给耶稣施洗以后，并没有跟随耶稣而是像从前一样继续从事自己的施洗工作，这也是作为历史记载着的，当然，这是不符合基督教里的那些教条主义者利益的。他们认为施洗者本人一定已经承认耶稣就是弥赛亚。我们已经看到为了达到这一目的，共观福音传说是怎样企图描绘耶稣受洗历史的。他们使约翰成为他们所假定在耶稣受洗时发生的神迹的耳闻目睹的见证人，这就很自然地使他认为所讲的话就是对他讲的，而耶稣就是天上声音所宣称的那个人。他已经提到过，有一位在他以后能力比他更大的将要用圣灵施洗[①]，尽管并没有明说他说这话的时候心中
所指的就是拿撒勒人耶稣，但根据《路加福音》所记耶稣婴儿期的 118
历史是不妨假定其如此的。按照马太的记述，约翰曾企图阻止耶

① 参看《路加福音》第3章第15—17节。——译者

稣来受他的洗，说施洗者自己更需要受耶稣的洗，这就证明，甚至在施洗的神迹发生以前他就已经认识到，耶稣就是他所说比他更大的那位。希伯来人福音书对于施洗者对耶稣的认识采用了一种非常形象的说法。说他跪在耶稣脚下，恳求耶稣给他施洗。[①]

但是，施洗者为什么在上帝把他所为之准备道路的那位比他更大者向他指明以后，却没有停止自己的工作而立刻跟随他去，这个问题仍然没有得到解决，《共观福音》对于这个问题的解答是耶稣在旷野逗留了四十天。作为弥赛亚他必须独自待在那里。此外我们还不得不相信，像马太和马可所说的那样，在此期间或在耶稣逗留期的末了，施洗者被投入监狱，不可能亲自去跟随弥赛亚了。

人们都知道，或者以为自己知道，约翰并没有立即被处死，而是在监狱里呆了一段时间。在这期间，耶稣已经开始了他的公开传道工作，这一消息，不可能想象施洗者约翰会不知道（《马太福音》第 11 章第 1 节往下；《路加福音》第 7 章第 18 节往下）。尽管隔着一堵狱墙，到处响起的耶稣行神迹的传说也不可能不传到他的耳中。由于他曾宣告说，在他以后将有一位要来到，这就迫使他不得不考虑这样一个问题，行这些神迹的人是不是就是他曾宣告过在他以后要来的那个人，而他自己的使命正是要宣告这个人的

119 来到。如果他在施洗的时候的确看到过圣灵像一只鸽子翱翔在耶稣上面，听到过天上声音宣告耶稣就是上帝的儿子，他就应该毫无疑问地知道正是耶稣而不是别人才是要来的那位。如果同时他还听到了耶稣所行的神迹，那他的信念就应该更加坚定不疑。《共观

① 艾皮法尼乌斯：《论异端》，XXX，13

福音》说他不仅提出问题，而且还表示了是不是应该等候别人的怀疑心情。他既然作出了这样的表示，就只能说明或者他对施洗时所发生的神迹的意义产生了怀疑，或者这种神迹就根本没有发生过。但在这篇记事中对于他在狱中是不是背弃了他被认为配为之作见证的对于天上神迹的信念，从而犯了严重的错误丝毫也没有提到过。这就使我们不得不认为，这篇记事并不是以我们现在所有的受洗故事为前提，也就是说，施洗者从狱中发出的信息原来是出自一位不知道耶稣受洗时发生过神迹的作者。约翰所提出的问题是任何一个人都可能提出的。由于人们可能把神迹说成是任何一位先知干的，所说耶稣行的神迹是不是真正表示耶稣就是所期待的弥赛亚，或者像过去经常发生的那样，还得把对于弥赛亚来临的期待再一次推延下去。根据上面所作的解释，耶稣对这个问题所作的回答，如果他的确这样说过的话，也只能是指他在传道中所行的精神上的神迹①，但福音书作者却以为是指他所行的物质的神迹而言。

没有说这一回答对施洗者产生了什么影响，是不是使他承认
了耶稣就是将要来的那位，而是把一篇关于施洗者的讲话，假耶稣 120
之口说了出来。其实即使约翰没有派人探询这回事，耶稣也是同样可以发出这通议论的，现在在这里提出来，不过是因为它似乎可以帮助消除由于施洗者没有跟随耶稣所造成的许多困难这个当前存在的事实而已。因为在这篇讲话里（《马太福音》第 11 章第 7 节往下；《路加福音》第 7 章第 24 节往下）一方面承认约翰为所应许

---

① 参看第一卷第 362 页（页边码）。——译者

的弥赛亚先锋，是旧时代最伟大的人物；另一方面又在他和新时代，即弥赛亚天国子民之间作了严格的区分，甚至说他比新时代里最小的人还小，从而表示他之未能对这一新时代的开创者有充分的认识实不足为奇。

路加也简略地叙述了约翰曾被希律囚禁（第 3 章第 20 节），但并未提到马太所说的囚禁发生在什么时候以及约翰打发人问耶稣是否在他被囚禁以后，因而这次差遣有什么结果，以及是否有结果，都叙述得不能令人满意，如果约翰在他所宣告的那位比他更大者公开工作而且现在又如此明确地回答了他的疑问以后，还是自由自在未受阻碍的话，为什么他没有对他表示服从？他肯定是表示了，不过没有做到自己停止施洗去跟从耶稣的程度罢了，在此以后他的学派仍然和耶稣的门徒保持着严格的区分就是非常有力的证明。但大概他并没有以怀疑的心情提出耶稣是否将要来的那一
121 个这个问题，而是满怀信心地给自己和别人作出了足以消除一切疑难的回答，说明了自己和耶稣的关系，第四福音书作者的描述就显示了这一倾向（第 1 章第 19—28 节），他这样做，不仅像在其他许多场合经常有的那样，表示他附和了路加的说法，而且还使路加的意图得到了进一步的发展和贯彻。

《路加福音》记载施洗者提到有一位能力比他更大的要来，其所以提到这事据说是因为拥到他跟前的人都料想也许他就是弥赛亚。路加还表示约翰拒绝接受弥赛亚尊荣的一个明确意义，就是要把这一尊荣归到在他以后要来的那位身上（第 3 章第 15 节往下，参看《使徒行传》第 13 章第 25 节）。但在第四福音作者看来，这样做法似乎还不够正式。让百姓只把这种料想悄悄地放在心里

还不够，他们一定还要以问题形式向约翰明确地提出来。而且向约翰提出这一问题的人不可能只是一般的老百姓，他们一定还是从耶路撒冷犹太政府、祭司和利未人那里差遣来的，以便耶稣以后可以把施洗者向他们作的声明作为有说服力的人证提出来（参看《约翰福音》第3章第33节往下）。但在这里有一个困难，那就是在一般不怀成见和容易激动的群众认为易于理解的行动，在犹太僧侣统治阶级和他们的法利赛使者看来则是不可思议的事情。约翰所讲悔改的道理不可能符合他们的口味，而且他还明确地攻击了法利赛教派，由他们向他提出弥赛亚、以利亚那位先知等一系列称号，以致一个一个都遭到他的拒绝是难以想象的。该福音书作者一点也未表示他们是怀着恶意这样做的，为的是如果他僭取这些称号，他们就可以捉住他，像后来捉住耶稣那样，使他遭受罗马
人的猜疑和处罚。与此相反，福音书作者的目的似乎仅仅表示约 122
翰不承认自己具有这些称号，但他得以拒绝这些称号，必须首先有人向他提出这些称号。《路加福音》说，他只拒绝了弥赛亚的称号，为的是把这称号归在耶稣身上，而在所有《共观福音》里耶稣都说从某种意义来讲他就是以利亚，而且还是一位最高意义的先知（《马太福音》第17章第12节往下，参看第11章第9节，14节）。第四福音书说约翰拒绝了最后两个称号，这是必然的，部分原因是表示他比耶稣低下得多，部分原因是如果把约翰看作另一个以利亚，对该福音书作者来说那就犹太教意味太浓了。

但第四福音书作者总算还把约翰差遣两个门徒到耶稣那里的事保存下来了，不过那是按他自己的方式保存下来的。在他的福音书里说，当耶稣走过的时候，约翰打发他的两个门徒到耶稣那

里，这次不是后来他从监狱里打发人出来，而是在施洗后不久，也不是以怀疑的口吻问耶稣是否将要来的那位，而是肯定地说，耶稣就是要除灭世人罪孽的上帝的羔羊。在《共观福音》里说耶稣叫这些使者把他们所看到和听到的告诉他们的老师，但在这里，耶稣回答这两个门徒问他住在哪里的问题时却是说“你们来看”。但这里的这两个门徒不是像共观福音书所说回到了约翰那里，而是留在跟随耶稣的人群之中，并且还把别的门徒带到了耶稣那里(第 1 章第 35 节往下)。

由这两个门徒所提示的施洗者的问题，按照其目前在马太和
路加这两本福音书中所处耶稣受洗故事后上下文的地位来看，只
能理解为是由于疑虑和困惑发出来的。但第四福音书作者却宁愿
加以改动使其变得无害，而不是让其原封不动地留在那里。对于
“从前在约旦河边跟随他们老师的那位(他现在在施洗)众人都到
他那里去了”感到恼火的，不是施洗者本身，而是他的门徒，不是耶
123 稣打发人到约翰那里去，而是约翰向他的门徒作了解决问题的说
明(第 3 章第 22 节往下)。约翰的门徒向他们老师抱怨并将其同
一个犹太人关于洁净之礼，也就是说，关于洗礼的洁净价值的辩论
联系起来(第 3 章第 25 节)①以及约翰在回答中把耶稣比作新郎，
把自己比作新郎的朋友(3 章 29 节)不禁使我们想起《共观福音》
的另一段话(《马太福音》第 9 章第 14 节往下)，约翰的门徒问耶
稣，为什么他们和法利赛人经常禁食，而耶稣的门徒倒不禁食。耶
稣回答他们说，新郎和陪伴之人同在的时候，陪伴的人哀恸禁食是

① 英译本误作第 2 章第 25 节。——译者

不适当的。第四福音书作者对于这段经文作了修改，使耶稣同新郎之间的对比变成了不像《共观福音》所讲的那样，是新郎和陪伴者同在期间的对比，这就是说，是耶稣在世期间，同其死后期间之对比，而是新郎，即来自上天的上帝的儿子同其仅为一个属地之人的先锋的对比。当施洗者同时宣称和必然兴旺的耶稣比较起来他自己却必然衰微的时候[①]，他一方面道出了自己和耶稣的关系，另一方面也是重复了《撒母耳记》作者所说关于扫罗和大卫之间的关系(《撒母耳记下》第 3 章第 1 节)。为了表示这一自愿从属的充分价值，这里明确地说那时约翰还没有下在监里(《约翰福音》第 3 章第 24 节)。这就更显得他是自动放下武器投降在耶稣脚下而不是出于任何强迫。

这里所讲和说只是在约翰下监以后耶稣才开始其公开活动的《马太福音》有明显的矛盾。除此以外，第四福音书作者还给我们描述了一个既和前三福音书的描述不同又和历史可能性不符的施洗者，这只能从这位福音书作者的特殊性格角度予以说明。的确， 124
他并没有给我们描述洗施者的粗犷外貌、服装和生活方式。但也许可以说这方面并不重要，因为他曾像共观福音书一样，把先知书里所记的旷野里人声应用在施洗者身上(第 1 章第 23 节)，但他对施洗者的描述还有另一个漏洞[②]，那就更成问题了。根据共观福音书记载，约翰的说教共分两个部分，即：你们要悔改，因为天国近了。为了更自由奔放，更详细地描述第二部分，他完全略去了第一

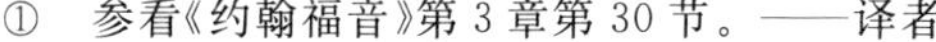

① 参看《约翰福音》第 3 章第 30 节。——译者

② 此句英译本完全漏译。——译者

部分。像共观福音书一样，他提到施洗者曾说，在他以后有一位能力比他更大更高的要来，但他所赋予这位具有更高尊荣的人物的特征，不仅对共观福音里的施洗者来说是陌生的，就是对于共观福音书作者们自己来说，也是他们所想象不到的。说他是除去世人罪孽的羔羊（《约翰福音》第 1 章第 29，36 节），就是把《以赛亚》第 53 章第 4 至 7 节的预言应用在耶稣身上，这确实并非是前三福音书作者们所不知道的，因为他们已经能够看出舍掉生命的耶稣，就是为许多人献上的赎罪祭（《马太福音》第 20 章第 28 节；《马可福音》第 10 章第 45 节[①]；参看《马太福音》第 26 章第 28 节），但他们决不会想到耶稣门徒在耶稣死后才逐渐明白的道理施洗者竟能老早就认识到。

另一方面，第四福音还说约翰宣称：在他以后来的耶稣反成了在他以前的，因为他本来在他以前（第 1 章第 15 节，30 节）。耶稣是在万有之上因为他是从天上来的。本来就是在万有之上，他把自己在天上所见所闻在地上见证出来（第 3 章第 31 节往下）。这就关于耶稣成人之前就预先在天上存在的见解不仅对《共观福音》里的施洗者是陌生的，就连对《共观福音》作者们本人来说也是陌生的，是第四福音书作者所特有的。他主观地把这种见解强加在他的施洗者身上。为了使人对于这种强加没有怀疑余地，他还在一定程度上把他所说耶稣在同尼哥底母谈话中说过的话假施洗者
125 之口说了出来。耶稣曾对尼哥底母说，“从肉身生的就是肉身，从灵生的就是灵，我们所说的是我们知道的，我们所见证的是我们见

① 英译本误作第 25 节。——译者

过的，你们却不领受我们的见证。”（第 3 章第 6 节，11 节）施洗者讲到耶稣时说，“从地上来的是属于地，他所说的，也是属于地，从天上来的，是在万有之上。他将所见所闻的见证出来，只是没有人领受他的见证”（第 3 章第 31 节往下）。一般而言，在第四福音书里，每当施洗者，耶稣以及作者把自己的想法，掺和进来时，他们都是在同一思想和惯用语范围内进行活动，这里只有三种可能想象的情况。不是耶稣和福音书作者从施洗者那里学来了这种思想和表达方式；或者就是施洗者和福音书作者从耶稣那里学来了这种思想方式；最后，就是福音书作者把自己的思想和表达方式假耶稣和施洗者之口表述了出来。第一种推想不仅是和人们认为耶稣所应受的尊敬相违反，而且也是和历史可能性相违反的，因为在共观福音书里并没表示施洗者有这样的思想或说过这类的话，而且这种推测也是和他的思想完全不相符合的。第二种推想也是亨斯吞保（Hengstenberg）[1]采取的推测方法认为，使徒约翰不仅模仿了耶稣自己的这种思想和表达方式，而且当他和耶稣逗留在施洗者约翰附近的时候（《约翰福音》第 3 章第 22 节往下）还把耶稣同尼哥底母的谈话告诉了他过去的老师，后者立即沿用了这种语句。这种推想肯定没有第三种推想即福音书作者在表达他自己最诚挚的宗教信念时所惯用的思想方式说成也是施洗者和耶稣的说话方式，特别是在这里，刚刚把耶稣和尼哥底母的谈话写下来之后，脑 126
际和笔端还浮现着这种思想的时候，把它说成是施洗者的话那样自然并有较大的可能性。

① 在其所著《约翰福音注释》中，就采取了这种推想方法。

前三福音书也是在这种倾向性精神的影响下，把施洗者说成是弥赛亚耶稣的先锋，但由于他的严厉的悔改说教，使他还保留着几分自己的本来面目。在第四福音书里他已经完全丧失了自己的独立存在，而只是为做在他以后来的见证人存在着，就好像是一个木头做的路标一样。他仿佛最新的倾向性剧本里的主人公那样，任何合理的人的特性都没有了，头脑里面塞满的尽是编剧者给他装进去的稻草碎片——剧作者自己的主观激情。

第二组神话　耶稣和其门徒

69.

从历史得知，耶稣最杰出的门徒中有几个人是渔夫，至少还有一个是税吏。关于前者，还保存着耶稣所说具象征意义的一句话：他将使这些普通意义的渔人成为得人的渔夫①。

另外，人们还从旧约先知传说中得知，以利亚召选了他的仆人以利沙为接班人。当先知把自己的外衣搭在以利沙身上的时候，后者正在赶着十二对牛耕地，他离开了牛，跟随了以利亚(《列王记上》第 19 章第 19 节往下)。

提起这件事，不可能不想到古罗马历史上一个著名的故事。当战争危险迫在眉睫的时候，罗马元老院打发使者们到台伯河那边的小庄园去召唤昆克西斯·新新那图斯(L. Quinctius Cincin-

① 请参看《马可福音》第 1 章第 17 节。——译者

natus)做执政官[①]。当时他已脱下外袍,正在从事耕田或筑渠[②]。127
那可能是真正发生过的事情,因为这样有名人物还亲自种田是符合古罗马人朴素作风的,他已有好几次向同胞们证明自己有履行高级职务的才能,元老院召他放下田园工作而就任执政官,是很自然的。尽管这样,故事起源于传说仍然是可能的,因为人的想象力不仅于真正存在着卑微物质工作和崇高地位对比的情况下会为其所吸引,即使没有这种对比存在,它也喜欢创造出一个来。

从两个圣经故事方面来看,设想以利沙本来是个农人,彼得和约翰本来是渔夫都没有什么困难;按照我们所看到的他们被召选的历史形式来看,也都没有超出历史可能性的范围。不过这里有一种不同情况:这些人之被选召,并不像新新那图斯那样,已经事先向选召他的人证明自己有被选召的资格。以利沙是由上帝的直接命令而被召选的(第 16 节),做渔夫的使徒们是由于弥赛亚有光辉远见的权威,一见面就能洞察人的内心而被召选的。新新那图斯被选召,尽管乍看起来有点令人惊奇实际仍然是一桩有根据、有自然联系的事情,而在召选先知门徒和使徒时并没有这种自然根据,所以,对于古罗马故事我们只说它有出于传说的可能,但对于圣经故事我们却看出它实实在在就是传说的产物。

耶稣最杰出的门徒中可能有几个本来就是渔夫;耶稣在召选
他们的时候,可能就联系他们早先的职业,称他们为得人的渔夫,128
正如他把天国比作聚满各种水族的网一样(《马太福音》第 13 章第

① 昆克西斯·新新那图斯,公元前 5 世纪罗马政治家和将军,执政官。——译者
② 《利维》第 3 卷第 26 章。

47 节往下)。但也可能在他们放弃原先职业很久以后他才这样称呼他们;还可能在他和他们相处较长时间以后,看出他们有做使徒的资格,而并没有真正发生《马太福音》(第 4 章第 18—22 节)和《马可福音》(第 1 章第 16—20 节)所记那样的事情,他就说他将使他们成为得人的渔夫。

然而,这里的情节是传说的产物却是很明显的,不仅因它同旧约召选先知有相似之处,而且因在他们之间还有引人注目的不同。当以利亚召唤以利沙的时候,以利沙请求准许他先和父母告别而且立即获得批准,在他向父母告别以后才跟随以利亚。在福音书故事里把这一情节取消了,作者认为,由于弥赛亚远比一般先知为高,当他召选门徒的时候是不容许有丝毫拖延的。耶稣所召选的渔夫立即无条件地跟随了他。他们不仅放弃了他们所从事的工作,而且西庇太的儿子连他们的父亲也抛弃了,只有马可,为了不使老人无依无靠从而显得儿子们太冷酷无情,才说还有雇工和他在一起。在召选使徒的故事里,不仅推迟的请求被删去了,就连在一次被召人立即接受选召的成功事例中,还用由于请求推迟,或由于推迟的请求被拒绝而招致失败的事例与之形成鲜明对比。可以推想,耶稣所说意味深长的话:“任凭死人埋葬他们的死人”和“手
129 扶着犁向后看的不配进上帝的国”,就是在有人提出这类请求的情况下说的。一次是被召的人想先去埋葬他的父亲,另一次是被召的人想先辞别自己家里的人(《马太福音》第 8 章第 21 节往下;《路加福音》第 9 章第 59—62 节)。

的确,像马太所记并由马可复述的那种简单而没有神迹的召选使徒的故事,是远不能令原始基督徒的想象力感到满意的。其

实，对我们来说，如果我们能相信这个故事的话：耶稣对他第一次见面，或不很熟悉的人，就不加考虑地召选他们做他的门徒，而这些人，也竟不加考虑地响应他的号召，已经够“神迹”的了。但虔心倾听福音说教的人们所要求的却比这更多。耶稣宣称，他要使被召的人成为得人的渔夫，不过是一句话而已，此福音历史的重要关头，进行有重大影响的召选第一批使徒的关键时刻，他们要求以相应的事实用神迹，对这句话予以有力支持和具体阐明。正如已经说过的，耶稣曾把他召进天国的人比作被网之鱼，并把天国比作撒到海里的网，所以，如果被网之鱼意味着信教的人们，那么，耶稣现在使他门徒网获大量鱼时的神迹，就象征这些门徒将使许多人悔改相信耶稣了。在《路加福音》里（第 5 章第 1—11 节），故事就是以这种改变了的形态出现的。路加删去了前两福音书作者召选门徒的简单故事，把它改放在稍后的地方，并用了另一种叙述方式。在马太和马可福音书里，当耶稣在加利海边漫步的时候，首先看到了西门和安得烈两兄弟在撒网，就在岸上招呼他们跟随他做得人的渔夫，他们就撇下网，跟随了耶稣。然后他又看到雅各和约翰、 130
和他们的父亲西庇太一起在船上补网，他也召他们跟随他并获得了同样的结果。路加在相应的地方记载说，当他在海边教训人，听众拥挤他的时候，他看到两只船，一只是彼得的，另一只是西庇太的两个儿子的，他们都一齐在岸上洗网。他上了其中的第一只，吩咐西门（《路加福音》未提安得烈）把船撑开稍微离岸就坐在船上教训众人。讲完之后，他叫彼得把船开到水深之处，撒网捕鱼。彼得虽然说他们劳碌一夜，并没有打着什么表示反对，但因耶稣的命令终于同意再作一次尝试。在同伴们的协力下，他们不仅捕获了大

量的鱼，甚至网都裂开，而且在把一部分鱼倒入西庇太儿子们的船中时，两只船几乎都要沉下去。当他们，特别是彼得，对于这次神迹惊异得近乎惶恐时，耶稣安抚他说，不要怕，从今以后你要得人如鱼了，他们就都撇下所有的跟从了耶稣。在读这段话的时候，一方面我们看到路加所记，和马太马可完全是一回事，不过用了神迹的形式罢了；另一方面，毫无疑问，所谓神迹只是象征性的，根据以上援引过的耶稣有关比喻言论的指导，后来使徒们大蒙祝福的工作效果，就是这种巨大渔获量形象的具体表现。

问题在于，我们是不是还可以对故事的个别情节作进一步的
探索，看其是否还具有象征性意义。彼得先遵照耶稣吩咐把船开
到水深之处撒网捕鱼，并且还提到他们前夜辛苦劳碌毫无所获以
131 表示异议，但在遵命撒网之后却有了大量的收获。也许我们首先
看到的仅是他们从事平凡职业物质收获非常微小和遵照耶稣吩咐
从事更高尚职业精神收获极大之间的对比，而鱼网破裂，不得不将
网获物分装两船则仅仅是丰富渔获量的一种形象化表示。但由于
第三福音作者同时也是《使徒行传》作者，当他说到作为得人渔夫
的使徒，最初的辛苦毫无结果，但当他们遵照耶稣吩咐重新工作
时，则大蒙祝福，是不是有意指在犹太人中间宣传福音收效甚微，
而在外邦人中宣传福音则有意外收获而言[①]；当他讲到由于捕获
太多而使彼得的鱼网破裂时是不是有意指由于保罗传道效果，几
乎使教会分裂；把所捕之鱼分装两船是不是指在犹太基督教会之
外又兴起了一个外邦基督教会而言，凡此种种都是值得认真考虑
的问题，如能同另一故事加以比较，也许可以得到更多的启发。

---

① 参看伏克马尔：《耶稣的宗教》，第 316 页。

在第四福音的增补篇中(第 21 章第 1—14 节),也记了一次奇
妙的撒网捕鱼故事,但这里并未像第三福音书那样,把它记在耶稣
公开生活的开始,而是放在耶稣地上活动的最后,在他复活后的日
子里。它不会像许多其他分歧那样,使我们认为仅是《路加福音》
中捕鱼的故事一种的变相描述。作者在这个故事里把海上行走和
以饼饱众的另两个神迹交织在一起,而作为其全部基础耶稣复活 132
后的活动,由于其本身就是一个神迹,反倒显得缺乏神异性了。耶
稣没有在水上行走而是站在岸上,因为作为一个从坟墓复活的人,
在水上行走已经没有任何神迹意味了,彼得没有试图从水面上走
到耶稣那里去而是以普通方式游过去,耶稣分给门徒的饼和鱼也
不知是从哪里来的,但并没有说是从神迹产生或增生的。但即使
撇开这些搅和的事情不谈,这个故事本身也是经过了多次的改动。
除了彼得和西庇太的儿子以外,还有多马和拿但业(Nathaniel)也
在这里,还有两个未指名的门徒,此外,并没有像《路加福音》那样,
说故事发生在徒劳一夜之后的那天,而是说他们陪着彼得及其同
伴度过了那个徒劳之夜,也并没有说耶稣是那天之中才出现,而是
说他在那天的黎明就出现在岸上。当说到打鱼的人那一夜并没有
打着什么的时候(第 3 节)这和路加所记,彼得回答主说“我们整夜
劳碌并没有打着什么”(第 5 节)完全一样,当早晨耶稣问门徒有没
有什么吃的而他们作否定回答的时候,他叫他们把网撒在船右边
就必得着的时候(第 6 节),这和路加所记他吩咐西门把船撑到深
水处撒网捕鱼也完全一样(第 4 节)。当根据两个故事他们都获得
了大量渔获物以致祝福几乎变成重担的时候,对于这两个故事是
一种主题思想的不同描述就不可能有丝毫怀疑余地了。

在描述这种圆满结果时所出现的分歧，不是削弱而是证实了这个结论[①]。《路加福音》说捕获了许多的鱼，但《约翰福音》第 21 章的作者则明确地说共捕获了一百五十三条大鱼。《路加福音》说
133 由于鱼多量重网破裂了[②]，《约翰福音》则说尽管鱼多几乎拉不上来，网却并未破裂。最后，《路加福音》说，鱼分装两条船几乎使船沉下去，《约翰福音》则说，鱼在网里被拉到岸上。关于 153 这个数目，博学的教父耶罗姆说过一句值得注意的话。他说[③]“研究动物天性和特征的作家们，特别是基利家(Cilicia)杰出诗人欧皮安曾说，鱼类共有 153 种，全都被使徒们捕获，没有一种未被捕获正如所有高贵的、卑贱的、富足的、贫穷的，各式各样的人都从这个世界海洋被吸引到极乐中来一样”。因此，耶罗姆认为 153 就代表了当时博物学作者们，特别是欧皮安所设想的全部鱼类数目。由于使徒们所捕获的鱼数恰好就是这个数目，他认为这对预示由于使徒们宣教各式各样的人将进入上帝的国具有象征性意义。但据估计欧皮安的捕鱼诗的写作时间最可能是在马可斯·奥利留斯[④]在位的末年，比第四福音写作时间晚，而且诗中并未说明鱼类的确实数目，如果计数的话，则随着我们是否把其中又可再分的一并计算在内，从而使有的种类计算两次有的只计算一次，既可能得出 153，

① 毕达哥拉斯传说的类似神迹曾被用来作比较，参看《耶稣生平批判的研究》第二卷，第 565—567 页，第四版。

② 英文钦定本《圣经·路加福音》第 5 章第 6 节说“网破裂了”(and their net broke)，中文《圣经》则说“网险些破裂”。——译者

③ 《以西结书注释》，第 48 章。

④ 马可斯·奥利留斯(Marcus Aurelius，公元 121—180)，罗马皇帝(161—180)，斯多葛派哲学家。——译者

也可能更多或更少。由于耶罗姆从许多作家中仅提出欧皮安，很可能其他博物学作者的著作中，也提出过明确的数字，现在由于文献不足已经不可考了。

不管怎样，从另一种情况看，《约翰福音》之不同于《路加福 134
音》，对于参加上帝国的人来说，可能还有一种象征性意义，《路加福音》说网已破裂，《约翰福音》却明确地说，尽管鱼很多网却没有破裂。的确，乍看起来，这首先似乎是对于神迹的一种强调或补充说法，它使人们想到，那位能赐下鱼来的，一定也能用超自然的方法增加鱼网的强度。同时我们还看到该福音书补篇用以强调鱼网没有破裂的词同表示教会分裂的希腊词 Schisma① 以及（第 19 章第 24 节）所说不要撕开耶稣内衣的“撕开”都是同源词。而且《约翰福音》（第 10 章第 16 节）说将把这一圈里的羊和另一圈里的羊，这就是说，把犹太基督徒同外邦基督徒合成一群是件非常重要的事情，这就令我们不能不看出虽捕获大量的鱼而鱼网仍未破裂的象征性意义，也就是，大量外邦人进入基督国度，不应当导致分裂，正如《歌罗西书》作者所说（第 3 章第 11 节）“在此并不分希利尼人，犹太人，受割礼的、未受割礼的，化外人，希古提人，为奴的、自主的，唯有基督是包括一切又住在各人之内”。另一件有关联的事是《约翰福音》自始至终讲只有一只船，因而并没像路加所说那样，把鱼分到两只船里，而是说把捕获的鱼全部拉到附近岸上，放在耶稣脚前。第三福音及使徒行传的编写日期和第四福音和其补篇的

① Schisma 希腊文是 σχίσμα，《约翰福音》第 21 章第 11 节的“分裂”原文为 ἐσχίσθη，第 19 章第 24 节的“撕开”原文为 σχισωμεγ，都是从同一希腊词 σχίζω（裂开）变化而来。——译者

编写日期之间各方面的关系已经有了很大发展，人们对犹太基督
135 教会和外邦基督教会和平共存已不再感到满足，而是希望以一个
完整而不分畛域的教会迎接基督的再临。

人们知道，除了这些渔夫之外，在比较受耶稣信任的门徒中，还有一两个税吏，人们也知道，有些怀有法利赛人思想的犹太人，对于耶稣同这一阶级人民之间的善意交往是非常反感的。

一个渔夫抛弃其过去职业转变为耶稣门徒可能通过多种多样的途径，而不必一定需要耶稣召唤他撇下撒网或补网的工作。传说之所以用后一种形式乃是因为这是一种非常形象化的形式。一个税吏成为一个门徒也同样可能是通过这种或那种途径，逐渐地自然地形成的，但传说所采取的形式，两者却是完全一样的。既然耶稣看到渔夫和网在船上，他也一定会看到税吏坐在收税的凳子上；既然耶稣召唤了前者，他也一定召唤了后者；既然渔夫跟随了耶稣，税吏也一定撇下一切跟随了他(《马太福音》第 9 章第 9 节往下，《马可福音》第 2 章第 13 节往下；《路加福音》第 5 章第 27 节往下)。不过在这里并没有用类似“得人渔夫”的形象词(Sinnwort)来描述其未来职业同过去职业之间的关系，而是提到了历史上人所熟知的另一种情况，即犹太人因耶稣同税吏之间的友好交往而大起反感。这也是描述当时情景的一个形象词，不过属于另一种性质罢了。由于耶稣发现税吏易于接受他的感化，很可能耶稣在没有召唤他放下税收职务以前就和税吏们有饮食来往了。一旦这
136 样的召选故事盛行开来，于是“税吏的宴会”[1]这个词以及耶稣所

① “税吏的宴会”(Zöllnermahl)，英译为(Publican's dinner)，目前通用的《圣经》里没有这种说法。——译者

说“我来不是召义人，乃是召罪人悔改”，“无病的人用不着医生，有病的人才用得着”就巧妙地和它联系起来了。

第一福音书把耶稣这次召选的税吏称为马太。在召选使徒的名单中还再次称他为税吏（第 10 章第 8 节）。马可和路加则称他为利未。在他们记的使徒名单里没有叫这个名字的人。但像《马太福音》一样，却有马太的名字，不过没有称他为税吏，这证明他们并不认为召选故事中的税吏就是马太，如果利未又名马太的话，他们也许会说明白的。但由于在“召选”故事里几乎都不提到名字（《路加福音》第 9 章第 59 节往下），因为重要的是耶稣的话，名字有所改变也是可能的，特别是像我们当前的情况就更有理由这样，因为这里的召选故事仅仅是“税吏的宴会”中场景和谈话的一个引子而已。

另一次在税吏家的宴会只有第三福音记载。那次宴会是被放在耶稣一生的最后一段时期，在他去耶路撒冷的路上经过耶利哥的时候（《路加福音》第 19 章第 1—10 节）。此外，所有《共观福音》还说这事是在医好一个瞎子以后。这个叫撒该的税吏，不是一般人，而是个税吏长和财主。在耶稣召唤他以前也不是坐在收税的凳子上，而是从他一听到耶稣来到时起就准备一睹这位施行神迹者了。但由于众人拥挤，他自己身体又矮，不得不设法爬上路旁的一棵桑树，耶稣看见他在树上招呼他赶快下来，因为他今天要住在他家。撒该不仅欢欢喜喜地听从了耶稣的呼唤，而且还宣称他已作好准备，多多周济穷人并加倍偿还他所亏欠过的人。于是耶稣 137
保证说，今天救恩临到了这家，并用他也是亚伯拉罕的子孙这句话，驳斥了那些发怨言的犹太人。最后他结束说：“人子来，为要寻

找拯救失丧的人。”有人认为，关于亚伯拉罕的那句话，来源于犹太基督徒，路加就是从他们那里引用来的[①]。但如果说路加是按保罗教导的意义理解亚伯拉罕子孙这句话的（《加拉太书》第 3 章第 7 节往下），这就是说，凡相信基督的人，即使是（相当于税吏的）外邦人，也都是亚伯拉罕的子孙，这同路加的作风也是完全符合一致的。

70.

第四福音书作者还讲到一棵无花果树和耶稣在那里看到一个后来成了他门徒的人，不过，这人不是在树上，而是在树下。正如《路加福音》里的撒该从树上下来后宣称自己将把所有不义之财加倍偿还给受害人，耶稣说他得救了，并称他为亚伯拉罕子孙那样，约翰说耶稣看见拿但业在无花果树下以后，称他为真以色列人，在他里面没有诡诈。此外，耶稣看见拿但业的方式和看见撒该的方式也不一样，看见撒该是自然的看见，而看见拿但业则是一种超自然的看见，被看见的人也承认这就充分证明了耶稣是上帝的儿子（第 1 章第 48 节往下）。

除了对撒该的“召选”，不存在使其成为狭义的门徒问题外，上面所说的就是前三福音书的召选故事同第四福音书召选故事之间
138 的唯一相似之处。第四福音还描述了彼得、安得烈，可能还有约翰尽管没有提到他的名字，最初看见耶稣时的情况。另一方面，雅各的名字，除了补篇一章外，无论是在这里还是该福音书的其他地方

① 寇司特林：《共观福音》，第 228 页。

都没有提到过。但提到了腓力，在《共观福音》的使徒名单里也提到了他的名字，另外还有已经提到过的拿但业，只有第四福音提到了他。还提到了他们和耶稣发生关系时的情况，在所有比较直接的细节上，《约翰福音》和其他三福音都不相同。

首先，如果我们仅有一部第四福音的话，那我们对于在耶稣门徒中还有过去做过渔夫或者当过税吏的人，就连一点迹象也不会知道（当然，还是得把补篇第 21 章除外）。另一方面，第四福音还告诉我们在作者眼中认为最重要的一件事情，那就是在耶稣门徒中还有一个认识大祭司的人（第 18 章第 15 节）；这是前三福音作者一点都不知道的。关于秘密作门徒的犹太人的官尼哥底母也有同样的情形（第 3 章第 1 节往下），第四福音告诉我们的另一件事，那就是一般地说，许多犹太官长，因为怕法利赛人，暗暗地做了耶稣的门徒。也是其他福音书作者所不知道的（第 12 章第 42 节）。

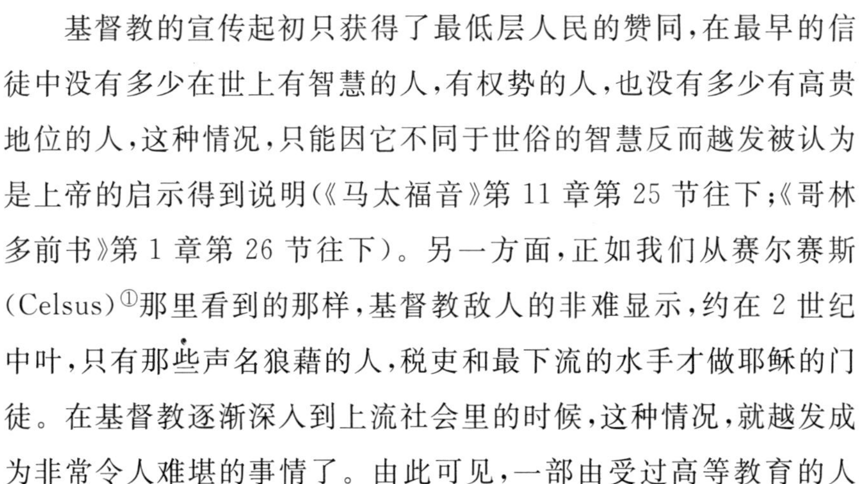

基督教的宣传起初只获得了最低层人民的赞同，在最早的信徒中没有多少在世上有智慧的人，有权势的人，也没有多少有高贵地位的人，这种情况，只能因它不同于世俗的智慧反而越发被认为是上帝的启示得到说明（《马太福音》第 11 章第 25 节往下；《哥林多前书》第 1 章第 26 节往下）。另一方面，正如我们从赛尔赛斯（Celsus）[①]那里看到的那样，基督教敌人的非难显示，约在 2 世纪中叶，只有那些声名狼藉的人，税吏和最下流的水手才做耶稣的门 139
徒。在基督教逐渐深入到上流社会里的时候，这种情况，就越发成为非常令人难堪的事情了。由此可见，一部由受过高等教育的人

① 阿利金：《驳赛尔赛斯》。

所编撰，并以满足上层社会受过高等教育的基督徒为目的的福音书对于这件事采取另一种立场就是很自然的了。除了下等人以外，官府或法利赛人中没有一个相信耶稣的这种假法利赛人之口说出的谴责，也同样承认了这一不可否认的客观事实(第 7 章第 48 节往下)；但我们确实知道，人民中的许多长老(只要他们不是法利赛人)从内心里相信了耶稣，只是因害怕法利赛人，是暗暗地相信的罢了，如尼哥底母选择夜间访问耶稣(第 12 章第 42 节；第 19 章第 38 节往下)，就是一例。因此使徒中由于认识大祭司而被提升到上层圈子的，正是耶稣所钟爱的那个门徒，而其余早先做过渔夫当过税吏的人连提都未提一下，决不是偶然的。

召选门徒脱离打鱼和收税行业的明确动机不提了，第四福音书作者越来越认为，在耶稣和其最早门徒之间建立联系的必然是施洗者了。如果不是把门徒表现为出身于微贱的行业而是来自施洗者的预备学校，就可以提高他们的地位了。第四福音作者越是把施洗者理解为仅是耶稣的介绍人[①]，则后者在部分不信，部分半信半疑的民众之外还把第一批真正完全相信的使徒介绍给耶稣就越发显得是非常自然的事情了。因此，当他向聚拢在他跟前的群众宣称向他走来的耶稣就是除去世人罪孽的上帝羔羊把他介绍给
140 他们以后，第二天耶稣走过的时候，他再度向自己的两个门徒重复了同样的称呼，于是两个门徒就跟从了耶稣，他们问他在哪里住，耶稣请他们来看，那一天他们就和他同住。从那儿以后，他们就跟

① 原文 Hinweiser 本义为指示者，或指出者之意，英译为 forerunner(先锋)似乎并不十分贴切，为了与下文更好呼应，这里姑译为介绍人。——译者

耶稣在一起了（第1章第35节往下）。据福音书作者告诉我们，以这第一批人为核心，耶稣的门徒就逐渐发展壮大起来，约翰所介绍的两门徒之一安得烈，把自己的哥哥西门带到耶稣跟前。这两弟兄的同乡腓力，是耶稣亲自召选的，腓力又带来了拿但业。

由于门徒捕鱼的职业有了改变，得人的渔夫这个形象词也就弃而不用了。马太和马可用以指约拿的两个儿子而路加则用以专指西门的这个词被第四福音书作者从一开始就专指西门的彼得这个新词所取代。两位较早福音书作者说耶稣用相当长时间认识该门徒以后才发生的事情，而该福音书作者却极不可能地把它说成在耶稣和该门徒第一次见面时发生了。不仅如此，他还表示耶稣似乎不仅知道西门的石头或磐石般的性格，而且连他和他父亲的普通名字耶稣也超自然地知道了（第43节[①]）。同样，他还超自然地从远处就看出向他走近的拿但业是个心里没有诡诈的诚实人，为了证明他能做到这点，他说当拿但业还没进入他的自然视野以内，还在无花果树底下的时候，他就看见他了。试图用观象知人术[②]说明前者、用稍稍瞬息的观察解释后者。对一部明确地说“耶 141
稣用不着谁见证人怎样，因他知道人心里所有的”（第2章第25节）福音书来说，无论如何，总是非常荒谬可笑的，对于在创世以前就已经看见过上帝的耶稣来说，在腓力没有招呼拿但业以前就看见他在无花果树底下，只是小事一桩而已。

特别值得注意的是，第四福音书作者在关于耶稣早期门徒跟

① 据德文原著，英译本作第42节。——译者

② 观相知人术（Physiognomischer Menschenkenntnis）。——译者

随耶稣的次序上所作出的改变。根据马太和马可，耶稣最早召选的是约拿的两个儿子，其中以西门居领先地位，后来是西庇太的两个儿子，其中以雅各居领先地位。根据路加门徒中，自始至终，最活跃的是西门至于安得烈连提都没有提到过，而雅各和约翰，则作为西门的助手处于补缺的地位。在《约翰福音》里，首先提到的只是两个未指明的门徒，他们接受施洗者的指示，跟随了耶稣（第 1 章第 35—37 节）；后来我们发现，其中有一个是安得烈（第 41 节）；另一个则一直隐姓埋名，只是随着福音书情节的逐步发展，才清楚地显示出他的名字是约翰。因此，在其他较早报道中居领先地位的彼得，在《约翰福音》甚至连第一次被选召的两人之一都不是，在《约翰福音》里第一次被召的两人之中一个是安得烈，另一个是约翰。彼得之所以和耶稣发生联系，反而是借助于在其他一切记事中都次于他，而在《路加福音》召选门徒故事中甚至连提都未提过的他自己的弟弟安得烈；约翰的兄弟雅各，在其他一切记事中，每逢提到他俩时都位于约翰之前，但在《约翰福音》里，无论是在这里或在别的地方，连提都没有提过。使徒中的巨擘[①]尽管由于有了彼得这个名称而在传统上获得了尊荣，但其作为使徒中的“首生者”[②]的资格却一下子被否定了。在一定程度上因此而受惠者是他自己的兄弟，但同时还有在该福音书中经常在他身旁而且在他
142 还未觉察之前就赶在他前面引人瞩目的未被指名的那个人[③]。这

---

① 此名系指彼得而言。——译者

② “首生者”，参看《歌罗西书》第 1 章第 15 节。在这里似不妨作“老大哥”来理解。——译者

③ 指约翰。——译者

是一个安排得非常巧妙的计划的一个最早迹象，它对于了解第四福音书具有极大的重要意义，如果作者不是约翰，则所作的说明必须无损于作者的品格。如果作者不是约翰，那么，他所讲的有利于这位使徒的话，就不是这位使徒为自己讲的，而是为了以约翰为主要支持人[①]的作者所代表的原则讲的。我们现在就对这种情况作更详细的考察。

我们发现，在使徒保罗时期，雅各、矶法（Cephas）和约翰号称耶路撒冷原始教会的三根柱石（《加拉太书》第 2 章第 9 节），这里的权势赫赫的雅各不可能是西庇太的儿子因为他老早就被处决了（《使徒行传》第 12 章第 2 节）。因此，如果他是十二使徒中的一个那只能是使徒名单中的另一个雅各，即亚勒腓的儿子雅各。但根据《加拉太书》（第 1 章第 19 节）那种含糊不清的说法，并不能确定他是不是使徒，那里提到的主的兄弟，如果我们将其理解为是指亚勒腓的儿子使徒雅各而言，那他只能是耶稣的表兄弟[②]。根据以上所说，我以为更可能的是指耶稣的同胞兄弟而言，如果这种看法是正确的话，那他就不可能是十二使徒之一，这样一来，连下面的现象也可以得到说明了。在前三福音书以及《加拉太书》里，我们看到彼得、雅各、约翰这三个名字都位于使徒之首。但在《共观福音》里的雅各，并不是耶稣的兄弟，而是约翰的兄弟，是西庇太的儿子。完全可以想象，由于耶稣认为这三个人是值得特别信任的最

① 根据芮南（Renan）的意见，约翰因其他福音书没有充分突出其本人而感到恼火，这就是他写另一本福音书的一个主要动机。

② 施特劳斯说亚勒腓的儿子雅各是耶稣的表兄弟，似乎并没有充分根据，因为我们并不知道亚勒腓同约瑟或马利亚（即耶稣的父母）有什么亲属关系。——译者

可靠、最能干的人，他把他们看作就仿佛是十二使徒中一个最亲密
143 的特别小组。不过，《共观福音》关于耶稣这样做所列举的一些事例，从历史的角度看，却是非常值得怀疑的。据说，耶稣登山变像时，在客西马尼园心灵极度痛苦时，和使睚鲁女儿从死里复活时，都曾把这三个人单独带在跟前；也就是说，凡是作者们认为只有那些在宗教事务上受过先进教育的、已经深入堂奥的人才有资格参加的神秘事件，这些人都参加了。在这里我们不禁想起亚历山大的克利门讲过的一个老故事，说主复活后曾把一种神秘的认知术(γνâσιs)[①]传授给他们[②]。克利门在这里所说的雅各是“正直的雅各”(Jakobus der Gerechte)；但在教会古老的传说中这两个人是如何紧密地联系着，他们的地位如何在一定程度上互相转换从同一克利门的赞扬彼得、雅各(西庇太的儿子)约翰三位使徒的另一句话中就可以清楚地看出来。他说值得尊敬的是在耶稣升天以后，推选耶路撒冷主教的时候，这三位使徒非常自谦没有选举他们自己中的任何一个人，而是推举正直的雅各充任这一职位。[③] 因此，福音教的三巨头，彼得、雅各、约翰，看来只是较晚时候，历史上同名人的一种反映。仅仅由于众所周知的事实，主的兄弟雅各，当耶稣在世的时候，还不是他的门徒，才不得不以人们都熟知是十二使徒之一的雅各取代他。

众所周知，历史上知名的三人组是倾向于严格的犹太主义的，保罗使他们承认自己为外邦人的使徒是很不容易的(《加拉太书》

① 这个词是希腊语 γνῶσιs 的音译，原意为认知。——译者

② 尤西比乌斯：《教会历史》II，1，4。

③ 尤西比乌斯：前引书，30。

第 2 章第 1—10 节)甚至在以后的年月中,他还不得不和三人组的追随者,特别是和雅各的追随者们,进行经常的斗争(《加拉太书》 144
第 2 章第 12 节)。它①构成了犹太基督教重整旗鼓的根据,另一方面,基督在世时由同名的三人组所占有的优越地位则反过来又构成了成立这种体制的根据之一。不管使徒保罗以多么讽刺的口吻谈论所谓的教会三柱石,只要这三个人(其中两个是本人,一个是同名的另一个人)在福音教会传统里继续占有最接近耶稣的地位,即使在他们②死后也仍然是进步的障碍。为了进步,就必须从三人组打开一个缺口,第四福音书作者所从事的正是这项工作。

为了贯彻执行相反的精神路线,他首先大胆地、直截了当地抓住并利用了约翰。在《启示录》和记忆犹新的历史事实面前,这的确是非常危险的、大胆的尝试,因而他不得不极度小心地谨慎从事。在全部福音书里,他从未提到过约翰的名字,而仅仅令人作如此猜想。首先,他以一种极不惹人注目的方式,引进了一个同安得烈在一起的未名的人物(第 1 章第 35—41 节),但这个人既不可能是彼得,也不可能是腓力或拿但业,因为这些人都和他不同,是后来到耶稣跟前的。接着,就陆陆续续地提到彼得、安得烈、腓力、多马等人的名字,有些还是重复多次提到了,当耶稣设立最后晚餐的时候我们就见到耶稣所爱的一个未指名的门徒,他侧身挨近耶稣的胸膛。彼得向他示意,要他问耶稣一个问题(第 13 章第 23 节往下)。耶稣被捉拿之后,有认识大祭司的"另一个门徒"为彼得说

① 这里的"它"应是指"三巨头"或"三人组"的体制而言,按原文 Triumvirat 既可指构成三巨头的人,也可指由三巨头管理的体制,这里应是指后者。——译者

② 原文为 ihrem 意为 their,英译本误作 his(他的)。——译者

情，让他进了大祭司的院子（第 18 章第 15 节）。接着，在十字架下，我们又碰到了耶稣所爱的这个门徒（第 19 章第 26 节），作为目睹见证人，证实耶稣肋旁受伤是真的。紧接着我们就看出来耶稣所爱的那个门徒和“另一个门徒”，而且毫无疑问，连那个最初同安得烈在一起的未指名的门徒，实际上都是同一个人（第 20 章第 2
145 节）。最后，在该福音书补篇那章里，在有的指名有的未指名的七个门徒之中又出现了耶稣所爱的那个门徒和在最后晚餐中挨近耶稣胸膛的那个门徒，而且还明确表示，该福音书的作者就是这个门徒（第 21 章第 7 节，20 节，24 节）。但就连在这里，也还没有指名，而且严格地说，单从第四福音书本身一点也不能证明，被神秘地暗示到的这个门徒就是约翰。如果以为同前三福音书对照起来看，前三福音书会对第四福音书里所说的“另一个门徒”或耶稣所爱的那个门徒就是指约翰而言提供帮助，则实际情况也并非如此。但教会传说一直把作者心目中的这个未指名的门徒理解为是指约翰而言，则毫无疑问是正确的。因为如果要使最早一批读者理解到该福音书中的这个门徒究竟是指谁而言，则该门徒在其出现地区必须是一个人所熟知的备受尊敬的使徒才行。无论从外在证明或内在根据来看，小亚细亚，特别是以弗所就是第四福音书的诞生地，而人所熟知，备受尊敬的使徒则首先是约翰。的确，只是在较晚的补篇里，才明确地说，这个未指名的门徒同时也就是该福音书的作者，但该福音书本身希望其读者理解的很可能也正是这一点（第 19 章第 35 节）。但第四福音书的这个约翰，已不再是给使徒保罗制造许多麻烦的、具有犹太主义倾向的柱石使徒，而是作为接近《约翰福音》所描绘的基督胸膛的门徒，或者作为有关《约翰福

音》的权威人士，他已经成了一个精神的、普世的基督教的宣传员，甚至比保罗自己还要更先进。这样一个精神化了的约翰，就从《共观福音》的三人组中分离出来，作为耶稣所爱的门徒，其地位远超于其余诸人之上，是前三福音书作者所完全不理解的。

至于三人组中的其余两个成员，雅各早已消失得无影无踪了。146
关于历史上的三人组中主的兄弟雅各，没有一部福音书像第四福音书那样明确地说过他们都不相信他(第 7 章第 5 节)至于他们后来相信了他，作者不是不屑一顾，就是认为他们那种犹太主义的信仰同不信所差无几。不管怎样，当耶稣从十字架上把他所爱的门徒作为儿子介绍给自己母亲，而后者立即把她接到自己家里去(第 19 章第 26 节)的时候，根据鲍威尔(Baur)的敏锐观察，耶稣这样做，就是使约翰取代了耶稣弟兄的地位，特别是取代了雅各，这样一来，挨近耶稣胸膛的约翰就成了同时也就是主精神上的真正弟兄了。既然把耶稣的具有犹太主义倾向的弟兄排除，第四福音书作者就再也没有像共观福音书作者那样，突出西庇太儿子雅各的其他动机了，而且如果他那样做的话，也只能是自己败坏自己的事业而已。从此我们可以理解为什么他保持缄默，而这种缄默，如果假定该福音书作者真的是雅各的兄弟约翰，则不管辩解神学，多么能言善辩，也是无法令人理解的。

第四福音书作者避免使用雅各的名字是毫无困难的，因为主的兄弟在耶稣生前并非是最接近耶稣的小圈子以内的人物，而西庇太的儿子则很早就被处死，而且也已早被遗忘，至少在巴勒斯坦以外的教会传统里是如此。但对彼得却不能作这样的处理。他在耶稣生前，已经以最受耶稣信任的门徒之一而闻名，现在他已经成

了犹太基督教的首领，而且还和世界都市罗马发生了联系，继续在其教会生活中发生作用，因而也就是继续生活在其传统之中。一部保持缄默不讲彼得的福音书就不成其为福音书了。一部试图使彼得失去和其形象联系着的明显特征的福音书只能在有限程度内
147 在偏远的人群中获得反响。这一点第四福音书作者曾经很好地考虑过。所以他并没有取消这位使徒巨擘传统上享有的尊荣，而是既报道了耶稣赐予他的光荣称号（第 1 章第 43 节）又报道了他在所有其他使徒之前，以坚强的信念，公开表白了自己对于耶稣的信仰（第 6 章第 68 节往下，参看《马太福音》第 16 章第 16 节）。作者表现彼得在行动方面比其他使徒更为突出之处，一般地说，不仅不比其他福音书为少，而且在有些场合，还比它们更多。然而，对于这些良好表现，特别是在故事接近结束时，作者几乎总会附加上一个不显眼的“但是”，以示贬抑，或者让这些良好表现由彼得和作者心目中的约翰平分秋色，并使后者获得更多的好处。例如彼得在最后晚餐时，先是无论如何不容许耶稣给他洗脚，然后又掉转过来，连手和头都要耶稣给他洗（第 13 章第 6—10 节），这种热情诚然是很美的；但从一个极端到另一个极端的猛烈转变，同时也显示了对于耶稣行动的深刻意义缺乏细致理解的一种急躁情绪。同样，尽管所有福音书都提到了当耶稣被捉拿时有一个门徒削掉了大祭司一个仆人的耳朵，但提到这门徒的名字是彼得的却只有第四福音书（第 18 章第 10 节）。作者这样做就是赋予彼得以另一种血气之勇的特征，使他更加难以深入理解老师的精神实质。

第四福音书作者的巧妙计算，首先表现在他把彼得和他的“另一个门徒”或耶稣所爱的门徒并列齐举的地方。上面我们已经提

到过，像共观福音书一样，他把彼得列在头四个和耶稣发生关系的
人之中，不过不是作为四人中的第一个，而是第三个，却把想象中
的约翰[①]放在头两名之内，而且彼得并非由耶稣直接选召，而是通
过头两人中之一的引见[②]。这里的引见人是他的兄弟安得烈，而 148
在其他场合则是耶稣所爱的那个门徒。最后一次逾越节希望会见
耶稣的希利尼人[③]不是求彼得引见，而是求腓力，腓力去找安得
烈，最后由这两个人引他们去见耶稣（第 12 章第 20 节往下），同
样，连彼得本人，为了从耶稣那里得知他所说门徒中要卖他的人是
谁，也不得不先求挨近耶稣胸膛的耶稣所爱的那个门徒从中媒介
（第 13 章第 23 节往下）。耶稣被捉拿以后，第四福音书也提到了
彼得跟随耶稣进到大祭司的院子里，但另一个门徒也进去了，这一
事实却是其他福音书作者所不知道的，而且彼得之得以进入大祭
司院内，还不得不求助于这另一认识大祭司的门徒为之说情（第
18 章第 15 节）。在耶稣被钉十字架受死的时候，马太和马可说只
有那些从加利利跟随他来的妇女在旁观看，路加虽然加上了一句
还有一切与耶稣熟识的人，但他们都远远地站着观看（《马太福音》
第 27 章第 55 节往下；《马可福音》第 15 章第 40 节往下；《路加福
音》第 23 章第 49 节）：第四福音书则说耶稣的母亲和一些妇女靠
近十字架，他所爱的门徒也和他们在一起，以便通过耶稣的母亲，
说明约翰和耶稣的特殊关系，这我们在上面已经讲过了。但最能

① 之所以称为“想象中的（Mutmassliche）约翰”是因为该福音书并未直接提到约翰的名字，而是根据其他旁证，推测出是约翰。——译者

② 参看《约翰福音》第 1 章第 41，42 节。——译者

③ 希利尼人即希腊人。——译者

说明问题的是第四福音作者对于复活故事的处理方式，他把耶稣所爱的门徒和彼得并列齐举，据路加记载，彼得是跑着到坟墓那里去的，而那个门徒却跑得比彼得更快，在不知不觉中取消了彼得的领先地位（第20章第2—9节）。《约翰福音》补篇那章的作者，在捕鱼的故事里（第21章第7节）也模仿了这一点。

由此观之，回顾耶稣召选门徒的历史，我们已不再可能对《共观福音》和《约翰福音》所记最初几位门徒同耶稣发生联系的不同
149 方式试图加以调和了。反之，我们却认识到，《约翰福音》是根据其自身所持有的立场和倾向性，对《共观福音》的记述进行改写的。但值得庆幸的是，基于这种认识，我们就可以摆脱那种装模作样，转弯抹角的辩解。这些辩解企图令人相信，这些人[①]在通过施洗者，或者像彼得那样，通过他的兄弟被介绍给耶稣并且已经和他发生联系之后，反倒像一直是陌生人那样再一次受到耶稣要他们跟随他的召唤。马太和马可记载，耶稣对西门和安得烈说，“来跟从我”，如所公认，这句话的意思只能意谓着一种不间断的依附。毫无疑问，《约翰福音》记载，耶稣对腓力说，“来跟从我吧”，也不可能是别的意思。当前二福音和第四福音都宣称安得烈和约翰都跟从了耶稣的时候，这就明显地是在说他们都立即伴随耶稣，做了他的门徒。在约翰报道了他们和耶稣取得联系之后，既不可能像马太和马可所说还有必要对他们进行再一次的宣召，同样，在前一次已对这些人进行宣召并取得成果之后，他们也不可能还不认识耶稣，需要施洗者把他们介绍给他。

---

① 指早期同耶稣发生联系的门徒。——译者

第三组神话　行神迹者耶稣

71. 医治瞎眼的人

福音书讲的耶稣所行的神迹，根据它们是行在人类身上，或者人类以外的自然界里，前一项包括人类死亡的或有病的有机体，分 150
成两类或三类。

关于第一类神迹即医治病人，我们在过去的考察里[①]已经承认过耶稣可能真的行过这一类想象上的神迹，不过那是以完全自然的方式进行的。犹太人期待先知行神迹，更期待弥赛亚行神迹，特别是医治病人的神迹；耶稣曾被认为是先知，后来又被认为是弥赛亚，因此，我们说过，当许多病人在他面前，由于受到他的言论和接触的影响，不是真的感觉到病况有所减轻，持久地或暂时地觉得好些，那才怪哩。我们认为，对于那些在生理上易于受影响的病人，这种情况就更容易理解，因此，那些患精神或神经疾病，甚至患肌肉疾病的人比患有皮肤疾病或丧失感觉的人更是这种情况，至于那些已经死了的或在人以外的自然物体，这类解释当然都是完全不适用的。对于后一类神迹故事的解释，不应当从心理学或生理学里去找，而只能从宗教历史里去找；那是涉及犹太人及原始基督徒对于弥赛亚期待的问题；就连我们所承认的耶稣在自然可能范围内所行的医治病人的事情，如果不是由于人们认为耶稣是先

① 参看本书第一卷第 42 节。

知而把行这种事的能力归于他也是不可能成功的。这两类神迹的区别只是在于，由于犹太人对作为弥赛亚的耶稣的期待，或者至少作为先知的期待，就起了促成一部分这类效果的作用，而另外极大部分，则是由后来的传说中归于他的。

关于作为耶稣所行神迹基础的预言性纲领（Prophetische
151 Programm）我们在上面已经提到过，那就是《以赛亚书》（第35章第5节往下）所说的一段话："那时瞎子的眼必睁开，聋子的耳必开通。那时瘸子必跳跃像鹿，哑巴的舌头必能歌唱。"《以赛亚书》记载的这段神谕虽然列在《以赛亚书》第一部分神谕之中，但像第二部分神谕一样，实际乃以色列人被掳末期的产物。它所描绘的是，可怜的被掳人民，如何因获准归回故土而感到非常高兴，忘却他们的一切悲痛，仿佛他们所有的疾苦都得到了医治。但由于被掳归回之后，所有这类预言并未实现，期待的幸福时期也未发生，于是这些预言就被转移到弥赛亚时期。而且越来越多地带上了超自然色彩，因而瞎子看见瘸子行走等原来仅仅是象征性的预言，后来竟被按字面意义理解为未来弥赛亚时期所将实际发生的神迹。福音书所记载的神迹大部分仅是按这样理解的预言的一些实例。而且，被耶稣运用于其自身的这段预言，已经经过了一些改动，这也是我们不得不加以说明的。耶稣（《马太福音》第11章第5节）叫施洗者打发来的使者们把他们所看到听到的耶稣做的事情告诉他："就是瞎子看见，瘸子行走，长大麻风的洁净，聋子听见，死人复活。"首先，《先知书》那段话所提到的"哑巴"在耶稣的话里并未出现过，尽管他们一定已经被包括在他所说的"聋子"之中，因为这两种病经常都是连在一起的。在福音书里，耶稣所医治的聋子经常同时也就是哑巴

（《马太福音》第9章第32节；《马可福音》第7章第32节往下）。另一方面，耶稣所说的“长大麻风的洁净，死人复活”在《以赛亚书》那段经文里也没有，不过这两种神迹在有关旧约先知书的传说里却都是 152
存在的。以利沙医治过长大麻风的，而且像他的老师以利亚一样，也使死人复活过。驱赶污鬼的事无论在《以赛亚书》那段经文或关于先知的传说中都未提到过，因为在早先时期“被鬼附”的事，还未经常发生，在耶稣的话里也未提到，因为他所列举的都是他自己已经完成了《旧约》所期待完成的那些预言或神迹典型。

为了出现福音书所记载的神迹，从一开始一直有两种因素在起作用，即理想的因素和现实的因素。《以赛亚书》那段经文所讲的医治瞎子、聋子和瘸子不管我们怎样解释，总不可能理解为神迹般的恢复，而是应当对之作非字面的、合理的理解；另一方面，以利亚和以利沙的行为是作为实际的、真正的神迹来讲说的，在晚期犹太人的思想中所期待于弥赛亚的也是如此[①]。同样，在耶稣的讲话里（《马太福音》第 11 章第 5 节）关于医病和使死人复活，根据其原来意义，毫无疑问，也只能作道义的和合理的理解，作为向贫穷人宣传福音所产生的效果来理解，而福音书传说却作了字面的理解，把它们看作是真正的、有形的神迹，尽管如我们从第一福音所看到的那样，在以一种神秘的、艺术的精神进行最后改造时，这些神迹的原来合理的特征在有些地方，又再度表现出来。

如果我们根据刚才援引的耶稣讲话的次序，对医治病人的神迹按其类别加以考察，就会发现，福音书作者既在耶稣所医治的病

① 参看本书第一卷：绪论，第 25 节。

人中对许多瞎眼的人作了一般性的叙述(《马太福音》第 15 章第 30 节;《路加福音》第 7 章第 21 节)同时也对几件特殊事例或多或少地作了比较详尽的叙述。前三福音书都讲到了耶稣在去耶路撒
153 冷的路上经过最后一大站耶利哥时治好一个瞎子的事(《马太福音》第 20 章第 29—34 节;《马可福音》第 10 章第 46—52 节;《路加福音》第 18 章第 35—43 节)根据马太和马可,这次神迹是在出耶利哥的时候行的,但根据路加却是在进耶利哥时行的,从这一不一致可以看出福音书作者对于这类细节是满不在乎的,但它对于历史家来说,却是非常重要的。路加之所以必须说这个神迹是在进城时行的,其唯一原因就是因为耶稣在穿城而过的时候路加还有话要说,而马太和马可则没有什么特别事要说了。路加所要讲的是耶稣会见了撒该。正如他从第 18 章当中所继续干的那样,他已选定了按照马太叙事的次序,因而(略去了西庇太儿子母亲的故事,他准备把这个故事的梗概留在另一个地方讲)在宣告耶稣受难以后紧接着就叙述了医治瞎子的事,这样,当耶稣医好瞎子以后,就不必说耶稣已经走过耶利哥,因为如果他那样的话,耶稣就不可能在耶利哥见到撒该了,而见到撒该这件事,正是路加所要详细叙述的。另一个不一致处是马太说有两个瞎子,而马可和路加说只有一个,马太说耶稣摸了他们的眼睛,而另两个记事人则没有提到这回事。同样,马太说耶稣早先还医治过两个瞎子,另两个福音书作者对此却毫无所知(第 9 章第 27—31 节);就这样,他很可能把第二个故事和摸眼睛的事从一个故事换到另一个故事上,这是这类故事很自然地会发生的情况,有时是一个瞎子,有时是两个瞎子,有时说在一个时候,有时又说在另一个时候,有时说是在一个

地区发生的，有时又说是在另一个地区发生的，它们的细节也不
同；医治瞎子的神迹是非有不可的，至于具体细节如何则无关紧 154
要。

故事中瞎子坚持称耶稣为大卫子孙这一特点，最近曾使人把它解释为他们的瞎眼象征犹太基督徒的盲目，在耶稣医好他们以前，只看到耶稣是大卫的子孙[①]。上面我们已经试图证明，耶稣说他自己医好瞎子的眼睛，只是一种象征性的说法，就像据说他曾向保罗显现，打发他到外邦人那里去，开开他们的眼睛，叫他们从黑暗归向光明，也是象征性说法一样(《使徒行传》第 26 章第 18 节)。但如果说马太或前三福音书的任何一位作者，当他们讲述耶稣医治瞎子的故事时，曾有这种象征性的想法，根据他们的书面记载，这种假设是我们所必须断然反对的。当这些福音书作者写书的时候，基督开启精神上瞎眼之人的想法，在认为神迹必须能够感觉到并行在身体上的思想影响下早已消逝得无影无踪了，因此，除非如上面所记的网鱼故事明显地具有精神意义外，这类故事的具体特征都必须按照这种神迹性质的概念加以解释；但共观福音医治瞎子的故事，并不具备这种精神意义。

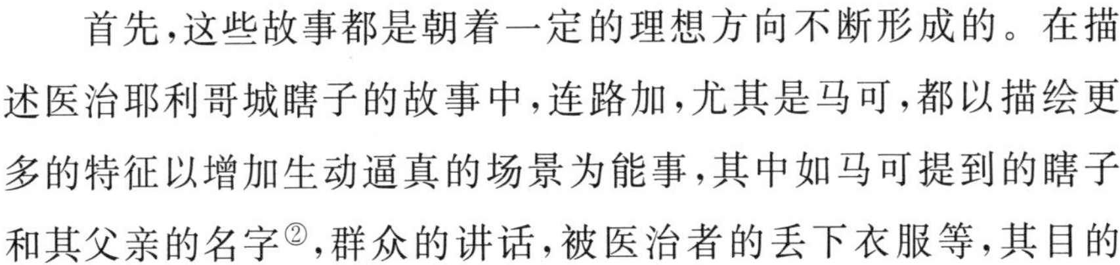

首先，这些故事都是朝着一定的理想方向不断形成的。在描述医治耶利哥城瞎子的故事中，连路加，尤其是马可，都以描绘更多的特征以增加生动逼真的场景为能事，其中如马可提到的瞎子
和其父亲的名字[②]，群众的讲话，被医治者的丢下衣服等，其目的 155

① 伏克马尔：《耶稣的宗教》，第 235，250 页。

② 许多人对于马可提到的底买和巴底买这两个名字的来源还进行了各种各样的猜测，这两个名字的来源是不是可能出自希腊动词 τιμάω 的不同时态(ἐπετίμησε《马太

都是为了增加现场的生动气氛。

好像不满于其前人的叙述似的，马可还记载了一个他所特有的医治瞎子的故事。他把它夹在讲论法利赛人的酵和彼得承认耶稣为基督两件事中间，还有一个医治耳聋舌结的人的故事，都是按照他自己的爱好安排的（第 8 章第 22—26 节）。被带到耶稣跟前的伯赛大瞎子，先是被耶稣带到村外，因为神迹是一桩神秘事情，未入门的人是不可以看的，因而就是在神迹完成的时候，也不许宣扬，马太和路加也记过几次这类情况，但以马可记得特别认真。接着耶稣就吐唾沫在瞎子眼上，正如古罗马帝国的卑躬屈节的埃及地方官，在觐见韦斯巴仙[①]（Vespasian）皇帝后说韦斯巴仙吐唾沫在一个据说是瞎子的眼睛上，因为根据当时的迷信，在用魔术治病的事例中，唾沫是一个很重要的组成部分。

但瞎子并没有立即看得很清楚，在耶稣吐过唾沫并第一次按手在他身上以后，问他看见什么的时候，他回答说，看是看见但不很清楚，只看见人像树木行走，于是耶稣再一次按手在瞎子眼上，仅是在此以后，而不是以前，他的眼力才完全恢复。乍看起来，这好像是缩小了神迹的威力，因为行神迹者的治疗能力似乎并不是绝对的，而是仿佛不得不同患者的反抗进行一番较量似的，神迹的

福音》第 31 节和 ἐπετίμων《马可福音》第 48 节）呢？

以上仅是作者或别人的一种猜想，有什么根据，或有没有根据我们都不得而知。首先，ἐπετίμησε 或 ἐπετίμων 同 βαρτίμαιος（巴底买的希腊原字）在读音上有很大不同，词根不同，意义也不同，德文原著分别注有“马太 31”，“马可 48”，字样已将其不同意义表现出来，但由于英译者漏译原著的这层意思在英译本就看不出来了。Timaios 是可尊敬的意思，而 επιτιμαίος 则是可责备的意思。另据 Cruden's Concordence 和 Young's Concordence 等书，巴底买是底买的儿子的意思，似更符合原意。——译者

① 参看本书第一卷 369 页（页边码）。

自然效应解释法，主要正是以这一特点为依据。但这并不是马可的本意；相反，他的目的乃是在无损于神迹价值的前提下，为了便于我们设想，把神迹分成一些接连的因素，但这肯定是一不成功的 156
尝试，是得不偿失之举。神迹作为绝对原因对一系列有限原因进行干预的实例，主要是些突然的事件，当其被分成不同因素时，只会更加突出其自身的矛盾。

我们发现，第四福音书作者是紧跟着马可的脚踪行事的，首先，他沿着马可所开辟的道路前进，运用细节以增加神迹的生动形象，同时增强其影响。不像《马太福音》和《马可福音》那样有两个医治瞎子的故事，《约翰福音》只有一个（第 9 章第 1—41 节），但这一个却同《路加福音》里的故事大不相同，相形之下，其他一切故事都显得是多余的了。根据约翰，耶稣所医治的瞎子，既不是在伯赛大，也不是在耶利哥，而是在首都本身，也不是一个普通的瞎子，而是一个生来瞎眼的，因而是一个绝对的瞎子，只有借助一个绝对的神迹才能把他治好。当作者表现被治好的瞎子反驳不信的犹太人说，自从创世以来（第 32 节）[①]未曾听见有人把生来是瞎子的眼睛开了，这就是作者假被医治者之口把这种思想说了出来。作为一种外在的看得见的医疗手段，耶稣不仅利用了唾沫；他不是把唾沫直接吐在瞎子的眼睛上，而是吐在地上，用唾沫和泥沫在瞎子的眼睛上，这件事除了完成神妙的医治以外，同时也引起了一种麻烦，即违犯了安息日。如果瞎子要持久享有新近恢复的视力，他不得不把眼上的泥洗去，于是耶稣吩咐他去洗，但不是像从前先知以利

① 英译本误作第 31 节。——译者

沙吩咐长大麻风的乃缦那样到约旦河(《列王记下》第 5 章第 10
157 节)去洗,而是到附近的西罗亚池子去洗,从那里回来他的眼睛就好了。所有这些特征部分地是由于作者的夸张手法引起的,部分地则是由于他想赋予神迹现场以生动色彩和神异气氛。另一个新增加的因素是,约翰记述的事实是经过了较早的福音书作者所不知道的艰苦费力的正式考查和听证所确定下来的。当人所熟知的讨饭瞎子恢复视力以后重新回到其邻人中的时候邻居们所说的话,就其本身来讲,只不过是一种猜测之词,因为他们很可能由于他跟那真正瞎子非常相似而受到蒙蔽。瞎子本人回答他们问话的证词,特别是他对于自己的恩人并没有清楚的认识,证明了他胸怀坦荡,不偏不倚,但在作者说当局召他,要求他们作出正式确证的时候,他们对他的证词还认为不足,又把他的父母叫来,因为唯有他们才能作出可信的证明,证明他们的儿子的确是生来瞎眼的。如果还有所怀疑的话,那么,“犹太当局已经决定,若有承认耶稣是基督的,就把他赶出会堂”这句话,也足以粉碎这种怀疑了。在这种情况下,这个瞎子不仅坚持其获得医治的真实性,而且对自己坚信耶稣是堂堂正正的先知仍毫不隐晦,即使因此受损害也在所不辞;不言而喻,福音书作者在这里的言外之意是,如果瞎子不是确信行在自己身上的神迹是真的,他是决不会这样做的。

第四福音书作者在把神迹说成是客观真实性顶峰的同时,也就是完成了特别从马可开始的一种倾向。他试图把前人所未能提供先例的一种理想的意义显示出来,例如,在这一事例中的神迹,
158 从始至终就不是由于患者的要求作出的,而是由于门徒就患者的情况所提出的一个有争议的教条性问题所引起的。耶稣对这问题

所作答复的大意是，这个人之所以生来瞎眼，是特为要通过他得医治在他身上彰显上帝的全能作为，或者说荣耀上帝。约翰认为，上帝的儿子这样彰显上帝的作为或荣耀上帝，不仅在于耶稣行了超乎人力之上的事情和这些事情对人类的有益和慈善性质符合上帝的本性，也在于耶稣所行的神迹实际上象征性地反映了上帝作为及其创世之道的一个侧面。根据亚历山大学派的学说，神圣逻各斯就是世界的生命和光的原理，是灵魂的营养；《约翰福音》里的耶稣，通过其所行的或多或少的神迹，把自己的这些品质显示了出来。关于我们所考虑的问题，在论逻各斯的序言部分里说："生命在他里头，这生命就是人的光，光照在黑暗里，黑暗却不接受光……凡接待他的，就是信他名的人，他就赐他们权柄，作上帝的儿女。"（第 1 章第 4 节往下，第 12 节）在我们考虑的这段神迹故事的结尾，当犹太人领袖表示了他们自己已不可救药，被医治者宣称其相信耶稣为上帝儿子之后，耶稣说，我为审判到这世上来，叫不能看见的、可以看见、能看见的，反瞎了眼。当法利赛人问他，他们是否也瞎了眼的时候，耶稣回答说，如果他们瞎了眼，这就是说，如果他们知道自己是瞎子，那倒好了，但因为他们没有这种认识，所以他们没有进步的可能（第 9 章第 39—41 节）[①]。从此我们清楚地看出，那首先在身体方面，后来又在精神方面被医好的看见的生来瞎子所代表的是那些虽然原来是属于世界，也就是说，属于黑暗的人，却有接
受光的能力和意愿，因而成了上帝的儿女；另一方面，犹太人所代 159
表的则是那些拒不接受光，继续行在黑暗中即罪恶中的人。为了

① 英译本误作第 31—41 节。——译者

贯彻这一比喻的意义，不妨说，那些在身体上瞎眼而又意识到自己精神上瞎眼的人，不仅将在精神上能看见，身体上也将恢复光明；同样，那些身体上能看见又自以为精神上也能看见的人，最终将不得不承认自己在精神上是瞎子，就连在身体上也将受打击。但这是同《约翰福音》里的基督宣称，他来不是要定世人的罪，乃是要叫世人因他得救，不信的人罪已经定了相违反的（第 3 章第 17 节往下；第 12 章第 41 节往下）。作为神圣的创世之道，从耶稣里头出来的只能是积极的事物，只能是光、生命和救恩，耶稣既不要求，也不需要行惩罚性的神迹。凡拒绝他的，他只用让他们继续留在其原有的不幸处境中而不必再做什么，就已经是足够的处罚了。

就这样，神迹在《约翰福音》里，在其一切方面，都被一种理想的观点贯穿着，它既是彻头彻尾象征主义的，同时又是彻头彻尾现实主义的，如果认为具有如此重要意义的事情第四福音书作者认为它并没有真正发生过，那将是极大的误解。单从故事的一个特征就可以看出，在作者心目中，现实主义和象征主义这两者并不是互相排斥的，同时还可以看出，这种世界观的形成又是多么奇怪。耶稣差遣瞎子洗的那个池子希伯来名字叫西罗亚（Siloah），毫无疑问，是流水的意思，福音书作者却说，这个名字译出来，是奉差遣的意思（第 7 节）。在作者看来，泉水和池子的名称就是一种关于上帝差遣耶稣或者瞎子被差遣到池子那里去的预言，同时又是现实存在着的流水的名称。

160 **72. 医治瘸腿的人**

经耶稣医治的第二类病人，一般被认为就是耶稣在回答施洗者问题时所列举的瘸腿的病人。在第二次以饼饱众[①]之前，人们带到耶稣跟前请求耶稣医治的许多病人中就有瘸腿的病人，当人们看到在被医好能看见的瞎子等人当中还有能行走的瘸腿人的时候感到非常稀奇(《马太福音》第 15 章第 30 节往下)。另外，更常见的情况是，瘸腿的也就是指瘫痪患者而言，路德把它译为 Gichtbruchige(痛风患者)在(《马太福音》第 4 章第 24 节；第 8 章第 6 节；第 9 章第 2 节)提到过。根据词义，是说患者一边的肌肉“松弛了”，也就是说瘫痪了，而《马太福音》第 9 章第 2 节往下所描写的患者则是完全瘫痪了，至少足部瘫痪了；另一种瘫痪，《马太福音》第 8 章第 5 节往下的瘫痪，则是属于痛风性质的瘫痪。之所以认为耶稣必然要医治这一类疾病，乃是由于对《以赛亚书》(第 35 章第 6 节)：“那时瘸子必跳跃像鹿”作了字面的理解。在这预言的前面有一道命令说(第 3 节)“你们要使无力的膝稳固”，希腊译文所用的希腊字和翻译《路加福音》(第 5 章第 18、24 节)表示“瘫子”的字完全一样，《以赛亚书》那段话就是这类神迹故事的根源，在福音书里没有表现得像《使徒行传》那样明显。众所周知，圣灵降临以后，使徒为了证明他们所接受的崇高使命所行的第一个神迹就是彼得把在耶路撒冷圣殿前乞讨的瘸腿人治好了。当奉耶稣的名吩咐这人起来行走并向他伸出手去的时候，据说他的脚和踝子骨立
刻健壮了，就跳起来，站着，又行走，接着就同使徒们一起进了殿， 161
走着，跳着(《使徒行传》第 3 章第 7 节往下)。这种反复突出瘸腿

① 根据圣经，耶稣曾两次用几块饼几条小鱼使几千人吃饱，这里的“以饼饱众”就是指此而言。——译者

人“跳着”的做法，正是对《以赛亚书》所应许的“瘸子必跳跃像鹿”的一种反映，作这样认识是不会错的。而小腿和踝子骨健壮起来，则令我们想起同一预言中使无力的膝稳固的说法。

关于只有马太称之为瘫痪病的迦百农百夫长仆人得医治的故事将在以后从另一观点对之加以考察。医治瘫子的一个典型故事也是发生在迦百农，一个躺在床上的瘫子被人抬到耶稣跟前。耶稣先向他宣告赦免他的罪，由于文士对此起了反感，耶稣就吩咐他起来，拿他的褥子回家去(《马太福音》第 9 章第 1—8 节；《马可福音》第 2 章第 1—12 节；《路加福音》第 5 章 17—26 节)。我们在这里将不再讨论这样的问题，由于患者深信耶稣是先知，是否有可能对这类病人的医治产生一种自然的心理影响；在第一卷里，当我们一般地谈及这个问题时，并没有否认这种可能性，但由于福音书故事总是根据其对耶稣作为行神迹者的不同想法而有所改变，已不可能把可能作为基础的真正事实推断出来。从几位福音书作者彼此间的互不一致，就可以看出他们在改变这些记述时多么任意。马太只是简单地说耶稣渡海来到自己的城迦百农，人们把躺在床上的一个瘫子抬到耶稣跟前，当他看到他们的信心时，就向病人保证说他的罪赦免了。根据马太，耶稣之得以知道群众的信心，抬床人的信心以及患者本人的信心，仅是由于他们费了那么多的麻烦把患者抬到他跟前；对路加来说，这些信心的证据还很不够，他又加上了文士和法利赛人的责难，说他们开始就坐在耶稣旁边，还说
162 人是那么拥挤，连他们抬的小床也无法进到耶稣跟前，而不得不用一种特殊方法，从房顶上把人连床缒到房子当中，正在耶稣面前。

路加以为耶稣①在房子里的这种想法，无论如何决不是从马太得来的，而是因为他自己认为必须有这一特点才能把他想象中的奇特的信心证据表现出来。在讲到从房顶或者像他自己所表达的从瓦间通过的时候，毫无疑问，他②是在想到东方的建筑方式，常在用瓦铺的平屋顶上预留一个天窗，通过这种天窗可以从屋顶进到屋里，也可以从屋里上到顶上，根据福音书作者的想法，既没有正规扶梯，又没有梯子可以利用，床和病人只好用绳子缒到耶稣正在教训人的房子里，放在他面前。第二福音书作者是由于不知道巴勒斯坦房屋的这种特点呢，还是由于他想更清楚地把群众的热忱信仰表现出来，不顾屋顶上已有天窗存在的事实，竟说四个抬床的人（四人这个数大概是他从床的四角得出来的）先把房顶拆通了，却没有想到，这种做法，将使下面聚会的有被落砖砸伤的危险。凡是还记得不结果无花果树故事③的人一定不会否认，这种轻率的做法，正是马可的一贯作风，这一记事也是使人认为马可不可能是原始福音书作者的许多记事之一。

前三福音书作者都提到还有一次发生在安息日的与这次故事有联系的医病神迹，因此，如果说前次神迹之所以成为文士们的绊
脚石是因为（在他们看来）耶稣冒称自己有赦罪的权柄，而这次他 163
们认为耶稣治病工作有问题则是因为他违反了安息日。按照全部

① 英译本作“that Luke gets the notion of Luke having been in a house...”后一个 Luke 明显是 Jesus 之误，因为照英译本的说法无论如何是讲不通的，请参看德文原著第 144—145 页。——译者

② 英译本作 Jesus，又是一个错误，Jesus 应改作 Luke。——译者

③ 参看《马可福音》第 11 章第 12—14 节。——译者

共观福音书，连在次序的安排上，医治枯干一只手病人的神迹都是放在紧接着安息日摘麦穗之后(《马太福音》第 12 章第 9—14 节；《马可福音》第 3 章第 1—6 节；《路加福音》第 11 章第 6—11 节)，就证明他们所关怀的不是神迹本身而是耶稣在安息日行了这件事。遵守安息日假日的方式以及特许宽容的范围是耶稣和法利赛式犹太教之间的一个有争议的问题，因而我们发现它一再以不同形式在福音书中出现。这个问题可能同任何非常自然的行为联系起来，例如，门徒摘麦穗的行动，在摩西律法里并不认为是侵犯别人产权的行动，因而一般地说，是被允许的(《申命记》第 23 章第 25 节)，由于它不能被认为是经常性工作，特别在有需要时，所以耶稣认为即使在安息日也是许可的；另一方面，由于后世解经者的食古不化，这次行动就被认为是在安息日禁止做的事项之一。如果耶稣在这类事件上利用大卫的先例反驳了法利赛人的责难，当时由于为饥饿所迫，大卫毫不犹豫地让自己和其从者用一般只留给祭司吃的圣殿里的陈设饼充饥，那么，耶稣在这样一个时刻，也可以在不是为了他自己的需要，而是为了他所要帮助的人的需要，做他们所谓违反安息日的事，像家畜所有者，在严重危险的情况下，毫不犹豫地在安息日伸手(把家畜从坑里拉上来了)。很明显，提供这类例证并不必然意味着在这类情况下非先有神迹不可；相反，这类例证对于任何自然的助人为乐的行为都是完全适合的。
164 但同样明显的是，当人们习惯于谈论[1]耶稣神迹的时候，在安息日行的这些神迹必然会被认为是提供这类例证的适当时机，即使它

① 原文为 erzählen，英译本译作 expect，似可商榷。——译者

们是单由耶稣的话所引起也是如此,因为当时就有一个拉比学派,甚至对在安息日慰问病人也加以禁止。

安息日把羊从坑里拉上来的话这里只有《马太福音》提到过,在《马可福音》和《路加福音》里,耶稣向那些伺机窥探他的法利赛人提出了一个问题,安息日行善行恶,救命害命哪样是合法的[①]?另一方面,路加却围绕两个另外的神迹引进了关于家畜的两次没有实质性不同的谈话,这就再度证明,这里的记事重点并不是神迹而是耶稣关于遵守安息日的正确方式的谈话。一次安息日(《路加福音》第 14 章第 1—6 节)在一个法利赛人首领的家里,吃饭的时候耶稣遇见一个患水臌的人。治好这个病人之后,尽管法利赛人以怀疑的静默对待耶稣向他们提出的问题:安息日治病合法不合法。耶稣又向他们提出了另一个问题:你们中间谁有驴或牛,在安

息日掉在井里,不立时拉它上来呢?另一次是(第 13 章第 10—17
节)在一个会堂里,有一个十八年腰弯得一点直不起来的女人,耶 *649*
稣通过说话和按手,使她的腰直了起来,并用以下的问题反驳了管会堂之人的责难:难道你们各人在安息日不解开槽上的牛驴牵去饮么?这两个形象的区别在于:女人的病患被认为是由于撒旦的捆绑,耶稣解放了她。

关于这些医治病人的事例,特别是后一个事例,如果它是严格
地按历史真相保留下来的话,可以把它理解为是由于耶稣的谈话 165
和按手对女病人的信心所起的心理上的一种治疗作用。保罗斯博士通过引证原始资料,已经证明在近代也曾发生过完全类似的情

① 中文《圣经》作哪样是可以的。——译者

况[①]。但患水臌病人忽然得到医治却不适用这类的理论,而枯干一只手的故事,在希伯来先知传说中有过明显的先例,其来源何处,已无怀疑余地。屡见不鲜的情况是,新约神迹故事同旧约神迹故事的区别在于,旧约是先把疾病作为刑罚神异地加在人身上,后来又神异地将其除去,而新约则是按照福音的精神疾病早已存在,只是由于施行神迹者的仁爱才得以除掉。例如,在《旧约》(《列王记上》第 13 章第 4 节往下),拜偶像的耶罗波安,当他将其渎神的手伸向耶和华的先知的时候,由于上帝神异的惩罚他的手就暂时枯萎了,这就是说,变得僵硬不能收回了,只是由于他要求先知为他向耶和华祈求,才通过第二次神迹即恩典的神迹才得以复元。在福音书故事里,患者的手早就由于疾病而变得僵硬,这种僵硬同耶罗波安王的情况不同,王的手是因他侮慢神把手伸出,由于受罚而不能收回,而新约患者的情况正与此相反,在于他因病不能伸出,经过耶稣医治就能伸出了。如果我们把耶罗波安王的事例(第 4 节):"王所伸的手就枯干了;"同《新约》(《马太福音》第 12 章第 10 节;《马可福音》第 3 章第 1 节)"那里有一个人枯干了一只手"进
166 行比较,然后再把第一次医病的末尾(第 6 节"王的手就复了元,仍如寻常一样")同第二次医治的末尾(第 13 节)"手就复了元,和那只手一样"进行比较,就很难不看出其模仿的迹象。但这些疾病正是当时希望于蒙上天厚爱并有高级生灵为朋友的人们医治的那类疾病,正如塔西图斯的故事里经常提到的那样,据说,为了给维斯佩仙皇帝一个证明其有行神迹能力的机会,当他临近亚历山大城[②]

① 参看《耶稣传》中译本第一卷 368 页(页边码)。——译者

② 英译本此处译文错漏,根据德文原著第 148 页补正。——译者

时人们曾把一个据说是瞎眼的人，一个一只手残废的人（据斯陀尼乌斯说，是一个有一只瘸腿人的[①]）放在他经过的路上。

我们发现，关于这类神迹，在所有较早福音书里都是分散记载的，但在第四福音书里却集中起来，一方面加以夸大；另一方面又加以精神化。我们还发现，这类神迹在第四福音书的表现形式同其在第二福音书的表现形式有直接联系。耶路撒冷城毕士大水池边的病人的故事（《约翰福音》第5章）涉及一个瘸腿的人，和在迦百农医治一个瘫子的故事情况一样，像枯干一只手的病人，患水臌的病人和驼背的女人一样，它同样也是一个在安息日治病的故事。在这方面它超过了早先的故事，部分地由于它发生在一个很美好的地点，部分地由于其患病时间很长，关于迦百农的瘫子，根本没有提到他患病多久，驼背的女人患病也只18年，而约翰在这里说，此人患病已达38年之久，在对故事的精神化和象征意义的深刻理 167
解方面它也企图超过在安息日获得医治的全部神迹故事。

毕士大池子（除了第四福音书外，无论是在约瑟弗或拉比的著作里我们都找不到任何有关资料）连同其充满瞎子、瘸子和其他病人的五个廊子仿佛是一个大医院，伟大的行神迹者就是登上这一舞台的开业医师，他选择那病情最严重、患病时间最长久的病人进行手术治疗，以最辉煌的医疗成果证明自己就是那赐予众人以生命的神圣创世之道。尽管有高级生物在池子上面活动，偶尔有天使下来，搅动池水，谁先下去就得医治[②]，但由于天使救援的效力，

① 塔西图斯：《历史》，IV，81；斯维陀尼乌斯：《维斯巴仙》，7。

② 最有说服力的批判意见一致支持记载有关天使活动的第4节经文（请参看中文《圣经》第3节下面的小字。——译者）的真实性；试比较亨斯吞贝格：《注释》。

未能达到最需要救援的人，这就使得医治他的耶稣处于更高的地位；这一特征，同关于神妙医疗的全部描述结合起来，令人料想其中可能暗含着某种象征性意义。38 年的疾病曾被人认为是以色列人在进入应许地之前不得不度过的旷野生活所预示的原型（《申命记》第 2 章第 14 节）[①]。耶稣在行这次神迹时曾提到犹太人自以为有永生，因为他们查考了《圣经》（第 39 节，参看第 45 节往下），这里的《圣经》主要是指摩西的五经而言，但如果没有基督，他们就不可能有永生，正如没有耶稣，毕士大池廊子里的病人就不可能得医治一样，因此，我以为，这里的五个廊子如果不是作为摩西
168 五经的象征那才怪呢！在有信心的解经家们看来，这种象征性的解释是不会损害故事的真确性的；反之，如亨斯吞贝格用最新的新闻格调[②]所表达的那样，耶稣在这里必然遇见的是由于上天的安排，在患病的年数方面作为上帝子民典型的“病夫犹大”。依我们看来，故事的一切历史价值早就丧失了，而所谓可能的象征意义，对我们来说也只能有对这种虚构的某些特征提供一些说明依据的价值，但这种说明的不确定性无论如何也不能动摇我们对于这类故事的非历史性质的信念。

《约翰福音》的故事特别是从抄袭共观福音关于迦百农瘫子的记述而来，这可从它们共有的不同特点看得出来。连关于赦罪的事《约翰福音》都记载了！不过他把起头的话“你的罪赦了”改成后面说的一句话“不要再犯罪，恐怕你遭遇的更加利害”（第 14 节）。

① 克拉夫特：《年表与提要》，第 98 页。亨斯吞贝格：《约翰福音注释》，I，300。

② 原文为 Modernsten Zeitungstyl。——译者

由于耶稣行神迹时对病人的吩咐在两个故事里有非常相似之处，
我们的这一看法是不会错的。共观福音书里把这些话说了两次，
一次是作为棘手的问题向法利赛人提出；对于这样的人，或说，你
的罪赦了，或说，你起来（马可：拿你的褥子）行走，哪一样容易呢！
接着就作为现实命令对病人说，起来，拿你的褥子回家去吧！第四
福音书作者由于没有先提出赦罪的宣告，所以也没有提出第一个
问题，而仅提出了由共观福音里的两句话混合起来的实际命令。
他坚持第一种形式，但像马可一样却从第二种形式中采用了可以
包扎起来的"床"字[①]。他这样做特别是仿效了马可这是从他们都 169
用了同一个古怪的词来描述床这件事上看得出来的[②]。马太两次
用了通常用的"床"字[③]；路加也只用了一次，两次用了缩小词[④]，终
于迂回地把患者所躺的床描绘了出来。另一方面，马可从头到尾
一共用了四次，约翰五次用了一个词，这个词尽管在《新约》别处不
是没有用过，却像我们德语中 Pritsche[⑤] 那样古怪的词，这个词在

① 一般译为床或褥子的词（通用的中文《圣经》一概译为褥子），但在希腊原文，却是两个不同的词，《马太福音》（第 9 章第 6 节）和《路加福音》（第 5 章第 18 节）原文用的是 κλίνη；《马可福音》（第 2 章第 4 节和第 9 节）和《约翰福音》（第 5 章第 8，12 节）用的却是 κράββᾰτος，但很明显，实际指的却是一个东西。《路加福音》（第 5 章第 19，24 节）虽然用了 κλτνίδιον 这个词，但它是从 κλίνη 变化来的，意思是小 κλίνη，可以不必管它。据 Follet publishing Company，1927 年出版的 The Classic Greek Dictionary 的解释 κράββᾰτος 是马其顿方言，而本书英译本却采取了一种灵活的译法，既未根据德文原著 Pritsche 又未根据希腊原文而是引进了英国读者可能熟悉的 Pallet，使问题对我国一般读者更为复杂化。我们在这里将完全不顾英译本，直接根据德文原著翻译，并加以必要的说明。——译者

② 这个词就是 κράββᾰτος。——译者

③ 这个常用的"床"字就是 κλίνη。——译者

④ 这个缩小词就是 κλίνδιον。——译者

⑤ Pritsche 是一种狭长的木榻。——译者

《约翰福音》其他地方没有出现过，但在《马可福音》则曾一再出现，说明很可能前者是由抄袭后者得来的。[①]

像生来瞎眼的故事一样，通过正式审讯以确定神迹的事实情况是第四福音书所特有的一种安排。犹太人，这就是说，犹太人的当权者，看到这个人拿着褥子就对他说，在安息日拿褥子是不可的。他回答说，那使我痊愈的，对我说，拿你的褥子走吧。他们想知道这个人是谁，他说他不知道，因为耶稣行神迹之后，为了躲避众人，已经走开了。只是耶稣在圣殿里再次遇见这个医好的人并向他发出上述告诫以后，他才知道他的名字叫耶稣，于是他去告诉犹太人医好他的是耶稣（在生来瞎眼的故事里，瞎子已经知道耶稣的名字，只是不知道关于他的其他情况）。审问的人紧紧追问他和他的亲属，想进一步了解他的病情和耶稣医治他的方法，当他们发现耶稣是破坏安息日的祸首时，为了把攻击的矛头指向耶稣，他们
170 就不再盘问他了。下面的描述不太清楚，只是说："所以，犹太人逼迫耶稣，因为他在安息日做了这事。"耶稣回答[②]他们说，"等等，等等"。对于一种反对意见，一种谴责，一种控诉，人们可以作出回答，而对于逼迫，如果不是对之作感性的，绝对的字面意义的理解，乃是一种较长时间的持续的行为，人们可以设法避免，也可采取措

① 另外还出现于《马可福音》第 6 章第 55 节，《使徒行传》第 5 章第 15 节；第 9 章第 33 节的 κράββᾰτος 这个词，其含义似为便携式病床，参看《卡特尔·卡尔姆》（*Catull Carm*）X. 22。

② 这里的希腊文为 ἀπεκρινατο，原出 ἀποκρίνομα，有回答意，但在《新约》里主要有就某种当前情况发表意见之意，英文钦定本译作 answeied 是取其字面意义，本书作者也是取其字面意义，中文《圣经》译作"耶稣就对他们说"，是取其在《新约》中主要用法的特殊意义。请参看《马太福音》第 11 章第 25 节。——译者

施加以提防，却不可能作出回答，在所谓的耶稣作出第一次回答之后，接着又说，“所以犹太人越发想要杀他”，于是耶稣又作出了第二次“回答”，而且还是一篇很长的讲话，如果犹太人真的想要杀他的话，这就给他们这样做以充分的时间和机会了。我们看出，当犹太人向被医好的人指出耶稣是亵渎安息日的罪魁祸首的时候[①]，作者就认为这件事已经结束，接着他所关心的就只是他想将其同这件事联系在一起的耶稣的那篇讲话了，不过他做得非常令人不满意，竟说那是耶稣对于逼迫的一种“回答”。

当福音书作者把这次医病神迹说成是在安息日行的时候，他心目中从一开始所要强调的就已经是这篇讲话了。把这次活动说成是耶稣在安息日做的事可以给他一个机会展示神圣逻各斯的一个永不停止活动的性格。为了驳倒犹太人的反对，他没有利用共观福音书所记载的从实践经验得出的有关牛羊的论证，也没有利用大卫和陈设饼的论证（尽管像我们从第 7 章第 23 节[②]所看出的那样，第四福音书作者对于这类论证并非不知道），而是利用了一种形而上学的论证，说正如他的父亲上帝即使在安息日也毫不间断地工作和创造那样，作为凡事以其父为榜样的上帝的儿子，他自己毫不间断地工作也就是恰当的了。上帝不间断工作的学说是犹 171
太-亚历山大哲学的基本学说。同一永不休止的活动也是作为上帝在世上代理人的逻各斯的工作：没有比怀敌意的犹太人，企图利用其民族关于安息日的律法，限制他的神圣和无限权能，更能说明

① 此句英译本把意思完全译错。——译者

② 英译本误作第 7 章第 27 节。——译者

作为道(逻各斯)成肉身的耶稣的尊严了。因此,人们曾正确地说,《约翰福音》序言(第1章第4节)中“生命在他(逻各斯)里头,这生命就是人的光”,这句话的后一半已由生来瞎子的故事得到说明,[①]其前一半则由我们现在考察的故事得到说明;不过我们必须永远记住,在福音书作者心目中,这些故事既必须完全照字面来理解,又是完全具有象征意义的事件。

撇开讲话的基本思想同菲罗体系的关系不谈,单凭经常出现于第四福音书的非历史性事项,就可以清楚地看出,整篇讲话是第四福音作者任意杜撰出来的。该福音书说当耶稣称上帝为他的父亲的时候,犹太人认为这实质上就是把自己当作和上帝平等(第18节),其实真正的犹太人是不会作如此想的。他们都已习惯于关于弥赛亚作为上帝儿子的描述,连一般的君王也常被称为“上帝的儿子”,就这是说,是受到上帝保护的上帝的代理人,儿子仅是一种并不以任何事为先决条件的称号。其次,从讲话的一系列词句有的已出现在序言中(试将第38节同第1章第18节作一比较),有的是在别处出现过的福音书作者本人的话(试将第32节同第19章第35节,第44节同第12章第43节作一比较),或者作为施洗者的话出现过(试将第20节同第3章第35节作一比较);更多
172 的则重复出现在《约翰一书》里(试将第24节同《约翰一书》第3章第14节34,第36节往下同《约翰一书》第5章第9节;第38节同《约翰一书》第1章第10节;第40节同《约翰一书》第5章第12

① 鲍威尔:《经典福音书的批判研究》,第176页。(此处书名英译本同第一卷第211页(页边码)译名不一致。——译者)

节;第 42 节同《约翰一书》第 2 章第 15 节作一比较)。最后一种情况只是对那些认为《约翰一书》写于福音书之前的人可能有用的证明,而第一种情况则充分证明了我们不得不就第四福音书所记载的耶稣全部讲话得出的结论的正确性。

73. 医治麻风病人、聋子和哑巴

耶稣在其(《马太福音》第 11 章第 5 节)讲话中,继瘸子行走以后又提到了使长大麻风的洁净,正如他打发十二门徒出去时(《马太福音》第 10 章第 8 节)对他们说,除了医治其他病人以外,还要给他们能力,使长大麻风的得洁净一样。耶稣所说长大麻风的这句话,不可能像所说瞎子和瘸子那样取自《以赛亚书》那段经文,因为在那段经文里,先知并未提到长大麻风的人,因为这类话和当时先知所描述的百姓因被掳期结束而欢欣鼓舞忘却一切苦恼的景况是不适合的。但作为弥赛亚施行神迹的一项计划,正如上面已经提到的那样,先知的言论又得到了先知榜样的补充。在先知传说中,麻风病占有相当一部分地位,正如它在犹太传统疾病中占有相当一部分地位一样,因此,在摩西律法里(《利未记》第 13 章第 14 节)也是如此。像这样一种恶性的、顽固的,特别由于它的传染性而不得不采取隔离措施的可怕疾病,特别可以看作是上帝的一种惩罚或试炼(请参看《约伯记》);这种疾病得到医治就是上帝的一种祝福。因此,在耶和华为了使摩西得到百姓的信任而授权给他施行的各种神迹中,麻风病的发生和消除几乎占了头等重要的地位(《出埃及记》第 4 章第 6 节往下)。耶和华吩咐他把手放在怀 173
里,然后再抽出来,手就变得雪那样白;当他第二次这样做又抽出

来的时候,手就复了元,同周身其余的部分一样。这好像是上帝记了一套神异的戏法一样。但另一次的麻风处罚和消除却是非常认真的。摩西的姊姊米利暗胆大妄为,竟敢背叛自己的兄弟摩西,耶和华的怒火向她发作,由于长了大麻风,变得像雪那样白,只是在亚伦向摩西恳求,摩西向耶和华恳求之后,经过七天的隔离才恢复了洁净(《民数记》第 12 章第 1—15 节)。另一个特别有名的,被耶稣本人提到过的例子是记在第三福音的一段话(《路加福音》第 4 章第 27 节)。先知以利沙医好了一个长大麻风的人,这个故事的许多别的特色也进入了基督的故事里来(《列王记下》第 5 章第 1 节往下)。亚兰王的元帅乃缦患大麻疯,他求先知给他治病。先知吩咐他去约旦河沐浴七次,他本指望先知会求告耶和华上帝,并来到他跟前,在患处以上摇手[①],治好他的病,现在竟只叫他用一种普通沐浴的医治方法,他生气了,但他终于听从了劝告,按照先知的方法去做,第七次沐浴以后,他的病就完全好了。但先知立即感觉到有必要把麻风病转移到自己利欲熏心的仆人基哈西身上。

对于弥赛亚的希望[②],至少就其存在于基督教的形式而言,略
174 去了旧约神迹的惩罚性的一面,但弥赛亚的医病能力和恩典是不可能被剥夺的。因此,根据全部《共观福音》的记载(《马太福音》第 8 章第 1—4 节;《马可福音》第 1 章第 40—45 节;《路加福音》第 5 章第 12—16 节)在第一批寻求耶稣医治的病人中就有一个跪倒在耶稣面前,宣称他深信,如果耶稣愿意,就一定能治好他的大麻风

---

① 《当代圣经》630 作:在溃烂处按手。——译者

② 德文原文为"Messianische Hoffnung",英译作"the Messianic Life"。——译者

病。耶稣伸手摸他，表示愿意，他立刻就完全洁净，以致耶稣能够充分有把握地命令他去把身体给祭司察看，并为献上洁净的祭物作好准备。试图用这样一种假设加以说明，以为他的病已经快要好了，只是自己还不知道罢了，病已经几乎完全好了，麻风病已经到了最后脱皮阶段，耶稣只是向他指明了这种情况，并没有使他获洁净。这样一种唯理主义的说明对福音书故事既是一种强词夺理的解释，从我们的观点来看，也是非常可笑的多此一举。我们认为，它带有最明确无误的先知弥赛亚神话烙印，它不需要任何自然的解释，所需要的只是一种我们已经提到过的，符合发生、发展原则的说明。

在《路加福音》里还记载了第二次医治麻风病人的事，这次是十个麻风病人同时受惠于耶稣的医病能力（第 17 章第 11 至 19 节）。耶稣正行走在去耶路撒冷的路上，当到加利利和撒马利亚边 *659* 界的时候，在一个村子前面，遇到了十个长大麻风的人，他们站在律法所要求的离他一定距离的地方，大声向他喊叫，要求他怜悯他们。耶稣没有像医治第一个大麻风病人那样，伸手摸他们，也没有叫他们到自己跟前来，而是叫他们去把身子给祭司察看，他们去的时候就洁净了。被认为神迹故事的这篇记述，到了这里就应该正当地结束了。虽然麻风人数有了惊人的夸大，从一变成了十，令我们感到一定程度的惊异，但也只能把它当作是前一故事的变化罢了。不过路加的故事并没有到此为止。相反，十个病人获得医治 175 后，九个回去了，只有一个回来俯伏在恩人脚前感谢他，这人还是个撒马利亚人。在这个人面前耶稣说了一些不利于那九个犹太人的话，因为他们没有回来尽到自己感恩的责任，反倒让一个非犹太

人做了。接着耶稣就打发这个撒马利亚人回去，并说他的信救了他了。

我们从这一出乎意料的结束语可以看出，它是前一麻风故事未加考虑的对于以利沙，乃缦故事结束语的一种模仿。当乃缦发现自己获得医治以后，他也回来向先知表示感谢，承认以色列的上帝是唯一真神，而且乃缦也像这个故事里的撒马利亚人一样是个外国人。在《路加福音》里耶稣曾说过(第 4 章第 27 节)，先知以利沙的时候，以色列中有许多长大麻风的，但内中除了叙利亚人乃缦，没有一个得洁净的。正如这次十个麻风病人中除了一个撒马利亚人外，没有一个像乃缦那样有配得医治的感恩之心。在拒受乃缦的礼物之后，以利沙打发乃缦回去，临别时对他说："你可以平平安安地回去。"耶稣没有说这句话，而是用在别的地方行神迹时用的一句老话："起来走吧，你的信救了你了。"不难看出，这最后一句话，用在医治血漏妇人身上(《路加福音》第 8 章第 48 节)或用在耶利哥瞎子身上(《路加福音》第 18 章第 42 节)是完全合适的，但在这里却不合适；因为，如果这位撒马利亚人得医治是由于他回到耶稣跟前所显示的信心，别的没有回到耶稣跟前显示这种信心的
176 人得医治又是什么原故呢？所以，这个结束语是由福音书作者从别处的神迹故事转移过来的。如果没有它们，故事的结尾将会是耶稣提出的问题：这十个人中除了这个外族人，再没有别人回来归荣耀与上帝么？这是一个富有教育意义的结束语，如像撒马利亚人比喻一样，那里的问题是："这三个人，哪一个是落在强盗手中的邻舍呢？这个邻舍同样也是一个外族人。"

我们现在谈到的这个神迹故事，也是《路加福音》所特有的，一

般说来，它同这个比喻有非常明显的相似之处，这个比喻也是路加所特有的，两个撒马利亚人故事都是同《路加福音》的倾向性非常密切地联系着的。在神迹故事里，十个人中唯一有感恩思想的是一个撒马利亚人，比喻里巴是如此，撒马利亚人是三个人中唯一善良的人，而在两者之中所有真正正规的犹太人都是些忘恩负义没有爱心的人。数目十和三都是适宜用于比喻中的整数，例如，在十童女比喻中就是利用了十这个数目（《马太福音》第 25 章 1 节往下）。我们不能说这个故事好像撒马利亚人故事一样，原来是耶稣讲的一个比喻，后来被当成历史的事实了。当事情涉及一个不确定的题目如一个王，一个旅游者，一个播种者或者有像拉撒路那样人所喜欢的名字的第三者，并具有一种教育寓意的时候，我们会很容易看出其寓言性质来。但当一个人把一件事说成是他自己实际遭遇过的事情而实际并非如此的时候[①]，他就是或者不适当地掩盖了事实真相或者有意骗人。我们没有理由把这两种情况的任何一种归咎于耶稣身上，因此只能认为这个神迹故事是经后人插手过的，其用意是给旧约先知弥赛亚医治麻风病人的主题思想以一种有利于外邦人的转变。不管在他这样做的时候是不是心中已经想到了好撒马利亚人的比喻，或者后一故事就是他自己的创造发明。

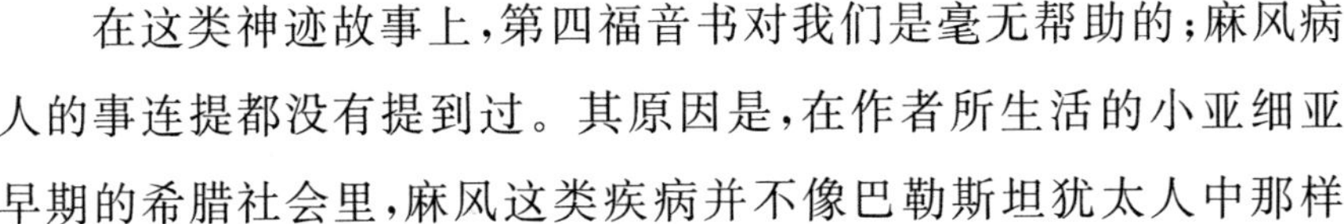

在这类神迹故事上，第四福音书对我们是毫无帮助的；麻风病 177
人的事连提都没有提到过。其原因是，在作者所生活的小亚细亚早期的希腊社会里，麻风这类疾病并不像巴勒斯坦犹太人中那样

① 英译本这里的译文意义不清且与德文原著不符。——译者

常见。还有，那就是麻风这类的疾病并不像瞎子、瘸子那类疾病容易适应他那以光明和黑暗、生与死的对立为主的象征性神学体系。

在耶稣给施洗者差来之人的回答中继长大麻风以后的聋子也有同样的情形。在这段话的出处，《以赛亚书》那段经文里曾特别提到过聋子，在福音书的希腊原文里聋子这个词本来就有既聋又哑的意思，因此，《马太福音》和《路加福音》，在耶稣的回答（施洗者差来之人的话里），都没有提到哑巴，只提到他恢复了聋子的听力，但在他们记载的神迹故事里，却没有提到过聋子，只提到耶稣恢复了哑巴的说话能力。反之，马可共有两次[①]，一次在他所特有的医病故事里，另一次在其他两位作者说是被鬼附的故事里，则把聋子和哑巴结合在一起。

这些故事中的头两个，至少在《马太福音》里，是几乎完全一样的。一次是（第 9 章第 32—34 节）有人将被鬼附的一个哑巴带到耶稣跟前来。鬼被赶出之后，哑巴就说起话来，百姓惊讶说，在以色列中，从来没有看见过这样的事，但法利赛人却说耶稣是靠鬼王赶鬼。另一次是（第 12 章第 22—24 节；参看《路加福音》第 11 章第 14 节）一个被鬼附又瞎又哑的人被带到耶稣跟前，耶稣治好了他的病，他就既能说话又能看见了，百姓对此的推测耶稣是大卫的子孙，法利赛人却说耶稣是靠鬼王别西卜赶鬼。从这里可以清楚

---

① 在德文原著并没有明确指出，这两处是在什么地方，现经查明，一处是《马可福音》第 7 章第 31—37 节，讲到在耶稣离开推罗边境，经过西顿，回到加利利海滨的时候，治好一个又聋又哑的人（中文《圣经》译作“耳聋舌结的人”）。这里的“耳聋”希腊原文为 κωφσs，这个词既可指聋子，又可指又聋又哑的人。这次的医病也就是所谓马可“特有”的医病故事，另一处是《马可福音》第 9 章第 14—27 节。——译者

地看出，第一福音书作者从其所利用的一种原始资料中看到的是
一个因被鬼附而成了哑巴的人，而从另一个原始资料看到的却是 178
一个因被鬼附而成了又瞎又哑的人，这类以不同形式结合的故事在当时是很流行的，作者认为它们是两个个别的事件就把它们作为两个故事收在其作品中，一个故事放在较早时期，另一个故事放在较晚时期；至于路加尽管未必知道真实情况，却认为把两个非常相似的故事全记下来未免太多余了。

由于哑巴病人所经常表现的可怕病情，有相信魔鬼观点的人把他们看作是被鬼附的就是非常自然的事了，但瞎子的情况则不那么容易理解。不过，当我们联系到正是由于有这种幻想，人们甚至把患有肢体疾病的人以及弯腰驼背的妇人都看作是被附的人，把瞎子看作是由于被鬼附，就不足为奇了。但当马太把一个病人称作害癫痫病的[①]，却又像路加所做的那样，把他描述为被鬼附的，唯独马可称他为既聋又哑的病人[②]（第 9 章第 17，25 节）的时候，那就是另一回事了。这是个门徒能力医治不了，而耶稣本人不得不亲自干预的病例。马可很可能由于联想到《马太福音》被鬼附的哑巴，特意把情况说得严重一些借以表示病情特别严重。

很明显，马可对描述病人的状况以及他父亲和耶稣之间的情景是感到非常踌躇满意的，我们以后还要回到这一点上来。他对于医治耳聋和舌结的人（第 7 章第 32—37 节）和上面已经考察过的医治伯赛大瞎子的描述也是如此，像这类的故事才是符合第二

① 请参看《马太福音》第 17 章第 14—21 节。——译者

② 中文《圣经》译为“聋哑病人”。——译者

福音书作者口味的真正典型的神迹故事。除了神秘地带领患者离
179 开众人到一边去以及在末尾徒劳地吩咐他不要把这事传开外，耶稣还用亚拉米语[①]吩咐聋子闭塞的耳朵开开，作者还不得不为其读者把这句话翻译出来；因为如果按照其原来的外国语形式说出来，就会像一种符咒一样，我们在这里看到的不是像医治瞎子的故事那种渐近的过程，而是对同扫除这个病例的双重缺陷联系着的耶稣的操作的比较详细的描述；这里耶稣是吐唾沫抹患者的舌头并用指头探他的耳朵，而医治瞎子时却是直接吐唾沫在他的眼上。此外，这里还记述了耶稣望天叹息，给当时的情景增添了一种感情的色彩，只有在记述使拉撒路复活的第四福音书里我们才重复看到这样的景况。最后，群众极度赞叹之余，高声说，“他所作的事都好，他连聋子也叫他们听见，哑巴也叫他说话。”这句话的意思不是别的，而只是说，耶稣行了先知书上所期待于弥赛亚的事情，因此，一当根据更好的理由，耶稣被承认为弥赛亚的时候，不管他实际做没做过这些事，人们就理所当然地认为他一定做过这些事了。

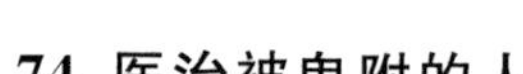

74. 医治被鬼附的人

我们是在依据耶稣讲话的次序考察他的神迹，因此，下一步就应当是考察他使死人复活的神迹了。但还有几种神迹虽然在他的讲话中没有提到，却也必须加以注意。

医治被鬼附之人的神迹就是没有提到的一种。在讲话中他只

① 亚拉米语中文《圣经》译作“亚兰语”，这里是指《马可福音》第 7 章第 34 节耶稣所说“以法大”(Hephatha/Ephphatha)一词而言，以法大的意思就是“开了吧”(和合本第 62 页)“张开”(《当代圣经》，84)。——译者

要求人们根据先知的预言和旧约先知的先例，注意到所期待于弥 180
赛亚的事情，这是因为，在先知时代，甚至在最后一个先知的时候，被鬼附的事人们还从未听说过。上面已经提到过，福音书所记载的耶稣医治的所有疾病中，最有自然可能性和历史或然性的莫过于那些被认为被鬼附的疾病。如果耶稣真的治好过病人的话，其中肯定就有被认为是被附的病人。

但并不能从此得出结论说，我们从福音书所看到的有关医治病人的记载，在历史上都是正确无误的；反之，我们不可能想象，任何一件这类事情都是如所记载的那样自然地发生的。如果不正是由于恶鬼附于人身，以及恶鬼碰上了弥赛亚诸如此类由想象力的刺激而产生的想法从多方面的添枝加叶才产生了这类故事，那才怪哩。且不谈关于耶稣或其门徒赶鬼的简略叙述（前者见《马太福音》第 4 章第 24 节；第 8 章第 16 节；《马可福音》第 1 章第 34，39 节，第 3 章第 11 节；《路加福音》第 4 章第 41 节，第 6 章第 18 节；后者见《马太福音》第 10 章 1，8 节；《马可福音》第 3 章第 15 节，第 6 章第 7，13 节；《路加福音》第 9 章第 1 节，第 10 章第 17，20 节），也不谈看来被鬼附只在原因中占次要地位的其他疾病的故事，像我们刚刚提到的医治既聋又瞎的病人，或者像医治迦南妇人被鬼附的女儿那样远距离医疗，病人一直处于不引人注目的地位——撇开这些不谈，我们从共观福音书里看到有三个这类的病例，一个叙述得比较简单，另外两个则复杂而难于理解。

即使在路加和马可的简略陈述中，也特别强调了附在人身上的鬼，承认耶稣为弥赛亚这一事实。马可（第 3 章第 11 节；参看
《路加福音》第 4 章第 41 节）说，当污鬼看见他的时候，就俯伏在他 181

面前喊着说，你是上帝的儿子。但耶稣即使让他们说话(参看《马太福音》第 1 章第 34 节)，他也严厉地警告他们，不要把他宣扬出去。人们认为，这些鬼当然知道，弥赛亚有朝一日，会把他们和他们的王下到地狱里去的(《马太福音》第 8 章第 29 节，第 25 章第 41 节；《马可福音》第 1 章第 24 节；《路加福音》第 4 章第 34 节；《启示录》第 20 章第 1 节往下，第 10 节)；而且由于他们具有能看穿事物的精神能力，决不会把任何不真是弥赛亚的人说成是弥赛亚。因此，既然他们承认耶稣是弥赛亚，从犹太人的观点来说，这就是耶稣为弥赛亚的有力证明。但它同时也产生了一种实际的对比即：尽管耶稣使其同时代人相信自己为弥赛亚的努力还没有产生效果；另一方面在他同洞察力强的魔鬼的斗争中，还必须不让它们过早地把自己为弥赛亚的事宣扬出去，使自己守分安命的精神受到损害。但既然我们从被鬼附的人身上所看到的仅仅是一些自然的病人，我们就不可能把看到耶稣心灵深处的洞察力归之于他们，这就是说，我们不能像福音书作者所明确描述的那样，认为这些人在没有作进一步了解的情况下，第一次看见他就会承认他是弥赛亚；一旦发生了这样的承认，那我们就必得假定，事先一定发生过某种事情，自然地给病人留下了深刻的印象，使他们产生了这样的信念。

福音书记载的耶稣在迦伯农会堂赶鬼的事，就给我们提供了可以作这样解释的一种情况(《马可福音》第 1 章第 21—28 节；《路加福音》第 4 章第 31—37 节)，这里描述了耶稣先作了一次演讲，
182 给会众留下了强烈的印象。这次演讲对一个患有鬼附征候的病人所产生的效果，很可能就是使他受到了极大的激发，扮演了魔鬼的

角色，喊叫起来，恳求这位上帝的大能者不要干扰他。的确，福音书作者们，并没有对这两件事作因果关系的联系，而是说被鬼附者纯粹由他自己得出了这样的认识，即使耶稣没有作过演讲，他也会认识他是谁。福音书作者们不仅说他称耶稣为先知，而且还称他为上帝的圣者即弥赛亚。这件事在耶稣一开始传道的时候，似乎是不可思议的，因为，根据非常可靠的传说，即使在和耶稣最接近的小圈子里，也是在较晚时期以后才产生耶稣是弥赛亚的看法，所以，在福音书记事里，不是被鬼附的人把耶稣的地位看得过高，就是把事情的发生提得太早，但如果从耶稣的讲话、耶稣的人格、那一地区所有关于耶稣的传说对病人产生了印象的角度来看，则福音书作者所陈述的一切结果，都可以自然地得到说明。如果这个人只承认耶稣是个先知，根据犹太人的看法，他也仍然是承认了耶稣具有从上面来的神圣能力，能够同罪恶的势力即魔鬼的国度进行斗争，一旦耶稣本人也参与或利用了这种见解，吩咐魔鬼离开这个人的身体，很可能就产生了福音书所告诉我们的结果，经过一阵激烈的抽搐，产生了一种决定性转折，宣告了病态的结束。至于是不是还会复发，则像其他福音书故事一样，我们毫无所知。然而，由于心理因素对这类疾病所起的作用，一劳永逸的痊愈也并非是不可能的。

全部共观福音书都记载的被鬼附的加大拉人的情况就不同了（《马太福音》第 8 章第 28—34 节，《马可福音》第 5 章第 1—20 节，《路加福音》第 8 章第 25—39 节），在福音书所记被鬼附的故事中它是最壮观的一个，添枝加叶地用各种装饰品装饰着，其中有的是可能的，有的是不可能的，而后者在某些圈子里还一直留下了极其

深刻的印象。此外，关于这些装饰在不同的记述里彼此间还存在着并非不重要的分歧，《马可福音》和《路加福音》里的有些特征在《马太福音》里却没有述及。反过来说，后者也有一个胜过前者的地方，那就是它记述了两个被鬼附的人，而前两部福音书只记一个。人们把这说成是他的缺点，不过人们从他的记述里也发现了
183 一种模糊了的传说，特别是一个病人身上的复数的鬼变成了复数的被鬼附的人，但反过来也可以说为了特别强调许多鬼在每一个被鬼附之人身上产生的影响，在后来的重复记述里就把它说成是一个人了。在所有其他方面至少可以说马太的记述要比其他两本书更为简单些。他用很少的话描述两个被鬼附之人的凶猛等况时说："甚至没有人能从那条路经过"所表达的跟他们，特别是马可用冗长的言辞所描述的同样充分用力。根据三个报告人的记述，被鬼附之人对耶稣所说的话，同前一个故事基本上一样，即这样一个问题，他们和耶稣有什么相干，并求他时候未到，不要叫他们受苦，不过这句话在耶稣到他跟前时说才是自然的，而不是特别像马可同马太互相矛盾地说，从老远就跑到他们所怕的人跟前说这番话。叙事者本人似乎也感到这种情况很难想象，因而又补充说，这是因为耶稣曾吩咐鬼从人身上出来。我们很难理解，既然在此以前被鬼附的人还未到耶稣跟前，耶稣又是在什么时候向他发出这种命令的呢？其实，即使从神迹的观点来说，马太的描述也是比较自然的，
184 的，因为事件发生地是在加利利海那边，在那里耶稣的名声不如在加利利海这边那样广为人知，一个患这样病的人第一次看到他就承认他为弥赛亚，是很难想象的事。第一福音并没有告诉我们一

个被鬼附的人身上有多少鬼；耶稣问鬼的名字叫什么，回答说叫群，[①]因为它们多，这些话都是第二和第三福音添加的。很明显，这个复数是从后面马太和其他书所共有的魔鬼祈求耶稣让它们进入猪群推测出来的，这样一来似乎可以假定鬼的数目和猪的数目是相等的，从而在鬼群和猪群之间取得了平衡。

关于猪的这种特征即使信仰最坚定的解经家也很难坚信下去，因为，如果说人被恶鬼所附还可以设想的话，动物也能同样被恶鬼所附就不那么容易理解了。即使那些认为这种情况还可接受的人，当他们得知据说恶鬼的矛盾行为时，也就会立即感到惊疑不止了。首先据说为了避免坠入深渊或流亡外地，它们要求耶稣准许它们寄住到猪群里去，紧接着它们的祈求获准之后，这群猪就冲到海里去，这样，他们自己就把求得的寄宿处毁灭了。真正的魔鬼

是不会干这样蠢事的，但一个传说或虚构的故事却可能容易陷于 669
这种矛盾之中，由于见解和目标不同，描绘的特征也会随之而不 185
同。这里所要描绘的并不是一个单纯的赶鬼故事，而是在各方面都非常令人瞩目的故事，作者认为，不仅需要把鬼从人身赶出去，而且还要提供证明，它们已实实在在地离开人身，进到另一种物体里去。最适合这一目标的莫过于不洁的牲畜猪了，由于那里存在着一群猪，于是就设想出一群鬼来，这样，对于整个故事就产生了一种进一步夸大的效果。提出魔鬼的请求是为了说明它们进入猪群的原因，而这种想法又是由当时的一种流行思想产生的，以为这

① Legion (New Testament/German and English, Berlin), Mob (Good News Bible, Hong Kong). ——译者

类鬼魂宁愿作为寄生虫寄居于形体之中，哪怕是牲畜的形体也罢，而不愿作为离开身体的阴魂游荡于荒野或坠落地狱。但怎样才能显示出它们真正进到猪群里去呢？它们不可能像从人身说话那样从猪的身上说出话来，从猪的身体，也许它们可能跌倒在地上，发一阵抽搐，但这是这类牲畜自发地会做的事，并不是可靠的证明。剩下的只有一个办法，就是让它们自己去寻死，这也就是说，让魔鬼赶着它们去死，这是在另一种情况它们自己不会做的。且不谈这次的特殊情况和在此以前恶鬼曾要求进入猪群的事，单就其本身而言是同恶鬼的破坏本性非常适合的。关于这类赶鬼尝试在当时其他情况下也曾有过报道。约瑟弗就曾告诉过我们有一个犹太魔术家利用一种魔术戒指和所罗门符咒，从被鬼附之人的鼻子里把鬼引出来；为了使旁观者深信恶鬼已经真的被引出来，他在附近放了一只装满水的水桶，叫鬼把水桶弄翻，鬼竟真的把水桶弄翻了；约瑟弗[①]还向我们保证，他本人就是这些旁观者之一，看到了这种证明他的同胞所罗门有无比智慧的证据。同样，弗拉斯特拉
186 图斯[②](Philostratus)告诉我们，提亚那的阿波罗尼乌斯[③]曾吩咐一个魔鬼用明显的证据，离开一个被鬼附的青年人，魔鬼恳求准许它

① 《古事记》，VIII，2. 5。

② 《阿波罗尼乌斯传》(Vitav Apollon)，iv，20。按弗拉斯特拉图斯，公元170？—245，希腊智者派(一译诡辩学者)哲学家，早年在雅典学习并执教，后移居罗马，著有《智者传》(*Lives of the sophists*)及《提亚那的阿波罗尼乌斯生平》(*BiographAy of Apollonius of Tyana*)等书。——译者

③ 阿波罗尼乌斯(提亚那的)(Apollonius of Tyana)公元第一世纪希腊新毕达哥拉斯派哲学家(New-pythagonean philosopher)；曾到印度旅游，途中还访问了巴比伦和尼尼微；被其同时代人认为是一个魔术师和行神迹者。——译者

把附近的一座塑像弄倒，当魔鬼离开青年人身体的时候这座塑像果然倒了下来，使所有在场的人都大为震惊。但根据这些故事的传说，这座塑像离得很近，其中有欺骗不是不可能的，而据马太的明确保证，猪群离得相当远，要说欺骗就真不可能了。

《马太福音》的记事结尾说，该城的居民听到闯下山去的猪群的放牧人所说的事，就出来央求那位威胁着他们切身利益的行神迹者（耶稣），把他的精力用到别的地方去。其他两位叙事者除了作同样的记述外，还进一步描述了被医好之人的情况说：不久前还凶野狂叫的疯子，现在神志清醒衣着整齐地坐在耶稣的脚前。当耶稣要回去的时候，恳求和耶稣同去，但耶稣不准，劝他回家去，把上帝向他所行的大事，告诉他的朋友们。这里的全部故事，特别是这段附加的话，最近曾使一些批评家认为具有比喻的意义①。在他们看来，不久前还被一群污鬼附身，而现在则衣冠整齐、神志清醒、温文尔雅地坐在耶稣脚前的这个人，就是外邦世界将皈依耶稣的典型，居住在大多数居民都是外邦人的那一带地区的加大拉人，看来作为这样一种典型是最合适不过了：一群魔鬼就代表无数外邦人所敬拜的偶像，从原始基督徒的观点来看，它们本来就是一群魔鬼（《哥林多前书》第 10 章第 20 节往下），它们同猪的亲缘关系就表现于外邦宗教在道德上的污秽不洁；耶稣拒绝让这个被医好 187
的人和自己及十二门徒在一起，吩咐他在自己的亲族和朋友中把上帝为他做的大事向他们传扬出去，可以说就表示外邦使徒及其

① 鲍威尔：《经典福音书的批判研究》，第 430 页往下；伏克马尔：《耶稣的宗教》，第 229 页往下。

职务是耶稣亲自建立的，其用意是把他们同犹太使徒的职务分开。这样解释在这件事例上是很容易理解的，但它归根到底不过是一种猜测而已，人们多么容易把它应用得过分，从人们这种观点出发，竟把徒然加在这个人身上的脚镣铁链认为意味着古代世界的立法不足以约束人的道德行为这件事上清楚地看出来了。

上面讲到的马太以最简单形式描述的(《马太福音》第 17 章第 14 至 21 节；《马可福音》第 9 章第 14 至 29 节；《路加福音》第 9 章第 37 至 43 节)第三种神迹医病的目的就是要证明耶稣行神迹力量之大，不仅从疾病本身的严重可以看出，而且更是从一开始门徒对之无能为力而耶稣则能轻松地做到看出来。这样一种老师与门徒之间的对比在希伯来先知传说中已有先例。我们在耶稣历史中经常提到的作为耶稣原型的以利沙就曾打发他的仆人基哈西带着他的杖去叫他的书念①女东道主的已经死去的儿子活过来；但基哈西一点没有成功，于是以利沙不得不亲自去使少年活过来，就连他也不是不费气力就做到这一步的。(《列王记下》第 4 章第 8 节往下，第 29—37 节)虽然这里所描述的，是另一种神迹，所涉及的不是一个已经死去的，而是一个被鬼附的青年人，但这种做法则部分地被耶稣所模仿，又部分地被他所超过，因为耶稣不需要像先知
188 那样的忙乱，只要恐吓一下魔鬼就可以达到他的目的。马太说门徒之所以不能医好病人是由于他们缺少信心；马可则把它和青年人的父亲缺少信心联系起来，并由此编造出在耶稣和他之间的一篇对话，但我们却只能认为这是马可本人的一种估计。马太说，除

① The Woman from Shunem。——译者

了门徒缺乏信心以外，失败的第二个原因是若不祷告禁食就不能把这类鬼赶出来。这种说法同其他部分并不完全符合一致；因为如果必须祷告禁食才能把鬼赶出来，那么，门徒的失败就不是由于缺乏信心的原故了。因此，路加巧妙地略去了关于缺乏信心的一段话，仅以提到禁食祷告为限。看来，马太一定是把可能经常发生于各个基督教教会中的说明不能把鬼赶出去的原因的各种尝试，在无损于耶稣事业的范围内，都结合了起来。尽管如此，特别是门徒未能治好这个病人，似乎仍然需要作一些回溯性说明，因而路加在描述病情时比马太更为详细而如上所述。马可除了说他既聋且哑以外，还补充说他从小时起就受这种病的折磨。根据他们的描述，这似乎是一种根深蒂固的癫痫病，要说这样的病能够用一句话就立刻永远获得痊愈，尽管说话者有最大的威望和病人有最大的信心，也都是和一切常理背道而驰的；尽管如果病情简单些的话，门徒虽然失败，由于有耶稣介入，还有治愈的可能。

上面已经说过，耶稣这类医治被鬼附的人的神迹，第四福音没有记载。的确，第四福音里有鬼和被鬼附之类的话，但他们的用法 189
只像希腊古典文学里的用法；正如第四福音书作者本人（第10章第20节）解释后一词语那样，是疯子或癫狂的同义词。当耶稣在住棚节[①]问犹太人“你们为什么想要杀我呢？”的时候，人们回答说，“你是被鬼附着了，谁想要杀你”（《约翰福音》第7章第19节往下）；这也就是说，你患了癔想症，尽是些怪念头。《马太福音》（第11章第18

① 住棚节（Laubrüste，Laubhütten feste/feast of taber nacles，犹太人的收获节）是圣经译名，一般亦译结茅节。——译者

节)和《路加福音》(第7章第33节)论到施洗者约翰时说,由于他不吃饼也不喝酒,他的同时代人就说他是被鬼附了。当另一次耶稣对犹太人说,他们不是出于上帝,所以他们不听上帝的话,凡出于上帝的人,必听上帝的话,听上帝话的人,必永远不见死的时候犹太人再次坚持说他是被鬼附了(第8章第48,52节),这也就是说,他是疯疯癫癫的人。当然,即使在希腊古典文学里,也并不仅是对这个词作比喻的理解,实际上也假定了有受鬼魔影响之类的人,正如约翰还记载了百姓中比较善良的人反驳那些指摘耶稣的人说:“难道魔鬼还能开开瞎子的眼睛吗?”(这是因为反对耶稣的人曾说他是被鬼附的原故)(《约翰福音》第 10 章第 21 节)但魔鬼这个概念还不意味着它是作为对诸如瞎子、哑巴[①]等或在别种情况下同样会产生的各种疾病的原因,也不意味着它是作为一种特别形式按其严格意义被称为鬼附的疾病的原因。在第四福音书里,无论是概略的或详细的,都没有记载过耶稣医好这类被鬼附之人的事。

这种情况曾一度被认为对约翰有利。《圣经》中关于被鬼附一事的见解最初曾被认为是近代解经学所不能容忍的事情。这样一种令人生厌的无知群众的见解没有出现在耶稣特别喜爱的门徒的
190 著作中该是多么令人高兴的事啊！可是不仅这种见解没有出现在《约翰福音》里,与此见解有联系的故事也没有出现在他的福音书里。如果约翰能从另一种比较合理的观点,把共观福音书给我们的故事或类似的被鬼附的其他故事也给我们记下来那该多好啊！但他一点也没有这样做,鉴于我们所了解的那个时代的全部情况,

① 此句英译本漏译,参看德文原著第 169 页。——译者

正是福音书历史故事发生的那些地区，被鬼附乃是疾病的最普通的一种形式。因此，对这些疾病的缄默就不能不引起人们的疑心了。从约瑟弗到贾士丁·马特尔和弗拉斯特拉图斯以来，犹太教徒、基督徒和部分异教徒希腊人的著作中，都充满了关于医治被鬼附之人的报道，因此，前三福音书关于这类病人经常出现于耶稣面前的记述，从历史可能性来说，对他们是非常有利的，一旦我们记住想象力对这类疾病所起的作用，正如以前屡次提到过的那样，就没有什么比设想这类疾病由于耶稣一句话而得医治更容易的事了。现在第四福音对于这类病人的治疗竟只字未提，这种疏漏肯定不能说明该福音书作者是耶稣生活、工作的同时代人或者也不是生活于比耶稣时代稍晚，但和他很接近的同国人。

这种情况对于第四福音书的可靠性有多大影响，没有比近代的艾瓦尔德感觉得更深的了。他正确地承认，在这些被鬼附的故事里，存在着一种证明前三福音书特别具有历史性的成分。并且看出，如果第四福音书也要求人承认其具有这种历史真确性资格的话，它就不应当不具备这种成分。可是，尽管当我们力图发现，却终于不得不承认，第四福音的确不具备这一成分，因而缺少了要求人们承认其历史真确性的主要根据的时候，艾瓦尔德反而说该
福音书现在虽然没有，原来却是有这成分的，在第五和第六章之 191
间，含有赶鬼和其他福音故事的部分已经遗失了[①]。另一方面，尽管我们没有资格同这位富有独创精神，作出这种权威性裁决的伟

① 《约翰的著述》，I，25，注。（英译者在第一卷中将此书译为 Johnn Writings，在这里却又译为 The Writings of John，同一本书，前后译名不同。——译者）

大的戈丁根之鹰[①]比翼翱翔,却也不能不说,既然第四福音书没有提到赶鬼的事,那就意味着他不知道或者不愿知道这些事。如果他不知道的话,也并不能说这些事就没有发生过,因为根据共观福音书的可靠证明它们的确发生了,不过他不知道罢了。如果作者是使徒约翰的话,就不可能有这种情况,而且如果他生活在一个较晚时期,并熟悉充满赶鬼故事的共观福音书或与之有关系的其他著作的话,也不会有这种情况。但是,我们是有充分迹象表明他熟悉这些福音书的,既然他没有提到从这些福音书上所知道的这些事。那就表示他不愿知道关于它们的任何事情。鲍威尔估计,也许这是因为,他已经看出,他不能从这些事中得到对他的耶稣神迹证明他的逻各斯本性的观点任何有重大意义的支持[②]。但是,如果被鬼附的思想和耶稣医治被鬼附的人符合福音书作者本人及该福音书意想中的读者的思想的话,它是充分适合贯穿于其全部福音书并接近二元论的光明与黑暗的对立斗争学说的。关于这一方面,冠司特林已经向我们指出:相信被鬼附和弥赛亚有战胜魔鬼的

192 权力,主要是犹太人和犹太基督徒的一种想法,因此,在保罗列举的哥林多教会所实践的圣灵恩赐中并没有被提及(《哥林多前书》第 12 章第 10,28 节);另一方面,第三福音书及使徒行传作者所强调的耶稣关于这方面的活动,也是属于犹太基督徒成分,这一点在适当时机将加以说明[③]。对此至少还要加上布莱施奈德尔[④]强调

---

① 艾瓦尔德原为戈丁根大学教授,因反对国王奥古斯特违背宪法而被革职的七君子之一,素有戈丁根之鹰之称。请参看本书第一卷第 226 页注②。——译者

② 《批判的研究》,第 255 页注。

③ 《共观福音书的起源及其组成》,第 241 页。

④ 《或然性》,118。

过的一点，即公元第 2 世纪，所谓利用咒语医病赶鬼的事已经变得非常普遍，对于这类事情即使最无知的人也不屑予以考虑、更不用说受过良好教育的希腊人，还会认为它足以证明基督的高贵本性了。单说一句话就足够，从第四福音书作者写书的时期、地点及读者的文化情况来看，鬼和赶鬼这类事已经声名狼藉正如我们从路西安[①]那里看到的那样，由于魔术师和骗子手的作祟，已使所有这一切名誉扫地，看来最妥当的办法，还是以保持远离这一领域为妙。

75. 不由自主的和远距离的医疗

到目前为止我们一直是根据耶稣医治的疾病种类安排其神迹
医疗的，此外，还可以根据他运用的工作方式安排它们。从他利用
诸如唾沫或泥土等物质手段，到单纯利用抚摸再到只用一句话进
行治疗；最后一种还可分成病人在场，亲自听到耶稣所说的话和病 193
人不在场耶稣的话在远距离起作用两类。必须把一切明确表现耶稣个人意志活动的医疗同那些因他受一个或几个病人的触摸，没有耶稣本人的意志活动，治病能力仿佛从他身上被偷走一样的医疗区分开来。到目前为止我们所考虑的耶稣神迹全都属于在众目睽睽之下所行的有意识的、有目的的一类治疗，有时利用物质工具，有时通过摸触，有时通过一句话；另一方面，不由自主的和远距离的治疗我们还未讨论过。

根据共观福音书的几处简略陈述（《马太福音》第 14 章第 36

① 路西安(Lucian)，公元 2 世纪希腊讽刺诗作家，诞生于叙利亚。——译者

节;《马可福音》第 6 章第 56 节)有时病人或他们的亲属求耶稣允许病人摸他的衣裳缝子[①]以求得医治。如果耶稣同意了(我们只能设想他是同意的),那就表示从耶稣方面表现了一种明确的意志活动,要医好病人。如果另一方面,像我们从(《马可福音》第 3 章第 10 节;《路加福音》第 6 章第 19 节)所看到的那样,病人忽然来到他跟前,设法摸到他的衣裳,在那么多拥挤他的人中我们不知道他是否能分辨出个别人来并特别使他的意志针对哪个人发生作用。但从所有共观福音书都记载的、同使睚鲁[②]女儿复活联系着的,医治血漏病人的事上,(《马太福音》第 9 章第 20—22 节;《马可福音》第 5 章第 25—34 节;《路加福音》第 8 章第 43—48 节)我们确实知道,在耶稣知道受惠者是谁之前并没有产生治疗作用。

从三个记述人的记事相互歧异这件事上,我们清楚地看出,这种神话是不断发展着的,使神迹思想越来越多地具体化了。在这些简略的陈述中马太说(第 14 章第 36 节)“摸耶稣衣裳缝子的病
194 人就都好了,”路加则说(第 6 章第 19 节):“有能力从他身上发出,医好了众人。”的确,也可以说,这两句话意味着同一回事,即如马太所想的那样,医疗之产生,不是像我们所猜想的像许多这类病例那样,是由于病人想象力的作用,而是由于耶稣所固有的医病能力。尽管如此,我们却不能不看出,马太所用的是比较谨慎的或广泛的措辞而路加所用的则是比较浓缩比较具体的话语。与此歧异相适应的是每一事例对于患血漏妇人的描述语调越来越长而马

① seines Kleides Saum/the hem of his garment/他的衣裳缝子/他外袍的垂带。——译者

② 和合本作:睚鲁,当代圣经作:艾鲁。——译者

可，正如可以预料的那样，不仅站在路加一边，而且这里那里还添上一些生动而形象的描绘。马太说，当耶稣由门徒陪同，到犹太人管会堂的家里去，使他刚死去的女儿活过来的时候，一个患血漏十二年的妇人来到他后面摸他的衣裳缝子，坚信这一摸足可以使她的病痊愈。当耶稣回过头来看见妇人的时候就对她说：“女儿放心，你的信救了你了。”从那时起，妇人就痊愈了。这里所说的，除了病的特殊情况和持续期间外，没有一样不可能照所叙述的那样发生的。一个患病妇女可能满怀信心地摸了耶稣一下，可能由于这一摸自己感到病情好了一些，耶稣也可能说了一句安慰的话打发她走了。的确，福音书作者认为，她的病情好转是由于耶稣具有超自然的内在医病能力，但他所描述耶稣说的话也是和“病人的信心使她痊愈”的思想符合一致的。第一福音书作者文章的意义究竟是什么主要是由使耶稣转过头来的原因是什么这个问题来决定。马太并没有对这一问题作明确的说明。根据马太的叙述我们

可以设想耶稣很自然地感到有人抓住了他的衣裳，因为马太说陪 195
同耶稣的只有他的门徒，他们都没拥挤或触摸他，这样，当耶稣继续前行的时候他就会很容易觉着有人抓住他的衣裳了。

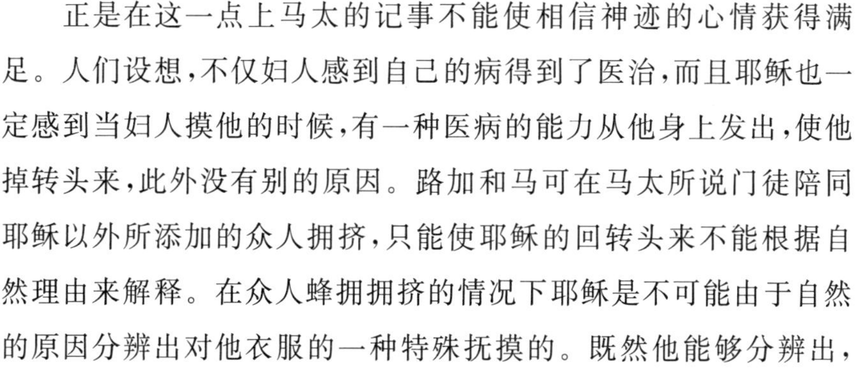
正是在这一点上马太的记事不能使相信神迹的心情获得满足。人们设想，不仅妇人感到自己的病得到了医治，而且耶稣也一定感到当妇人摸他的时候，有一种医病的能力从他身上发出，使他掉转头来，此外没有别的原因。路加和马可在马太所说门徒陪同耶稣以外所添加的众人拥挤，只能使耶稣的回转头来不能根据自然理由来解释。在众人蜂拥拥挤的情况下耶稣是不可能由于自然的原因分辨出对他衣服的一种特殊抚摸的。既然他能够分辨出，

那就一定是由于一种超自然的原因，一定是由于从他身上发出了一种神异的能力才使他能够分辨出。这一点从耶稣所发的问题、门徒的回答以及由于耶稣不断的询问，妇人终于出来承认表现出来。看来在妇人凭信心抚摸耶稣的同时，尽管他还不知道受惠者是谁，耶稣医病的能力就起了作用，看来耶稣就不再仅仅能够用一句话和其意志力量医病，而且经常有医病能力在他里面，用一句稍微改变了意义的众所周知的说法来表示，那就是上帝本性一切丰盛的拯救和医治能力都有形有体的居住在他里面(《歌罗西书》第2章第9节)。

从这里出发，不用再走多远，《使徒行传》所记人们拿保罗的手巾或围裙放在病人身上病就退了(第19章第11节)，甚至连彼得的影子落在病人身上病就会好的情况(第5章第15节)就出现了。如果把情况适当地限制在某些疾病范围之内，大部分限制在对病
196 情的暂时减轻方面，像在巴黎修道院长坟墓上或者把圣骨放在虔信的天主教徒身上那类也可称之为医疗的事情，我们也并不否认。但不管与信心相联系的骨头真的是圣人的或者是罪人的，都可能产生这些效果。至于耶稣，不管他是有资格作为我们楷模的宗教人物，或者仅仅是普通犹太教的一个先知，只要他能令其同时代人对自己产生信仰也是同样。像近代神学家们所喜欢做的那样，认为耶稣的医病能力同生物磁[①]是属于同类性质的事情。也有同样

① 生物磁(Tierischen Magnetismus，英译为 Animalmagnetism)是奥地利医生法兰兹·安东·梅斯美(Franz Anton Mesmer，1734—1815)所提出，据说他有一种类似精神的力量，他运用这种力量进行了医病的催眠术。下文中所谓的“相互间的磁力关系”就是指催眠术中施催眠术者和被施催眠术者之间的精神感应而言。——译者

情况(撇开生物磁对于各种极不相同的疾病都有瞬间的和均匀的作用以及没有继续不断的相互间磁力关系的医疗在生物磁催眠术历史上没有先例不谈)。

在这类不由自主的医疗中,耶稣的医疗能力似乎完全像电流那样感性的东西,当充满电流的物体被接触时,电流即从被接触的物体涌进接触它的、未被电流占有的物体之中。另一方面,福音书作者也给我们举了一些实例,表示远距离医疗具有一种相当于精神的性质,因为耶稣的纯粹意志被想象为能在一个身体并不在现场的病人身上起作用。因此,就像在另一些事例中近代神学家们非常喜欢求助于同生物磁类似的方法一样,这里他们则依据精神的特性来证明精神是不受空间约束的。哈斯[①]说,“远距离治疗作为一种精神作用,的确并没有任何不可思议之处。”当然,空间是为有 197

形体的事物而存在的,如果是纯粹的精神,他们彼此间发生作用而不受空间条件制约是可以想象的,但我们当前所涉及的,并不是纯粹精神,而是具体化了的精神,这种幻想又有什么用处呢？在这里不仅耶稣是具体化了的精神,所有的病人也都是具体化了的精神,他们只能通过身体彼此起作用,即通过空间的条件,在身体之外彼此起作用。因此求助于精神的特殊性来证明远距离医疗的可能,只是一种单纯语言形式,没有任何实质性思想内容的空话而已。

关于这类治疗,马太和马可有一共同之处,马太和路加有另一共同之处,约翰在形式上略有不同。第一个是医治迦南妇人的女儿(《马太福音》第 15 章第 21—28 节),第二个是医治迦百农君王

① 《耶稣传》,§55;参看 81。

的大臣的仆人或儿子(《马太福音》第 8 章第 5 至 13 节,《路加福音》第 7 章第 1—10 节;《约翰福音》第 4 章第 46—54 节)。在第一类医疗记事里两部福音书都说病人是个被鬼附的女人;另一类医疗记事《马太福音》说病人害的是瘫痪病甚是痛苦,路加和约翰则一般地说这个人害病快要死了。第一个例子完全强调了耶稣本来拒绝用他的行神迹能力医治这个外邦妇人,后来之所以同意乃是由于妇人百折不挠的信心;第二个例子所强调的是,至少就《马太福音》和《路加福音》说是如此①,尽管耶稣愿意到百夫长家里去,但关键乃在于后者宣称他坚信耶稣能进行远距离治疗。除了神迹部分外,第一故事的其他部分我们早先已经考虑过了②,剩下待讨论的只是神迹部分了,神迹部分同故事的其他部分是符合一致的。

在这里我们再度清楚地看出,最为明显不过的是,故事首先经过重复,接着又是主观润色之后,已经经历了一个持续不断的夸张
198 过程。《马太福音》说,百夫长恳求耶稣医治他患病的仆人③,耶稣表示愿意去医治他;但百夫长认为,这样做耶稣太屈尊了,而且也

① 据德文原著,第 176 页。——译者

② 请参看本书中译本第一卷 298—299 页(页边码)(英译本第一卷第 299 页)。——译者

③ 此字希腊文为 ΠΑΙΣ/Παῖς,有多种意义,对父母而言是儿子或女儿,就年龄而言从婴儿期到成人,各个阶段都可称为 Παῖς,有孩子、儿童、男孩、女孩、少年、青年、童子、少女等意,另外还有奴仆、仆人等意。中、英文《马太福音》第 8 章第 6 节都译成“仆人”或“Servant”,为此译者还查了三种版本的德文《圣经》,一种是 1910 年莱比锡版,一种是 1938 年的斯图加特(Stuttgart)版,另一种是 1897 年的纽约(New York)版,三种用的都是德文 Knecht(仆人)这个字,和现在通行的中英文《马太福音》一样。但考虑到我所用的德文原著是波恩(Bonn)1817 年版,很可能更早的德文《圣经·马太福音》第 8 章第 8 节用的是另一个字,即本书所说的“孩子”(Knabe)。在未找到更早的德文《圣经》以前,只好暂时存疑。——译者

没有必要;耶稣只要说一句话就会产生效果,正如百夫长本人吩咐他的下属到远方执行任务一样。耶稣举这个外邦人的信心为例,使他的同胞感到惭愧,并答应了百夫长凭信心恳求的医疗,同一时候他仆人的病就好了。路加把《马太福音》也可能是儿子的"孩子"[①]说成是个仆人,但为了给百夫长为他的医疗而辛勤奔走提供一个更令人满意的动机,就说他是他主人所宝贵的仆人。这一切都还不是重要的特征。从另一种不一致处我们可以看出一个更明确的目的来。这个不一致在于这样一个事实即:马太说百夫长亲自到耶稣跟前来,而路加则说他打发犹太人的长老求耶稣到他家里去。这一改变的目的从犹太人长老除了转达百夫长的要求外,还说这个外邦人百夫长是犹太人的朋友,曾为他们建造一所会堂这一点上表现出来。如果我们把这句话理解为仿佛耶稣把他行神迹的能力用来为这个外邦人服务是有充分理由的话,这样一种转变出现在一部有犹太主义倾向的福音书里倒比出现在一部有保罗主义倾向的福音书里更为合适了。另一方面,如果把它理解为是对外邦人的一种嘉许,其大意是:瞧,你们这些犹太人和犹太基督徒们,在外邦人中也有这样美好品质和心灵正直的人,你们那样不分青红皂白地否定他们是非常错误的。不难看出,这样一种转变是同一部以使犹太主义基督教同保罗主义基督教和解为任务的福音书完全符合一致的。同样,在《路加福音》续篇,即《使徒行传》[②](第10章第1节往下,第22节)里我们看到还有一个罗马百夫长

① 参阅前页注③。——译者

② 《使徒行传》和《路加福音》都是路加一个人所写,《使徒行传》所叙述的是紧接《路加福音》以后的事,故谓之续篇。——译者

199 哥尼流，作为候选受洗的基督教慕道友，由于敬畏上帝，广行善事，受到全体犹太人的一致推荐。

马太说，百夫长首先只是一般地恳求耶稣医治他害病的孩子，当耶稣表示愿意和他一同到他家去的时候，他却谦虚地，而且满怀信心地谢绝了，只求耶稣发出一道带弥赛亚权威的命令来。路加说他先托犹太人的长老去求耶稣来救救他的仆人，接着，当耶稣同这些长老快到他家的时候，他又打发几个朋友去迎见耶稣，不让他来，只求他说一句话。马太的记述是完全首尾一致的，路加的记述却有一种内在的自相矛盾，如果百夫长首先通过这些长老求耶稣亲自到他家里来；为什么他又改变主意第二次传话不让他来呢？作者本人似乎也感到这里是有矛盾的，所以他力图通过第二次打发的人之口（第 7 节）说，他之所以打发第一批人去见耶稣是因为他觉得自己不配同耶稣直接对话，因而也就暗含着不配耶稣亲自到他家来的意思了。尽管如此，既然在第一次传话中明确地求耶稣来，怎么后来又不让他来就仍然是个不解之谜。在睚鲁女儿的故事里路加（同马可）跟马太不同，也有同样传达劝阻消息的情况。在第一福音书里（第 9 章第 18 节往下）女儿的父亲对耶稣说，他的女儿刚刚死了，于是耶稣就把到他家去使死人复活的进程毫不中断地进行下去。路加（第 8 章第 41 节往下）和马可（第 5 章第 22 节往下）却说，女儿奄奄一息地躺在那里，她父亲求耶稣去救她的命；但当耶稣去的时候，他女儿死了，父亲碰到家里来人对他说，不

200 要再劳动夫子了，因为女儿已死，一切都无法挽救了。在这种情况下，人们可能设想，虽然父亲以前求过耶稣到他家里来，现在却不想再麻烦他了，因为这中间他家里的情况已经改变，从前所祈求

的，现在他已不想再要了；另一方面，在迦百农百夫长的故事里，情况却一直是那样，没有改变主意的理由。因此，人们料想，谢绝耶稣到他家里来的话，一定是不恰当地从另一故事转抄过来的，由于两次谢绝的措辞都是一样①就显得这种情况更有可能。

两部共观福音书记述的一个共同特点是：祈求者由于有信心，他所求的反远比耶稣所愿提供的为少，这就是说，耶稣准备做得更多，而祈求者却宁愿得到更少，深信耶稣的更少，已经足够有余。逻各斯基督同一个人之间的这样一种关系是同第四福音书的基本设计背道而驰的。根据这设计，人所做的绝不能超过神人基督所希望的，与此相反，基督所做的必然总是超过人所能相信或想象的。令人惊异和超人想象一定全是基督一方面做的事，至少人一方面只有信心的落后和理解的迟钝，只有根据这种精神加以改选，这段叙事才会有用处，一旦经过这样的改造，它对第四福音书的目的就有很大用处了。作者似乎把他自己故事的特征同摆在他面前的两本较早福音书的形式调和了起来。他不是把马太福音所说的“孩子”像路加那样理解为仆人，而是将其理解为祈求者的儿子；另一方面，他根本不知道马太所说的“患瘫痪病甚是痛苦”这回事，而是像路加那样，并未说明病情，就说他快要死了。马太说，祈求者 201
怀着明确目的亲自求耶稣，路加则更明确地说他请求耶稣一同去医治病人。正是在这里出现了约翰所特有的故事形式。两本共观福音书都说，耶稣爽爽快快地和他同去，但被百夫长或者他打发来

① 《路加福音》第 8 章第 49 节（睚鲁的女儿）μὴ σκὺλλε，Tòυ διδάσκαλονγ（不要劳动夫子）。《路加福音》第 7 章第 6 节（迦百农的百夫长）Kὺρις，μὴ σκύλλου（主啊，不要劳动了）。

的人的信心给挡住了。第四福音书与此相反，说耶稣和我们都感到惊异的是百夫长坚信只要耶稣说一句话就足以使在远处的病人获得医治，在这里令我们和百夫长都感到惊异的则是在远处起作用的发自耶稣的绝对命令①。正是在经受了耶稣的不满表示之后，相信耶稣只要说一句话就能发挥很大效力的信心才在百夫长心里忽然高涨起来。

如果祈求者就这样从一开始就被放在一个对耶稣的高尚能力只有最粗浅认识的人那样的不利地位，那么，在一部把外邦世界看作是基督教适当土壤的福音书里，他就不再可能是一个罗马百夫长，一个外邦人，因而他就变成了加利利统治者又称为分封王希律、安提帕的一个大臣(《马太福音》第 14 章第 9 节；《马可福音》第 6 章第 14 节)。由于耶稣对他说了“若不看见神迹奇事你们总是不信”，他就被看作是一味寻求神迹的世俗化的犹太主义的代表。但作为一个受耶稣指引，单凭耶稣的话就相信的人，他又成了同硬着颈项的犹太人形成对照的加利利人。约翰福音书作者认为，这些加利利人是可能过渡成比较容易受感化的撒马利亚人或外邦人的。正如共观福音书所记载的那样，对耶稣来说，迦百农乃是一个适当的居住地方；但第四福音书作者却不乐意让他的耶稣居住在
202 这个城里。按犹太基督教传统本来就应是耶稣传教活动的适当场所(请参看第 2 章第 12 节)；耶稣在加利利行的神迹，与其说是在迦拿倒不如说更多的是在这里②(第 4 章第 46 节)。在眼下这一

① 据德文原著。——译者

② “这里”即迦百农。——译者

事例中由于病人躺在迦百农，这就拉大了距离，从而增加了对神迹的夸大成分。

从另一特征我们看出，一般地说第四福音书作者还不遗余力地特别强调突出并证明事件的超自然成分。马太说，在耶稣发出了保证医疗之话的同时，孩子的病就好了；路加则说，当被打发去的人回来之后，他们发现孩子的病已经好了。按事件的性质来说，并不需要详细调查疾病究竟是在什么时候好的，因为路加说，被打发去的人发现耶稣已经离那家不远，马太说百夫长本人在他家所在的那个小城的一条街道上遇见了耶稣，这就很自然地说明，当他或打发的人回到家里看见病人已经好了，这种痊愈一定是紧接着耶稣的话发生的；反过来，根据约翰的记述，迦拿和迦百农之间还有相当一段距离，父亲到第二天才回到家里，这就有通过调查来了解病人究竟是在第二天或者前一天以及在前一天的什么时候获得痊愈的必要和可能了。孩子的父亲实际上也的确作了这样的调查，并且发现，疾病获愈的时间同耶稣发出带有生命的语言医治他儿子的时间正符合一致。如果我们把这种确定时间的费力调查同马太的简单记述来进行比较就会发现《约翰福音》具有一种第二手 203
材料的性质，并证明当前这一事例乃是对共观福音书的材料最近进行的一种主观润色。

从这一故事特别可以清楚地看出，就把福音书记述看作具有历史性这一点来说，在坚信神迹的人和芮马鲁斯之间是没有调和余地的。因为在病人和行神迹者之间既然有相当一段距离，前者就不可能由于亲身接触而产生的印象激发起对后者信仰来，这就把对其结果的任何自然的或者甚至半自然的说明完全排除了。如

果根据《马太福音》，耶稣对百夫长说："你回去吧，照你的信心给你成全了；"或者根据《约翰福音》，耶稣对王的大臣说："回去吧，你儿子活了"，他一定感到自己能进行这样的治疗，这就是说，他一定感觉自己按一种最明确无疑的意义说，是一个行神迹者；或者，如果他毫无根据地认为自己具有这样一种行神迹的能力，他就一定是个疯狂的狂热者；从另一方面来说，如果耶稣在说这样话的同时，感觉到自己实际并没有这种能力，那他就是一个厚颜无耻的骗子。如果像艾瓦尔德那样，把"你的儿子活了"理解为，耶稣的意思只是想对那个做父亲的说，你的儿子未必死，然后又说，耶稣说话和病人痊愈在时间上只是一种神奇的（用普通的话来说，就是一种偶然的）巧合，那就是一种毫无用处的遁词。因为除非是一个厚颜无耻而又轻率鲁莽的骗子，或者一个确实有把握知道自己能够治好疾病的人才会当人向他提到一个离他很远的病人的时候说他未必死。因为在像这样的事例中只有一种批判精神才能指引我们从

204 我们信不下去的迷信神迹和一种全然不能令人满意的自然主义的实用主义里逃出来。摆在我们面前的不是历史而是一种从旧约先知神话中产生出来的弥赛亚神话。人们一般归之于先知的属性乃是通过当场的身体接触而产生的医病能力；患麻风的乃缦（《列王记下》第 5 章第 11 节）说他所期望于以利沙的正是这种能力。当先知并未离开自己的住处而吩咐他到约旦河去洗七次的时候，他感到自己受嘲弄了，因为他看不出这样做会有什么结果。尽管如此，他还是听从了劝告并获得了医治。这就是说，先知施行了一个远距离神迹，因为在约旦河洗澡就像《约翰福音》里的瞎子在西罗亚池子洗澡获得医治一样，仅仅是使他和他所信仰者的话联系

起来产生作用的一种形式而已。弥赛亚行神迹的能力决不能落后于任何人。尤其是上帝创世之道成为肉身的这样一个人，除了只用一句话就能在极远之处使病者痊愈死者复活外，还能需要什么呢？

76. 死人复活

现在我们撇开《马太福音》第 11 章第 5 节没有提到过的耶稣所行的那些医疗，再按次序回到那里列举的最后一项神迹，即使死人复活。医治麻风病人和使死人复活以及在《马太福音》里耶稣吁请人们注意的弥赛亚行的其他奇迹都不是从《以赛亚书》第 35 章第 5 节以下那段预言得来的，但使死人复活却是先知原型中所提到过的。以利亚（《列王记上》第 17 章第 17 节往下）和以利沙都曾使死人复活过。以这一原型为根据，在犹太人所期待的弥赛亚时期的神的作为中，就曾特别提到过使死人复活这件事。[①]

此外，有一部分因素已包含在基督教本身之内，耶稣自己已经 205
将不能坏的生命彰显出来（《提摩太后书》第 1 章第 10 节）；基督徒同那些死后没有希望的人不一样（《帖撒罗尼迦前书》第 4 章第 13 节）；基督教是复活和永生的宗教。死人将复活，获得新的、不朽的生命，根据《但以理书》第 12 章第 2 节，这也是较晚时期的特别是法利赛派犹太教的教义（《马克比二书》第 7 章）；但由于没有记载在摩西的书和较早的先知书里只能通过一种人为的解经方式引进来，因而没有受到撒都该人的承认，一直成了各学派之间的一种引

---

① 参看本书中译本第一卷第 204 页（页边码），引文出处见《谭朱玛》。

起纷争的苹果[①]。它不是别的，只是一种学术上的见解而已。死人复活之实现，有时人们期待上帝自己将会这样做，但随着人们的弥赛亚概念或多或少地带上了一种超自然色彩，有时又说这是弥赛亚所要从事的工作。其实在耶稣出现以前，这一概念本身一直就是不确定和含糊不清的，它所应当具有的精确性和旺盛活力也是从耶稣得来的。从耶稣从事传教生活以来，人们就知道，也就是说，追随他的人们知道，对于弥赛亚应当抱什么样的看法；从耶稣离世以来，他们还知道——他们知道是因为他们希望，他们确实地知道是因为他们强烈地希望——他们知道他将很快回来完成他第一次在世上时所没有完成的弥赛亚的一切职能，其中就包含着使死人复活这一项在内。由于耶稣很快就要回来使死人复活，所以对基督来说，死就像睡觉一样，耶稣论睚鲁女儿的话（《马太福音》第 9 章第 24 节）“这闺女不是死了，是睡着了”除了在这里是和所行的神迹有联系外，一般地说，也包含了早期基督教徒对于死的一种看法。对于基督复活的信仰，这就是说，相信上帝已经使他从死里复活过来（《哥林多前书》第 15 章第 12 节往下），的确也就是包含着死人一定要复活这样一条原则；随着这样一种消极的复活，人

206 们还希望那位将使死人复活者运用其能力作出积极的证明来；不仅他自己从死里复活过来，他本人也应该使（别的）死人复活过来。

在本节中我们是以耶稣对施洗者传来信息的答复作为我们讨论基础的，如果这答复真的是耶稣说的话，那就表示他不仅把使瞎

---

① 引起纷争的苹果〔英〕Apple of discord〔德〕Zankapfel 源出希腊神话，艾利斯（Eris）女神将一只金苹果扔进众神聚会之处使赫拉（Hera）、雅典娜（Athena）及阿弗罗达特（Aphrodite）三女神因争金苹果而失和。——译者

子看见等等的能力归之于他自己，同时也是说他自己有使死人复活的能力。但其意义不可能是别的，也只能是像在(《马太福音》第8章第22节)耶稣吩咐那个先要埋葬他父亲的人那样，让(精神上的)死人去埋葬(身体上的)死人去吧，其象征性意义就是他能使在精神上死亡的人的心灵复苏过来，重新对崇高的事物具有灵敏的感觉，并使他们的心灵被一种新的道德目的所充满。正是在这种意义上，特别是第四福音书作者，构想了一种基督教对于人生的态度。使他的耶稣说(第11章第25节)，“复活在我，生命也在我，信我的人虽然死了，也必复活；”或者像(第5章第21节)所说，“父怎样叫死人起来，使他们活着，子也照样随自己的意思使人活着。”当然，从这些词句上，我们既必须理解其所包含的那些身体上死了的人将来一定要复活的意义，同时也必须理解发自耶稣的使人精神上复活的意义。

但不管早期基督徒圈子关于复活有过怎样的想法，现在精神复活也决不足以保证死人的身体将来必然复活，当耶稣生活在世上的时候，必然至少也有几次使死人的身体复活过来，只有在他这样做了以后，而不是在其以前，人们才能确实知道当他荣耀再临时在他里面有使人复生的能力。先知的传说恰好在这时起了这样的作用。既然先知以利亚和以利沙每人都有一次使死人复生的事，作为弥赛亚的耶稣至少也得做这么多。马太和马可以记述一次这样的故事为满足，那就是使睚鲁女儿复活的故事(《马太福音》第9 207
章第18节往下；《马可福音》第5章第28节往下)。路加记了两个这类的故事，除了刚刚提到的那个故事外(《路加福音》第8章第41节往下)，还有一个是使拿因的青年人复活(第7章第11节往

下）；约翰只提到一个故事，即使拉撒路从死复活（第 11 章），但这一故事具有包括其他一切故事的性质，以致同它对比起来，其他任何一个故事都显得是多余的了。

正如已经说过的，三部共观福音书都记载的第一个死人复活的故事，其主题就是“她不是死了，而是睡着了”这句经文。基督徒对于死的基本看法就是把它当作仅仅是一次睡觉。我们发现，这里的主题思想是以神迹故事形式体现出来的，《马太福音》所表现的则是其最简单的形式。闺女的父亲被不明确地称为管理的人[1]，他向耶稣宣称，他的女儿刚刚死了，请求耶稣去按手在她身上使她活过来。耶稣由门徒陪伴和他一同去。在发生了患血漏妇人的插曲以后，他们来到了丧家，发现按照当时犹太人的陋俗，埋葬闺女身体的葬礼，几小时以内即将举行。吹鼓手们已经来到现场，一群闹闹嚷嚷的其他送葬人也在那里，耶稣以我们方才描述过的故事主题为理由，吩咐他们都出去；但他立即受到人们的嘲笑。这里把基督徒对于死的新观点同作为外邦观点的犹太教旧观点进行了直截了当的对比。即使是相信复活的老式犹太人，由于他们对复活的信念不是以摩西原则为根据，而是摇摆于各学派的矛盾冲突之间——此外，一种以长期脱离身体的幽灵生活为其遥远背景的复活同没有指望的外邦人也所差无几；尽管喧闹的死亡哀号
208 可能同他们想法符合一致，但从基督徒的观点来看，却必须将其作为全然不当而弃之不顾；反过来说，基督徒面对死亡还满怀希望的

① 管理的人（ruler），原文没有“会堂”一词，中文《圣经》译为“管会堂的人”，就已经明确了。——译者

态度在犹太人和外邦人看来简直是一种可笑的幻想。

正是基督结束了旧世界对于死人所感到的无可慰藉的悲痛，事实上这是由于和他有联系的凡相信他的人过不多久都将复活，并和他一道度极乐生活的信念而产生的；从另一方面说，在这里则是通过一种神迹故事形式把这种关系移植过来的；由于耶稣当场使一个人们正在为其死亡而恸哭哀号的闺女复生，故事的目的就达到了。在把庸俗群众赶出之后，耶稣只是简单地把闺女的手一拉她就立刻复活过来了；这同先知们使死人复活的情况迥然不同，先知们行神迹是通过长时间的艰苦努力才完成的。

这的确是桩非常简单纯朴的事情。据马太说，父亲认为，只要耶稣来把手按在孩子身上，她就会立刻活过来。由于他把这样一桩非常重大的神迹看成像是一种理所当然的事情，就把它降低到一件普通事情的水平，至少算不上什么神迹。如果把它说成是尽管出乎意料但却是的确发生了的事情，耶稣倒会显得更伟大一些。如果的确像马太所说的那样，父亲来到耶稣跟前，求耶稣来使他已死的女儿活过来，那他必然认为她还有复活的可能，正因如此，路加和马可才说他是在女儿未死以前去见耶稣的。按手，即他求耶稣按手这件事，一般都认为行在病重的人身上才有医治的效力，而不是说行在一个已死的人身上也能够使他活过来。但这里所要求于耶稣的却是要使一个已死的人活过来。因此，马可和路加都说，209
女孩是在父亲同耶稣说话以后回到家里以前期间死去的，至于认为这位行神迹者来得晚，已于事无补，则是那些从房子里出去，对父亲说，孩子已无望，不必再劳动先生的人的想法，这里并没有告诉我们，父亲听到这一消息之后是否也放弃了一切希望，因为知道

一切的耶稣会首先劝勉他说，不要怕，只要信，孩子就必然得救。这样，就为后来所说，闺女不是死了而是睡觉准备了道路，不过这句话在《马太福音》里并没有产生如此明显的效果，因为那里并没有预先记下必要的前提。此外，如果我们把路加和马可的故事形式同马太所记故事形式比较一下就会清楚地看出，这里的使死人复活就仿佛是事后加在基座上的雕像一样。两本中间福音书①作者的叙事方式，只是这样一种思想的客观阐述，即：通过言语和按手来医治病人，固然已经是够神奇的了，但那还是人们可能想象得到的事，而使死人复活，则是超越了人们一切思想和才智之上。路加和马可把这位父亲的“管”的职能更准确地加以限制，说他是“管会堂”的，②并且还道出了他的名字。但这一点并不表示他们比马太有什么优越性，因为这一特征很可能是由叙事者的主观想象加
210 上去的，选用“睚鲁”这个名字则很可能单纯是由于其文字的含义。③ 路加所特有的另一特征是，女孩是她父亲的独生女儿，这一特征只能使情景显得更为凄惨，似乎是从拿因寡妇儿子的故事得来，路加也记载了这一故事。路加和马可共同记述的女孩 12 岁，很可能就是由于把我们正在考虑的血漏病人故事混在一起的结

① 两本中间福音书系指马可和路加两部福音书而言。——译者

② 请注意中文《圣经·马太福音》第 9 章第 23 节会堂二字旁加了几个小点，表示原文并没有会堂二字，仅说他是一个管理人，并没说管什么，但在《马可福音》和《路加福音》里，“会堂”旁没有小点，表示原文已交代清楚，此人是“管会堂”的。——译者

③ 希伯来语“睚鲁”一词（除了其他意义以外，还是约瑟的子孙，马拿西的子孙的名字，《民数记》第 32 章第 41 节；《约书亚记》第 13 章第 30 节），意思为，他将照亮。诗篇 13 篇 4 节用同一个词说，主啊，求你使我眼目光明，免得我沉睡至死。父亲之所以以此命名，也许是因为这一照亮意义，已从他女儿身上显示出来。

果，所有的记述都说妇人患病十二年。只有《马太福音》说耶稣在行神迹之前吩咐把众人赶出，因为他们不会起任何好的作用；但他并没有说耶稣把一部分门徒也排除在外。另一方面，据路加和马可记载，耶稣除了带女孩的父母外，还带了经过挑选的少数门徒，彼得、雅各和约翰。在他们的记述里，除了马太所记耶稣伸手使女孩复活外，还加上了耶稣用亚拉米语原话说的“闺女，我吩咐你起来”这句话。在这一事例中，像在马可所特有的医聋哑故事里那样，其描述这一最后特征的目的只能是赋予这个神迹以更大的神秘性；除了这三人外，把其他门徒排除在外，以及在结尾，吩咐不要把这事传开，都是为了这同一目的。至于马可和路加所说耶稣吩咐给闺女一些东西吃，这一特征只是增添了场景的生动性，自然主义解经家企图利用它为他们的利益服务是徒然的。

在使闺女复活的故事以外，还产生一个以少年或青年为对象的另一个与之类似的故事。《旧约》原型已经为这类故事的形成提供了典范。据说，以利亚和以利沙都曾使一位母亲的年轻独生子
复活过，而且以利亚故事里的母亲还是一个寡妇。我们还发现，所 211
有这些成分，都是为了激发人们的感情。路加所记拿因青年的故事如果同睚鲁女儿的故事比较起来在这方面还是以一种夸张的形式重复出现的。一个寡妇母亲殡送她的独生儿子到墓地去比父亲的女儿死了（据故事的记述人，她也是一个独生的女儿）理应受到我们更大的同情。故事还特别提到了那些哭丧的人是雇来的，他们的行为非常令人作呕，在这篇故事里，特别激发行神迹者同情心的则是死去孩子的母亲为其独生儿子所流的眼泪。如果我们把耶稣对寡妇所说安慰的话同对睚鲁说的话进行比较，就会发现，它们

具有同样的实质内容，不过从客观的报道变成主观的描述罢了。如果像耶稣对睚鲁所说的，死真正只是一次睡觉，其含义则是耶稣对拿因寡妇所说，也是路加在睚鲁女儿故事里已经提到过的（第 8 章第 52 节）：没有为死亡哀哭的必要。根据早期基督徒的观点，这句话也仍然适用，因为即使他们暂时仍处于死亡状态，随着耶稣第二次降临，他们也很快就要复活了。神迹故事之所以具有安慰力量，其根据似在于这样一种事实：死者很快就要回到尘世生活中来。在任何一个对《路加福音》所特有的不同于马太的主要比喻记忆犹新的人看来这样突出表现感情一面的做法，是同第三福音的性质完全符合一致的。

但即使从实际发生的情况来看，这种使死人复活的故事，同我们刚刚考察过的比较起来，也是一种夸张。睚鲁的女儿刚死，我们
212 料想她一定还躺在床上没有冷透。如果把她复生用来作为耶稣有行神迹能力的证明，就会引起不信者的疑问，以为闺女并不是真的死了而只是晕过去，即使没有耶稣的干预，她也会苏醒过来。一个不仅死了而且还被送往墓地去的人情况就不同了：可以这样说，他已经的的确确尽人皆知地死去。正如已经提到的那样，当时犹太人的风俗是，尽可能早地通常是在四小时以内把死人埋葬了事。尽管如此，人们也还是制定了一些至少对当时的人们来说，具有证明能力的试验死的办法。因此，弗拉斯特拉图斯在其所著新毕达哥拉斯派行神迹者《阿波罗尼乌斯传》里就曾特别追述了这段故事[①]。他讲到他的主人公看见人抬着一个新娘的灵柩，他只触动

① 参看鲍威尔：《提亚拿的阿波罗尼乌斯与基督》，第 145 页。

了一下并说几句话新娘就活过来了。至于耶稣他只需要下一道命令叫年轻人起来；并且只是为了叫抬灵柩的人停下来才触动一下棺架；当死人从棺架上坐起来的时候，据说耶稣就把他交给了他的母亲，而描述耶稣这一行动所用的词同描述以利亚使撒勒法寡妇的儿子复活的词完全一样（《列王记上》第 17 章第 23 节）。

但是，即使在这一事例里，尽管后来复活过来的人已经在抬往墓地途中，考虑到犹太人有尽早埋葬死人的陋俗，也不可能绝对保证，这个被认为已经死去的人不是假死，从而向自然主义解释作出让步。更为肯定无疑的是，当耶稣禁止母亲哭泣，吩咐抬棺架的人站住，叫年轻人起来的时候，他的行动绝对不是像一个已经从被抬着的死人身上看出他只是假死的人，而是像一个明知死者真的死了，但深信自己有叫死人复活的能力和意愿的人，同样，后来那些

惊讶得要命，赞美上帝，说他差遣一位大先知到他们中间的群众，213
697
也决不可能认为自己只是发现了一个假死的人；所以，福音书作者描述的故事，是作为一桩真正死人复活的事件描述的。如果我们不能想象会真的有这样一桩事的话，那么，剩下来的就只有它并不是自然的历史而是根本不是什么历史，其原因我们只能从产生这故事的因素，从我们之所以不能认其为历史的同一领域中去找，那就是：犹太人和最早基督徒关于上帝和其在自然界及人类社会中的启示的想法和我们的不同，因而才在他们和我们之间产生了不同的效果。

77. 使拉撒路复活

上面考虑过的耶稣施行使死人复活神迹的情况，并不足以消

除人们对它的全部怀疑，其所要建立的证明也还很不完善。不过，这种情况并不是由于近代理性主义或古代基督教敌人才有的，而是从一开始在基督徒自己圈子里就存在的现象。基督徒们所希望的，是通过这些死人复活故事，能使自己确定无疑地知道，当基督再临时，所有死的人都将复活，基督教初期，人们认为基督很快就要再临，例如，使徒保罗就曾希望在活着的时候看到耶稣再临（《哥林多前书》第 15 章第 51 节往下；《帖撒罗尼迦前书》第 4 章第 15 节往下）。尽管如此，单就基督徒来说，他们当中就有相当数目的人，早就死了，埋葬了，也朽坏了，而且随着时间的流逝，这些人的
214 数目还越来越多。虽然耶稣在世的时候曾叫一些刚死不久还未埋葬的人复活过来，但单凭这一事实还不足以充分肯定当基督再来时，他那使人复活的能力会延伸及前面那些人[①]。有必要使为未来作出保证的过去的神迹对未来有更直接的联系，借以证明有朝一日，那些躺在坟墓里的都将听到上帝儿子的声音并从坟墓里出来（《约翰福音》第 5 章第 28 节往下）；也有必要说明，当耶稣旅居世间的时候，他已经用他那强有力的声音使一个已经在坟墓里躺了相当时间并且已经朽坏的人。从坟墓里面出来（《约翰福音》第 11 章第 17，39，43 节），这就是《约翰福音》死人复活故事的起源，一切构成《约翰福音》特色的情节都与它符合一致。在福音书所提到的三个复活故事中，三部福音书全都记载的睚鲁女儿复活被描述为原级的；拿因青年的复活被描述为比较级的，而《约翰福音》所特有的使拉撒路复活的故事则被描述为最高级的。而一般说来，

① “前面那些人”指那些早就死了，埋葬了，也朽坏了的人而言。——译者

《马太福音》、《路加福音》和《约翰福音》它们彼此间的关系也正是如此。《马太福音》里的神迹成分，自始至终，单纯而坚实，仿佛是势所必然；在《路加福音》里，神迹所从出发的本原，以及其对心灵所产生的效果，都在一定程度上更充分地显示出来；最后，在《约翰福音》里，神迹的本原、作用、心理印象和精神意义都得到了最高表现，同时所有这些不同方面又联合成为一个统一体，即使在其所包含的矛盾早被不怀成见的人发现以后，仍不能不产生影响。

为了能够自始至终吸引人们的同情，神迹的对象就必须不是 215
无关紧要的陌生者而是耶稣的一个朋友，为他的死亡而悲伤的也不能只是一个普普通通母亲的柔软心肠，而必须是友爱情深的姊妹、马大和马利亚对自己弟兄的真挚的热爱，马利亚对于耶稣也是非常热情崇拜的。

第四福音书作者也并不是没有考虑到路加和马太在叙述使睚鲁女儿复活时他们彼此间的微细的不同特征。为了对神迹作进一步的夸张描述，他也说人们一开始宣称后来复活的人不是死了而仅是病了。在睚鲁女儿的故事里是父亲亲自到耶稣那里去，在这个故事里则是拉撒路的姐妹打发人向耶稣报信说她们的兄弟生病了。虽然没有明说，但从下文（第 21 节、32 节）得知，她们的用意乃是希望耶稣来把他医好。当时耶稣不是像前一故事[①]里那样，和病人在同一个城里，而是在约旦河外的比利亚（Perœa）境内，而拉撒路则在靠近耶路撒冷的伯大尼。尽管如此，耶稣并没有立刻到病人家那边去，却仍在原地留了两天，没有作动身的准备。

① 指睚鲁女儿的故事。——译者

一方面两者间的距离相当远，另一方面双方感情间的联系又很密切，理应促使耶稣加倍迅速起程，为什么他还要在原地逗留呢？在前一故事里，有一句话明确表示耶稣赶忙往病人那里去，但出乎他的意料之外，在他来到病家之前女儿却死去了。但这种知识方面的缺陷，却无损于其弥赛亚的尊严，因为就他而言，他能使出乎意外死去的闺女立刻复活过来。然而，对一个成为肉身的神圣逻各斯来说，情况就不一样了。神圣逻各斯是不可能有任何知
216 识上的缺陷的。《约翰福音》里的基督，当他收到拉撒路得病的消息以后，又在比利亚停留了两天，他是知道自己做的是什么事的；他知道在此期间拉撒路会死去的，而且他的旨意也正是要让他这样死去。当耶稣收到消息时他说，这病不至于死，乃是为上帝的荣耀，叫上帝的儿子因此得荣耀。如果认为当时耶稣本人并没有预料到拉撒路的病会有致命的结果，那将是极大的误解；其意思只不过是说，这其间的死并不是最后的结果，通过死者的复生，将使上帝和其儿子逻各斯基督获得荣耀。因为当两天过去以后，耶稣动身往犹太地去的时候，在没有获得进一步消息的情况下，从其洞察遥远领域的智能出发，他说，拉撒路睡了，他去叫醒他。这句话给福音书作者提供了一个机会使他能把一个经常发生的误解提出来。门徒们对睡了一词作字面的理解而耶稣却是指其比喻意义死而言。死，就像轻微的睡眠一样，很快就要听从耶稣的绝对命令苏醒过来。这里也显示了基督徒的死亡观和除他以外一般人的死亡观之间的对比。耶稣在这里也显示了他延迟的目的；他高兴地对门徒说，正是为了他们的原故他才没有去阻止他们朋友之死，因为他现在使他从死复活，比单纯医治他的疾病更足以巩固他们的信

心。几乎不用指明，任何人的这样一种做法，在可以挽救的时候，宁让一个朋友死去，为的是在事后再使他从死里活过来，只能对像《约翰福音》里的基督这样一个想象的人物才是合适的，至于一个
真实的人，即使他具有最神圣的天赋才华并同上帝有最密切的联 217
系，也是一种非常残忍并令人厌恶的行为。

但耶稣的拖延并非单纯为了这件事，也不仅为了使其时间长到在他到达伯大尼之前，拉撒路已经死去，而且也是为了有足够时间让拉撒路在坟墓里躺四天之久。（39 节）以致马大可以说，他现在必是臭了，朽坏已经开始了。因为，当埋葬尸体的洞穴打开的时候并没有说尸体是否已经发臭：但晚期犹太人都相信，人死后灵魂在尸体附近徘徊三天[①]，第四天就离去，让其腐朽，这一特征的用意，明显地是为了让即将复活的人的情况同末日耶稣所要使之复活的那些人的情况尽可能地近似。

在睚鲁女儿的故事里，当耶稣来到丧家附近时，有一些人从家里出来告诉女儿的父亲说，闺女已死，不必再麻烦夫子了。同样，这里当听到耶稣即将来到时，马大也走出村子迎见耶稣。她述说她兄弟死的情况，仿佛她知道耶稣已经了解情况一般，她也知道如果耶稣在那里，她兄弟就不至于死了。但是，也像睚鲁家人那样，尽管发生了这种情况，并没有使她完全丧失希望；甚至在故事中不乐意耶稣去犹大的门徒之前，她就有几分预感到，并不是她兄弟一死，一切就都完了；现在只要耶稣向天父祈求，他仍会得到他所要的。但不管马利亚的姐姐，伯大尼忠实基督徒圈子中的一员被描

① 格弗洛勒尔：《圣所与真理》，第 319 页往下。

218 述得多么容易受感动，把耶稣表现为超过她的理解和想望仍然是正确的。由于她把耶稣保证她的兄弟必然复活的话理解为是指末日复活而言，因而对她来说，并没有多大安慰意义，立刻就暴露了她的预感的不确定性和她的智力的脆弱性。但当耶稣把这种保证同普遍原则联系起来，说明他自己就是复活和生命，凡信他的虽然死了也必复活的时候，她就充满信心地宣称，她相信耶稣是基督是上帝的儿子，就是那要临到世界的。尽管这种信心仍然缺乏对问题的正确理解，但正确的理解是可以从其中发展出来的。此外，"我是复活和生命"等论点还构成了《约翰福音》复活故事的主题思想，正如"闺女不是死了，而是睡着了"这句经文，构成共观福音书共同记载的故事的主题思想一样，而"不要哭"这句安慰话，则特别构成了《路加福音》故事的主题思想。这里《约翰福音》的主题思想同这两者都不同，正如总的来说，《约翰福音》同共观福音书不同一样。这就意味着，首先，基督出现，实际上就使死变成了一次睡眠，并擦干了人们为死人所流的眼泪，而根据《约翰福音》的更高一层意义，上帝儿子的这种特性，明确地表示了他就是信仰的对象，而这种信仰，反过来又成了我们分享永远生命的条件；其次，对于所谓"他所赐予①的生命"，既不能单纯理解为指一般的未来生命，也不能单纯理解为现在特别给予个别人的身体复活的生命，而是同

① "赐予"德文原文为 gespendeten，是 Spenden 的过去分词，意思为赐予，或慷慨赐予，英译本误译为 Spent，可能是由于字形近似的原故，但英语 Spend(意思为消磨、度过)在这里是讲不通的，因为，他所消磨(或度过)的一生(生命)怎么能理解为一般的未来生命或现在给予别人的身体复活的生命或从他出的新的精神生命呢？——译者

时兼指，从他而出的新的精神生命[①]而言。

马大承认了自己的信仰之后，就去叫她的妹妹来，还有一群同情和悲伤的犹太人也跟她一同来了。这群哀哭的犹太人在拉撒路 219
的故事里，扮演了在睚鲁女儿故事里那些吹鼓手和喧闹的哭丧者同样的角色。他们突出表现了以犹太人和外邦人为一方的对死亡的旧看法同以基督徒为另一方的对死亡的新看法的对比。但《约翰福音》里的基督的观点比共观福音里的基督的观点高多少从其行为就清楚地看出来了。在共观福音书里的基督看来，人群的喧闹的哀哭[②]是很不适当的，因而他把他们都赶了出去；在《约翰福音》里，没有提到哀号，只说人们在哭，马利亚也和他们一起哭，但耶稣不仅没有像对拿因城的寡妇那样，用慈爱的声音叫他们不要哭，反而对他们的做法，心里"又甚忧愁"[③]起来（发怒）。从人的观点看，耶稣没有发怒的理由是很清楚的；一切以任何其他意义而不是发怒来解释福音书作者一再用于描述[④]耶稣内心情感的这个词。或者把这个词应用在任何其他事情上而不是应用在犹太人和马利亚的哭泣上的尝试都是徒劳的。逻各斯基督对于他这个生命根源就在眼前而群众甚至连马利亚竟能为拉撒路之死哭泣起来感

① 精神生命在我国基督徒中间一般称为"嘱灵生命"。——译者

② 中文《圣经》译作"哀哭"。——译者

③ 这里德文原文是 ergrimmt in geiste，同希腊文 ένεβριμήσατο τῷ πνεμμτι 正好相当（心里愤怒），而英文《圣经》却译作 He groaned in spirit（中文《圣经》作"心里悲叹"），另外，这里英译者又把德文译作 ergrimmt in geiste 的同一词根的希腊词译成 again groaning in himself，作者以为这都是错误的。——译者

④ 第 33 节，ένεβριμὴσατο τῷ πνεύματι（心里悲叹）。第 38 节，πάλιν ὲμβριμώμενosέν έαυτῶ（又心里悲叹）。按：ένεβριμὴσατο 和 έμβριμώμενos 都是从 έμβρέμομαι 变化而来，有发怒，烦恼等意。——译者

到愤怒。他对人们对于自己的价值竟能如此熟视无睹感到不满，甚至立即感到痛苦，因为连他前往坟墓途中所流的眼泪，如果我们要使这里的描述能自圆其说的话，也不可能是为他即将使之复生的拉撒路之死而流的悲痛的眼泪，之所以不应当如此看待的另一原因是，因为在第四福音里一直误解耶稣的犹太人正是这样看待的。如果我们想从福音书故事中找到另一类似事件的话，唯一的另一事件就是当耶稣看到耶路撒冷时（《路加福音》第 19 章第 41
220 节往下）。由于想到她不知道眷顾她的时候她所要遭遇的将是何等可怕的情况而为之流下了眼泪。对犹太人来说这个眷顾的时候就是当时正将因使拉撒路从死复活而达最高潮的耶稣传道的时候，但它仍未能使犹太人产生信仰并获得知识。因此耶稣才哭了，也正因此，当犹太人发出，这个不久前曾使瞎子看见的人难道不能叫这人不死吗的问题时，他的哭泣又转化为不满。因为在这样一个问题里，一部分包含了对他的谴责，一部分还表示了他们对于这位在他们面前的人本身就是复活和生命的全然无知①。

我们即将来到其前面的坟墓被描述成同后来耶稣自己的坟墓几乎一模一样。它是个洞穴，正如耶稣的坟墓是个洞穴一样，据共观福音书记载，它是从盘石中凿出来的，因而是一种人工洞穴。像耶稣的坟墓一样，它也是用一块石头堵住洞口封闭起来的。包裹尸体的裹尸布，也同后来提到的耶稣所用的完全一样（第 20 章第

① 希尔根菲尔特（《福音书》，第 296 页，注 1）把耶稣的不悦解释为是针对有使耶稣的人性人格成分同其神性逻各斯成分的统一性发生分裂危险的悲哀而发。对此我是不能同意的，因为在该福音书的任何其他地方，特别是在紧接着的下面一章里（第 12 章第 27 节），这两种人格成分的统一性并没有受到任何干扰。

6 节往下)。基督使拉撒路从死复活,不仅是耶稣将使所有的死人
都复活过来的保证,而且也是即将发生的他自己从死复活的一次
预演。尽管马大作了尸体可能已经腐烂的谏劝,石头还是从坟墓
挪开了。此后,《约翰福音》的基督不像共观福音书的基督在前两
个使死人复活的事例中所做的那样,一劳永逸地单纯发出一道简 221
单的命令,而是先向他的父亲做了祷告,当然并不是像以利亚使死
人复活时所发出的那类祈求的祷告,对于同父原为一的儿子那类
祷告是不必要的,而是为了祈祷已蒙垂听而献上的感恩的祷告。
因此,他一定已经先默默地作了祈祷而且肯定已经蒙了垂听,或
者,从另一方面看,命令和执行,在父和他之间不能作为一系列个
别行动看,而应作为不会改变的经常存在并必然遵循的相互关系
看。因此,从严格意义来说,向上帝进行个别的感恩,就像进行个
别祈祷一样,是根本不可能的。如果耶稣作了这类迁就的话,那一
定是完全为了适应周围人的需要的原故,为的是向他们指明,上帝
已经把这样的能力赐给了他的儿子(第 42 节)。但为了使一种适
应行动获得所希望的效果,适应者就不能说这仅仅是一种适应的
行动。但从另一方面来说,一个只是为了适应某一需要而作的祷
告,只是一种令人作呕的丑态而已。人们曾经认为,这样一种同批
判观点相反的说法,乃是一种尖刻的讽刺,即:《约翰福音》里的基
督,只是一种人格化了的教条主义概念,但概念是不会赴婚礼的,
也不会有同情心等。[1] 反过来我们可以说,没有一个真正的人会
像《约翰福音》的基督在拉撒路的坟墓前那样行事,即使他是一个

① 路特哈尔特:《约翰福音的特点》,I,96。

有神性的人也罢，只有一个肉身化的概念，而且还是一个由互相矛盾的两种成分构成的概念才会那样行事。《约翰福音》的基督，一方面是同上帝原为一的永恒的创世之道，不需要为任何特殊事物向父祈求，或为任何特殊事物向父感恩，因为他的全部行为只是把
222 父所灌输给他的荣耀光辉持续不断地流露出来，一方面，他又是一个在人们中间行事为人的人，要把人们引领到父前，利用每一机会使人们归向上帝，际此使死人复活，特别彰显上帝荣耀的时机，他更不可能不这样做。因此，他大声向父祷告，宁愿作一个感恩的祷告而不愿作祈求的祷告，因为祈求的祷告有可能被人误解，以为不一定得蒙垂听。但由于他作为一个人同时又是成为肉身的逻各斯，对他来说祷告只能是一种适应，由于他希望也被承认为逻各斯，他宣称他的祷告不是出自他自己，也不是为他自己，而是完全为了周围的人。作为一个真正的人来考虑，第四福音的基督在这篇适应的祷告里是作为一个演员而出现的，他承认自己的祷告只是一种适应的行动，而且是一种拙劣的适应行动；但作为一个被人格化了的概念来考虑，他以一种不特殊显著的方式暴露了在他里面由互相矛盾的成分所构成的一种不可思议的结合。

耶稣立即用来向坟墓里叫喊，并吩咐死人从里面出来的洪亮声音，明白无误地预示了后来凡在坟墓里躺着的人所要听到的上帝儿子的声音，他们都将从坟墓里出来（《约翰福音》第 5 章第 28 节往下）；这是吩咐死人复活的命令，在其他经文里，曾任命弥赛亚的传令官天使长在号筒声伴奏下加以宣告（《哥林多前书》第 15 章第 52 节；《帖撒罗尼加前书》第 4 章第 16 节）。

我们已经考虑了复活拉撒路的故事以及福音书里其他两个死

人复活的故事，认为它们都是原始基督徒非历史性幻想的产物，是同一教条主义主题的更为有意识的和经过更多艺术加工的发展。我们不得不采取这一观点是因为考虑到从故事的历史性来说它是 223
难以想象的，从其起源来说又很容易从教条主义理论和《约翰福音》的特殊性质得到充分的说明。此外，还有一种不得不考虑的情况。第四福音书对于其他两个死人复活的故事只字未提，这是可以理解的，而且也没有人会因为它没有提到它们就否认它们的历史性。因为即使它们真的发生过，使它们具有重要性的关键，仍然极大程度地以拉撒路故事为转移，此外，在一个必须有选择地进行描述的故事中，适当地略去前者也是正常的。反过来说，如果问起为什么共观福音书对具有如此大重要性的拉撒路的复活只字未提，为什么不把他们所叙述的那些不怎么重要和没有多大说服力的故事略去而选择拉撒路的故事，情况就大不相同了。前面已经说过，这种情况，对于前三福音书作者是非常不利的，它证明了他们当中没有一个甚至连马太也不是使徒，或者说耶稣生平事迹的目睹见证人。这样的人当然不可能知道拉撒路复活的事。如果知道的话，他一定会叙述出来的。如果当中没有一个是目睹见证人而都仅仅是传说的搜集者，则尽管发生过拉撒路复活的事他们却没有发现就是可能的了。当他们写书的时候，很可能这件事已从传说中消失了，或者已没有那么大的重要意义了。有人曾说过，其重要
意义主要在于其对耶稣命运发展所产生的实际影响，[①]因为它加 224

① 特别是施莱马赫《新约引论》，第 282 页往下。参看卢克：《约翰福音注释》（第三版），ii，476。

剧了仇敌对他的仇恨到这样的程度，以致他们谋害并结束了他的生命。前面已经指出，拉撒路从死复活的实际重要意义就在于此①。

为了处死耶稣并不需要用神迹触怒当局，像苏格拉底的情况那样，只要在观点和利害问题上同当局的意见发生冲突，就有绰绰有余的现成自然原因招致这样结局了。同样，像使拉撒路从死复活这样一个具有重要意义的神迹，如果真的发生了的话，也不可能被一本具有可观细节和合理内容的福音书忽略过去。它是神迹中的神迹，而且很明显第四福音作者正是将其作为这样一个神迹来描绘的。当从施莱马赫作品中读到这样一种断言，说从教义方面说，拉撒路故事没有任何重大价值的时候，我们几乎不能相信自己的眼睛了。怎么？一个比任何其他事物更能证明耶稣本人就是复活和生命不仅从事实上作出了证明，而且还明确地从其中吸取了教训的神迹故事，难道就没有重大教导价值吗？但施莱马赫还探寻出了导致拉撒路故事很早就从福音传说中消失的另一原因来。他令人注意到为何在《马太福音》和《马可福音》里根本就没有提到过耶稣和作为故事主体的这一家人之间的关系，而在了解这家姐妹情况的《路加福音》里对于她们的兄弟和住处则只字未提。他说这可能是因为当搜集共观福音书报道所根据的资料时，由于其所遭受的迫害（《约翰福音》第12章第10节）当时在伯大尼已无法找到这个家庭。仿佛这样一个非同小可事件的消息，如果真的发生过的话，不管其所直接涉及的家庭是否已经迁移或灭绝，竟不会必
225 然在附近一带保存下来似的！较早福音书对于这件事的缄默，只

① 《耶稣传》中译本第一卷第344—345页（页边码）。

有在假定第四福音书作者关于拉撒路复活的故事是在第二世纪构成的情况下才是可以理解的。

但我们不应忽视施莱马赫关于福音书作者们对这个伯大尼家庭的不同态度所作的提示，尽管它会令我们得出同约翰的这位富敏锐洞察力的朋友得出的不同结论。前三福音书作者们肯定不知道在伯大尼有耶稣对之有这样一个亲密友谊的家庭。头两部福音书(《马太福音》第26章第6节往下；《马可福音》第14章第3节往下)说耶稣最后一次逾越节前几天在伯大尼曾被一个未说明姓名的妇女用油膏过，但那是在一个名叫长大麻风西门的家里。路加则说更早以前，在加利利的一个未指明地方，一个未指明的妇女膏过耶稣，并说这个妇女是个罪人(第7章第36节往下)。另一方面，他又说在此以后，当耶稣从加利利往耶路撒冷但还未到目的地的时候，在一个未指明的村子里，投宿在一个名叫马大的女人家里，她有一个姐妹叫马利亚，在这里发生了一件人所周知的故事。故事中有一句非常精辟的话："不可少的只有一件。"(第10章第38节往下)我们在《路加福音》里不仅发现了这个故事而且还第一次发现了这两个姐妹的名字肯定是会引起怀疑的事情，但并不足推翻故事的历史价值。为许多事忙乱的马大，对自己显然很悠闲地坐在耶稣脚前听他讲道的妹妹马利亚感到不满，但在耶稣看来，马利亚却是选择了上好的福分。她们就是热衷于行为的犹太主义 226
基督教和强调信仰的保罗主义基督教的人格化[①]。即使真的有和耶稣处于这种关系的两个姐妹生活过这一点是可以理解的。

① 第一个注意到这一点的是蔡勒尔：《神学年鉴》，1843，第85页。

因此，马太和马可告诉我们，在伯大尼有一个女人膏了耶稣，但未提她的名字；路加一方面告诉我们，有一个未提名的有罪的女人，而且也不是在伯大尼膏了耶稣；另一方面，在这膏耶稣的有罪的女人之外，又有马大和马利亚两个姐妹，她们也不住在伯大尼。约翰则把这些线索合并在一起（第12章第1节往下），说膏耶稣的女人是马利亚，而且因根据传说，膏耶稣的事发生在伯大尼，于是马利亚和她的姐姐也就都住在伯大尼了。路加固然表示了马大对耶稣的招待是有友情的，但马利亚的行为却表示了更真挚的感情，而耶稣同这家人之间的亲密友好关系则是由约翰道出来的（第11章第3,5节；第11章第36节）。此外，第四福音关于这两个姐妹性格的叙述同第三福音的描述也是完全符合一致的。在膏耶稣之前的宴会上马大做伺候的工作，同路加故事里说她因伺候的事多心里忙乱，完全符合一致；甚至当她兄弟死后；听到耶稣来到的时候，她赶忙去迎见耶稣，在忙乱性格上也是符合一致的。在马利亚一方面她俯伏在耶稣脚前以及后来把名贵香膏倒在耶稣脚上同坐在耶稣脚前倾听他的讲道而忘记一切的性格也是符合一致的。现在的问题是，哪一种是更可能些，是一切都像约翰所讲的那样，膏耶稣的是马利亚，她和她的姐姐住在靠近耶路撒冷的伯大尼，当耶稣最后一次上耶路撒冷过节的时候，这一家给耶稣提供了一个充
227 满友爱精神的避难所，但现在全部传说都已消失，连膏耶稣的马利亚的名字也失传了，她和她姐姐在伯大尼的住家，尽管已被毁坏，应当作为一个避难的圣所继续保留在基督徒们的记忆中，而在仅仅几十年之后，住在附近的人竟一点也不知道了，——或者与此相反，其真实情况乃是，正如共观福音书所记的那样，在伯大尼一个

同耶稣并没有十分亲密关系的人的家里，有一个在其他方面不知其详的女人膏了耶稣，而在另一个地方，也许是在加利利，住着一对姐妹，她们给耶稣提供了热情的招待并倾听了他的讲道；可第四福音作者却把这些互不关联的故事巧妙地结合起来，把膏耶稣脚的事移植到坐在耶稣脚前倾听他讲道的女人身上，把搞伺候工作移植到忙乱的马大身上，还把这一对姐妹都带到伯大尼，让她们住在那里，并使她们同耶稣有我们从拉撒路故事里所看到的那样亲密友好的关系呢？如果我们拿这个问题来问我们自己，则根据上面所讨论的情况，我们将会回答说，两者之中第一个可供选择的答案是很不可能的；但在我们对两者作了更全面的考察之前，我们还不愿就下断语。

我们是从两个姐妹的兄弟拉撒路开始的，但到目前为止，我们还未对拉撒路加以考虑。首先，共观福音书的传说一定同样把他忘了，但考虑到同他的名字联系着的非常独特的神迹，这种情况又是不大可能的。也许有人会说，传说并没有忘了他。不过只是一个在比喻里的拉撒路，即乞丐拉撒路，他在今世浑身生疮，忍饥受饿，躺在财主门口，但死后却坐在亚伯拉罕的怀里，这事引起了死后下到阴间的财主的嫉妒（第16章第19节往下）。在这两个拉撒路之间并不是没有联系的。就我们所看到的而言，《约翰福音》里 228
的拉撒路，的确并不像《路加福音》比喻中的拉撒路是个穷人；但他也有病，连这两个故事的引语，也有惊人的类似之处。《约翰福音》开头的话是："有一个患病的人，名叫拉撒路，住在伯大尼。"《路加福音》耶稣讲的比喻开头的话是："有一个讨饭的，名叫拉撒路。"而且这两个人都死了，也埋葬了。不同之处在于有一个的确从坟墓

里复活了，另一个虽然有人希望他复活，却没有获得准许。为什么财主祈求打发拉撒路到他的父家去叫他的五个弟兄悔改没有获得亚伯拉罕的准许呢？因为亚伯拉罕预见到凡不信摩西和先知话的人，就是有人从死里复活，他们也不会相信。在这件事上老祖宗亚伯拉罕的预见是多么正确啊！有一个人真的从死里复活了，那就是耶稣，犹太人是不是因此就相信了呢？不是，正如财主所希望的那样，有一个拉撒路的确从坟墓里复活了，但犹太人仍然不信，而且还首先设计要把耶稣害死。

那么，我们是不是就假定历史上的拉撒路在传说中变成了比喻中的拉撒路、神迹故事变成了一个比喻，真正发生过的事（死人复活）变成了一个仅是假设的事了呢？任何一个对于这类故事改造和发展的方式方法有所认识的人都会认为与此相反的情况倒更为可能。第四福音的作者把第三福音中住在同一村庄并把耶稣招待到他们家的两个姐妹纳入他的计划之中，因为在他看来，这两人中一个适于用来担任膏香膏的工作，另一个适于担任在膏香膏的同时在宴会上服务的工作。如果说为了同膏香膏是发生在伯大尼的传说符合一致，他不得不把她们移植到伯大尼的话，他还看出，
229 他所要讲的死人复活故事发生的地点，没有比伯大尼更为合适的地方了。这一神迹将作为神迹中最大的神迹结束耶稣行神迹的生涯。此外，它还将使在耶路撒冷占统治地位的大祭司和法利赛人对耶稣的仇恨达到最危险的高度。因此，有必要使其在一个较晚时期，在首都以内或其附近发生。不过，如果让其发生在首都以内，那就会同第四福音的实用主义相冲突，根据这种实用主义，耶稣在其最后时期，为了免受敌人的谋害，总是设法避开耶路撒冷

的，如果在耶路撒冷的话，就有一切理由谨慎行事，因而一个离耶路撒冷不远的村庄就是一个较好的地方。而最现成不过的地方就是膏耶稣故事中的伯大尼了。不妨把这两姐妹移植到这个地方来，把她们当作是服侍她们兄弟的人，而且立刻用拉撒路这个名字使这个兄弟出现在她们面前。第四福音书作者先是把这两姐妹从第三福音取出，然后就把她们和她们的兄弟联系起来，这是从他第一次介绍这三个亲人的方式上很明显地看得出来的（第 11 章第 1 节往下）。“有一个患病的人，名叫拉撒路，住在伯大尼，就是马利亚和她姐姐马大的村庄。这马利亚就是那用香膏抹主，又用头发擦他脚的。患病的拉撒路是她的兄弟。”这样描述一个兄弟，只有当他姐姐比他更有名时才有可能。由于第三福音记载过她们招待耶稣的故事，马利亚和马大就是比拉撒路更为有名的人，第四福音的措辞，“就是马利亚和她姐姐马大的村庄”，也是指此而言。因为路加故事的头一句话是：“他们走路的时候，耶稣进了一个村庄，有一个女人名叫马大，接他到自己家里。”第四福音书还加上说：“这马利亚就是那用香膏抹主，又用头发擦他脚的”，而这是件他在后
来才叙述的事情；现在把它预先提了出来，恰恰表示了他想把它预 230
先传播开去，他还更明白地表示，他所引进的拉撒路是福音历史上的新人物，因为如果耶稣在他身上行了最大的神迹，并像爱他的两个姐姐那样爱他的话，他就不是一个普通人了。

就这样，第四福音作者把这两位姐妹移植到伯大尼来，因为在他看来，一个使死人复活的神迹，作为一个登峰造极的神迹，伯大尼是最好不过的场所了。无论如何，把一个身体上即将复活的人作为一个兄弟，同精神上已经复活的姐妹联系在一起，至少也不能

算是一件过分牵强的事吧！两部共观福音书对于他想把死人复活的故事加以进一步渲染的企图是没有用处的。他希望有一个非常确实死透了的人，至少是一个已经埋葬了的人，但无论是睚鲁的女儿或是拿因城寡妇的儿子都不能算是这样的人。反之，在《路加福音》里，倒有一个死了的人，虽然是一个在比喻中的死人，但是一个已经埋葬的确实死透的人，因为他的灵魂已经被带到亚伯拉罕的怀里。他本来也可以回到世间来的，但却未获准许，因为那将是徒劳，财主的兄弟也是不会悔改的。但正因为如此，在第四福音作者看来，费一些力气将其叙述一通还是值得的，因为如果说他确实回到了世间，就可以充分证明犹太人的不信已经到了无可挽救的地步。因此，从各方面来说，在共观福音书传说中除了《路加福音》比喻中的拉撒路外，没有任何其他人物更适于当第四福音书作者所要描述的复活故事中的主人公了。据此，我们就清楚地看出，第四福音书作者的拉撒路及其有关情况，是从哪里得来的，正如我们同
231 样清楚地不能想象，如果拉撒路真的在世上活过并真正地被耶稣使之从死复活过，其他福音书作者将对他作如何处理一样。关于这个问题的探讨，到此似可告结束①。

① 关于这一问题的探讨，主要应归功于蔡勒尔，他是第一个这样探索《约翰福音》的拉撒路同比喻中拉撒路关系的人(《新约神学的研究》，载《神学年鉴》，1843 年，第 89 页，参看鲍威尔:《批判的研究》，第 248 页往下)。早在 1833 年，我曾在关于保罗斯和哈斯的《耶稣传》论文的短评中抛出过一种猜想，认为两者是指同一人而言，并应他们的请求，将该文寄给了柏林的科学批判学会，但他们在其中注了 Frons turgida cornibus 的意见后，又将其寄还给我，由于我未能发现其间的关键性联系，且把一个假定的死人回转变成一个真正的死人回转，这种设想也太大胆了，因而就把它从我的《耶稣传》里删去了。(frons turgida cornihus 拉丁语，意为过分夸大之辞。——译者)

因此，我们将不厌其烦地对别人努力使自己得到满足的有关拉撒路故事的各种解释加以考察。在这方面，施莱马赫的态度对于近代神学家们是具有权威性的①。我们从共观福音书看到，耶稣使之复活的两个死人，在施莱马赫看来，都毫不犹疑地认为仅是假死。在一个故事中，他采用的是一种非常不高明的解经法，按耶稣讲话的字面意义，说闺女不是死了，而是睡了；他还说，考虑到犹太人早葬的风俗，拿因城的青年，也很可能只是一种假死。但拉撒路在坟墓里已经躺了四天，尸体很可能已经开始腐烂，而施莱马赫却说，不一定腐烂，马大所说的话只是她自己的猜测，无论怎么说，耶稣并未把这件事归功于他自己，当然人们也不应当作这样设想，因为这样一种创造性活动，不可能不破坏耶稣人性生命的统一性。② 拉撒路复活是耶稣向上帝祷告所产生的结果，他为此感谢上帝，因它是上帝的直接作为。这几句话用正常的德语来说意味着什么呢？其意思就是说，拉撒路的情况也是一样，尽管他在坟墓

有较长时间，是一个比较不寻常的事例，但他也只是一种假死，耶 232
稣之成为拉撒路复活的手段，只是一个偶然事件，实际无可置疑的是，它乃是上帝的更高的安排。由此我们可以明白，为什么施莱马赫能说，拉撒路故事并没有任何重大教导价值，岂但没有任何重大教导价值，其实据他看来，连一点价值都没有。

施莱马赫很聪明地没有对《约翰福音》所描述的耶稣的最近行为问题作任何解决的努力。然而，避免发出这类问题是不可能的：

① 以下所讲摘自他的《耶稣传讲演录》。

② 据德文原著第 206 页，英译本的“and continuity”并非原有，乃英译者所加。——译者

如果只是一桩偶然事件，只是一种不大可能的可能性，如果耶稣所期待已经埋葬了四天的拉撒路只是一种假死，如果当他离他们家还有一段距离，还在坟墓附近的时候，耶稣能说出那样的话[1]来，若是他没有确实的把握能够把他的朋友活活地交给他的亲人，那不是成了胡吹乱擂一气了吗？施维策说[2]，必须把耶稣的全部实际的和心理的状态加以考虑。当时耶稣正在为了避免耶路撒冷当局的迫害而去比利亚之后，他的心情比以前任何时期都更受压抑，但他的弥赛亚意识仍然从未间断过。其结果必然会怎样呢？[3] 他最坚决地相信，施维策回答说，上帝决不会在这样的情况中抛弃他，哈斯解释说（因为在这类事上，好事总是接连不断出现的）对睚
233 鲁女儿由于他曾（从假死状态中）复活过来的耶稣来说，愿望会变成一种预感，或者，在极度悲痛中变成一种勇敢的坚信。以致在这样一种个人愿望同上帝国的荣耀恰好符合一致的情况下，上帝倾听了他为他所爱之人的生命所作的祷告[4]，然后就发生了与这种坚定信念符合一致的外在事件。施维策继续道，尽管这一外在事件本身并不是神迹，神迹却仍然发生了，这就是对上帝的坚定信念被证明是有道理的神迹。所以，在这件事上真正的神迹并不是暂时假死的生命又复苏过来，而是这一复苏同耶稣的坚定信念以及

---

[1] “那样的话”指耶稣所说“复活在我生命也在我”等而言。——译者

[2] 《约翰福音的内在价值》，第 156 页往下。

[3] 施维策明显地是针对目前作者而言又补充说，“一部耶稣传，如果要配得上称为耶稣传的话，就必须先发现能够用来作为理解特定事件钥匙的能力。”该作者反驳道：好吧，如果所谓的事件，已经先批判地确定了的话，但如果未做到这一步，把心理学的实用主义，应用到仅仅是传说的事上，那就很不适当了。

[4] 《耶稣传》，第 94 页。

石头坟墓应耶稣之命而敞开正好符合一致。这位受过美学熏陶的神学家最后结束道，如果诗人所说“人的一生中有这样一些时刻”，[①]等等，真有道理的话，为什么在耶稣的一生中他的坚定勇敢信念不能至少也产生几次相应的引人注目的成果呢？对神学来说，用近代诗人的词句把自己打扮起来，而且还对之作了不适当的运用，的确是件了不起的事情。然而，她却没有考虑到，把这些话所包含的真理错误地应用在说这些话的主人公身上，是多么地糟糕！他[②]曾任意作出决定，第二天早晨他所遇到的第一个向他表示友好的人，就是他的最忠实的朋友，而实际这个人正是将要出卖他的人[③]。正如上帝决不会抛弃耶稣一样，耶稣所看到的已经死去的朋友，也决不是真的死了，而是一个将要在他一声令下，复苏

① 按英译本在这里有这样一条脚注：“Schiller's Wallenstein，Coleridge's translation；Piccolomini Act v. sc，3。”（席勒：《华伦斯坦》，柯立治译文，《皮可罗米尼》，第5幕，第三场）这一脚注所提供的出处是完全错误的。中文译者曾按照这里提供的资料反复仔细阅读了《皮可罗米尼》全文，但并未发现这里引用的原文，不得已，只好对席勒这一作品包含的三部曲（1.华伦斯坦的军营；2.皮可罗米尼；3.华伦斯坦之死）从头仔细读起一直读到第三部曲《华伦斯坦之死》（*Wallensteins Tod*）的第二幕，第三场，才看到这句原文：“Esgibt in mlenscheuleben Augenblicke”，柯立治的英译文是：“Thereexists moments in the life of man”，etc，并证明了英译者的脚注是错误的，正确的注应是，席勒：《华伦斯坦》，柯立治译本，《华伦斯坦之死》，第二幕，第三场。在席勒的剧本里，“在人的一生里有这样一些时刻”及其下面一段话是华伦斯坦说的，其大意是当一个人特别接近伟大的宇宙精神的时候，他就可能得到深知自己命运的能力。施维策引用这段话的意思是说，因为耶稣是一个和上帝特别接近的人，所以他能预感到自己的祷告将蒙上帝垂听，拉撒路将从死里复活，客观事实和耶稣的主观信念恰好符合一致。——译者

② 指华伦斯坦，参看上述《华伦斯坦之死》，第二幕，第三场。——译者

③ 指屋大维·皮可罗米尼（Octavio Piccolomini），参看《华伦斯坦之死》，第二幕，第三场，第六场。——译者

过来的人——这是在耶稣自己头脑中产生的一种想法，但结果竟同他的这种荒唐想法完全符合一致。艾布拉德有充分理由地说，根据这样一种解释，即就意味着耶稣以一种最放肆的方式试探了上帝，其所包含的难以置信之事将十倍于二十个批评家从该福音
234 书所能发现的[①]。他这样说还嫌太轻，他所应该说的毋宁是：这样一来，他们就像自然主义者和爱讽刺的人那样，对于耶稣的威望造成了极大的损害。

仿效芮南的做法，不把拉撒路复活看作是耶稣的一次荒诞的冒险行动而看作是伯大尼这家人的一种欺骗手法，情况也不会有任何实质性的改善。由于对他们所敬仰的朋友耶稣在耶路撒冷遭受的恶劣待遇感到痛心，这家尊敬耶稣的伯大尼人想方设法要为耶稣的事业在这个不信的城市里获得新的推动力。他们想，需要一个神迹，可能的话，一个人从死里复活，最好是一个在耶路撒冷知名的人。当耶稣不在他们那里而在比利亚的时候，拉撒路生了病，他的姐妹们很为焦急，打发人去找她们的朋友耶稣。但在耶稣到达之前拉撒路的病情有了好转，这时她们想出了一个好主意来。由于久病方愈脸色还苍白的拉撒路，像死人那样被用布缠裹起来，安葬在他们家族的坟墓里。当耶稣来到的时候，马大把他带到坟墓前。耶稣希望再见一次这位已死朋友的面，但当基石转开的时候，后者竟活活地带着裹身布从坟墓里出来迎见他。旁观者从这一切事上看到了一个神迹。但耶稣怎样呢？难道他自己受到这种恶劣的欺骗手法蒙蔽了吗？或者，更坏的是，他自己是不是也参与

① 《科学的批判》，第463页。

了这样欺骗行为呢？芮南回答说，他也许像他的追随者圣贝尔纳或阿西西的法兰西斯一样控制不住那些渴求神迹之人的心情。是那些向他要神迹的人硬把神迹加在他身上，而不是他自己行了什么神迹。他意识到自己是在和世界进行斗争，不是由于他自己的过错，而是由于世人的罪孽[①]，他原来的正直有几分丢失了。绝望使他陷入困境，他已不再能控制自己。过不几天，死亡就把他从日益沉重，日益无法忍受的负担中解放出来[②]。

其实正如上面最后提到的解释所显示的，只要人们一旦不把
拉撒路故事当作真正意义的神迹来理解，对于这一故事只有两条 235
途径可以遵循：或者牺牲耶稣的荣誉以保全记述的真实性，或者牺牲记述的真实性以保全耶稣和健全理智的荣誉。艾瓦尔德应当受赞扬，因为他宁愿选择后一途径，尽管他在这样做的时候，用了他所特有的各式各样转弯抹角的手法。他所认为具有历史性的远不是《约翰福音》的全部记述及其附随的各个具体情节，而仅是其所产生的最一般的结果[③]。耶稣的确曾叫拉撒路从坟墓里（请注意艾瓦尔德并没有说，从死里）活过来，是我们所不能怀疑的，但如果我们无视在使徒胸怀中奔腾澎湃着并赋予其叙述以强烈的神迹特征的更崇高的生命力，那将是同样不合理和错误的。在回忆中，他的确曾亲眼看到过的死人复活，对他来说，就成了世界末日即将来

---

① 德文原著在这里有："Im kampfe mit der Welt hattesein Sinn, nicht durch seine, sondern durch der Menschen Schuld, etwas von seiner ursprunglichen Lauterkeit verloren。"英译者未将其译出，不知何故，特补译如上。——译者

② 芮南：《耶稣传》，第 359 页往下。

③ 《约翰的著作》，I，第 314 往下。

临的那伟大而普遍的复活的预兆和象征，它只带来使徒时代全体信徒怀着欢欣鼓舞心情所企望的新的生活。他尚能回忆的所有各种情节，对他来说，就成了这一最崇高真理的组成部分，只是在他受到这无边无际的希望之光照亮的时刻，他才把目光转向自己过去亲身经历亲眼目睹的事上，为的是使自己能以同样火热生动的文笔，把记忆犹新的天上确凿事物的特征描绘出来。就这样，使徒约翰于其老年时期把他所能回忆的拉撒路复活故事记了下来；但他是带着对即将由基督来临的普遍死人复活的希望所激发的炽热感情和想象力而将其记下的——正如艾瓦尔德本人所说，他对过
236 去事物的描述是经过未来的光照而“美化”了的。这句话首先应当理解为只有约翰叙事的形式受到了影响，描述变得更为生动、感人，但其内容则仍为作者实际回忆的事实所构成，只是必须坚持比艾瓦尔德所承认的更大部分的叙事具有历史性：即拉撒路的确由基督使其“从坟墓里”活过来，或者，像他在另一场合所表示的那样，基督“拯救了这个失丧的人”。① 最后这种说法，尽管是经过谨慎挑选的模棱两可之词，却给我充分显示了艾瓦尔德对于这个所谓神迹故事的看法仅以此为限，即如果不是由于耶稣吩咐把坟墓的石头挪开（我们不知道为什么），从而“拯救”了拉撒路，使他有可能从死一般的昏迷中苏醒过来，重新获得生命，他就将成为一个“失丧”的人。耶稣所行和所说的一切事中，凡是超过这一自然而且很可能只是一种偶然事件的事，把这件事看作是耶稣所行比其他任何事更足以证明自己为上帝儿子的神迹，都是福音书作者在

① 《基督的历史》，第358页。

受到希望热情的鼓舞下添枝加叶的结果。这是一个什么样的福音书作者，不管他活得多久，竟能把一桩历史事件变得如此面目全非！这样的见证还有什么真正证明价值？如果真正的基督同他的基督之间的关系像艾瓦尔德所说拉撒路复活故事的历史基础同约翰所记拉撒路复活故事那样的关系，那么，在《约翰福音》里还会剩下多少真正的基督呢？没有！从这个想象的自然事件剩下来的，已经不值一谈了。但是，如果作为福音故事历史基础的只是这一点，再也没有别的话，那就或者是使耶稣成为疯子或是使福音书作者成为糊涂虫。因此，我们对于这种毫无特征的孤立事件只有弃之不管，并公开承认这里所涉及的只是一种理想的形象，是福音书 237
作者的一种凭空虚构，从这件事上关于真实的耶稣我们根本学不到任何东西，所学到的只是先存在于犹太基督徒中间，继而又存在于追随保罗的基督徒圈子里，现在又在一个受过亚历山大哲学教育的基督徒[①]思想中得到充分反映的关于基督的高贵性格的一种变来变去的概念。

78. 海边轶事

由于耶稣住的地方是在加利利海滨，他活动的大部分时间是在加利利海岸附近，海和关于他所行的部分神迹传说发生关系是很自然的。对于这些海边奇闻轶事，多半部分可以作为捕鱼传说来描述，其余部分作为航海传说来描述。前一类同作为部分门徒

① 本书作者施特劳斯认为《约翰福音》是一个受过亚历山大哲学教育的基督徒所写。——译者

职业的捕鱼活动有关，后一类同作为交通手段的水同航海者有关。关于第一类故事有路加所记彼得一网捕获很多鱼的奇迹[1]，这在前面已经讲过，而且由于它同彼得被召为得人渔夫之间存在着内在联系，我们还把它同《约翰福音》附篇的捕鱼故事合并起来进行了讨论，尽管比较起来，后者发生的时间很晚。此外，还有鱼嘴含银[2]的故事，彼得听从耶稣的指示去钓鱼，据说在鱼嘴里发现了一块钱（《马太福音》第 17 章第 24—27 节）。

在马太所特有的这一神迹故事之前，一切解释都显得是枉费心机。当问到那些相信神迹的人，行这样一个奇怪的神迹，使嘴里含着一块钱的鱼上了彼得的钓钩有什么必要或好处，以及当鱼张
238 嘴吞食钓饵，没有行第二个神迹，它怎么还能保住那块钱时，他们只好瞠目结舌，无词以答。那种很自然的解释，说钱不是直接从鱼嘴里取出，而是卖鱼后赚得的，同明目张胆地把发现钱和鱼张嘴直接联系起来的经文也太相违背了。由于福音书作者只提到耶稣的建议并未提彼得遵照这个建议真的从鱼嘴里发现了一块钱，最近又有了一种对耶稣的话作一般比喻理解的倾向，说这句话的意思就像人们说晨曦吐露金色光芒那样，但在福音书里是把对耶稣命令的执行同其预言和预言结果之间的对应当作理所当然的事看待的。而且把一个既不具备满足弥赛亚期望的特征，又不能体现基督教原有思想，而只是一种不受约束之幻想的变化无常结果的故事当作神迹来解释，似乎也不很妥当。

---

① 参看《路加福音》第 5 章第 4—11 节。——译者

② 原文为“斯达特故事”。斯达特（στἄτῆρ/Stater）是古希腊银币名，因鱼嘴所含的钱是斯达特故有此称。——译者

同时，如果我们对所讨论的故事作比较仔细的观察就会发现只是在其末尾才具有神迹故事性质，而在其起头和中间则看来完全和前三福音中所论述的一些故事一样，其中有些还无可置疑地同纳税有联系（《马太福音》第 22 章第 15—22 节[1]；《马可福音》第 12 章第 13—17 节；《路加福音》第 20 章第 20—26 节）。每次都涉及有争论的纳税问题。前次事例同向罗马人纳税有联系，问题是犹太人向罗马人纳税对不对；这次是同为耶路撒冷的圣殿纳税有联系，问题是耶稣和其门徒是不是应该为圣殿而纳税。在前次事例中在叫人把一个德奈利斯[2]的税银给他看以后，耶稣对问题作了肯定的决定。这次则在对问题作了否定决定以后，为了友好地 239
解决问题，耶稣行神迹提供了一斯达特的税银。

自从高罗尼人犹大的时候以来，关于上帝的百姓在上帝[3]以外又承认罗马人为最高统治者是否有罪这个问题，在犹太人中间一直有争论，很可能某一时候人们曾向耶稣提出过有关这一争论的问题。另一方面，当耶稣在世时刻，向他提出他和他的门徒是否有义务向犹太人圣殿纳税的问题则似乎不大可能。只有当耶稣死了相当时间以后，基督徒社会越来越多地从犹太人社会分离出来的时候，关于基督徒是否有为耶路撒冷圣殿费用纳税的问题，才有提出来的可能。从基督徒的观点看来，最正确的回答是：抽象地说，无论是比圣殿大的耶稣（《马太福音》第 12 章第 6 节）或者他的有君王尊荣的门徒（《彼得前书》第 2 章第 9 节）都不可能有纳税的

① 英译本误作第 20 章第 15—22 节。——译者

② 德奈利斯(denarius)，古罗马银币名。——译者

③ 英译者把德文的 ihm 误译作英文的 them。——译者

责任，尽管如此，为了保持可贵的和平，他们却宁愿不反对这样做。像许多较晚发展的结果一样，人们认为这一决定是耶稣本人作出的，而且很可能是直接仿照纳税中的故事，假耶稣之口说出来的。

但神迹又是怎么回事呢？人们认为，耶稣的这种让步，不应使他自己受到损害，他这样默许付税，本来不是弥赛亚应负的义务，尽管他屈从了，但仍然有必要显示自己有更崇高的地位，用一种显示自己超越于这一切关系之上的方式，表明这只是他自己的一种自愿的屈服。这样一来，行一个神迹就比什么还必要了。

但为什么特别要行这样一种神迹呢？正像许多别的时候一样，这次也是以彼得为门徒的代言人。收税人的问题，你们的夫子

240 纳不纳圣殿税就是向他发出的，当他一进房子以后耶稣所提终于导致这样结论的一系列问题，即：严格说来，他们作为上帝的儿女，并不承担纳圣殿税之责的，也是向他发出的；行这一神迹的用意就是要阐明耶稣及其门徒缴纳税款的正确意义，而和这一神迹有最密切联系的也是他。但在原始基督教传说中彼得本是个打鱼的人。首先受耶稣特别召选，放下鱼网，做得人的渔夫的是他。耶稣曾使他一网打获很多的鱼，象征其使徒工作将有丰盛的收获。耶稣本可以使他再次打获很多的鱼，把它们变成钱供向圣殿纳税之用，但那是不必要的。前次打获很多鱼的情况和现在不同，那次不是钱的数量问题，而是使徒工作象征的问题，因此，那次所捕获的只是大量的普通的鱼。这次所涉及的是向圣殿纳税的问题，是两个人应纳金额四个德拉赫马[①]或一个斯达特的问题。这笔款项既

① 德拉赫马（δραχμὴ/Drachme），古希腊银币单位。——译者

然需要用神迹方式提供，为什么不一下子变出现金来？既然要通过渔夫使徒来提供，为什么不能用一条鱼带一个斯达特来？由于这次只需要一条鱼，彼得就不需要撒网，只需要抛出一根钓竿；但由于钓上鱼的时候还必须把鱼嘴弄开，把钩子取出来，鱼就非得将斯达特衔在嘴里不可。这里，作者在为彼得方便着想的同时，却大大加重了鱼的困难。自从帕利克拉提斯[①]时代以来，鱼类吞食珍宝将其藏于腹中的事时有发生；但一条鱼，而且是一条被钩子钩住 241
的鱼，却能同时将钩子和钱都衔在嘴里，实在是世界历史上没有先例的事。

第一福音书作者把这类困难看作是无所谓的事情。我们只要回忆一下作者曾说耶稣骑着两条驴进耶路撒冷的事就足够了。但是，尽管这是一个荒唐无稽的神迹，而且共观福音书作者中只有马太一个人讲到它，如果我们认为这就证明马太是所有共观福音书作者中最后的一位，那就大错特错了。与此相反，路加与马可没有提到这件事，才证明他们比马太更晚哩！关于基督徒是否有义务为圣殿纳税的问题，只有当圣殿还存在的时候才会引起人的兴趣[②]。因此，这个故事甚至连《马太福音》的最后部分也都没有记载。当情况发展到像摆在我们目前的样子时，圣殿虽早已毁坏，但其先前的情况，人们心中却仍记忆犹新，特别是在耶路撒冷。在稍

① 帕利克拉提斯(Polycrate，约死于公元前 522 年)，爱琴海萨摩斯岛(Samos)僭主(约公元前 535—前 522 年)，拥有武装战船约 100 艘，在爱琴海从事海盗活动，被波斯驻吕底亚(Lydia)总督诱至大陆，钉死在十字架上。——译者

② 参看寇司特林：《共观福音》，第 31 页注。希尔根菲尔特：《福音书》，第 91 页。

后时刻，当路加和马可在另一个国家写书的时候，马太所记述的题目，在他们看来，已不再具有重要意义了，甚至很可能由于事情的结果，太有利于犹太人，他们已不愿意再把它记载在他们的福音故事中了[①]。

正如捕鱼故事说耶稣让门徒捕到了一网非常丰富且有价值的
242 鱼一样，航海故事同样说他把他们从风浪的苦难中拯救出来。一次，是他自己也在船上，另一次是他从岸边经过湖上走到他们那里。

第一个故事(《马太福音》第 8 章第 23—27 节；《马可福音》第 4 章第 36—41 节[②]；《路加福音》第 8 章第 22—25 节)通篇所描述的是一件很容易发生的事情。经过一天辛劳之后，耶稣和门徒一起从迦百农出发，在船上睡着了。当他睡觉的时候，忽然起了一阵暴风，门徒惊慌失措，叫醒了耶稣，求他援助，耶稣可能斥责了他们胆小害怕，但不可像福音书作者们所报道的那样，也斥责了风和海，除非他意识到自己对自然界有绝对的管制权力，否则的话他就是一个可耻的吹牛家和骗子手；前者是完全难以想象的，后者据我们对耶稣的可靠认识也是绝不可能的。有一《诗篇》(第 106 篇第 9 节，希腊文译文也是用了同样的措辞)说，耶和华“斥责”了红海，海就干了，百姓不湿脚从海里走过来。我们当然可以设想作为上

① 伏克马尔：《耶稣的宗教及其最初发展》，第 265 页，说这故事是指耶路撒冷被毁灭以后，犹太人及犹太基督徒都必须向罗马人缴纳的丁税而言，因此，他认为，由此而产生的问题是：外邦基督徒是不是也应该纳这种税？但如果是这样的话，就像缴纳税金的事例那样，经文中就应该把它说成是向罗马皇帝缴纳的税了。如果把犹太人向圣殿缴纳的税当作后来向罗马国库缴纳的丁税，那可是太荒唐了。

② 英译本误作第 36—40 节。——译者

帝代表的弥赛亚，有权力制止海的狂暴。

只有当我们把船、门徒和耶稣一齐加以考虑的时候，才能对这篇故事有完全的理解。在这篇以及另一篇故事里，教父们从对风浪的搏斗中看到了基督教会的形象，暴风和狂涛表示教会在世上所要遭受的袭击。以对犹太教的渊博知识而闻名的一位学者经过刻苦钻研后指出，这种象征主义并不是首先从我们所考虑的这一故事发展到基督教思想中来的，而是老早就存在于犹太人中了。
亨斯吞贝格（Henstenberg）[1]曾引人注意到《诗篇》第 107 篇把从 243
被掳之地归回的人民比作一个航海遭遇风浪袭击的人幸运地被耶和华救到岸上的做法。那里说（第 25 节，第 28—30 节），他一吩咐狂风就起来，波浪也掀起。“他们在苦难中哀求耶和华，他从他们的祸患中领出他们来。他使狂风止息，波浪就平静。风息浪静，他们便欢喜，他就引他们到所愿去的海口。”亨斯吞贝格认为，正是在考虑到这篇诗及其象征性意义的情况下耶稣才决心实行这一平息风浪的神迹，以便确切预示在其教会所处的各种艰难危险中他将为安慰他们提供保护，直到世界末了。亨斯吞贝格甚至还一般地说，主在《新约》里的象征性行为通常都是以《旧约》的形象为依据。只要把目前所讨论神迹也包括在所谓的象征性行为之中，我们的意见同亨斯吞贝格的论点完全一致，尽管我们所理解的意义和他稍有不同。亨斯吞贝格的意见是一位《旧约》作者凭灵感写下的一种形象，后来这一形象由耶稣实现了，与之相反，我们认为，这类形

① 在其为 1861 年《福音教会新闻》写的《前言》里，第 4 页往下。参看其《约翰福音注释》，I，第 352 页往下。

象在较晚传说中被虚构成实际并未发生过的那样的行为。

从保罗的书信中我们得知，当初期基督徒聚到一起的时候，他们惯常做一些包括用诗篇和灵歌彼此训勉之类的事情(《哥林多前书》第 14 章第 26 节;《以弗所书》第 5 章第 19 节;《歌罗西书》第 3 章第 76 节)。《使徒行传》(第 4 章第 24—30 节)还给我们保存着这样一首倾吐衷曲的篇章，虽然在其他方面是任意的创作，却是以所用的《诗篇》经文(《诗篇》第 2 篇第 1 节往下)为中心。毫无疑
244 问，整部《诗篇》都被歌唱并应用到基督徒遭遇上了。为此目的，没有比亨斯吞贝格所指出的《诗篇》第 107 篇更合适的了。根据第二节，据说应该把主从敌人手中所救赎的，从各地，从东从西，从南从北所招聚来的，理解为是指主从东从西，从南从北，招进天国的基督徒而言(《马太福音》第 8 章第 11 节;《路加福音》第 13 章第 29 节)，他们就是主从敌人(现在指魔鬼及其同伙)手中救赎出来的人(《路加福音》第 1 章第 74 节)。但往下去《诗篇》里还讲到了那些聚在一起的人从狂风怒涛中得救的事。现在这些狂风怒涛也不再认为是指古时上帝小民的不幸遭遇，而是指弥赛亚的新教会早期所经历的迫害，他们所呼吁，为他们平息风浪的主，也不再是耶和华而是基督了。这样，我们就达到了一个转折点，一个由形象几乎必然变成故事的转折点，而且是必然变成了神迹故事。耶稣曾经是一度实实在在生活在世上的人:因而平静风浪就被认为是他的一项实实在在的行为，那些被他拯救的人就是他的使徒们，也就是当他旅居世上时在他周围的那群人。正如上面说过的那样，当耶稣和门徒在一起的时候，他的确在加利利海上经历过一场风暴，他先是睡得很熟，后来被叫醒过来，表现得很泰然自若，这些都是可

能的，但以《诗篇》那段话和早期基督教象征主义为基础的关于他的神话故事，不管有没有真实生活中的事实为联系点，仍然是可能
发生的。因此，我们不得不宣称，福音书里的这一神迹故事显然是 245
虚构的，同时，对于故事的其余部分，至少我们也无法保证其会具历史性。

不管这一故事由于其比喻意义所提供的安慰对于早期基督教有多大价值，它仍然有一个缺点，当耶稣和他们同在一条船上的时候，灾难临到了门徒的头上。当主和教会同在的时候，教会能受到灾难的袭击吗？他诚然是在睡觉，但以色列的保护者是也不打盹，也不睡觉的(《诗篇》第 121 篇第 4 节)除非基督不和教会同在；否则任何灾难都不可能降到教会的头上；主是和教会同在直到世界末了的(《马太福音》第 28 章第 20 节)；不过那是指精神方面而言，从身体方面说，主已经离开教会了，为了筛选和试炼教会，他任凭她同世界进行斗争。但即使如此，主的臂膀也并没有缩短，当信他的人遭遇最大灾难时，他仍然能够帮助他们——他们指望使自己确信，并从神迹故事中看到的正是这一点。这次(《马太福音》第 14 章第 22—33 节；《马可福音》第 6 章第 45—52 节；《约翰福音》第 6 章第 16—21 节)是门徒单独上了船，耶稣没有和他们在一起；关于耶稣为什么落在后面的一种相当牵强的解释是说在施行神迹叫众人吃饱之后他必须打发他们散开。办完这件事之后他就独自上山去祷告；据马可说，正是从那里耶稣看见了马太所记这其间发生的事情：夜幕降临之后，船行在海中，门徒因风不顺，正在同风浪搏斗。他让他们搏斗了一会儿，约夜里四更天，天快亮的时候，才去帮助他们。据福音书记载，耶稣曾不止一次(《马太福音》第 24

章第 42 节;第 25 章第 6 节),有一次甚至还直截提到一夜可分四
246 更,作为门徒必须时时警惕的理由,因为他们不知道主什么时候来,或是在晚上,或是在半夜,或是在鸡叫时,或在早晨(《马可福音》第 13 章第 35 节)。同样,他什么时候出现进行帮助,也没有人知道;他也可能像这次一样,在最晚时刻,四更天的时候,前来帮助。

但是,没有船耶稣怎能从岸边到在海当中行船的门徒那里去帮助他们呢?这一点也是难不了弥赛亚的;问题只是他行什么最适当的神迹到他们那里去而已。北极地区居民(Hyperborean)[①]阿巴利斯(Abarus)[②]赖以飞越江湖河海的飞行术(Schwebe)在希伯来传说中还没有见到过,在初期基督徒传说中则被认为是邪恶的术士西门的作为。《旧约》里行神迹的英雄们,当他们想渡过一片汪洋大水时,总是在手里拿着一根杖,只需将杖向水一伸,水就开了(《出埃及记》第 14 章第 16 节)或者手里拿着一件外衣,用外衣打水,也就行了(《列王记下》第 2 章第 14 节);在其他场合,如招约柜的祭司那样,只要脚一站在水里,水就断开了(《约书亚记》第 3 章第 13—17 节),这样一来,他们就可以像行在路上一样,通过干地走过去了。不幸的是,摩西,约书亚和以利沙故事中的这些众所周知的资料,却无法应用在当前的事例上。耶稣并没有想到对岸去而只是想登到行驶在海面的一条船上,使海底干涸行走在其上面是无济于事的,唯一的办法就是从水面上走过去。对于任何

① 希腊神话地名。——译者

② 希腊神话人物。——译者

事都难不倒的弥赛亚来说，除了这一办法外，实在再也想不出任何其他更适当办法来了。这是耶和华自己的方法，当以色列人渡红海的时候，耶和华自己在他所做的火柱中做他们的后卫，这件事有时曾被以文学语言描述成他步行在海浪之上而不是行走在海浪之 247
中。当《以赛亚书》(第 43 章第 16 节)说，“耶和华在沧海中开道，在大水中开路”的时候，我们还是以摩西的故事为立足点；但当诗人宣称(《诗篇》第 77 篇第 2 节)[①]“你的道在海中，你的路在大水中，你的行踪无人知道”的时候，从最后一种描述到《约伯记》(第 9 章第 8 节)说：“耶和华步行在海浪之上”，或者，根据希腊文译本，“耶和华行走在海上如同行走在坚实的干地一样”，就只有一步之差而已。说弥赛亚也像耶和华一样行走在海浪之上的确是最适当不过的事情。

我们在这里不得不略提一下几个福音书作者在这篇故事中所现出的各自的特点。前面已经提到过，马可说耶稣从山上看到船在海中行驶。尽管此时夜幕已降，看东西有一定困难，这句话还不是完全站不住脚。更可疑的是(第 48 节)，“在夜里约有四更天，就在海面上走，往他们那里去”这句话之后，这同一作者又加上一句说“意思要走过他们去。”当艾瓦尔德认为[②]，这些话只能意味着耶稣将从海上到门徒那里去而不可能有任何别的意思的时候，他只是说了他希望马可会说的话；但实际马可并没有这么说，而是说耶稣意思要走过他们去。而且如果不是门徒喊叫起来令耶稣注意到

① 德文原著为“第 77 篇第 20 节”，但中、英文《圣经》均在“第 77 篇第 19 节”。——译者

② 《前三福音书》，第 262 页。

他们，他是真会越过他们去的。从耶稣一开始注意到门徒的痛苦到他终于动身到他们那里去，本可以把耶稣行在水上的目的理解为就是要到门徒的小船那里去，但由于又添上了这样一句话，人们就得到了另外一层意思，那就是耶稣有意让门徒自己去解决问题，
248 而他本人则是要到对岸去，因为耶稣能够从水面上到对岸去就像别人能绕岸边去一样。从这一观点来看，耶稣在海面上行走就不像是专为行神迹而采取的动作，而仅是一件平凡的日常行动，他也成了一个我们所不熟悉的，完全超自然的人，一个热衷于耶稣这样性格的福音书作者，对我们来说也决不可能是原始福音书作者。

此外，在《约翰福音》的相应的经文里，我们也发现了与此相类似的值得注意的特征。描述了门徒动身之后，作者继续说（第 17 节）"天已经黑了，耶稣还没有来到他们那里"。是不是门徒期待耶稣会到海当中他们那里来呢？只有在耶稣曾应许到他们那里去的情况下，他们才会期待他，但并未说耶稣做过这样的应许，而且如果那样的话，耶稣来时他们就不会害怕了；或者，如果这类经文，像《马可福音》附加语所设想的那样，对他是一种惯用语，情况也是一样。从此我们可以再次看出一种迹象，第四福音书作者在神迹故事方面是乐于按照第二福音书作者的样子行的。

当耶稣来到船跟前，门徒的最初惊恐由于耶稣说"是我"而安定下来的时候，《马太福音》里记下了它所特有的关于彼得的一个插曲，彼得似乎想要证明一下在水上向他走来的不是一个幽灵而真正是他所自称的那位，要求也让他能从水上走到他那里去（同时还要求赐他能力能够做到这一步）。耶稣吩咐他来，彼得试着走去暂时获得了成功，但由于风浪很大，就惊恐起来，开始往下沉，求主

救他。耶稣对他说，“你这小信的人哪，为什么疑惑呢？”同时，伸手拉住他[1]，把他带到船上。不管怎么说，马太所加的那句话是很有
见地的，同我们刚才谈到的马可的那种过分不近情理的话很不相 249
同。艾克尔曼(Eckermau)告诉我们，歌德[2]曾把这一故事看作是一篇最美妙最有价值的传说。因为它说明了一个人只要有信心和勇气，即使在最困难的处境中也能获胜，另一方面，如果心中发生了丝毫犹疑，就不可避免地要失败。但如果要追根穷源，就得回到《旧约》去，尤其是要研究以色列人过红海的历史。那里把安全地渡过红海的以色列人同追赶他们却被回涨的水淹死的埃及人进行了对比。为什么呢？《希伯来书》作者(第 11 章第 29 节)说，“他们(以色列人)因着信，过红海如行干地，埃及人试着要过去就被吞灭了。”他们被淹死，是因为他们没有信心；就如彼得这次几乎被淹死，也是因为丧失了信心一样。如果想要在耶稣周围的人中，找到一个像摩西所记，由于不信几乎淹死的人的话，那么，在危急关头，由于丧失信心，几乎淹死的彼得就是一个很好的例子，只是由于耶稣的代求，他才得保存下来(《路加福音》第 22 章第 31 章往下)；他并没有像埃及人那样真的沉下去，只是开始要沉下去就被耶稣救上来。第二福音书和第三福音书作者略去了这一插曲，就像他们略去了许多别的特别关于彼得的事一样。只有第四福音书补篇的作者，由于上面已经阐明的同彼得有较多关系的原故，主要以另一种方式，把上面讨论过的同故事有关的情节一并记了下来[3]。

---

① 此句英译本漏译。——译者

② 《同歌德的谈话》，11，263。

③ 参看本书第 69 节。

按照马太和马可的说法，耶稣现在上船参加到门徒中间，风立
250 即平静了，他们一同行完了余下的旅程，来到了海的对岸。这一段距离是相当可观的，因为当耶稣行神迹从海上走到他们那里去的时候，门徒才到海的当中。另一方面，根据第四福音书作者的说法，门徒虽然想把耶稣带上船，但因同时发现他们已靠近他们所要去的海岸（第 21 节），因此耶稣并没有上船[①]。这样，马可所说他想要打算做的事，即走过门徒到海那边去，在《约翰福音》里就做到了。耶稣没有乘船，就来到了海的对岸，而且还很可能用神迹加速了船的进程[②]。因此，在这件事上，第四福音书作者也效法了第二福音书作者的榜样，对神迹作了夸大的描述。但像许多其他事例一样，至少在我们时代，其结果同他所希望的正好适得其反。因为他说耶稣在船近岸的时候才和门徒们相会，甚至那些相信约翰的神学家们[③]也被老保罗斯的精神所唤醒，由此得出结论，耶稣并没有从海面上穿过去，而是绕道北面陆地沿着海岸过去的。在晨雾

① 施特劳斯在这里说，根据《约翰福音》第 6 章第 21 节，耶稣并没有上船，这似乎和事实不符。按希腊原文，《约翰福音》第 6 章第 21 节为："῎Ηθελον οὐν λαβεν είς τὸ πλοιôν..."（他们欢欢喜喜地接他上了船……）德文《圣经·约翰福音》第 6 节第 21 节为"Da Wollten sie hn in das Schiff nehmen..."也是同样意思。其他如英文《圣经》钦定本译为："Then they willingly received him into the ship..."中文《圣经》译文："门徒就喜欢接他上船……"等，也莫非如此。如果把希腊文的 ἐθέλω 和德文的 Wollen 作"想要"(Shall or Will)解，则耶稣既未上船，下文似也应有明确多代，但并没有这样的交代，而仅是说，"船立时到了他们所要去的地方"。至于作者所说"参看迈尔《注释》一语。"因目前无法找到迈尔原著，只有俟诸异日。——译者

② 参看迈尔关于该段经文的《注释》。

③ 布利克：《文集》，1，第 103 页往下，同格弗洛勒尔的《神圣传说》，1，第 218 页往下，有引人注目的一致之处。在这件事上，以及在所有这类的遁辞上，施莱马赫在其《耶稣生平演讲录》里都作出了先例，尽管他是附带提及的。

中只是自以为看见耶稣在水面上行走，连约翰也没有像别人那样说耶稣在海面上行走，而仅仅说门徒们看见他在水上行走，但这一点也不意味着他们只是想象自己看见了他，而是同两个共观福音书作者所说的完全是一回事。如果耶稣以自然方式到门徒那里去，则整个故事有什么意必就很难料想了。

第四福音书作者的意图并不是要描述耶稣以自然方式渡到海 251
那边去，这是从他不厌其烦地描述群众力求了解耶稣以什么方法渡过去这件事上清楚地看得出来的。当在海东岸为了吃饼鱼得饱。聚拢在耶稣身边的群众第二天早晨发现他不在当地的时候，他们估计(1)他不可能已渡到海那边去，因为(a)他并没有和门徒一同上船，(b)那里也没有别的渡船。但(2)他也不可能沿岸边过去，因为这些由水路过去的群众一到那边就看见耶稣已经在那里了(第 25 节)，如果他绕岸边过去的话，是不可能如此之快的。这样一来，一切自然度过的方式就都排除了，剩下的就只有一条超自然渡过的方法了，而这正是群众向耶稣发出惊异问题：拉比，是几时到这里(西岸)来时他们自己得出的推断。为了使关于耶稣迅速渡到海那边的探询有实现的可能，该福音书作者提供了“几只别的小船”，就是他从马可(第 4 章第 36 节)耶稣平静风浪故事中得来的几只小渔船，但是，这样的小船就是再多一些也不足以把三千男人连同他们的妻子小孩渡到海那边去。所以，约翰在这里又记述了一个神迹，凡是不能相信他的话而同时却认为约翰是目睹见证人的人，除了同哈斯一道承认这次又不在场外无别路可走。这也就是说，在第四福音教派的理论里又出现了第二个漏洞……其实，

在这一派理论里的漏洞已经够多的了。[①]

252 79. 饼鱼神迹

在同一诗篇里，还用海上风暴作比喻，描述以色列人被掳时期所遭受的苦难，用耶和华平静风浪为比喻，描述他们在苦难中获得了保全。在这篇诗的一开始我们还发现，同一思想用饥荒表达出来，耶和华拯救他们脱离了饥荒的灾难。它说(《诗篇》第107篇第4—7节)“他们在旷野荒地漂流，寻不见可住的城邑，又饥又渴，心里发昏。于是他们在苦难中哀求耶和华，他从他们的祸患中搭救他们。又领他们行走直路使他们往可居住的城邑。但愿人因耶和华的慈爱和他向人所行的奇事，都称赞他。因他使心里渴慕的人得以知足，使心里饥饿的人得饱美物。”

但正如我们从试探故事可能记得的那样，旷野的饥荒，不仅是比喻的说法，也是指真正的饥饿而言，自从以色列人民出埃及以后，在他们所经历的各种试炼中就有饥饿一项，耶和华怎样从饥饿中拯救他们也是希伯来古代历史中所描述的最著名的神迹之一。他曾用吗哪代替饼给他们吃，当他们想吃肉的时候，给他们鹌鹑。根据《申命记》第18章第15节拉比注释原文“正如第一位救主怎样，后来的救主也怎样”。人们期待着弥赛亚带来新的吗哪作为礼物。[②]

在饥荒时期，先知们也曾借助他们为救援人民所行的神迹证

---

① 《耶稣传》第75节，并参看第74节。

② 参看引自《米德拉施·柯希莱特》的原文，本书中译本第一卷第204页(页边码)。

明他们所担负使命的神圣性。当亚哈王在位的大干旱年代，以利亚住在撒勒法的一个寡妇家里。耶和华眷顾他的先知，行神迹使 253
寡妇坛内的面不减少，瓶里的油不短缺，直到饥荒过去为止(《列王记上》第 17 章第 7 节往下)。同样，在先知以利沙的日子里，和他在一起的一百个先知门徒，生活贫困，由于耶和华的话，二十个大麦饼和一些新谷穗就足够他们吃饱并且还有剩下(《列王记下》第 4 章第 38 节，第 42—44 节)。

就这样，在先知故事中，随着环境的变迁，神迹形式也发生了很大的变化，不再有新的食物从天降下，而是利用地上普通的营养品，使之能维持更多时间或供更多人食用。因此，很明显所期待于弥赛亚的，除了以严格的摩西形式出现的神迹以外，还可能以一种和先知故事联系着的另一种形式出现的神迹，就是很自然的事了；这也就是说，希望弥赛亚[①]运用其神异能力，使业已存在的食物，在数量上有所增加；不过，为了显示弥赛亚比先知更优越，他必须能以更少的食物使更多的人吃饱。

弥赛亚施行神迹满足人们对于食物的需求虽被认为是理所当然的事情，但这种食物，不是以吗哪自天而降的形式，而是以擘饼的形式出现，则是由于另一种考虑。基督新教会的最重要礼节是擘饼[②]。使徒彼得五旬节讲演以后，初期信徒聚集到一起擘饼、祈

---

① 在上述引自《米德拉施·柯希莱特》拉比注释的那段话里，《诗篇》第 72 篇第 16 节被认为是指后来的救主所要提供的吗哪而言。该诗预言在所歌颂的君王掌权的日子里，大地必将五谷丰登，而按这里的拉比注释，该诗所歌颂的君主则是指弥赛亚而言。(请参看《当代圣经·诗篇》第 72 篇第 16 节的译文。——译者)

② 即圣餐。——译者

254 祷(《使徒行传》第 2 章第 42,46 节),去以马忤斯(Emmaus)的门徒在擘饼的时候,认出了复活后的耶稣(《路加福音》第 24 章第 30,35 节);据说,耶稣完全像最后晚餐时那样,拿起饼来祝谢了、擘开、递给门徒。保罗在讲到(《哥林多前书》第 10 章第 8 节)摩西领导下的以色列人时说,他们都在云里海里受了洗,并且都吃了一样的灵食,喝了一样的灵水。他认为吗哪和盘石出的水都是预表主的晚餐里的饼和酒,正如他认为云和海的润湿预表基督徒受洗一样。基督徒彼此之间谈论耶稣在世最后一个晚上设立最后晚餐时的情况,但他们也承认晚餐是和摩西时代的吗哪相对应的,而且还具有一种神奇筵席的性质:这就是福音书故事里饼鱼神迹的根源。从一方面说,饼鱼神迹所具有的特征,没有一样不能从摩西和先知的神迹中找到;从另一方面说,它又是圣晚餐的原型。

摩西五经记事的一个特点就是它把以色列人吃鹌鹑的事叙述
了两遍。吃吗哪(manna)的事也叙述了两次(《出埃及记》第 16
章;《民数记》第 11 章)。看来在福音书里也认为有必要模仿这一
特色,不管怎样,前两部福音书就把以饼饱众的事分别叙述了两
回。这两回叙事,每回大体上都相似,只是在细节上略有不同(《马
太福音》第 14 章第 13—21 节,第 15 章第 29,32—39 节;《马可福
音》第 6 章第 30—44 节,第 8 章第 1—10 节)。第一回是耶稣退至
加利利海东岸的旷野地区,第二回是退到加利利海附近的山上,这
255 地方也被称为旷野。第一回群众整整一天和他在一起直到晚上,
第二回群众一连三天和他在一起;第一回不算妇女和儿童,单群众
就有五千人,第二回群众有四千人;第一回是门徒首先向耶稣建议
趁早叫群众散开,以便他们好买食物吃;第二回是耶稣对门徒说,

他不能打发众人饿着肚子回去；第一回是五饼二鱼，第二回是几个饼几条鱼；第一回剩下的饼有十二个篮子[①]，第二回剩下的零碎装满了七个篮子。但除此以外的每件事，例如由于待得过久而使群众受到威胁的饥饿、门徒对于没足够的食物使群众吃饱所怀的疑惧、耶稣所发关于手头有多少食物的问题、吩咐群众坐下、祷告、分饼众人都吃饱了、把剩下的收拾起来。所有这一切大意都完全相同，有的甚至还用了同样的词句。但是，在这两部福音书里都明确地说这两个故事是两件不同的事情（《马太福音》第16章第9节往下；《马可福音》第8章第19节往下）。当然，这种情况很难说是对于《旧约》的二重记述的刻意模仿，但却很可能用同一原因加以说明，那就是第一福音作者像摩西五经的编者一样，在两种原始资料中发现了对于同一件事在不同情况下的两种略微不同的记述，因而把同一故事的两种记述误认为是两个故事，并毫不踌躇地把它们紧挨着记了下来。马可模仿了马太；路加则像其他类似情况那样略去了第二故事，只记了第一个故事（第9章第10—17节），而约翰则按照其特有的做法，把两个故事的特征合并为一个故事记了下来（第6章第1—15节），从第一故事里采用了五饼二鱼、五千
人和剩下十二篮子的说法，另一方面，像马太和马可在第二故事里 256
所做的那样，把故事发生的地点说成是山上，并像后者一样，把场面的打开说成是由于耶稣同门徒的对话，并在其叙述的末尾，像第二共观福音书那样，加上了要求从天上显个神迹和彼得承认耶稣的事（第6章第30节往下，第68节，参看《马太福音》第16章第1，

① 英译本误作十二个饼。——译者

16 节)。

如果在发表了这些初步意见之后,再进而考察故事的各个细节,我们就会发现地点在远离人类聚居地的神迹发生地旷野,一方面既说明了施神迹的理由;另一方面,像(耶稣)受试探的故事那样,也早已包括在摩西的预表[①]范围之内。时间在当天的夜晚,的确也为将要发生的事提供了理由,但它不是指向过去摩西的预表,而是指向后来的基督教故事。门徒的方式是提醒耶稣注意到时间已晚,作为遣散众人的理由,而耶稣却选择了另一可供选择的方式,要使众人吃饱。这个禁令我们想起去以马忤斯的门徒因为时候晚了,日头已经平西,请求耶稣和他们同住,以及以后所发生的上面提到过的擘饼的事(《路加福音》第 24 章第 29 节);同时它也令我们想起耶稣晚上同十二门徒一起吃逾越节筵席和设立圣晚餐的事。耶稣的爱筵和神迹就是一次晚餐。

不管这次神迹是像共观福音书第一个故事所记的那样是由门徒的建议所引起的,或者像第二个故事那样是由耶稣因群众同他在一起已三天没有足够食物而对他们表示怜悯所引起,都没有什么困难。另一方面,照第四福音所记,耶稣一看见群众到他跟前
257 来,就能够问腓力说,"我们从哪里买饼叫这些人吃呢?"则是很难理解的。群众到他跟前来,并不是为了吃,根据福音书作者自己的说法,而是因为看见他在病人身上所行的神迹,根据约翰自己的记述,在什么都没有发生,也没有任何必要以前,耶稣是没有必要照

① "摩西的预表"或译"摩西的典型","预表"是宗教术语,"典型"则为一般译法;英文为 Mosaic type;德文为 mosaische Vorbild。——译者

顾他们的身体的需要的。其实，当我们读到福音书作者的补充说明，说耶稣说这话是要试验腓力的时候，我们倒很可能把它理解为同当耶稣在撒马利亚的雅各井旁，门徒从城里带来食物叫他吃的时候耶稣对门徒所说的话具有完全同样的意思。当时耶稣对门徒说，“我有食物吃，是你们不知道的”。门徒把耶稣的话，理解为是指真正的食物而言，以为当他们不在的时候，也许有人把东西给他吃了，而其实耶稣所说是指遵行上帝旨意，做成他的工作而言（《约翰福音》第4章第31—34节）。因此，我们可能认为，这次耶稣的心意，也是指给众人精神食物吃而言，而腓力的回答，“就是二十两银子的饼，叫他们各人吃一点也是不够的”，只不过是《约翰福音》所经常有的误解之一罢了。其解决办法就在于《约翰福音》第六章后面所阐明的上帝把逻各斯作为生命的粮赐给了人们，但正如《约翰福音》里所经常发生的那样，这种向精神领域的飞跃遇到了拦阻，使它又回到了地上来。尽管引进了理想主义成分，物质神迹却仍在全力以赴地继续进行着，后来又对其进行改造并赋予以精神特征。但该福音书作者从一开始就抱有这种理想主义的观点；正因为他知道他最终打算做的是什么[①]，所以他才能终于在无损于以饼饱众故事自然真实性的前提下，使其成为逻各斯是人类精神食粮的象征，正因为故事中的物质成分对他来说是显而易见的，他才说耶稣从一开始就提出了这个问题，如果我们不能设身处地置身于作 258
者的观点之上，我们就不可避免地要把它认为是荒诞不经之谈。

① 正如他谈到耶稣时所说（第 6 节）：αὐτὸς γὰρ ἤδει τί ἔμελλε ποιεὶχ（他自己原知道要怎样行）。（此注英译本漏译。——译者）

在第一个以饼饱众故事里，门徒反对耶稣要他们给众人吃的话说，他们所有的食物很少，在第二个以饼饱众的故事里，他们反驳耶稣所说不能打发众人饿着肚子回去的话说，在旷野里，从哪里得饼叫这些人吃饱呢？这些话同每一个叙述神迹故事的人为了突出故事的重要性所爱用的话属于同一类型，但同时也是在摩西和先知故事里所早已预表过的。耶和华对摩西说，他要把肉给发怨言的百姓吃，整整一个月，直到他们厌腻为止。摩西反对耶和华话的根据是百姓人数太多，时间又那么长，肉的需要量很大（《民数记》第 11 章第 21 节往下）。同样，当先知以利沙吩咐他的仆人把二十个大麦饼给先知门徒摆上时，他遭遇的反驳是：这一点岂可摆给一百人吃呢？（《列王纪下》第 4 章第 43 节）这里，第四福音书作者又模仿了第二福音作者的话。只有这两部福音书里门徒提出了要使众人吃饱所需要的总钱数毫无疑问，二十两银子已经超过了门徒的库存。马可说，无论如何，至少需要这个数目，而约翰则说，连这个数目也不够使每人吃一点的。另一方面，在其他福音书里说谈话是耶稣同门徒之间进行的，而这里则说是耶稣同腓力和安
259 得烈之间进行的，并且还引进了一个带着饼和鱼的童子来，正如我们已经熟知的，这也是第四福音书所特有的一种绘影绘声的生动描绘手法。

手中现成的食物主要是饼，这部分地是由于教会传统，部分地是由于摩西和先知书的典型。吗哪代表饼，经常就是这样说的。饼以最便宜的大麦饼形式出现，而且只有约翰提到这一点，这一事实可能表示来源于以利沙的故事。除了饼以外，还加上了一种肉为副食品，这种情况也是和摩西的先例符合一致的，除吗哪外，还

给百姓鹌鹑吃；在福音书故事里是以鱼为副食品，这可能是由于记忆中的好发怨言的百姓抱怨说他们在埃及的时候，不花钱就有鱼吃，和摩西说过，要使这么多的人吃到肉，除非把海中所有的鱼都聚了来，不过这种推论是不大能令人满意的。如果我们考虑一下我们已经注意到的另一个预表基督的晚餐，鱼和肉类副食甚至会更令我们感到奇怪。由于门徒经常到荒野去，的确，除饼以外再带着酒，对于他们这种生活方式是很不相宜的，因此，在饼鱼饱众的故事里，其他饮食成分没有得到表示是可以理解的，不过，从这种观点来看，鱼从哪里来这个问题，仍然是个谜。撇开晚餐不谈，如果假定这种神迹传说起源于加利利，鱼是地方特产之一，因为在这种滨湖地区，鱼是百姓的一种主要食物，耶稣曾用吃烤鱼的方法，向怀疑他的门徒证明他的确是复活了。此外，我们还记得，有的使徒确确实实就是打鱼人，而所有使徒在比喻意义上，全都是打鱼 260
743
人，因此，把鱼和饼联系起来，就是最容易理解的事了。

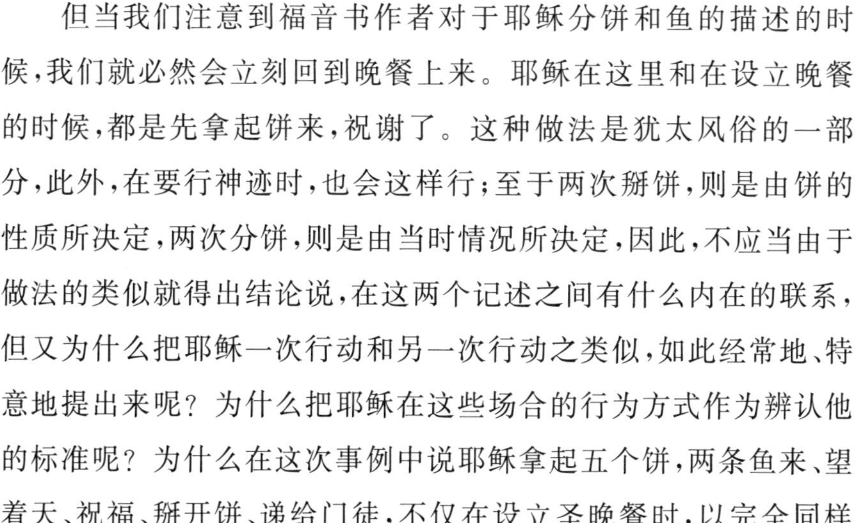

但当我们注意到福音书作者对于耶稣分饼和鱼的描述的时候，我们就必然会立刻回到晚餐上来。耶稣在这里和在设立晚餐的时候，都是先拿起饼来，祝谢了。这种做法是犹太风俗的一部分，此外，在要行神迹时，也会这样行；至于两次掰饼，则是由饼的性质所决定，两次分饼，则是由当时情况所决定，因此，不应当由于做法的类似就得出结论说，在这两个记述之间有什么内在的联系，但又为什么把耶稣一次行动和另一次行动之类似，如此经常地、特意地提出来呢？为什么把耶稣在这些场合的行为方式作为辨认他的标准呢？为什么在这次事例中说耶稣拿起五个饼，两条鱼来、望着天、祝福、掰开饼、递给门徒，不仅在设立圣晚餐时，以完全同样

的话，说他拿起饼来，祝福，掰开，递给门徒(《马太福音》第 26 章第 26 节)[①]；而且复活后，在加利利海滨，耶稣也是拿饼和鱼给他们(《约翰福音》第 21 章第 13 节)[②]；复活以后，在以马忤斯同门徒在
261 一起的时候“耶稣也是拿起饼来，祝谢了，掰开，递给他们。”正是由于这种“掰饼”，一直到那时不认识耶稣的门徒才认出他来(《路加福音》第 24 章第 30 节往下，第 35 节)。因此教会的成员们最欢喜想到的事就是耶稣从事这样的活动；耶稣继续生活在圣餐礼节之中。除了创立圣餐礼的行动之外，部分地在耶稣复活后的生活中，部分地在他的自然生活中，所经常提到的就是耶稣的这类行动。在饼鱼故事里有一点比设立圣晚餐本身还更准确地预表了原始基督教的晚餐礼。在设立晚餐的时候，耶稣只是和他的门徒在一起，所以他把饼和酒只分给门徒，而在最古的教会里，晚餐礼却是分两个层次进行的，先由主持人把饼和酒分给执事，再由执事们分给会众[③]，同饼鱼故事里的做法完全一样，耶稣先把饼和鱼分给使徒们，再由使徒们分给众人。

尽管说饼鱼故事和晚餐故事之间有相似之处，但饼鱼故事里并没有酒，这一点可由原始基督徒守圣餐礼有时也单纯被描述为“掰饼”的情况予以说明(《使徒行传》第 2 章第 42，46 节，第 20 章

---

① 关于鱼，《马可福音》(第 6 章第 41 节)说：καὶ τοὺς δὺο ἰχθὺας ἐμέρισε πασι(也把那两条鱼分给众人)正如《路加福音》第 22 章第 17 节关于耶稣把杯分给门徒时则说：λάβειε τοῦτο，καὶ διαμερίσατε ἑαυτοῖς(你们拿着这个大家喝)。

② 这里的 καὶ τὸ ὀψάριον ὁμοίως[(分)鱼也是如此]不禁令我们想起贾士丁的《卫道篇》，1，66 里的：ὡσαύτως καὶ τὸ ποτήριον，设立晚餐故事里的 καί τὸ ποτὴριον ὁμοίως〔(分)杯也是如此〕《路加福音》第 22 章第 20 节，《哥林多前书》第 11 章第 25 节。

③ 贾士丁·马特尔：《卫道篇》，1，65。

第 7 节)。饼总是每顿饭的实质部分。这里的情况,像《约翰福音》第 21 章一样,伴着饼一起吃的是鱼而不是酒,这可能同古时基督教的共餐(gemeinsame Mahlzeiten)即所谓的爱筵(agape)有联系,指的是在晚餐的简单成分外还可能有鱼;因此,饼鱼故事不仅同狭义的晚餐有联系,也同包括晚餐在内的,基督教的一般风尚,爱筵, 262
有联系。基督之爱的性质非常广泛,在这些筵席上,教会的穷苦成员也都得到饱足,在饼鱼饱众的故事里,所表现的也是这个意思。由于基督神异大能,结果,所有的人都得到了饱足。也许这一特点还能从原始基督教会餐的风尚得到说明。路加在第一回饼鱼饱众的故事里说,众人按五十人一排坐下,马可说,众人就一排一排的坐下,有一百一排的,有五十一排的[①]。这可能是暗指一大群众人,在赴爱筵的时候,分成一伙一伙就餐而言。

饼鱼饱众故事意味着一个神迹,从耶稣把五个或七个饼掰开和两条或顶多几条鱼分给众人,利用这些就使四千或五千人连同他们的女人和孩子不仅吃饱了,一次还有十二个篮子,另一次七个篮子的零碎剩下,也就是说,剩下的比原有的还多这一事实,明确地看得出来。但并没有说明神迹究竟发生在什么时候。施莱马赫认为一个目睹见证人一定会把这一点说得很清楚,我们说,的确是这样,如果一桩不可能的事还会有见证人的话。如果我们想把这桩事弄明白,特别是把饼鱼神异般增多的时候弄明白,我们就会看出,在食物进入众人的口腹之前必须经过三道手:第一道是耶稣的

① 此处德文原著为:Marcus theils zu funfzig,theils zu hundert sich niederlegen lässt,英译本不仅漏译了马可,而且整个译文也与《圣经》原文不符。——译者

手，第二道是使徒的手，最后是吃饼的众人之手。神异的增多可能发生在这三道手续的任何一道之中。如果五个饼的碎块在没有到
263 达五千多人手中之前没有增多的话，那么，门徒分给众人的一定只是他们小心翼翼捧着的一点点碎屑罢了。这样一种卑鄙小气的意想肯定并非福音书作者的心意。因此，这种增多只能发生在耶稣的手中或者使徒的手中，而看来发生在那位举目望天并为这少量食物祝谢者的手中同故事的精神最为吻合。不妨设想这种增多是以下面两种方式之一进行：当耶稣分完一个饼或一条鱼时，从他手中又产生了一块新饼或一条新鱼；或者当五块饼中的每一块饼，两条鱼中的每一条鱼在耶稣手中时都在他手中增长起来或抛出一块新饼或一条新鱼来，直到五分之一的人吃饱了饼时，另一块饼也这样变下去，当二分之一的人吃足了鱼时另一条鱼也这样变下去。由于约翰像其他作者的意思那样，也说篮子里的零碎是把五个饼剩下来收集到一起的，按照他们的意见，饼的数量的增多，一定是按照最后描述的方式进行的，因为如果是按照第一种方式增加的话，零碎就不可能从五个饼得来，而是各个饼自己增多起来的。

但不管我们对于神迹有怎样的想法，它总是一种非常荒谬的东西，近代神学不惜付出任何代价把它摆脱掉是不足惊异的。但要想摆脱它，神学家们就应该公正坦率地承认尽管福音书作者所企图描述的是神迹，但他们并不这样相信。因为这类事在福音书里经常一再发生，根本不可能把它们作为历史著作看待。但在有这类问题的地方我们所看到的并不是这种情况，而是一连串的可怜的托词和瞒骗，彼此争胜。在这件事上完全站在保罗斯一方的施莱马赫发现，耶稣在《约翰福音》（第 6 章第 26 节）的话，众人找

他，并不是因为见了神迹，乃是因吃饼得饱，表示饼的增多完全由 264
于一种自然过程。但对于众人所看到的神迹到底是怎么一回事，这些饼发生了什么情况，在这一方面，他比保罗斯更狡猾，更不坦率，避免作任何说明。这是很自然的，因为如果对问题作更仔细的考察。他不可能不发现，连他所谓的目睹见证人约翰，也把这件事看作是个神迹，并把耶稣所说的话理解为是说众人也认为他们所见到的神迹是重要的，但其重要性非不在于它能证明并反映耶稣具有更高能力，而在于它在物质方面有利于分饼使众人吃饱。有一种假设认为，耶稣为了给众人作出把自己东西同别人分享的榜样，不是通过行神迹，而是通过一种完全自然的方式，给众入提供了一顿热情款待的美餐，在群众回忆和期待的影响下，很快变成了一种饼鱼饱众的神迹，根据哈斯的意见[①]，这一假设的唯一障碍只是约翰为目睹见证人这种说法。应当怎么办呢？根据同一神学家的坦率陈述，“一种营养物质，会平白无故地自己增多起来，这种思想是不值得予以认真考虑的。”我们已经知道，一个耶稣传的科学编撰人将会怎么做：他会对这个不受欢迎的所谓目睹见证人不予理睬，何况当耶稣行走在水面上时，（记事的下文紧接着就提到此了，我们在上面已经讨论过）他的出现还会使他处于尴尬局面呢？的确，根据第二、三福音书作者的明确记载（《马可福音》第 6 章第 30 节；《路加福音》第 9 章第 10 节）使徒们，也就是说，被差遣出去的十二个门徒（《路加福音》第 9 章第 1 节；《马可福音》第 6 章第 7 节）在此前不久刚从外边回来；但幻想家约翰一定落后了，当他后

① 《耶稣传》，第 74 节。

265 来见到耶稣并听到谈起这故事时，也未能费心对事件经过作深入考察。据艾瓦尔德说①，现在已不可能对故事原来发生的诱因作准确说明了，他认为故事只不过是，只要把真实信仰同纯正爱心结合起来就能使微不足道的物质手段产生无穷效果这一教条的具体表现。如果像这种解释所暗示的那样，神迹故事的意义只是以一种抽象的道德教训为限，那么，为了使福音故事起源令人易于理解，肯定就需要有一种特殊的客观诱因。在艾瓦尔德的解释里，这一诱因只是某种非物质的虚无。我们这些已经明确地说明这一故事各种特点的人是不负提供这种客观诱因的责任的。

在这些特点之中只有把剩下的零碎收拾起来和篮子的数目还没有讨论过；把剩下的零碎收拾起来，一般地说一方面只是对于吗哪故事的一种模仿。吗哪，不仅是剩下的要收拾起来而且从一开始到最终都是收拾起来的。不过，在以利沙的故事里还有一个更确定的预表。以利沙曾吩咐把二十个饼给一百位先知吃，同时还解释说，“因为耶和华说，众人必吃了，一定还有剩下的”。作者还接着写道，“仆人就把饼摆在众人面前，他们吃了，果然还剩下，正如耶和华所说的”（《列王纪下》第 4 章第 43 节往下）。另一方面，这种把饱众神迹所剩下来的收拾起来的做法，特别是考虑到第四福音书作者所说这样做的原因是“免得有糟蹋的”，不禁令我们想起古代教会对于晚餐饼酒万一损失或落地所怀的那种恐惧心
266 理。② 零碎收拾起来放在篮子里。在一定程度上这是一种当然的

① 《前三福音书》，第 260 页。《基督的历史》，第 320 页往下。

② Tertull. de cor. Mil. 3. Origin in Exod. Homil. xiii. 3.

事情；但吗哪也是收拾起来放在以俄梅珥计量的罐子里的。一个故事说篮子的数目恰好是十二，这个数目可能是从收拾碎饼的使徒人数得来的。在另一个故事里篮子的数目是七，似乎是从故事里的七个饼的数目得来，还可能是由于在行圣餐礼时用七个执事分饼的原故[①]（参看《使徒行传》第 6 章第 1 节往下；第 21 章第 8 节）。在第一个数目以及十二使徒的数目上同时还可能发现有暗指以色列族十二支派的意思；但由于收拾起来放进十二个篮子里的只是吃剩下来的零碎，那些已经吃过的人就被认为是外邦人，这次饼鱼饱众就被认为是外邦人的大晚餐，尽管如此，犹太人的十二支派数目仍然没有减少——这是一个很少读者会对之作肯定回答的问题[②]。

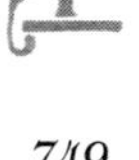

749

80. 变水为酒

在摩西的故事里，除了吗哪或饼的恩赐外，还有与之并列的水的恩赐（《出埃及记》第 17 章；《民数记》第 20 章），由于犹太人的期望，后者也被从第一位救主转移到第二位教主即弥赛亚身上。在比喻的意义上，当谈到精神食粮时，理解之饼和智慧的水曾并行不悖地在一起使用过（《便西拉智训》[③]第 15 章第 8 节）；在《启示录》

① 参看上面引述的贾士丁的那段话。阿利金：《出埃及记讲演录》，xiii，3。

② 路特哈尔特：《约翰福音》第 2 章第 44 节，大意为，耶稣在行神迹的末了，作出这样的吩咐，意思是要他们把剩下的零碎收拾到十二只篮子里；伏克马尔：《耶稣的宗教》，第 232 页往下，假定其为预示外邦使徒职务的虚构。

③ 《便西拉智训》又名《耶稣智慧书》，是基督教伪经（次经）中的一部，主要由箴言、谚语所组成，英名为 Wisdom of Jesus，the son of sirach 或 Ecclesiaticus，德名为 das Buch Jesus Sirach。——译者

里讲到羔羊领跟随他的人到从上帝和羔羊的宝座流出来的生命水泉源那里，这水起着很大的作用（第7章第17节；第21章第6节；第22章第1，17节），就连在《约翰福音》里，耶稣也谈到过他所要给人使人永不再渴的活水（第4章第10，13节往下）。

在其他场合，耶稣更喜欢把他所给人类的东西比作酒，而且比作装在新瓶子里的新酒（《马太福音》第9章第17节）；由于他的生活方式，他曾在许多方面被人拿来同施洗者约翰相比，使他处于不利地位，说他是贪食好酒的人，而施洗约翰却只喝清水（《马太福音》第11章第18节往下）。此外，他还经常把弥赛亚国度的欢乐比作筵席（《马太福音》第8章第11节，第26章第29节；《启示录》第8章第20节），比作娶亲的筵席，弥赛亚就是新郎（《马太福音》第22章第1—14节，参看第9章第15节；《约翰福音》第8章第29节；《启示录》第19章第7节，第21章第2，9节，第22章第17节），使人联想到令人欢乐的酒，而不是令人清醒的水。

约翰的任务是用水给人施洗；在他以后的弥赛亚则用圣灵与火给人施洗（《马太福音》第3章第11节；《路加福音》第3章第16节；《约翰福音》第1章第26，33节）。根据《使徒行传》的记述，圣灵沛然降临在耶稣门徒身上，的确曾表现为火焰的舌头，其结果是嘲笑他们的人把这种现象说他们是被新酒灌满了（《使徒行传》第2章第13节），与此相反，这种现象，乃是圣灵充满的效果。不过，既然这次圣灵充满的结果是给人以新酒灌满的那种火热的印象，反过来说，酒的赐予也就很容易被认为是圣灵的交通了。

施洗者是属于《旧约》的。他用水施洗不过是自从摩西时代以来，犹太人徒然试图借以获得上帝恩惠的法定行为的最后一次洁净礼罢了。在基督里的新要素同旧要素的对比，恩惠同律法的对比，上帝的儿子同摩西的对比，暗示只有在这一系列对比的前一种 268
情况下才能获得满足与幸福，在后一种情况下，除不完全与不满足外，别无他物可得，这已经包含在第四福音书的原则之内了。第四福音书序言的结尾说，“律法本是借着摩西传的，恩典和真理都是由耶稣基督来的。”在这以前还加上一句，“从他丰满的恩典里我们都领受了，而且恩上加恩”（第 1 章第 16 节往下）。人们说得很对，[①]《约翰福音》序言里关于摩西和耶稣，恩典和真理关系所阐明的原则，在迦拿变水为酒的故事里，原封不动地又以事实形式再次表现出来。

如果为了表现耶稣是第二个摩西或神圣智慧的人格化在神奇地赐予食物之外再把一个与之相对应的神奇地赐予饮料的事归之于耶稣，以上所说的各种因素一定会汇合起来使得宁愿把这一饮料表现为酒，而不是其原型，水。还有另外一个考虑使得耶稣不是赐予吗哪而是赐予了饼。不可能说耶稣神奇地赐予食物而不联想到晚餐的饼。同样，也不可能说耶稣像摩西那样神奇地赐予了饮料而不联想到晚餐的酒。保罗（《哥林多前书》第 10 章第 3 节往下）在谈到旷野的盘石出水的时候也认为，盘石出水和吗哪都是晚餐两要素的预表。但既然神奇地赐予食物时所用的物质和晚餐的一种要素是同样的东西，很明显与晚餐的另一种要素相对应的，神奇地赐予饮料时所用的物质必定是酒了。而且，还可以从此理解到，为什么单是《约翰福音》记载了赐酒的神迹。前三福音书，以单 269

① 路特哈尔特，前引书，1，354。

记饼鱼饱众故事预表晚餐为满足，是因他们在此以外还都特别记载了设立晚餐的事，在那次晚餐里，除了饼以外，酒也有其适当的地位。与此相反，正如下面即将说明的，第四福音书作者避免提到设立晚餐礼的事是有其原因的。为了使两种要素都被提到，至少间接地提到，他不得不在他的福音书里，在提供食物的神迹外，再加上一个提供饮料的神迹，在饼的赐予以外，再加上酒的赐予。

他说变水为酒的神迹是耶稣所行的头一件神迹（第 2 章第 19 节）；看来他似乎感觉到，在说明了序言中关于施洗者的目的和见证的命题之后，作为其整部福音书的序幕，不得不把所援引的关于耶稣和摩西以及恩典和律法关系的话，搬到舞台上来。根据这一原则，也许他所赋予这一神迹的形式可以得到说明。如果耶稣使少量的酒增多起来使其足够饮用很长时间，或者使许多人都能饮足，那它就会同福音书里的以饼饱众神迹以及《旧约》里以利沙所行的油的神迹[①]符合一致了。但耶稣并没有这样行，而是把水变成了酒。摩西在其神迹生涯一开始，也曾使水改变过；不过那是一次使埃及全境水变成血的惩罚性改变。当然耶稣一开始行的神迹不可能是惩罚性的神迹，他所使水变成的血肯定不是真的血，而只是高贵的葡萄的血（《创世记》第 49 章第 11 节；《申命记》第 32 章第 14 节）；是最后晚餐中所饮用的弥赛亚的牺牲之血（《马太福音》第 26 章第 28 节），是从天降世的人子给人生命的血（《约翰福音》第 6 章第 53—58 节）。

如果在我们作了这些初步评论之后，再进而对《约翰福音》关

① 参看《旧约·列王记下》第 4 章第 1—7 节。——译者

于迦拿神迹的记述作更仔细的考察，就会发现，发生神迹的现场是
一次娶亲筵席（第 2 章第 1—11 节），这是由我们已经提到过的弥 270
赛亚国度的欢乐好比一场筵席，特别是娶亲筵席的概念所决定的。
如果把这一场面移植到未来，或者这里的描述只是为了作一种比
较，像《马太福音》第 9 章第 15 节，第 22 章第 1 节往下；《约翰福
音》第 3 章第 29 节那样，那么，根据很可能从雅歌中得来的形象，
耶稣自己就可能代表新郎，而教会则有时被表现为其新妇（《以弗
所书》第 5 章第 25—27，29，32 节和上面从《启示录》引述的那段
话）。另一方面，根据作为耶稣在世时历史而提供的一个场面，则
不可能作这样的表现；新郎一定是另一个人，耶稣本人只能是婚礼
上的一个客人；但最终他仍是给婚宴提供喜乐的人，因为真正的新
郎（这是行这神迹必不可少的动因）并未提供或者不可能提供足量
的酒。

耶稣的母亲向她的儿子指明了当时所发生的短缺，就像共观
福音书所记第一个饼鱼故事里门徒提醒耶稣天色已晚应当遣散众
人，让他们去买食物吃一样。但是，正如从他的回答里清楚地看得
出来的那样，耶稣的母亲向他提供这一情况意思乃是要他发挥其
行神迹的能力。照福音书作者本人的记述，结果就发生了耶稣所
行的第一个神迹，但并没有提他婴儿时期的神迹。依作者看来，耶
稣的母亲应该早就知道或者至少预感到她的儿子有崇高的本性。
不过，他的这种想法虽然表示了他对耶稣母亲的尊崇但另一方面，
由于耶稣所作否定的答复，又使她的地位远远低于她儿子的不可
企及的尊严。通过耶稣所说“母亲（原文作妇人），我与你有什么相 271
干？”这句锐利的言词，第四福音书作者似乎有意使耶稣的话比第

三福音书作者当耶稣十二岁时假耶稣口所提的问题"为什么找我呢？岂不知我应当以我父的事为念吗？"(《路加福音》第2章第49节)还要尖锐一些；任何一个未考虑到我们现在对付的，不是一般人性的情况，而是成为肉身的创世之道同一切人类权威关系的人，一定会认为耶稣的话未免过于生硬了，即使就其他方面说是最神圣的权威(在这种情况下)，成为肉身之道也只能加以驳斥。作为这一驳斥的理由，耶稣还加上一句说，因为他的时候还没有到。弥赛亚再临和世界末日的时候和日期，没有人知道，只有父上帝知道，这是前三福音书作者的共同意见(《马太福音》第24章第36节，第25章第13节；《马可福音》第13章第32节；《使徒行传》第1章第7节)，第二福音书作者还增加一句说，这件事连儿子即弥赛亚，也不知道[①]。这里说，知道的只有上帝；(这或多或少地把弥赛亚，也明确地包括在内)是不知道的；在第四福音书里，作为支持其基本观点的最重要的一件事是，它把唯一知道上帝的儿子，即成为肉身的道，同不知道的人进行了对比，这里所涉及的时候和日期不是他将来再临的时候和日期，而是他现在得荣耀的时候和日期，首先是借着神迹，最后是借着他的死。正如经常的情况那样，当谈到他的仇敌的迫害没有结果，因为他的时候还没有到的时候，就是暗指后者而言(第7章第30节，第8章第20节)，后来他知道并宣告说他的时候已经到了(第12章第23节[②]，第13章第1节)。另一方面，关于他公开进耶路撒冷的时候，他反对了他弟兄们的意见，

① 参看《马可福音》第13章第32节。——译者

② 英译本误作第23节。——译者

说他的时候还没有到(第 7 章第 6,8 节)就像在这里说他的时候还没有到,反对他母亲要他行神迹一样,尽管这次和前次一样,过了 272
一个短时间以后,他还是勉强同意了预先对他的要求。马利亚早就知道他会这样做,并且根据这种认识告诉用人说她儿子要他们做什么,他们应当就做什么。这样一来她就又受到了尊崇。因为尽管她记住在自己和那位在万有之上者(第 3 章第 31 节)之间有很大的距离,但她知道自己所做的是什么,所以并不感到为难或困窘。

根据犹太人洁净的规矩,有六口石缸摆在那里,为饭前洗手之用(《马太福音》第 15 章第 2 节;《马可福音》第 7 章第 2 节往下)具有象征性意义是无可置疑的。耶稣吩咐把这些缸倒满了水,这样就为行神迹奠定了基础。根据陈述这些缸的容量是相当大的[①],水又倒满了缸口,这一切都表示,耶稣的恩惠是从其丰满里赐予人们的(第 1 章第 16 节)[②],他像上帝自己那样,所赐人的恩赐是没有限量的(第 3 章第 34 节)。

缸倒满了水,接着用人又遵照耶稣的吩咐把它舀出来。送给管筵席的,他尝了一下,认出是酒来,比先前摆到桌上的酒更好。这时,福音书作者用了“水变的酒”这种说法,后来就把迦拿描述耶稣变水为酒的地方(第 4 章第 46 节)。他还说这种变水为酒是神迹,说门徒因此就信他了(第 11 节)并把这列为耶稣在加利利所行的第一个神迹,这距离医病为第二个神迹(第 4 章第 54 节)。他所

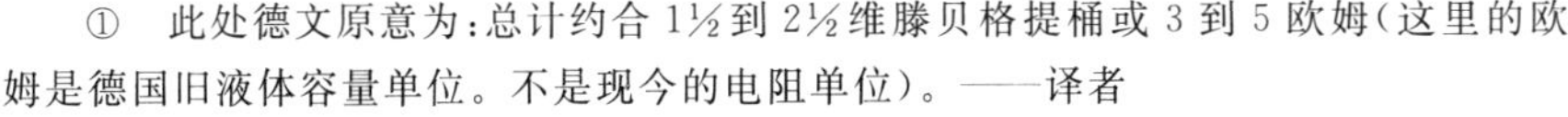

① 此处德文原意为:总计约合 1½ 到 2½ 维滕贝格提桶或 3 到 5 欧姆(这里的欧姆是德国旧液体容量单位。不是现今的电阻单位)。——译者

② 英译本误作第 15 节。——译者

做的这一切就是无可置疑地把耶稣的行动描述为神迹，并证明了信徒如下的解释是有道理的：任何一种取消神迹成分的说明，都不仅是反对了约翰的言论和观点，而且也是贬低了他的可信性和观察能力，甚至还把耶稣的品格置于可疑的地位[①]。

273 如果我们相信约翰，我们就得相信神迹；如果我们不能相信神迹，我们就必须拒绝相信该福音书作者，不仅在这里，（在别处）他还写了一系列同样不可信的神迹，而且他的基督所说的几乎每一句话都和这个神迹同样不可信，我们也就应当一概不予相信，特别是他要我们相信他就是使徒约翰这件事。把哈斯认为约翰当时并不在场的设想[②]应用在这里更是可笑，因为第2节，耶稣的门徒也被邀请同耶稣一道参加了婚筵而且在耶稣先前召选的门徒中那个未指明的门徒（第1章第35，41节），连哈斯自己也承认就是约翰；施莱马赫及其追随者[③]求助于这样的事实，说所谓的神迹并未给客人留下印象，而且一般地说，故事的描述也并不够鲜明生动的做法，只是对于任何诚实的读者都明白无误的记述所玩弄的一个并不高明的花招而已；而尼安德尔[④]试图以水有获得酒的性质的潜在可能性来代水真正变成酒的尝试是思想低能和信仰低能的产物，值得我们同情。

接着就是管筵席的人令解经家们感到非常困难的讲话，他试图证明他话中所描述的做法是当时世上某些地方的风尚。他说，

① 迈尔：《约翰福音书注释》，第三版，第108页。

② 《耶稣传》，第50节。

③ 艾瓦尔德也应列于这类人之中，《约翰的著述》，I，149往下。

④ 《耶稣基督传》，第271页。

人都是先摆上好酒，等客人喝足了，才摆上次的。但和他所说的正相反，并没有人这样做，因为这是同人的心理作用相违反的。人的心理，对于享乐，要求一种渐进的升级，这种所谓的风尚纯粹是福音书作者编造出来的，或者是从共观福音书里耶稣说的话挪用过 274
来的。在编写故事的时候他心里浮现着耶稣曾把他给人的恩赐比作新酒的话。他发现在《路加福音》里（第 5 章第 39 节）附带有这样的话，“没有人喝了陈酒，又想喝新的，他总说陈的好。”第三福音里的这句话表示，人的心理总是留恋旧的事物（这里的旧的事物是指犹太教和犹太风俗而言），反对新的事物（指耶稣所提出的原则），并援用实际观察以为例证：与此相反，福音书作者的意思却是要证明耶稣所提供的新事物比旧的更好，因此，神迹故事里后摆上的酒反倒比新郎先摆上的味道更好。作者以其独特的方式，试图用对比来证明这一点，但由于在他的故事里并不像《路加福音》那段经文是关系到陈酒，即早一年酿制的酒同新酒，即近期酿制的酒之不同，而其所涉及的仅是摆上桌时间的先后问题，《路加福音》里那种自然的而且经常听到的陈酒好的说法就变成了一种任何地方都无法证明其存在的所谓的先摆上好酒的风尚，即把先喝陈酒立刻又喝新酒就会感到新酒无味变成了把坏酒摆在好酒以后的想象中的风尚。

这就是不久前，在无损于其历史有效性情况下，由赫尔达以这种形式提出的对于迦拿神迹的象征性的见解，最近特别明确说明反对其历史有效性则是鲍威尔。从批判主义观点来说，唯一应予反对的是，该福音书作者并未以片言只字暗示故事具有这种意义，特别是他并没有像在以饼饱众的神迹里所做的那样，将其同耶稣

275 表明这种意义的讲话联系起来。但能够帮助我们解决难题正是这种同以饼饱众神迹的联系。赐饼和赐酒这两个神迹，无论是在形式和实质上或者在它们同圣晚餐的共同联系上，都是非常紧密地联系着的，不明白这一方面的意义，就不可能说明另一方面的意义，问题只在于应当在提到赐酒神迹的时候讨论赐饼神迹的高级意义呢，还是在提到前者的时候讨论后者的高级意义。在共观福音书里，赐饼神迹是出现在叙述耶稣事迹的大约中间阶级，其所以处于这一地位，是由它同前后事件的关系所决定的，如果第四福音书作者把赐酒神迹放在其福音的开始有其理由的话，那么，他不愿把那种冗长的说明附在第一个神迹后面就是容易理解的了。为了把逐渐升级引进他的福音书，他给头两个神迹作了短简的描述（第2章第1节往下，第4章第46节往下），从第三个神迹开始才作较详尽的论述，随着第四个神迹即饼鱼神迹（海上行走则是更多地作为饼鱼神迹附属事件处理的）重要性逐渐升级，直至最后一个神迹，即使拉撒路复活，达于顶峰这里，由于其戏剧性场面，是以对话形式描述的，在对饼鱼神迹的描述中，耶稣把他自己说成在各种意义上是人类的精神食粮，他的肉是可吃的，他的血是可喝的，就是非常自然的事情了。这同时也暗指到迦拿的赐酒和圣晚餐。至于新与旧，犹太教与基督教的关系，由于同变水为酒有牵连，在上面讨论序言中那段经文时已经作了解释。

276

81. 诅咒无花果树

我们把诅咒无花果树的神迹（《马太福音》第21章第18—22节；《马可福音》第11章第12—14节，第20—23节）放到最后，因为它是一种惩罚性神迹，而且是福音故事中唯一这样的神迹（《使徒行传》里有好几个这样的神迹），的确是个很难理解的神迹，但由于其他原因，仍然很有教育意义。在这个神迹里，像在其他神迹一样，我们不仅可以指出其所由构成的各种成分，还可指出其成为神迹故事以前仿佛由蝶蛹变成蝴蝶，由蝌蚪变成青蛙那样，所经历的不同形态的变化，仍然同时存在于《新约》和《旧约》里面。

回顾以色列人过去的各个时代，先知何西阿，在讲到上帝把他的儿子或所爱的人从埃及召出来那段话不久以后说（第 9 章第 10 节）："我遇见以色列如葡萄在旷野，我看见你们的列祖，如无花果树上春季初熟的果子，他们却来到巴力毗珥[①]等等。"这就是说，他们用偶像崇拜来报答他照顾他们孤立无援的民族的恩情。同一形象化比喻曾以另一种说法出现在《弥迦书》（第 7 章第 1 节往下）。当时他说，"哀哉，我好像夏天的果子已被收尽，又像摘了葡萄所剩下的，没有一挂可吃的，我心羡慕初熟的无花果，地上虔诚人灭尽，世间没有正直人……他们最好的，不过是蒺藜。"[②]等等，等等。这里不是像上面，把百姓比作葡萄或早期无花果，而是比作收获期后剥剩的无花果树干或葡萄树枝子那样，再也结不出果子来了；腐化堕落的以色列人，就像不结实的无花果树那样，再也长不出好的枝条来了。

---

① 巴力毗珥是摩押民族的神名。——译者

② 《当代圣经》作：要想在以色列找一个正义的人，就像在一棵已经采摘过的葡萄树上去收集果实一样．再也没有一串可以吃的了。无花果树上连一粒初熟的果实也没有，这是多么可悲！我何等渴望找到一颗尝尝。地上再找不到敬虔的人，人间再也看不到正直的人……（第 1557 页）。——译者

277 不管这种树是指整个民族或某一个人而言,《新约》里已经首先通过施洗者(《马太福音》第 3 章第 10 节),后来又通过耶稣本人(《马太福音》第 7 章第 19 节)告诉我们,他们应得的结局是什么。"现在斧子已经放在树根上,凡不结好果子的树,就砍下来,丢在火里。"仿佛同《弥迦书》那段话(以及《以赛亚书》的葡萄园比喻,第 5 章)有联系似的,耶稣另一次还提到过一个人把一棵无花果树栽在葡萄园里的比喻(《路加福音》第 13 章第 6—9 节),有两年工夫他在树上找不到果子,第三年还是找不到果子,他吩咐管园人说,把这不结果子的树砍下来吧,免得白占地土,但管园的人恳求再缓一年,在这年里他将用各种方法尽力使树能结果子,如果到那时它还辜负他们的期望,就不再宽容把它砍下。值得注意的是唯一记载不结果无花果树的路加,竟没有记下诅咒无花果树的事。难道这不可能是因为意识到自己已经把耶稣所行这一惩罚性神迹故事的主要内容,以不那么令人反感的形式在这比喻中作了传达吗?何况唯一记下耶稣拒绝有些门徒要求他行惩罚性神迹的也是他呢(《路加福音》第 9 章第 54 节往下)?

不过,〔要求神迹的〕冲动总是存在着。只要在原始基督教传说中有一句话或一种这类的比喻,如果可能的话,马上就会变成一个神迹故事。比喻中严厉的葡萄园主人就是上帝;耐心的管园人是耶稣弥赛亚;他为葡萄树求得的一年暂缓期就是上帝悦纳人的禧年(《路加福音》第 4 章第 18 节)[①],也就是耶稣在以色列人中服务时期。但正如大家都知道的那样,这暂缓期届满时并未产生任

---

① 中英文《圣经》都是第 19 节。——译者

何结果，管园人只好任其自趋灭亡。他所说的弥赛亚就是他自己， 278
根据基督徒的看法，他将驾云从天上回来，代表上帝，进行审判。如果认为，无花果树象征不结果的以色列人，耶稣在世时所做的具有预表性质，根据经文的字义，却不能把斧头交在他手中，又使他成为一个把树砍下来的打零活的工人，但作者使这项行动同他行神迹的能力联系起来，由于他的一句话，不结果的无花果树就枯干了。马太和马可就是以这种形式叙述这个故事并进行联系的；从一方面看，还保存着几分故事原来意义的痕迹；从另一方面看，故事原来意义的痕迹就一点也没有了。因为据说，耶稣注意到这棵不结果子的无花果树并对其作出这种判决是在其生命的最后一个礼拜，从伯大尼去耶路撒冷最后几次中一次的路上。从其时已充分证明以色列人不愿接受耶稣所提供的救恩这方面来说，它是和故事的意义有联系的。另一方面，两个福音书作者所附带叙述的耶稣和门徒的对话来看，由于神迹本身的原故，他们已经把故事的原来意义完全置诸脑后了。当门徒对于无花果树很快枯萎感到不胜惊异的时候，耶稣对他们说，如果他们有信心，不疑惑，不但能行无花果树上所行的事，就是对这座山说（路加在另一场合的类似谈话里提到过这一种可以说类似无花果树的东西，第 17 章第 8 节）"你挪开此地，投在海里，也必成就"，这类只能使故事的真实意义变得含糊不清的话，可能是当人们只把它看作一个神迹故事的时候加上去的。路加把这一些本来就属于它的谈话，连同其无花果
树比喻一道给我们保存了下来（第 13 章第 1 节）。耶稣在谈到彼 279
拉多把加利利人的血掺在他们祭物中和西罗亚楼倒塌了，压死十八个人的事的时候，问犹太人，他们是不是以为这些人比别人更有

罪。接着他自己回答说,不是的,你们若不悔改,都要如此灭亡,下面他就讲了无花果树的寓言。不过这个寓言的教训同诅咒无花果的故事一样不是对门徒讲的,而是像前一事例那样,是对犹太人讲的,表示如果他们不悔改,也要同无花果树同样灭亡。

如果说,这里,像我们在其他一些地方所已经发现的那样,供马太和路加使用的还有许多别的资料来源的话,那就很自然的可以看出,路加在其寓言里,已经把故事的纯正原始形式给我们保存下来。如果我们把故事当作神迹来看,对之作进一步的考虑,并把马太和马可的描述同它作一比较,就会看出,从两方面来说马太的描述,比较更为原始。第一,他说无花果树服从了耶稣的命令,立刻就枯萎了,这是神迹故事最简单、朴质的形式。既然行神迹的人能够用一句话立刻叫一棵树枯萎了,他一定能够很容易只说一句话立刻就产生效果。如果像马可那样,把两者分割开来,说耶稣诅咒无花果树是在一天早晨,门徒发现其枯萎是在另一天而不是更早,那就是区分过细和矫揉造作。其实,如果愿意的话,像人们利用其描述所已经做到的那样,是可以根据自然原因对事件加以说明的(遗憾的是),该福音书作者并未想到这一点。他所想到的,只是怎样使事件更为生动、更富戏剧性,但正如其他类似的改动那样,这种做法,只能把神迹故事的原来的有力形式,反倒变得更为脆弱了。

280 但他还犯了一个更大的错误,加上一句说,因为还不是收无花果的时候。亦不是说他这样说错了,因为根据日历,那时是复活节的前一个礼拜,还不是收无花果的时候;早熟的无花果也得到六月才成熟,一般的无花果要到八月才成熟。约瑟弗虽然说加利利海

岸地区一年十个月都结无花果[①]并不能证明犹太山区也是如此。马可加上这句话为的是说明为什么耶稣在树上找不到无花果(如果是指某一特定的树而言,即使在收无花果的时候,说明其因病虫害或当地其他原因结不出果子也是很容易的事);但由于他渴望作出说明,竟忽视了这样一件事实即这么一来,就使耶稣的惩罚性行为成为不可理解了。既然不是一棵旺盛的树结果子的时候,耶稣诅咒它就毫无意义了。在这方面马太采取了不对不结果子的原因作说明的做法,即不提当时不可能从无花果树上找到果子,从而至少从某一观点对耶稣的这一行动作出说明留有余地,还是比较明智的做法。在我们的故事所依据的道德教训和寓言里并未提到过时令问题,但说在树上找不着果子当然是在结果子的时令才能这么说。正如我们所已经看到的,这个神迹故事被移植到耶稣一生的最后几天,很可能是因为对于其原来意义,还有一些模糊的记忆。但复述这个故事的人们,他们所考虑的只是故事的神迹性质, 763
却没有想到他们这样做,就是把故事发生的时令放到了春天,而对于一部真实历史来说,表示这个时令是很不合适的。

第四组神话　耶稣变像和进耶路撒冷 281

82. 变像

在一本犹太著作[②]关于《出埃及记》第 34 章第 20 节往下的叙

① 《犹太战争》,iii,10,8。

② Nizzachon Vetus,40。

事文章里我们读到如下的一段话:“瞧,我们值得纪念的导师摩西,虽然他不过是个人,但在上帝和他面对面谈话之后,就满面容光焕发,使得犹太人害怕接近他;作为上帝本身的耶稣,他的面容,岂不更应该从地球的一方照亮到另一方吗?但耶稣的容貌并没有任何光彩,完全同别人一样。这就很明显,我们不应该相信他。”这句话虽然出自基督教以后的一个晚期著作里,但其所得出的结论必然也是从基督教有史以来一个从被标榜为末后救主者脸上看不到类似第一位救主的任何光彩的犹太人所得到的结论。关于耶稣,人们不可能说,当他也像摩西那样,当他向百姓说话的时候,由于脸上充满荣光,不得不用帕子把脸蒙起来。因为如所周知,情况并不是这样。但在摩西历史中这样一个著名事件是不应当在耶稣历史中没有与之相对应事件的;所需要的只是赋予适当特征而已。

首先我们发现在(《哥林多后书》第 3 章第 7 节往下)使徒保罗讲的反映他作为新约的执事,作为赐生命的圣灵的执事的崇高感受的一段话里说,“如果那用字刻在石头上属死的执事尚且有荣
282 光,甚至以色列人因摩西面上的荣光不能定睛看他的脸;这荣光原是渐渐退去的;何况那属灵的执事,岂不更有荣光么?”的确,在这段话里,同摩西作对比的,不是基督而是使徒们,而且后者的荣光,也只是从精神意义理解的荣光。但当后面继续说(第 13,18 节),他们这些新约的执事,不像摩西将帕子蒙在脸上,而是“敞着脸,得以看见主的荣光,好像从镜子里返照,就变成主的形状,荣上加荣”的时候,基督自己,作为其执事荣光所从得到返照的至高存在,也就参与了这种对比,此外,还提到了复活的基督所经历的外表形状的改变,以及他再来时他的门徒们所要经历的同样改变(《哥林多

前书》第 15 章第 43—49 节）。

当耶稣在世时有许多期待于弥赛亚的事他还未完全做到，这就总可能给犹太反对派以反对的理由。因而必须把其实现推迟到他第二次再来的时候。为了保证其在将来必然实现，就必须提供一些初步证据，例如，为了保证弥赛亚必然使死人复活，就以神话方式说到耶稣过去在世时曾使死人复活。同样为了保证复活的基督的荣光及其驾云再临必然实现，就说他第一次出现在世上时已经透过其人性帷幕（尽管是暂时的），把其荣光表现出来。至少从一方面说，这就是新约变像故事产生的方式（《马太福音》第 17 章第 1—13 节；《马可福音》第 9 章第 2—13 节；《路加福音》第 9 章第 28—36 节）。上面所引证的犹太作家，不可能不知道这种情况，但他并未予以注意，毫无疑问，这是因为这里所谈到的耶稣脸上的荣
光，并不是像《旧约》所记载的摩西脸上的那种持久的荣光，这就是 283
为什么，正如我们所将要看到的那样，人们将不遗余力地使耶稣的 765
故事在其他方面，超过摩西的故事。

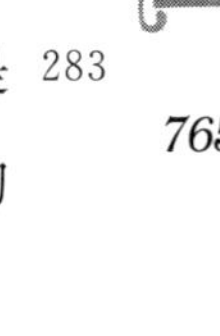

福音书的记述，模仿了摩西的故事是非常明显的，而且还把《出埃及记》第 24 章第 1 节往下和第 34 章第 29 节往下的事件结合了起来。无论是《新约》或《旧约》，事件发生的现场都是在一座山上。在《旧约》是西乃山，在《新约》，正如其他故事所记载的那样，是一座无名的山，在耶稣受试探的故事里把它描述为一座高山。耶稣带去同他在一起以便对所发生的事作仔细观察的一共有三个人，也就是我们所熟悉的在使徒团体里构成一个小组的那三个人，正如摩西在上山的时候，除了七十个长老以外，还特别带了亚伦，拿答，亚比户一样（《出埃及记》第 24 章第 1 节，9 节）。在福音书

故事里把耶稣变像的事用“六天”两个字（路加说八天）同前面的事联系起来，正如摩西在云彩遮盖山六天之后第七天就被耶和华召上山一样（《出埃及记》第 24 章第 16 节）。此外同三个人，在山上一幕之后所发生的事中两者也有一些相似之处。摩西被召后，当他从山上下来的时候（三个人陪同耶稣，正是从此模仿而来），他首先看到的（关于他脸上的荣光是后来才提到的）是百姓正围着金牛犊跳舞，而他首先的情感冲动则是因他所留下的代表们的无能而向他们发怒（《出埃及记》第 24 章第 14 节），而这些代表们中的亚伦还成了为百姓制造偶像的帮凶（《出埃及记》第 32 章第 15 节往下）。当耶稣从山上下来的时候，他首先看到的是一个被鬼附的孩子，而他首先的感受则是因门徒未能将鬼赶出去而感到不悦。

两个故事里的脸上的荣光都是在山上发展起来的；因为当摩
284 西在山上同耶和华对话的时候他脸上就已经有了荣光，只是在他

从山上回到百姓那里的时候才受到人们注意罢了。此外云，当然是很明亮的云，因为据说有上帝的荣光在里面，这一特征也是从摩西的故事中模仿来的（《出埃及记》第 19 章第 16 节，第 24 章第 16，18 节）。但在耶稣身上还多一种情况，那就是除了他的脸以外，连他的衣服也发了光；特别是变了像的耶稣，一方面完全取代了摩西的地位；而另一方面摩西和以利亚，则退处于一种从属的地位，差不多像在亚伯拉罕故事里，陪伴耶和华的两个天使那样。

摩西上山的目的是要聆听耶和华传授的律法，并接受两块石板交予百姓，弥赛亚不需要接受这样的教训，因为在他的时代圣灵将会把律法写在人的心里（《耶利米书》第 31 章第 31 节往下；《以西结书》第 11 章第 19 节往下；第 36 章第 26 节往下），但他自己必

须首先把律法记在心里；他之上山仅是为了把自己显给他的那些蒙受超自然光照的门徒看，使他和犹太古代显贵人物取得联系，并像在他受洗时已经发生过的那样，由上帝宣告他是上帝的儿子。摩西的出现是因为耶稣现在的遭遇同立法者[①]过去的情况有相似之处，而且一般地说，弥赛亚的职位同摩西自己的职位也是有联系的。根据当时人的解释(《使徒行传》第 8 章第 22 节，第 7 章第 37 节)[②]，弥赛亚就是摩西从前宣告过的(《申命记》第 18 章第 15 节)："耶和华你的上帝要从你们弟兄中间，给你兴起一位先知像我，你们要听从他。"而且，既然这里表现了摩西是在同耶稣进行着友好的谈话，就证明他并不像那些争吵不休的犹太人那样，把耶稣 285
看作是破坏律法的人，而把他看作是成全律法的人。

但是，除了立法者外，在变像山上出现的还有一位先知——以利亚。根据玛拉基的预言(第 3 章第 23 节往下[③]，参看《便西拉智训》第 48 章第 10 节往下)，耶和华在其大而可畏的日子来到以前，将差先知以利亚来，如果可能的话，劝说百姓悔改。因此，依照熟悉《圣经》的人们的看法，以利亚应该先来，复兴万事。在先驱者出现之前，弥赛亚是不会来的(《马太福音》第 17 章第 10 节)。众所周知(这更可能是初期基督徒的一种防御策略)，据说耶稣曾说施洗者约翰就是以利亚，试图借以削弱人们因以利亚未来而反对他是弥赛亚的做法的任何证明力量(《马太福音》第 11 章第 14 节；

① 立法者指摩西。——译者

② 英译本误作第 36 节。——译者

③ 这里的《玛拉基书》第 3 章第 23 节是指德文《圣经》而言，在中英文《圣经》里应为第 4 章第 5 节。——译者

《马可福音》第 1 章第 2 节;《路加福音》第 1 章第 17 节):由于得不到真正的以利亚,人们就以一个假想的以利亚为满足。但非常奇怪的是,根据福音书记载,耶稣在真正的以利亚刚刚出现以后,竟把一个假的以利亚指示给门徒,而且正因门徒所要的是前者,他反把后者指给他们。因为在他们下了变像之山以后,据说门徒曾问耶稣说:为什么文士说以利亚必须先来呢?耶稣回答说,以利亚的确必须先来,但他已经来了(指约翰),人们不仅不承认他,还任意待他,杀死他,连弥赛亚自己也要遭遇同样命运(《马太福音》第 17 章第 10—13 节;《马可福音》第 9 章第 11—13 节)。门徒发问的意思只能是,我们深信你是弥赛亚(参看《马太福音》第 16 章第 16 节),但文士们却说以利亚必须在弥赛亚以先来,现在以利亚并未
286 在你以先来,应当怎样看待文士们的话呢?如果以利亚刚刚出现过,门徒就不可能发这样的问题,即使他们发了这样问题,耶稣也不可能说施洗者就是以利亚,而不是直截了当地叫他们想起刚刚看到的真正提斯比人[①]。从另一方面来说,在前面叙述过的彼得承认耶稣的故事以后[②],门徒发出这样的问题,那就非常合适了。因此,有人认为马太本来就是打算这样连接着叙述的,不过他又自作主张地插进一段变像的故事罢了[③]。不过,这种单纯由于有一个共同的主题(这里的共同主题就是以利亚这个词)就把在意义方面完全没有联系的两个故事,或像在其他场合经常发生的那样,两条经文,放到一起的做法,正是共观福音书的一贯作风。在这件事

① 提斯比人即以利亚。——译者

② 参看《马太福音》第 16 章第 13—20 节。——译者

③ 寇司特林:《共观福音书》,第 25 页。

例上，他们不仅是这样做了，而且这两个故事还是彼此互相排斥的哩。正如已经说过的那样，如果以利亚刚刚出现过，门徒们就不可能提这样的问题，既然他们提出了这样的问题，以利亚就不可能刚刚出现过。把两个这样的故事联系在一起，的确是种非常天真的做法，但马太这样做却是完全可能的[①]。我们从这里能够很明显地分辨出两种传说的层次来。由于玛拉基预言而产生的对于耶稣弥赛亚职位的怀疑，首先由于把施洗者看作以利亚而得到解决；接着，当注意力的重点转移到预言的字面意义上时，就试图把真正的以利亚展示出来，说他曾公开向众人显现是不可能的，只能说他曾单独向一两个人显现。为了达成这一目的，变像和摩西出现的故事就很自然地被提出来了。 287

头两位福音书作者并未说明耶稣同过去两位古人谈话的主题是什么。但这并没有什么关系，因为他们相会的目的仅仅是要显示耶稣同这位立法者的意见是一致的，当然同和他有联系的先知们也是一致的。路加说他们还预先同耶稣谈到了他将在耶路撒冷去世的事。但这完全是多余的，因为这种死耶稣自己已经预言过了(《路加福音》第 9 章第 22 节)。不过，毫无疑问福音书作者的用意乃是要说明在犹太人看为一大绊脚石的耶稣之死，乃是出于上帝的旨意，而这两个去世的古人正是上帝这种旨意的受托维护人。

① 鲍威尔从《约翰福音》出发，未能对共观福音的纯朴性有清楚的意识。他人为地把使徒的问题解释为暗示在以利亚出现之后他们唯一感到失望的是，期待他留下的愿望未能实现(《对马可福音最近研究的回顾》，载《神学年鉴》，1853 年版，第 78 页)。但他们的话的含义是，令他们感到失望的，并不是他不能留下，而是他之竟然来临，根据前段故事，他们对其来临是不可能感的失望的。

路加和马可认为彼得提议为耶稣和来自精神王国的两个幽灵建造三座棚，想把这两个杰出的超自然幻影当作某种自然的、物质的东西留下来，是一种误会，路加还认为，三个门徒都像后来在客西马尼园那样打起盹来。表示在这两种情况下，在门徒和耶稣之间都存在着很大的差距，当他们的夫子处于最崇高、最神秘的景况时，门徒却躺在地上知觉麻木了。

在变像的山上，像从前在西乃山一样也有朵充满上帝荣光的云彩。上帝也像在那次发言一样，这次他也不会不发言。那次上帝是向摩西发言，并吩咐他把所说的话向百姓传达，这次由于目的不同，上帝是向门徒发言，为耶稣作见证。所说的话引自《以赛亚书》第 42 章第 1 节，参看《诗篇》第 2 篇第 7 节，是耶稣受洗时已经
288 从天上发出过的声音，只不过这次因明显地同摩西的故事有联系，所以就报据立法者说上帝将兴起一位先知像他自己那段经文里所说的话，加上了一个要求“你们要听他”罢了(《申命记》第 18 章第 15 节)。

在叙述了变像故事的起源之后，值得郑重其事地加以考虑的只有一种观点，那就是认为变像是一种客观发生的、神异的事件的观点，它相信在耶稣的脸上和衣服上有一种超自然的光辉，老早逝世的两个古代人物真的出现、和从云彩里听到了上帝的声音。任何能够认真地承认这些事的人，任何不但自己坚信，还能对这些记事毫不感到困难并同福音书作者站在同一立场的人，我们对他没有什么可说的，只不过我们怀疑他是不是真的像他所相信的那样或者仅是一种幻想。另一方面，一切试图把这件事解释为一半可想象或完全可想象的人也都太可怜太愚蠢，不值得多费口舌了。

谁能料想，连施莱马赫[①]都认为视觉幻象的耶稣变像和荣光四射，连他也认为无法细述也就是说，任何更详细的考察只能更充分地暴露这种观点的荒诞无稽；连他都认为福音书作者们所描述为摩西和以利亚的两个人，很可能只是同犹太议会有联系的秘密追随耶稣的人，犹太议会对耶稣有不共戴天之恨，这种人很可能是知道的，他们预先和耶稣谈到关于他死的事就可证明这一点；绝对不可
能听到什么真正的声音，只不过习惯于犹太人生活方式的门徒们，289
把这种视觉幻象看作是关于耶稣的一种启示罢了，后来说希腊语的作者们又把这种启示误认为是用真实的声音表达出来的。就这样，正像保罗斯和文图里尼做过的那样，把福音故事的全部要点，都巧妙地搁置一旁，耶稣并没有真的变像，摩西和以利亚并没有出现，在他上面也没有听到过天上的声音，但这么一来，我们也就无法知道究竟耶稣遭遇过什么事或者是不是发生过什么事了。当艾瓦尔德说[②]，我们现在已经无法说明这类描述是由什么低级材料构成的，但其内在真理是很清楚的，那就是这种内在真理所利用以说明其自身的高级材料却是毫不含糊的时候，他似乎就有这种看法。在艾瓦尔德的隐晦语言里，所谓低级材料就是故事的自然基础和历史基础，所谓高级材料就是故事所模仿的旧约概念和事件，所谓内在真理就是中心思想。因此艾瓦尔德所要说的就是：我们

---

① 在其《耶稣生平讲演录》里。哈斯的《耶稣传》也有同样情况。

② 《前三福音书》，第 247 页。参看《基督的历史》，第 338 页往下。

（德文原著第 257 页脚注 Die drei ersten Evangelien，Evangelien 是 Evangelium 的复数，意为“福音书”，但在英译本第 289 页脚注却变成了“Evangelists”，即福音书作者。——译者）

现在已不可能知道作为变像故事基础的历史要素是什么，但其中心思想是很清楚的，其所由构成的《旧约》原型也是不可能有误解的。这和我们所说的几乎是同一回事，不过是我们对于从未发生过的事情的所谓自然诱因是不感兴趣的，至于中心思想，我们从故事中所看到的只是关于摩西与基督彼此互为原型的以及以利亚和后者之间有联系的一种犹太人的见解而已。

正是因为故事带有犹太基督徒特征，第四福音书作者才把它略去，或以一种面目全非的形式加以采用，关于这一点我们只能在以后碰到时候加以阐述。

290

83. 耶稣进耶路撒冷

在变像故事之后，所有共观福音书都只继之以几篇耶稣的讲话。接着他们就描述了他开始去耶路撒冷过逾越节的多事的旅程。在本书的早先部分里我们已经讲过，前三福音书作者，对于这次旅程的记述，无论是在他们三人彼此之间，或在三者同第四福音书作者之间都是有所不同的。这里我们所考虑的，只是关于旅程的结尾部分(《马太福音》第 21 章第 1—11 节；《马可福音》第 11 章第 1—10 节；《路加福音》第 19 章第 29—44 节[①]；《约翰福音》第 12 章第 12—16 节)。

在对《旧约》中涉及弥赛亚的各种不同性质的经文进行比较所得到的相互矛盾中，有一条是关于他降临方式的。根据《但以理书》第 7 章第 13 节，他将驾着天上云彩降临；根据《撒迦利亚书》第

① 英译本误作第 29—34 节。——译者

9 章第 4 节，他将骑驴进来。这段经文实际上原是指一位典型的和平之君而言，它比许多其他经文，同弥赛亚有更恰当的联系。在我们已经多次引用的拉比著作[①]的那段话里问道："关于第一位救主《圣经》上是怎么讲的呢？答案：在《埃及记》第 4 章第 20 节说：摩西就带着妻子和两个儿子，叫他们骑上驴。"同样，关于末后的救主，《撒迦利亚》第 9 章第 9 节说："谦谦和和的骑着驴。"[②]犹太教拉比们在调和《撒迦利亚书》和《但以理书》之间的这种矛盾描述时解释说，如果以色列人表现好的话，弥赛亚就会威风凛凛地驾着天上的云彩降临，如果他们表现不好的话，弥赛亚就会贫困[③][④]潦倒 291
地骑着驴来。基督徒们调和矛盾用的是另一种方法，他们把骑驴说成是弥赛亚第一次到世上来时的事情，属于耶稣在世时期的生活，把希望他驾云降临说成是弥赛亚将来的第二次降临时期的事情。由于《撒迦利亚书》那段经文说君王将温温和和地（没有提到贫困的事）骑着和平的牲口而来，似乎就同流行在当时犹太人中希望弥赛亚以强有力的勇士身份来临的思想发生矛盾，甚至不妨设想耶稣进入首都时特意挑选了骑驴的方式，以便使人们回想起《撒迦利亚书》的这段话，并通过这一明显事例，使自己摆脱弥赛亚为勇士和政客的形象。我们在上面已经说过，撒迦利亚所预言的即

① 《米德拉施·柯希莱特》，73，3。参看本书第一卷，205 页（页边码）。

② 摩西的驴和弥赛亚的驴被认为同亚伯拉罕准备献以撒时所用的是同一条驴。《雅库特·流便尼》，79，3 。

③ 《撒迦利亚书》第 9 章第 9 节中文《圣经》译作"谦谦和和的"那个词英文《圣经》译为 lowly，都是从精神和积极意义翻译原文的（根据上下文，似乎也只能这样译），但犹太拉比们却对原文作了物质的和消极的理解。——译者

④ 《犹太议会法典注释》（*Gemara Sanhedr.*）f. 98. 1。

将来临的，具有帝王尊严的未来人物未必有政治意义。即使我们不能像最近人们常做的那样，把耶稣骑驴进耶路撒冷统统当作非历史事件而加以拒绝，至少我们不久就会发现，福音书关于这件事的叙述，并不是建立在特定事实上，而是建立在旧约圣经经文和教条主义思想上。

这件事最明显的证明就是，第一福音书作者在描述耶稣进耶路撒冷的事上，出现了这样一种情况，不管他的资料来源曾经经过多么大的歪曲都绝对不可能是以真正事实为根据，而只能是以他自己所误解的一段先知书经文为根据。作者告诉我们，被耶稣差遣到伯法其的两个门徒按照他们所接受的指示，从那里牵了驴和驴驹来并把自己衣服搭在上面，耶稣就骑在它们上面。怎样想象
292 耶稣同时骑在两条驴上呢？（考虑到这段路很短，说耶稣轮流骑在两条驴上也是难以接受的。）我们的理解力麻木了，在我们未对福音书作者所援引的《撒迦利亚书》那段经文作更精确的探索以前，理解力是不会恢复正常的。“锡安的民哪，应当大大喜乐”（《马太福音》里“要对锡安的居民说”那句话引自《以赛亚书》第 62 章第 11 节），“看哪，你的王来到你这里：他是公义的，并且施行拯救，谦谦和和地骑着驴，就是骑着驴的驹子。”凡是对希伯来诗词语言有最起码常识的人都会知道，这些话并不是说有两个牲畜，而是指同一牲畜而言，这个牲畜在这节经文的前一部分里称作驴，在后一部分里更明确地称之为驴驹子。一般地说毫无疑问第一福音书作者像我们一样，是知道这一点的，但由于他认为这段经文是预言基督的事，在这种情况下就必须对之按字面来理解，把它说成是两个牲畜，他以为对这段预言作这样的“正确”处理之后就万事大吉，竟没

有动脑筋想一想，一个弥赛亚怎么能同时骑在两条驴子上。

路加和马可没有仿效马太的做法，而是以一条牲畜为满足。但这并不能证明他们的描述比马太更接近原意。因为故事的这一特征原出自《撒迦利亚书》那段经文，而对于那段经文马太是紧跟不舍，甚至逐字地盲目地紧跟不舍的，而另两位福音书作者，尽管也是紧跟不舍，却还保留着自己一定的清醒的意见。对于马太所说的两条牲畜，他们挑选为耶稣服务的不是母驴而是驹子，但由于加了一句耶稣吩咐他们把从未被人骑过的驴驹牵来，就又暴露了它是一种非历史性考虑的结果。这种情况在《撒迦利亚书》那段经
文里并未显示出来，不过我们可以把那里所说的驴驹当作就是这 293
类牲畜来理解。此外，它也迎合了后来那种认为只有没葬过人的坟墓（《路加福音》第 23 章第 53 节）才配接受弥赛亚圣体的见解，现在是只有未被人骑过的驴才配受耶稣骑。很明显，这种见解对于后来叙述的一个故事比对耶稣本人还更为合适，如果耶稣骑在一个从未被人骑过的驴身上只能使他行进的队伍受到干扰，只能令他所希望给人留下的印象遭到破坏。

但原始基督教传说并不以撒迦利亚关于耶稣骑驴进耶路撒冷的预言得到一般应验为满足，人们认为，弥赛亚的驴一定是由更高级的神意指定给他用的，作为弥赛亚，他一定已经知道这条指定给他用的驴系在什么地方，只要去牵就行了。由于在《旧约》预言里有一处曾明确提到过弥赛亚系驴的事，他就更应知道这些了。在雅各的祝祷词里，这位族祖在临终时关于犹大说的话①，经常也被

① 细罗（《创世记》第 49 章第 10 节）希伯来文为 שלה，英文为 Shiloh，德文为Schi-

认为是指细罗即弥赛亚而言(《创世记》第 49 章第 11 节)："他把小驴拴在葡萄树上，把驴驹拴在美好的葡萄树上"，在这里马太又看到了两条驴，一条老驴，一条小驴。所有的驴全都是系着的，而贾士丁·马特尔则根据预言说驴是拴在村子入口处的一棵葡萄树上。[①]福音书作者们没有提到葡萄树，只提到耶稣对他所差遣的两个门徒说，当他们进到前面村子的时候，他们会看到一条系着的
294 驴，雅各祝祷词里的那段话在他们心里记得没有《撒迦利亚书》里的话那么清晰，而马特尔却能很自然地记得它们也是应该的，因为福音书故事的前部分原来取自雅各的祝祷词，而后部分则肯定无疑的取自先知书。其实，根据《创世记》的记载，当弥赛亚从驴上下来的时候，人们本来就可期待，他会把他的驴系在一棵葡萄树上的，但如果说驴已经系在那里，一方面，既可提供一个证明弥赛亚具有超自然知识的机会；另一方面，两个门徒只向驴的主人说一句弥赛亚要用它，驴的主人就毫不反对地借给他们使用，还可彰显弥赛亚圣职的威力。第四福音书作者避开了这些细节，只说耶稣得了一个驴驹，就骑上。这是因为当他提到撒迦利亚预言的时候，他心里所想到的却是关于拉撒路复活的事，并且马上就过到这个题目上(第 17 节往下)。

但是，撒迦利亚预言并没有单说弥赛亚君王将骑驴进耶路撒

---

lo，《圣经》只有这一处提到这个名字，原意为赐和平的人，许多犹太人及基督徒都认为是指弥赛亚而言。有的译作：直等细罗来到、万民都必归顺(和合本 76)；有的译作：杖也不离犹大的两脚之间，直到杖的主人来到，万民都归顺他(《当代圣经》，102)。——译者

① 《卫道篇》，1.32。

冷，他也号召了首都居民应趁此机会欢乐高呼。正如第一福音书作者因以赛亚书那段经文同撒迦利亚预言相似，就把它们合并起来说应当告诉锡安居民他们的王来了一样。根据前三福音书的描述，伴随耶稣的群众高呼“和撒那归于大卫的子孙，奉主名来的是应当称颂的”，把衣服铺在路上，把树枝砍下来铺在路上就是为了使耶稣具有这一性格。按照共观福音书记载还没有认识耶稣的首都群众就这样沸腾起来了，他们彼此问答说，这是谁？回答说，是加利利拿撒勒的先知耶稣。与此相反，根据约翰的记载，群众来自
首都本身[①]，对于耶稣并不陌生，当他们听到耶稣快到的时候，就 295
高呼崇敬的口号出去迎接他，而他们之所以如此隆重地接待耶稣，据说都是因耶稣曾叫拉撒路从死复活的原故。除了最后一点外，包括福音书作者记述并不一致的法利赛人反感和耶稣的回答在内，这里所记的一切都可能是真实发生过的事情：即使全未发生过，故事的情节也都是由于把先知预言当作是指弥赛亚而言所产生的自然结果。

① 作者这样说不知是根据什么，按目前的《圣经》版本，《约翰福音书》第 12 章第 12 节都是说“有许多上来过节的人”，既然是上来过节的人，似乎就不是耶路撒冷本地人，但听见耶稣将到耶路撒冷手拿着棕树枝出去迎接他，并高呼和撒那归于大卫子孙的正是这些人。记此存疑，以便将来作进一步研究。——译者

296 # 第三章　耶稣受难受死和复活的神话故事

第一组神话　伯大尼宴会和逾越节晚餐

84. 伯大尼宴会和受膏

耶稣受难前不久，在伯大尼一次宴会上，一个女人用极贵重的
778 香膏膏了他，这是最古老的福音传说之一（《马太福音》第 26 章第 6—13 节；《马可福音》第 14 章第 3—9 节；《约翰福音》第 12 章第 1—8 节）。从马太和马可当时假耶稣之口所说："普天之下，无论在什么地方传这福音（耶稣称自己的历史为'福音'是极不可能的事），也要述说这女人所行的，作个纪念"，可以看出，最早时期的基督徒们，把这个故事看得特别宝贵。因此，我们本应可以看到，头两福音书作者会把女人的名字给我们留下来，或者把她的事迹叙述得更详细一点；但实际并非如此，这就很清楚，最早时期的基督徒们所关心的，并不是谁膏了耶稣，而是耶稣受膏这个事实。因此，不仅伯大尼这个地方的名称，连发生事件的房子和房子的主人的名字都记下来了。其所以强调耶稣受膏这一事实，故事也假耶
297 稣之口告诉了我们，她是为了耶稣的安葬才把这香膏浇在他身上

的，或者，像马可对马太的话所作的正确解释，她是为他的安葬，把香膏预先浇在他身上的，而约翰所说，香膏是她为耶稣安葬之日保存的，则几乎把句子的原意模糊得无法理解了。预先把香膏膏在耶稣身上这一说法的重要性，只有在并非在适当时期，也就是说，并非在耶稣被安葬时，把香膏膏在耶稣身上这一前提下，才能获得令人满意的解释，根据马太和马可的说法，事实真的就是这样，根据路加的说法，虽然原打算在耶稣安葬时膏他的身体，但并未做到，唯独约翰说，在耗费一百斤香料的情况下，这一点终于做到了。这种种不同的说法所涉及的问题到了适当时机我们将加以讨论。

但耶稣的这些发言只是在女人用香膏膏耶稣头以后所发生的事情。她的这一行动首先受到了门徒的谴责，他们认为如此贵重的香膏如果用来周济穷人是会做出很多好事来的，但耶稣却为之辩护说她所做是一件美事，因为常有穷人在他们中间，向他们做好事的机会总是有的，而他自己在他们中间以及他们向他表示爱和尊敬的机会却不常有。所有这一切真的照所记的发生了并不是不可能的事。但耶稣后来所说的话，说女人膏他是预先为他安葬而做，则似乎是由于最早时期的基督徒意识到在耶稣安葬时没有能够膏他们夫子的尸体感到不安逐渐发展起来的。因而对于耶稣前面所说的话就自然地产生了另一种类似的推想。在最早的基督徒 298
中，对于穷人有一种过分夸大的感情，认为唯一真正的善行就是周济穷人，而另一方面把一切为崇拜用的装饰或修饰都看作是浪费而加以拒绝。这种缺乏想象力的伊比奥尼派倾向，在这里同认为对基督个人崇拜有其必要性的思想发生了冲突。意味深长的是，对于这种借口周济穷人而反对为耶稣花费这么多金钱，甚至发现

其纯系虚伪的正是第四福音书作者，他认为贪婪才是这种反对的真正动机，因此，他不像马太所做的那样，说进行这种指责的是一般的门徒，也不像马可所做的那样，把这种指责归之于门徒中未指明的几个人，而是直截了当地把这种指责归之于监守自盗之贼后来成为叛徒的犹大。如果说，对于为犹太-基督教弥赛亚身上的花费进行谴责是不能容许的，对于为了用于成为肉身的神圣创世之道的花费而进行指责当然就只能是出于不可救药的恶人了。

从第四福音书作者的观点看来，十一个门徒中的任何一个人，尽管软弱却都是正直的人，他们是不可能指责用香膏膏耶稣的，只有不可救药的第十二个人[①]才会做这样的事。同样不可能的是，这样一个非常优美，对上帝儿子的尊严如此得体的行为，竟会由一个毫不知名的人做出来。它一定是由一个衷心热诚崇拜耶稣的人做的。正如我们从上面已经看到的那样，第三福音书作者向第四福音书作者提供的马大的妹妹马利亚正是这样的人。《路加福音》虽然没有说她住在伯大尼，也没有说她用香膏膏耶稣，而只是说当她姐姐在为招待耶稣而忙乱的时候，她却坐在耶稣脚前听他讲话。她姐姐向耶稣抱怨她的这种做法，耶稣反倒为她这样做进行了辩
299 护(《路加福音》第 10 章第 38—42 节)。用香膏膏耶稣的一定是她而不是别人。当时她正坐在耶稣脚前，正如马太和马可所说的，她所膏的一定不是耶稣的头而是他的脚，她所用来膏耶稣的，一定不是不定量的香膏，而是一斤极其贵重的值三十两银子的真哪哒香膏。在对香膏作比较明确的描述并用数字说明其价值时，像他在

① 指犹大。——译者

引进凡足以赋予其故事以实感并增强其描述的特点时所经常爱做的那样，都是以第二福音书为蓝本。

如上所述，约翰在模仿《路加福音》第10章的描述时，把拉撒路作为两姐妹的兄弟联系起来，从而把患大麻风的西门从晚餐故事中排除出去，这样一来，曾经死去又由耶稣使之复活的拉撒路就取代了西门的地位，但他并没有完全取代西门的地位，没有像西门那样，扮演了一家之主和宴会主办人的角色，而仅是作宴会参与者之一坐在桌旁；马大像路加所记载的那样，为许多服侍的事而忙乱。从此我们可看出，第四福音书作者并没有使他的记述同把膏耶稣和西门之家有联系的传统故事完全抵触的意图。他虽略去了西门，提出了拉撒路，但并没有使后者完全取代前者，因而我们在读他的记述时就无法确定宴请耶稣的究竟是谁，而只能从马大做招待工作，根据路加的记述猜想招待耶稣的地方就是她的家或者是她兄弟的家。

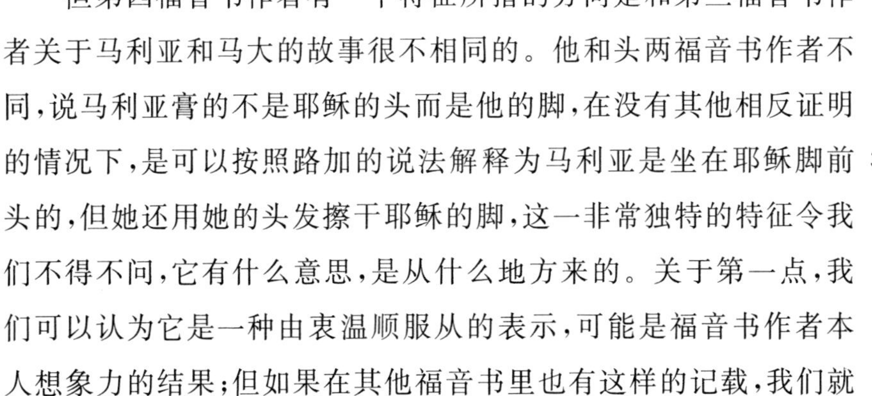

但第四福音书作者有一个特征所指的方向是和第三福音书作者关于马利亚和马大的故事很不相同的。他和头两福音书作者不同，说马利亚膏的不是耶稣的头而是他的脚，在没有其他相反证明
的情况下，是可以按照路加的说法解释为马利亚是坐在耶稣脚前 300
头的，但她还用她的头发擦干耶稣的脚，这一非常独特的特征令我们不得不问，它有什么意思，是从什么地方来的。关于第一点，我们可以认为它是一种由衷温顺服从的表示，可能是福音书作者本人想象力的结果；但如果在其他福音书里也有这样的记载，我们就不得不假定在两者之间有一种联系，如果这一特征在另一故事里似乎比在这一故事里构成一个更主要部分，我们还不得不进一步

假定，前者还是我们故事所从产生的原始资料。事实上，我们从《路加福音》所特有的一个有罪女人膏耶稣的故事里所发现的正是这一情况，而且具有一个原型所应有的一切特征（第 7 章第 36—50 节）。我们所搜集到的许多迹象表示，那个故事和我现在所考虑的故事并不是不相干的，这也就是说，它并不像一般所认为的那样，完全是另一个不同的事情。必然立即引起我们注意的是，路加并不知道还有任何其他膏耶稣的事，因此，在他看来，他虽未说这个有罪女人膏耶稣，发生在耶稣在世最后几天的伯大尼，而是竟发生在耶稣在加利利的传道期间，它实际同在伯大尼膏耶稣是同一回事。路加不仅说事情发生在吃晚餐的时候，而且还说这家的主人和宴会主办人同马太和马可所说在伯大尼的那个人都叫西门，只是他没有把他描述为长大麻风的，而是描述为法利赛人，这和在故事中他那所扮演的同有罪女人成对比的角色也是非常吻合的。此外，同马太和马可所说的一样，女人拿的香膏也是装在一个玉瓶里；同马太和马可的记述一样，女人受到的抨击也不是由门徒大声大气地提出来的，而是由这家主人自言自语地嘟囔出来并由耶稣为之辩护的，当然，由于女人人格地位的变化，抨击和辩护的言辞也就各不相同了。

301 但是应当怎样解释这种变化呢？难道一个出于深挚崇敬感情，把一瓶香膏倾倒在耶稣头上，备受赞扬的妇女，竟能由于传统或作者的修改，变成一个以沉痛忏悔的心情，用眼泪沾湿耶稣的脚，用头发把它擦干，用嘴吻它们并用香膏滋润它们的受诅咒的罪人吗？在这里我们应当记住在最古老的福音传统中人们向耶稣控告一个犯了许多罪的女人的故事，以及一个用香膏膏耶稣的女人的故事。据说在《希伯来人福音书》里就记载过这一故事，帕皮亚斯也曾提到过[1]关于在《路加福音》里的那个犯罪的女人，曾明确地说，她许多的罪都赦免了(第 7 章第 47 节)；另一方面，并没有人真的向耶稣控告她，而是法利赛人自言自语地说，如果耶稣是个先知，必然会知道这个崇拜他的女人是怎样的人。我们发现第四福音书里有一个故事，虽然曾受到批评家的抨击[2]，但它如果不是该福音书原有的一个组成部分，至少也是很古老的。这是一篇关于犯奸淫的女人的故事(第 8 章第 1—11 节)，她是正在犯罪时被捉住并被带到耶稣面前受到明确的控告，但却受到了耶稣的保护。[3]

很明显，关于这类故事，如果已经有一本《希伯来福音书》放在路加面前，一定会受到那位保罗追随者的特别欢迎，同样明显的是，如果他从那里看到的正是我们现在从《约翰福音》里所念到的那样的故事，他就不可能对之感到满意。在这里，女人似乎完全处于被动地位，她没有主动寻找耶稣，而是被别人拖到他跟前的；而 302
且当她站在耶稣面前的时候，她什么事也没做，倒是那些控告她的文士和法利赛人，利用机会向耶稣提出了一个恶意的问题，耶稣诉之于他们自己的良知，消除了他们的敌意，不过，这种情况，从历史的角度来看，是极不可能的。对路加来说，依照其自己的观点，说明这个有罪女人寻求救恩的努力和接近耶稣的愿望完全出于自主

① 参看：尤西比乌斯：《教会历史》，111，39，17。

② 参看：艾瓦尔德：《约翰的著述》，I，270。另一方面，希尔根菲尔特却为其真实性进行了辩护。《福音书》，第 285 页往下。

③ 这里的分段是以德文原著为依据。——译者

自发的冲动，就是绝对必要的了。浪子回头虽是迫于贫困，但其回归父家并承认自己罪孽的决心和实际行动还是他自己作出的。税吏长撒该出于迫切要求看到耶稣的心情而爬上了一棵树；圣殿里的税吏，捶胸祷告，求上帝赦免他的罪。同样，这个有罪的女人一定作出了各种努力，设法寻求耶稣向她开恩。用香膏膏耶稣，可以看作就包含着她的一种努力；由于行这事的女人并没有被较早的福音书作者提过名，也没有更多的叙述关于她的其他事情，把两个故事合并起来就不致有多大的困难了。因为根据福音书的精神，只要有悔改的表现，把一个男人或女人描述为罪人并不是什么可耻的事情。但作为一个卑微有罪的女人，她不可能接近耶稣的头而只能靠近耶稣的脚；弄湿耶稣脚的头一样东西一定就是她的悔改的眼泪。她不会认为用她的头发擦干由于她的泪水浸湿的主的脚，再用嘴亲它们或用最贵重的香膏膏它们，对于她是太大的损失。所有这一切都以惊人的方式说明，作为东道主的骄傲的法利赛人，未能做到这一切太于礼有亏了。与此联系着的，不是耶稣同
303 门徒的交谈，而是他同法利赛东道主的交谈，他们谈话的主题不是香膏的花费而是用香膏的女人的品德。法利赛人认为她是不可救药的坏人，连她接近耶稣也成了耶稣的耻辱。耶稣则认为，法利赛人的自以为义是他缺乏爱心的原因，并用一个在许多方面都和国王同仆人算账极为相似的比喻说明这个罪人的许多罪都得蒙他赦免是她谦卑仁爱的根源(《马太福音》第 18 章第 23—35 节)。在两个比喻里各有两个欠债人，一个欠的多，另一个欠的少。《路加福音》里的欠债人是欠同一个债主的债，在《马太福音》里，一个仆人

是欠国王①的债，另一个是欠同伴的债。在《马太福音》里，由于他的恳求，国王免了他很多债。正是这个仆人他却不肯免去他自己的同伴欠他的很少债，此事被作为前车之鉴以儆效尤。与此相反，在《路加福音》里，被赦免多的人，爱的也最多（这就是说，他爱债主也最多，因为并没有说还有人欠他的债）。还说那个赦免得少的人，这就是说，像那个自以为义的法利赛人自以为他没有什么可赦免的债，他爱的也少。

所以，在这里有由五个故事构成的一个小组，其中间的一个故事是，1. 马太和马可记的一个无名的女人，在伯大尼晚餐上膏了耶稣的头，门徒以为她这样做是浪费，对她进行了谴责，而耶稣却为她作了辩护。在故事的极左边是，2.《希伯来人福音书》里所讲的一个有罪的女人，有人向耶稣控告了她（由于已没有故事原本，大
概）耶稣未定她的罪就打发她走了，并劝她不要再犯罪；在极右边， 304
3. 路加关于马大和马利亚两姐妹的故事，其中一个把耶稣接到家里并殷勤服侍他，另一个则坐在耶稣脚旁听他讲道。她姐姐批评了她，但耶稣却为她进行了辩护。4. 路加在他的有罪女人膏耶稣脚的故事里把第一个和第二个故事合并起来。5. 约翰在马利亚膏耶稣的故事里，把第一个和第三个合并了起来，不过他同时又在路加关于有罪女人膏耶稣的复合故事里，引进了膏耶稣脚和用头发擦干的特征，这和他所描述的伯大尼的马利亚的敏感性格也是符

① 这里两个比喻的措辞是一致的。《马太福音》第 18 章第 25 节：μὴ ἔχοττος δὲ αύτοῦ ἀποδοῦναι（没有什么可偿还的）……《路加福音》第 7 章第 42 节：μὴ έχόντων δὲ αύτῶν ἀποδοῦναι（没有可偿还的）……（两者语法结构略有不同，意思基本一样。——译者）

合一致的。

85. 逾越节和设立最后晚餐

伯大尼宴会对最早期基督徒非常重要，因为作为对耶稣死后未能享受香膏哀荣而采取的提前补偿性措施就是发生在这次宴会上。耶稣在其逝世前不久同门徒在耶路撒冷吃逾越节筵席也具有同样意义。这是因为，在逾越节和构成初期基督徒生活真正中心而经常举行的纪念性晚餐之间有着一种紧密的联系。

首先，如此重要的事件就要求有一个与之相适应的开始。人们认为，新约晚餐的创立人即使在其安排晚餐的方式上也已经彰显了他的高度权能(《马太福音》第 26 章第 17—19 节;《马可福音》第 14 章第 12—15 节;《路加福音》第 22 章第 7—13 节)。正如他
305 在考虑以同其尊严相称的方式进入首都时只需打发使者向附近村庄首户居民声称主要用它，就获准使用其乘骑一样，根据马太记载，这次他也只需打发他的门徒向首都的一个友好公民宣称夫子要同其门徒在他家守逾越节就立即毫无阻碍地获准使用其设备齐全的房间。即使在这件事上也毫无理由设想同房子的主人有过任何事先的安排，因为在福音书作者的话里，本来就含有一种神迹成分，不管我们把这种神迹成分理解为是由于耶稣的话具有不可思议的能力也罢或者由于上苍对他有特别照顾的安排也罢。即使对于逾越节时期旅客拥挤的自然情况不加考虑，在节期第一天清晨竟然能找到一间晚上可以使用的空闲着的房子，如果不是不可能，也总是很困难的，因而这种神迹成分就总是存在着的。

不过，把这种神迹成分以更能感觉得到的形式提出来是有其

明显的吸引力的，因为这个预订房间的故事同借驴驹进耶路撒冷故事的模式极其相似。这一点从马可和路加描述耶稣并不是像马太所说的那样，打发了一般的门徒，而是像上次借驴时那样，只打发了两个门徒（据路加说，就是彼得和约翰）就可清楚地看出来。像第一种情况那样，两个使者将会看到有一头驴拴在那里，像从前撒母耳为了证明他有说预言的才能，曾预先对扫罗说，他将遇到一些人，其中有的带着食物和饮料（《撒母耳记上》第 10 章第 2 节往下），照样，在第二和第三福音书里，耶稣预先对两个门徒说，当他们进城的时候，将会遇见一个拿着一瓶水的人，他们要跟着那个人
进到房子里去，以夫子的名义，问那家的主人，客房在哪里，夫子要 306
同他的门徒在那里吃逾越节的筵席，这时那人将会把一大间已经摆好座位的楼房指给他们看，他们将要在那里预备筵席：一切都照所说的发生了。

第四福音书作者，像略去骑驴进耶路撒冷的故事那样，也把借房子的故事全都略去了。关于骑驴的事，他只说，耶稣得了一个驴驹，就骑上，至于怎样得的，并未作明确的说明。关于筵席，他也只说筵席预备好了，并未说在哪里或怎么预备的（第 13 章第 1 节往下），但他所说的筵席果真同共观福音书描述的是一回事吗？看来并不是；因为虽然共观福音书清楚地说他们所描述的筵席是逾越节筵席，约翰却非常明确地表示，那是逾越节以前的一次筵席，而且并不像共观福音书所说的，耶稣在席间设立了最后晚餐，而是给门徒洗脚。

根据马太，“除酵节的第一天，门徒来问耶稣说，你吃逾越节的筵席，要我们在哪里给你预备？”当房间定下来之后，又说，“耶稣同

十二个门徒坐席”（《马太福音》第26章第20节），根据《路加福音》（第22章第15节），耶稣说，“我很愿意在受害以先，和你们吃这逾越节的筵席。”依照摩西的条例（《出埃及记》第12章）吃逾越节筵席应该在尼散月14日的晚上。① 一种说法认为，大概耶稣预见到自己第二天就要死了，或者根据当时的风俗（不幸这是无法证明
307 的）由于节日上来过节的人太多，提早了一天过节。这种说法不仅同将那天描述为须宰逾越节羊羔那天的《路加福音》相抵触（第22章第7节），而且也与《马太福音》有抵触，根据摩西条例（《出埃及记》第12章第15节，18节），马太所说的“除酵节第一天”，应是尼散月14日而不是13日。

另一方面，在《约翰福音》里，不仅没有丝毫迹象显示那次晚餐是逾越节，而且当提到（第13章第1节往下）在逾越节以前，耶稣一方面知道自己离世的时候到了；另一方面又知道自己的尊严崇高地位，“就在吃晚饭的时候”……，这里的晚饭决不可能是逾越节，而只能是较早一次的晚餐。当耶稣吩咐犹大说，“你所做的事快做吧”，被门徒理解为是叫犹大买使徒团体过节用的东西的时候（第13章第29节），这个节日，也就是逾越节，还未来到，因为当时节日需用的各种东西还未买好，这是从第二天早晨，犹太人因为怕染了污秽，不能吃逾越节筵席，拒绝进外邦人的衙门这一事实，非常清楚地看得出来的（第18章第28节）。

但是，如果因为以共观福音书为一方和以《约翰福音》为另一

---

① 按照犹太人计算日子的方法是从每天晚上六点钟算起，严格地说，指定吃逾越节羔羊的重要节日，应是从尼散月15日开始；但正如上述经文所表示的那样，一般习惯说法则是从14日开始。

方对于这次晚餐情况的描述有非常明显的不同而试图将其分为两次，一次是发生在尼散月 13 日耶稣为门徒洗脚的晚餐；另一次是发生在 14 日逾越节的话，[①]则根据其他方面的情况，与此正好相反，我们又不得不深信，两者指的完全是一回事。因为根据《约翰福音》和共观福音书的共同描述，在这次晚餐上，耶稣预言了犹大将要出卖他，把这次晚餐说成是逾越节前为较早一次晚餐的约翰还说也
是在这次晚餐上，或者至少在晚餐完毕后不久，在鸡叫以前，彼得也 308
将不承认耶稣（第 13 章第 38 节），这一资料同时向我们证明（其实即使没有这一资料问题也非常清楚），不仅约翰故事的引言部分，把耶稣给门徒洗脚当作他爱门徒到底的最后证明，即使从与之有联系的临别讲话和动身前往被捕地来看，《约翰福音》和《共观福音》所描述的都是耶稣同门徒在一起的最后一次晚餐，但在《共观福音》里，把这唯一而最后一次的晚餐明白无误地说就是逾越节，而《约翰福音》却说它是逾越节前的一次晚餐，这样一来就有一个矛盾，而且是一个不折不扣的矛盾，两者中必然有一方是错了。[②]

① 例如赫斯以及晚近洛浦（Röpe）等人在《历史批判论文》就企图证明，耶稣给门徒洗脚的那次晚餐（《约翰福音》第 13 章）同逾越节晚餐并不是一回事（1856）。

② 下表显示两种描述之间的关系和受难周发生的事情：

以共观福音为根据的月日和节日	以所有福音书作者为根据的星期数	以约翰福音为根据的月日和节日
尼散月 晚上	星期四	尼散月 13 日 晚餐
尼散月 15 日 节日的第一天 耶稣受难	星期五 和	尼散月 14 日 死亡

在明明白白的事实面前，有些神学家竟然仍旧否认有矛盾存在，这就清楚地说明，神学家的标准是和简单真理完全背道而驰的。另一个事实是，为了消除这种情况，他们从相反方向作出了努力，有些人企图把《共观福音》拉向约翰的见解，另一些人则设法把
309 《约翰福音》拉向《共观福音》的见解，还有些人则认为两种见解都行得通，[①] 这只能说明，他们试图解决问题的方法，不是以每一方的有关原文为依据，而是以对任何一方屈服都无所谓，只要能够相安无事，也就是说，只要能够保全双方的历史荣誉就行的局外者利益为依据。说两方面没有一方面错，其实就意味着两方面一定有一方面大错特错，也就是说，粗暴地歪曲了另一方明显的言辞和不可能误解的意见。我们还能明智地同其打交道的神学家们和我们只能任凭他们按照他们所偏袒的原则行的神学家们的分界线正在这里。

但这样说并不意味着那些承认《共观福音》记述和《约翰福音》记述在这点上有矛盾的神学家们就一点偏见都没有了，因为如果问他们两方面哪方面对哪方面错的时候，约翰的忠实追随者们一

尼散月 16 日 节日的第二天 耶稣	星期六（安息日） 在	 节日的第一天 坟墓
尼散月 17 日 节日的第三天 在	星期日 早晨	尼散月 16 日 节日的第二天 耶稣复活

① 在第一类人中有韦色勒（Wieseler）：《年代对照表》，第 334 页往下；第二类人有瓦泽尔（Weizel）：《前三世纪的基督教逾越节》，第 315 页往下；第三类有施莱马赫：《耶稣生平讲演录》。

定站在他们不可能错的老师一边，因为他们把自己的近代信仰寄托在约翰身上，如果他错了，连他们自己也就错了。这种考虑是非常虚伪和错误的；历史的检验是一个不考虑其裁决会有什么样后果的法庭，如果第四福音书不能根据其所提供的见证证明其本身的可信性，那就只能对之作出不利的裁决，不管这一裁决会令近代神学多么不高兴和多么难堪。

如果我们根据这一原则检验这两个互相矛盾的描述，我们就
会发现《共观福音》认为耶稣的最后晚餐是逾越节晚餐，发生在尼
散月 14 日晚上，而耶稣的死发生在尼散月 15 日即逾越节当天的说 310
法，不管怎么说乃是最古老的说法。如所公认，前三福音书的确都写在耶路撒冷被毁灭之后，但其所用的原始资料在一定程度上也包括关于耶稣的远为古老的巴勒斯坦的传说在内，此外，第二世纪后半期经常发生于小亚细亚教会和罗马教会之间的关于守逾越节的争论中，以尼散月 14 日为耶稣同门徒一起吃逾越节羔羊日子的风俗，在这天守晚餐是一个古老的传统，小亚细亚基督徒特别援引使徒约翰的先例以为佐证。同时他们的对手们，为了证明他们不管该月的哪一天，只在复活日，也就是说，在星期天而不是更早，守晚餐就是有道理的，则求助于教会传统为证。这一争论像所有其他正常教会争论一样，并不是历史性的争论而只是教条性的争论。[①]

① 关于这一争论，请参看尤西比乌斯：《教会历史》V. 24，《亚历山大逾越节年表》，波恩版，I，13，往下；鲍威尔：《经典福音书的批判研究》，第 334 页往下；《前三世纪的基督教》，1，第 56 页往下，希尔根菲尔特：《古代教会关于逾越节的争论》（1860）；《新约的经典和批判》，第 219 页往下。除此以外，还有刊载于蔡勒尔的《神学年鉴》和希尔根菲尔特的《科学的神学杂志》两位作者的批判文章。

坚持尼散月 14 日为犹太人的逾越节后来被认为是犹太教的表现，而不顾这一天的做法则被认为等于把基督教从犹太教解放出来；不久以后，像希拉波立的阿波里那利斯和稍晚的亚历山大的克利门等进步人士，就在守节这一点上站到罗马教一方来。为了把这订为制度，现在则说耶稣守晚餐礼是在逾越节前一天，他没有吃逾
311 越节羔羊，当犹太人在吃的时候，他正在受难，其实，他自己本是真正的逾越节羔羊，是上帝的儿子，而一般的逾越节羔羊不过是其不重要的象征而已。这是使徒保罗已经提出过的思想在纪时学上的现实化(《哥林多前书》第 5 章第 7 节)。他说，“我们逾越节的羔羊基督已经被杀献祭了”；同样的思想也是第四福音书作者叙事的基本思想。耶稣在受难以前没有吃逾越晚餐，因为他自己就是逾越节羔羊。当象征性的逾越节羔羊在圣殿院子的燔祭坛上被杀的时候，就在同一天同一时刻他自己正作为上帝的真正羔羊在各各他山上流出他的鲜血来。[①] 约在公元 170 年，阿波里那利斯就提到过第四福音的这段记事，同时并引人注意到援引《马太福音》伪证的反对意见(如果没有像阿波里那利斯似乎做了的那样，根据《约翰福音》对之作了修正的话)，是使福音书相互之间发生了矛盾。许多迹象显示，《约翰福音》的撰写时期并不很早，[②]因此我们能够

① 趁此机会，我想援引一位正统神学家克拉夫特说的一句引人注目的话：《四福音书的纪年及其协调一致》，第 130 页。也许正是由于这种典型的关系才使约翰(第 12 章第 1 节)把晚餐的地点放在伯大尼，席间耶稣为其安葬而被膏，时间在逾越节前六天，即尼散月 10 日；根据《出埃及记》第 12 章第 5—6 节，正是挑选逾越节羔羊的日子。参看希尔根菲尔特：《福音书》，第 298 页；《古代基督教》，第 40 页。

② 德文原著为：so viele Spulen hinweisen，das johanneische Evangelium nicht lange vorher vertasst。——译者

看出，他这样描述的动机是什么；我们懂得，他为什么把耶稣的最后晚餐放在逾越节晚餐的前一天，并把耶稣之死放在逾越节晚餐的当天，这样一来就比较福音书的记载提早了一天，这种努力是和约翰的观点自始至终最紧密地联系着的，其目的是要表示，耶稣在其服务的顶峰时期，已不再参与过时的犹太人的节日，而是以他自己的死取代了过去的节日，从而为一个崭新的宗教奠定了基础。

不过根据这一观点尽管不难看出第四福音书作者在这些事上
作了非历史性的处理，但假定《共观福音》纪时的正确性也还是非 312
常困难的。逾越节固然没有什么困难，但关于那天夜里和第二天发生的事情的记载却困难得多。公会在非常神圣的吃过逾越节羔羊那天的夜里和同样非常神圣的次日即节日的第一日，竟然不仅派出了武装仆役去捉拿耶稣。而且还亲自成立法庭进行审理，公布判决并在巡抚面前进行控告，还诱使罗马官员在这样一个日子里执行死刑——所有这一切都是非常不大可能的。约翰还说，在驻棚节的重要节日里祭司长和法利赛人打发仆役（没有明说是否武装）去捉拿耶稣（第 7 章第 45 节，参看第 32 节），根据《使徒行传》第 12 章第 3 节往下，希律在除酵节的日子里囚禁了彼得，尽管他的确打算要在节日以后定罪和行刑。由于约瑟弗对犹太人的司法制度讲得很少，而《塔尔默德》[1]（*Tulmud*）的有关论述又非常含混不清，甚至互相矛盾，我们对于犹太人有关的安息日和节日历法的司法制度的知识很不完善。然我们一方面知道公会在安息日和节日有时仍举行会议；但并不在其平常开会地举行；而且也不知道

① 塔尔默德，请参看本书第一卷第 223 页注（页边码）。——译者

这些会议是否具有审判犯人的性质；因为在别处还提到过安息日禁止审判犯人的规定。但关于执行判决，我们有海德利安（Hadrian）时代保存下来的拉比阿基巴[1]（Akiba）说过的一句话：“凡反对文士的人，应于每年三大节日，带至耶路撒冷处以死刑，以儆效
313 尤。”虽然这里并没有说执行死刑是在节日的当天，但这并不构成多大困难，因为不管怎么说，执行死刑是由罗马人干的[2]。

然而，还有一种意见认为撇开其他一切不谈，单是共观福音书记事本身就是自相矛盾的，因为他们用来描述处死耶稣那天的措辞和他们自己的假定说那天是逾越的第一天和最大一天，因而也就是说，前一晚餐就是逾越节晚餐是相抵触的。他们把那天描述为（《马太福音》第 27 章第 62 节；《马可福音》第 15 章第 42 节；《路加福音》第 23 章第 54 节[3]）预备日，或者说，安息日的前一日；但反对者认为，既然逾越节的第一日像其他许多节日的第一日一样，其本身就具有安息日同等的地位，这样称呼它是不适当的，这种描述一定是从一个更古老的说法移植过来的。根据这种描述，就像约翰所说的那样，处死耶稣的那天并不是节日的第一天，而是前一天。根据这种情况他们认为，路加所说，埋葬耶稣的那天晚上，妇女们准备了香料和香膏以后，就遵着诫命在安息日安息了（第 23 章第 56 节）。如果耶稣死和埋葬那天是逾越节，妇女们就会像第

---

① 阿基巴（Akiba ben Joseph，40—135），犹太拉比，因反对罗马皇帝海德利安被活剥处死。——译者

② 关于这个问题，请参看布利克：《论文集》。I，140 往下；格弗洛勒尔：《圣迹与真理》，第 197 页往下。——译者

③ 英译本误作“《路加福音》第 23 章第 14 节”。——译者

二天安息日那样，不可能忙着预备香料了。据说只有这样把事情同第二天是圣日联系起来考虑，《约翰福音》所说，那天晚上急忙把耶稣身体从十字架领下来才有真正的意义。但是，就连在《约翰福音》里，也把处死耶稣的那天说成是预备日，不是第二天是逾越节，
而是国定安息日（第 19 章第 14 节）[①]。其所以不应当亵渎第二日 314
的理由，不是因为它是逾越节的第一日，而是因为它是安息日（第 19 章 31 节），只是因为加了一句说那日是大日，也就是说是特别神圣的日子，才把那天同时又是节日的第一日的性质暗示出来。因此，如果我们从第四福音里看到安息日同时又是节日具有主要安息日的特性，在这方面它就和前三福音有同样的地位，前三福音对于两个并列的日子，把第二个即安息日，看得更为神圣，因此，可以设想，那个时候，在同样情况下，都是这样看法。其实把安息日看得比任何其他事物更重要，这是完全符合晚期犹太教精神的。总之，鲍威尔说得不错，什么符合那时犹太人的习惯，什么不符合，和犹太教关系如此接近，对巴勒斯坦原始历史资料更非常熟悉而且他本人就运用了这种资料的第一福音作者，总比我们现代人清楚得多。如果他毫不踌躇地宣称，耶稣被定罪和钉十字架是在逾越节（英译本误作复活节）[②]的第一天，对这一说法我们应当相当满意才是。

① 这里所说和《圣经》不符，请参看《约翰福音》第 19 章第 14 节“那日是预备逾越节的日子”。——译者

② 这里英译本的复活节应为逾越节，英文钦定本《圣经》(KJV)(1611)把《使徒行传》第 12 章第 4 节希腊文的 πὰσχα/Passover(逾越节)误译为 Easter(复活节)，美国标准本(ASV)已改正，中文《圣经》也根据希腊原文译为逾越节。《当代圣经》263 作：除酵节。——译者

第四福音书作者把耶稣的最后晚餐提早一天，并在逾越节晚餐之外，在其前一天另记了一次晚餐，也有同样情况。即使在他所记的那次晚餐中，他也没有提到耶稣设立最后晚餐的事，对此，我们应当找出他之所以这样做的原因来（《马太福音》第 26 章第 20—29 节；《马可福音》第 14 章第 17—25 节；《路加福音》第 22 章第 14—20 节）。晚餐是基督教的一个仪式，这一点他是应当知道的，即使从《约翰福音》第 6 章还看不清楚，这也是一个必要的假设。圣晚餐是耶稣亲自在最后一次晚餐时所设立，在使徒保罗时
315 期的基督教内已经广为流传，即使没有共观福音书，第四福音书作者也一定是知道的。但根据第四福音书的观点，是决不可能把耶稣的最后晚餐说成是逾越节晚餐的。根据同一观点，如果不想把圣晚餐表现为出自犹太教习俗的一个支流，也决不可能说它是耶稣在逾越节晚餐时设立的。也许有人会说，只要把耶稣的最后晚餐，放在逾越节前一天，就不会有这种情况了。既然第四福音书作者已经把它放在逾越节前一天了，他就可以满怀信心地说耶稣是在那次晚餐上设立圣晚餐了。但是，正如从共观福音书描述中可以清楚地看得出来的，耶稣设立圣晚餐，在最古老的教会人士心目中，是和逾越节非常紧密地联系着的，以致耶稣的最后晚餐，或者他所设立的任何一个晚餐，总会被看作是一个逾越节晚餐，凡是不愿承认圣晚餐是在逾越节设立的人，只好说它不是在晚餐时设立的。在这种情况下，它就不可能是以任何礼仪形式设立的，而只能像《约翰福音》第 6 章所做的那样，在叙述酒饼的典型神迹的同时，赋予以一种象征性意义。因此，毫无疑问，圣晚餐是耶稣所建立的，但不是用一种现实的具体形式，而是用了一种《约翰福音》所特

有的神秘主义、理想主义的形式，并同犹太教节期和习俗没有任何联系，而是以一种崭新的姿态，排除了任何想当然的旧的事物。

第四福音书作者以一种乍看起来好像又要和犹太逾越节习俗发生联系的方式把最后一点揭示出来。基督是在逾越节羔羊快要被杀的时刻死去的，他的骨头也像逾越节羔羊那样没有一根被折断（关于这一点以后还要谈到），一个士兵用枪扎了他的肋旁，立刻有血和水流出来，这是要应验经上的话说，“他们要仰望自己所扎 316
的人”（《约翰福音》第 19 章第 33—37 节；参看《撒迦利亚书》第 12 章第 10 节）。他们扎了上帝的儿子。他的血真是可喝的（《约翰福音》第 6 章第 55 节）。在晚餐席上，这不仅有精神意义，而且也有物质意义，当时随着血从肋旁伤口流出来的水，除了指洗礼之水外，可能还指最早基督徒习尚在晚餐席上掺合着酒喝的水而言[1]。所以，虽然在共观福音书里，耶稣参加了犹太人的逾越节并联系着逾越节的习俗创立了最后晚餐，在《约翰福音》里，他却作为真正的逾越节羔羊，这就是说，作为上帝的儿子，为世人的罪孽献上了自己，从他的伤口流出了生命的血来，这固然在犹太人流血献祭的事上已经预表过了，但现在则第一次在基督教的晚餐中，真实地表现出来。

86. 洗脚及预言被出卖和被否认

然而，如果照约翰所说，耶稣在最后晚餐上既未吃逾越节羔羊，也未立晚餐礼的话，那么，这礼节就丧失其应有的意义了。因

① 贾士丁·马特尔：《卫道篇》，I，65 往下。

为单靠所剩下的一切，即预言被卖和被否认，决不足以维持其传统
317 的重要性。而且第四福音书作者也并不希望将其完全免除，部分原因是它在基督教传统中非常重要，部分原因是它还可为作者想要在其这部分记事中所引进的临别讲词提供所希望的基础。因此作者就不得不考虑一个代用品了；如果可能的话，他所需要的是这样一个代用品，一方面它具有分饼和酒那样的象征性；另一方面又和他希望在这里插进来的亲切的临别讲词有紧密的联系。根据他的一般实践，对自己跟前所有的《共观福音》记述进行了考察。看一看他是否能找到他所需要的材料，正如他从前经常做过的那样，他在《路加福音》里找到了这种材料。非常奇怪的是，该福音书作者在叙述门徒争论他们中谁将卖耶稣的时候，忽然又想起了另一次的争论，即关于他们中谁最大的争论并讲起了关于谁最有优先权的争论问题，而这样一来他就把《马太福音》更适当地放在较早地方的这一争论放到逾越节晚餐上来了（《路加福音》第 22 章第 24 节往下，参看《马太福音》第 20 章第 20 节往下）。这次他说耶稣说了这样一些话：和世俗的做法相反，他们当中为大的倒要像年幼的，为首的倒要像服事人的。“是谁为大，是坐席的呢？是服事人的呢？不是坐席的大么？然而我在你们中间，如同服事人的。”在同一福音书的另一处地方还把这一对比延伸为一正规的比喻，基督回来时那些处于正确道德状况的将要得到奖赏，就像主人在半夜回来时将要对那惊醒的仆人说，“我实在告诉你们，主人将叫他们坐席，自己束上带，进前伺候他们。”（《路加福音》第 12 章第 37 节）第四福音书作者把这些形象带到了实际现场上来，说耶稣
318 束上腰，以奴仆形象出现在门徒面前，最后还教训他们说，如果他

自己作为他们的主人和夫子向他们这样行，他们彼此之间就也应当这样行，因为仆人不能大于主人，差人也不能大于差他的人（第13章第4—16节）。但他并不是像比喻中主人所做的那样，请仆人坐席，而是做了更卑下的工作，给他们洗脚，同时由于所产生的洁净效益，就具有另一种象征性意义。福音书作者还明显地表示他想借此记事来弥补由于他没有记述耶稣创立晚餐礼所造成的裂缝，他说耶稣给门徒洗脚也是为了叫门徒仿效而行，因为他说耶稣对门徒说，他给门徒洗脚，自今往后，门徒也应彼此洗脚，因为他已经给他们留下了他们效法的榜样。尽管这种说法，在该福音书作者心目中仅具一种象征性意义（参看《提摩太前书》第5章第10节），但也有一种特意使其和保罗、路加记述相类似的意味：“你们每逢喝的时候，要如此行”，等等。

根据自然原因，耶稣对那个不忠实的门徒持有怀疑态度，甚至还向门徒表示过，这都是可能的，但福音书作者们说他以一种超自然方式预知并预言了犹大将要出卖他（《马太福音》第26章第21—25节；《马可福音》第14章第18—21节；《路加福音》第22章第21—23节；《约翰福音》第13章第18—20节）[1]。他们这样做是有原因的，尽管并不符合历史的真实，他们还是这样做了。这种教条上的原因，为什么必须认为耶稣预言了出卖他的事而且还一定是在吃饭的时候而不是在别的地方，第四福音书作者已经告诉我
们了，关于前一点，他假耶稣之口说（13章19节）：“如今，事情还 319
没有成就，我要先告诉你们，叫你们到事情成就的时候，可以信我

① 英译本漏掉《路加福音》第22章第21—23节。——译者

是基督。”这几句话把说预言的动机揭露出来了，这一动机是一切自称预知自己命运的预言的根源，特别是关于命运多舛的伟大人物神话故事的根源。上帝仆人生活中的不幸和颠沛流离，总是一种令人愤慨的事情，因为人们自然地认为，凡是上帝所爱的人，凡是上帝差来的人，一定也会受到上帝的提拔，这种令人愤慨的事必须废止，陷入不幸中的崇高使命之否定必须再否定过来。这样一种的否定已经包含在上帝的仆人能够预知并预言将要临到他的不幸之中。只有通过上帝他才能预先知道。上帝把这种不幸告诉他，也就标志出他是个亲近上帝的人，同时也表示他所令他预先知道的不幸是出于上帝自己的安排，同其使节的崇高地位并没有矛盾。此外，由于上帝的使节明明预知自己的恶运而不图逃避，反而安于天命，冷静地迎上前去，就显得他并不是消极忍受，而是独立于命运之外，不像是有外力在压迫他，而是因他意识到自己的崇高使命甘心忍受这一切。

不过，在耶稣所遭遇的不幸之中，有一种特别令人愤慨之处，因为他所遇的不幸是由他自己的一个门徒的出卖所造成。如果一个熟悉的朋友能够把他出卖给敌人，那一定是因为这个熟悉朋友看出他并没有什么了不起，如果他把这样一个假朋友留在自己身边，他就不可能洞察这个人的内心，从而他就不可能具有卓越的知
320 识。另一方面他的追随者们却深信，第一，他们的夫子不仅洞察了叛徒的内心，而且还像第四福音书作者过分夸张地保证的那样，耶稣从起头就知道谁要卖他（第 6 章第 64 节）。第二，同桌吃饭的伙伴的极端忘恩负义，早在弥赛亚祖先大卫的时候就预示过了（《撒母耳记下》第 15 章第 16 节），并在《诗篇》的一个地方也预言过

(《诗篇》第 41 篇第 9 节)："连我自己的朋友，我所倚靠吃过我饭
的，也用脚踢我。"在这段只有第四福音书作者明确引用，而其全部
记述都始终以之为根据的经文里，之所以说耶稣在餐桌预言犹大
将要出卖他的原因也就揭示出来了。但《诗篇》这段话的原来词句
同引用的意思并不完全一致。"吃过我饭"的这种说法所表示的是
一种依赖关系，一种感恩义务，而这种义务却被不忠实的朋友违反
了；但约翰所引用的话却是"同我吃饭的人"；基督教传统从《诗篇》
那段话所看到的则是预言叛徒违反了好客的神圣规律在这样的应
用和模仿情况下，只能把一切都尽可能按字面意义来理解和实现。
如果弥赛亚说"同我吃饭的人"，那句话一定是当他们两人吃饭时
说的，既然是在吃饭时说的，最恰当的时刻那一定就是在所预言的
事发生当前吃饭的时候了，但最后一次吃的饭是逾越节晚餐，在那
次晚餐上是将饼蘸在盘子的汤里吃的，因此，耶稣就不仅说了"同
我吃饭的人"而且还说了"同我蘸手在盘子里的"(路加说得略微含 801
糊一些："卖我之人的手，与我一同在桌子上")。乍看起来这只是
表示社会关系的一种委婉说法："同我"这个词仅意味着在从同一 321
盘子里一起吃的时候，在耶稣的十二个同伴中，并没有特别指出什
么人来，耶稣自己很可能已经知道他是个叛徒，但想还是不点明为
好，让门徒们去猜想究竟是什么人。马可和路加就是这样让问题
悬在那里。马太走得比他们远些，明确地指明犹大是个叛徒。我
们不能不感到惊异的是，他没有利用和耶稣同时蘸饼在盘子里的
事让耶稣宣布他是个叛徒，而是让犹大最后问耶稣是不是他，耶稣
直截了当地回答说"是"，这是一种非常尴尬而且不大可能的事，第
二和第三福音书作者似乎并不欢喜这种做法。

第四福音书作者在这段经文里干得比较巧妙。当然，他的逻各斯基督必须以最精确的标志来证明叛徒，这是不言而喻的，因为这是他从永恒就有的知识。在这方面他和马太一样，但他还有他自己的独到之处。他并没有忽略把手蘸在盘子里所给他提供的更精确地描述叛徒的机会，但他认为同时把手蘸在盘子里还不够精确。耶稣不仅和叛徒把饼蘸在盘子里而且还把一小块蘸透的饼给了他。此外，在第四福音书里，所有这一切都以各不相同的方式联系起来了。在本书作者看来，最后晚餐是提高他假其名写此福音书的使徒地位的最好机会[①]，并随之而提高其所怀抱全部精神倾向性的最好机会。这是一个大好形势，使他可以把他的朋友约翰
322 说成是夫子的知己和朋友，夫子对他无所保密。正如上帝的儿子躺在天父的怀里，可怜的拉撒路死后躺在亚伯拉罕的怀里一样，约翰作为耶稣心爱的门徒也躺在耶稣的怀里（根据东方坐席时的习惯）；其自然结果就是，由于不知他们当中谁是耶稣所说要卖他的人而惴惴不安的其余门徒，都求告这位心腹门徒，希望通过他得到耶稣的解答。把门徒的询问不是直接传给耶稣而是先传给这位心腹门徒的据说就是彼得，这样一来，这位使徒首领就不得不向约翰表示，自己处于从属地位，正是这一事实，把第四福音书的最隐秘动机暴露了出来。而第四福音书所涉及的也正是这两位使徒间的关系和一个同彼得的名字联系着，另一个同约翰名字联系着的基督教的两种形式。由于只有后一门徒被有意说成是了解耶稣内心

① 施特劳斯认为，《约翰福音》并不是约翰所写，而是别人假使徒约翰之名写的。——译者

思想的人，所以这里说也只有他才能探询耶稣的秘密。

犹大向犹太人的统治者们表示愿意把他的老师交在他们手中。马太和马可断言他这样做的动机是为了金钱。路加在提到这种行为时说撒旦入了那称为加略人犹大的心，他本是十二门徒里的一个（第22章第3节）。约翰则说耶稣在上面提到的预言里明确地宣称十二门徒中有一个是魔鬼（第6章第70节）。在最后晚餐故事的起头把语调缓和为“魔鬼已将卖耶稣的意思放在犹大的心里”（第13章第2节）。当耶稣把蘸汤的饼交给犹大的时候，又说（第27节），“他吃了以后，撒旦就进入了他的心。”因此，耶稣给叛徒的蘸了汤的饼就成了他的祸害，尽管在《约翰福音》里这饼并不是晚餐的饼，我们仍然不能不想起保罗曾警戒说（《哥林多前书》第11章第27—29节）：所以无论何人，不按理吃主的饼，喝主的杯，就是吃喝自己的罪了：福音书作者根据其自己的计划本来想与之保持一段距离的晚餐观念，在这里却不由自主地渗透到他的心里来了。

就这样，在《约翰福音》里，叛徒的恶毒心意却似乎由于耶稣怀着不同目的而采取的行动得到了帮助。耶稣明确地敦促他赶快去做他打算做的事（第27节）。从这句话里布莱施奈德尔[①]发现了比《共观福音》更为夸张的手法。别的福音书作者说，耶稣明知叛徒的心意却没有阻止其实现。唯独约翰表示耶稣甚至促使其实现。目的很明显，如果耶稣对于向他刺来的利剑不仅没有闪避，反而勇敢地迎上前去，则耶稣超越于常人施加给他的痛苦之上的勇

① 《或然性》。

气就会更加突出。不久我们将会看出，第四福音书作者对于客西马尼园情景也以同样精神加以改造。

关于在最后晚餐上所发生的事情剩下来只有耶稣宣称彼得不承认他这一件事了。马可把这件事放在晚餐以后，去橄榄山的路上，只有路加和约翰说是发生在晚餐尚在进行的时候(《马太福音》第 26 章第 30—35 节;《马可福音》第 14 章第 26—31 节;《路加福音》第 22 章第 31—34 节;《约翰福音》第 13 章第 36—38 节)。经过的情况在所有四福音记事中基本上都一样。前两福音书作者关于彼得的带几分傲慢口吻的断言:即使所有的人都因耶稣跌倒，或者离弃他，他却决不会因他跌倒;其他两个福音书作者则说，即使同主一同下监，一同受死，他也在所不辞，耶稣预言说，今夜鸡叫以
324 先，彼得将三次不认他。由于福音书的一致传说，特别是由于这种说法同最早期基督教界对于这位使徒领袖的深挚的崇敬感情是对立的就更加令我们不得不相信，处于当时危急关头，彼得由于软弱犯了一种看来是不承认耶稣的罪行。对于门徒们在不同场合所表现的过分自信，耶稣也很可能训诫过他们。至于说这种训诫发生在所警告之事以前如此之近;而且恰好以这种形式出现，再加以无可置疑的鸡叫和三次否认这个三的数目的传说成分就是非常可疑了。从《马可福音》里我们看到这种诗一般的冲动更加前进了一步，唯独他认为对于鸡叫和否认的次数有必要加以计数:鸡叫二次以前彼得已经三次不承认耶稣。对于这种毫无意义的非非之想，就更没有予以注意的必要了。

第二组神话　耶稣的内心斗争和被捕拿

87. 客西马尼园的内心斗争，第四福音书作者对此的态度

前三福音书作者关于耶稣预知并预告自己将被卖并被否认以及其预感自己受苦的记载同客西马尼园所表现的情景之间有相似之处(《马太福音》第 26 章第 36—46 节;《马可福音》第 14 章第
32—42 节;《路加福音》第 22 章第 39—46 节)。尽管他的道德品 325
格非常高尚,尽管他对自己所从事的工作不管给他带来什么后果都甘愿服从,当其可怕的不可避免的命运呈现在自己面前而且随时都有可能发生的时候,耶稣仍然不得不经历一场极其严重的内心斗争。但当福音书作者所描述的这场斗争在耶稣临终前最后时刻发生的时候,照《共观福音》所描述的情景,毫无疑问其所给我们的印象,与其说是一篇历史,倒不如说更像一首诗歌,至少在细节方面是如此。

《希伯来书》中也曾谈到过耶稣受难以前的这场内心斗争。那里说(第 4 章第 15 节),首先我们的大祭司并非不能体恤我们的软弱,他也曾凡事受过试探与我们一样,只是他没有犯罪。接着(第 5 章第 7 节)说,“基督在肉体的时候,既大声哀哭,流泪祷告,恳求那能救他免死的主,就因他的虔诚蒙了应允。他虽然为儿子,还是因所受的苦难学了顺从。”这里所提到的是指客西马尼园的情景而言,比同书另一处(第 4 章第 15 节,参看第 2 章第 18 节)是指共观福音书关于耶稣受试探的记述而言更为肯定无疑。这种提法的萌

芽还可从稍后的一段经文和后来福音书在描述耶稣受试探和客西马尼园内心斗争时把两者作为类似事件处理的事上看出来。从路加在其耶稣受试探故事里所仿效的马太最原始的陈述以及马可所记耶稣在客西马尼园的痛苦都表示耶稣每次斗争都有三个过程的事实上也可看得出来。

这次耶稣并不是在遥远的旷野里，而是在耶路撒冷附近橄榄山上的一座花园里，每逢节期耶稣似乎经常在这里过夜，他并不是
326 从外面受到一个试探者的袭击，而是在内心深处遭受到受难和横死的可怕预感的袭击。这一次虽然也像从前在旷野那样独自一人和魔鬼交锋，虽然处在城外的孤僻之处，但他还有除了叛徒以外的门徒和他在一起，但根据马太和马可的记述，为了不让他十二使徒中一小部分他所拣选的三人组以外任何人看到上帝儿子的惊恐和痛苦，他吩咐这些人中的大多数留在后面，要他们在他痛苦的时候和他一同警醒，可是他们未能做到：当他离开他们稍往前走祷告以后又回到他们那里的时候，发现他们已经睡着了，不得不再度叫他们警醒起来，他们对于发生在自己面前事件的深远意义毫不了解，就像从前在变像山上一样，那次路加也说他们都睡着了。

在耶稣受试探的故事里说魔鬼三次接近耶稣，每次用了不同的试探方法，但每次都被耶稣用不同的经文打退了。这里耶稣也三次被内心痛苦所迫，求天父让这痛苦离开他，但总是愿意上帝的旨意成全，最终他以儿子般的顺服心情把一切交托上帝，断然勇敢地迎着苦难而上，马太虽然在耶稣第二次祷告里，为了更好地配合完全顺服的心情，用了稍微不同的说法，但在第三次祷告中，则完全重复了马可在第二次里所用的词句。这说明了三这个神圣数字

同祷告的总内容自始至终具有同样的重要意义，从而也就说明了这故事是教条地产生的而不是历史地产生的。

路加像马可在耶稣受试探故事里略去了三个试探的三字那 327
样，既未提三个门徒的三字也未提耶稣三次祷告的三字，但之所以有这种情况是因为他还有一些足以更加强化故事情节的事要讲。在像马太和马可那样用同样的话重复了耶稣的祷告以后，他说有一位天使从天上显现，增添了耶稣的力量，接着就说耶稣极其伤痛，祷告更加恳切，汗珠如大血点，滴在地上。人们可能认为这两件事的先后次序应该倒转过来，但路加之所以这样叙述，很可能是因为他有意让人理解天使之所以出现是为了给耶稣提供充分的力量使他可以抗拒后来的比以往更为强烈的对他的精神上的攻击。的确，路加所描述的，不是耶稣的三种不同行动，但仍是各不相同的三种因素，即简单的祷告，天使增添力量和汗如血点的拼命祈求，在此以后，他就像前两福音书作者一样，说耶稣又回到门徒那里，再次吩咐他们要警醒祷告，同时也谴责了他们贪睡。

第四福音像对于在许多观点都与之类似的耶稣受试探和变像故事一样，对于这整个故事只字未提，其原因也仍然一样，那就是《约翰福音》的逻各斯基督，已一劳永逸地超越于这类试炼的境界之上。作为未来世界之主的犹太人的弥赛亚，尽可把自己置于同等地位同这世界之王魔鬼一争短长，但从天上来的超越于万有之上的耶稣却不能这样；脸上发光，同犹太人的立法者和先知[①]相会对于《共观福音》中的基督来说尽管可能是增加光彩的事，但对《约

① 即摩西和以利亚。——译者

翰福音》里的基督来说却只能使之处于更为局限的地位；害怕死和终于祈求免死，以及还需要天使为之加添力量，所有这一切，对于
328 以耶稣之死为其无上光荣的第四福音书作者来说，都是降低其身价的事情。

此外，即使在这类故事里可能有些对该福音书作者有用的东西，他也很可能因为他认为这类事同福音传说有根深蒂固的联系而不大愿意把它们记下来。已经有人指明，由于他采取了路加的意见，把耶稣受难看作是撒旦的一次袭击，他就巧妙地保存了耶稣受试探故事里的主要意义。但由于他把耶稣变像和客西马尼园痛苦和他自己所特有的福音精神调和并把它们结合起来，他就能以最简单方式避免了这些故事中令人不愉快的成分。他的耶稣（像其由于变像而获得光荣那样）由于其毕生经历而感到自豪，当他受难的时候，也由他认识自己而获得了光荣：这样，《共观福音》变像故事中所表现的犹太唯物主义思想及其在客西马尼园痛苦中所表现的过分激昂的感情冲动，就都得到了纠正。

即使在共观福音书里，耶稣变像的故事也本是紧列在耶稣由彼得讲话引起的包含下列警告（《马太福音》第 16 章第 25 节；《马可福音》第 8 章第 35 节；《路加福音》第 9 章第 24 节）：“因为凡要救自己生命的，必丧掉生命，凡为我丧掉生命的，必得着生命”的关于其受难和受死的宣告之后，从《约翰福音》的基督口中，在他讲了其变像和受死（第 12 章第 23 节往后）我们也听到了同样（第 25 节）的讲话：“爱惜自己生命的，就失丧生命，在这世上恨恶自己生命的，就要保守生命到永生。”接着他又说（第 26 节）“若有人服事我，就当跟从我……若有人服事我，我父必尊重他”，这和他在共观

福音里变像以前联系其受难宣告所说，“若有人要跟从我……就当
背起他的十字架来跟从我……因为凡……在这世代把我和我的道 329
当作可耻的，人子在他父的荣耀里，同圣天使降临的时候，也要把
那人当作可耻的”也一样(《马太福音》第 16 章第 24 节[①]；《马可福
音》第 8 章第 34，38 节；《路加福音》第 9 章第 23，26 节)。另一处
与此相对应的经文(《马太福音》第 10 章第 32 节)则说，“凡在人面
前认我的，我在我天上的父面前也必认他。”

当耶稣庄严进入耶路撒冷，最后一次在那里过节的时候，有些上来过节礼拜的希利尼人，这就是说，一些爱好犹太教的外邦人(很可能是些刚入门的皈依犹太教的人们)，他们为了能见到耶稣，请求使徒腓力给他们引见，腓力就和安得烈一道，把这情况告诉了耶稣。第四福音书里耶稣所说的这些话，就是由这种情况引起的(《约翰福音》第 12 章第 20 节往下)。接着，耶稣撇开希利尼人的要求继续说道：“人子得荣耀的时候到了”；并把他的死说成是达成这一结果的必要过渡。这就令我们看清了构成《约翰福音》特性的事项之一是什么。根据《共观福音》的观点，耶稣得荣耀是同他在变像中见到了犹太人的两位古代先知联系着的；在第四福音里则是由希利尼人即外邦人的来到所引起的。外邦信徒是落在地里的麦粒所结的初熟果子(第 24 节)，但麦粒烂了(耶稣之死)乃是这种结果的必要条件，因此，说话人就把由这种形象所引起的思想加以大力发挥并把它和上面所援引的关于获得和丧失生命以及他的仆人应当跟从他、尊敬他的经文联系了起来。

① 英译本误作“《马太福音》第 6 章第 24 节。”——译者

这种把耶稣之死作为联系其尘世羁旅和他在外邦世界获得光
330 荣必要过渡的思想，在由希利尼人来到的背景下，给该福音书作者提供了把变像故事特征和客西马尼园痛苦特征结合起来的可能。耶稣承认，由于在他里面出现了死的思想，使他从心底里深感震惊，但该福音书作者，好像要纠正《共观福音》故事说耶稣求上帝把这杯撤去似的，或者按第四福音所采用的马可的说法（第 35 节），叫那时候过去，他说耶稣向自己提出了这样一个问题，“我说什么才好呢？”（同《马可福音》里的话几乎完全一样）“父啊，救我脱离这时候吗？”（不，我不这样说，因为）“我原是为这时候来的。”[①]在另一处经文里也可明白无误地看出这种纠正《共观福音》客西马尼园祷告的意思来。《约翰福音》里耶稣对给彼得的命令加上了这样一句话：“我父所给我的那杯我岂可不喝呢？”在为有希腊教养并习惯于斯多葛派淡泊精神的读者所撰写的福音书里，于这样一些地方对共观福音书的记述加以纠正是多么适当赛尔赛斯以来许多反对基督教的异教徒对于耶稣在客西马尼园恐怕战惊的思想所施加的大量攻击可资证明。[②]

富有哲学思想的罗马皇帝儒略[③]，在考虑耶稣在客西马尼园

---

① 即使把“父啊，救我脱离这时候！”不看作是问题的一部分，而看作是一个真正的祷告，这种突然袭击也比在共观福音书里非常快而且非常容易地就过去了。

② 请参看赛尔赛斯（Celsus）和儒略（Julian）的言论和拙著《耶稣生平批判的研究》，第四版第二卷，第 429 页所援引的《尼哥底母福音书》。

③ 儒略，即儒略·凯撒，又称背教者〔the Apostate〕儒略，331—363，罗马皇帝，361—363 在位，反对基督教。这里的《耶稣生平批判的研究》，德文原文为 Das Leben Jesu, kritisch bearbeitet，英译者在本书第一卷中译为：Life of Jesus, critically Discussed，这里又译为：Critical Treatise on the Life of Jeaus，是该译者同名多译的又一例。——译者

痛苦故事时，认为耶稣是神意还需要天使来为他加添力量，未免太荒谬了，这种思想同《约翰福音》作者的观点完全符合一致。该福音书作者本可把这一特征略去而不必多所顾虑，因为在他的共观 331
福音作者前辈中，只有路加一人提到了这件事，但更为安全的办法则是把由此而产生的困难描绘为由误会所造成，使反对者无法加以利用。处于那样一种内心非常激动时候，一位更高的存在向耶稣说话当然是完全可能的，但向他说话的并不是一位天使而是上帝自己，而且也不是因他不得不给耶稣加添力量，而是正如耶稣所祈求的，并不是为给自己加添力量，而是为通过他使天父自己的名获得光荣。天上的声音只是为了给予实现这一光荣的肯定的保证。那些完全未被净化且头脑迟钝的周围群众把上帝声音当作是打雷，而那些一半觉醒一半糊涂的人们则认为是天使向他说话。

但在另一方面，就其本身来说，《约翰福音》里的把天上声音当作是天使说话和路加所描述的客西马尼园情景是有联系的，它们都起源于《共观福音》里的变像故事，在那个故事里，天上的声音是从光明的云彩里出来的，或者按《彼得后书》（第 1 章第 17 节）的说法，是从“极大荣光中”出来的。在《约翰福音》里没有提到什么看得见的形象，而是说其光荣已经表现在声音所表达的词意之中，不像变像故事所描述的那样，说耶稣是上帝的爱子，门徒都应当听从他，而是说上帝已经把光荣赐给他，还要再赐给他。但就连这些作为逻各斯基督和父关系的内在的与精神的象征也是太形式化、太肤浅了，因为在他们两者之间并没有由一方面提出要求，和另一方面提出保证的必要，因此，在这段经文中就有必要像使拉撒路复活时那样，由耶稣明确表示（第 30 节），他感谢上帝听了他的祷告乃

332 是为了周围群众的原故。

由于第四福音书把耶稣变像和其在客西马尼园受痛苦的情况结合在一起，它们就不再以单独的形式存在下去。因而它们在前三福音书单独存在的地位也就空了起来。在《共观福音》里，由耶稣变像所形成的对其在加利利服务所作出的庄严结论在《约翰福音》里已不需要了，因为在《约翰福音》里并没有那样长的关于耶稣继续不断在加利利工作的记载，而只是叙述了耶稣从头到尾在加利利和犹太地和耶路撒冷之间轮流的居住与逗留。《共观福音》把耶稣在客西马尼园的痛苦置于最后晚餐和被捕之间，但《约翰福音》却不需要这种做法。约翰所描述的耶稣没有在战场上为勇气和镇定而斗争的必要。他在上战场时就已经具备了这些品质。此外，在他被敌对势力强迫离开自己的门徒以前，用长篇的讲话启发这些到当时为止，在理解力方面一直还是婴儿的门徒使他们了解自己内心深处的思想情况，特别是使他们熟知自己死的意义及其有益的效果，以便他们能长大成人，不仅是门徒和仆人，而且也是朋友和同工，也是非常必要的。这样的事一方面既不可能在随时都会受到袭击的橄榄山上做到，而只能在最后晚餐那样的和平环境里做到；另一方面，它还是以耶稣具有不可能被打搅的镇定心情为前提，有了这种镇定心情他就能在遭遇仇敌暴力袭击时镇定自若，不发生任何新的思想斗争。所以斗争一定在此以前早就结束，
333 尽管把斗争移置于最后晚餐以前的较早时刻，按该福音书的整个观点来说，其相应情况，性质将不会那么激烈，色彩也不会那么丰富。但任何企图把《共观福音》所记耶稣的痛苦经历，插进《约翰福音》第 14 章至 17 章耶稣的临别讲话和第 18 章开始叛徒带着一批

人走近之间的尝试，将不仅是对耶稣崇高道德品质的攻击，而且一般地说，也是对其刚毅果断品质的攻击，根据这种设想，如果耶稣一想到摆在他面前的苦难，就使他再度陷入像我们从客西马尼园所看到的那样非常激烈的内心斗争，那么，他最先所断言的(第 16 章第 33 节)他已经胜过世界及其苦难的话，就成了空洞的大话或者至少也是缺乏自知之明了。很明显，《约翰福音》的耶稣临别讲话，特别是第 17 章大祭司式祷告的作者既未估计到耶稣后来会有那样激烈的内心斗争，记述这种内心斗争的《共观福音》作者也未想到过他们的耶稣在此以前会发出那样大祭司式的崇高祷告，双方都没有估计到对方的观点，他们是从不同观点设计出来的，他们的描述是绝对互不相容的，从它们目前的形态来看，没有一个可能认为有历史性，只能说两者都是虚构的，只是一个的构想比较简单，而另一个则比较深思熟虑，有感觉得到的目的。

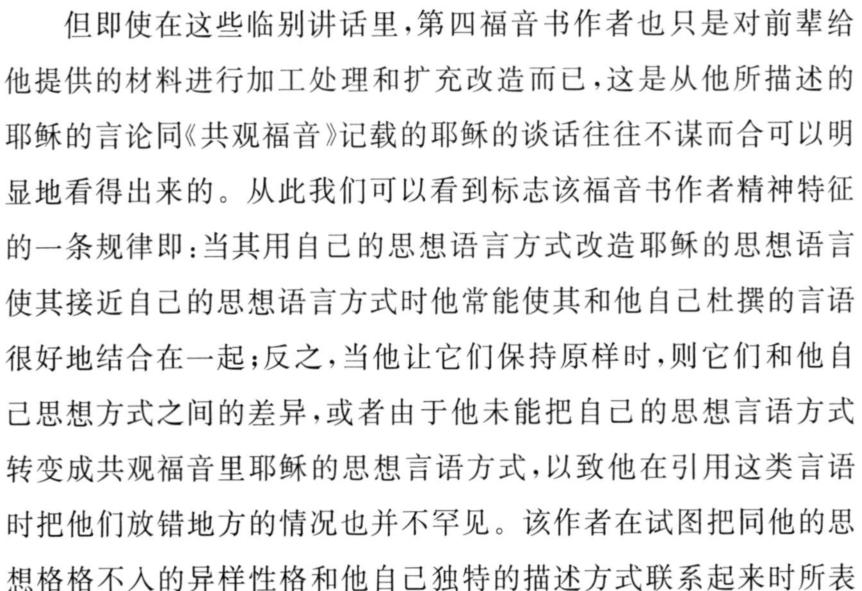

但即使在这些临别讲话里，第四福音书作者也只是对前辈给他提供的材料进行加工处理和扩充改造而已，这是从他所描述的耶稣的言论同《共观福音》记载的耶稣的谈话往往不谋而合可以明显地看得出来的。从此我们可以看到标志该福音书作者精神特征的一条规律即：当其用自己的思想语言方式改造耶稣的思想语言使其接近自己的思想语言方式时他常能使其和他自己杜撰的言语很好地结合在一起；反之，当他让它们保持原样时，则它们和他自 334
己思想方式之间的差异，或者由于他未能把自己的思想言语方式转变成共观福音里耶稣的思想言语方式，以致他在引用这类言语时把他们放错地方的情况也并不罕见。该作者在试图把同他的思想格格不入的异样性格和他自己独特的描述方式联系起来时所表

现的笨拙，和同一作者在自由行动时所表现的灵巧并没有什么矛盾之处，恰恰相反，两者都是主观主义和沉迷于主观性的必然结果。

《共观福音》里第四福音书作者特别利用的段落是记载耶稣教训使徒的《马太福音》第 10 章。的确，在《约翰福音》的临别谈话里，也含有耶稣教训门徒的话，但那不是耶稣在世时打发他们出去传道时讲的，而是在耶稣临逝世前，不久他们即将就使徒职位时讲的。甚至，在临别晚餐之前，希利尼人求见耶稣的时候，我们已经看到应用了教训使徒的谈话中诸如爱生命恨生命，得着生命和丧失生命等类的话；乍看起来我们会以为它们一定是取自《马太福音》第 16 章第 25 节关于耶稣受难的宣告里的，其实也是得自耶稣教训门徒的讲话里（第 10 章第 39 节）只不过有点不重要的变动罢了。此外，如上所述，在第四福音里最后晚餐席间耶稣为门徒洗脚时所说的仆人不能大过主人，被差遣的不能大过差遣他的之类的讲话，也都是从教训门徒的讲话中借用来的（《约翰福音》第 13 章第 16 节；《马太福音》第 10 章第 24 节）。如果说共观福音书里的这些话同约翰的描述结合得还不错的话，同样取自耶稣教训门徒谈话中的另一些话就不能这样说了（第 10 章第 40 节；《约翰福音》
335 第 13 章第 20 节），接待他所差遣的，就是接待他，接待他，就是接待那差遣他的。这些话是在耶稣宣称他将被卖之后，除了同上面引述的情况有某种相似之处的《马太福音》第 10 章耶稣著名讲话还浮现在他脑海中以及他本人也想尽其所能将其适当插入外，在没有任何其他明显联系的情况下加上去的。关于耶稣所说安慰的话：当门徒被交的时候，不要思虑怎样说话，因为不是他们自己说

话，而是父的灵在他们里面说话(《马太福音》第 10 章第 19 节往下)他做得要好得多。第四福音书作者在一定程度上以这段引文作为耶稣临别讲话的主题，但他引进了保惠师[①]概念，就使其在应用上同原来的思想大不相同了。因此，这里的相似只是一种孤立的相似，尽管安插得很适当(如《约翰福音》第 14 章第 26 节；第 16 章第 13 节等)，但同其在共观福音书里的原来形态已经很不适应了。

第四福音书作者试图按其原来形式保存下来的还有耶稣的另一句话，这句话不是出自耶稣教训门徒的谈话，而是出自《共观福音》所记关于耶稣在客西马尼园痛苦的经历中，这就是马太(第 26 章第 46 节)和马可(第 14 章第 42 节)[②]用以结束客西马尼园情况的耶稣的勇敢呼召：“起来，我们走吧，看哪，那卖我的人近了。”但像通常情况那样，该福音书作者的努力并没有获得很好的成功。

他不愿放弃这句话，因为它和他自己把耶稣描述为自愿受苦的努力是一致的。但正如我们已经看到的那样，他并未能很好地利用耶稣在客西马尼受苦的情况，而他所能利用的，又不得不把它插在 336
临别讲话的末尾，作为要求门徒离开晚餐室并出城到橄榄山的号召，从该福音书作者对这句话所作的改动就可清楚地看出他的意图来。他没有讲耶稣说，“起来，我们走吧，等等”，而只是说，“起

① Tröster/Comforter(New Testament，German and English〔800 页，每页左英右德双栏对照，柏林〕第 344 页)。Helper(Good News Bible，Today's English Version〔928+372 页，香港，1976〕第 137 页)。《新旧约全书》165 注：或作训慰师。《当代圣经》220 作：匡扶者。——译者

② 英译本误作“第 14 章第 12 节”。——译者

来，我们从这里走吧”（第14章第31节），并没有提到叛徒。但在结束临别讲话时，福音书作者想把耶稣的祷告插进来，于是他使直到那时为止的耶稣对门徒的临别讲话上升为对天父的祈祷，自此以后，再有任何对门徒的讲话都不能不削弱人们对这件事的印象：如果要使讲话仍然占一席位置，那它只能是在更早时候说的，那样，它实际是什么时候说的，就无关紧要了。因为要求不会立即产生结果的，只要出现连接环节，就可以提出要求来。但耶稣说摆在他面前的苦难乃是世界的王[①]对他的攻击，不过它在他里面毫无所有。在这里提出勇敢的号召看来是很恰当的，这么一来，《共观福音》的描述就得到加强了。在《共观福音》里，所涉及的是叛徒，在第四福音里涉及的则是魔鬼本身，耶稣以非凡的勇气迎战了魔鬼。这件事的确很奇怪，但并不比第四福音书里其他许多事更奇怪，在这些警戒以后，对门徒的临别谈话还是毫无困难的继续了下去，就像没有说过任何话一样。

88. 耶稣被逮捕

在前三福音书里，叛徒的出现是在耶稣客西马尼园痛苦经历和向门徒发出勇敢号召以后。在第四福音书里，客西马尼园故事
337 被删除了，耶稣和门徒到达汲沦溪[②]那边的园子以后的头一件事就是叛徒的出现。根据马太和马可，他是同大祭司和长老所派遣的武装群众一同来到的；根据路加，大祭司和长老们以及守殿官也

① 世界的王指魔鬼即撒旦而言。——译者

② Kidron/Cedron。——译者

和群众一起来到了；根据约翰，一队罗马士兵和千夫长也来了，而且，尽管那时是望日的夜间，他还说除了兵器之外，他们手里都还拿着灯笼火把（《马太福音》第 26 章第 47 节往下；《马可福音》第 14 章第 43 节往下；《路加福音》第 22 章第 47 节往下；《约翰福音》第 18 章第 1 节往下）。

过去在基督教界有一种传说，犹大作了捉拿耶稣的领路人（《使徒行传》第 1 章第 16 节），根据一般的理解，这种领路人的作用，他不仅是向官员和犹太教统治集团指明了到耶稣所在地之路，而且还用接吻的暗号，向他们显示了他们所不认识的耶稣本身。第四福音书作者，未提接吻的事，相反，他把叛徒所干的全都事情说成是向他们指明当时耶稣在什么地方以及他知道这地方的原因；因为约翰所描述的耶稣，不用指明本来就是众所周知的人物。根据共观福音书，叛徒走到耶稣面前。向他行了事先商定好的接吻暗号，在向这个不忠实的门徒发出了一个谴责的问题以后，耶稣就被差役们逮捕了。《约翰福音》说，当人们一出现在园子或园房前面时，耶稣凭其预知一切的超自然能力问他们找谁？他们回答，找拿撒拿人耶稣，耶稣说，我就是；该福音书作者好像特意避免提及叛徒接吻似的，还加上一句说，当耶稣说这话的时候卖耶稣的犹大也同他们在一起，这样一来，就没有再进一步指明耶稣本人的必 338
要了。这里有两种情况：一种情况是，耶稣是由别人指出并交给敌人的；另一种情况是，他自己承认并把自己交给敌人手里的。这也就是第四福音书同其他较早福音书的全部不同的关键。讲过“没有人夺我的命去，是我自己舍的，我有权柄舍了，也有权柄取回来”

这句话的逻各斯基督(《约翰福音》第 10 章第 18 节[①])当其被交给敌人手中的时候,也必须证明这一点;他不能等着让第三者说,这就是他,而必须自己马上说,我就是。同时耶稣还想拯救他的门徒,免得他们受苦。该福音书作者发现,这并不是像其他场合那样,应验了《旧约》先知书的某一预言,而是应验了在大祭司式的祷告里他假耶稣之口所说的话(第 17 章第 12 节),即按精神意义来说,凡天父赐给他的(除了犹大)他一个也没有失掉;这是对同一讲话的双重意义的解释,同《约翰福音》所具有的双重意义,完全符合一致。

此外,由于第四福音书作者改变了事物的性质,他还达到了另一个目的。犹大亲吻耶稣所具有的"这就是他"的含义,除了产生众差役们逮捕耶稣的效果外不可能产生别的,另一方面,如果耶稣迎上去亲自说声"我就是",就为爱用华丽词藻的作家们在描述诸如马利乌斯(Marius)[②]或雄辩家安陀尼乌斯(Antonius)[③]等伟大人物故事时所产生的效果准备了条件:在伟大人物一句话或一瞪

① 英译本误作"《约翰福音》第 10 章第 17 节"。——译者

② 维利乌斯(Velleius Marius):《罗马史》ii,19,3。

③ 瓦勒利乌斯·马克西姆斯(Valer. Max.)viii,9,2。马利乌斯(Marius Gaius,约公元前 157—前 86),罗马将军兼政治家,曾任护民官、执政官等;其养子亦同名,公元前 109—前 82 因战败自杀;安陀尼乌斯(Antonius,Marcus,公元前 82—前 30),罗马雄辩家,军人,三执政官之一;维利乌斯(Velleius Marcus,约公元前 19—公元 30),罗马军人和历史家,著有《罗马史略》叙事至公元 29 年;瓦勒利乌斯·马克西姆斯(Valerius Maximus,鼎盛期约公元 20 年),拉丁作家,曾任庞培(Sextus Pompeius)的随员,所著主要采自古罗马西塞罗、利维等历史家的著作,所著有《嘉言懿行录》。Valerius Maximus,谢德风译《历史著作史·上卷》〔汤普森著,1048 页,商务印书馆,1988 年〕作:发利阿斯·马克西马斯。——译者

眼的情况下被差遣的凶手就收刀入鞘或拔脚逃跑了。《约翰福音》的作者做得比他们更进一步，他说那些人听了耶稣的话不仅后退， 339
而且还倒在地上。他把“我就是”重复了三次（第 5 节：耶稣说，我就是；第 6 节：耶稣一说，我就是；第 8 节：耶稣说，我已经告诉你们，我就是），说明他对他们非常重视。当耶稣在加利利海上行走，安定门徒恐惧心理的时候也说了同样的话（《约翰福音》第 6 章第 20 节；参看《马太福音》第 14 章第 27 节）；《约翰福音》的基督再三地把“我就是”的信念或认识提出来作为他希望引导门徒达到的目的（第 8 章第 24，28 节，第 13 章第 19 节[①]）。因此，基督的全部丰盛意义和其位格（Personality）的全部神性就都包含在“我就是”这几个字之中了；在耶稣说来，这几个字就起着一种不可思议的法宝作用。这种意思是从《旧约》得来的：“你们如今要知道，我，唯有我是神，在我以外并无别神，我使人死；我使人活，我损伤，我也医治，并无人能从我手中救出来。”（《申命记》第 32 章第 39 节[②]）另一场合耶和华还说（《以赛亚书》第 43 章第 10 节往下）“你们是我的见证……便可以知道，且信服我，又明白我就是耶和华，在我以前没有真神……唯有我是耶和华，除我以外，没有救主。”所以，这种说法原来是上帝自己的一种说法，由于第四福音书作者假耶稣之口说了出来并使其产生了在其他场合里“上帝脸上的荣光”或某种其他天上生物所产生的效果，因而就使其地位远超于其在《共观福音》里所占的地位。

① 英译本误作第 28 章第 13，19 节，其实《约翰福音》根本没有第 28 章。——译者

② 原文有，英译本漏译。——译者

在《马太福音》和《马可福音》里由一个门徒用刀削掉大祭司仆人耳朵的事是在差役逮捕之后，在《路加福音》和《约翰福音》里则是发生在逮捕之前。从这里可以非常清楚地看出传说和故事的发
340 展与成长来。所有的福音书作者对于这个门徒的不合时宜的勇气使大祭司的仆人丧失了一只耳朵这件事上都是一致的，但无论是马太或追随他的马可都没有说被砍掉的是两个耳朵中的哪一只；路加和约翰首先告诉我被砍掉的是右耳：在这类形象化的事例中传说是不会容许有半点儿不确定之处的。从前两福音和第四福音所看到的只是仆人失去了一只耳朵，并未说他的耳朵又被医好了；只有路加保证说耶稣摸了一下又把他的耳朵医好了。有奇妙能力，曾经给人除去许多痛苦的慈悲为怀的医生，对此怎能无动于衷呢？这种痛苦即使不是他施加的，至少也是为他的原故吧！很可能（在第四福音书作者看来）大祭司的这个仆人不配耶稣给他行这一神迹，也许他认为这件事太微不足道，不宜用来结束他写的耶稣传。最后，三位《共观福音》作者既未能道出这个门徒的名字，也未能说出仆人的名字；只有约翰知道后者的名字是马勒古（Malchus），前者名字是彼得。同样，在膏耶稣的故事里他还知道用膏膏耶稣的女人是伯大尼的马利亚，谴责她的人是残酷无情的犹大：他认为膏耶稣这一行动同马利亚的性格非常吻合，谴责别人则是暴露了叛徒的本性，而仓惶拔刀相助同彼得的急躁性格也很一致。其实，这里有着双重的意义，尽管一方面也可称之为一种勇敢的行动；但这种勇敢表现得很不适当，而且是以对耶稣的崇高使命缺乏正确理解为基础。因此，就连在《马太福音》里也说这个未指名的门徒举刀伤人的行为受到了夫子的警告和谴责，但在不违反传说

中彼得性格的前提下，用耶稣的公开谴责来取代一个未指名者的意见这同第四福音书作者的计划是完全符合一致的。为了使这一特征同彼得的名字紧紧联系在一起，该作者后来叙述彼得不承认耶稣时还说被砍掉耳朵的人的亲戚说他看见彼得同耶稣一起在园子里(第 18 章第 26 节)，但如果是那样的话，这个仆人就不会只 341
说：我不是看见你同他一起在园子里吗？而是要说：你就是砍掉我表兄弟耳朵的那个人！而且如果彼得知道自己干过这种事，他也就不会胆敢待在大祭司的宫殿里冒这种风险了！[①] 从马太所记耶稣责备这个门徒的话中，第四福音书作者只采用了耶稣所说“收刀入鞘”这部分，至于“凡动刀的必死在刀下”那部分，该作者似乎认为同彼得后来被钉十字架的传说有矛盾(第 21 章第 18 节往下)；最后，关于耶稣在《马太福音》所说如果不是因为他必须成全《圣经》所说关于自己使命的话，他是本可求父差派十二营天使来帮助自己的——约翰认为自己有义务表示耶稣用行动证实了他所说的话，因为如果根据他所说，耶稣只说一句话就使全副武装的人们退倒在地，很明显，如果他愿意的话，借着在他里面的上帝的大能，不必借助天使，他是很容易救自己脱离他们的魔掌的。

在马太和马可因耶稣像强盗那样被捉拿而用“先知”的预言(很可能用的就是路加早先在第 22 章第 37 节引用过的《以赛亚书》第 53 章第 12 节)安慰自己的同时，他们还在门徒逃跑这件事上看到了撒迦利亚的预言获得应验(《撒迦利亚书》第 13 章第 7 节[②])，这也就

① 根据德文原著第二卷第 302 页。——译者

② 英译本误作《撒迦利亚书》第 13 章第 17 节。——译者

是马太所记耶稣在去橄榄山路上提醒他们的话(第 26 章第 31 节)。至于一个披麻布的少年人由于惊恐丢下麻布而赤身逃走一事(《马可福音》第 14 章第 51 节往下),是由于传说或者由第二福音书作者想象得来,或者有特殊意义隐藏其中,那就是一个很难决定的问题了。

342 第三组神话　耶稣受审与定罪

89. 大祭司前受审及彼得不承认耶稣

自以为是本民族弥赛亚救主的耶稣,却被其本民族的当权者作为罪犯而定罪,交给罗马巡抚,并立即被处以十字架死刑。这一事实似乎是一种可怕的否定要把属于其同一民族的门徒们所怀抱的希望与信仰永远消灭掉。如果要恢复这种希望和信仰,那就只有使这种起消灭作用的否定本身再被否定才能办到。这首先要产生对于耶稣复活的信仰。如果说死结束了他的生命,复活就是结束他的死,这样,死就被得胜吞灭了[①]。但死和产生死的折磨,控告和定罪,丢脸和耻辱,这个被认为是弥赛亚的人所经历的一切依然存在着,它们是不能从人们的,甚至信耶稣的人的记忆中擦去的,因而也就是无法否认的,但在对它们所作的解释上必须使之发生变化,使它们失去否定的意义,如果可能的话,使其成为信仰的支柱,使其否定的价值成为肯定的价值,耻辱的标志成为光荣的象

① 见《新约・哥林多前书》第 15 章第 54 节。——译者

征。这一步是可以用不同方法达到的。从这一观点出发，我们就不得不对福音书关于耶稣生平这一部分的矛盾记述进行一番考虑。

所有福音书作者都一致承认犹太当权者宣称耶稣犯了该死的罪(《马太福音》第 26 章第 57—27 节；《马可福音》第 14 章第 53 节—15 节；《路加福音》第 22 章第 54—71 节；《约翰福音》第 18 章第 12—30 节)。前两福音书说耶稣受审是在夜间，路加说是在第二天早晨，前两福音书也说犹太公会的正式决定是在早晨作出的。343
关于这一方面，路加说，彼得不承认耶稣是在耶稣受审之前，而前两福音书作者则说是耶稣受审之后。以路加为一方和以马太和马可为另一方的福音书作者对于耶稣在这几个钟头里所受的虐待在时间和情况方面作了互相不同的描述，但这些还都是非本质的，或者至少是不重要的矛盾，接下去的问题是耶稣被其本国最高权力机关定罪是怎样变成无损于信仰的？

首先，据说定罪是假见证所造成的结果，马太和马可都说犹太公堂唆使人做假见证，许多人就出来这样做了，但据马可说，他们的见证是互相矛盾的，所以是无效的。根据马太，最后有两个人出来说，耶稣曾说过，他能拆毁上帝的殿，三日内又建造起来。或者，据马可所说，三日内就另造一座不是人手所造的。在记述了各人所说实质上非常相同的话以后，马可所说的已经是不必要的辩解了。我们已经作过说明，这时所提出的见证中，有多少是假的，有多少是真的，第三和第四福音书作者在这里没有提到这样的见证。根据路加后来在控告司提反的时候也提出过这类的见证，但也都

是假见证(《使徒行传》第 6 章第 14 节)[①];约翰勇敢地抓住敌人锋
利的武器反驳说:不错,耶稣的确说过这话,但并没有说他自己要
拆毁这座殿,而是说如果他们拆毁这殿,他将在三天之内把它重建
起来;但他所说的,并不是像愚蠢的犹太人所想的那样,指他们的
344 木石之殿,而是指他身体之殿而言!(第 2 章第 19—22 节)

原始基督教传说用以消除对于耶稣的控告和定罪所产生的影响的第二个办法就是人们费尽心机一再重复的这一事实:耶稣对于大祭司以及后来彼拉多关于控告的话对他提的问题一直不予置答(《马太福音》第 26 章第 63 节;第 27 章第 12,14 节;《马可福音》第 14 章第 61 节,第 15 章第 5 节;《路加福音》第 23 章第 9 节;《约翰福音》第 19 章第 9 节)。耶稣不回答问题就表示他不承认法庭对他有任何管辖权;但最主要的是,通过这种态度显示自己就像是羔羊被牵到宰杀之地,又像羊在剪毛的人手下那样不开口,换句话说,就是先知以赛亚所预言的(第 53 章第 7 节),上帝的仆人,或者按基督徒的解释就是弥赛亚。因此,他对于自己是否是上帝的儿子(或仆人)这个问题避不作答,而是以各种形式根据《诗篇》第 110 篇第 1 节和《但以理书》第 7 章第 13 往下庄严宣称自己就是弥赛亚;他因此被大祭司和犹太公会认为犯了该死的罪,但照基督徒的观点看来,这就成了使他们对耶稣的定罪无损于基督徒信仰的第三个理由,因为它牵涉到使他们的宣判自相矛盾的一个问题。如果他们定他的罪是因为他坚持他(实在就是)弥赛亚,那就意味着他们定了他们自己的罪,定了他们自己完全盲目、顽梗不化的罪。

① 基督教传说认为《使徒行传》也是路加所写。——译者

福音书作者们对于耶稣因此从仆役甚至犹太权贵们所忍受的侮辱和虐待的描述也是各不相同的，但他们都一致同意他受到了嘲笑、殴打、鞭挞和吐唾沫在脸上，这些事也是《以赛亚书》可以解释为指弥赛亚的地方预言过的（第50章第6节）：“人打我的背，我任他打，人拔我的腮颊的胡须我由他拔，人辱我吐我，我并不掩面。”由于耶稣平静地忍受了这一切，他就证明了自己的确是那些瞎了眼的仇敌们所不愿承认的人。 345

耶稣门徒的领袖[①]，由于软弱，不承认耶稣，这只是涉及他个人和人性脆弱的问题，无论如何，只能由他自己负责，而且他自己也很快就痛哭流涕悔改了；但就这种不承认也证明了耶稣有超自然的性格，因为耶稣不仅预言了彼得会不承认他，而且事情发展的结果和他所预言的完全符合一致。至于叙事者所关心的则仅是根据耶稣的预言彼得应有三次不承认耶稣，这是从他们敢于冒人物、地点和情况不一致的矛盾这一点上看得出来的。与此有联系的是《马可福音》的两次鸡叫显得只是软弱无力的美化，而《路加福音》里的鸡叫时耶稣转身一看虽是一笔富有特色的描述，但无论从地点和情况来看都不大可能，尽管从历史的角度看，从其传说来源看是可以理解的。马太和追随他的马可所描述的彼得由于听到鸡叫回想起耶稣的预言那种主观的生动的觉醒，在《路加福音》变成了由于耶稣于鸡叫时洞察一切的一看客观上刺透了彼得灵魂的最深处。约翰在这里所显示的特色是和我们已经熟知的他的福音书的倾向性有联系的。这特别是一个和他赋予以新意义的门徒在最后

① 这里“门徒的领袖”指彼得而言。——译者

晚餐上有关探询叛徒的故事有类似意义的事例。正如那次门徒不是直接求向耶稣，而是通过彼得请求耶稣所爱的那个门徒作为代言人，这次别的福音书作者只是简单地说彼得进了大祭司的院子，而《约翰福音》则说，彼得之得以进入大祭司的院子，乃是由于大祭司所认识的另一个门徒的介绍，因此，这里就是利用机会，在牺牲彼得作为使徒领袖的情况下，以提高被认为是该福音书作者的另一个门徒的地位。

346 从第三福音书记载耶稣家谱的有名的篇章里（《路加福音》第3章第1节往下）第四福音书作者发现，在施洗者出现的那年有亚那和该亚法两个大祭司。他认真地记住了这段其本身并不正确的记载，尤其错误的是，在谈到耶稣一生最后一年涉及大祭司的事迹时，他总是称其为该亚法（第11章第49节，第18章第13节）就好像该亚法和亚那换了位置似的，其实，在亚那被罗马巡抚瓦利流斯·格拉图斯（Valeruis Gratus）罢免以后，仅在短时间内曾有几人被授予大祭司之职，大部分年间特别是巡抚本丢·彼拉多全部任职期间，均由其女婿约瑟·该亚法任大祭司之职。现在更为明显的是，这位较晚的作者认为，在一个被认为有大祭司参与的场合，例如在审判和定耶稣罪的时候，使另一位（被认为是）大祭司的也实际参与其事，就为他提供一个机会，同时表明耶稣是由两个犹太大祭司所弃绝和虐待的；就像路加出于同样目的，倒转过来说，两位审判官都发现耶稣清白无辜一样，这两个人没有一个属于犹太僧侣统治阶级，一个是希律，另一个是彼拉多。关于耶稣在亚那前①

① “亚那”英译本误作“该亚法”，请参看德文原著第二卷第307页。——译者

受审，他并没有掌握任何特殊资料，从他把受审的主要内容说成就在大祭司以耶稣的门徒和他的教训盘问他这一点上已暴露无遗。至于耶稣援引其工作的公开性为证明是《共观福音》在耶稣被捕时已经假耶稣之口说过的话（《马太福音》第 26 章第 55 节[①]；《马可福音》第 14 章第 48 节；《路加福音》第 22 章第 52 节往下）。接下去他对耶稣在那位真正大祭司前，也就是他所说亚那打发耶稣去见的那位大祭司的受审的事什么也没有说。这是非常令人惊异的事，在我们未注意到他的从一开始的一贯目的就是要尽可能使耶稣处于突出地位以前，将永远无法理解。根据两位较早福音书作 347
者所说，在这次审讯中所提出的两件事，他老早就已经提到过了。第一，在耶稣第一次上（耶路撒冷）过节时（第 2 章第 19 节）就已经谈到过关于拆毁和重建圣殿的事了；第二，保证今后他们将看见人子坐在全能者的右边，驾着天上的云降临，根据第四福音书，早在耶稣遇见第一批门徒时，就已经用类似的话，对拿但业讲过了（第 1 章第 51 节），从今以后，你们将要看见天开了，上帝的使者上去下来在人子身上[②][③]。可以说，就连该亚法的处罚性宣判，该福音书作者也预先提到过了，不仅在说到耶稣替死免罪时（原文为

① 《马太福音》第 26 章第 55 节英译本误作《马太福音》第 24 章第 55 节。——译者

② 两次都是 ἀπὰρτι ὄψεσθε（从今以后，你们将要看见）。

③ 这里最后一句英文钦定本《圣经》为：the angels of God ascending and descending upon the Son of man。《耶稣传》英译本为：the angels of God ascending and descending to the Son of mam；中文《圣经》译法是：上帝的使者上去下来在人子身上；而希腊原文则为：κὰι τοῦs ἀγγέλους τοῦ θεοῦ ἀναβὰινοντοζ κὰι καταβάινοντοs έπι γον υιὸν τον ἀνθρώπον；最近香港出版的《当代圣经》译为：神的使者借着我的身体上去下来。关键在对希腊文 έπι 这个介词究应如何理解。——译者

Blutrathe,他的劝告实际指的是指耶稣将替死免全国人的罪而言,现在一般已不用这种说法。——译者)(第 11 章第 49 节往下),而且还再次(第 18 章第 14 节)在描述该亚法劝告犹太人说一个人替百姓死是有益的时候说了这样的话。剩下未说的只有耶稣在回答他是不是基督,上帝的儿子问题时所说的"是"这个词儿了;但第四福音书作者并不愿表示他的耶稣立刻就这样承认自己是犹太人的弥赛亚。就这样他用一句表示彼得在亚那的院子里不承认耶稣的简单扼要的陈述,结束了耶稣在该亚法面前受的审讯,接下去就是以耶稣被定罪为结果的在彼拉多面前的审讯[①]。

348 **90. 叛徒之死**

耶稣是由他自己的一个门徒交付敌人手中的,这是一个可能对他不利的难题。正如我们所已经看到的,从一开始古代基督教传说就试图用耶稣早就知道并且预言了被卖的事,《旧约》甚至也预言过的说法,把这一问题置之不理。它甚至还用耶稣预言过的这种说法,使彼得的不承认耶稣失却其刺痛作用,后来又用显示彼得痛心忏悔的方法来达到同一目的。由于犹大所犯出卖耶稣的罪比彼得大多了,后悔对他来说就更为必要;而且单纯忏悔还不够,还必须变成绝望,不管叛徒忏悔不忏悔,他绝对逃脱不了上帝的惩罚。

---

① 英文《圣经》用过去完成时"had sent"翻译希腊文的过去不定时 ἀπέσιειλεν 毫无疑问是错误的,它对事件先后次序所给人的印象,同施特劳斯根据希腊文的正确解释所设想的先后次序完全不同。——英译者

ἀπέστειλεν 见希腊文《约翰福音》第 18 章第 24 节,是 αποστέλλω 的过去不定时。——译者

叛徒为自己的行为而后悔，甚至会由于自杀或遭遇意外而死亡都是可能的，在其他事例中也发生过；但《新约》关于犹大之死的相互矛盾的记述所指向的，不是事实，而顶多是同一个事实联系起来的《旧约》里的不同篇章和典型，而且这个事实很可能同叛徒没有任何关系。根据马太(第 27 章第 3—10 节)，当犹大听到耶稣被定罪以后(他怎么能对此感到惊异是我们无法理解的)，就把他出卖耶稣所得的报酬交给圣殿里的大祭司和长老说，我卖了无辜之人的血了。在犹大由于绝望而吊死之后，他们因为这钱是血价，不能放在圣殿库里，就用它买了窑户的一块田，作为埋葬外乡人之 349
用。该福音书作者还说，由于这块田有耶稣的血沾在上面，一直到他那个时候还被叫做血田。与此相反，根据《使徒行传》(第 1 章第 16—20 节)，当填补叛徒在使徒团体中遗留的空位时，彼得在谈到他的下场时并没有说他把犯罪的报酬退还出来，而是说他用那钱买了一块田(没有讲是从谁那里买的)，不久就死在这块田上，不是由于自杀，而是由于身子扑倒，肚腹崩裂，肠子流了出来[①]。住在耶路撒冷的众人都知道这事，人们给这块田起名叫亚革大马，因此，根据这种说法，所谓血田，乃是指叛徒的血而言。这两处记述除了犹大的猝然死去和耶路撒冷一块田地的名称之外毫无共同之处；其中第一点，即叛徒不会有好下场这一点，乃是基督徒意识的基本要求；另一点，即在耶路撒冷有一块叫做血田的田，也是可能的，但未必同叛徒有任何关系；不过即使没有任何关系，基督教传

① 路德在翻《使徒行传》第 1 章第 18 节 πρηνὴς γενόμενος(身子扑倒)的时候，曾像翻译《马太福音》第 27 章第 5 节 ἀπήγξατο 一样，把它译成“Sicherhenket”(吊死)，这是一个明显的错误。

说仍然可能把血田和流血的人联系起来的。

关于马太以吊死为犹大下场的记述，《旧约》所记叛徒的下场正是如此（《撒母耳记下》第 17 章第 23 节）。论到大卫的不忠实顾问，把弥赛亚的这位祖先出卖给押沙龙的亚希多弗时就说过，“他归回本城，到了家……便吊死了”，和关于犹大所说，“他出去吊死了”完全一样。的确，亚希多弗之死并不是由于后悔，而是因为看到自己奸计未能成功：他本想害死大卫，现在预见到自己将遭覆
350 灭，于是用自杀结束了自己的生命；犹大则因看到大卫之子[1]被自己杀害而陷入绝望。

根据马太的记述，这并不是犹大所做的第一件事，在此以前他已经悔改了，交出了犯罪所得的报酬并承认了自己的罪过，从基督教的观点看来，就连犹大的后悔不管有没有历史的依据，也是可以推断得出的，人们还认为，把出卖耶稣的钱扔到圣殿库里这句话，从先知书的一段经文里，也是可以找到根据的。马太说，这就应验了先知耶利米的话，但他实际所引述的，乃是先知撒迦利亚的话（第 11 章第 13 节）。该福音书作者的错误在于，在他所引述的这段经文里，被他翻译成“窑户”（potter）的这个词令他想起了《耶利米书》里关于窑户的那段有名的神谕（第 18 章第 1 节往下）。在《撒迦利亚书》里，耶和华指派先知为人民的牧人，但先知很快就对这项吃力不讨好的差事感到厌烦，要求给他工价或者把他免职。人们给了他三十块钱[2]，耶和华吩咐他把这“美好”的工价，也就是

① “大卫之子”指耶稣而言。——译者

② “三十块钱”原文为三十舍克勒（Sekel），舍克勒是古希伯来钱币名，三十舍克勒为一个奴婢的价值，参看《出埃及记》第 21 章第 32 节。——译者

他作为耶和华代表所被估定的价值，扔到库里去；于是先知把这三十块钱扔到了耶和华殿的库里。如果犹大真的因出卖耶稣而得到了三十块钱的话，人们联想到这段经文就是很自然的事了；但我认为，即使没有这种相应的事实，它们也会使人作出这样的联想，把三十块钱给予叛徒的说法，就是从这段经文得出来的。这是忘恩负义的人民，对于上帝所差来的牧人，归根结底，也就是对于上帝本身，所作的最微不足道的低估，它不可能不迫使人联想到最善良、最忠实的牧人被叛徒以非常低微的代价出卖耶稣这一事实上来（《希伯来书》第 13 章第 20 节；《彼得前书》第 2 章第 25 节）；只
要在先知书的那段经文里发现了三十块银子的这种提法，那就说 351
明马太所根据的只是这段经文，并不是因为有任何历史资料——请注意，只有马太提到了这段经文，而且在他记述的措辞上，也以引人注意的方式，表现了犹大出卖耶稣所得的报酬同希腊译文有惊人的一致之处[①]。当然，也不应忽视两者之间的区别：在先知书那段经文里所讲的是服务的报酬，而在福音书记事里所讲的则是为买卖所付的价钱，因此，在先知书里当事人只有两方，即雇主和雇工；而在这里则有三方：买方、卖方和被卖的一方；在那里是受雇的一方获得工价，而在这里，不是被卖的一方，而是卖方获得价款。所以，在第一段经文里，是受雇并受到不公正待遇的先知，遵照耶

---

① 《撒迦利亚书》第 11 章第 12 节：根据《七十士译本》的译文：καὶ ἔστησαν τόυ ηισθὸν μου，τριάκοτα ἀργυροῦs（他们给了我三十块银子的工钱）。《马太福音》第 26 章第 15 节，καί ἔστησαν αὐτῷ τριάκοντα ἀργίρια（他们给了他三十块银钱）。

（七十士译本是《旧约全书》的希腊文译本：相传是由 72 位犹太学者于公元前三世纪在埃及亚历山大城用 72 天译成）。——译者

和华的吩咐，把他所得三十块银子的报酬扔进殿里。在福音书的这段经文里，被卖的人是不可能这样干的，只能由卖方即收到银子的叛徒来干。但这样一来就成了叛徒悔改的一个极好证明了，因为把钱扔在圣殿里，同把钱扔给圣殿的守卫者，大祭司和长老脚下是一回事，叛徒出卖耶稣的钱正是从他们那里得来的。

但马太接着还说，因为犹大退还的钱是血价，大祭司不可能把它放到圣殿的库里去，他们就用这钱买了窑户的一块田，作者还直接援引先知的预言为证。福音书作者是从哪里得到这块田的，也许我们以后会看出来；至于窑户作者也是从先知书的这段经文里
352 得出来的，不过不是从其正确意义，而是从古人对它的错误理解得来罢了。根据耶和华的吩咐，先知把他所得的微薄工资扔进的地方，在希伯来文用通常标志的母音符号，其意义将为窑户，但这样一来就绝对没有任何意义了，如果用别的母音符号来标志，则其意义将会是金库或库房，毫无疑问，这才是正确理解所应有的意义。但福音书作者却坚持按一般的读法“窑户”来理解。但在先知书的那段经文里还说，他把三十块钱扔进上帝的殿里，接着就作了更精确的描述，我们把他在这里所用的词译作“Schatz”，就是圣殿里的“金库”①，而福音书作者却译作“窑户”，其实在圣殿里根本就没有什么窑户！所以，扔进圣殿同扔给窑户，不可能是一回事，因而福音书作者就把这一行为说成是两个不同的人所做的两件事情，照他的说法，把钱扔进圣殿的是叛徒，把钱交给窑户的是不愿把血价放在库里的大祭司；他们为什么把钱交给窑户呢？因为他们从他

① 德文原文 Schatz，即金库。——译者

那里买了一块埋葬异乡人的田，由于买田所用的钱是血价，所以那块田就一直叫做血田[①]。

这块田不可能是福音书作者从《撒迦利亚书》那段经文里得来
的，因为在那里连一点这种迹象都没有；另一方面它却令我们想起
了《使徒行传》所讲关于叛徒下场的话。这段叙述尽管在其他方面
同《马太福音》有许多不同之处，但在一个特殊方面却是符合一致
的，那就是它也谈到了一块田，是叛徒自己买的一块田，不是为了
埋葬异乡人，而是为了他自己的用场，而且也不是从窑户那里买来
的。看出这篇叙述的作者从哪里得这块田是很容易的，因为他自 353
己已经告诉了我们。他在叛徒买了这块田之后很快就死的事上，
发现《诗篇》第 69 篇第 26 节[②]预言："愿他们的住处，变为荒场，愿
他们的帐棚，无人居住"得到了应验。这是在早期基督教里应用在
弥赛亚受难事上的所谓大卫受难的《诗篇》之一。耶稣在十字架上
人们用苦胆调和的醋给他喝的故事其出处就在这里（第 22 节）。

① 上面所讲的这段话．对我国一般读者，可能不易理解，特作说明如下：古希伯来文最初只有辅音字母而没有元音符号，元音符号是后加的，但由相同几个辅音字母所构成的词，由于所加的元音符号不同，其意义可能就很不相同，比如：英文的 bitter 这个词是苦的意思。希伯来文只写 bttr 这四个辅音字母，一般就把它理解为苦，但如把元音符号改变一下，它又可能成为白脱油（butter），而外形看来，仍然是 bttr 四个辅音字母。施特劳斯没有明说作为窑户解的是哪个词，但在《撒迦利亚书》第 11 章第 13 节解作窑户的只有一个字，加上元音符号为窑户，把元音符号改变一下它又可能是אוצר金库的意思（希伯来文和英文不同，写和读都是从右向左）。中文《圣经》普通话译本把《撒迦利亚书》第 11 章第 13 节译为：耶和华吩咐我说，要把众人所估定美好的价值丢给窑户。我便将这三十块钱，在耶和华的殿中，丢给窑户了。而 1979 年香港出版的《当代圣经》则译为：后来神对我说："把他们给你的钱投进圣殿的库房吧。"于是我便将三十块银子丢进圣殿的库房。用施特劳斯的说法，《圣经》的中文译者就是坚持按一般的读法窑户来理解的一例了。——译者

② 中文《圣经》为 25 节。——译者

这《诗篇》的另一处（第 10 节）[①]曾被第四福音书所引用，说耶稣洁净圣殿就是应验了其中所说的话（第 2 章第 17 节）。如果把这些《诗篇》认为是指弥赛亚而言，那么，发言者所预言的刑罚一般就适用在耶稣的敌人身上，也就是适用在犹太人中那些敌视耶稣的人身上，特别适用在对耶稣犯下滔天罪行的叛徒身上。既然说他的住处（他所住的那块田）要变成荒场，那他就必须先有一块田才行，除了他用出卖耶稣的报酬买来的，现在即将变为荒场的那块田外，他又能从哪里得到一块田呢？但要使住处变为荒场无人居住，那就必须原居住者死去才行。因此，在同一《诗篇》里也表现了希望仇敌的名字从生命册上抹去的愿望。在《使徒行传》作者所引用的另一首《诗篇》（第 109 篇第 8 节）还说，“愿他的年日短少”。但叛徒之死不可能是一种自然的死，这已被认为是当然的事情；另一方面，在预言其住处将变为荒场的那篇诗里也已明确地宣告了。在第 23 节说[②]“愿他们的筵席在他们面前变为网罗”，正如《使徒行传》里说犹大身子扑倒，肚腹崩裂，肠子都流出来一样，因为我们可
354 以推想，他用出卖耶稣所得的报酬，大吃大喝，使自己的身子胖了起来。

叛徒的身子变得异常肥胖，古代基督教界早就有此传说，连帕皮亚斯也提到过。[③] 据说他变得这样肿胖，甚至连一辆车子能够通过的空间也过不去。关于这种断言，另一位作者还讲过这样一

① 中文《圣经》为 9 节。——译者

② 中文《圣经》为 22 节。——译者

③ 有关段落在拙著《耶稣生平批判的研究》中曾引用过，第二卷，第 490 页往下，注 19 及 20。

个故事(这类传说总是不断发展的),说他被一辆迎面来的车子所压倒,连肠子都流了出来。据说他之所以变得这样肿胖,其原因乃是患了水肿病,特别是叛徒的头和眼睑肿得连看都看不见了。这里的看不见可能只是对于情景的渲染手法,水肿是肿胀的假定原因,肿胀又是肚腹崩裂的假定原因;但我们在《使徒行传》作者谈到犹大命运时所援引的一首《诗篇》中有下列不利于敌人的词句(《诗篇》第 109 篇第 18 节)“这咒骂就如水进他里面,像油入他的骨头,”这里讲的就是水肿病,另一《诗篇》(第 69 篇第 24 节)[①]还说“愿他们的眼睛昏矇,不得看见”,这里就是《旧约·圣经》所预言的看不见。

既然基督教最古老时期在没有任何历史事实根据的情况下能够产生关于叛徒下场的这样的两种传说,剩下的问题就是,关于那块田,尽管在其他方面两种记述很不相同,但在购买和名称方面却有一致之处,是否因此就可以认为是历史的事实呢?但这两种记述的真正一致之处,只在于说靠近耶路撒冷的地方有一块地或一块田,叫做血田,每种记述,都是按照自己的特殊方式,使其同犹大和其出卖联系起来。一种记述说这块田是犹大本人买的,另一记 355
述说是大祭司买的,一个说名字是由于耶稣的血粘在上面得来的,另一个说是由于叛徒的血流在上面得来的。因此,叛徒和田的关系是不牢固的。但田总是独自存在着的,很可能靠近耶路撒冷有一块田,至于它为什么叫这个名字只有天知道,也许它曾被用来埋葬过异乡人;基督徒说这块有可怕名字的田是叛徒的,但它是怎样

① 中文《圣经》为 23 节。——译者

同叛徒发生关系的问题并没有解决;《使徒行传》的作者认为它是叛徒已经变为荒场的居所,第一福音书的作者则从其中看出了叛徒退出的血价又付给了窑户其目标是什么。在这里甚至也不用假定这块田之所以同窑户发生关系也许是因其土地是粘土地,符合窑户的要求,单是它的名字叫做血田就足以把它和叛徒联系起来了,至于它同窑户的关系,则是由于对《撒迦利亚》书神谕的误解。

91. 在彼拉多和希律前受审

直到耶路撒冷被毁灭及其后,也就是说,在共观福音书实质性内容形成期间,年轻的基督教的真正敌人就是那些抱旧信仰的犹太人。另一方面,罗马人和希腊人,则部分地表示漠不关心,部分地甚至还能相信,除了像尼禄时期迫害基督徒的地方性和暂时性困难外,总的说来则采取了容忍的态度。到第四福音书编写期间,同罗马政权之间的矛盾的确增加了,但其影响则被异邦人改信基
356 督教所大大超过了。因此,人们把希腊、罗马世界看作是传扬基督教的真正适当的领域,而犹太人则越来越成为顽梗不化的被遗弃的群众。由于耶稣在其生活末期曾同犹太教和异教徒,其本民族的僧侣统治集团和罗马民政当局这两种权力都有过接触,当编写几部福音书,描述耶稣这部分生活史的时候。一般地说,在基督教内部各个不同集团之间向着两种方向发展的情况都会有所表现,就是很自然的事了。

耶稣由于罗马巡抚的命令被处死这是确定无疑的[①],没有任

---

① 塔西图斯:《编年史》,XV,44。

何迹象表明耶稣在其传道生涯中对该官员有过任何直接的或人身的冒犯；因此，福音书所说，犹太当局，由于他们自己被罗马人剥夺了生杀之权，就竭力拉拢罗马巡抚，使他对于他们由于僧侣统治的原因想要除减的人，从政治原因上加以怀疑，就是非常可信的了。犹太人弥赛亚观念所包含的政治性质使他们有可能做到这一点。耶稣只是在经过一番犹豫之后才承认这种思想适用于他自己，而且他坚决否认这种思想有任何政治方面的含义。但人民群众，甚至连他自己的门徒直到那时，对于他的否认并未予以应有的重视，因为这对他们来说是很难理解的，但犹太当局却非常容易地把耶
稣获得群众拥护，人们拥挤来听他演讲以及他进入首都时所受到 357
的群众爱戴，从政治眼光向彼拉多说明耶稣是一个非常危险的人物。在所有这一切事上，历史的可能性都是有利于福音书记述的。

但如果彼拉多对他们的要求予以支持，其原因要么是他们真的说服了他耶稣是一个非常危险的人物，要么是彼拉多自己深信他自己的利益要求他在这件事上，依照犹太人领袖的要求希望去做。关于第一点，在一开始他的确可能对耶稣有罪有所怀疑，直到最后才深信他是无罪的，关于第二点，无论如何他也决不会公开宣布自己的信念，因为那样一来，就会使他自己不必要地处于一种不利的地位，引起犹太当局的嫌恶，有损于自己讨好他们，使他们感激自己的目标。因此，不管福音书关于犹太僧侣统治集团谋求拉拢罗马巡抚站到他们一边来的记述有多大的可能性，福音书关于彼拉多公开郑重宣布自己深信耶稣无辜所说和所做的一切，却未必具有历史的真实性。正如我们所已经看到的，在福音书内容形成期间，基督教正在不断地以嫌恶的心情转离犹太教，怀着希望转

向外邦人，从这里我们可以看出非历史性成分掺合到福音书记述中来。

前两本福音书告诉我们当耶稣被带到彼拉多面前的时候，他向他提出的头一个问题就是问他是不是犹太人的王，只要我们想到作者们后来说过，犹太领袖曾控告耶稣说他自己说他是犹太人的王，这个问题的提出，就是非常自然的了。《路加福音》更适当也更正确地说明并提出了弥赛亚观念的政治方面，把这种控告放在
358 第一位，说犹太人在彼拉多面前控告耶稣说，他诱惑国民，禁止纳税给该撒。耶稣对犹太当局控告他的这些话一言不发，对巡抚的这个问题，也只答了一个词：你说的是[①]，未作进一步说明。由于这句话应验了先知所说，他像羊羔在剪毛人的手中不开口，对基督徒来说，可能有教育意义，至于说它会使耶稣得罗马人欢心，那却未必。甚至连后来的基督徒处在这样时刻，也会希望耶稣像第四福音书作者会毫不犹豫地做到的那样，表示一下自己对弥赛亚观念的政治方面所抱的态度。

总的说来，这位福音书作者[②]已特别仔细地阐述了耶稣在彼拉多前受审的全部情景。从一开始，为了显示逾越节已近，他说犹太人没有进衙门，而只是耶稣被带进去。接着，彼拉多为了审问耶稣。就进到里面去，当他要同犹太人讲话时就从里面出来，最后，还把耶稣一同带了出来。这样一来，就产生了一种激动人心的场面，更不必说夸张性了。不过，既然福音书作者和他的同胞们都是

① 原文：λέγεις（你说的是）。——译者

② 指第四福音书作者。——译者

在衙门外面，是谁把彼拉多在衙门里同耶稣的谈话告话他的呢？对于这样的问题恐怕就无法答复了。第四福音书作者的话，甚至从一开始，就仿佛为理解后面的戏剧性审讯提供了一把钥匙。犹太人把囚犯送到彼拉多那里，彼拉多出来讯问他们所指控的罪名。“这人若不是作恶的，我们就不把他交给你，”这样一种无礼到近乎荒谬的回答，如果我们不能设想，他们的目的乃是要从彼拉多口中引出“你们自己带他去，按着你们的律法审问他吧”这样一句话，以 359
及他们自己的回答说，“我们没有杀人的权柄”的话，简直就无法理解。福音书作者引进这样一个情节是很重要的，因为只有这样，耶稣关于自己死的预言，说他将从地上被举起来（第 12 章第 32 节；第 8 章第 28 节）的话才能得到应验，因为按照犹太人的律法，并没有钉十字架这样的刑罚，像耶稣被指控的罪只能用石头打死（《利未记》第 24 章第 16，23 节）。但当他说彼拉多到耶稣那里，用共观福音书同样的话，而且同样突然地问他是不是犹太人王的时候，尽管有预先的说明，我们仍然不知道，彼拉多是从哪里得来这个问题的，因为犹太人还没告诉他，他们指控耶稣的是什么罪，因此，直到这时为止，一直提出的，以表示犹太人没有施加死刑权力的目的，从而也就是为钉十字架提供理由的说明就中断，一个新的说明就开始了。这个新说明的用意就是要阐明耶稣国度的超世俗性质和耶稣自己所具有的君王尊严。这一说明，以彼拉多的问题，真理是什么而告终。耶稣曾说过他是王，因为他为此而生，他来到世上就是要为真理作见证。对此，彼拉多问道，真理是什么呢？同样，在早一段时期，当耶稣讲到人子被举起来的时候，犹太人曾问，这个人子是谁呢？（第 12 章第 32 节；参看第 8 章第 28 节）——因此，

这是一个第四福音书作者喜欢用来说明其所讲的基督的崇高思想和言论的问题，是一个由于误解，甚至完全不解而产生的问题。这里的“真理”概念是同《约翰福音》所特有的人物的基本思想联系着的，正如人子概念是同基督教的总的基本思想联系着一样。

360 这次谈话以后，第四福音书作者说，彼拉多从里面出来，向犹太人宣称，他查不出被告有什么罪来。在这里他比路加有更好的理由这样做。在那里，除了“你说的是”干巴巴的一句话之外，耶稣拒绝作任何进一步的说明，而彼拉多却能说他深信耶稣是无罪的，这简直是不可理解的事。这里明确宣布的耶稣无罪，几乎是约翰逐字逐句从路加那里引用来的，[①]因为前两福音书在这个地方并没有这种说法，任何地方也都没有这种说法。但在他们的描述里现在提到了有关巴拉巴的一个插曲，约翰说这是发生在宣称耶稣无罪以后的事情，由于它在古代基督教传说中有根深蒂固的地位，总的来说我们只能认为它是一桩有历史真实性的事情，至于彼拉多，是否像福音书作者们所说，建议按照逾越节习惯，释放一个囚犯，从而把诉诸于狂热祭司们的事，改为诉之于不怀成见的民众和为了更容易挽救耶稣，在他和强盗及杀人犯之间进行了鲜明的对比，以及他是否认真再三地提出了这些建议，那就是一个另外的问题了。当这一尝试失败的时候，他就临时想出用洗手表明耶稣无辜的办法，同时摆脱自己流“义人”之血的责任，把全部责任都放在犹太人身上。所有这一切都是不大可能的，至于说聚在那里的犹

---

① 《路加福音》第 23 章第 4 节 οὐδὲν εὑρίσκω ἀίτιον ἐν τω ἀνθρώτω τουτω（我查不出这人有什么罪来）《约翰福音》第 18 章第 38 节 ἐγώ οὐδεμ ιαν αἰτίαυ εὑρίσκω ἐυ ἀυτῷ（我一点也查不出他有什么罪来）。（此处脚注英译本漏译。——译者）

太群众，以同样庄严的态度，宣称他们自己和他们的子孙；承担流耶稣血的罪责，那就更不可能了。这种为第一福音书所特有的说法，很明显完全是由以后时期基督徒意识所造成的，后来的基督徒们，[1]看到了犹太国家和民族的可怕结局，深感他们祖先流耶稣血 361
的罪行报应在他们子孙的身上了。他们自己的利益要求对于基督的无辜有一个类似官方的证明，于是他们就把这样的证明偷偷地塞在彼拉多身上。但彼拉多对于耶稣顶多以他为一个犹太宗教狂热者罢了，在发现自己无法挽救他的情况下，为了证明他的无辜，费尽如许精力，甚至不惜暴露自己的怯弱无能，是绝不可能的事。

第一福音书作者为了在一定程度上，显示彼拉多关心耶稣的原因，描述了一种也是他所特有的情况，他说，当彼拉多坐在审判官位上的时候，他的妻子对他说，关于这个义人的事，你不管好了，因为她在当天梦中为他受了许多的苦。在读到克劳底姬·普拉库拉（这是传说中彼拉多妻子的名字）[2]这一梦中警告的时候，有谁会不联想到该撒的妻子卡普尼娅（Calpurnia），在该撒被杀的前一夜[3]，恳求她的丈夫那一天不要外出；谁又不会一方面想到当时盛行的这种普遍的信仰，另一方面又想到我们从耶稣婴儿时期故事中已经看到的福音书作者这种爱用提示性幻梦的个人倾向性，从而对这段故事作出正确的判断来呢？

彼拉多洗手和他妻子做梦这两个故事，在以简略著称的《马可福音》里被略去了，而路加和约翰则企图以其他特征来产生类似的

---

① 作者似指公元70年耶路撒冷被毁灭以后的基督徒而言。——译者

② 参看《尼哥底母福音书》和菲罗在《新约伪经抄本》，I，522的有关言论。

③ 斯维陀尼乌斯：《尤利乌斯》，18；《维利尤斯》，II，57。

效果。甚至在巴拉巴这一插曲以前，彼拉多宣告他对缄默不语的囚犯查不出什么罪来以后，路加就像马太宣称彼拉多洗手同样独特地宣称彼拉多把耶稣送到希律那里去（第 23 章第 6—15 节）。他把这事同以前的事联系起来说犹太人控告耶稣说他从加利利直
362 到首都煽惑百姓。彼拉多抓住加利利这几个字，把这个加利利人送到其地区长官，也就是说分封王希律·安提帕那里。当时他也在耶路撒冷过节。路加早就为这句话做了准备。在（第 9 章第 9 节）那段经文里，由于耶稣在加利利行神迹出了名，引起了希律的注意，最后，他曾用他所特有的语言说，希律想要见他。现在耶稣终于来到他面前，说他很喜欢，就是因为这个原故。正如从前他想看到耶稣是因神迹的原故，现在他仍然希望耶稣能行些神迹给他看。但由于他的希望没有能实现，因为耶稣对希律的一切问题以及祭司长和文士的一切指控坚持缄默不作回答，这位失望的王子和他手下的兵士们就对耶稣进行嘲弄，最后给被告穿上华丽衣服把他送回到彼拉多那里，就其本身来说，这些记述并没有什么不可能真正发生的事，也没有因为只有路加一个人记载这些事就证明其没有历史真实性。但我们必须补充一句，它并不含有什么真正属它自己的东西。关于希律的问题或他所作的判决一个字也未提，至于嘲弄和华丽的衣服也只是从彼拉多宣判以后，路加没有记载而其他两共观福音书却记载的经文取来的。最后，我们还非常清楚地看出，这些故事的目的是什么，因此，我们对于它的历史真实性是不能不有所怀疑的。耶稣从希律那里被带回到彼拉多跟前以后，为了支持他自己早先的判断宣称，无论是希律或他自己，都查不出耶稣犯了什么该死的罪。这样耶稣的无辜就由两位审判官

作出了证明，这两位没有一位能说对他有所偏爱，其中一个是异邦 363
人，另一个虽是犹太人，却并不是祭司，正如从另一方面看，第四福音书作者说耶稣不是被一个，而是被两个犹太大祭司所拒绝。

但还有第三福音书作者试图加重砝码的另一个方面，而这一砝码却被罗马巡抚放进耶稣无罪的天平盘里去了。根据头两福音书作者的记述，彼拉多在用巴拉巴代替耶稣的尝试失败以后，下令鞭打耶稣并带去钉十字架（《马太福音》第 27 章第 26 节，《马可福音》第 15 章第 15 节）。因此，这里的鞭打，按照罗马习惯，似乎只是在钉十字架以前的一件附带事件。但按照路加的说法，巡抚曾再三提出，用较轻的鞭打来代替钉十字架，希望借此可以免去耶稣更重的刑罚。但犹太人拒绝了他的建议，坚持要处死耶稣（第 23 章第 16，22 节往下）。如果说路加宁愿耶稣受鞭打的动机本身还不很清楚的话，只要同第四福音书比较一下就明白了，在《路加福音》只是一种建议，在《约翰福音》里则是实际行动，对耶稣真正进行了鞭打（第 19 章第 1 节），但这种鞭打，不是像《马太福音》和《马可福音》那样，作为钉十字架的前奏，而是为了防止钉十字架实现，也就是说，为了说服铁石心肠的犹太人，在看到耶稣受鞭打的可怜面容时，停止要求处耶稣以死刑。福音书作者之所以在这里描述士兵对耶稣的嘲弄，给他穿上紫袍并戴上荆棘冠冕，正是为了这个原故；尽管前两福音书在鞭打之后也提到了这些事情，但那是在巡抚抛弃耶稣之后发生的，但在《约翰福音》里却是为了加强耶稣受苦的容貌，表示其应该受到怜悯，从而如果可能的话，使其避免被
处以极刑。当彼拉多把这样穿戴的受害人带到犹太人面前并说看 364
这个人的时候，他们仍然不为所动，坚持要把耶稣钉十字架。从彼

拉多一方面说，他已尽其所能要挽救耶稣，但另一方面，他的敌人所表现的铁石心肠却是任何其他福音书所没有描述过的。

在所有共观福音书里，在试图以巴拉巴替换耶稣的尝试失败以后，彼拉多就让步了，他吩咐把耶稣带去钉十字架。第四福音书作者说他仍旧坚持要设法挽救耶稣。因此，他的目标就是要表示犹太僧侣统治阶级怎样想方设法说服他改变他的决定（第 19 章第 6—16 节）；就这样，他的拒绝过程延长了；犹太人狡诈的顽梗不化越来越明显地得逞了。最初，彼拉多挽救耶稣的努力因其仇敌说耶稣曾宣称自己是上帝的儿子获得了新的推动。犹太人以为这是一个应该处以死刑的罪过，但在这个异邦人听来尽管模糊不清而且神秘莫测，却深感问题的严重性。接着就是耶稣提到了从上头来的权柄，没有从上头来的权柄巡抚就无权办他（参看《罗马书》第 13 章第 1 节），这种关于更高责任的提法只能使这个罗马人感到更加应该三思而行。现在犹太人打击他们最好的王牌来了，他们把所讲的同一开始关于耶稣为王的谈话联系起来，说彼拉多不愿定这个假王的罪就是不忠于罗马皇帝。巡抚在长时间根据良好的理由拒绝犹太人的要求之后，终于为了个人最卑鄙的利益向犹太人的强迫让步了，而且他这样做明明是违反他的良知的，因为从他早先同耶稣的会谈中他一定很清楚地知道他的囚犯只是在某种意
365 义上承认自己为王，而这种为王是不可能使他同该撒发生冲突的。肯定无疑的是，这里所讲的定耶稣罪的过程是同较晚时期基督徒的感情完全符合一致的，不过很难说同当时的实际情况也完全符合一致。因为彼拉多只能照这里所讲的，从对耶稣深刻同情的动机行事。要看出这些感情是怎样在这个罗马人心中产生是不容易

的，尽管很明显，该福音书作者很可能从自己的基督徒意识出发，把这种感情归到彼拉多身上。

第四组神话　耶稣被钉十字架，受死和埋葬

92. 钉十字架

耶稣在十字架上结束了自己的生命——忍受了极不光彩的罪犯之死。这样，根据犹太人的传统思想，就丧失了要求被承认为弥赛亚的一切资格。门徒和被他们引领相信耶稣的犹太人，根据这一事实，修改了古老的犹太人概念，把耶稣受难的特征，作为一种代表性的牺牲，把他的惨死作为一种赎罪之死纳入他们的弥赛亚观念之中。在犹太人思想范围内，只有在明确指出《旧约》著作的某章某节似乎就是指弥赛亚受死受苦而言的情况下，才有可能做到这一点。但实际上并没有这类章节，只有在《以赛亚书》里用单数集体形式，谈论上帝的众仆人和一些个别虔诚人被说成是许多苦难的受害者。甚至被折磨至死，明显的被上帝所抛弃这一类的
话，根据当时犹太人解释《圣经》的方法和水平，在这类经文里看出 366
是指弥赛亚而言就是最容易不过的事情了。如果在耶稣死和驾云回来期间，人们开始回顾一下弥赛亚耶稣过去在世上的生活，福音书作者就碰到了一个为耶稣历史中最不体面的事，即钉十字架，作出说明的任务，在试图解决这一难题的时候，他很自然地会牢牢地记住《旧约》中的这些章节，并会逐一指明，尽管耶稣忍受了各种侮

辱和痛苦，但所有这一切没有一件不是《旧约》里老早预言过、命定要临到弥赛亚的事情，也就是说，没有一件不是符合上帝为了拯救以色列民和所有信徒而安排的弥赛亚受苦受死的计划。因此，在福音书作者关于耶稣钉十字架的事件进程的描述中（《马太福音》第 27 章第 32—56 节；《马可福音》第 15 章第 21—41 节；《路加福音》第 23 章第 26—49 节；《约翰福音》第 19 章第 17—30 节），按照演绎法，我们将会预料到可能出现一种历史回忆和所谓的《旧约》预言的修正陈述的混合物。

福音书关于耶稣被带往刑场的记载中第一件值得注意的事就是，他的十字架是由一个古利奈人西门背着的，根据马太和路加，当时他正从乡下出来（《马太福音》第 27 章第 32 节；《马可福音》第 15 章第 21 节；《路加福音》第 23 章第 26 节）。第三福音书作者们在这种说法上是一致的，第四福音书作者对此的缄默或者甚至反对，则由其所说“耶稣背着自己的十字架”表现出来（第 19 章第 17 节）。不过单从这句话本身来看，并不足以令我们怀疑前三福音书说法的真实性，因为我们可以设想，在第四福音书作者看来，共观福音书作者的那种说法未免有点异常，他自己有责任予以消除。从他的观点看来还有什么比用别的事物来代替除去世人罪孽的上

367 帝的羔羊，代替在十字架上亲身背负人类患难和死亡的中保，更为乖谬异常的呢，如果背十字架可以代替，为什么死就不可以代替呢？其实据说诺斯替教派的巴息利迪斯就曾教导说，西门代替了耶稣钉死十字架上[①]。福音书作者可能会认为，这些虚假的代替

① 哀利尼斯：《驳异端》，1，24，4。

是不应有的，因此他就说耶稣不仅担当了我们的忧苦，他也背起了他自己的十字架。如果根据这种见解，共观福音书的记述不应因约翰的记述而受动摇的话，我们是不是还可能从约翰说话的动机受到启发，进一步看出共观福音书的描述也可能有类似的教条主义动机呢？当对基督十字架的第一种反感被克服以后，十字架就成了基督教的基本象征。说一个人背起基督的十字架同说他效法基督的榜样就意味着一回事，“若有人要跟从我，就当舍己，背起他的十字架，来跟从我”，这类的号召（《马太福音》第16章第24节）也就假耶稣之口说出来了。这类形象化语言总会产生一种使那些读或听的人按字面来理解的作用，以为是客观上真正发生过的事情；不过，当耶稣赴刑场时，真的有人背着他的十字架跟在他后边也是可能的，而当这样时刻，初期基督徒想象出第一个背十字架的人，尽管他背十字架，是由别人所强迫，但根据耶稣登山训众的教导（《马太福音》第5章第41节），他并没有拒绝接受这份差事，而是把十字架背在自己身上，并像路加所说的那样，跟在耶稣后面，也并不是不合自然规律的事情。同样很自然而且实际可能就是这
样的是，耶稣的十字架真的是由另一个人背到刑场去的，单是为了 368
它的象征意义，就把这一特征和背十字架的人的名字保留了下来。三部共观福音书不仅在人名方面一致，而且连背十字架人的家乡也一致，这就充分证明后一假设很可能是有道理的。

在去刑场的路上还发生了单有路加一个人记述的事情，那就是许多人，特别是妇女，跟在耶稣后面，为他的不幸而哀哭，但耶稣却转过来叫这些耶路撒冷的女子为她们自己和她们的儿女哀哭，因为可怕的日子很快就要临到她们的城市（《路加福音》第23章第

27—31 节）。说耶路撒冷被毁灭是由于其居民对耶稣犯下滔天罪行是所有共观福音书作者的共同特征，但尤以路加表现得最为突出，他，只有他，说耶稣临近耶路撒冷的时候，因为她看不出即将临到她和她子女身上的围困和毁灭而为她哀哭（第 19 章第 41—44 节）。路加所说耶稣用来描述耶路撒冷未来命运的话几乎都是逐字逐句从耶稣重要的临别讲话中借来的，在那里路加（第 21 章第 23 节）和其他共观福音书都记载耶稣说："当那些日子，怀孕的和奶孩子的有祸了，因为将有大灾难降在这地方"，在这里则说："因为日子将到，人必说，不生育的和未曾怀孕的、未曾乳养婴孩的，有福了"；人们那时希望说的话，"大山啊，倒在我们身上吧，小山啊，遮盖我们吧，"则几乎是原封不动地从《何西阿书》第 10 章第 8 节套来的。

耶稣到达刑场之后，对头两福音书作者来说，最重要的事，莫过于说明《旧约》的两个预言都已应验在耶稣身上。首先，马太很
369 天真地说（第 34 节），他们拿苦胆调和的醋[①]给他喝，接着又说，耶稣尝了却不肯喝。令我们最感惊奇的，不是这件事本身，而是人们竟把这类东西给他喝。马可还认为这是一件相当难以置信的事，因而他把醋和苦胆改成了酒和没药〔Mgrrhe/Myrrh〕（第 15 章第 23 节），这样，就使它同犹太人在罪犯服死刑以前用香料调和的酒把他灌醉的习惯联系起来[②]。他这样做可能很中肯，人们果然把这种酒给了耶稣，但耶稣拒绝喝，因为他不愿让自己被灌醉；但第

① 希腊原文为ὄξος，中文《圣经》译为酒，英文《圣经》译为 Vinegar（醋），一般希腊文辞典解释为"带酸味的酒"（Sour wine）。——译者

② 请参看拙著《耶稣生平批判的研究》，ii，第 514 页，注 15。

二福音书作者很可能只是猜中了这件事，因为马太所说的并不是真正发生了的事实，而仅是引自两篇《诗篇》中的预言，这两篇诗，连同《以赛亚书》第 53 章里的那段话，仿佛就构成了福音书中起草整个耶稣十字架故事的纲领性文件。正如我们一再指出的那样，最古老时期的基督教，把《诗篇》第 22 篇和第 69 篇，一直错误地看作是关于弥赛亚受苦的预言，只要同当时的情况适合，就被引进并改编到耶稣受苦的故事中来，其中的一项就是用难喝的饮料来解渴这件事。一篇诗的作者抱怨说，“我的舌头贴在我的牙床上”（第 22 篇第 16 节）[①]，另一篇诗的作者说，“他们拿苦胆给我当食物，我渴了他们拿醋给我喝”（第 69 篇第 22 节）[②]。马太没有说拿苦胆当食物，因为在钉十字架的地方不可能提到食物这类的事，而是把苦胆和饮料联系起来，说在钉十字架前给耶稣喝的是拿苦胆调和

的醋，也许他知道在这样时候人们有把醉人的饮料给犯人喝的事， 370 849
但第一次把这样的描述同流行的习惯完全协调起来的却是马可。

但由于苦胆总会引起一种难题，另一种理论就主张用的只是醋，按照《诗篇》，提供给弥赛亚耶稣喝的一定就是它。此外，这种醋还同一种历史上的习惯有联系，古罗马士兵在行军和出征时就饮用这种和水掺和的醋，因此，当时奉命监视钉耶稣在十字架上的士兵身边是会有这种醋的。但依据《诗篇》上的那段话，人们给耶稣醋喝是为了“解他的渴”，或者根据另一篇诗，是因他的舌头贴在牙床上，于是那些主张不是用苦胆而只用醋的人就把醋的运用推

① 中文《圣经》第 15 节。——译者

② 德文原文作第 22 节，中文《圣经》作第 21 节。——译者

迟到一个较晚时刻，即推迟到由于在十字架上悬挂了较长时间而产生严重干渴的时刻。接着，仍在联想到士兵饮醋习惯的路加就说士兵们以嘲讽的态度把醋递给耶稣喝（第 36 节）；而约翰则在耶稣逝世前的最后时刻说，有些在旁边站着的人，似乎出于善意，用海绒蘸满了醋，绑在牛膝草（hyssop）上送到耶稣口中（第 29 节）。所有这一切都清楚地证明了这种说法的出现，其前面还加了几个字说“为了使经上的话得应验，耶稣说，‘我渴了’。”这里“经上的话”，除了指我们上面引用的《诗篇》以外，不可能指别的。除了这种关于醋在较晚时期的运用外，第三和第四福音书没有提到过在起头有任何把醋和苦胆或没药酒送给耶稣的事；另一方面，马太和马可像经常关于饼鱼故事一样，为了不遗漏任何事情，把提供醋的

371 两种形式，都记到他们的福音故事里了。第二次他们像约翰一样，说醋是被蘸在海绒里送给耶稣的，这种说法，不是来源于作为历史资料的《诗篇》，但同样来源于钉十字架的习惯做法。另一方面，只出现在认为耶稣是真正逾越节羔羊的《约翰福音》作者书中的牛膝草，也令我们想起了摩西书中关于羔羊血的法令，在这些法令中，牛膝草也起了一定的作用（《出埃及记》第 12 章第 22 节）。

略提一下短时间就完成的钉十字架以后，前两福音书作者赶忙追叙了这些受难诗篇中应验在耶稣身上的第二个项目，这也是其他两位福音书作者没有漏掉的项目（《马太福音》第 27 章第 35 节；《马可福音》第 15 章第 24 节；《路加福音》第 23 章第 34 节；《约翰福音》第 19 章第 23 节往下）。《诗篇》第 22 篇受难者抱怨的事项之一（第 18 节），是“他们分我的外衣，为我的里衣拈阄”。这很可能也成就在耶稣身上了，因为按照罗马法律，被处死刑者的衣服

应归行刑人所有。但在这里福音书作者的叙述并不是根据历史上的资料而只是根据《诗篇》上的一段话。虽然第四福音书作者明确地引用了这段话，但是很明显，每个作者的描述完全是根据他自己对于这段话的理解。任何正确理解这句话的人都知道这节诗的后半句讲的既不是另一种不同的行动，也不是同前半句不同的题目。而只是对前半句里所讲的在后半句里加以更精确的限定。三本共观福音书作者对于这段话都是这样理解的，其中最明确的莫过于马可，他告诉我们，兵丁分了耶稣的衣服，并拈阄看谁得哪一份。另一方面，第四福音书作者对这句话作了错误的理解，以为前一部 372
分讲的是分衣服，后一部分讲的是拈阄分他的里衣，即为两种不同物件采取了两种不同的行动。他告诉我们说，兵丁（只有四人）没有拈阄分别的衣服，即长袍等，然后又用拈阄方法分了他的里衣（这就是他对于诗篇中 χιτὼν① 一词的理解），因为他们不愿把这件衣服直接分给任何人，也不愿把它撕开。同上面讲过的先知书里关于驴和驴驹的事完全一样，只不过在这里马太和约翰换了个位置而已，这次作错误理解的是后者，而前次错误理解的则是前者。至于第四福音书作者对故事作这样的描述，是否有意把基督的无缝里衣，像未破之网（第 21 章第 11 节）那样，用来暗指教会的统一，一个牧人的一群羊（第 10 章第 16 节）而言，那就是一个有待解决的问题了。

对于记载耶稣钉十字架的忠实历史家来说，知道令基督徒良

① 《约翰福音》第 19 章第 23 节的 χιτὼν，中文《圣经》译的里衣或内衣，是一种贴身穿的毛织物，有袖孔，有的也带袖，下摆至膝，或更长。其复数为 χιτῶνες，可作一般衣服解。——译者

心感到痛楚的弥赛亚被钉十字架所受的各种耻辱和藐视，恰恰在《旧约》里都已经明确地预言过，乃是莫大的安慰。在“受难诗篇”（第 22 篇第 7 章）[①]说，“凡看见我的都嗤笑我，他们撇嘴摇头，”现在像共观福音书所说的那样，（《马太福音》第 39 节往下；《马可福音》第 29 节往下；《路加福音》第 35 节往下）过路的或旁观的以及长老们都讥笑耶稣、摇头太息，又有什么稀奇呢。甚至连马太所记讥讽的话同《诗篇》里的词句也几乎都逐字吻合，“他把自己交托耶和华，耶和华可以救他吧，耶和华既喜悦他，可以搭救他吧！（第 8
373 节）他倚靠上帝，上帝若喜悦他，现在可以救他”[②]。在《诗篇》里，把说这些话的人，描绘为公牛、犬类、狮子和野牛，也就是说，是一些无法无天的罪人，因此尽管福音书作者说这些话出自反对耶稣的犹太人之口非常适当，但这些熟悉《圣经》的犹太人，明知说这些话的是一些不敬畏上帝的罪人，是不大可能说出《诗篇》里的这些话来的，很可能他们实际说的话，不是出自《诗篇》，而是同耶稣当时特殊情况密切结合的一些话，例如，说他救了别人却不能救自己，要求这个冒充上帝儿子和以色列君王，有能力拆毁圣殿又把它重建起来的人，从十字架上下来，证明他的确具有他所说的崇高本性。

路加在联系到首先由大祭司和文士，接着由给他醋喝的士兵，讥讽耶稣为犹太人王的时候，说十字架上有一个牌子（第 23 章第 38 节；其他福音书作者较早也提到了这件事，《马太福音》第 27 章第 37 节；《马可福音》第 15 章第 26 节；《约翰福音》第 19 章第 19—

① 德文原文为第 22 章第 8 节。——译者

② 《马太福音》第 27 章第 43 节。——译者

22节)，写着耶稣是犹太人的王。第一个是路加，接着还有约翰，都特别显著地提到牌子是用希腊、拉丁和希伯来三种文字写的。他们两个，保罗的追随者和精神福音的作者，①都认为这件事预示这里所说的犹太人之王所说的话将远远传播在犹太教以外的希腊、罗马世界上。除此以外，后者还给犹太人之王这一头衔以另一种意义，使其对基督徒无害而一切不利全归于犹太人自己身上。约翰说，把一个钉十字架的囚犯说成是犹太人的王使犹太人感到 374
很难堪，他们恳求巡抚加以改变，但巡抚坚持原来的写法，因而事实一直就是犹太人把他们的王钉死在十字架上，钉十字架的耶稣已不再是犹太人的王，而是上帝的儿子，世人的救主，受约翰深奥教义熏陶的基督徒就是这样认识的。

路加和约翰从一开始就提到有两个人和耶稣一同钉十字架，而马太和马可则在稍后才提到，根据前两福音书作者，这两个人是罪犯和强盗，而且耶稣还钉在他们中间(《马太福音》第38节；《马可福音》第27节往下；《路加福音》第32节往下；《约翰福音》第18节)。此外，我们还从《马可福音》里念到这样一来他所引的先知预言(《以赛亚书》第53章第12节)："他被列在罪犯之中就应验了。"《路加福音》(第22章第37节)耶稣本人在最后晚餐结束的时候也曾援引过这同一段经文，说当他被捉拿的时候这段经文就会应验。马可，或任何窜改《马可福音》这节里先知话的人(因这段话的真实性是有问题的)。从先知的预言里清楚地看出了耶稣钉在两个犯人中间的情况，其实，这段话一点也没有暗指这样事的情况，连任

① 即路加和约翰。——译者

何任性的解经家也不可能单从先知的这段话里得出有两个强盗和耶稣同钉十字架来。尽管它可能符合历史，但福音书作者欢迎其所谓的预言意义。这些福音书作者们还各随己意地对这句话作了另一种运用。马太和马可说这两个坏家伙参加了环绕被钉弥赛亚的轻蔑他的大合唱，路加耳朵更尖些，他分辨出两种声音来。只有
375 一种声音是真正讥笑耶稣的，说如果他是弥赛亚就应当拯救他自己和他们俩，另一个人的声音比较好，不仅谴责了他的同伴，承认了耶稣，还恳求他作为弥赛亚再次回来的时候纪念他（第 39 节往下）。毫无疑问，这是一个第一次同耶稣接触的犯人，没有受过关于弥赛亚受苦受死的初步教育就懂得了这个道理，而在此以前，耶稣曾试图用这个道理教导他的门徒，却未产生任何效果。之所以有这种情况，以及第三福音书作者或其代理人渲染耶稣同两个强盗一起钉十字架的动机何在，都是很难理解的。连被钉罪的强盗也亵渎耶稣就使被钉十字架弥赛亚所受的耻辱达到了极点。这种情况很自然地会使作者表示，由于耶稣受到了极大的屈辱，他也将获得更多的光荣，对于一个其福音书以强调耶稣为罪人朋友为其一般特征的作者来说就更是如此。十字架上的犯人悔改并相信耶稣的说法同浪子回头比喻及有罪女人用香膏膏耶稣故事的精神是完全符合一致的。因此，第三福音书作者一直是遵循传统说法，认为两个强盗当中有一个坚持其讥讽和蔑视耶稣的态度并以此同耶稣所恩待的老实悔改的犯人形成对比。这种对比就其本身而言是非常有效的，施维格勒[①]曾认为，路加故事的目的是要使这两个坏

① 《后使徒时代》，i，50。参看鲍威尔：《经典福音书批判的研究》，第 512 页。伏克马尔：《耶稣的宗教》，第 332 页。

人对耶稣的态度成为犹太人和外邦人对基督教的截然相反态度的典型，一个是坚持其顽梗不化的不信，另一个则不仅悔改相信，而 376
且还寻求拯救。这的确是一个不应忽视的很高明的猜想，但另一方面，却也无法予以肯定的证明。

93. 十字架上的话

从耶稣给悔改的强盗的回答中，我们就已经接触到传说中耶稣在十字架上所说七句话中的一句。如果把所有福音书作者记下的耶稣在十字架上说的话合拼起来，其数目就是七，但如分开来讲，那就没有一个人记的有这么多。马太和马可每人只记了一句话，而且两个人记的还是同一句话。路加记了三句，都和前两人记的不同；约翰也记了三句，但没有一句是前三人所知道的。如果我们现在还能分别询问每一个福音书作者的话，我们就不知道前两福音书作者对后两福音书作者所记耶稣在十字架上说的话会怎样说了；第三福音书作者记的话是可能的，而第四福音书作者对前两福音书作者假钉十字架的基督之口所说的话则一定会提出异议而加以拒绝[①]。

这句话就是两位福音书作者为了使同以利亚有联系的误会易于理解，用亚拉米语[②]写出的人所熟知的："我的上帝，我的上帝为什么离弃我？"（《马太福音》第 46 节往下；《马可福音》第 34 节往下）。人们都知道，这是《诗篇》第 22 篇开头的一句话，依前两福音

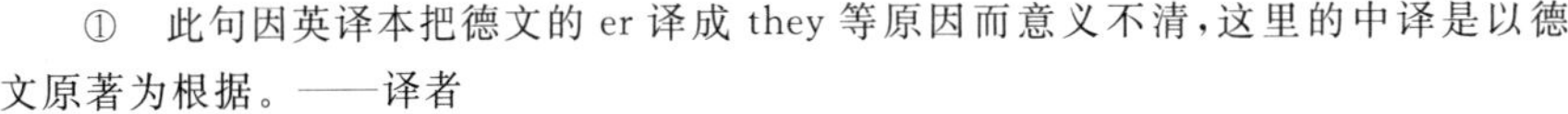

① 此句因英译本把德文的 er 译成 they 等原因而意义不清，这里的中译是以德文原著为根据。——译者

② 亚拉米语。中文《圣经》译作亚兰话。——译者

书作者的观点看来，在指明这篇“受难诗篇”的一系列客观特征已由钉十字架的耶稣应验以后，再把描述说话人主观感情的头一句
377 话由耶稣自己说出来就是很自然的事情，这样一来，就说明耶稣所受的全部苦难都是应验了这篇诗的预言。对前两福音书的作者来说，情况似乎就是这样，假耶稣之口所说的话也只相当于一种引证而已。但如果我们看到耶稣这句话（如果他说了的话）所表达的心情，那就不仅需要有最荒谬的人—神教义为先决条件，才能想象出在耶稣心里会产生一种被上帝离弃的感觉①，就是单以纯粹人的观点来看，如果在他遭受最沉重痛苦时刻，假定他有这样的感情，我们也害怕这样做会有损于耶稣的崇高精神尊严和道德尊严。因为这意味着他现在发现他自己和其工作以及直到目前为止他自己对两者的理解都错了，因为他一向认为，现在临到他身上的结局，恰恰正是他长久以来预见到的使他的事业通向胜利的正确途径。连对基督怀有崇高见解的第三福音书作者也对这句话感到不满，也许正是为了这个原故，他对客西马尼园的痛苦，作了极其深刻的描述，想使一切软弱征兆随着痛苦情景一齐消逝，剩下来的尽是镇定和威严。与此相反，对第四福音书作者来说，客西马尼园的情景，本来已经难以忍受了：那是耶稣精神上受到的一场震惊，但他对于上帝的信心片刻也没有丧失，这是他对逻各斯基督可能有的最极端的想法，至于被上帝离弃的感觉，则已被他的性格所绝对排除。

崇高的精神状态，在自身受到极端痛苦情况下，不仅远没有丧

① 请参看拙著《耶稣生平批判的研究》，II，第 429 页往下。

失对其本身的控制能力，而且还能对别人表示同情，连制造痛苦的 378
罪魁祸首也不例外，第三福音书作者就是这样用他所记的耶稣在十字架上的头一句话描述耶稣的："父啊，赦免他们，因为他们所作的，他们不晓得。"(第 23 章第 34 节)①这一句话，不仅同爱仇敌的命令相协调，而且也和上面所描述的耶稣的基本感情，即包含一切，善处一切的仁爱感情相吻合。但也不应忽视福音书作者在这里所要显示的，毫无疑问，乃是由耶稣实现了的以赛亚预言：耶和华的仆人，虽被列在罪犯之中，却担当了许多人的罪，又为罪犯代求(《以赛亚书》第 53 章第 12 节)。路加所记耶稣在十字架上说的第二句话也显示了同样的感情，他向信他的强盗保证，就在当天在弥赛亚第二次降临以前，他将和他同在乐园里(第 43 节)。在第三句话也就是最后一句话里，被钉者的确也想到了他自己，但和抱怨被上帝离弃完全相反，而是在其逝世以前以完全信赖服从的口吻说："父啊，我将我的灵魂交托在你手里。"(第 46 节)路加曾从另一种观点出发，把类似的祷告，类似的为杀害他之人代求，假作为耶稣形象的司提反之口道出(《使徒行传》第 7 章第 59 节往下)，不过那句话是逐字逐句引自《诗篇》第 31 篇第 6 节的希腊译文。

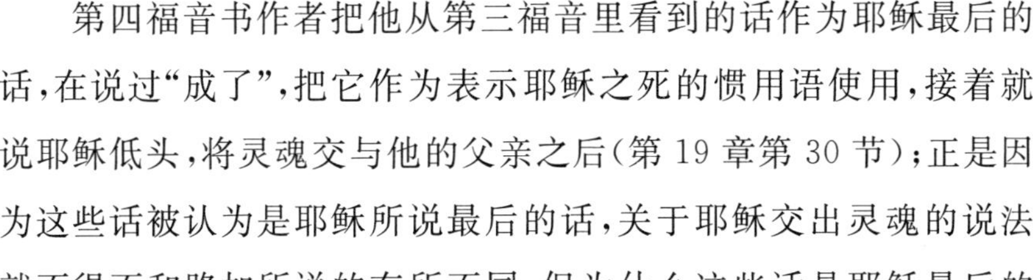

第四福音书作者把他从第三福音里看到的话作为耶稣最后的话，在说过"成了"，把它作为表示耶稣之死的惯用语使用，接着就说耶稣低头，将灵魂交与他的父亲之后(第 19 章第 30 节)；正是因
为这些话被认为是耶稣所说最后的话，关于耶稣交出灵魂的说法 379
就不得不和路加所说的有所不同；但为什么这些话是耶稣最后的

① 英译本误作 3、4 节。——译者

话呢？甚至耶稣在十字架最后一句话之前所说的“我渴了”，第四福音书作者在引述的时候还加上一句说，因为耶稣知道各样的事已经成了，为的是使往上所说关于“渴了”和拿醋给他喝的话得以应验在耶稣身上(第 28 节往下)。因此，约翰所要描述的耶稣临死时说的话，一方面乃是耶稣早先以大祭司身份在祷告中宣告过的他所要完成而现在事实上即将完成的工作(第 17 章第 4 节)，和另一方面，先知关于耶稣所说的预言在耶稣身上完全获得应验：也许还有根据前面提到过的路加的描述，耶稣向橄榄山出发时宣告过的，关于他的一切话都必须应验一样，现在《以赛亚书》第 53 章第 12 节的话也要应验在他身上(第 22 章第 37 节)。但关于经上的话获得应验的说法，《约翰福音》的含义和《马太福音》是不同的，正如我们从这段经文所看到的，先知的预言应验在耶稣身上，同时也就意味着他的工作的完成，道(逻各斯)成肉身问题的解决；他在世上的旅程随之而告结束；他获得荣耀时期随之而开始，保惠师[①](Paraclete)的使命将取代他在世上的有限的使命。

迄今考虑的《约翰福音》里耶稣在十字架上的两句话，都是和其他福音书作者也提到过的境况联系着的，第三福音书作者，或者按时间顺序讲，第一福音书作者，提到了一种除其本人外其他记述者所不知道的境况。根据《马太福音》(第 27 章第 55 节往下)和《马可福音》(第 15 章第 40 节)看见耶稣钉十字架的只有从加利利陪着耶稣的一些妇女，其中包括抹大拉的马利亚、雅各和约西的母
380 亲马利亚，西庇太儿子的母亲或《马可福音》里的撒罗米，都是指名

① 保惠师即圣灵。——译者

提出的；至于十二门徒，除了凭匹夫之勇冒险进入大祭司院子的彼得外，他们认为经过耶稣被捉拿分散以后，还未聚到一起来。《路加福音》里同妇女一道看见耶稣钉十字架的“一切与耶稣熟识的人”中无疑也包括有十二门徒在内（第23章第49节）：但他们也像妇女们一样，提心吊胆地远远站着。另一方面，《约翰福音》里（第19章第25节往下）同抹大拉和这里称作革罗罢妻子的两个马利亚在一起的，不是西庇太儿子的母亲而是耶稣本人的母亲和她在一起的，福音书作者为了把他说成是当耶稣被钉十字架时唯一在场的门徒，也就是作者曾把他同彼得一道偷偷带进大祭司院子的耶稣所爱的那个门徒。此外，他还把这个门徒同耶稣的母亲说成站得离十字架如此之近，以致钉十字架的耶稣还能够同他们说心腹话。我们不需要知道说话的内容就能立刻看出来这种安排同第四福音作者所遵循的有关他挑选为其作品赞助人的耶稣所爱的那个门徒的巧妙计划是完全符合一致的。至于耶稣说话的内容则是，他把他所爱的门徒作为儿子推荐给他的母亲，把她作为母亲推荐给所爱的门徒。福音书作者还说，从此那门徒就把她接到自己家里去了。据《使徒行传》（第1章第14节）耶稣的母亲和几个妇女、十一个门徒并耶稣的弟兄在耶稣逝世以后，就经常在一起。大家都知道，在前者中，彼得居领先地位，后者中，雅各居领先地位，[1]如果约翰作为第三人参加的话（《加拉太书》第2章第9节），381
按照共观福音书里这三个名字的排列，他也只能处于第三位而不能处于第一位。另一方面，他不仅成了第一位，而且根据耶稣的宣

① “前者”指十一门徒，“后者”指耶稣弟兄。——译者

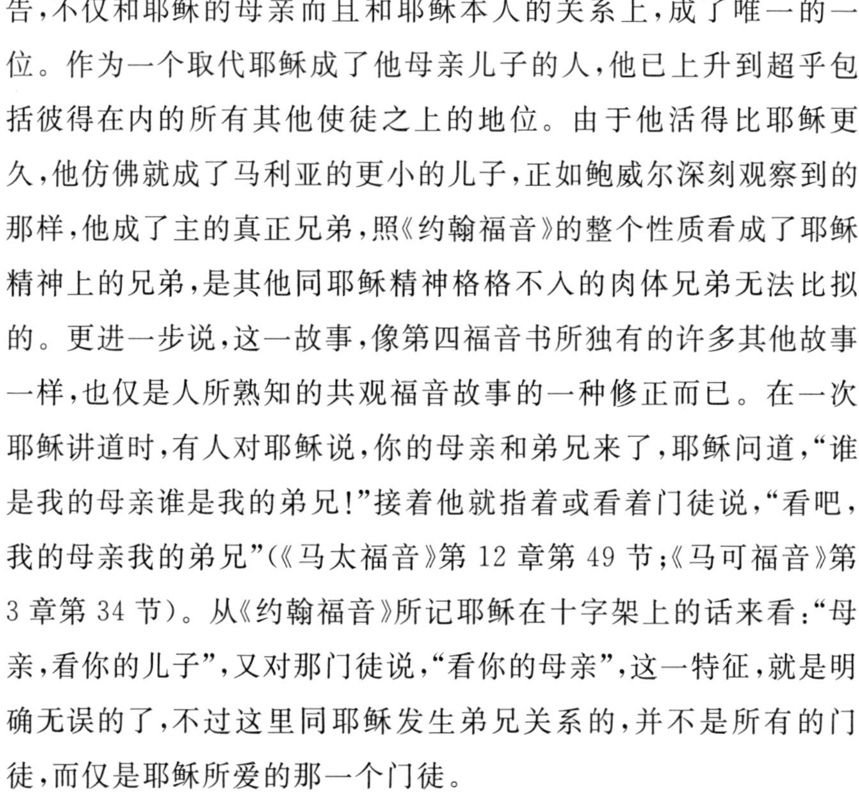

告，不仅和耶稣的母亲而且和耶稣本人的关系上，成了唯一的一位。作为一个取代耶稣成了他母亲儿子的人，他已上升到超乎包括彼得在内的所有其他使徒之上的地位。由于他活得比耶稣更久，他仿佛就成了马利亚的更小的儿子，正如鲍威尔深刻观察到的那样，他成了主的真正兄弟，照《约翰福音》的整个性质看成了耶稣精神上的兄弟，是其他同耶稣精神格格不入的肉体兄弟无法比拟的。更进一步说，这一故事，像第四福音书所独有的许多其他故事一样，也仅是人所熟知的共观福音故事的一种修正而已。在一次耶稣讲道时，有人对耶稣说，你的母亲和弟兄来了，耶稣问道，“谁是我的母亲谁是我的弟兄！”接着他就指着或看着门徒说，“看吧，我的母亲我的弟兄”（《马太福音》第 12 章第 49 节；《马可福音》第 3 章第 34 节）。从《约翰福音》所记耶稣在十字架上的话来看：“母亲，看你的儿子”，又对那门徒说，“看你的母亲”，这一特征，就是明确无误的了，不过这里同耶稣发生弟兄关系的，并不是所有的门徒，而仅是耶稣所爱的那一个门徒。

94. 耶稣死时的神迹

从六时起[①]（犹太人计算时间的方法是从黎明算起），也就是说从正午起，所有共观福音书都说，遍地都黑暗了，一直持续到九时[②]，即下午 3 时（《马太福音》第 27 章第 35 节；《马可福音》第 15 章第 33 节；《路加福音》第 23 章第 44 节往下）。根据《马可福音》，

---

① “六时”中文《圣经》译作“从午正”。——译者

② “九时”中文《圣经》译作“申初”。《当代圣经》作“从正午开始，一直到下午三点钟”。——译者

开始钉十字架是 3 时，即午前 9 点钟，耶稣已经挂在十字架上三个小时了；根据马太和路加，也已经挂了一些时候，不过多久，他们没 382
有说。

路加对于黑暗的描述比较明确，说是由于太阳变黑，但那时正值复活节望月，不可能是自然的日蚀；而且所有记述者都说遍地都黑暗了，更说明它是一种神奇事件，由于耶稣临世是非常重大事件，这一定是大自然在为他的死而表示哀悼。当时的风气就是如此，根据那时的罗马传说，当凯撒被刺时①和亚古斯督（一译奥古斯都）逝世前②，太阳也曾发生过同样情况。凯撒被刺时的太阳变黑构成了那年全年阴暗气氛的一部分。③ 由此可见，一种持续了一定时期，偶然和某一事件巧合的完全自然现象，如何可能被牵强附会地用来为迷信和阿谀服务；但很快这种自然现象就被看作真正的日蚀④，而且时间和日期都同凯撒被刺相巧合，就像根据前三福音书，黑暗同耶稣之死的时间巧合一样。近代神学家赞扬第四福音书作者因为他没有让他们受到这类怪诞不经之事的困扰，这些事对他的思想方式和感情来说，肯定是太客观、太实在了，不过，遗憾的是，我们也不得不说，太自然了，而且，为了赞扬耶稣之死，

① 维吉尔：《农事诗》，I，463 往下。奥维德：《变形记》，XV，785 往下，维吉尔说是发生在亚古斯督被刺以后太阳变黑的其他事件，说成是发生在其作为征兆的奇迹。

② 狄奥：IV，29。

狄奥（Dio Cassius，约 150—235），罗马政治家兼历史家，曾用希腊文著《罗马史》。——译者

③ 普卢塔克：《凯撒》，69。

④ 塞尔维斯（Servius）：《论维吉尔》。

塞尔维斯（Servius），公元 4 世纪拉丁语法家和学者，著有《论维吉尔》（*Commentary on Virgil*）等。——译者

他心里还装着一些别的事情，至于这些事对我们是有教益呢，还是没有教益呢，我们将在适当的场合予以讨论。

黑暗延续了三小时；马太和马可接着说约九点钟的时候，耶稣
383 为被上帝遗弃而悲叹，人们用醋调和的饮料给他喝以后，耶稣大喊一声（路加说耶稣还讲了我们上面讨论过的那句话），就死了（《马太福音》第 27 章第 46—50 节；《马可福音》第 15 章第 34—37 节；《路加福音》第 23 章第 46 节）。此后，马太说还发生了一次地震。（据说当凯撒被刺太阳变黑[①]时也有同样情况。）他和其他两位共观福音书作者一样。在此以前还报道了比这更为牵强附会的事，说圣殿里的幔子，当然就是把至圣所同圣所分开的幔子，从上到下，裂为两半（《马太福音》第 27 章第 51 节[②]；《马可福音》第 15 章第 38 节；《路加福音》第 23 章第 45 节）。在那个时代的传说中常把关着的门忽然敞开看作是大祸临头的预兆，据说凯撒被刺、革老丢、尼禄、维斯佩仙等皇帝死时，甚至耶路撒冷圣殿被毁灭时都有这种情况。[③] 卡普尼娅，[④]在其丈夫被刺前夜，曾梦见房子的山墙倒塌；《希伯来人福音书》说在耶稣死时也有类似情况，没有讲圣殿的幔子裂开，而是说屋顶塌了下来[⑤]。克利门的《认识》（*Recogintions*）[⑥]

① 维古尔：前引处，V，475；奥维德：前引处，V，798。

② 英译本误作第 27 章第 53 节。——译者

③ 斯维陀尼乌斯：《犹利乌斯》，81，《尼禄》，46，《维斯佩仙》，23，《狄奥·卡西乌斯》IX，35；塔西图斯：《历史》，V，13。

④ 卡普尼娅，公元前第一世纪，罗马贵妇人，尤利乌斯·凯撒之妻。——译者

⑤ 希拉尼姆斯（即耶罗姆）：《书信》，120，《驳海迪布》（Hieron. Ep. 120 ad. Hedib.）。

⑥ 1，41。

说幔子裂开有哀叹圣殿将遭毁灭之意；但奇迹只表现在幔子上这 384
一事实似乎指向另一方向。使徒保罗在提到摩西脸上帕子时说这帕子在基督里已经废去了，但只要旧约制度还继续存在，它就仍会遮住天上的事物(《哥林多后书》第3章第13—18节)；《希伯来书》也把一种类似的思想同圣殿的幔子联系在一起。按照摩西宗教制度，祭司们只能一年一次进入圣所，只有大祭司才能一年一次带着赎罪祭牺牲的血进入至圣所，据说基督藉着自己的血一劳永逸地进入天上幔内的至圣所，成了基督徒的先锋，为他们打通了进入天上至圣所的道路(第6章第19节往下，第9章第1—12节，第10章第19节往下)。《希伯来书》的这种说法，很明显，并未表示有福音书故事存在，因为如果作者知道有圣殿幔子这类事的话，这类同他自己思想路线如此密切接近的故事，他是绝对不会弃置而不加利用的，反之，我们也不可能认为，福音书故事是从《希伯来书》的描述得来；但如果我们把《希伯来书》的描述同使徒保罗的说法加以比较，就不难看出，在由犹太教产生的最古老的基督教里，有些流行的思想和形象化说法，在经过长时期使用和比较之后，终于很自然地形成了摆在我面前的这种故事。

尽管有了黑暗、地震、幔子裂开这类神迹奇事，第一福音书作者爱好神迹的欲望仍然没有得到满足。在他所特有的地震以外，
又加上了磐石裂开这件事(第51节)，就像从前耶和华在何烈山于 385
烈风中崩山裂石从以利亚面前经过一样(《列王记上》第19章第11节)。不过这一次的裂石乃是为作者理所当然关心的下一步，即耶稣死时坟墓开开，许多逝世圣徒的身体苏醒过来在耶稣复活后进入圣城，向许多人显现一事提供理由(第52节往下)。上面已

经谈过，福音书里关于死人复活的记述，不过仅是古代基督徒相信耶稣在世时虽未能实现弥赛亚使许多人复活的预言，但在其第二次再来时一定能完全做到的信仰向其自身提出的保证。还应注意的是，保证和被保证事物之间是很不相称的，这种不相称在于，耶稣在世时使之复活的死人只是恢复了世上的生命，他们还要经受第二次死，而弥赛亚使之复活的死人则将获得光荣的身体和不朽的生命；此外，福音书所记复活事例只是孤立的少数，和它们所保证的人数是远不相称的。为了弥补这种双重缺陷，更多人数和作为圣徒复活后从坟墓出来不再经受第二次死的事例就是值得想望的了。而且，这样一种复活思想本来就包含在犹太人和早期基督徒的期望之中；人们认为，当弥赛亚来临时，首先只是一小部分人，即最虔诚的以色列人复活，同他一起参加千禧年王国的欢乐，接着，当这一时期完成后，其余的群众，不管好坏，将经历一番严格的考验。[①] 正如我们从约翰的启示录里所看到的(第 20 章第 4 节往下)，基督教理论也把虔诚的以色列人复活移植到基督第二次再来
386 的时候，但如果能在基督第一次在世上时提供这种复活的一些样板，对于巩固信心总是有益的。如果有人问什么时候提供这种样板最好，答案是在其死和复活之间的任何时候都可，因为尽管基督战胜死亡和坟墓在其复活后才显露出来，但也只有在其献身就义以后这种胜利才有可能，因此，马太就把提供样板的事放在这两者之间。坟墓开开和长眠地下的圣徒复活发生在耶稣死的时刻，而磐石碎裂则提供了一个接触点，但他们出来并在耶路撒冷显现，则从来就被认为应当在从死里首先复生(《歌罗西书》第 1 章第 18

---

① 革弗洛勒尔:《救恩世纪》,ii,276 往下。

节;《启示录》第 1 章第 5 节)、成为睡了之人初熟果子(《哥林多前书》第 15 章第 20 节)的耶稣复活以后。

总之,初期基督徒凭其想象力所描绘的围绕耶稣之死的一切奇迹,对旁观者所产生的影响,正是他们自己所企图表达的思想感情。在这些旁观者中最不怀成见的应当是那些行刑的人们本身,罗马士兵和他们的百夫长,他们都是异教徒。肯定不会预先存有偏袒耶稣的思想,至于反对耶稣的犹太人就更是这样,根据马太(第 54 节),他们看到了地震和所经历的事,就宣称这真是上帝的儿子了。路加(第 23 章第 47 节)没有提地震的事,只在最后耶稣大声祷告时,提到了百夫长(路加和马可都没有提到士兵)被这件富有教育意义结局所激发,说这真是个义人。马可没说大声祷告而只说大声喊叫(第 15 章第 39 节),另一方面,他在叙述百夫长话 387
的时候,不是照路加的记述,而是照马太的记述,他的陈述很奇怪,说当百夫长看到耶稣这样喊叫去世的时候,就深信他是上帝的儿子。我们是不是可以由此认为,像有人推测的那样,第二福音书作者的意思是,正如恶鬼通常总是喊叫离开人身,这里的喊叫表示圣灵离开了弥赛亚的身体,或者,他是不是认为,这种使百夫长深受感动的喊叫,和他所说彼拉多也感到惊讶的死亡很早来临联系起来看,表示在死亡作为自然进程来临之先,耶稣就自发地放弃了自己的生命,那就是个很难决定的问题了。在马太描述的继耶稣之死而发生的奇迹中,除了黑暗和幔子裂开以外,路加(和马可)一概没有提及。但他不仅通过描述一个异教徒罗马官员将荣耀归给上帝,这种自发地对耶稣有利的证明,而且还通过对犹太群众,受到良心谴责,怀着悔改和自责心情,捶胸回家的描绘,力图对这件事

所给予旁观者留下的深刻印象，作出比较完整的表述。

95. 枪扎肋旁

正如已经讲过的那样，关于这些事情，无论是客观的或主观的，第四福音书作者什么也没有讲。在他看来，这些事同他所要讲的比较起来，与其说是不重要，倒不如说是太肤浅，太大众化了（第19章第31—37节）。很可能他在这里是紧跟马可的脚踪行事。
388 马可说（第15章第42，45节），钉耶稣的那天晚上，亚利马太的约瑟，求彼拉多把耶稣的身体给他（这件事以后还要讲到），巡抚对耶稣已死感到惊讶，直到有关官员向他保证耶稣的确已死，而且死了已有一些时候，才应允他的祈求。正如已经讲过的那样，马可的意思只是要人注意到耶稣之死不是自然的，而是超自然之死，不过也可以把它理解为是企图证明耶稣真的死了，对于这一点，官员的说法就可能认为不够了。既然彼拉多有理由怀疑，当他们要求把他从十字架上拿下时，耶稣是否真正自然地死了，他当然就会设法使其死确定无疑或者确证其如此。

从另一观点看，怀着这样一个目的，第四福音书作者也很可能认为，单把耶稣钉十字架还不够，一定还对他采取了某种别的行动。《启示录》作者约翰说过（第1章第7节），当基督驾云再来的时候，众目要看见他，连判他的人也要看见他，地上的万族都要因他哀哭。这里把《撒迦利亚书》（第12章第10节）的一般话应用到耶稣钉十字架上。其实，在先知的这段话里，被刺的是指耶和华而言，因此，所谓扎或刺只是一种形象化说法，是指精神上受屈辱而言，不过，《启示录》作者在别的地方，也把耶和华的名称和属性转

用在基督身上，这里把指耶和华说的话，应用到受苦的弥赛亚身上，似乎更为合适。由于在《启示录》作者的著作里，也像共观福音书一样，并没有提到耶稣肋旁被扎的事，因此，作者所谓的刺，也可能是指耶稣的手和脚被钉子钉在十字架而言。但不仅《撒迦利亚 389
书》所用的希伯来词语，就连《启示录》所用的希腊词语，其含义似乎并不仅此。其实，一般说来，这个词都是指用枪或剑刺扎而言。既然在先知书里用过了这样的词，另一个对先知书作字面理解的人（我们从其关于分耶稣衣裳的记述里知道第四福音书作者就是这样的人）就很可能据此认为，不仅耶稣的四肢被钉子钉伤过，就连他的身体也被枪剑刺扎过。既然耶稣可能进一步被刺扎过，那么，这种刺扎一定是在耶稣已死之后对他采取的行动，其目的就是要证明他的确死了。

但是，这样一种特殊安排对于这一目的来说果真是必要的吗？为什么不能让耶稣和其同钉的两个犯人一直挂在十字架上等他们确实死了呢？根据共观福音书，耶稣的情况正是这样，因此，他是立刻可以被取下来的，至于两个犯人在被检查时是否已死因而也可以取下来，由于与问题重点没有关系而没有说明。根据马可，耶稣死得引人注目地早，其他两人不大可能也是这样，因此，第四福音书作者明确说他们都还活着。但为什么不能让他们在十字架上挂得更久一些，到第二天，甚至到第三天呢？因为这样做违犯摩西律法所规定在十字架被处死的人尸首必须在日落以前取下来（《申命记》第 21 章第 23 节；参看《约书亚记》第 10 章第 27 节），我们可以假定连罗马人在和平时期也是遵守这一规定的。此外，在目前情况下，第二天还是安息日，根据约翰计算法，还是个特别神圣的

安息日，这就是说，是逾越节的第一天。（不像共观福音书所说的
390 那样，是逾越节的第二天。）因此如果两个强盗到天快晚的时候，还活着的话，就必须采取特殊措施以加速其死亡，如果为此目的所选择的是一种枪扎致死的办法，而且为了保证表面看来已经死去的耶稣确死无疑起见，把这种办法引用到耶稣身上，则其结果一方面可使撒迦利亚的预言获得应验，另一方面如果耶稣还未死透的话，经此一举即可保证其确死无疑。

可是，对于耶稣的身体，不仅一定要有所为，而且还一定要有所不为，就是说，不可把他的腿骨打断。因为他不仅是他们所刺的人，而且也是上帝的羔羊，特别是通过他的死而被献上的逾越节羔羊。关于这个羔羊，律法上写着说，“羔羊的骨头一根也不可折断”（《出埃及记》第 12 章第 46 节）。根据共观福音书，这件事的确没有行在耶稣身上。但如果这件事并不是很容易就能行在耶稣身上，而且其未能真正行在他身上是由于一种特殊的安排，那又为什么这样强调不可向逾越节羔羊这样行，因而也就是不可向耶稣这样行呢？当和他同钉的两个犯人，由于他们还活着，有必要对他们采取行动，使得在夜晚之前有可能把他们从十字架上拿下来时，这种威胁他的危险是存在着的，严格地说，这就是用木棍把他们的腿骨打断，它和钉十字架并没有直接的联系，而是罗马人惩治奴隶的一种刑罚，使他们由于屈辱而死，虽不一定立即见效，但迟早必死无疑。福音书作者把耶稣得以免除这一处置的事实说成是由于受命执行任务的士兵发现挂在十字架上的受害人已经由于被钉而死
391 去。如果他们对于自己的观察感到不满，认为耶稣也很可能像另两个人一样，仍然活着，既然当时他们还在现场，为什么不也把耶

稣的腿骨打断，那就不清楚了。在这期间，由于他们发现耶稣的情况，肯定和另两人不同，而且打断腿骨也并不像枪刺那样是一下就可完成的事，这就构成变换处置方法的一种可接受的理由。同时，从教条上说，这样做也是可取的，于是枪刺而不是打断腿骨，就作为历史而被引进了。

当耶稣明显已死地悬挂在那儿的时候，一个士兵用枪刺了他的肋旁，结果怎样呢？有血和水流了出来。正如每一位专家会告诉我们的，这的确是件不可能的事；因为如果血在耶稣身里仍在流动着，无论是由于死亡还未发生或者刚发生不久，流出的只能是血而不能是别的；如果血在身体里已经停止流动，那就什么也流不出来；即使枪尖触及了心包膜，但心包膜里的水可能还未渗进胸腔，首先，液体也只能和血无法分辨地一道流出来，或者，一点血也不带地流出来。但福音书作者向我们保证说，他亲自看见了血和水涌出来(第 35 节)。的确，他并没有直截了当地这样说，而只是说看见这事的那人就作见证，他的见证也是真的，并且他知道自己所说的是真的。这里所谓的“他”，根据作者的理解，就是耶稣所爱的那个门徒，也就是从所有门徒中，作者说他站在十字架下的那一个唯一的门徒，作为《启示录》作者的这个门徒证明说(第 1 章第 7 节)，耶稣被刺了；根据他自己宣称(《启示录》第 1 章第 2 节)，他只是把自己所看见的都见证出来(这里作者是指他所看到的预言性迹象而言)。福音书作者在最后还说他自己也看见了枪扎的伤口及其后果。正如上面已经说明的那样，[①]该福音书作者还认为自 392

① 本书第一卷第 144，149 及 150 页(页边码)。

己在心灵上同耶稣所爱的那个门徒和《启示录》作者就是同一个人，后者用肉体的眼睛所看到的，他用心灵的眼睛也看到了；或者毋宁说，他以为自己在心灵里所看到的使徒一定也用肉眼看见过了？[①]“他们必仰望他们所扎的”，[②]先知这样说，先知的话是一定要应验的。他们要看见他们所扎的，这就是说，他们将会看到他并不是一个平常的人，而是上帝成为肉身之道；从枪扎的伤口他们将会看出来，从伤口涌出之物他们将会看出来。如果流出来的只是血，那么，被刺的就只是一个平常的人，因为从伤口一定还有某种别的东西流出来，这除了是通过耶稣之死所要带给门徒的象征圣灵的某种看得见的东西以外，还能是什么别的呢？但象征圣灵的看得见的东西乃是水。一个人要进上帝的国必须从水和圣灵而生（《约翰福音》第 3 章第 5 节）；耶稣曾保证说，凡信他的人，从他的腹中要流出活水的江河来，根据福音书作者的解释，耶稣这话是指

信他的人将要受的圣灵说的，但那时还没有赐下圣灵来，因为耶稣尚未得着荣耀（第 7 章第 38 节往下）。因此，福音书作者在心灵里所看到从耶稣肋旁流出的血和水乃是以耶稣之死为条件的圣灵的涌现，新的宗教生命的授予。至于他是否在看到水和血涌出的同时，也看出了它们是耶稣的确已死的证据，抑或他认为单凭枪扎伤
393 口即足以证明，对于其象征意义来说都是次要的问题。像他这样习惯于从一件事里看出另一件事，从一种思想中看出其所反映的另一种思想的人，很可能在谈到水和血的同时，像《约翰一书》作者

① 以下所述，请参看鲍威尔：《批判的研究》，第 215 页往下。

② 《撒迦利亚书》第 12 章第 10 节。——译者

（第5章第6节）和古代阿帕利那里斯（Apollinaris）那样，也想到了基督教的洗礼和最后晚餐两个圣礼，以及在他那个时代举行晚餐礼时把酒和水混合饮用的做法。

如果说有任何一段经文[①]最能突出表现第四福音书作者的特性的话，那就是这段经文了。不可能看不出作者对于内在和精神事物的追求来，但这种追求同他对最客观最物质形式事物的爱好是分不开的；他的思想深度令我们赞扬，但他的文字有时却表现出过分自负。当前三福音书作者说弥赛亚死时太阳变黑，坟墓开开，圣殿幔子裂为两半时，我们虽然认为这一切仅是些寓言故事之类的东西，但它们仍然唤起了我们的兴趣，令我们处于一种欲一探其起源的心境；而另一方面当第四福音书作者认为，这一切同他所念念不忘的有血和水从基督肋旁流出来的思想比较起来就不值一提了，当他以此为他对耶稣之死的首要思想，当他以此为基督教的最深奥的奥秘，为了证实它而求助于摩西和众先知，求助于这位目睹见证人的见证和其真实性的时候，我们对于这种观察事物的方式就没有多大同情了，在我们看来，这样做未免太过分了，甚至连理解也感到困难。

《约翰福音》关于耶稣在十字架上被枪刺伤的记述，由于首先共观福音书并未含有这种意思，而且在一定程度上还绝对予以排除这一事实，就暴露了其本身也是一种无历史根据的窜改。在这些书里，没有一部讲到在耶稣复活以后，像《约翰福音》所说的，把 394

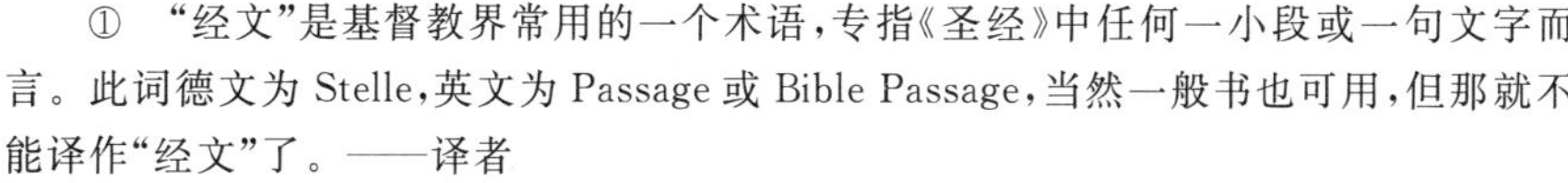

① “经文”是基督教界常用的一个术语，专指《圣经》中任何一小段或一句文字而言。此词德文为 Stelle，英文为 Passage 或 Bible Passage，当然一般书也可用，但那就不能译作“经文”了。——译者

他肋旁的伤痕指给门徒看。但我们也不能过多地依靠这一点，因为只有《路加福音》说耶稣把手和脚指给门徒看而没有提到伤痕。但很明显，只有马太[①]在描述耶稣逝世后事件时表示耶稣的身体继续安静地悬挂在十字架上，直到晚上才应约瑟的恳求，交给了他。任何人都可能从这里看出，不提并不等于排除。可是，路加和马可的说法就不同了。根据约翰，彼拉多应犹太人的要求，已经下令把钉十字架人的骨头打断，并把他们从十字架上取下来。因此，如果约瑟是在以后来的，他就一定会发现耶稣的身体已经取下来了。另一方面，根据路加（第 53 节）和马可（第 46 节）耶稣的尸首是约瑟自己从十字架上取下来的。很明显，这些福音书作者并没有认为彼拉多下过什么命令，或者尸首已由士兵从十字架上取下来。如果彼拉多已经下令打断耶稣的骨头并把他从十字架上取下来，那么，像马可所说的，当约瑟恳求他的时候，他还会因耶稣死得这么快而表示惊讶，并因此而犹疑不决，不肯立即答应他的要求，就是绝对不可能的了。

但最离奇的是，甚至人们可能说，第四福音书作者本人的记述，已经把耶稣骨头被打断的事，完全排除了[②]。他自己提到打断骨头以后，接下去的话就好像没有提过这事一样，这就是说，他接
395 下去的话就好像共观福音书紧接着耶稣之死以后所说的话一样：

① 德文原著为马太，英译本误作马可。——译者

② 迪维特在其《解经学手册》中提到这段经文的时候促使人们注意到这点（第四版），第 282 页往下，只是由于他偏袒约翰，迪维特才以这样的解释为满足，即第 38 节里的ἄρη和 ηρε，其意义只是把身体取走，而在第 31 节，则意味着把他从十字架上取下来。（ἄρη 和 ηρε 都是从 ἀρέω 一词变化而来，意为取，取下，取去或带走。——译者）

亚利马太人约瑟求彼拉多让他取下耶稣的身体，彼拉多应允了他的请求，就把耶稣的身体取下来。因此，他所说的话就好像彼拉多并没有下过命令让人把钉十字架人的身体取下来一样，他之所以陷入这一困境是因为他窜改之后又紧跟共观福音书的叙述方式，但他陷入这种困境的事实就证明了他的这部分故事不是别的，只是他自己所窜改而已。

96. 耶稣被埋葬

最早的基督徒们认为，按礼埋葬耶稣的身体是非常重大的事情，这是很自然的。连保罗也提到了耶稣被埋葬的传说（《哥林多前书》第 15 章第 4 节）；但他说这话的意思只是为他即将叙述的耶稣复活做好准备，证明耶稣的确已经被埋到地下。按其本身来说，这件事只能是按照当时犹太人对待被处死犯人的习惯，把耶稣的身体从十字架上拿下来，在其他犯人被埋葬的地方用土覆盖起来了事。但正如上面已经提到过的那样，当时罗马人的习惯做法是，如果被处死犯人的亲属提出埋葬要求，他们总会给他们去埋葬的。按照福音书记载，果然有一个叫约瑟的亚利马太财主，也是耶稣的门徒，来到彼拉多跟前，提出了这样的要求（《马太福音》第 27 章第 57 节往下；《马可福音》第 15 章第 42 节往下；《路加福音》第 23 章第 50 节往下；《约翰福音》第 19 章第 38 节往下）。

财主——这是最古老的报道人马太在一开始时的提法，这个
财主也是耶稣的门徒。路加和马可说他是个尊贵的议士而没有说 396
是财主，也没有说约瑟的其他身份，而约翰则抓住他是门徒这一点，按照他一贯的作风，说他因怕犹太人，做了个秘密的门徒。但

在别的情况下财富即使从好的意义来说，福音书作者们都不怎么重视，为什么第一位报道人如此煞费苦心地在这里加以突出报道呢？这个财主曾为自己在磐石里凿了一座坟墓，现在他把死去的弥赛亚葬在其中。但根据《以赛亚书》是在死的时候才同财主发生联系的，而且看来还是在一种不好的意义上联系起来的，因为他说(第 53 章第 9 节)“他与恶人同埋，死时与财主同葬”，[①]这里是把“财主”作为“恶人”的同义词使用的，所预言的是一种不光彩的埋葬。但人们认为这种同恶人的联系和被列在罪犯之中已经在耶稣被捉拿和被钉十字架上应验了(《路加福音》第 22 章第 37[②] 节；《马可福音》第 15 章第 28 节)，剩下的只是和财主同葬了，这样一来，他一定是被放在财主的坟墓里，而且这个财主并不是个不信上帝的人，而是敬畏上帝的人，他因相信弥赛亚，把自己的坟墓奉献给被杀害的基督。

财主的坟墓，一方面一定要同其财富相当，另一方面要和其崇高的用途相适应，《以赛亚书》曾对一个居高位的人说(第 22 章第 16 节)[③]：“你在这里做什么呢？有什么人竟在这里凿坟墓，就是在高处为自己凿坟墓，在磐石中为自己凿出安息之所？”这是一句以谴责口吻对一个心地高傲的人说的话，但在同一《以赛亚书》里(第 33 章第 16 节)关于义人还说过，“他必居高处，他的保障是磐石的
397 坚垒”，或者，按照希腊译文，是磐石的洞穴；因此，即使是个敬畏上帝的财主，也是可能为自己凿坟墓的，甚至他是为谁凿的这个问

① 这里的译文同中文《圣经》有出入。——译者

② 英译本误作第 23 章第 37 节。——译者

③ 伏克马尔在《耶稣的宗教》第 257 页里曾提到这段经文。

题，可以回答说，是为弥赛亚的身体凿的，因为他是在为弥赛亚准备安息之所。但为了同其崇高用途相适应，这座坟墓必须是一座新的坟墓，没有被死尸污染过，就像弥赛亚进首都时所骑的驴，必须没有被人骑过一样。在另两部共观福音书里都没有提到先知书这段话里的人的“财产”和他为自己在磐石中凿坟墓所表示的他同坟墓的关系，但毫无疑问，其意思就是说这是他的财产；而在《约翰福音》里，这种联系却完全被破坏了。其所以选择这座新坟墓为耶稣埋葬的场所，不是因为它是约瑟的产业，而是因为它距离刑场近，由于安息节日已临近，所以一个距离刑场近的坟墓就是可取的了。这一点对第四福音书作者的目的是很有用的，使他能够很生动地表现出那天晚上埋葬耶稣时间的紧迫感，这样，就为他所认为非常重要的没有打断耶稣的骨头而是用枪刺伤他的肋旁提供了一个理由。

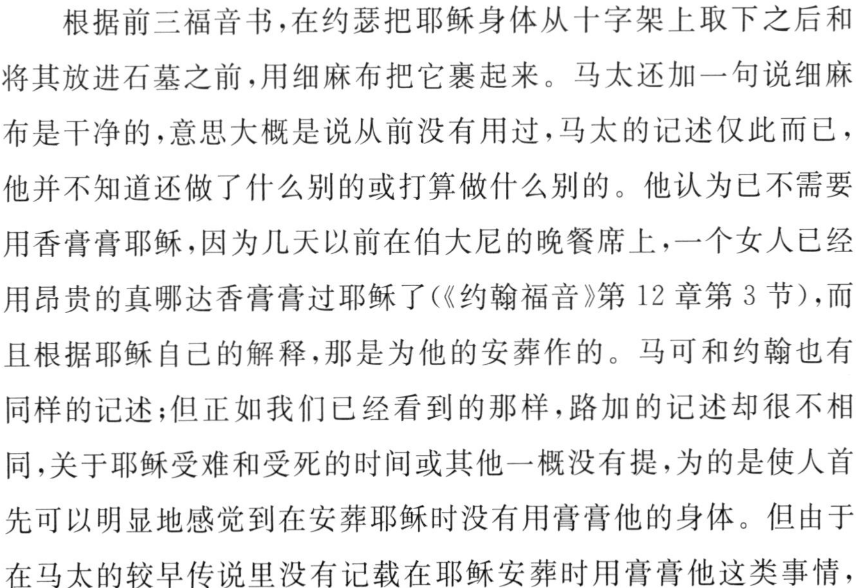

根据前三福音书，在约瑟把耶稣身体从十字架上取下之后和将其放进石墓之前，用细麻布把它裹起来。马太还加一句说细麻布是干净的，意思大概是说从前没有用过，马太的记述仅此而已，他并不知道还做了什么别的或打算做什么别的。他认为已不需要用香膏膏耶稣，因为几天以前在伯大尼的晚餐席上，一个女人已经用昂贵的真哪达香膏膏过耶稣了（《约翰福音》第 12 章第 3 节），而且根据耶稣自己的解释，那是为他的安葬作的。马可和约翰也有
同样的记述；但正如我们已经看到的那样，路加的记述却很不相 398
同，关于耶稣受难和受死的时间或其他一概没有提，为的是使人首先可以明显地感觉到在安葬耶稣时没有用膏膏他的身体。但由于在马太的较早传说里没有记载在耶稣安葬时用膏膏他这类事情，

路加也没有说真的做了这件事，而只是说妇女们在星期五晚上准备这样做。他说他们买了必需的香料，但把膏耶稣这件事本身推迟到安息日后，这也就是说，推迟到星期日早晨(《路加福音》第23章第56节，第24章第1节)。马可虽然像马太一样，说在受难前不久有过一次预膏，但对路加所说后来打算做的也表欢迎，不过他认为更简单的做法是把买香料的事推迟到安息日以后，因为星期六晚上六时以前安息日就结束了，妇女们认为时间很紧迫不必要在星期五晚上六时以前那么早赶着去买香料，星期六时间有的是，第二天一早就可去膏耶稣了(第16章第1节)。但当妇女们星期日早晨来到坟墓前的时候耶稣已经复活了，为膏耶稣预备的香料已经没有用了，结果是像马太、马可和路加都说的那样，耶稣并没有享受到受膏的荣誉。在第四福音书作者看来，这是不能忍受的，因而他就把在他以前两位作者所说的打算膏耶稣变成了实际膏了耶稣，还说包裹耶稣身体的，不仅是马太所说的细麻布而是加上香料的细麻布(第19章第40节)。但他认为妇女们的体力是胜任不了搬运这些香料的。福音书作者认为，要膏上帝儿子的身体，必须用一百斤重的没药和沉香，她们怎么能带得了这么重的东西呢？要干这件事，有一个现成的人，就是约瑟，或者，至少他手下的仆人
399 们。但约瑟已经执行过央求彼拉多并把耶稣身体从十架上取下等任务了，第四福音书作者心中还保留着一个人，是从约瑟联想到的，也是头面人物，主的秘密门徒，就是尼哥底母。作者认为，第三次也是最后一次，让他在这里出场是十分合适的，他已经在重要关头，在故事中出现过两次了。

所有福音书作者都一致同意，安放耶稣身体的石墓，是滚动一

块石头堵住入口的。马太说，这是一块大石头；马可说，妇女们出来的时候彼此商量说，谁给我们从坟墓洞口把石头滚开呢，这说明他们认为这是一件很难做的事情，但别的福音书作者则对这样封闭入口的办法感到满意，马太说大祭司还在石头上加了封条，彼拉多应他们的请求派人把守了坟墓(第 27 章第 62—66 节)。

最初，当基督徒们宣传耶稣复活的时候总是说耶稣被埋葬后的第二个早晨坟墓就空着了，不信的犹太人则对此反驳说，其所以空着，不是因为里边的人已经复活出来了，而是因为尸首已经被他的门徒偷去了。这种犹太人反驳基督徒的传说，又引起了基督徒反驳犹太人的第二个传说。如果要使基督徒的反驳令人满意，那就一方面必须说明偷尸首是不可能的，另一方面还必须说明犹太人为什么反对复活。如果有人把守坟墓，偷尸首就不可能了。因此大祭司和法利赛人一定去要求过罗马巡抚派人把坟墓把守妥当。但究竟有什么事能叫他们去作这样的请求呢？只要他们知道 400
躺在坟墓里的是个死人，坟墓对他们会有什么意义呢？大祭司和法利赛人说，他们记得，这个钉十字架的骗子活着的时候曾预言过三天以后他还要复活；虽然他们不相信这个预言会应验，但害怕他的门徒会把尸首偷了去，放出话来说他的预言应验，他已经复活了。这样一来，大祭司们记得的就是门徒在耶稣死时并不知道的耶稣说过的话了(否则的话他们为什么那样灰心失望呢?)；他们一定预料到，一旦耶稣复活，门徒对他的信心就会高涨起来，而这种情况是绝对无法想象的：这就说明基督教传说是把较晚时期基督徒信仰，以一种不信的形式，归在这些大祭司们的身上了。

彼拉多随即答应了他们的要求，并吩咐他们尽可能把坟墓把

守妥当。他这样做是正确的，因为看守的人也可能受贿，被骗，以致他们所应当保卫的东西被人带走。于是他们把墓口的石头用封条封起来，就像从前大利乌[①]把但以理扔进狮子洞，用石头封住洞口来试试上帝能不能救他一样(《但以理书》第6章第18节)。一方面有约拿在大鱼腹里，另一方面有但以理在狮子洞里，他们岂不都是预表了耶稣在坟墓的典型吗?

这就是基督徒传说针对犹太人传说耶稣尸首被偷的说法而提出的偷尸不可能的反驳。但在当时情况下，犹太人传说是怎么产生的呢？基督徒传说很自然地断言，当耶稣复活的时候有一位天使从天降下，光耀如闪电，以一种强烈的地震，把石头从坟墓推开，以致封条和看守的人都毫无用处，特别是后者竟吓得如死人一般

401 (《马太福音》第28章第4节)。根据这一传说，看守的人把实情报告了大祭司(第11节)。真正的大祭司应当认为这种报告是假的，并坚持调查以便阐明事实真相，是看守的人睡着了，或者受了贿赂，以致尸首被人偷走。与此相反，基督徒传说中的大祭司和长老们，却认为耶稣神奇的复活是真事，并给他们钱叫他们把这些高官显贵们实实在在认为是真的说成是假的，而他们自己通过调查研究就可以使其真相大白的事，使这些看守的人倒有理把它们隐藏起来。因此，事实是，正如上面所说的，基督徒传说把基督徒信仰强加给犹太领导层，而同时却让他们作为基督的敌人仍旧保持其不信。这就是说，他们默默地相信耶稣奇妙地复活了，但他们仍旧

① 大利乌(Darius)，玛代人，62岁登基为迦勒底国王。任用但以理于前，又迫害于后，见《但以理书》。——译者

不承认他为弥赛亚，继续坚持反对他的事业。这样一来，犹太人的传说来源虽然获得说明，但这是非常笨拙的说明，基督徒从同一假设开始，却没注意到这种解释尝试中所包含的矛盾。

但毫无疑问，这种传说由来已久，尽管只有马太一个人提到这件事，但并不能证明他比别人更荒谬或时间更晚，而是相反，他的生活期更接近传说发生期，他的后继者写作较晚，而且不在巴勒斯坦，就没有他那样的兴趣了。尽管如此，如果它们不是妨碍了这些后继人认为更重要的事情，他们也许会采纳的。这件事情就是妇女们打算在安息日过去之后来膏耶稣的身体。既然坟墓已被当局封起来，而且还派了罗马士兵看守，这些妇女知道，全耶路撒冷的 402
人也知道，特别是一切同耶稣有亲密关系的人一定都知道这件公开采取的惊人措施，她们不可能带着香料到坟墓那里去；但由于她们的确盼望能做到这一步，以便她们能郑重其事地膏耶稣的身体，她们就不能让这件事妨碍她们这样做。但如果为了这些理由中间两位福音书作者略去了看守和封耶稣坟墓这一插曲的话，对于说他们准备星期五晚上膏耶稣的第四福音书作者来说，就不构成任何妨碍了，正是由于这一传说和其动机和第四福音书作者的观点相去很远，该福音书作者不再采纳它就不足奇怪了。

第五组神话　耶稣复活和升天

97. 关于复活的报道

考虑到耶稣复活的历史重要性，如果没有对耶稣复活的信仰，基督教会几乎不可能形成，在本书第一卷里我们已经不得不对之作详细的阐述。我们曾对这一传统的实质性问题，即它是怎样在耶稣门徒中产生的，试图作出回答。我们的做法是一方面通过遵循《新约》著作的指示，另一方面也通过对人类思想生活所呈现的类似现象进行类比考察，在这样做的时候，我们已经对福音书记载的许多个别论点以及使徒保罗的概括陈述进行了讨论，现在剩下的只是怎样确实领悟这项神话的逐渐发展问题，也就是说，显示复
403 活之耶稣的显现故事，如何从幻想到现实的，从主观的到客观的不断发展而形成系列的问题。为了达到这一目的，我们必须将福音书作者把耶稣复活故事所分成的各个记事部分逐一加以研究。我们将从星期日早晨的坟墓之行开始(《马太福音》第 28 章第 1—10 节；《马可福音》第 16 章第 1—11 节；《路加福音》第 24 章第 1—12 节；《约翰福音》第 20 章第 1—18 节)，尽管这些事只能在描述复活之耶稣几次单独显现之后才能形成，为这些我们也将找出个出发点来。根据马太，这次坟墓之行是由抹大拉的马利亚和马可所描述的雅各和约西的母亲马利亚这两个马利亚完成的。马太不仅描述了其他福音书作者也说的这些妇女在坟墓所遭遇的事情，而且还告诉了我们在她们到来之前所发生的事情，那就是，一个光明如闪电的天使怎样由天而降，把石头从坟墓推开，看守的人怎样被吓得扑倒在地像死人一样。正是由于只有马太一个人提的看守的人这件事，才给马太提供了描述天使行事的动机：他想说明这些看守的人为什么被撇置一边，其他福音书作者根本没有提到过有看守的人，在这里也就没有提到他们的理由了。当妇女们来到坟墓跟前的时候，她们看见天使坐在被挪开的石头上，天使告诉她们耶稣

已经复活，并把已经空了的安放耶稣的地方指给她们看，吩咐她们去把这消息告诉门徒并暗示他们应当到加利利去，在那里可以看到耶稣。接着，耶稣在她们回城的路上见到了她们，重复了这一嘱托（这是从上下文可以看出来的），她们执行了耶稣的吩咐，尽管十一个门徒心里的疑虑并没有得到完满的解答，他们还是开始了加利利之行。

在《路加福音》里，除了像两个天使在坟墓里而不是一个天使 404
在坟墓外等不重要的分歧外，他同马太的最主要的不一致在于路加认为，耶稣复活后显现完全在耶路撒冷及其附近，门徒没有被打发到加利利去的必要。但为了不致完全不提天使名言中的加利利字样，就提醒妇女们说，耶稣还在加利利时曾预言过自己死和复活的事。路加没有采用马太关于耶稣早在妇女们回家的路上向她们显现的说法；避免提到吩咐她们去加利利的事，同时还希望用比较简单的方式说明天使如何首先向妇女们宣告耶稣已经复活，妇女们如何把这事告诉门徒，然后而不是以前，耶稣才亲自向他们显现。因此，在妇女们向门徒传达天使信息的时候，他非常强调了门徒的不信，这种不信一直到耶稣亲自向他们显现，向他们指出他实在复活的确实可靠的证据之后才被消除。在《路加福音》里单靠妇女们传达的信息不可能使门徒动身往加利利去，因为其中并未包含叫他们去加利利的吩咐，不仅如此，它还产生了使彼得向另一种方向即到坟去的效果，因为空着的坟墓和单独放着的细麻布由一个男人来证明更为可取，同时，彼得看到这些事的结果除了令门徒惊讶之外也不可能有什么别的，因为门徒在得到耶稣复活的确实可靠的证明之前是不会相信的。

马可的描述在所有主要方面都仿效了马太的做法，他说耶稣
405 复活的消息以及吩咐门徒到加利利去，都是天使向妇女们传达的。另一方面，在他的叙事中，我们不仅看不到会见耶稣本人的事，而且妇女们由于害怕（害怕谁或害怕什么并不明确）也没有遵照天使的指示行事。她们不敢把她们所看到关于耶稣复活的任何事告诉任何人。仿佛耶稣复活以及关于他复活的消息从来没有向抹大拉的马利亚和其他妇女宣告过那样，在这个当口马可忽然接下去说（第 9 节），七日的第一日，清早，耶稣复活的时候，首先向抹大拉的马利亚显现，在其叙事的中途，忽然又掉转过来，重新开始的这种做法，联系到《马可福音》最后一段（第 16 章第 9—20 节）经文在该福音书两卷最好的抄本中都没有记载，而且根据很古的传说，在其他几部现已失传的抄本里也没有记载这一事实来看，就已经够奇怪了。可是，在这些抄本里，却仍然保留着这种不一致从之开始的第 8 节①，这就更不能不令我们感到离奇了。在第 7 节里。正如马太所说的，天使把一个信息叫妇女们带给门徒。其原来的意思肯定也像马太所说的，妇女们欢欢喜喜地把这一信息向门徒传达。但如果她们像马太所说的已经向门徒传达，那么，门徒就一定已经到加利利去了，但这在马可看来，是不该有的事情，因为马可也像路加一样，认为复活后之耶稣显现，不是在加利利而只是在耶路撒冷及其附近。因此，福音书作者这种从马太向路加的突然转变，非常奇突地结束了第 8 节里关于妇女们的讲话，像我们往后将要看到的那样，从第 10 节起所引用路加的话，有的被节略了，有的被扩

① 伏克马尔：《耶稣的宗教》，第 100 页往下，第 104 页。

展了，只有第 9 节连同耶稣向抹大拉的马利亚显现，似乎是从《约翰福音》引来的（第 20 章第 11—18 节）。如果到目前为止，我们关于两位福音书作者著述日期的研究成果是正确的话，就会有利于 406
这样的一个假设，即：《马可福音》的最后部分，是较晚时期的一种不可靠的附加。无论如何，关于从马利亚身上赶出鬼来的说法，不是出自约翰而是出自路加（第 8 章第 2 节）：说门徒不相信抹大拉马利亚的话也有同样情况，因为约翰并没有提到这事，而只是路加说过（第 24 章第 11 节）当妇女们告诉他们天使显现的时候，门徒不相信她们的话，以为是胡言。归根到底，显现本身很可能取自马太，因为他也说过，天使向抹大拉的马利亚和另一个马利亚显现以后，在他们从坟墓回家的路上，耶稣第一次向她们显现；不过，马可的资料也很可能得自另一种来源，这样，突然从头开始和显现对象以抹大拉马利亚一人为限的做法就可以得到说明。

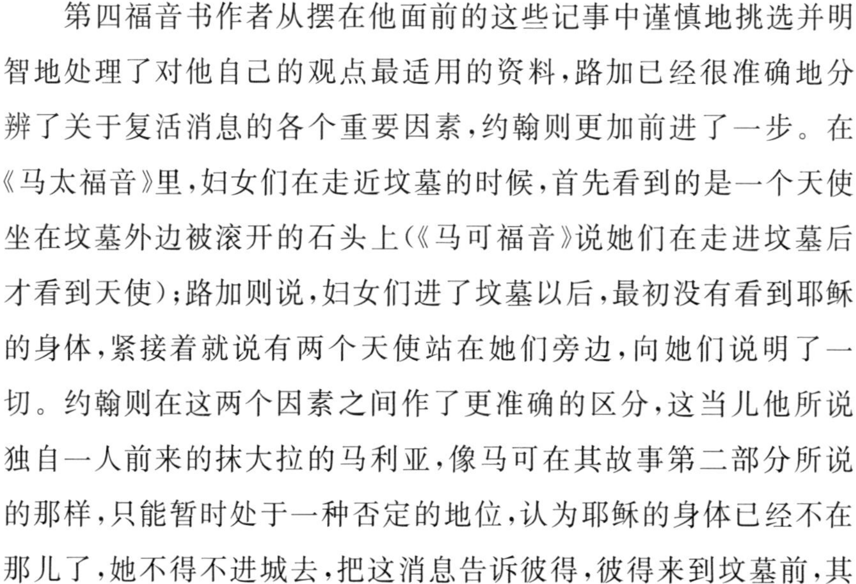

第四福音书作者从摆在他面前的这些记事中谨慎地挑选并明智地处理了对他自己的观点最适用的资料，路加已经很准确地分辨了关于复活消息的各个重要因素，约翰则更加前进了一步。在《马太福音》里，妇女们在走近坟墓的时候，首先看到的是一个天使坐在坟墓外边被滚开的石头上（《马可福音》说她们在走进坟墓后才看到天使）；路加则说，妇女们进了坟墓以后，最初没有看到耶稣的身体，紧接着就说有两个天使站在她们旁边，向她们说明了一切。约翰则在这两个因素之间作了更准确的区分，这当儿他所说独自一人前来的抹大拉的马利亚，像马可在其故事第二部分所说的那样，只能暂时处于一种否定的地位，认为耶稣的身体已经不在
那儿了，她不得不进城去，把这消息告诉彼得，彼得来到坟墓前，其 407

结果比否定略微好一点(但也只是“稀奇”而已)。这里的描述似乎比路加关于已经接受了天使信息的说法衔接得更为适当一些。约翰不像路加,说彼得是一个人来到坟墓的,正如早先一次他也没有说彼得一个人进到大祭司院子一样。两次他都是把彼得同“另一个门徒”联系了起来,如所周知,这另一个门徒,正如他所公然表示的就是他自己。何况,两个人一齐走,已经由第三福音书作者向第四福音书作者提示过了。紧接着彼得听到妇女们传达的消息来到坟墓以后,路加就告诉我们,在同一天也有两个门徒一个叫革流巴一齐行在路上。耶稣参加了他们的行列,但最初并没有被认出来(第 24 章第 13—35 节)。马可也概略地提到了这件事,不过他说,其所以未被认出,是因为耶稣变了形象向他们显现(第 16 章第 12 节)。我们将会看出,这一件事以及耶稣因他们不理解摩西和先知关于弥赛亚受苦所说的话而责备他们的另一件事,后来第四福音书作者按其自己的方式作了引用。

彼得同另一个门徒一齐向着坟墓走去,他们俩走的快慢似乎不相上下,一个快多少另一个也快多少,但其结果却是一方比另一方占了优势,这就是说,耶稣所爱的那个门徒占了优势,正如以前已经暗示过的那样,这种叙事方式非常明显地证明了该福音作者从事撰写这部福音书时花费了多少心机。两个门徒一齐跑,因此,
408 他们一开始的地位是相等的,但另一个门徒跑得更快,在彼得以先到达坟墓,这就使他占了优势。但像路加所描述的彼得一样,起先他只是从坟墓外面向内俯视,看到细麻布安放在那里,彼得随后赶到并且进去看了,这是路加所没有提到的。彼得进行了更仔细的观察,看到细麻布放在那里,但又看到耶稣的裹头巾没有和亚麻布

放在一起，而是另在一处卷着：现在彼得又比另一门徒占了优势。此时另一个门徒也进到了坟墓里面——另一个门徒尽管到得早进得晚但却得到了看见就信的结果，彼得虽然更早地进到坟墓里面，而且从外表作了全面的观察，如果这一切并未能帮助他像另一门徒那样看见就相信的话，这一切对他又会有什么好处呢？的确，由于看见而相信，并不是最高意义的信仰，但当时门徒还不能有这种最高意义的信仰，因为正如福音书作者们所说的，当时他们还像路加所记往以马忤斯去的那个门徒那样，不明白圣经，这也就是说，他们还不明白圣经所说，基督必须死而复活的道理。这种真正的信仰，只能由圣灵传授给门徒，但当时圣灵还没有降下来。但另一个门徒却得到了当时唯一可能得到的信仰，从而重新确定了这另一门徒优越于为首的使徒的地位，这也就是说，精神的、约翰式的基督教优越于肉体的彼得式的基督教。

第四福音书作者把抹大拉马利亚的观察分成了两个组成部分，首先突出其消极部分，没有看到耶稣的身体和被差遣把她所观察到的告诉两个门徒并由此而引起了他们的坟墓之行。接着就是抹大拉的马利亚再次出现在坟墓前，突出了观察的积极部分。就
像路加提到的彼得以及妇女们和约翰首先提到的另一门徒那样， 409
他只是从坟墓外面向内看而没有进去，但也像她那样她这次看到的不是一个天使而是两个天使，在安放过耶稣身体的地方，一个在头，一个在脚。在《路加福音》里由一个问题引出的天使的问话，在第四福音里却被引伸为天使的问话和马利亚的回答，接着他又以马太和马可为根据说继天使显现之后基督也向她显现了，但像路加和马可所记的那两个门徒一样，她在一开始也未认出主来，由于

坟墓位于一个园子之内，她最初只认为是管园子的人，但因她比那两个门徒有更好的灵性，很快她就认出主来，不是由于外表的掰饼行动[①]而是由于耶稣叫她“马利亚”的口音。马太告诉我们耶稣告诫她说“不要摸我”。如果不记住马太曾说过，这些妇女在回去的路上遇见了耶稣，她们拖住他的脚拜他，对这一命令就很难理解。这里，马太说耶稣叫她们不要怕，吩咐她们到加利利去告诉他的弟兄，他们在那里要看见他。约翰，像《启示录》里的天使那样，他吩咐马利亚，不要俯伏在他的脚前，把他当神敬拜，因为他说：还没有升上去见他的父，但他立刻就要升上去见他[②]。

410 马太说在接到两个马利亚关于天使和基督显现的消息之后，十一个门徒就动身往加利利到耶稣指定的山上去，在那里，他立即向他们显现(28 章 16—20 节)。除了最初向妇女们的显现外，这就是马太所记复活之耶稣的唯一一次显现。当然，我们并不能因此而认为他没有听到或念到过其他许多次显现的事，但像关于耶稣许多不同时期的讲话集中为一次重要讲话一样，现在他也把耶稣几次主要显现的实质集中表现为向十一个门徒的一次重要显现。由于这些显现的主要目的就是使他们深信耶稣确已复活，一般地说，他们总是以怀疑开始。例如，这次就有些人怀有疑惑，但耶稣逐步接近他们，向他们宣告天上地下所有权柄都已赐给了他，

---

① 请参看《路加福音》第 24 章第 30，31 节。——译者

② 耶稣升高还未完成这一事实，对我来说似乎就是他之所以还不接受神的尊荣的充分依据：他只是作为一个人而复活，正如希尔根菲尔特假定的那样，逻各斯同他再度结合，乃是在他上升见父之后(《福音书》，第 318 页)。我既不能同《约翰福音》关于基督的意见协调一致，也不能同意希尔根菲尔特对于 ἐνεβριμὴσατο τῶ πνεύματι(心中悲叹)所作的解释(见本书第 219 页脚注(页边码)。——译者)。

并向他们发出了他的最后命令和应许，但并没有说他将怎样或用什么方法消除他们的疑惧。

这样就给后来的人们对福音故事加以补充留有余地。路加说彼得听到妇女们的报告之后就往坟墓那里去，回去时心里希奇所成的事。还把往以马忤斯的两个门徒的故事也编了进去：这两个人到了耶路撒冷以后，把复活之耶稣向西门显现的事告诉了其他门徒，但并未提到具体内容，这使我们想到使徒保罗在《哥林多前书》15 章所说的话。[①] 当两个人向聚会的门徒述说他们所看见和听到的事的时候，耶稣（忽然）站在他们当中向他们致意，对此他们
的第一个印象是惊慌恐惧，因为他们以为看见的是魂灵，为了证明 411
他们所看见的是他本人而不是没有血肉的魂灵，耶稣就让他们摸他的手和脚，尽管他们感到惊喜，心中仍然残存着一部分疑惑。耶稣要他们给他点东西吃，就在他们面前吃了一片烧鱼和一块蜜房（第 24 章第 33—43 节），像他从前在以马忤斯显现掰饼时的情况一样，在他自己还没有吃之先，似乎忽然又不见了。

马可似乎把这故事同耶稣最后一次显现结合了起来，说当门徒吃饭的时候耶稣最后一次向他们显现，但并没有同他们共餐（第 16 章第 14 节）。第四福音书作者按他自己的方式润色第三福音的描述（第 20 章第 19—29 节），首先，他对抹大拉的马利亚坟墓之行中的不同因素作了区分，例如在耶稣显现这件事上路加的描述把信和不信、惊恐和喜乐都混在一起，而约翰则把一次旅行分成了

① 关于保罗还提到的向雅各显现的事（第 7 章），在次经《希伯来人福音书》里也有迹象可寻，见本书第一卷第 402—403 页（页边码）。

两个部分,第一部分讲到了它的消极结果,只有第二部分讲的才是其积极结果,同样,他也把一次显现分成了两次,第一次显现所表现的是浮在表面的喜乐和信心,而沉积在底部的疑惑则留待第二次特殊显现才表现出来,以便通过一种更为彻底的处理将其变成信心。正如在前例中,他从好几个妇女中挑选了抹大拉的马利亚,使她像伯大尼的马利亚那样,成为衷心最相信、最爱戴主的代表人物,他把路加所不加区分地归之于一般门徒的疑惑放在他所特选的多马这个人身上,在此以前,他已经用类似的方式突出表现过他了。

但并不仅在这些主要方面表现了《约翰福音》描述同《路加福
412 音》描述的渊源关系,而且逐条逐项入手都可发现这种关系。例如,《路加福音》(第 36 节)所说:“正说这话的时候,耶稣亲自站在他们当中”以及门徒由于看到这一情景所引起的恐惧,都表示耶稣进入屋内是由于一种超自然的手段。但在《约翰福音》里由于提到门都已经关了,就更增强了这种超自然进入的说法。此外还说门徒之所以把聚会房屋的门全都关上,其直接原因是由于害怕犹太人,这就使门都关了这句话更为可信,但同时也使我们看出该福音书作者企图把路加混而为一的要素分成两部分。在路加的记述里令门徒感到一则以喜一则以惧的乃是耶稣的显现,而《约翰福音》则明确了他们所惧的是犹太人,而所喜的则是耶稣的显现。在《路加福音》里,耶稣进来时所说的“愿你们平安”这句话只是人所周知的希伯来人向人致意时所用的一句套话,但在《约翰福音》里耶稣却是重复了他在以前临别讲话中所说他把平安留给门徒和他们在他里面有平安那句话(14 章 27 节,16 章 33 节)。从耶稣说这话的

时候还向他们吹了一口气说你们受圣灵，我们甚至可以看出在这一套话里还包含着第四福音所特有的更深奥、更隽永的意义。

复活之耶稣通过关着的门进入屋内，但他并不是个灵，他可被触摸，却没有物质的身体。这样的一种结合实在是我们所难以想象的，而约翰和路加却能想象得出，因为他们的描述完全是以这种集合为根据。路加说，耶稣把他的手和脚指给门徒看，而约翰则说 413
他把手和肋旁让他们看[①]。路加不可能说让他们看肋旁，因为他根本就不知道肋旁负伤这回事，这里也仅是叫他们看，并没有像路加所说的，让他们摸，因为约翰在这里是要把路加混在一起的要素加以区分，把更强有力的证明留待后来战胜疑惑的显现时使用。

为了给第二次显现提供理由，就必须说明第二次显现时十一个门徒中有一个并不在场。这个门徒就是多马，前几次（第 11 章第 16 节，第 14 章第 5 节）已经说过他是个理解力很迟钝的人。他不满足于同伴们向他作的报告，提出了必须亲自看见耶稣并摸他的伤痕才能相信他确已复活。路加只是不确定地提到耶稣为了让门徒相信他是个有身体的人曾把手和脚指给他们看，当然也可认为，这就意味着也把伤痕包含在内，但并没有明确这样说；《约翰福音》则突出了伤痕，没有提到血肉和骨骼：也许该福音书作者认为，如果提到血肉和骨骼，未免太注重物质了。他认为，一个仍旧保持着可见伤痕，表示已光荣负伤并可触摸而不具备血肉和骨骼的身体就可以了，但这样一种概念实在是我们现在所无法体会的，只好

---

① 中文《圣经》译作“摸”，请注意《约翰福音》第 20 章第 27 节中的小字，其实，在这里区分看和摸是没有意义的，因为指头怎么能“看”呢？——译者

完全信任第四福音书的作者了。第一次显现八天以后，多马的条件实现了，门徒第二次又聚集在一起，门也都关了，耶稣毫无阻拦地进到他们当中，祝愿他们平安，要他把所期待的试验付诸实施，
414 试了之后，他就完全相信，并向他的主和他的神耶稣敬拜，但他却不得不从刚刚吩咐他不要疑总要信的耶稣那里，听到带有谴责意味的话：“你因看见了我才信，那没有看见就信的，有福了。”

这句话结束了第四福音书历史叙述的话，再次明显地给第四福音书的全部打上了感觉—超感觉双重烙印，下面所讲的只是一些结尾词的惯用语而已。凡不需要感觉证明的才是真的信心，正如从前没有神迹奇事那样，这里也没有看和摸；为什么恰恰这本福音书比任何其他福音书更多重视明显的证明呢？为什么这里对耶稣复活的检验，比从前对于神迹更要夸大其词呢？如果这类证明没有价值，为什么在这里又对之作出描述呢？如果它们只是对于不信才有价值，以便把不信变成信的话，为什么已经有深挚信仰的该福音书作者，还以极大同情如此津津乐道，从而证明连对于他也很有价值呢？像他这样一个生活在较晚时期的人①，很可能也像多马一样，当耶稣复活那天晚上来到聚会的门徒中间时，并未在场，他也很可能像多马那样，怀疑过耶稣的复活，为了能够相信希望得到可以感知的证明。如果是这样的话，那就意味着他已放弃了不可能实现的希望，虽未看见，却相信了；他一定认为，除他以外，那些和耶稣生活在一起的门徒中，约翰曾看到有血和水从耶稣

① 本书作者认为，写《约翰福音》的“约翰”，并不是使徒约翰，而是生活在较晚时期的另一个人。——译者

肋旁流出来，多马，曾用指头摸耶稣的钉痕，伸手探他的肋旁。因此，当鲍威尔把这种景象的重要性只限于多马一个人，认为这一切的看与摸，这一切的物质性和可触摸的具体性，并不能证明其对于耶稣复活的信仰有什么益处，除非这种信仰本身是建立在某种确 415
定的和必要的基础之上，这也就是说，唯物主义和经验主义的信仰，必须以绝对信仰为前提[①]；这些话除了太多的哲学术语之外，同样适用于相反的一面，第四福音的纯粹属灵的（精神的）信仰是建立在假定的可感知的证明基础之上的，换言之，在该福音书作者心目中，自己没有看见奇迹就相信和想象别人因看见奇迹而相信是同一回事[②]。从这一观点来看，第四福音书是在什么心境中产生的，不待赘述。就可想象而知了。

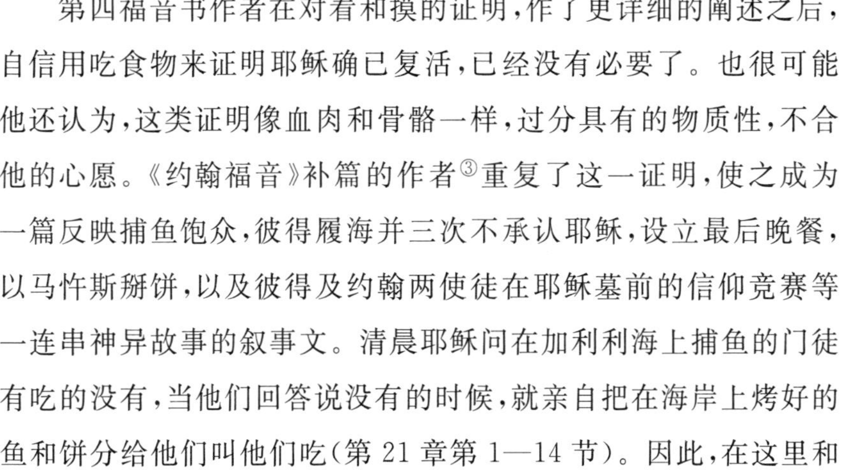

第四福音书作者在对看和摸的证明，作了更详细的阐述之后，自信用吃食物来证明耶稣确已复活，已经没有必要了。也很可能他还认为，这类证明像血肉和骨骼一样，过分具有的物质性，不合他的心愿。《约翰福音》补篇的作者[③]重复了这一证明，使之成为一篇反映捕鱼饱众，彼得履海并三次不承认耶稣，设立最后晚餐，以马忤斯掰饼，以及彼得及约翰两使徒在耶稣墓前的信仰竞赛等一连串神异故事的叙事文。清晨耶稣问在加利利海上捕鱼的门徒有吃的没有，当他们回答说没有的时候，就亲自把在海岸上烤好的鱼和饼分给他们叫他们吃（第 21 章第 1—14 节）。因此，在这里和 416

① 《批判的研究》，第 229 页。

② 希尔根菲尔特也有同样的见解：《福音书》，第 321 页往下，注。

③ 作者认为，《约翰福音》第 21 章是另一人所写，故称之为补篇的作者。——译者

全章全部细节都很模糊不清，但正如在以马忤斯那样，耶稣并没有在掰饼之后就消失不见，而是在整个进餐期都在场，我们可以假定他本人也和他们一同进餐。

如果说到此为止除了复述并修正一两个神迹故事以及为复活作证明外，其叙事目的同时也是为进一步调整使徒彼得和使徒约翰之间关系的话，那么，自此往后，就是完全为这一目的服务了（第15—25节）。首先，耶稣三次问彼得是不是爱他（比其他门徒更多），彼得对此三次作了肯定回答，耶稣三次吩咐他牧养他的羊，这就表示彼得三次不承认耶稣，既受到了谴责，也最后一次还深感自疚地获得了赦免，他作为使徒领袖的职位也重新获得了确认。接着就向他预言了福音书里已经暗示过的众所周知的十字架之死[①]（第13章第36节），最后谈到了耶稣所爱的那个门徒却不能像彼得那样以死来荣耀上帝，从表面看来似乎把约翰放在次于彼得的地位，但最终还是使他占了上风。彼得将跟着耶稣以死殉道，但关于约翰主说，若他要他等到他来，与别人有什么相干？很可能这一传说之产生，是因为使徒约翰在小亚细亚活到高龄的原故，人们以
417 为他将活到耶稣再来。但由于约翰已死，就证明这种理解是错了；作者想使这句话恢复其原来形式，但用意何在却很难肯定，是不是他所要强调的是（表示条件的）这个“若”字，或者不同于有形的驾

① 总的说来，这一场面仅是对于耶稣和彼得之间的谈话（第21章第15—19节）的进一步描述（第13章第36—38节）。那里谈到了耶稣说他所去的地方门徒不能跟他去，彼得问耶稣往哪里去，耶稣回答说，他所去的地方那时彼得还不能跟他去，但以后会跟他去的。毫无疑问，这些话的含义是说使徒被得将要像主一样，忍受死的苦难。接着就预言了第21章所提到的彼得将三次不承认耶稣。

云再来的“来”字，最后，或者是有别于肉身活着的“等”字[①]，总之，其目的是使这件事蒙上一种神秘而深不可测的色彩。但由于紧接着就说，为这些事作见证并记载这些事的就是这门徒，也可以把“等”到基督再来理解为指其著作所包含的精神福音将继续适用而言。

98. 升天

考虑到形形色色追随耶稣的善男信女们，自以为看到了耶稣复活后的多次显圣，以及不久就有一些早就存在的传说同这些显圣联系起来，人们追想起来问一声：这个被钉十字架者的新的高级生命是从什么时候和怎样开始的，这也就是说，耶稣复活，第三天或某一天从坟墓里出来，最终发展成带上了天使形象，这种想法是什么时候和怎样产生并流传下来的，就是不可避免的事。人们可

能说，从反面看这个问题，也必然有同样的结果，一天或四十天以 418
后复活者升天的想法，就意味着这种新情况的结束。但从只有两本福音书记载耶稣升天，而复活则为所有福音书所共有这一情况来看，这两方面的必要性并不一样。因为耶稣的新生命必须有一个开始，因为他的确死过了，但新生命结束，并没有必要，而且也不可能有结束，因为他的生命是不朽的生命。换句话说，只有把耶稣通过复活所取得的生命看作仅是过渡阶段才需要结束，但原来并不是这种看法，或者说原来看法所涉及的关系同由于升天而使之

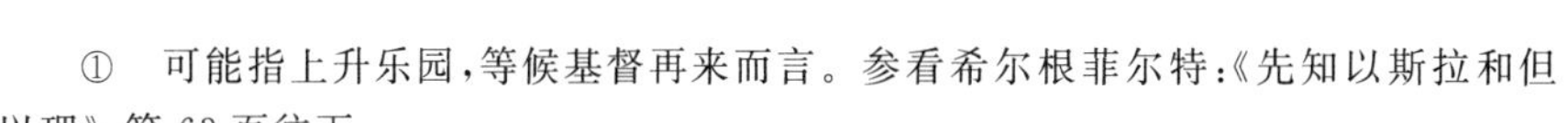

① 可能指上升乐园，等候基督再来而言。参看希尔根菲尔特：《先知以斯拉和但以理》，第 63 页往下。

结束所涉及的关系是很不相同的。

因为人们认为，复活之弥赛亚于其生命的第二阶段将在世界末期再回到世上来。他将从天上降临。但根据最古老的基督教思想他并没有在复活以后等了四十天才进到天上，而是在复活的当时就进到天上。即使升天并不是像人们所认为的那样，复活以后过了四十天才发生，无论如何，他向使徒保罗显现，那总是很晚以后从天上发生的事，但使徒保罗把向他显现看作同向其他年老门徒显现是同一类型的事情，也就是说，是那四十天以内的事情，因此，他把向门徒的显现，也看作是从天上来的显现。马太也是持这样的观点。说实在的，马太所描述基督第一次显现，即在复活那天早晨向从坟墓回来的妇女们的显现，是非常不清楚的，我们并不知道，应该把那次显现看作是耶稣已经从天上降下来呢，还是像约翰所记的第一次显现那样，他正在上升到天上去。当他在加利利山

419 上，向十一个门徒显现，说天上地下的权柄赐给他的时候，显然那时他已经受任了弥赛亚圣职，而这件事是只能发生在天上的（参看《但以理书》第 7 章第 14 节）。弥赛亚高升上天不会影响他以后经常在地上起作用，这是我们从耶稣在《马太福音》（第 20 节）最后发言中看得出来的。因为他说他将永远和门徒同在，直到世界的末了；这也就是说，当他还实实在在住在天上，没有从天上再来世上以前，他将以无形的服务同他的门徒在一起，由此而产生的自然结论就是任何事物都不能妨碍他在偶然和特殊情况下，有时也将看得见的形体向门徒显现。保罗认为，基督向他自己以及其他年长门徒的这类显现，具有一种预先展示性质，所谓预先，不是对升天而言，乃是对再临而言，这类显现是不受时间限制的，既可能发生

于复活后的若干年，也可能发生于复活后的若干天。

但现在发生的情况是，迫切期待的耶稣再临越来越推迟了，而另一方面汹涌澎湃的激昂的精神生活浪潮则越来越平静下来。向保罗的显现成了这种类型显现的最后一次。接纳基督的天上门户已经关闭，非等世界末期基督在荣耀中再临是不会再开的了。当人们从目前不幸的时刻，徒然以向往的心情，盼望人子的那些日子（《路加福音》第 17 章第 22 节），回想起复活的基督在路上，在密室里，在海滨，在山上，向门徒显现和他们同吃同喝的那些幸福日子他们就会有隔世之感（《使徒行传》第 10 章第 41 节），仿佛有条鸿沟，把前后两个时期分隔开来。在前一个时期，他不能像现在那
样，退居天上，从坟墓出来以后，他必须先在世上逗留一段时期，同 420
门徒在一起，然后才长时期离开他们，直到他再来。这就很自然地产生了一种想法，以为在耶稣从坟墓出来，到他升天期间，复活之耶稣虽然向群众隐藏起来，但为了向门徒显示自己是复活了的弥赛亚，就生活在世上，在最后离开他们以前，多次向他们显现。

复活之基督在世上逗留时间的长短，只能由实现其目标的需要来决定，其目标就是让门徒确实知道，他已经复活了，并向他们下达他的命令和应许，这只需很短时间就可完成，很可能一天就行。另一种设想则不需要这么紧忙，既然耶稣一复活就可以上升天庭获得弥赛亚尊荣，他就可以随心所欲地喜欢什么时候在世上出现就什么时候出现。例如马太所记耶稣在加利利山上的显现，就很可能是复活相当时间以后的事，因为必须让门徒有充分时间从耶路撒冷回到加利利来，无论如何也需要好几天工夫。但如果耶稣复活必须办完他同留在世上门徒之间应办之事以后才能获得

弥赛亚在天上的荣耀，那就有必要先赶忙把这些事办完。例如路
加说他先在往以马忤斯的路上向两个门徒显现，陪他们进了村子，
而当他们回到城里的时候，他不仅已经向西门显现，而且紧接着又
421 向聚在一起的十一个门徒和其他门徒显现，并立即把他们带到伯
大尼，使他们能看到他升天（第 24 章第 50—53 节）。所有这一切
显然都发生在复活的当天，马可所作的简略记述也表现了类似情
况（第 16 章第 14—20 节），而且其全部结尾写得非常混乱，以致不
可能单凭他的描述获得任何明确的印象。例如他说当门徒在一起
吃饭的时候耶稣向他们显现，教训他们并向他们作出保证，说了这
些话以后就被接升天，如果严格按照他的话来理解，我们就会产生
一种非常古怪的想法，以为他是从房间里直接升到天上去了。

如果说弥赛亚从死复活以后，在人们心中一方面既存在着一
种使他毕生事业的最终目标不受太多拦阻，尽可能快地缩短其从
复活到升天的时间距离就能实现的强烈愿望；另一方面，也存在着
一种越来越有影响的向相反方向发展的动机。关于耶稣复活以后
显圣的报告逐渐增多起来，很难设想它们都是在一天以内发生的。
就拿使徒保罗一个人所提到的显圣来说，耶稣既向彼得显现，又向
十二门徒显现，接着还向五百位弟兄显现，向雅各显现，向所有使
徒显现，考虑到所必要的时机和情况，单是这些也很难在一天以内
完成。如再作进一步考察，这些显现既都以说服和教训门徒为目
的，就更难说这么快就能实现的了：无论是不信或愚蠢都不可能一
击即破，想象力本身已经感觉到有较长时间间隔的必要性。这两
422 种对立观点彼此间的密切关系已经由同一作者在其前半部作品的
描述中表现了一种观点而在其后半部作品中表现了另一观点这一

异常的事实给我们显示出来了。路加在其福音书的末尾部分含蓄地表示耶稣升天是在其复活的同一天，而在使徒行传的引言部分则说在其复活后四十天之久用许多凭据将自己活活的显给使徒看，讲说上帝国的事，直到四十天以后才升到天上。不管这一观念是在他撰写其前半部和后半部著作之间流行开来的，或者是他感到有此需要自己想象出来的，其动机只能是一个，那就是为传说中基督的多次显现提供必要的时间。至于恰好把这时间限定为四十天则是由于犹太人对数目字的象征性用法的缘故。这种象征性用法已经成为犹太教徒和基督徒所共有的用法了。以色列人在旷野漂流了四十年，摩西在西乃山四十天，他和以利亚都禁食四十天，耶稣在旷野受试探以前有四十天之久不吃不喝，据说以斯拉和他的五个文士为了专心致意修复被火焚毁的圣经，在离开世界以前隐居独处四十天[1]。因此，复活的基督教训门徒，讲论天国的事
(《使徒行传》第 1 章第 3 节)，也用了四十天就是当然的了(当然是 423
四十天而不是四十年)，因为这类事的时间传统上都是以天计的。基督向使徒保罗显现，甚至还不可能发生在这延长的时期以内，因为据保罗自己明确的补充说明，他像一个未到产期而生的人一般(《哥林多前书》第 15 章第 8 节往下)，为了向使徒保罗特别施恩，使其归向自己，基督要屈尊，再度离开天庭，向他显现。

此外，这些关于耶稣最后尘世生活的各不相同的记述，在一点上却是彼此一致的，连第四福音也不例外，我们稍后将特别论及，

① 《以斯拉四书》第 14 章第 23 节往下，请参看伏克马尔：《伪经引论》，ii，288；希尔根菲尔特：《先知以斯拉和但以理》，第 71 页。

这就是他们假即将离世的耶稣之口作出了一些吩咐和应许，尽管它们在不同福音书里并不尽相同，但其主要部分却是互相一致的。向万民宣传基督教训的嘱托是所有共观福音所共有的(《马太福音》第28章第16—20节；《马可福音》第16章第15—18节；《路加福音》第24章第44—49节；《使徒行传》第1章第4—8节)。路加没有像另两位作者那样提到施洗是偶然的事；但马可用较晚时期的说法称此嘱托为“传福音”，马太则用犹太基督徒的合法语词说门徒应当教训万民遵守耶稣的一切吩咐，路加以更合乎保罗精神的语言说门徒应当奉耶稣的名传悔改赦罪的道，这些在别处也可看到的表现不同作者的特性的差异都是不容忽视的。我们已经说过，福音对万民的最终目标就是除了受洗以外，不需任何其他条件接纳异教徒进入弥赛亚的新国度。但这并不是耶稣一离开以后门徒立刻就有的观点。几乎所有近代批判主义都一致得出结论，在

424 《新约》别处找不到的在稍晚的教会语言中却经常使用的普通施洗的惯用语以奉父、子、圣灵的名施洗，及出于对福音书施加最后润色者的手笔。正如耶稣在去以马忤斯路上遇见两个门徒的时候一样，在耶稣升天前的最后时刻，在路加看来特别重要的是，耶稣使门徒正确理解圣经，把《旧约》关于弥赛亚必须受苦受死的教训向他们指明：门徒可能继续坚信他们被钉十字架的夫子就是弥赛亚，其唯一可能的条件就在于他们深信耶稣的命运早在《旧约》里就已经预言过了。在《路加福音》里即将离开他们的耶稣向门徒宣布的另一件事就是他们应当留在首都等候圣灵降临，这也就是路加在其著作的第二部分已经计划要描述的。马可所记耶稣最后向门徒说的话同这两件对比起来就不那么合适了。他在提到耶稣关于施

洗的命令，应许和儆戒之后，列举了一些相信的人将具有的特征：赶鬼，说新方言、拿蛇、喝了毒物也必不受害，手按病人，病人就必好了；这些特征，除了倒数第二个以外，都是从福音书和《使徒行传》引来的（第 2 章第 4 节往下，第 16 章第 16—18 节，第 28 章第 2—10 节）；但在这里却部分地一般化，部分地由于喝毒物不受害的荒谬说法而扩大化了，这一切向我们说明如何在教会很早时期只知追求神迹奇事的迷信思想已经扼杀了耶稣的真正精神。试设
想一下，一个基督徒，凭着这类虚伪的凭证，在当时的异教徒世界 425
到处游荡，岂不是和卢西安[①]（Lucian）影射基督教冷嘲热讽的那些骗人的魔术士做的一模一样吗？

马太以耶稣应许和门徒同在直到世界末了的明确前景结束了他的福音书。两个中间福音书作者则增加了耶稣在众目睽睽下升天的最后行动。正如已经说过的，马可的记述，无论在地点或细节方面都非常模糊，以致我们无法判明他是否真正意味着耶稣是在众目睽睽下升了天；不过他明确地表示了他的全部观念是从哪里得来的。当他说（第 19 节）“主耶稣和他们说完了话，后来被接到天上，坐在上帝的右边”的时候，把本人不可能是在说有任何人看见了这最后的行动，只不过是引用了《诗篇》里的一句话罢了（第 110 篇第 1 节）：“耶和华对我主说你坐在我的右边，等我使你仇敌作你的脚凳。”很明显，这句话是可以用在弥赛亚身上的，而且耶稣自己就曾把它应用在自己身上（《马太福音》第 26 章第 64 节；《马

899

① 卢西安，约 120—180，希腊讽刺文作者和雄辩家，被认为希腊文学复兴时期最有才华的作者。——译者

可福音》第 14 章第 62 节），如这句话照字面应验，弥赛亚就必须升到天上去，因此，当耶稣的尘世生涯结束时他一定是升到天上去了。

路加的记述比较详尽而生动，特别是其经过修正增订的续篇《使徒行传》关于耶稣升天的记载。在其福音书的结尾他说（第 24 章第 50—53 节），耶稣领门徒到伯大尼的对面，就举手给他们祝福，正祝福的时候，他就离开他们，被接到天上去了，他们就拜他，大大的欢喜，回耶路撒冷去。据《使徒行传》的引言部分（第 1 章第 4—12 节）耶稣再次把使徒们召集到橄榄山上（伯大尼就在山脚下），
426 当他向他们作最后嘱托和应许时，他就被取上升，有一朵云彩把他接去，便看不见他了。当他往上去，他们定睛望天的时候，忽然有两个身穿白衣的人（像坟墓前所描述的天使那样）遮住了他们的视线，向他们保证说，离开他们被接升天的耶稣，他们见他怎样往天上去，他还要怎样来。只要把次序颠倒过来，我们就可以发现像马可过去的情况那样，耶稣在众目睽睽之下升天的这个观念是怎样产生的。既然弥赛亚以后还要再来，他现在一定已经离开了。但根据《但以理书》他将驾云再临，因此，他现在也一定是驾云升天的。

在《旧约》里有两个特别圣洁的人，以诺和以利亚，已经奇妙地离开了世界。但第一个的离开，并没有说是在众目睽睽之下离开的（《创世记》第 5 章第 24 节；《西拉书》第 44 章第 16 节，第 49 章第 14 节[①]；《希伯来书》第 11 章第 5 节）。第二个乘火车火马升天（《列王记下》第 2 章第 11 节；《西拉书》第 48 章第 9 节；《马克比一书》

① 英译本误作第 49 章第 16 节，这里是以德文原著为根据。——译者

第 2 章第 58 节)是和耶稣的温和性格不相称的(参阅《路加福音》第 9 章第 71 节往下),而且这种描述一般来说也过分物质化了。这个原型中可加以利用的只有一个特征,那就是路加(《使徒行传》第 1 章第 9 节)所突出的耶稣是在门徒的众目睽睽下被接上升的,因为以利亚是把他的灵魂上升和以其门徒以利沙目睹其上升为条件联系在一起的。根据《旧约》,在另外一些地方经常预表第二位救主的第一位救主摩西,是享尽天年而自然地死去的,不过耶和华把他埋葬在人所不知道的地方罢了(《申命记》第 34 章第 5 节往下);另一方面,我们在约瑟弗著作里却发现和耶稣的升天故事有惊人的相似之处[①]。《申命记》说,在摩西逝世之前他被带到一座 427
山上,先让百姓后来又让长老们留在后面,当他离开约书亚和大祭司以利亚撒的时候,忽然有一朵云彩遮住他,他就在一个深谷里不见了。这一显然从晚期拉比传说中得来的记述,其目的就是用这样的结局把这位立法者放在同以诺和以利亚同等的地位,约瑟弗竭力使这事同《申命记》的简单记述说摩西死了一致起来,说摩西故意在《申命记》里写他死了,为的是免得有人因他有非常崇高的德行就冒昧地说他已经直接到上帝那里去了。犹太历史家的这种说法,显然是影射在他的时代已经初露端倪的神化基督而言[②]。

如果我们从这方面对第四福音书作者进行最后一次回顾,就不难看出,他在其福音故事末尾,并没有像在别的场合所做的那样,首先提出没有历史根据的修改,而是和马太站在同一立场之

① 《犹太古事记》,第四卷第 8 章第 48 节。

② 约瑟弗生于公元 37 年死于约 100 年。——译者

上，因为在他和马太的著作里，都没有提到耶稣升天时的那种光辉场面。对于非常强调基督神性概念的第四福音作者来说，提到这样一种场面似乎是特别适当的，而对于一部记述了基督的许多关于升天，回到天父那里和天父共享荣耀的言论的第四福音书（第6章第62节；参看第3章第13节，第17章第5节）来说，为了表示这许多言论已经逐字逐句得到证明，这样做尤为必要，而作者竟没有这样做，是不能不令我们感到惊讶的。如果该福音书的编著者真的有关于耶稣升天的记述摆在自己面前，不难设想，他是会采用它的，尽管他很可能按照他自己的方式加以修正。由于他并没有这样做，我们只能得出这样的结论，或者他编书的时期比另外两个人[①]都早，或者，如果他知道有这种记述的话，作为一个目睹见证人，他清楚地知道并未发生过这类事情，基于纯粹历史的理由，他
428 也很可能拒绝采纳他们的记述。但事实上在按照他自己的方式加以修改之后，已经采纳了它们，而他之所以没有按马可和路加的原来形式采用它们，可以用因为根据他的福音书之精神和计划，这种历史动机对他毫无干系来加以说明。

我们不妨说，第四福音书作者在处理耶稣离世升天的事上同他处理其离天降世的态度是完全一致的，耶稣离天降世已被其前辈用耶稣由圣灵怀孕而生的形式予以处理，尽管约翰的逻各斯观念（Logos begriff）需要另一种表达方式，但逻各斯进入马利亚腹中还是可以用相应的另一种方式来表达的。但第四福音书作者完全略过基督的受孕和诞生，而仅以部分地在其序言中，部分地在耶

① 另外两个人指马可，路加。——译者

稣的各种言论中提到耶稣的崇高出身为满足。对于耶稣升天也完全是同样的情况，他表示耶稣在其谈话中曾提到过，但他自己并没有把它当作一件明确的事实来描述。但从上面描述过的耶稣同抹大拉马利亚的谈话中可以非常清楚地看出，该福音书作者认为，这件事的确曾发生过，当时耶稣对抹大拉的马利亚说，我要升上去见我的父，这里并没有说这件事已经发生，而是说即将发生。上面已经说过，约翰在这里是追随马太的，但他说得比马太更明确，复活的耶稣升天，不是在第一次显现之前，而是在第一次显现之后，但正如马太表示，耶稣在加利利山上显现的时候，升天的事已经发生过了，同样，在《约翰福音》里，耶稣向在关着门的房子里的门徒显现的时候，他也已经升过天了。因为根据该福音书作者的见解，在耶稣获得荣耀之前，是不可能把圣灵赐下来的(第 7 章第 39 节)； 429
但在耶稣上升见父之前，他所获得的荣耀是不完全的，第四福音书作者在表示耶稣复活的当天就把圣灵赐予门徒这件事上，就使自己同在《使徒行传》(第 2 章)里说耶稣离世升天五十天之后才把圣灵赐下来的第三福音书作者处于反对的地位了。在这里，像在升天的事上一样，他避免了路加所记圣灵降临时那种客观的可感觉的情况，在他看来，温和的，吹一口气赐圣灵的办法[①]是更为高尚的办法，特别比《使徒行传》所记那种风暴式的火焰舌头更符合基督的精神，此外，如果耶稣亲自用吹气的方式把圣灵赐给门徒的话，那就更明确地表示圣灵将作为他的长期代理人。

除了没有提到耶稣升天的事以外，第四福音书作者在其福音

① 请参看《约翰福音》第 20 章第 22 节。——译者

书结束处还有一点同第一福音书作者有联系。耶稣在向门徒吹气以后所说的话（第 23 节）：“你们赦免谁的罪，谁的罪就赦免了，你们留下谁的罪，谁的罪就留下了，”令我们想到他在《马太福音》（第 16 章第 19 节，第 18 章第 18 节）所说的话，不过第四福音表示这些话是在一个较早的场合说的。这句话就是，“凡你们在地上所捆绑的，在天上也要捆绑；凡你们在地上所释放的，在天上也要释放。”第四福音书作者在这句话里所作的改动，可用关于什么样的罪可获赦免的论争予以说明，正如我们从《侯马斯的牧羊人》[①]一书所看到的那样，这一论争在第二世纪初叶，已经开始使教会受到困扰。

由于没有提到耶稣的明确升天，第四福音书和第一福音书就有了一个共同的特点，像第一福音书一样，或者比其更甚，它省却
430 了应有的结论，因而留下了一个可以加上一篇附录的空白（第 21 章），而这一空白，在其原来的结尾场面，即耶稣向聚集在门都关着的房间里的门徒显现八天以后，为了多马的原故，又增加了一次显现。但这次增加场面的结束语，像《马太福音》的结束语一样，展示了一种非常适合于结束该福音书的前景。“那没有看见就信的人有福了”这句话，不仅是对多马说的，也是通过他而对一切不可能看见而相信基督的人说的。这句话是《约翰福音》的基督留给其教

① 《侯马斯的牧羊人》，相传为第二世纪一个被解放的基督徒奴隶侯马斯（Hermas）所著，记述了他通过一个着牧羊人服装的天使所看到的异象和获得的启示，全书由五个异象，十二个委托和十个比喻所组成，以伦理的劝勉为基调，宣称对基督徒受洗后所犯的罪，将给予一次最后悔改机会，这很可能是作者对于对此问题持更为严厉态度的当时教会作出的反应，当时教会认为，信徒受洗后若再犯罪，就不可能有悔改复和的机会。——译者

会的遗言，这一遗言对于我们仍然有其意义，不过其意义只以莱辛的那句话为限，对于福音书作者们来说，却是笼罩在云雾里的，莱辛的话就是，偶然的历史真理决不可能证明必要的理性真理。

99. 结论

由于我们现在已经到达批判进程的结尾，已经深刻感觉到我们对于耶稣的历史知识是多么缺乏和不可靠，这一认识就更为重要。在排除了各式各样丛集于树身的、大量神话寄生物之后，我们发现，从前我们所认为是树本身的枝条、叶子、色彩、形状的东西，绝大多数却是属于寄生的攀缘植物的。在排除了它们之后呈现于
我们面前的，不仅不是树的真实面目，反而连树本来的叶子也被寄 431
生物吹走，汁水被吸干，枝干被摧毁，加在耶稣形象上的每一神话色彩，不仅模糊了耶稣历史真面目，耶稣的历史真面目，反而被遮盖在上面的神话色彩破坏得无影无踪了。

听到这样的话是令人不愉快的，所以没有人肯相信这样的话。但任何认真考虑过这个问题的正直人，都像我们一样，清楚地知道关于世上的伟大人物的历史知识，很少有像耶稣这样令人不能满意的。比耶稣早四百年的苏格拉底，其历史就要比耶稣还清楚明朗得多，尽管对于他青年时代所受的教育，我们也同样知道得很少，但我们明确地知道，他成年时期的为人，他的尝试和成就，他的门徒和朋友的形象都有根有据清清楚楚地呈现在我们面前，至于他被定罪的原因和经过，以及有关他去世的情况，我们也都完全了解。尽管也有少量奇闻逸事的渲染，但总的来说，他的传记并没有像毕达哥拉斯(Pythagoras)那样许多古代希腊历史上的哲学家以

及像耶稣那样被神话所扼杀。苏格拉底形象之得以保存，乃由于他在希腊智能开展最光辉、灿烂、文学最繁荣时期生活在希腊最文明的城市，他的学生中有好几位是杰出的作家，而且在一定程度上正是以他们的老师为其作品的主题。

一谈到色诺芬和柏拉图，谁不会想起马太和约翰，但对于后两人来说，这种对比对他们是何等不利！首先，《回忆苏格拉底》的作
432 者，两篇《会饮篇》的作者，《斐多篇》的作者，他们实际上都是苏格拉底的门徒；而与此相反，第一福音书和第四福音书的作者，并不是耶稣的及门弟子。[①] 关于上面所提到的两个雅典人的著作，即使没有什么保存下来的外在证明，我仍然能辨认出它们是和苏格拉底同时代的而且是他所熟识的人的作品。关于两本福音书，不管它们多么古老，也不管关于它们出于使徒手笔的证据多么一致，也不能置信，因为一看之下，它们已明显地为这两本书本身所否定。其次，论述苏格拉底的两位作者努力的目标，在于彻底明确表现苏格拉底作为一个人，一个公民、一个思想家和青年教育者所特有的性格和价值，这也是两位福音书作者其自己的方式所要达到的目标，但对于他们来说，单凭这点是不够的。他们的耶稣被想象为不仅是个人，他还是个神异的人，上帝的独生子，根据他们中一个人的说法，他还是成为肉身的上帝创世之道。因此，在他们的描述中，不仅有和耶稣作为导师的活动相平行的一系列神迹和注定的神异命运的发展，而且这种神异成分还是他们假耶稣之口所宣传的教义的一个组成部分，这样，他们就表示耶稣是在说任何有健

① 这是本书作者的意见。——译者

全理智的人关于自己所不可能说的话了。第三，柏拉图和色诺芬关于苏格拉底所说的话在一切要点上都是一致的。他们的报道在许多方面都用了类似的词语；有些事项虽然是一个作者所特有，但同另一个作者所提供的材料合并起来看，它们在所构成的整个形象上却结合得很好；如果说色诺芬在关于苏格拉底的哲学精神方面，经常表现得远比其对象为低，而柏拉图由于其随心所欲的独创性又飞得太高，把柏拉图的推想假苏格拉底之口道出的话；把两个作者比较一下，他们的作品就会很容易互相纠正，不会导致误解，433
因为色诺芬的问题显然是缺乏足够的才能领会其对象的思想感情所造成，而柏拉图在其苏格拉底对话中则并未以历史的作者自居。而在另一方面我们已经看到马太的基督同约翰的基督是多么不可能调和，特别是第四福音书作者曾郑重其事地断言，他的报道是真的。就历史可靠性而言，传给我们的关于耶稣的信息之所以不同于关于苏格拉底的信息，并使后者处于有利地位的根本原因在于时代和民族性不同。雅典优良教育的书香气氛和其灿烂文明的启蒙作用，已经由苏格拉底形象得到明确展现，相形之下昏暗迷雾般的犹太人的幻想和迷信以及亚历山大学派的狂热，则通过几乎不可能认为是人间事的耶稣形象暴露无遗。

人们可能说，实际也经常说过，福音书中耶稣生平的全部不足之处，已经通过他所建立的教会得到丰富的补偿，我们现在可以通过现在还在我们中间的基督教会追溯其创立人。例如，我们对于莎士比亚的历史也知道得很少，人们还讲了许多关于他的荒唐事，但这些事并不怎么打扰我们，因为他的作品使我们能把他为人的

全部面貌恢复过来。如果我们拥有关于加利利先知[①]的第一手作品，能像我们拥有英国诗人作品那样，这样对比就适当了。但关于前者的作品，已经经过许多毫不顾忌地加以窜改、删节，变更的人们之手。基督教会，甚至在《新约》所表现的最早时期，除受耶稣的影响外，还受到许多其他因素的影响，以致从教会追溯耶稣为人的
434 做法是非常不可靠的。连作为教会基础的复活的基督同以前在世为人的耶稣也大不一样。不仅耶稣的尘世生活，就连教会本身都是以复活的基督这一概念为模型塑造出来的。因此，如果耶稣在耶路撒冷被毁灭时回来的话，他是不是能够从当时教会所宣传的基督认识到他自己，还是个很大的问题哩！

我并不认为情况是像人们最近所主张的那样坏，以为凡是福音书里假耶稣之口所说的话我们都不能确定其真的是他说的。我以为有些话我们可以在一般历史事物所不能超过的或然性程度上认为是耶稣说的，我在上面还试图说明过凭借什么证据我们可以把这类的话辨认出来。不过这种接近于确定性的或然性所包含的并不很广，除了耶稣上耶路撒冷和其死去之外，其生平的事实和情况似乎都相当糟糕。只有很少的事我们可以确定地说是发生过的。教会信仰中所特别强调的耶稣一生的事实和遭遇，即神迹和超自然之类的事情，更为确定的是它们并未发生过。而人类幸福竟要依靠相信这类部分地肯定并未发生过，部分地无法肯定其是否发生过，只有最小一部分无疑发生过的事情，其荒谬透顶，时至今日，已无需再加以任何反驳了。

---

① 指耶稣。——译者

100. 435

否，人类的幸福，或者说得更明白些，人类完成其使命，发挥其天赋才能，从而分享相当一部分福利的可能性，不可能——在这点上芮马鲁斯说得永远是对的，他说——不可能依靠承认这样的事实，这些事实一千人中也难有一个人能够对之作出彻底的审查，即使审查了，也很难得出令人满意的结果。但正如人们一定都有一个可以完成的共同使命，同样，他也一定有完成其使命的条件，这也就是说，在其意志朝着目标方向努力之外和之前，这种知识就已经赋予了每一个人。它不可能是从外在历史获得的偶然知识，而必然是通过理性，从每个人内心获得的必要知识。斯宾诺莎意味深长的话，其意义正是在此，他说，为获得幸福，决不需要凭着肉体

认识基督[①]；但对永恒的上帝儿子神圣智慧来说，情况就不一样 909
了。神圣智慧表现在所有的事物里面，特别表现在人类心灵里面，在耶稣基督里表现得最为突出，没有神圣智慧，决没有人能够获得幸福，因为只有它才能指教人什么是真的，什么是假的，什么是好的，什么是坏的[②]。像斯宾诺莎一样，康德区分了在历史上的耶稣之为人和涉及人类理性的、讨上帝喜悦的理想人性，或者说和在一个其本质取决于人类需要和爱好的世界上所可能获致的完全纯洁的道德意识。振作起来，努力实现这一理想，是人类共同的天职。尽管我们除了把它想象为存在于一个完全人身上之外不可能有别

① 请参看《新约·哥林多后书》第5章第16节。——译者

② 《斯宾诺莎书信》，21。

436 的想法，尽管这样的人曾在世上生活过，也不是不可能的，因为我们大家都有模仿这样理想的意愿，但我们知道或相信这样的人在世上生活过并不是必要的，唯一重要的是，我们把这一理想经常放在自己面前，承认自己有义务这样做，并努力促其实现①。

这种在历史的基督同存在于人类理性中、注定作为人类典范的理想的基督之间作出区分并从而把使人蒙福的信仰从前者转向后者的做法，正是近代精神发展的不可避免的结果；这也是把基督的宗教向着目前人类最崇高的努力所指引的方向即人性的宗教推进了一步。一般人认为这是对基督教的背叛，是对基督的否认。这种见解是建立在误解上面的，对此，近代的表达方式，也许还有作出这种区分的哲学家们的思想方法要负一部分责任。因为根据他们的说法好像个人目标所应当指向的人性完全的典范从一开始就存在于人们的理性之中，其含义好像是在说，即使历史的基督从未生活或工作过，理想的基督这一人类典范也可能像现在一样存在我们心中。但实际情况并非如此。人类完全这个观念，像其他观念一样，最初只是作为一种基本素质提供给人类心灵的，通过经验才逐渐发展起来。它在不同民族中，根据其自然性格、气候和历史条件、所表现的形态也各不相同，我们可以通过其历史进程看出其进步来。罗马人对理想的人看法和希腊人不同，犹太人和前两者又都不同，希腊人在苏格拉底以后和以前不同，而且毫无疑问比
437 以前更为全面了。每一以人类积极本性为研究对象的有杰出品德的人和伟大思想家都对修正、完善或改进这一观念作出了或多或

① 《纯粹理性范围内的宗教》，第2版，第2章，第1节，第73页往下。

少的贡献。在这些改进人类理想的人们中,不管怎么说耶稣总是居于首要地位,他把以前所没有或者一直未能得到发展的特性引进到它里面来,减低了其他一些妨碍普遍应用的特性的重要性。由于他所赋予的宗教意义,这一理想就更具有崇高的神圣性,由于他把它在自己的为人中具体表现出来,就赋予这一理想以最生动的热力;而由他产生的宗教团体[①]则使这一理想在人类中获得最广泛的接纳。的确,这一宗教团体完全起源于另外一些因素而不是其创立者的道德重要性,因而并未能以最纯洁的形式将其表现出来。从《新约》中唯一可能出自耶稣及门弟子约翰之手的《启示录》所记述的基督身上,几乎看不出理想的人性来,但耶稣一生中主要表现的忍耐、温和、仁爱形象并未从人类意识中消失,而我们现在所称之为人性的一切正是从这些中萌发和成长起来的。

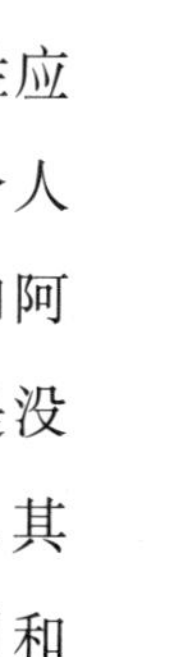

然而,不管耶稣在那些最完全、最清楚地显示了理想的人性应当如何的人们中间地位是多么崇高,他并不是这样做的第一个人也不是最后一个。正如在他以前的以色列和希腊,恒河流域和阿克苏斯河(Oxus)[②]流域已经有了先行者,同样,在他以后也不是没有后来人。相反,这一典范在他以后更加发展了,更为完全了,其各个方面的比例也更为改善了。不应忽视的是,耶稣在其教训和生活中所显示的典范,有些方面是完善的,另些方面仅大致地提了
一下,或者甚至完全没有论及。关于爱上帝和爱人的事,以及涉及 438
个人心灵和生活的洁净各个方面都已发挥得淋漓尽致了,但关于

① 指基督教会。——译者

② 阿克苏斯河是阿姆河(Amu Darya)的古名。——译者

人的家庭的事却被这位自己没有子女的教师全都留在幕后了;他和国家的关系似乎完全是消极的,对于贸易由于职务关系他不仅漠不关心还明显地抱着嫌恶态度,关于艺术和享乐的一切人生雅事更完全处于他的视野之外,之所以产生这些重大缺点和片面性,部分原因是由于犹太人的民族性,部分由于当时的环境,部分由于耶稣生活的特殊情况,没有人会试图否认因为根本没有人能够否认。这些缺点不是只有主导原则而缺乏细节的缺点,特别像关于国家、贸易和艺术方面,自始至终就缺乏真实的意见。试图根据耶稣的教训和榜样来决定一个人作为公民应该怎样行事,对于丰富和美化人生的贸易和艺术应当怎样为人是徒劳无益的,在这类事上所缺少的是需要由别的时代、别的国家、别的文化系统所提供的东西,这些东西部分地由回顾一下希腊人、罗马人在这方面的成就可以发现,部分地则有待于人类及其历史的进一步发展。

但如果我们把耶稣教训中所缺少的这一切首先看作是人类成就中的缺点,是人类的,因而是能够改进而且需要改进的,它们就可以最好地得到补足。反之,如果把耶稣看作是神-人,是为了绝对与普遍应用而引进人类中的模式,则任何使之更为完善的尝试,就必然会被摒弃,只能把其片面性与不完善看作是正常现象。对
439 于人类行为中没有被表现的方面只能加以拒绝或仅从外部作某些调整。不仅如此,由于耶稣自己是高高居于他所树立的道德典范之上的神人,因而不必承认这个典范形象,单单相信耶稣就是人类的义务和获得幸福的条件,这样一来,就把决定一切的首要事情降为第二等的,使耶稣道德上的伟大受到削弱,其首要作用受到妨碍,连包含在人性情况中具权威性的道德义务也被误解为上帝的

绝对命令。因此批判者深信自己并没有犯任何亵渎神圣的罪，反之，当他扫除一切附在耶稣身上使其成为超自然人物的东西的时候，他正在做一件善良而必要的事情，这些加在耶稣身上的东西虽然用意可能是好的，乍看起来还可能认为是有益的，但归根结底则是有害的，现在看来更是绝对毁灭性的。他试图尽可能恢复历史的耶稣的纯朴人性面目，而把人类得救同理想的基督及其道德典范联系起来，在这些道德典范里虽然历史的耶稣最初揭示了许多主要特性，但这些主要特性作为一种基本素质，仍然属于人类的共同天赋，其改进与完善，只能是人类的共同任务和工作。

术语、书名对照表

按中译名首字的拼音分栏排列，栏内则混排，不再细排次序

A

安奇拉纪念碑〔英〕Monument of Ancyra，〔德〕das Ancyranische Monument

按手〔英〕Laying on of hands，〔德〕Handaaflegung

《阿拉伯语婴儿期福音书》〔英〕Arabian Gospel of the Infancy，〔德〕das arabische Kindheits Evangelium

阿里曼〔英〕Ahriman，〔德〕Ahriman（袄教的恶神名）

《阿波罗尼乌斯传》〔英〕Biography of Apollonius of Tyana，〔拉〕Vita Apollon.，阿波罗尼乌斯为公元一世纪希腊新毕达哥拉斯派哲学家，曾周游印度、巴比伦等地，被认为是一个魔术师。

阿巴利斯〔英〕Abarus，〔德〕Abariis（希腊神话人物）

奥尔良派〔英〕Orleanist，〔德〕Orleanist

爱筵〔英〕Love-feast，meal of love，〔德〕Liebesmahl，〔希〕ἀγάπη

B

博士〔英〕Magi，〔德〕Magier

谤书〔英〕libel，〔德〕Schmähbücher

掰饼〔英〕the breaking of the bread，〔德〕Brodbrechen

巴力毗珥〔英〕Baal-Peor，〔德〕Baal Peor 摩押人神名，见《民数记》第 25 章第 3 节

巴·科赫巴（星之子）〔英〕Bar Cochba，〔德〕Bar Cochba

《便西拉智训》〔英〕Wisdom of Jesus，the son of Sirach 或 Ecclesiasticus，〔德〕

das Buch Jesus Sirach
北极地区居民〔英〕Hyperborean,〔德〕Hyperboreer(希腊神话中的地方)
《编年史》〔英〕Annals,〔德〕Annalen
《变形记》〔英〕Metamorphases,〔德〕Metamorphase
辩护神学〔英〕Apologetic theology,〔德〕Apologetische Theologie
保惠师〔英〕Paraclete,Comforter,〔德〕Paraklet,〔希〕παράκλητος
《保罗所看到的基督异象》〔英〕Paul's vision of Christ,〔德〕Die Christusvision des Paulus
《保罗的赞歌》〔拉〕Praedicatio Pauli
报喜〔英〕Annunciation,〔德〕Verkundigung
报名上册(人口统计)〔英〕the taxing,〔德〕Schazung

C

《创世记》〔英〕Genesis,〔德〕Erstes Buch Mose
次(或伪)经《婴儿福音书》〔英〕Apocryphal Gospels of the Infancy,〔德〕Apokryphischen Kindheits evangelium
陈设饼〔英〕Shewbread,〔德〕das Schaubrod
创世之道〔英〕Creative Word,〔德〕Schöpferwort

D

代求〔英〕intercession,〔德〕Fürbitte
德奈利斯〔英〕denarius,〔德〕Denar(δραχμή 古罗马银币名)
德拉马〔英〕drachma,〔德〕Drachme(δραχμή 古希腊银币名)
丁税〔英〕Palltax,〔德〕Leibzoll
《但以理书》〔英〕Daniel,〔德〕das Buch Daniel
《多马福音书》〔拉〕Evang. Thomae
对应物〔英〕Parallel,〔德〕Seitenstück
癫痫病〔英〕Lunatic,〔德〕Mondsüchtig

E

俄梅珥〔英〕homer,〔德〕Gomer

二元论〔英〕dualism,〔德〕Dualismus

F

《福音书历史的科学批判》〔英〕Scientific Criticism of the Evangelical History,〔德〕Wissenschaftliche Kritik der evangelischen Geschichte

《福音教会新闻》〔英〕Evangelical Journals,〔德〕Der Evangelischen Kirchenzeitung

《福音书的纪年和协调》〔英〕Chronology and Harmony of the gospels,〔德〕Chronologie und Harmonie der Evangelien

《斐多篇》〔英〕Phaedo,〔德〕Phädon

非利士人〔英〕Philistine,〔德〕Philister

《法布里克抄卷》〔英〕Fabric Codex

对立面,反典型,对等型〔英〕Counter type,〔德〕Gegenbild

飞行技能〔英〕flying,〔德〕Schwebe

菲罗体系〔英〕The Systems of philo,〔德〕Philonischer System

G

共餐〔英〕Common meal,〔德〕gemeinsame Mahlzeiten

共观福音书〔英〕Synoptic Gospels,〔德〕Die synoptischen Evangelien

哥林多教会〔英〕Corinthian Church,〔德〕Korinthischen Gemeinde

《哥林多前书》〔英〕1. Corinthians,〔德〕1. Korinther

《歌罗西书》〔英〕Epistle to the Colossians,〔德〕Kolosserbrief

工作方式〔英〕Mode of operation,〔德〕Wie er dabei Zu Worke ging

棺架〔英〕bier,〔德〕Bahre

《古代教会关于逾越节的争论》〔英〕Paschal Dispute of the ancient Church,〔德〕der Passah Streit der alten Kirche

《古代基督教会》Ancient Christianity,〔德〕Urchristentum

公会〔英〕Sanhedrim high Common,〔德〕Sanhedrim,hchen Raths,Synedrium

《关于新约基督论》〔英〕On the christology of the New Testament,〔德〕Zur neutestamentlichen Christologie

《古代教会基督预先存在观念》〔英〕Theory of the Preexistence of Chirst in the ancient Christian Church,〔德〕Die Vorstellung der Präexistenz Christi in der älteren Christlichen Kirche

怪念头〔英〕fancies,〔德〕Grille

观象知人术,相术〔英〕Physiognomical Knowledge of the Human Countensnce,〔德〕Physiognomischer Menschen Kenntnis

H

《华伦斯坦》〔英〕Wallenstein,〔德〕Wallenstein

《华伦斯坦之死》〔英〕The Death of Wallenstein,〔德〕Wallensteins Tod

《华伦斯坦的军营》〔英〕Wallenstein's Camp,〔德〕Wallensteins Lager

海绒〔英〕Sponge,〔德〕Schwamm

《侯马斯牧羊人》〔英〕Shepherd of Hermas,〔德〕Hirten des Herma

古代基督教启发性著作,据传是一个被解放了的基督徒奴隶所著。描述了作者通过一个着牧羊人服装的天使所看到的异象(Visions)和获得的启示。一切内在和外在证据显示,该书著作地点为罗马,时期为公元150年左右。该书以伦理的劝勉为基调,集中表现于宣称对于基督徒受洗以后所犯的罪将给予一次最后的悔改机会,这很可能表现了作者对当时教会对基督徒受洗以后若再犯罪所持的一种更为严厉态度,即认为基督徒受洗以后若再犯罪就不可能再有悔改复和机会的反应。有些段落和在昆兰(Qumran)所发现的"死海经卷"(Dead Sea scrolls)中的宽恕之词颇为接近。该书曾一度被认为同《圣经》其他各卷处于同等地位,即也是圣灵感动的著作。——译者

《回忆苏格拉底》〔英〕Memorabilia of Socrates,〔德〕Sokratischen Denkwür digkeiten

《会饮篇》〔拉英〕Conviria,〔德〕Gastmahle

赫拉克拉斯〔英〕Heraacles,〔德〕Herakles

《获道论》〔英〕apologetics,〔德〕Apologie

怀孕〔英〕Conception,〔德〕Empfängnise

火柱〔英〕Pillar of fire,〔德〕Feuersäule

后卫〔英〕rear guard,〔德〕Nachhut

J

《基督的历史》〔英〕 History of Christ,〔德〕Geschichte Christus'
基督再临〔英〕The Second Coming of Christ,〔德〕Wiederkunft des Christus
基督论〔英〕Christology,〔德〕Christologie
经文〔英〕Passage,〔德〕Stelle
《解经学手册》〔英〕Manual of Exegesis,〔德〕exegetischen Handbuch
《揭开犹太教的面纱》〔英〕Judaism Unveiled,〔德〕Entdecktes Judentum
精神生命(属灵生命)〔英〕Spiritual life,〔德〕geistige Leben
洁净祭〔英〕offerings of purification,〔德〕reinigungs opfer
《旧约迦勒底语释义》〔英〕Memra of the Chaldee Paraphrase of the old testament,〔德〕Die Memra der chaldäischen Paraphrasen des alten testaments
《贾士丁的福音书》〔英〕The gospels of Justin,〔德〕Die Evangelien Justin
加大拉人〔英〕Gadarene,〔德〕Gadarener
教父〔英〕fathers of the Church,〔德〕Kirchenväter Kirchenväfer
教会之柱石〔英〕Pillars of the Church,〔德〕Säulenapostel
教条主义动机〔英〕dogmatic motive,〔德〕dogmatischen Motiv

K

科学批判学会〔英〕Society for Scientific Criticism,〔德〕Societet für wissenschaftlische Kritik
《科学的批判》〔英〕Scientific Criticism,〔德〕Wissenschaftliche Kritik
库,(金库)〔英〕treasury,〔德〕Schatz

L

《列王记上》〔英〕1 Kings,〔德〕das erste Buch der Konige
《列王记下》〔英〕2 Kings,〔德〕das Zweite Buch der Konige
临别讲话〔英〕farewell Speech,〔德〕eschatologische Rede(末世纪讲话)(英译

是就其时机而言，德译是就其内容而言，指的是一回事。）

乐园〔英〕Paradise，〔德〕Paradies

逻各斯观念〔英〕Logos-idea，〔德〕Logosbegriff（上册译为逻各斯理论，实际是一回事）

历史批判论文〔英〕histoico-Critical Treatise，〔德〕historische Kritische Abhandlung

《历代志》上下〔英〕Chronicles，〔德〕Die 2 Bücher der Chronik

历史的内在必然性〔英〕internal historical necessity，〔德〕innern geschichtlichen Notwentigkeit

灵盘石〔英〕Spiritual rock，〔德〕Geistigen Felsen

《利未记》〔拉英〕Test Levi

《论迫害者之死》〔拉〕de mort. Persecutor

《论不重复施洗》〔拉〕Tractatus de non iterando b' p'.

《论耶稣诞生时的户口调查》〔英〕On the census taken at the time of the birth of Christ，〔德〕Ueber den Zur Zeit der Geburt christ gehaltenen Census

《论异端》〔拉〕haeresis，〔希〕α ἵρεσις

《罗马书》〔英〕Epistle to the Romans，〔德〕Römerbriefs

《路得记》〔英〕The Book of Ruth，〔德〕das Buch Ruth

《论福音书作者的一致性》〔拉〕de Consensu Evangelistaram

M

摩西的预表（典型）〔英〕Mosaic type，〔德〕mosaische Vorbild

没药〔英〕Myrrh，〔德〕Myrrhe

吗哪〔英〕Manna，〔德〕Manna

马其顿统治〔英〕Macedonian Rule，〔德〕Macedonian Herrschaft

马利亚诞生福音书〔拉〕Evangel. de Nativ. Mariae

魔术戒指〔英〕Magic ring，〔德〕Zauberring

《民族祖先历史》〔英〕The history of patriarch of the nation，〔德〕der Geschite des Stammvaters der nation

N

牛膝草〔英〕hyssop,〔德〕Ysopstengel(圣经译法,现一般译为海索草)

《农事诗》〔英〕The Georgica,〔德〕Georgika

《年代对照表》〔英〕Chronological Synopsis,〔德〕Chronologische Synopse

逆典型(原型)〔英〕Counter type,〔德〕Gegenbild

女东道主〔英〕hostess,〔德〕Gastfreundin

P

《批判的研究》〔英〕Critical lnvestigations,〔德〕Kritische Untersuchungen

《皮可罗米尼》〔英〕Piccolomini,〔德〕Die Piccolomini

Q

《前三世纪的基督教逾越节》〔英〕The Christian Passover of the three first Centuries,〔德〕Die Christlische Passahfeier der drei ersten Jahrhunderte

倾向性剧本〔英〕dramas with apurpose,〔德〕tendenz dramen

R

人神教义〔英〕Man-God of Ecc esiastical doctrine,〔德〕Gottmenschen der Kirchenlehre

S

受托人〔英〕depositary,〔德〕Vertraute

斯达特〔英〕Stater,〔德〕Stater(στχ̌τήρ 古希腊银币名)

圣所与真理〔英〕The Sanctuary and the Truth,〔德〕Das Heiligthum und die Wahrheit

《圣经神学》〔英〕biblical Theology,〔德〕Biblische Theologie

《圣经外传》〔英〕Pseudepigrapha,〔德〕Pseudepigraphen

《圣经注释手册》〔英〕Manual of Exegesis,〔德〕Exegetisches Handbuch

圣灵〔英〕the Holy Ghost,〔德〕der heilige Geist

圣灵恩赐〔英〕Gifts of the Spirit,〔德〕Geistesgaben

圣灵的交通或神里的交通〔英〕Communication of Divinity,〔德〕Gottasmitteilung

圣灵降临节〔英〕Whitsunday(英译本未译出),〔德〕Pfinstfeste

舍克勒〔英〕Shekel,〔德〕Sekel

《申命记》〔英〕Deuteronomy,〔德〕Deuteronomium/5. Buch Mose

《四福音书的纪年及其协调一致》〔英〕Chronology and Harmony of the four gospels,〔德〕Chronologrc und Harmonie dervier Evangelien

苏撒拿传〔英〕Susanna,〔德〕Susanna

《所罗门智慧书》〔英〕The Wisdom of Solomon,〔德〕der Weisheit Salomons

所罗门符咒〔英〕Solomonier talismon,〔德〕Solomonischer Zauber

《十二族长约书(遗言)》〔英〕Testament of the twelve Patriachs,〔德〕Testament der Zwölf Patriarchen

诗词拟人法〔英〕Poetical Personification,〔德〕Poetische Personification

《三首君王诗篇》〔英〕the Three Royal Psalms,〔德〕die drei Königspsalmen

三人组〔英〕triumvirate,〔德〕Triumvirat(指彼得,雅各,约翰)

《士师记》〔英〕Judges,〔德〕Richtor

《使徒回忆录》〔英〕Memorabilia of the Apostles,〔德〕Denkwürdigkeiten der Apostel

使徒巨擘〔英〕Prince of the Apostles,〔德〕Apostelfürst

使徒团体〔英〕Apostolical college,〔德〕Apostel-Collegium

《回顾》〔英〕Retractations,〔德〕Retractationen

食古不化〔英〕Pedantry,〔德〕Pedantismus

水臌〔英〕dropsy,〔德〕Wasser-Süchtig

撒马利亚人〔英〕Samaritan,〔德〕Samariter

税吏的宴会〔英〕Publican's dinner,〔德〕Zöllnermahl

瞬息间的悄悄观察〔英〕Causnal and transient observation,〔德〕Beobachtung im unbemerkten Vorübenwandeln

首生者〔英〕first born,〔德〕Erstgeburt

神圣逻各斯〔英〕The divine Logos,〔德〕Gottliche Logos

神性的第三位〔英〕The Third Person of the Godhead,〔德〕die dritte Person der Gottheit

神迹医疗〔英〕Miraculous cure,〔德〕Wunderheilung

又译:奇异治疗,见《世界医学史》第一卷(419 页,商务印书馆,1986 年)。

生物磁〔英〕animal magnetism,〔德〕tierischen Magnetismus

生命的真谛〔英〕The spiritoy life,〔德〕Prineip des lebens

生命和光的原则〔英〕The Principle of life and light,〔德〕der lebens-und licht Princip

T

《帖撒罗尼迦前书》〔英〕1. Thessalonians,〔德〕1. Thessalonicher=brief

《提摩太前书》〔英〕1. Timothy,〔德〕1. Brief des Paulus an Timotheum

《提摩太后书》〔英〕2. Timothy,〔德〕2. Brief des Paulus an Timotheum

《提亚拿的阿波罗尼乌斯与基督》〔英〕Apollonius of Tyana and Christ,〔德〕Apollonius von Tyana und Christus

提罗抄本次经〔英〕Thilo's Codex Apocr.〔德〕Thilo's Codex Apocr.

《妥勒多特·姚储》〔英〕Tholedoth Jeschu,〔德〕Tholedoth Jeschu

《同特里乎对话》〔拉〕Dial. Cum Tryph

同一性〔英〕identity,〔德〕Gleichheit

瘫痪患者〔英〕Paralytics,〔德〕Paralytischen

痛风患者〔英〕Palsied,〔德〕Gicht-bruchige

W

文士〔英〕Scribes,〔德〕Schreiber,Schriftgelehrter

文艺模仿时期〔英〕Period of Epigoni,〔德〕Epigonenzeit

五旬节〔英〕Pentacost,〔德〕Pfinsten

《五经》〔英〕Pentateuch,〔德〕Pentateuch

《五经迦勒底语释义》〔英〕The Chaldee Paraphrase of the Peutateuch,〔德〕die Chaldaische Paraphrase des Pentateuchs

外袍〔英〕Toga,〔德〕Toga

伪经福音书〔英〕Apocryphal Gospels,〔德〕Apokryphychen Evangelien

X

显圣〔英〕Vision,〔德〕Vision

巡抚〔英〕Governor,〔德〕Prokurator

祆教〔英〕Zend religion,〔德〕Zendreligion

细罗〔英〕Shiloh,〔德〕,Schilo

《西拉书》〔英〕The Book of Sirach,〔德〕Sirach

《西普里安作品集》〔英〕Cyprian's Works,〔德〕Cyprians Werke
又译:赛普勒安著作集,见罗素《西方哲学史》上 295 页;屈普里安作品集,见梯利《西方哲学史》上 163 页;西普·里安,见《世界历史词典简本》(587 页,商务印书馆,1988 年)104 页,《简明不列颠百科全书》8:249 页;息普利安,见《历史著作史》(上卷 1048 页,商务印书馆,1988 年)。

希利尼人〔英〕the Hallanes,〔德〕die Hellenen

希伯来沉思文学和箴言文学〔英〕Hebrew literature of Reflection and Proverbs,〔德〕hebräische Reflexion-und Sprachliteratur

《希伯来人福音书》〔英〕the Gospel of the Hebrews,〔德〕Hebräer Evangelium

《新约》〔英〕New Covenant,〔德〕Neue Bund

《新约神学的研究》〔英〕Studies in the New Testament Theology,〔德〕Studien zur neute testamentlichen Theologie

《新约导论》Introduction to the New Testament,〔德〕Einleitung in das Neue Testament

小组〔英〕Small Committee,〔德〕engere Ausschuss

先知·弥赛亚神话〔英〕Prophetico-Messianic Myth,〔德〕Prophetisch Messianischen Mythus

先见〔英〕Seer,〔德〕Seher

形成和发展规律〔英〕fomation and development Principle,〔德〕Genetischen Erklärung

叙利亚人〔英〕Syrian,〔德〕Syrer

形象词〔英〕英译本未将此词译出，〔德〕Sinnwort

血气之勇〔英〕Carnal Zeal，〔德〕Fleischliche Eifer

血的忠告〔英〕blood Cauncil，〔德〕Blutrathe

Y

《雅可比前福音书》〔拉〕Protevang. Jacobi

预言性纲领〔英〕Prophetic Programme，〔德〕Prophetische Programm

预表（典型）〔英〕Type，〔德〕Vorbild

玉瓶〔英〕alabaster box，〔德〕Alabaster Gefäss

宇宙精神〔英〕The soul of the World，〔德〕Weltgeist

《约翰福音的内在价值》〔英〕The Gospel of John according its internal Values，〔德〕Das Evangelium Johannes nach Seinem innern Werthe

约翰福音书及其特征〔英〕The Gospel of John in its Peculiarity，〔德〕das Johanneische Evangelium nach Seiner Eigentumlichkeit

《约翰福音注释》〔英〕Commentary on the Gospel of John，〔德〕Commentar zum Evangelium Johannis

《约翰启示录注释》〔英〕Commentary on the Revelation of John，〔德〕Commentar zur Offenbarung Johannis

《约伯记》〔英〕The Book of Job，〔德〕Hiob

《约翰的著述》〔英〕The Johannine Writings，〔德〕 Die johan neischen Schriften

《耶稣的宗教及其最初发展》〔英〕The Religion of Jesus and its first development，〔德〕Die Religion Jesu und ihre erste Entwicklung

《耶稣生平演讲录》〔英〕Lectures on the Life of Jesas，〔德〕Vorlesungen über das Leben Jesu

耶罗姆驳约芬〔拉〕Hieron adv. Jovin

原型〔英〕Prototype，〔德〕Vorbildern

衙门〔英〕Judgment hall，〔德〕Prätorium

伊格拉休斯致马格尼斯书〔拉〕Ignat. Epist. ad，Magnes

元老院〔英〕Senate，〔德〕Senat

雅尔库特·流便尼〔英〕Jalkut Rubeni，〔德〕Jalkut Rubeni

原型(典范)〔英〕antitype,Prototype,〔德〕Vorbild

《以赛亚后书》〔英〕Second Isaiah,〔德〕der Zweite Iesaias

异象〔英〕Vision,〔德〕Vision

异教徒〔英〕heathen,〔德〕heidnisch

诱因〔英〕occasion,〔德〕anlass

哑巴鬼〔英〕dumb spirit,〔德〕Sprachlose geist

犹太亚历山大哲学〔英〕Jewish-Alexandrine Philosophy,〔德〕Jüdish-alexandrisch Philosophie

《犹太古事记》〔英〕Jewish antiquities,〔德〕Judische Alterthümer

《犹太议会法典注释》〔英〕Gemara Sanhedr,〔德〕Gemara Sanhedr

癔患症〔英〕hypochondria,〔德〕Melancholie

亚历山大学说〔英〕The Alexandrine doctrine,〔德〕alexandrinischer Lehre

亚历山大译本〔英〕Alexandrian translation,〔德〕alexandrinische Uebersetzung

Z

中保〔英〕Mediator,〔德〕Stellvertreter,Vermittler

《札记》〔英〕Memoranda,〔德〕Aufzeichnung

《箴言》〔英〕Proverbs,〔德〕Sprüchwörter,Proverbien

自然观〔英〕natural view,〔德〕Naturliche Ansicht

职位的灵〔英〕The spirit of office,〔德〕Gelst des amtes

正统王朝拥护者〔英〕legitimist

住棚节(结茅节)〔英〕Feast of Tabernacles,〔德〕Laubhütten Feste

执事〔英〕deacon,servant,〔德〕Diakon,Diener

《智者传》〔英〕Lives of the Sophists,〔德〕biographien der Sophiston

柱石使徒〔英〕Pillar apostle,〔德〕Säulenapostel

地 名 对 照 表

A

安奇拉〔英〕Ancyra,〔德〕Ancyra

B

本都〔英〕Pontus,〔德〕Pontus

伯赛大〔英〕Bethsaida,〔德〕Bethsaida

G

古利奈〔英〕Cyrene,〔德〕Cyrene

哥林多〔英〕Corinth,〔德〕Korinth

H

何烈山〔英〕Mount Horeb,〔德〕Horeb

恒河〔英〕Ganges,〔德〕Ganges

J

基利家〔英〕Cilicia,〔德〕Zilizien

加大拉〔英〕Gadari,〔德〕Gadari

K

昆兰〔英〕Qumran

L

拉齐姆〔英〕Latium,〔德〕Latium

M

米甸〔英〕Midian,〔德〕Midian

玛撒〔英〕Massa,〔德〕Massa

N

尼波〔英〕Mount Nebo,〔德〕Berg Nibo

拿因〔英〕Nain,〔德〕Nain

尼罗河〔英〕Nile,〔德〕Nil

S

撒勒法〔英〕Sarepta,〔德〕Sarepta

示巴〔英〕Sieba,〔德〕Saba

示罗〔英〕Shiloh,〔德〕Silo

书念〔英〕Shunam,〔德〕Shnuem

T

台伯河〔英〕Tiber,〔德〕Tiber

提亚那〔英〕Tyana,〔德〕Tyana

X

锡安〔英〕Zion,〔德〕Zion

希腊〔英〕Hellas,〔德〕Belles

Y

亚革大马〔英〕Acceldama,〔德〕Blutfeld

以法连〔英〕Ephraim,〔德〕Ephraim

约旦河〔英〕Jordan,〔德〕Jordan

人名对照表

A

艾米利〔英〕Æmilii,〔德〕Aemilier
艾皮法尼乌斯〔英〕Epiphanius,〔德〕Epiphanius
艾森蒙格〔英〕Eisenmenger,〔德〕Eisenmenger。1792—1854,德国作家
艾克尔曼〔英〕Eckerman,〔德〕Eckerman,Johann Peter
阿提阿〔英〕Aria,〔德〕Atia
阿斯塔格斯〔英〕Astyages,〔德〕Astyages
阿姆流斯〔英〕Amulius,〔德〕Amulius
阿基巴〔英〕Akiba,〔德〕Akiba
阿帕利那里斯〔英〕Apollinaris of Hierapolis,〔德〕Apollinaris von Hierapolis
安陀尼乌斯(安陀尼)〔英〕Antony,〔德〕Antonius
奥林匹阿斯〔英〕Olympias,〔德〕Olympias

B

巴勒〔英〕Balak,〔德〕Balak
巴拉巴〔英〕Barabbas,〔德〕Barabbas
巴息利迪斯〔英〕Basilides,〔德〕Basilides
贝尔纳〔英〕St. Bernard,〔德〕Heilige Bernard

C

参孙〔英〕Samson,〔德〕Simson

D

丢大〔英〕Theudas,〔德〕Theudas

大利乌〔英〕Darius,〔德〕Darius

迪欧·卡西乌斯〔英〕Dio Cassius,〔德〕Dio Cassius

约公元150—235,古罗马政治家兼历史家,著有《罗马史》。

F

腓都斯,库斯皮乌斯〔英〕Cuspius Fadus,〔德〕Cuspius Fadus

法兰西斯,阿西西的〔英〕Francis of Assisi,〔德〕Frenziskus von Assisi

G

革罗罢〔英〕Cleophas,〔德〕Kleophas

马利亚的丈夫,耶稣钉十字架时站在旁边。希腊文为 κλωπα,见《约翰福音》

革老丢〔英〕Claudius,〔德〕Claudius

革流巴〔英〕Cleopas,〔德〕Kleopas

耶稣复活后去以马忤斯路上向其显现的两门徒之一。希腊文为 κλεσπας,见《路加福音》

H

郝格西普斯〔英〕Hegesippus,〔德〕Hegesippus

海瓦格〔英〕Hellwag,〔德〕Hellwag

汉尼拔〔英〕Hannibal,〔德〕Hannibal

贺拉西〔英〕Horace,〔德〕Horaz〔拉〕Quintus Horatius Flaocus

公元前65—前8;罗马诗人,以抒情诗闻名

亨斯吞保〔英〕Henstenberg,〔德〕Henstenberg

华伦斯坦〔英〕Wallenstein,〔德〕Wallenstein

J

居鲁士〔英〕Cyrus,〔德〕Cyrus

贾士丁〔英〕Justin,〔德〕Justinus

基哈西〔英〕Gehazi,〔德〕Gehasi

迦玛列〔英〕Gamaliel,〔德〕Gamaliel

矶法〔英〕Cephas,〔德〕Kephas(即彼得)

K

克莱纳〔英〕Credner,〔德〕Credner

凯撒(该撒)〔拉〕Caesar Gaius Julius,公元前 100—前 44,古罗马将军,政治家,历史家,独裁者,前 44 年被布鲁图斯(Brutus)刺杀。

克劳底娅,普拉库拉〔英〕Claudia Procula,彼拉多的妻子

卡普尼娅〔英〕Calpurnia,〔德〕Calpurnia,凯撒的妻子

克拉夫特〔英〕Kraft,〔德〕Kraft

L

洛浦〔英〕Röpe,〔德〕Röpe

卢西安〔英〕Lucian,〔德〕Lucian

雷姆斯〔英〕Remus,〔德〕Remus

罗姆鲁斯〔英〕Romulus,〔德〕Romulus

李加特〔英〕Rigalt,〔德〕Rigalt

拉克坦〔英〕Lactant,〔德〕Lactant,〔拉〕Lactantius Firmianus 约公元 240—320,康士坦丁(Constantine)儿子的老师,著有 Divine institutiones(神圣机构)第一次系统叙述了基督教对人生的态度,号称“基督教的西塞罗”。

利未〔英〕Levi,〔德〕Levi(麦基的儿子)

利撒〔英〕Resa,〔德〕Resa

罗波安〔英〕Rehoboam,〔德〕Rehabeam

吕撒聂〔英〕Lysanias,〔德〕Lysanias
利亚〔英〕Leah,〔德〕Lea

M

玛塔〔英〕Matthat,〔德〕Matthat
玛他提亚〔英〕Mattathias,〔德〕Mattathias
玛达他〔英〕Mattatha,〔德〕Mattathata
马克比〔英〕Maccabees,〔德〕Maccabäischen
麦基〔英〕Melchi,〔德〕Melchi
马克拉布·沙透因〔拉〕Macrob Saturn
马可·奥利留斯〔英〕Marcus Aurelius,〔德〕Marc Aurel
马利乌斯〔英〕Marius,〔德〕Marius
马利亚(雅各和约西的母亲)〔英〕Mary the mother of James and Joses,〔德〕Maria,die Mutter des Jakobus und Joses
梅伊尔〔英〕E. Meier,〔德〕E. Meier(E. 英译本误作 C. Meier)
梅斯美〔英〕Meamer,〔德〕Mesmer
马勒古〔英〕Malchus,〔德〕Malchus

N

宁禄〔英〕Nimrod,〔德〕Nimrod
尼利〔英〕Neri,〔德〕Neri
拿单〔英〕Nathan,〔德〕Nathan
乃缦〔英〕Naaman,〔德〕Naeman

O

欧皮安〔英〕Oppian,〔德〕Oppianus

P

帕利克拉提斯〔英〕Polycrates,〔德〕Polykrates

皮可罗米尼〔英〕Piccolomini,〔德〕Piccolomini
普卢塔克〔英〕Plutarch,〔德〕Plutarch
普拉迪克斯〔英〕Prodicus,〔德〕Prodicus
庞培〔拉〕Sextus Pompeius Magnus

R

儒略〔英〕Julian,〔德〕Julian
冉布利希〔英〕Iamblich,〔德〕Iamblich

S

塞特〔英〕Seth,〔德〕Seth
塞维乌斯〔英〕Servius Tullius,〔德〕Servius Tullius
　罗马第六位皇帝,公元前 578—前 534

扫罗〔英〕Saul,〔德〕Saul
施密特〔英〕Schmidt,〔德〕Schmidt
斯颇少普斯〔英〕Speusippus,〔德〕Speussipus
斯维陀尼乌斯(斯维陀)〔英〕Suetonius,〔德〕Sueton
闪〔英〕Shem,〔德〕Sem
莎士比亚〔英〕Shakespeare,〔德〕Shakespeare
　公元 1564—1616,英国诗人,戏剧家
所罗巴伯〔英〕Serubabel,〔德〕Serubabel
撒拉铁〔英〕Salathiel,〔德〕Salathiel
撒该〔英〕Zaccheus,〔德〕Zacchäus

T

特里孚〔英〕Trypho,〔德〕Tryphon
特洛古斯〔英〕Trogus,〔德〕Trogus
提罗〔英〕Thilo,〔德〕Thilo
提斯比人(即以利亚)〔英〕Tishbite,〔德〕Tishbite

他拉〔英〕Tharah,〔德〕Tharah

W

屋大维(即亚古士督,一译奥古斯都)〔英〕Octavius,Augustus

韦色勒〔英〕Wieseler,〔德〕Wieseler

瓦勒利乌斯·马克西姆斯〔拉〕Walerius Maximus

瓦利流斯·格拉图斯〔英〕Valerius Gratus,〔德〕Valerius Gratus

瓦泽尔〔英〕Weizel,〔德〕Weizel

维利乌斯〔英〕Velleius,〔德〕Velleius

公元前 19—公元 30 罗马军人兼历史家,著有《罗马史纲》。

乌西亚〔英〕Ozias,〔英〕Ozia

X

希里〔英〕Heli,〔德〕Eli

希罗多德〔英〕Herodotus,〔德〕Herodot

希律·安提帕〔英〕Herod Antipas,〔德〕Herodes Antipas

奚芝〔英〕Hitzig,〔德〕Hitzig

小西皮奥亚·非利加奴斯〔英〕Scipio Africanus the Younger,〔德〕Der Jünger Scipio Africanus

西皮奥〔英〕Scipio,〔德〕Scipio

西底家〔英〕Zedekian,〔德〕Zeaekia

西普里安〔英〕Cyprian,〔德〕Cyprian

西缅〔英〕Simeon,〔德〕Simeon

西门〔英〕Simon,〔德〕Simon(古利奈人)

新新那图斯,昆克西斯〔拉〕L. Quinctius Cincinnatsu

Y

亚当〔英〕Adam,〔德〕Adam

亚勒腓〔英〕Alpheus,〔德〕Alphäus

亚比玉〔英〕Abiud,〔英〕Abiud

亚哈谢〔英〕Ahaziah,〔德〕Ahasia

亚哈西(译音)〔英〕Ochoziah,〔德〕Ochozias(即亚哈谢)

亚他利雅〔英〕Athalia,〔德〕Athalia

图书在版编目(CIP)数据

耶稣传.第1、2卷/(德)大卫·弗里德里希·施特劳斯著;吴永泉译.—北京:商务印书馆,2017
(汉译世界学术名著丛书:120年纪念版:珍藏本)
ISBN 978-7-100-14632-6

Ⅰ.①耶… Ⅱ.①大… ②吴… Ⅲ.①基督—传记
Ⅳ.①B979.9

中国版本图书馆CIP数据核字(2017)第152483号

汉译世界学术名著丛书
(120年纪念版·珍藏本)
耶 稣 传
(第一、二卷)
〔德〕大卫·弗里德里希·施特劳斯 著
吴永泉 译

商 务 印 书 馆 出 版
(北京王府井大街36号 邮政编码100710)
商 务 印 书 馆 发 行
北京市松源印刷有限公司印刷
ISBN 978-7-100-14632-6

2017年12月第1版 开本710×1000 1/16
2017年12月北京第1次印刷 印张59
定价:280.00元

珍藏本
纪念版

汉译世界学术名著丛书

耶稣传

第一卷

〔德〕大卫·弗里德里希·施特劳斯 著

吴永泉 译

2017年·北京

David Friedrich Strauss

DAS LEBEN JESU

汉译世界学术名著丛书
（120年纪念版·珍藏本）
出版说明

2017年2月11日，商务印书馆迎来120岁的生日。120年前，商务印书馆前贤怀揣文化救国的理想，抱持“昌明教育，开启民智”的使命，立足本土，放眼寰宇，以出版为津梁，沟通中西，为中国、为世界提供最富智慧的思想文化成果。无论世事白云苍狗，潮流左右激荡，甚至战火硝烟弥漫，始终践行学术报国之志，无改初心。

迻译世界各国学术名著，即其一端。早在20世纪初年便出版《原富》《天演论》等影响至今的代表性著作，1950年代后更致力于外国哲学和社会科学经典的译介，及至1980年代，辑为“汉译世界学术名著丛书”，汇涓为流，蔚为大观。丛书自1981年开始出版，历时三十余年，迄今已推出七百种，是我国现代出版史上规模最大、最为重要的学术翻译工程。

丛书所选之书，立场观点不囿于一派，学科领域不限于一门，皆为文明开启以来，各时代、各国家、各民族的思想与文化精粹，代表着人类已经到达过的精神境界。丛书系统译介世界学术经典，引领时代思想，为本土原创学术的发展提供丰富的文化滋养，为推动中国现代学术和现代化进程做出了突出的贡献。

为纪念商务印书馆成立120周年，我们整体推出“汉译世界学术名著丛书”120年纪念版的珍藏本，寄望既利于文化积累，又便于研读查考，同时向长期支持丛书出版的译者、编者和读者致以敬意。

两甲子后的今天，商务印书馆又站在了一个新的历史时间节点上。我们不仅要铭记先辈的身影和足迹，更须让我们的步伐充满新的时代精神。这是商务人代代相传的事业，更是与国家和民族的命运始终紧密相连的事业。我们责无旁贷，必须做好我们这代人的传承与创造，让我们的努力和成果不仅凝聚成民族文化的记忆，还能成为后来人可以接续的事业。唯此，才能不负前贤，无愧来者。

商务印书馆编辑部

2017年10月

目　录

第一卷　耶稣生平的历史轮廓

献给我的兄弟
威廉·施特劳斯[*]

我亲爱的兄弟：

我从事著述虽已多年，但除了两封信之外，在我的著作中附以献辞，还以本书为第一次。我从来没有也不曾寻求过赞助人；当我的第一部著作开罪于人的时候，我的老师们立刻慌忙地，严格符合真实情况地，否认开罪之因，即我所有的最好知识是由他们所传授的；至于我的朋友和同学[1]，仅仅由于谣传他们和我的亲密关系（因他们不愿像有些人所做的，因形势而牺牲这种关系），就受到这么多的猜疑和滋扰[2]，看到这种情况，实在令人痛心。因此，不使他们由于公开的友谊纪念而遭受更大的责难，就成了我良心上的

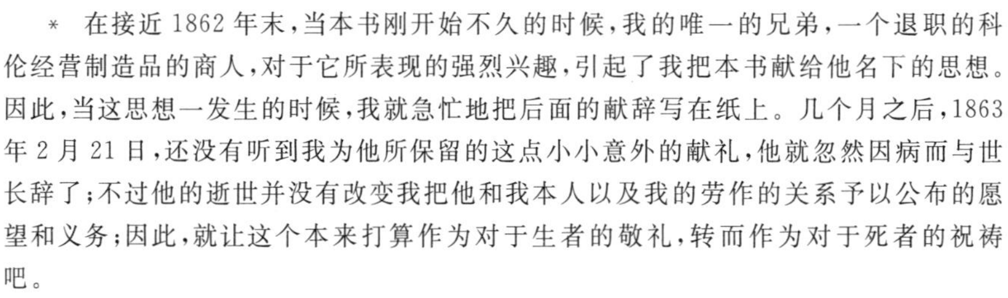

* 在接近1862年末，当本书刚开始不久的时候，我的唯一的兄弟，一个退职的科伦经营制造品的商人，对于它所表现的强烈兴趣，引起了我把本书献给他名下的思想。因此，当这思想一发生的时候，我就急忙地把后面的献辞写在纸上。几个月之后，1863年2月21日，还没有听到我为他所保留的这点小小意外的献礼，他就忽然因病而与世长辞了；不过他的逝世并没有改变我把他和我本人以及我的劳作的关系予以公布的愿望和义务；因此，就让这个本来打算作为对于生者的敬礼，转而作为对于死者的祝祷吧。

① 德文 Studiengenossen 见德文原著第Ⅰ页。——译者

② 德文在这里有“特别是在我们的家乡维滕贝格”字样（besonders in unserer Heimath Württemberg）。——译者

责任。

你，我的兄弟，是独立自主的——由于幸运地有经营商业的特权，免除了为精神的或世俗的上司们的爱憎而担心；你的名字出现在我的一本书的前几页，对于你不会有什么损害。你不仅曾在许多苦难时刻忠实地站在我的一边支持了我，而且以你一个人兼为作者做了赞助人、教师或朋友所可能做的一切。你鼓舞了我，你也了解我；你屡次激励了我的消沉的意志，恢复了我对最初献身的事业的松懈了的关注；在我写作本书的时候，从一起头我就总是想到你，我所写的没有一页不是出于为了满足我所知道的你本人对于这个时代的特别需要的想法。

本书的献辞和其标题[①]所宣告的目的是符合一致的。在把本书献给我的兄弟这件事上，我是把他看作人民的一个代表的，相信在本书为之而写的德国人民当中，有许多人正和他一样；许多人在一天的辛勤劳动之后，以阅读严肃的书刊为他们最好的慰藉；许多人具有异常的勇气，不为习惯的和教会的常规积习所囿，对于有关人类的最重要的问题进行独立思考；我还可补充一点，他们具有一种更为稀罕的能力，能够看到在德国，在把群众精神从迷信中解放出来，并引进一种纯粹人的教化以前，至少政治自由和进步就不会巩固。

拒绝超自然的援助，一切听凭人类自身和世界的自然秩序，这样的一种宇宙观，是否真正适合于人民和实际生活习惯，——是否

① 本书德文标题为：Das Leben Jesu für das deutsche Volk（为德国人民写的耶稣传）。——译者

不仅使人在顺境中能够走在正路上，而且还能使人在逆境中精神振作，欢欣鼓舞，——你，我的兄弟，已经有了极其充分的机会用经验来予以证明，尤其是在这两个假设事例的后一个方面。你以大丈夫气概，不靠外来支持，仅仅依仗自己作为在这个神圣丰富的世界的一个成员所可能有的能力和知识战胜了讨厌的疾病，——在那能够使最坚定的人丧胆，使最强固的信心动摇的情况下，你保持了你的勇气和镇定；甚至在希望幻灭，生活绝望的时刻你也从来未向相信彼岸世界而自我欺骗的诱惑屈服过[①]。

但愿在如许多的严重试炼之后，你能享受到一个宁静的人生的晚年[②]；但愿这本书能使你的容忍精神得到满足，这个献辞也不致使你不快；但愿它向我们的子子孙孙证明他们的祖先之间的亲密的精神友谊和虽不能说已臻神圣或极乐境界，但至少他们是光荣地生活过又安静地死去了！

① 此处德文原文是：niemals der Versuchung nachgegeben，durch Anlehen beim Jenseits dich zu täuschen。——译者

② 不应忘记，这个献辞是施特劳斯在其兄弟还活着的时候写的。——译者

序　　言

在距今29年前写的我的前著《耶稣传》第一版的序言里，我曾特别提到那本书是为神学家们写的；——那时还没有作好为其他人写书的充分准备，因此，那本书是特意用一种不适合于普通人理解的方式写成的。现在这本书则是特意为普通人写的，我特别努力不使有一句话是任何一个有学识或有思想的人所不能理解；至于专业神学家们是否也愿置身于我的读者之列，对我来说是无关紧要的。

在这一段时期中情况已经发生了多么大的变化啊！现在已不再能认为一般公众对于这种性质的研究没有准备了。完全和我自己的任何行动无关，我的死对头们，就是那些坚决主张为了礼貌我至少也应该用拉丁文来写的人们，已经急遽地把这些问题抛在公众面前了。这些主张慎重的人们的喧嚷，为一些比我自己更不审慎的人加以重复，他们用一种通俗的，然而对我来说却是不很愉快的方式处理这些问题；直至德国的政治复苏才终于给宗教的和其他的讨论开放了一个较为自由的讲坛。作为这件事的后果，许多人对于迷恋旧的观念已经变得不耐烦了，他们振作起来，对宗教问题进行独立思考；同时在我前著出版时被认为还不为人所熟悉的各种基本概念，从那时以来也已经流行开了。而且，认为只有神学

家或有学问的人才能理解这些问题的想法，仅仅是一种阶级成见罢了。其实，问题的实质是非常简单的，每一个头脑清醒、心地正直的人都可深信不疑，在进行适当思考和正确运用可能方法之后，剩下来他们所不能懂的问题，其本身一定是没有什么价值的。

还有，这一段时期已经完全清楚地证明，期望专业神学家们对于这些问题作没有成见的判断，恰恰是最难的事情。其实，他们正是对自己案件判决的当事人。任何对基督教传统信仰对象的讨论，尤其是对于作为基础的福音书记载的讨论，似乎都是对于他们作为精神领袖是否确当表示怀疑。至于这种怀疑是否正确，那是无关紧要的，这就是他们的想法。对每一阶级或等级来说，他们首先考虑的总是他们自身的安全问题；阶级或等级的成员而肯扶助威胁其自身安全的革新运动的总是不多的。很明显，一旦基督教不被认为是奇迹，则僧侣阶级就不会再是他们一直所表现的那种似乎是天赋异才的人了。他们的职务将是教诲而不是祝祷，大家知道，前一职务既很艰难又不讨好，而后一职务则报酬既多又很容易。

为了使在宗教问题上获得进展，那些摆脱职业成见和利害关系的神学家们就应当不怕特殊，向有思想的普通人士伸出手来。既然神学家们拒绝听从，我们就只有转向人民；正如使徒保罗当犹太人拒绝他的教诲时转向异邦人一样[①]。当人民中比较有知识的人们对僧侣们所通常提供给他们的精神食粮不再感觉有味的时候，后者就会开始考虑给他们提供一种较好的食物了。但必须对

① 参看《使徒行传》第13章第46节。——译者

他们加以外部压力；正如必须对旧派法学家们施加压力才能使他们采用陪审制和其他类似的改革一样。我知道，有些先生们会在这里婉言讽刺说这是过时的神学家在企图以精神煽动者的身份重新出现。就算是这样吧！米拉波[①]也曾经是一个向人民伸出手来的过时的贵族；而他这一行动的确没有白费。我并不是米拉波，回顾以往更自觉问心无愧，对于即使我受到我所选择的行业排斥的行动尤其是这样。

供人民使用的这个目的，是我为什么不给旧的《耶稣传》出一新版反而出一部除了基本观念外，和旧著完全不同的新著的原因之一，但另一情况也导致了同一结果。我早就想趁出新版的机会，在答辩反对观点的同时，用我自己或别人的最新发现成果，对它加以修改和补充，使我这一著作具有对这一问题的最新研究成果的水平。但我很快发现，前著的主要意义正在于它是写在这些发现之前，它所具有的特点将会因对它进行这样的修改而有所改变或者甚至完全失掉，这就未免可惜。因为按照它的实在情况来说，它还是近代神学在一个重要时期的历史纪念碑；它原来的规划在未来的一段时期还会对于学者有用。因此，决定让旧的《耶稣传》仍然保持原状；如果这部现已脱销的著作需要再出新版时，我已用遗嘱规定其按照第一版印刷，但根据第四版略加修改。

因此，要体现最新的研究成果，就只有尽可能地在这部较为通俗的著作里来做。只要把深奥的细节略去，这样做也并无困难。

① 米拉波（Mirabeau，Honoré Gabriel Victor Riqueti，Comte，1749—1791），法国资产阶级政治家兼演说家。——译者

节略在某些方面是一个损失，但在另一方面却是一种收获，因为这样一来，深奥的辩解和自炫就被排除了。这些自炫之一是在科学的自由思想家的著作中所常遇到的那种泰然自信的神情，以为他们研究的全部意义仅是为了纳粹历史的兴趣。我对这些博学的先生们的话固然是十分尊敬，但也不能不声明一下，他们所说的是不可能的，而且即使可能，也不足取。毫无疑问，一个讲论亚述君主或埃及法老的作者的动机可能是纯粹历史的；但基督教是一种活的力量，关于基督教的来源问题，对于当前现实可能产生许多重大的后果，因而在决定这一问题时，一个学者的兴趣如果仅仅限于历史方面，他就必然是愚不可及。

然而，这一点却是无可争辩的；任何一个认为教会及现代神学关于耶稣一生和其一连串的情节具有超自然性的想法难以容忍的人，一定会发现最有效的摆脱办法乃是进行历史的探索。他既抱有这样的基本信念，认为一切正在发生或者已经发生了的事情都是自然地发生的，——即使是最杰出的人物也仍然不过是人，因而初期基督教记载的超自然色彩必然是外加的、不真实的，就自然会认为，越是能够追溯事件经过的真象，则事件的自然性也就会越发显示出来；简言之，他的倾向引导他进行历史的考察，不过这种考察总是在严格的历史批判的制约下进行的。到此为止，我和这些先生们的意见是一致的，而他们大致上也是和我的意见一致的；我们共同的主要目的并不是要恢复已经被湮没了的历史，而是要协助人类精神从教条的压迫奴役下进行自我解放；我完全同意，历史的探索和一般的哲学教育，是达到这一目的最好方法。

和纯粹历史兴趣的自炫联系着的还有一种保留思想，这种思想阻碍探索充分开展而达到其原定的目标。它不问耶稣到底真的说了或做了什么，而仅问报告人说他说了或做了什么；不问某一福音书记载本身表示了什么，而仅问在一定情况下，按讲述者所固有的倾向性，他所意图或希望表达的是什么。这样，我们就只和福音书的作者发生关系，把主弃置不顾：正如立宪政体使责任由内阁来负而免除了君主的责任一样。的确，这是防止狂热攻击的一种明智办法，而且对一开始在批判方面所遇到的困难加以彻底排除也完全是正确的；但这还不够。我们特别希望知道的是：总的来说以及在细节方面，福音书的历史是真实可靠的呢？还是不是呢？只有在和这一重大问题联系着的情况下，这些初步的探索才能有一般的意义。

在这一方面，这20年来的福音书批判确乎是有几分衰退了。尤其是关于头三本福音书，关于他们的来源、目的，著者和相互关系的新的假设相继被提出来，人们非常热烈地主张这些新假设并彼此攻击，以致我们几乎忘却了另外还有什么值得考虑的事；争论有永无休止之势，使我们开始感到，如果真的必须等到这些问题解决了主要问题才能解决的话，不知何时才能对主要问题有明确的理解。

幸好这是不必要的。关于第四福音书和它同其他福音书的关系，的确，最重要的事情是在对这些问题发表任何意见之前先有明确的理解；但尽管我们还不能绝对肯定马太是用希伯来文写的或是用希腊文写的；他所写的是一本福音书或者仅是一部言论集或讲演集：路加是否有《马可福音》和《马太福音》在自己跟前，或者马可手头是否就有现成的《路加福音》和《马太福音》，我们对于福音书历史的许多最重要的问题，仍然能够有明确的看法。特别是关于福音书历史不是什么这个问题，我们完全可以不依赖这类问题而作出自己的确定的意见。我们的目的不仅是回顾的，历史的而且也是向前展望的。对于我们的目的来说，这一否定如果不是唯一的考虑，至少也应该是主要的考虑。问题在于：对于耶稣本人和其生平，不容许仍然有超自然的说法存在，不容许仍然有任何独断的、不可思议的权威压抑着人们的心灵。我以为我们完全可以不管那些无穷尽的批判问题而对这一否定作出明确的决定；因为我们明显地可以看到，无论是一本福音书，或者是所有的福音书在一起，都不可能说它的历史的可靠性要求我们贬低理性到相信神迹的地步。

和这一否定相对应的肯定方面有两点：第一，对于耶稣本人、其目的和真实历史应抱的看法；第二，关于耶稣生平的非历史部分产生的方式。为了对这些问题作出圆满的答复，无疑必须知道每一福音书的作者关于耶稣生平的描述有哪些部分是他自己凭空加上的，而他所加上的又是从哪里得来的。这在对他们写书的目的与方法，外在条件和内在条件等进行彻底考察以前是无法知道的。这一要求比在这方面已经达到的成就要高得多；但不时对结果进行检查，分辨哪些是已经确实成立的或者是可能的，哪些是有疑问的，或是不可能的揣测，不仅是容许的，而且还是必要的。这样可以把各方面的注意力唤回到主要问题上来；而这一类的要求，由于可以使思想集中，对于科学总是有好处的。

至于我自己，我还是坚持我原来的立场，同时并努力设法利用晚近的研究成果。为了达到这一目的，我曾试图向自从我的《耶稣传》第一次出版以来对这一问题进行过批评的主要人士学习；没有人能够指摘我，说我在著述方面犯了“彼拉多主义”[①]——这是瑞士人因戈德舍特[②]总是坚持他所写的每一个字而送给他的称号。我的新资料多半是从鲍威尔[③]和他的追随者那里得来的；尽管我不能完全同意他们研究的结果，对于他们的研究方法和精神我是衷心表同情的；在另一方面，对于那些反对他们的人，虽然我也利用他们的某些成就，但正像从来一样，我总以为他们的总的目的和处理方法是错误的。我盼望前一类的批评家们，当他们发现我在本书中对他们所研究的许多问题表示漠不关心的时候，不要以为我是无礼：至于另一伙人，我知道我从他们那里会得到怎样的待遇，并且已经准备好接受各种恶意的表现，从傲慢的沉默和轻蔑的诽谤到亵渎和慢神的指控。由于本书是为德国人民写的，我已仿佛预见到那些毫无资格代表人民说话的人假借德国人民的名义所向我提出的反抗议。

我把德国人民看作是进行宗教改革的人民；我以为宗教改革不是一桩在过去已经完成了的事业，而是必须继续进行并在将来进一步完成的事业。现代文化一定也会像 400 年前的文化一样，毫无疑义地导向这一改革的进一步完成。一个危机正出现在我们眼前，现在和从前一样，伴随着它的是一种苦痛的信念：基督教虽

① 按这个典故出自基督教的《新约·约翰福音》第 19 章第 19—22 节。彼拉多坚持不改他所已经写好放在耶稣十字架上面的牌子：“这是犹太人的王。”——译者

② 戈德舍特(Godsched)，德国诗人，生卒日期不详。——译者

③ Baur，Bruno，1809—1882，德国唯心主义哲学家，著名青年黑格尔分子之一，写有许多基督教史方面的著作。——译者

然总的说来是不可少的，但通常所谓的基督教已经有一部分变成绝对不能容忍的了。旧的宗教改革在这方面有它的有利条件，那时认为不能容忍的，毕竟完全是些有关教会教义和实践的问题，而圣经和根据它的启示简单化了的教会条例，还被认为是一种满意的代替品。甄别工作做起来是容易的，对人民来说，圣经仍然是启示和得救的无可争议的宝藏，危机虽然剧烈，却并不严重。现在情况不同了，那时成为新教徒支柱的圣经本身、它的历史和教训，现在已经发生了问题；甄别工作现在必须应用到圣经本身上面，必须把圣经的永远真实有效部分和那些以偶然和暂时情况为转移，现在已经变得无用或有害的部分区别开来。即使那现在对我们仍然有效和有约束力的部分，其所以被认为如此，也不再因为它是超自然地给我们启示在圣经中，而是因为它本身就是正确的，因为理性和经验已经证明它是不可磨灭地确立在我们本性的规律和组成之中。

基督教里面使人性在一方面高出于希腊的淫秽的宗教之上，在另一方面又高出于犹太法律主义之上的那一部分仍然是不可少的和不可磨灭的：一方面是相信宇宙由一个精神的和道德的力量在管理着；另一方面则体会到服侍这样一个存在者，只能像他自己一样，是一种道德上和精神上的服侍，是意向和内心的崇拜。其实我们很难把后一成分看作是旧基督教的残余；因为按真正的意义来说，它从来没有被普遍地建立起来过。连现在的新教也仍然是重视外表的行为，尽管这些行为本身并不比犹太人的礼法有更多的价值，他们却把它当作是得救所必需的。如果我们研究一下这种不纯成分是怎样混进耶稣的道理里来，又是怎样被保留下来的，我们就会看出对我们来说，它的原因和构成古代宗教主要弊端的原因完全一样，这就是说，是由于迷信神迹。只要基督教仍然被认为是某种由外面赐予的东西，它的创立人是真的从天上降下来的，教会是通过耶稣的血给人类赎罪的工具，则尽管基督教自称是一种精神的宗教，它必定仍然是非精神的而且实质上是犹太教的。只有当认识到人不过是在基督教里更深刻地意识到自己的真性，而耶稣则是这种更深刻的意识首先在他里面成为贯注一切的力量的一个人，救赎只不过意味着这样一种气质的出现和我们在内心生活中把它作为维持生命的血液，才能说对基督教有了真正的彻底的了解。

在我们这个时代里人们已经模糊地预感到，只有这才是基督教的真正的、持久的本质，其他一切都是泡沫和渣滓，都是会毁灭的而且有一半已经毁灭掉了。这一真理社会中较低阶级的人们是常能看得出来的，但正像许多别的美好的东西一样，对于那些在社会中占高地位和有权力的人们却常是他们所不知道的一个秘密。基督教的这两个组成部分在圣经中的密切联合，的确使许多人有把精华和糟粕一同抛弃的危险，或者至少有陷于一种恼人的挣扎，或在不信与病态信仰之间、狂热或冷淡之间踌躇莫决的危险。对于这样的束手无策进行帮助是每一个自觉有力量的人应尽的责任。但进行帮助的唯一方式是在基督教的持久要素——真正使人得救的真理——和瞬息变化的意见产物之间划出一条明确的界线来。这样的一条线会从圣经的中心把它撕裂成两半，而这也就无异于把许多虔诚的基督徒的心肠撕裂成两半。撕裂心肠曾经被认

为是一件有功德的宗教行为[①]；这一回它是通过忍受一点儿头痛和运用一些理性就可以克服的。凡是曾经想到过人和一切属于人的事情（宗教也不例外）都是历史地发展起来的人，一定会看到在这个发展的范围内不会有绝对的完全；必须承认，在非常不利的情况下，在1500多年前的宗教著作中所产生的概念，不可能和我们现在所有的概念完全相同，要想在目前对他们加以利用，就必须把本质的东西和外加的东西区别开来。

实行这一甄别工作现在是新教的，也是作为新教领袖和先锋的德国人民的一项迫切任务。在完成这一任务方面现在德国各处为建立不同形式的比较自由的教会规律而作的努力只能被看作是准备性工作，从这一观点看来，它们是值得庆幸的事情；但如果以为此外再没有必须做的事了，那就将是极其严重的错误。愚昧或欺诈正潜伏在现在流行的一种自炫之中，它说我们这个时代的正当任务，不是研究教义或进行唯理主义和超自然主义之争，而是实现教会生活。由于教会体制不过是表现一定的基督教实质的工具或形式；要知道什么是最恰当的形式，你就必须好好地考虑你的基督教的性质是什么，是自然的呢，还是超自然的；因为一种神秘的、表征圣恩的超自然的宗教，必然要带来一个高出于全体教徒之上的僧侣阶级。凡想把僧侣阶级从教会里驱逐出去的人，必须首先把神迹从宗教中驱逐出去。

在我号召德国人民[②]投身于这一事业的时候，我决不是要他

① 参看《旧约·约珥书》第2章第13节。——译者

② 德文原著作deutsche Volk，英译本作German nation，从原著。——译者

们脱离政治，而仅是指出了解决政治问题的最安全、最有效的办法。因为由于德国人民的特殊性格而产生的宗教改革已经在他们身上留下了永远的烙印，任何一种和宗教改革没有联系——不是实质上由人民的理智和道德修养中产生的人民事业，决不会有成功的希望。我们德国人在政治上的自由，只能随着我们在精神上、道德上和宗教上的自我解放而增长。破坏着我们德国人民建立一个统一的德意志的努力，使得本身就极不适当的南北分立变成一种危险的腐烂的脓疮的，难道不正是由于宗教改革的进程不幸中途遭到强烈的阻碍，或者说由于其即将取得的成果无端遭受剥夺而产生的信仰的不同吗？然而双方早就认识到，按目前情况来看，任何一方都没有说服对方的可能，重新联合的唯一可能性，在于发现一个超越于斗争双方之上的第三立场。德国人民在没有认清宗教的内在本质并从那些构成不同宗教信条根源的外加立场解放出来以前，决不可能达到这种超越的立场。一方面所谓的德意志天主教会和另一方面的“光明之友”①的新教协会——它们已经作为自由宗教社团而开始互相联合——是朝这个方面前进的值得称道的努力；我希望本书对这一实际目的会作出理论上的贡献。

在这一观点上本书和法国芮南（Renan）的著作是一致的②。对于那部现已闻名的著作不管有怎样不满的意见，它既然在第一次出版时就遭到不计其数的主教们的反对，而且还遭到罗马教廷本身的反对，它就必然毫无疑问地是一部有价值的著作。那本书

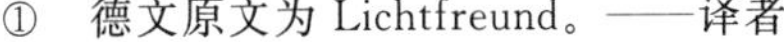

① 德文原文为 Lichtfreund。——译者

② 直译为“向芮南的法文著作伸出友谊之手”。——译者

是有缺点的，但它的根本错误只有一个，我相信该书的多才的作者会承认这一点，并对它作相应的改正。不管在我们看来它还有什么别的缺点，这些缺点在其本国却部分地构成了使它广泛流行的优点；在另一方面，本书作者所冀以博取本国同胞赞许的某些特点，也可能在莱茵河的彼岸①反倒引起不满或厌恶。在我自己的著作快要完成时看到芮南著作的出现令我非常高兴，我认为这是普遍地有所需要的一种表现，在进一步熟悉该书内容之后，我对该书敬表同意，不过我并没有受该书影响而对自己写书计划有任何改变之意，我所希望的只是我所写的书能够适合德国人民的需要，像芮南的著作适合法国人民的需要一样。

著　者

亥尔布朗，1864 年 1 月

① 莱茵河的彼岸，指法国。——译者

绪　论

论耶稣传这个概念
福音书的来源和特征

绪论——第一部分 1

1. 论耶稣传这个概念

耶稣传这个词和以这类词为标题的文章，在较早的时候我们就已经接触到了；然而，我们现在对这个词的理解，却断然是一个近代的概念。

教会，不管是新教或旧教，只是以其两个教条的形式，即关于耶稣本身的教条和关于他的工作或职务的教条，才涉及耶稣传问题。前者说明，耶稣作为上帝儿子的化身，过去是什么，现在又是什么以便能以救赎堕落了的人类；后者则详细说明，他以这种身份过去为我们做过什么，现在仍在为我们做些什么。这些事项，就其属于他的过去和在世的经历而言，当然都是他的传记的一部分，或者如果你愿意的话，也可以说，他的整个一生就是一种超人的救赎活动；不过，即使作这样的理解和讲述，它和通常为了写传记而考虑一个人的生平仍然是不同的。但是，只要教会神学还在流行，人们所抱的见解就是这样；关于救赎主的生平的记述，只是一些证实或说明教会教条的圣经经文的注释或结合——不是我们现在所理解的耶稣传或耶稣历史。

按照现代概念，传记的主人翁必须完全地、明确地是一个人。

一个半人半神的人物，在诗歌和寓言中充当一名角色虽然似乎还
2 可以接受，但在现在决没有人认真地把他选作历史记述的主题。在一篇传记里充当主人翁的人物是一个部分自然而又部分精神的人物，他的低级冲动和自私目的理应服从理性的普遍规律，他并不是一个由于人性和神性的结合而已经和必然地使意向受到抑制的人。踌躇和失败，感性和理性之间，自私目的和一般目的之间的斗争是每一个人生活中所常有的事情；尽管由于这种内心斗争而引起的混乱，从感情的最激烈的骚动到其宁静仅受到略微的干扰，其程度可能千差万别，但像在教会教条中所假定的基督无罪那样把它完全排除掉，对于任何真正的人的概念来说，必然是极其有害的。

而且，即使是一个最有天才的人物，也总要受到他所生长和活动的特殊环境的影响的。他是某个家庭的成员，生长在一定的时代和一定的国家之内；他的心灵尽管是独立自主的，但一方面他会受到由于这些情况而产生的文化的性质和程度的培育，而另一方面又受到那种文化的性质和程度的限制；他的目的受着周围环境的支配，因而不仅在其实行方面会遭受阻碍，而且由于经验的进一步成熟，还会发生各种变化和改进。但在传统信仰中，上帝的独生子或化身成人的耶稣却是不受这些限制的。他所原有的禀赋不需要人的传授，因为他完全不受家庭或国家环境的限制；他的目的，或者说他被差到世间来的唯一的目的，是自古以来就预定了的，而且是在不屈不挠地、确定无疑地执行着，丝毫不受社会生活的任何通常的影响，甚至也不受自然律的影响。

在所有的传记里，像上述的那些影响都是极其自然的事情。主

人翁是个有限的人物，他的力量受到根据自然律而起作用的周围 3
的其他力量的限制。这些力量的交互作用是历史的恰当的题目，其基本规律就是因果律。根据这一规律，每一结果都可假定其有一种自然的、可指出的动因；把一种外来的、超自然的创制力引进历史的齿轮，不可避免地会破坏它的连续性，而使历史成为不可能。

在这一切方面，教会对于基督的概念都是和一般的历史概念，特别和传记概念不相容的。在试图给予这一概念以一种传记形式时，我们立刻会看出形式和内容的不相称来。教会的基督不可能作为传记的主题，把它们统一起来的想法不仅是现代的，而且还是自相矛盾的。它所包含的两个方面——教条和历史——是分别发展起来的。第一次试图把它们结合起来是在十八世纪。把不调和的东西混在一起的趋势是过渡时期的特征。人们想把教会所宣讲的基督保留住，却又感到只有使规定的轮廓适应实际生活中所习见的形式才能做到；这样，人的和神的，内容和处理方式这些不调和的成分，实质上就分解了，想把它们结合起来的徒然尝试，反而把它们的内在不调和暴露出来。

这样，基督传这个概念就预兆了即将来临的变革。它预示了近代神学发展的广泛结果，在后者发展的道路上成了它的网罗，从其特有的矛盾中预示了传统信仰的总崩溃。它是神学不可避免地注定要衰落和毁灭的陷阱。当人们对传记作认真的考虑的时候，神学概念的命运就完结了；假使神学概念还会继续存在下去，就不
会有传记的尝试了。但是这个尝试是不可避免的。如果古人认为 4
不对任何属于人的事情作不合于人的处理是适当的，那么，现代的口号则是把一切不合乎自然和不合于人的事情看作是异样的和不

适当的。基督对于现代的重要意义只有使其经历能从传记上去理解,只有把其生平看成是和其他名人生平在同样基础上的一连串的实际事件才能证实。

最初并没有预料到这样处理主题会带来难以避免的危险。当时认为,这只是一种微不足道的让步,并不牵涉本质的改变,而且还因深信:不管教条的基督论怎样变化,新约的基督总会是安然无恙而有所安慰。当时以为,如果正确地阐释和理解新约的基督,新约的基督就会是很自然而合乎人情的。但是,如果实际情况并非如此,如果新约的基督,尽管在某些方面并不一样,但在对基督本性及其行为的奇迹般的表现上,和神学的或教条的概念实质上是一致的,又怎么办呢?新约是我们现有的详细了解耶稣的一切资料的唯一来源。如果在这唯一有权威的文献中,他以一种和传记不合的形式出现,那么,由于一本传记对我们来说是必要的,因而对权威加以证明,即以人类可能性的一般标准对它加以考察和衡量,就是绝对必要的了。这样,正如对耶稣传的教条式的处理不可避免地要转化为求实的处理,同样,求实的处理也一定要前进到批判的阶段。只有当我们对福音书记载的可信程度加以不遗余力的充分考察以完成求实工作的时候,我们才能真正具备一种求实的传记的概念;而且即使在那时,如果在批判的检查过程中,发现福音书的资料逐渐缩小而成为一个模糊不定的轮廓,我们也只能把这一概念保持在实事求是和适可而止的范围之内。

5 **2.试写耶稣传的不同方式。赫斯(Hess)**

迄今百余年来连续不断的编写耶稣传的工作,就是企图调和上述两种矛盾成分的一连串的尝试。但这些尝试的愈来愈糟糕的结果，只证明了这种结合是不可能的，因而有必要对文献加以批判的甄别。在这里不可能对这种发展，或者更确切点说，对这种分解过程逐步加以追述。但指明某些卓越的努力所表现的主要阶段却是必要的，尤其因为它会说明我在前著之后又写本书的理由以及它们之间的必然联系。

赋予福音书故事以一种传记形式的最早尝试之一，或者如果连续不断的风行能够保证这样说的话，最幸运的尝试之一，就是苏黎世的J.J.赫斯的尝试。这部书最初出版是在1768年，到了本世纪，它已以不同版式发行了多次，它是我国的大人先生们所喜爱的一本书。赫斯相信，只要正统信仰方面略作让步，就可使福音书故事很好地符合于传记要求。他的基本理论是超自然主义；他完全承认福音书的神圣成分；耶稣的诞生、离世和他的本性都是超自然的；他没有对耶稣的神迹作任何的削减。但赫斯既然在他的序言里声明说他的目的不仅是写一部有益宗教信仰的或慕古主义的著作，而且是要写一部最有教益和最令人喜爱的历史著作，他以为他
能够在不贬损耶稣的神性的范围内，仍然主要地把耶稣表现为一 6
个人，把他的历史作为可以从物质的和道德的原因加以说明的一系列可理解的事件来处理。他以为同一处理方式甚至还可以应用到神迹方面；因为我们不仅需要考虑他们的超自然原因，而且也应考虑施行这些神迹的道德的动机；神迹的真正价值不仅在于他们的特殊性或不可说明性，同样也在于他们表现了上帝的善良和仁爱的道德的特征。

它还标志着经历了我们现代诗歌文学最初努力的时代精神，

除了福音书故事的道德特征之外，它要我们还应注意到它的审美精神和对于感情的控制。例如，赫斯认为，耶稣婴儿时期和公开生活期中的神迹具有同样的历史可信性；他特别详细地论述了耶稣由童女诞生的适当性(说和其历史的真实性无关)，这件事本身就是把上帝的儿子介绍给世人的最崇高的方式；并且还补充说，凡有识见和鉴赏力的人，在读到天使向伯利恒牧羊人显现的故事的时候，不会不承认这一宣告方式具有特别的适当性和卓越的美妙。

即使是最有正统信仰的人，也不可能避免对这些福音书加以某种程度的批判的甄别，因为摆在我们面前的是四本不同的耶稣传，尽管在一定范围内他们是互相类似的，但其细节和安排却常互不相同，而且有时还包含着互相矛盾的陈述，其中有许多还是某些作者所特有的。在这种情况下，赫斯很自然地尽可能采取了保守立场；他对马太和路加所作关于耶稣婴儿时代的矛盾陈述作了勉强的结合；对《约翰福音》所记迦伯农大臣和《马太福音》的百夫长，
7 耶稣给门徒洗脚的晚餐和设立圣餐礼的晚餐都加以区分；但他却不能承认有两次洁净圣殿，尽管约翰所记耶稣洁净圣殿是他第一次到耶路撒冷去的时候而其他福音书作者所记则是在耶稣最后一次也是唯一的一次到耶路撒冷去的时候。在这里他天真地使约翰的爱好服从于马太，虽然他对他们任何一人的记述的真实性都没有丝毫的怀疑。

但是，不管作者怎样坚决地相信神迹，我们还是可以在一些不很显眼的地方看出他的信仰似乎带有唯理主义的色彩。他说他宁可给东方博士所见到的星以一般陨星的名称；但他心目中真正注意的并不是一般性，而是因为故事中讲到那颗星“在前头行”和“在

房子上头停住”如果说它是位于低层空间的陨星就有更大的可能性。特别在他对于撒旦和魔鬼的见解上赫斯不知不觉中就露出了唯理主义的影响来。在他描述耶稣受试探那件事上，他一开始就说到“试探者”，但对这个试探者本身*却未作任何详细描述，只是在故事的第二幕里才提出了撒旦这个名称来。但既然认为“试探者”的目的是要发现耶稣是不是像在他受洗时所宣告的那样，真的是上帝的儿子，——根据圣经，这一事实一定是撒旦所已经知道的，只有像法利赛人那样人间的仇敌，才能对之有所怀疑——从此就很容易看出，赫斯在这件事上，无意中露出了一种唯理主义倾向的马脚来。

在叙述鬼附人身的事上，他更是完全依照这种倾向行事了。
对于造成这种非常情况的原因他并没有发表任何意见，而只是以
对于它的症候作详细的描述为限。似乎在他看来，无论这些症候
是自然地产生的或非自然地产生的都无关紧要，因为在任一种情
况下神迹都是同样伟大，而且，如果福音书的作者们根据民众信仰 8
的情况详细地叙述了这些现象，也不能责怪他们，因为他们并没有
以自然哲学家自居。所以，赫斯总是把鬼附说成是一种通常被归
罪于恶魔的疾病；在从抹大拉的马利亚身上赶出七个鬼的那件事
上，赫斯说，我们在这里对于这种病的性质不可能有明确的概念，
也许这是通常被认为由恶鬼的影响所致的几种疾病的并发症。当
然，这些影响和编历史或作传记时所必须假定的自然因果联系是
矛盾的，但怀疑主义还处于幼稚阶段，对于和黑暗权势的直接对抗

* 参看1779年图宾根版。

与冲突在教会和新约对于耶稣性格的估计中占多大的重要成分还没有表示怀疑。而且，如果一个主人公的思想和打算超越于世界的起源，则写传记的人对他的情节就不可能作确当的处理；因此，尽管赫斯让第四福音书中关于耶稣的这一类主张以衍义的形式继续存在，但在以其本人口气表示意见的时候却宁愿采取与此相反的索西尼派*主张耶稣由于其在世时的功迹后来得到高升的理论；这样就清楚地显示了一种必然要继续发展，终至贯穿于耶稣生平的全部情节的唯理主义倾向。

3. 赫尔达(Herder)[①]

赫尔达的著作标志着我们在这里所追叙的发展已有了显著的
前进。他的《论前三福音所表现的人类救赎主》(1796)和《论以约
翰福音为根据的上帝的儿子、世界的救主》(1797)两篇论文值得我
9 们予以注意。沃尔芬毕特尔残篇[②]对于圣经和基督教的强有力的
攻击的影响已经被人们深刻地感觉到；莱辛(Lessing)关于这个题
目的论文已经把整个论争提到了更高的地位。像赫尔达那样的人

* 索西尼派是16世纪意大利人索西尼(Faustus Socinus，1539—1604)所创立的教派，否认基督教的三位一体，耶稣的神性，魔鬼的人格，完全堕落，永远苦刑等教义。索西尼是后世唯一神教的先驱。——译者

① Johann Gott-fried von Herder，1744—1803，德国诗人和哲学家。——译者

② 沃尔芬毕特尔(Wolfenbütel)是德国布伦斯维克公国在易卜河上的一个城名。17世纪藏有图书300000册、抄本8000种并藏有路德和一度曾充当过这里的图书馆员的莱辛(Lessing)的纪念品的著名公爵图书馆就在这里。这里所说的"沃尔芬毕特尔残篇"(Wolfenbütel Fragments)是指莱辛于1774和1777年先后出版的芮马鲁斯的《为理性主义敬神者辩护》一文的部分论述而言，因莱辛曾以《沃尔芬毕特尔残篇》为其出版物的标题，此事当时在德国学术界曾引起剧烈的争论。——译者

非常容易看出，耶稣的神性已不可能在像以前那样对于福音书故事的真实性的绝对信仰的基础上继续保持住；但由于赫尔达对于这些题目的处理仅是一种一掠而过的性质，因而他对于这些问题不可能有一种新的、令人满意的立场。他的精确辨析的习性受到他的爱好综合的心情的强大抑制，使他自满自足于一种半模糊的境地，这种境地固然是充满着更好知识的肥沃幼芽，但对之加以甄别和发展则是后人的任务。

赫斯曾认为耶稣的教义中有一部分尽管只是一部分，用神迹予以证明是必要的。他以为有些事情单凭理性之光就可以看出它们本身就是自己的证明，例如我们有行善的义务，而且我们相信行善会有善报等等；但关于上帝为完成救赎而作的超自然的施予的记述则只能用超自然的方法予以证明。赫尔达比他更前进了一步；对赫尔达来说，耶稣的教训和生活中合理的和道德的部分是唯一最主要的成分；耶稣是神-人，他表现了人性中最完满和最美好的方面；他的行为和所受苦难的救赎能力，在于他以无私的纯全为了使真正的人性之爱永远培植在人类心灵中而牺牲了自己的生命。在赫尔达看来，只有耶稣的教训、品德和行为对于人类利益的贡献才是福音书所记载的福音的精髓；神迹在当时可能是把耶稣本人及其所负的使命介绍给无知的犹太群众并使他自己受到鼓舞的一种手段，但它的功用仅此而已；我们已不再需要它了；我们不
可能对它的真实性加以检验，如果企图把神迹当作基督教的根据 10
则将会使自己陷于无穷的困难。赫尔达重复了莱辛的话说，纵然神迹是非常真实的，对我们来说，它们也只不过是神迹故事而已，企图使它们和我们的哲学思想符合一致，从我们自己的想法出发，

对它们加以解释，虚构物理的假设对它们加以说明，都是徒劳无益的，尤其是如果考虑到我们的神迹概念和古人的神迹概念并不相同这一点。我们首先必须设身处地把自己放在老师同时代中抱有各种不同想法的人①的地位，老师的目的正是要通过根除他们的这些想法而建立起一个有更高文化的王国来。如果说他们因为深受犹太人成见的感染而认为这种对于信仰的外来帮助②不可少是可以原谅的话，而我们，既然由于有了从耶稣而来的更高超的见解可以对他的工作性质有比较全面的理解，如果在基督教的道义的证明之外，还要求对其卓越性的其他证明，就是不可原谅的了。赫尔达问道：难道必须在两千年前有火从天上降下来才能使我们在今天看到太阳的光辉吗？难道必须中止自然律的运行才能使我们相信基督的道义的王国的内在真实性、美妙和必然性吗？我们宁可因这个王国的存在而感谢上帝，不让神迹萦绕于心中，而这是试图对它的真正性质加以理解；其性质本身应该向我们的心作出证明，不然的话，一切已经行过或完成了的神迹和预言，对我们来说都等于没有说过、没有行过、毫无益处。

如果我们进一步问赫尔达是怎样把这些原则应用到福音书的各个故事上的，则我们并找不出他对于这个题目特别谈过些什么；我们只能从几段文章中猜测他的真正意思。在对被鬼附的人的处理上，例如在群鬼要求进入猪群的那件事上，赫尔达告诉我们是耶
11 稣为了挽救那个精神病者起见用他自己的语言对他说话；变像则

① “老师”即耶稣，按德文原文为“Zeitgenossen Jesu”，即“耶稣的同时代人”，根本没有英译本的“teacher”字样。——译者

② 指神迹。——译者

是使徒们在最后的和有决定意义的决心之前处于精神兴奋状态中所见到的一个幻象，耶稣受洗时的神迹只是一个自然事件，是伴随着低沉雷声、来自云彩中的一道柔和的阳光，耶稣和施洗者都认为这表示了上帝对于他的事业的嘉许。

这些例子提示了一种对于神迹的自然主义的解释，在另一些地方赫尔达还表示了象征主义的倾向。他说，耶稣行了神迹，这表示他尽管远远高出于同时代人的软弱之上，但他还是迁就了他们的软弱；不过他所行的神迹是最高尚的一种；他救援了患病者、迷路者和疏远了的人类，因而他所给予人的身体上的好处永远是他的仁慈的本性、他的崇高而进步的目的的典型的反映。在赫尔达的精细观察之下，第四福音书里所记述的神迹特别具有这种情形；它们之所以出现在那里，并不是因它们本身的原故，而是作为救主随时并经常地给人类以影响的持久的神迹的象征。例如，迦拿的神迹*就是使耶稣和施洗约翰有别的一种更为崇高、更为伟大的行为的典型；这两位先知的天才和任务的相互关系就像涤除秽污的水和欢悦人心的酒之间的相互关系一样。同样，在赫尔达看来，第四福音书著者之所以如此详细地叙述拉撒路从死复活，并不是为了这个神迹本身，而是为了它作为一个表明基督就是复活和生命的例证所具有的价值——同时也是为了它作为最后收场的一个要素的重要性，正是从这个最后收场里引出了耶稣自己的复活史来。从这种以约翰所记述的神迹为说明性象征的见解出发，很明

* 迦拿的神迹是指耶稣在加利利的迦拿一个婚姻筵席上变水为酒的故事而言，见《新约·约翰福音》第2章第1—11节。——译者

显，只要再前进一步，就可把第四福音书的历史可信性全部推翻，而把它的神迹故事仅仅看成寓言性的虚构。但赫尔达没有，也不
12 可能采取这一步骤，因为对他来说，对于第四福音书的真实性的确信是特别基本的，同时也因为在他看来，对于神迹的自然的解释是一种危害较少的权宜办法。

他特别着重把后一方法运用在复活这一最高的神迹上。他对芮马鲁斯(Reimarus)[①]的问题：为什么复活的基督不像他向朋友显现那样也向仇敌显现所作的解答，即他不愿意第二次被捉拿、被捆绑、被虐待、被钉死——已经暴露了一种和教会及福音书很不相同的复活概念。固然，他否认了复活是借助于人的手段而完成的，但他特别强调了他所认为确定的情况，即耶稣的脚并没有像手那样被钉住：复活的救主的身体需要营养而且是可以触知的，这就无疑地表示了复活的救主的身体并不是一个能够通过关闭着的门的幽灵，这么一来就似乎是把复活从一种神力的奇迹变成为一个自然的事件了；但赫尔达提醒我们说无论是在事物的自然秩序或道德秩序之中，离开了全能者的能力什么也不能发生；他以为即使假定其为生命气息的暂时停止对我们的信仰来说也无妨碍，因为我们的信仰能够大胆地回答说：为什么因上帝所用复活的方法而自寻烦恼呢？只要他是回来了又向他的朋友显现过就够了，故事是据实讲的，并不是虚构或幻想。但是，我们在这里不禁要问的是，作为复活的真实历史还有什么剩下来的呢？很明显，赫尔达的看

① 芮马鲁斯(Reimarus，Hermann Samuel，1694—1768)，德国哲学家和文学家，启蒙时代的自然神论者。——译者

法和福音书作者们的看法是很不同的；因为他在这里把现有记载中的一个重要部分为了历史的可信性而牺牲了，历史的可信性是决不容许对自然事件的秩序作神迹式的干预的。

4. 保罗斯(Paulus)

在赫尔达的渊博思想中，把对耶稣生平中神迹成分的两种很 13
不相同的解释方式的萌芽——即自然式和神话式或象征式，很和谐地联系起来了。和当时文明的流行情调相一致，他首先发展了这两个方法中的较为粗俗的一种。上世纪末和本世纪初，出现了许多采用自然解释法的著作；但以这一理论为根据的古典著作则首推保罗斯博士的《福音书注释》及其后出版以《耶稣传》* 为标题的该书的简编。

对保罗斯和赫尔达来说，主要问题是耶稣的道德的高超、他的纯正的人性和他在把这品格培植于人类心灵中所起的作用。保罗斯说，从迦拿神迹上所略微看到的耶稣的由衷的仁爱品格比由幻想的超人力量制胜自然的论证所引起的惊异远为有价值、远为有感力。赫尔达已经放弃了把神迹看作不仅是天意巧合的意外结果的想法，他特别否认它们在建立基督教真理上有证明的力量；保罗斯采取了斯宾诺莎的《神学政治论》和康德哲学的同样原则，而以更坚决和更有力的形式予以表现。凡不能按因果规律予以解释的事件就不可能认其有历史的可信性——假装仿佛从自然律的中断
而不是从其不间断的连续中可以看出神的能力、智慧和善良的做 14

* 《注释》发表是在1800—1804年，《耶稣传》发表是在1828年。

法是错误的，——即使是自然界中最惊人的明显变化在支持一个精神真理，证明或反驳一个宗教教条方面也毫无用处；保罗斯的注释在确认并运用这些公理方面不仅远远超过许多同时代的人，甚至还远远超过晚近的许多同类著作。

奇怪的是，一个用这些基本公理武装起来的研究者，对于像福音书这类从来被公认为是在完全矛盾的假设基础上撰述的著作，这些充满神迹和超自然主义的著作，会加以怎样的处理；他竟把这些非常不正常的现象看作是耶稣的高贵品格和他的教训的真理性的最确凿的证明。对于一个默然同意一般的信仰，认为福音书的作者是接近于发生事件的时间和地点的人来说，就像对于一般的唯理主义学派一样，简直不可能把福音书的记载看作是非历史的和荒诞的。依保罗斯看来，马太福音的资料是在耶稣逝世后 10 至 12 年期间在加利利搜集来的；当路加和圣保罗在耶路撒冷与该撒利亚的时候，他可能亲自会见过耶稣的母亲，并从她那儿得到了他所写在他的福音书开头的耶稣婴儿时期的故事；至于约翰福音书，如果不确实是这位使徒所写，一定是他的一位门人根据老师的教训，也许是根据老师的书面记录而撰述的。在假定有关福音书来源的这种见解的正确性的前提下，它们的故事就必然在某种程度上是正确的；而在另一方面，如果不能承认神迹的理论是对的话，则其中必然有不正确之处；——这个矛盾应该怎样解决呢？

首先，保罗斯说，我们应当想到通常所谓神迹的许多记述，如果不抱成见地考虑起来，实际并非如此；他认为恰恰是在那些最难置信的故事里他感到有这种情形，神迹并不真正存在于本文里，而

15 仅仅是由于解释者的篡改。如果福音书的作者说耶稣在海上行

走，这就是说，在高出水平面的岸上行走的话，为什么要叫他们为行走在海本身之上的这种庸俗的解释负责呢？他们也许应该可能把自己表达得更清楚一些；但哪一种有更大的可能性呢？是作者的不正确的表达方式呢，还是真正违反自然秩序呢？同样，在耶稣使五千人吃饱的故事里，福音书的作者们并没有说这件事是怎样做的，因为耶稣所有的只不过是几块饼几尾鱼而已。通常的假设是认为在耶稣的手里饼和鱼增多起来；但这是没有根据的，另一个人同样有权利揣测，由于受到耶稣榜样的激励，群众中带有食物的人，对于这场丰富的筵席作出了贡献，因而使众人都吃饱了。这种解释更有正确性，而且是更为自然的一种解释，从福音书的作者们*并没有提到由于食物的奇妙的增加所必然会引起的惊异这件事上就可以看出来了。批判的历史家们没有权利对原文另有增添，除非那是由于自明的理由而自然地被省略去的：如果作者的意思是讲一个超自然的干预，他会明白地提出来的。不过对于这一点必须说明的是，像福音书这类以神迹为主题的故事，我们有权利假定某些特殊事件的超自然的原因，是作为题目的一部分而陈述的，正是因为目击者的惊异是很容易假定的事，作者才认为没有必要提到它。

但保罗斯没有试图把这一解释一般地应用到神迹上面去。他 16
承认在许多场合之下有关人物想象自己看到了一个神迹，福音书作者的意思也是在叙述一个神迹，但历史家却只能认它为一个自

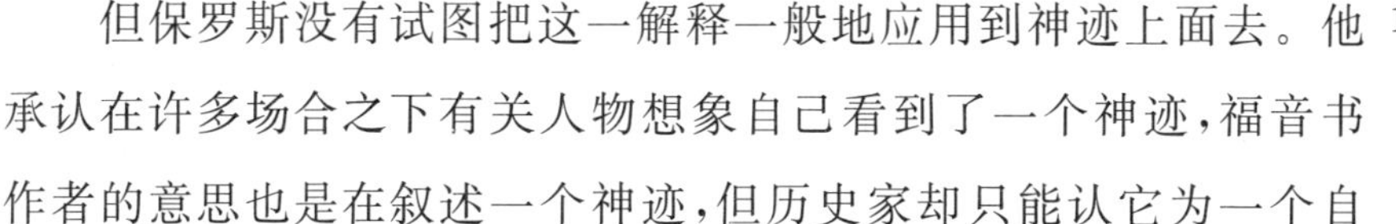

* 第四福音书的作者（第 6 章第 4 节）的确提到了目击者的惊异，但从第 2 章第 23、24 节可以看出，他至少并没有认为这种惊异有多少重大意义。——英译者注

然事件。例如，无可争辩的是，福音书的作者把疯子和患癫痫病的人说成是被鬼附的；但这只是他们加于事实的解释，我们应该把解释和事实本身细加区分。他们叙述这些病人获得医治的方式是和他们本人对于疾病原因的判断这一事实混淆在一起的，因而就有所谓恶鬼被赶出的说法了；而我们都应从犹太人流行的见解，即认为恶鬼一定服从先知，特别是服从弥赛亚*这种心理的理由来解释这一类疾病之获得医治。保罗斯还认为如果我们排除了福音书作者把他们的判断和对于这些故事的记述混淆在一起的做法，则耶稣所行的其他的治疗，都可作为自然事件来理解。因为他们自己承认疾病的治疗对耶稣来说并不是一种单纯的魔术行为而是一件费时和费事的事情；例如，如果他们把不应移动床铺作为借口指责耶稣的治疗工作破坏了安息日的话，那一定是因为这些治疗是和外科处理或者甚至动手术有关；不时地提到耶稣用唾沫和泥的办法也暗示出，尽管是模糊地暗示出，运用了自然的疗法；在马可福音书里还有一些表示自然进程在缓慢地进行着的医疗事例，很可能还只是许多实际发生的事件中的少数。不过很难设想目击者以及由他们得来的这些故事记述，竟会对于最重要的事情，即所运用的手段的性质，这样完全地加以忽视；如果在关于迦伯农百夫长的记述中，他们完全没有提到差遣门徒到病人那里去的事，因而把
17 一件其实是借着所派助手而完成的自然治疗，表现为一种远距离的神迹医治，这就会引起人们的最严重的疑虑，而令我们不禁产生

* 弥赛亚按希伯来原文是“受膏者”即救主的意思。在古代犹太人中间有一种流行的传说，认为他们的救主弥赛亚将要来到世上，把他们从异邦人的压迫下解放出来；福音书作者们就是以耶稣为犹太人的弥赛亚。——译者

和芮马鲁斯同样的想法。

然而这种想解释神迹的全部尝试，正如作者从其自己的观点所正确地引以自豪的，却是由于急于欲捍卫圣经而产生。他说，试图把神迹记述归结为因果关系的自然秩序，并不是要把神迹解释掉，而是为了使人可以相信真正发生了的事情，防止在回想起来时由于次要情节而阻碍我们对主要事情的相信。例如，当我们读到以加伯列命名的天使向马利亚宣告她将成为弥赛亚母亲的时候，超自然的情节很容易令我们以全部故事为荒诞无稽而加以拒绝。如果我们从某一明智的注释家那里学会了对福音书故事中的事实和意见加以区分的话，这种不分好坏而一概加以拒绝的情况就可以防止了。这样我们将会把天使的故事当作是马利亚的想象；而把有人访问了马利亚并向她作了宣告看作是故事的真实本质而坚决予以保留。因此，根据保罗斯博士的理论，在上述事例中，主要的是有人向马利亚进行了访问，至于这个人是天使加伯列则是次要的事情；或者，在变像的事上，主要问题是耶稣在他帕(Thabor)或黑门(Hermon)山上在灿烂的光辉中显现，和两个人谈话；至于这种光辉是超自然的呢，还是由于偶然的晨曦的反照呢，——和耶稣谈话的两个人真的是摩西和以利亚呢，或者是两个匿名的门徒呢，——这些都是次要的事情。但这完全是对真实情况的错误表述。保罗斯在这些事例中所认为重要的，在福音书作者本人看来，反倒是非常次要的，或者甚至是毫无价值的，如果是这样的话[1]， 18
他们就不会想讲这个故事了；保罗斯所称之为作者对于事实的意

① 此处英译本意义晦涩，而德文原著则很清楚。——译者

见的东西，在作者本人看来却正是事实本身；情节就是故事的本质，如果事实不是像他们所描述的，那它就是没有发生过。

的确，保罗斯是很知道怎样最好地利用他所保留的残余事实的。例如，在刚才所举的天使报信的例子中就有这样的情形。当然，他不能承认福音书中所暗示的耶稣由圣灵诞生这件事情；他坚决主张应当把作者和有关人们的意见和事实区别开来看问题。他认为事实部分地是否定的，这就是说，约瑟并不是耶稣的父亲；部分地是肯定确实的，马利亚仍然是清白无瑕，说她由于受上帝的精神影响而怀孕这是她自己的想法，或者是福音书作者的想法，这是我们不能同意的。那么，我们应该怎样假定呢？在这里马利亚所误以为是天使加伯利的那位不速之客来得就恰是时候了。他是一位极受信任的人物，是大卫的苗裔，是聪明的以利沙伯为了提供一位弥赛亚而差派到她的有些过分拘谨的表姊妹那里来的，好使她的爱子能够做这位弥赛亚的先锋，因她的儿子本人是属利未族世系，不可能承担这较高的职位。为了这个目的，这位不速之客就得扮演天使和圣灵的角色，——保罗斯博士的这个方法显然是不很高明的！因为在他的指引之下，我们在试图掌握纯粹事实的时候，反而正好陷入泥坑里面；他的解释方法所一般导向的结果，不是金子，而恰恰是渣滓。

我们纵观耶稣的一生从其开始到结束，当不至于得出这样的见解，即像赫尔达那样，认为保罗斯，文图里尼（Venturini），布伦奈克（Brenneke）等人关于这一问题所捏造出来的各种荒诞不经之说都不过是从他的提示所得出来的逻辑的结果。穿白衣的爱森尼
19 派（Essenes）教徒——保罗斯把在坟墓前出现的天使说成是穿白

衣的爱森尼教徒——可能令人怀疑其中有某种阴谋诡计；但保罗斯随从赫尔达的指引，坚决主张复活不是由于人的任何有意作为而是由于一种天意所指引的、尽管现在已无法解释的、自然因果关系的偶合而发生的。耶稣并未真死；耶稣复活以后的身体和复活前完全一样；不仅需要营养，而因其曾经受到虐待，尤其特别需要照护，很显然，正是因为这种虐待，几个礼拜之后，它终于死去了。

这样，耶稣传的形式和内容的矛盾以及对于它们的历史方式的处理，在保罗斯的手里，就成为绝对的了。在排除原始记述的超自然成分上，保罗斯承认了原始记述的材料是经不住历史方式的处理的；但在另一方面，由于他容许这些原始记述作为真实历史记录而保持其地位，他就暗含着承认自己事业的失败。因为，如果福音书真实地是历史性的，就不可能从耶稣传中把神迹排除出来；在另一方面，如果神迹和历史是矛盾的，那么福音书就不是真正历史性的记录。

5. 施莱马赫[①](Schleiermacher)

施莱马赫像赫尔达或保罗斯一样，十分清楚而明确地认识到神迹的不可能，和自然律的无偏差的不变性；而在另一方面，甚至连赫尔达也没有像他那样明确而坚决地主张基督的神性。照施莱马赫看来，基督的宗教感情——这是决定他的一切思想和行为的——可以真正称得起是上帝的内住；他作为历史上的一个人，也

① Schleiermacher, Friedrich Ernst Daniel, 1768—1834，德国神学家、哲学家。——译者

就是人类的典型或理想，在他里面这种典型的品格也是真正历史性的。

20 大家都清楚地知道，在他的《教义神学》里，施莱马赫为了决定有关基督本身的教义，把伊比奥尼派（Ebionites）和多塞蒂派（Docetist）表现为两个异教的极端，表现为神学上的两个浮标或警标，我们思想的航船应该仔细地驾驶于这两者之间而不触碰两者中的任何一个；他的耶稣传*讲演就是以这为基础的。我们必须承认，在基督里有一种超自然的或神圣的成分；这种成分当然不是作为一种和人性截然不同的特殊本性而存在，而仅是作为像我们所想象的神的影响在一个忠实的基督徒心里所起的作用而存在，这就是说，作为一个内在的影响而存在，就基督来说，它绝对地支配着他的整个的一生；否认在基督里有这种神圣的成分就是“伊比奥尼派的”。在另一方面，在基督里的这种神圣的成分，是以自然规律和人性规律的形式并根据自然规律和人性规律出现和起作用的；否认基督有真正的人性就是“多塞蒂派的”。

这两个命题，第一个实质上是和教会和福音书历史的正统假设相一致的；另一个则表现了科学的要求，尤其是表现了写基督传的唯一可能的条件。至于说这两者真正地符合一致，从基督的事例来看，在科学的要求和信仰的理想之间没有矛盾，则决不是科学的推论，而只不过是一个虔诚的信念而已。这一点施莱马赫是知

---

* 这些从未发表过的讲演稿，现在以摘要的形式摆在我面前，它们是从当时所预备的两篇报告手稿中摘出来的。

〔在这一注解写出之后，鲁吞尼克（Rütenik）出版了一本据说是施莱马赫讲演录的著作；施特劳斯博士对此刚刚作了一个详细的答辩。——英译者〕

道得很清楚的；因此，他建议我们在根据福音书故事阐释耶稣生平
的时候，必须明确地把这一假定作为一个问题而不是作为一个信
条放在自己面前，因为作为信条来说，它是已经肯定地而且断然地 21
解决了的。所以当我们在基督生平中遇到似乎没有纯粹神性影响的情况时，就应使我们的信仰的假设偏向伊比奥尼派方向；反之，当我们看到有突破人类行为一般规律的真正神性出现的时候，就应当放弃科学的要求，并随之而放弃对于耶稣传的历史的处理。

至于我们是不是必须在这两者之间选择一个，或者可以采用施莱马赫的假设，把这两种要求混合在一起，作出一种既符合于信仰的要求又符合于科学的要求的耶稣传来，这就必须取决于这一事实，即施莱马赫所假定其符合一致的两个命题，在福音书故事里是不是真正符合一致。在这里我们明确发现其中之一，即我们所称之为信仰的假设是存在的，尽管它是以一种稍微不同的形式存在着。在基督里神性有时是作为一种道德的影响力而表现并起作用，有时则是不受任何真正阻碍的影响而作为一种高超的洞察力或超自然的力量而表现并起作用。在我们现有的新约著作里，除了一些微小的迹象之外看不出有施莱马赫所称之为伊比奥尼派的基督观来。在另一方面，如果问起福音书的作者们，是否像施莱马赫一样，认为基督的神圣成分，只是根据人和自然的一般规律而起作用，答案必然是他们并没有过这样的想法。在他们如此广泛地应用于耶稣情况中的神迹概念里，就已经暗含着对于那些障碍的突破了；因此，对施莱马赫来说，和对任何一个关怀耶稣传的人来说，都有必要对这些神迹获致一种明确的理解。

把神迹从福音书历史中排除掉，这并不是他的意图，因为他清

楚地看到，它们是和所记述的事情紧密地联系在一起的，同时他也
22 清楚地看到，保罗斯想把它们排除掉的企图，是多么武断。因此，为了把可信性和自然性这两个不可少的属性调和在一起，他就试图使自然性这个概念尽可能地带有弹性。例如，在认为耶稣有奇妙洞察力这件事上，他把这描述为是由于对第一次印象的敏锐的感受性而得来的一种人的卓越的认识能力，而不是一种神奇的千里眼；这一观点[①]是不容易和耶稣与撒马利亚妇人的谈话那件事调和起来的，它和在无花果树下看到拿但业这件事则完全矛盾，因此，施莱马赫和保罗斯一样把这件事当作一个自然事件。在耶稣所行的神迹中，以医治病人占大多数；在这里施莱马赫很容易以一种富弹性的公式把几乎全部都理解为是在自然范围以内，但这却不像保罗斯所插进的药物治疗那样；和故事记述有明显的冲突。他说，在这些事例中，基督的神力是通过所说的话而起作用，话在听者的心中自然地起作用，又转而影响他的机体；而且不可能给如此产生的影响的范围划一个界限。这样，耶稣所行的医疗，实在是超自然的、神奇的，因为除了像耶稣那样有压倒一切的唯一神圣推动力的人以外，没有别人能够做出这些事来；但这些事也是自然的，因为超自然的影响力是通过完全自然的手段而达到其目的的。施莱马赫说，福音书中凡是可以归结为这一公式的神迹都是容易解释的；那些不能这样归结的神迹则会引起很多困难。这样，据他自己承认，不管自然性这一概念的范围是多么广阔，——其实施莱马赫常把这个范围引伸得过分广阔，——它仍然是不能够把所有

① 英译本作“theory”，但德文原著为“Gesichtspunkt”（观点）。——译者

的神迹都包括在内，因而根据他一开始的假定，他所能采取的唯一其他办法，就是对这些棘手的神迹不加过问。

在这些余剩下来难以处理的神迹中特别是使死人复活的神迹，因为在这种情况下，耶稣的有鼓舞力的话不可能有有意识的对 23
象。作者略微变换了一种说法，把包括拉撒路复活在内的这一类的神迹说成仅仅是生气的暂时停止，这样的处理也是无济于事的；因为即使这样，患者的无意识状态也使耶稣的精神影响无法发生作用。所以他在这里就回到普通的自然解释法；说耶稣首先注意到并宣告病人有继续存活的征候。耶稣所表现的对于自然界无生物的控制力，例如以饼饱众和变水为酒的故事，其难处就更多了；施莱马赫在这里的摆脱窘境的办法是借着对文件吹毛求疵，说由于描述不正确，不可能作出令人满意的判断来；他对耶稣在海上行走和咒诅无花果树，也是运用了同样方法。至于对那些以耶稣本人为主体的神迹，例如受洗和变像那一类事情，施莱马赫的处理方法和保罗斯是完全一致的。

然而，在对耶稣婴儿期神迹故事的处理上，却不是这种情形了。更敏锐的批判感和对于文件性质的更为自由的观点，阻碍了施莱马赫仿效保罗斯那样，对诗歌作散文的解释，或试图使马太福音和路加福音所记明显不合的家谱勉强一致起来。他深信第四福音是一个目击者的真实记述，这就使他更为大胆地把前三福音书的作者当作较早文件以后使徒时代的编纂者，认为他们不可能总是严格符合历史；既然约翰对耶稣婴儿时期故事保持了缄默，这就使施莱马赫认为自己可以自由地把马太和路加所记的不符，至少部分归因于他们的材料的非历史性。作者对耶稣生平初期神迹所 24

采取的自由态度，已经由于他的《教义神学》为大家所熟知，第四福音的缄默，更为这样的处理增添了辩解；但是，他既然在这里毫不迟疑地从诗歌的观点而不是从历史的观点处理马太和路加的记述，这就令人不禁要问，他为什么不向同一方向更前进一步；例如，在约翰同样保持缄默的耶稣受试探的故事里，为什么不采取假定这是耶稣所讲的一个比喻，被人错误地解释为历史的那种折衷办法？不过在这一件事上，他倒是把困难的性质告诉了我们，他在上边提到的耶稣传的讲义中说："把全部当作神话，这就是说，把它当作在基督教圈子内的一种诗歌式的虚构是不可能的，**因为在新约里没有神话——神话是史前时代的产物**。"但这只不过是用未经证明的假定来论证罢了，为什么新约里就没有神话呢？对史前时代应作如何的理解呢？很容易看出，这一类反对神话解释的做法其理由是很肤浅的；它们只是证明了这种观点对施莱马赫来说是多么不投其好，在对圣经的解释上，他仍然是多么顽固地坚持着唯理主义的观点，尽管在教义方面，他已经从这种观点解放出来。

他对于复活问题的处理，是这同一事实的一个特别显著的例证。在这里他完全同意保罗斯的自然解释法；耶稣并未死透；他是由于神意的一种特殊安排，或者更确当点说是由于一种纯粹偶然事件而复生的。一个不知道耶稣埋在坟墓里的人碰巧从墓旁经过，搬开了石头，这就使耶稣能够从坟墓中出来了；至于他被抹大拉的马利亚误认为是看园的，这是因为耶稣借穿了看园的衣服，而他自己的衣服却留在坟墓里了；而我们如果读到门是关着的话，这
25 就暗含着承认它们本来是开着的。至于复活以后耶稣向门徒的显现是非常仓猝而神秘，并不能证明他的再现是无形体的，因为很可

能这是避免事情暴露重新被捕,为慎重起见而特意如此安排的。复活后的身体当然是会死的,施莱马赫看不出有任何令人满意的证据,证明这个身体是以超自然方式离开了世界的,尽管不能否认为了安慰那些在另一种情况下,很可能徒然花费时间奔走各处寻找耶稣的门徒,这种离开世界的方式是很适当的*。这些都是施莱马赫的《耶稣传》中的一些理由不充分的论点;而且在这里他所宣称的调和信仰与科学的目的仍然没有完成。

福音书作者们的假设是以神性为在基督里起作用的要素,它不可抗拒地决定着他的每一言和每一行;但这不是我们的假设,不是那些以科学的经验为根据、把耶稣当作一个完全意义的人看待的人的假设。

我们的假设是基督的神的成分只能在一个按照自然律而行动的人的形式下出现;——但这并不是新约作者们的假设,如果我们正确地而且自然地解释他们的话。

因此,把他们的概念强加于我们身上或把我们的概念强加于他们身上都是同样地荒谬;以任何这一类的处理方式把信仰和今日的科学调和起来都是不可能的。

6.哈斯

施莱马赫的"耶稣传讲演录"迄今为止,并没有像他的其他著

* 参看拙著"论施莱马赫的复活理论"一文,该文刊载于希尔根菲尔特的《科学的神学杂志》1863年4月第386页起。(Hilgenfeld's Magazine of Scientific Theology)(这里的最后一句即"1863年4月第386页起"为英译本所无,是根据德文原著加上的,见德文原著第28页。——译者)

作那样，被他的门人刊行问世[①]。它们对于在施莱马赫门人中越
26 来越占优势的保守主义不会给予多大的支持，——对防止神话解释的入侵只是一个非常脆弱的堡垒——总之，它们对于施莱马赫的光辉的神学铜像来说，只是一个泥脚而已[②]，这样，制止它们的传播就似乎是一个聪明而谨慎的办法了。此外，这些讲演录已经完成了他们的目的，因为已经有些基本上抱同样见解的人拥挤来听它们，而且已经把它们的大意传播开去。直到最近为止，差不多在每一篇关于耶稣传的论文中我们都可以找到施莱马赫著作的影响痕迹；他把这个题目以及一些其他题目当作一种神谕传授下来；他的整个模棱两可的性格使得这一称呼完全适当。

哈斯自鸣得意地把他在 1829 年第一次出版的《课本》称之为一篇对真正科学的耶稣传有贡献的论文，使它和我在六年后写的、他所批判地称之为片面的，因而是错误的或至少是无用的论文形成对照。其实，正是由于他的著作的不科学性才使我感到有写我自己这篇论文的必要；他的后来的几版只证明了在批判把无用的废料清除以前，即使是最美好的传记建筑物也是立在不稳固的基础之上。

在哈斯那里，和在施莱马赫那里一样，存在着犹豫和矛盾的因素，它们在这两个人里都是由同一原因而产生的；这就是说，对神迹概念的不明确和相信第四福音书是一个目击者的记述。哈斯对

① 一本以此为标题的书刚由鲁吞尼克编辑问世（柏林，1864 年），正如前注所说，施特劳斯博士对之已作了详细的答辩。——英译者

② 作者在这里是引用了基督教圣经里的一个比喻说法，参看《旧约·但以理书》第 2 章第 31—35 节。——译者

于神迹的真实态度，和施莱马赫一样，是完全唯理主义的；他认为前三福音或多或少地是次要的和派生的，不过这件事本身并不能使他不采取和它们的记述要旨相违反的观点，但由于他在感情上 27
偏向于神迹观念显然扩展而且加强了的第四福音书，就使他放弃了这一观点，而由于这一矛盾没有被认识和被承认，一系列的妥协就产生了。被假定为最可信的福音书中含有最明显的神迹这一事实，使得有必要对神迹发生的可能性作出某种的让步；而在另一方面，既然不可能承认对自然律的绝对的非理性的干预，当这一类事情出现于约翰福音中的时候，就不得不假定其可信性有了缺口。

哈斯说，“也许”（可以把这个词作为一付预防剂免得我们在他所煞费苦心搭起来的脆弱脚手架上感到头晕目眩。）“也许耶稣所做的一切治疗都是属于常见的意志力影响身体一类的特殊事情，不过平常它们没有这样显著罢了”*；这样，他就和施莱马赫完全一样，对于不可能用他的公式加以解释的死人复活，他也是仿效了施莱马赫，把它们解释为是由于生气的暂时停止。但除此而外，他还求助于动物磁性的说法，——“从自然界的伟大生命中涌流出来的医治其疾病的神秘能力”，把它和耶稣所表现的进行比较。当哈斯说这种力量是耶稣所特有的能力的时候，他感到这有使他的主人翁的尊严受到损害的危险；因为物质的治疗能力和非常的身体力量或非常的敏锐感觉一样，并不能证明个人品格的尊严。所以哈斯宁愿把耶稣的神异的秉赋说成是“精神对于自然的一种明显的统治力，它原是在人类被创造时就赋予人类的，由于耶稣的纯洁

* 《耶稣传》第 4 版，第 48 节。

无罪,这种原有的征服疾病和死亡的力量就又恢复了;所以这里并
28 **不是自然律的中断,而仅仅是自然律的原始的和谐与秩序的恢**
复。”毫无疑问,这样一种解释方法的眼前好处是很多的,因为不仅耶稣的神迹医疗,就连“他对外界自然的有权威的号令,都可归纳在这类事物之中而部分地作为自然进程的加速来理解。”但哈斯感到这种为近代神秘主义正统派所采取的立场并不可靠,因为他不能忘记,人类对于自然界的统治是以人对于自然律的知识和解释为条件;而所谓耶稣的权威行为则带有魔术性质,有时连耶稣自己也不承认。因此,施莱马赫的强化了的意志力对于身体的影响的说法既显得理由不够充分,而所谓第二亚当[①]对于自然界的统治说又极其危险,哈斯终于得出了这样的结论说“在耶稣里有某种未知的能力,某种忽然治疗的力量,而且还可发现许多和这相类似的事情”。[②] 这样,在许多右和左的无效努力之后,他所寻求的对象就变成了一个未知数,一个X,和耶稣的宗教使命没有可理解的联系:变成了一种无法确定的任性反复,归根到底,和上面所考虑过的施莱马赫的公式一样,并不足以使一切的神迹,例如像约翰福音里所记载的神迹,成为可想象的。

举例来说,这种“未知的能力”就不能说明就在第四福音一开始的迦拿变水为酒的神迹;由于哈斯对这问题缺乏明确的概念,不得不借用施莱马赫的诡辩手法,另外他还加上了一个巧妙的发现,说“约翰是否和其他门徒一同在场,并未经清楚证明[*]。”这里离奇

① 参看哈斯致鲍威尔论图宾根学派(Tübingen School)的信,第13页。

② “第二亚当”指耶稣,参看新约。《哥林多前书》第15章第45节。——译者

* 参看《耶稣传》,第50节。

的地方是，一个已经被公认为是所记事件目击人的作者，对于他所记述的事情，还必须特别证明其在场，才能被信为有公认的资格。29
但即使约翰适未出席婚筵，不久他也会和门徒们重聚，而且不可避免地要听到所发生的事情，说“后来的见解和感情”使他把别人当作普通事件或为开玩笑而告诉他的事变成一个巨大的神迹，是很难令人置信的。但除了《约翰福音》所特有的这个神迹之外，他还记述了吃饱五千人和耶稣在海上行走等其他福音书作者所共同记述的神迹；归根结底，这就使否认绝对神迹的传记作者处于这样的一种窘境，他不愿盲目信从得自传闻的故事，却不得不盲目信从目击者。但我们又怎能确实知道在这一事例中他是这样呢？在马可和路加福音中的确提到过在耶稣行以饼饱众神迹之前，十二个宣教的“使徒们”已经从他们的旅途归来；但富于幻想的约翰宁愿留下，等到迦伯农或其后才与耶稣重聚。因而他就不会亲眼看到那两种麻烦的事情，而作为福音书的作者，他终于采用了它们在较后的传说中所具有形式，岂不也是很可能的事情吗[①]？很明显，约翰就是这类神学家所特别喜爱的人物，不过他的神迹故事有时未免有点过火，为了避免恼人的纠缠，并使我们能以只接受其故事和我们适合的部分而不是更多些，有时就不得不将他弃置不顾了。

正如这位目击的使徒不仅记述了我们十足科学的传记作家所宁愿避免的许多事情；在另一方面，他也把作为一个使徒他一定会看到的许多事省略掉了，这种省略是值得注意的。如果第四福音书的作者真的看过我们从前三福音书作者听得很多的要求我们一

① 参看《耶稣传》，第 74，75 节。

30 般地相信的那些赶鬼的故事——毫无疑问，这些故事是耶稣的同乡们认为对于确立耶稣的要求和品格有特别决定意义的——那么，如果只是为了考虑到他的希腊读者的雅趣和教养的缘故而对这一类重要神迹保持缄默[1]，这倒真是很奇怪了。假使第四福音的作者真的是约翰——是和耶稣更为接近的看过耶稣在客西马尼园中痛苦的使徒小圈子中的成员之一，而仅因为在第 17 章的大祭司式的祈祷之后，客西马尼园的祷告“对他的文学作品的统一性不会有多大的助益”，[2]就把这一重要事件省略掉，那就更奇怪了；因为这么一来他将显得仅是一个可以随意杜撰和臆造事实的传奇作者了。

在处理约翰所记述的耶稣言论这一方面，哈斯是慎重其事的。在他看来，它们是“**经过或多或少地自由发展了的门徒回忆中的耶稣言论的复制品，有时无形中就掺杂着门徒自己长时期的苦心构思并因这种苦心构思而改变了面貌，在这种情况下，尤其是在有关逻各斯理论**[3]**的阐释方面，它们的历史价值是不确定的。**”但它们一贯地就是如此，这有时连作者本人也承认[4]，尤其是在耶稣关于其自己的前世所用的语言方面，当然，这对科学的传记作者是无用的。但在这里我们有权利问，——如果关于第四福音中的言论，几乎没有一处我们能确定其是耶稣的原话，甚至也不是耶稣的意思，

① 如哈斯所假定的那样，参看《耶稣传》第 49 节。

② 参看哈斯原著，第 107 节。

③ 逻各斯（希腊文 λόγος，中文圣经译作“道”）是有关耶稣本身身份的一种理论，参看《约翰福音》第 1 章第 1—4 节。——译者

④ 参看哈斯原著，第 8，65 节。

而且甚至也不是福音书作者的意思；如果除了约翰所清楚告诉我们他本人在场的因而不是在记述事后搜集或杜撰的神奇故事以外，对于那些我们不能确知他是否亲自在场的事情，——我说，我们有权利问，在这种情况下，《约翰福音》的特别可靠性又在哪里
呢？当哈斯向我们保证说，他的关于耶稣婴儿时期故事只是一种 31
诗歌式传说的意见并无损于使徒见证的价值，因为使徒的见证是从约翰施洗才开始[①]的，我们也有权利问——既然前三福音书不是使徒的著作，而第四福音书的使徒作者又是这样一个不能胜任的见证人，这种见证对于福音书又有什么好处呢？

当哈斯在其著作的结束处谈到复活与升天这两件事的时候，他的理论的模棱两可和前后矛盾就更显而易见了。首先，他挑剔耶稣的死的真实性，因为只有重要器官开始腐烂或受到伤害才是死的可靠标记，后者在耶稣身上是无法证明的，前者则由于《使徒行传》第 2 章第 27—31 节的记载，连正统派也不承认，因而哈斯装着站在正统派的立场上说，耶稣身体的有机生命力并未完全消灭[②]；但这是骗人的．而且也是错误的。根据福音书的真实意义和公认的意义，耶稣的灵魂已经离开了身体，非借神迹不可能再进到身体里来，而照哈斯的说法，则仅是外部机能的暂时停止，由于其内部的生命之源仍然存在，所以就有复活的可能。同一模棱两可的花招也环绕着想象的复苏原因而表现出来。哈斯说“我们几乎认为[③]，死，从强制解体这个意义来说，并非是一个不朽的生物原

① 参看哈斯原著，第 26 节。

② 同上，第 116 节。

③ 同上，第 120 节。

来就有的，其所以产生是由于罪的原故，因此，一个完全没有罪的人，是不受这种不自然的死的剧苦的。”我们对哈斯已有清楚的认识，不会把他的这种高调语言当真看待；他的真意在下面的话里已经表现出来：“耶稣所有的奇妙医治能力，在他自己身上表现出来，原是意中事。”①

32 哈斯在其他地方曾把这种能力描述为一种官能或才能；一种官能的运用必然暗含着具有这个官能的人的生命是在继续着；我们很难设想有一种自我复苏的官能，因而不得不把哈斯的话理解为表示耶稣在世时将其医疗效力扩展到别人身上的那种生命力，终于在十字架上作为耶稣自身的顽强的生命力而表现出来了。但是这个纯粹科学的传记作者竟然不用这么多的论证也就自足了。他仿效施莱马赫的话说：“无论如何（这就把他前面所说的一切话都放弃了），既然耶稣毫无预谋地期待了一个真实的死，而且这种死从人这方面来说是不可避免的，因而他的复活，不管是怎样产生的，就不能不认为是一种明显的天意的作为了。”②从作者这种任意改变前言来说，倒很可以再前进一步，索性把“天意”一词取消而代之以“偶然”，因为如果兵士们严格地执行了他们所奉到的命令，像打断其他罪犯的骨头一样，也把耶稣的骨头打断，就不会有哈斯那种意义的复活了。对于福音书所记复活了的耶稣的显现不利于哈斯的理论的地方，他把所有表示幻象或幻想性质的事情都解释为门徒一方面的主观的惊异的表现，至于其他如抹大拉的马利亚

① 参看哈斯原著，第 120 节。

② 同上，第 116，120 节。

和以马忤斯路上的门徒认不出耶稣等，则解释为是因耶稣的容貌缺乏特征所致。在另一方面，对于复活的耶稣表现了自然的人性的地方，如身体可被感知及需要营养等，他就坚决认为是客观的、历史的。

在叙述耶稣一生中最后一件事即耶稣升天以前，哈斯又装着一种高超的样子说——“按其本身来说，耶稣离开世界很可能是采用了一种和平常方式不同的方式”。[1] 但他既然不承认看得见的 33
升天的必然性，而是把它作为耶稣回到天父那里这一概念的一种神秘的说法，归根到底，他就似乎是承认耶稣和常人一样，终于不免一死，而且这是发生在他复活以后不久，因为长时期的隐遁生活既和他的性格不合也和历史违反。哈斯在这里把他自己从前说过的一句明智的话，即一个流浪的残废者，不可能作为一个战胜死亡的人向使徒们显现，忘记了；但这一类的深入探究是不合这些神学家们的口味的，所以这种不合时宜的寻根问底精神终于被“连福音书历史也有其不可思议处”，一句话打消了。但福音书历史足够清楚地告诉我们，复活了的耶稣并没有死，而是看得见地或看不见地回到了天父那里，事情的不可思议处或者不如说，不许人进行探究，只是由这些神学家的踌躇莫决而产生的，这些神学家们一方面既不相信升天的神迹；另一方面又不接受耶稣直截了当地死了的说法。

---

① 参看哈斯原著，第 112 节。

7. 我本人的批判的耶稣传

上边最后提到的关于耶稣传的三部著作，即保罗斯的耶稣传，哈斯的课本和施莱马赫的讲演录，是我在约三十年前第一次注意到这个题目时在这方面的三部主要著作。三部中没有一部是我满意的；它们似乎在某些方面都失败了。保罗斯由于顽固地坚持错误方法而失败；另两个人由于调和矛盾的讨好努力损害了许多正确的见解。三个人失败的共同原因似乎都是对于福音书历史资料来源的一种错误见解，只要福音书或其中的一本还被当作完全真实的历史看待，则超自然的记述和在历史方面唯一可资利用的自
34 然因素之间的矛盾就无法调和。只是因为它们含有超自然主义这个简单的理由，它们就不可能是完全真实的历史；迄今所写的耶稣传仅仅是消除这个超自然主义或者赋予它们以某种自然主义外表的不同尝试而已。

所以现在的目的应该是证明任何企图掩盖或解释掉福音书中超自然主义情节的努力都是徒劳的，因而就不应该把它们当作严格的历史看待。这种推论的根据不仅在于记述的神奇性质，也在于这种记述与一般历史和或然性以及彼此之间的矛盾和冲突，特别是因为对于每一看来好像是超自然的事件，我们设想它们真正那样发生，反比设想它们是由于某种原因而产生的非历史性的记述困难得多。

这里的重大好处是使我们可以从企图调和矛盾并使本不可能的事情具有某种历史可信性的那种既无效果又很苦恼的困境中解放出来；但在另一方面也出现了一个重大而无可挽救的损失。原

来福音书中所表现的被认为是真实的基督没有了，剩下来的仅仅是对于他的一个较晚时期的想象。耶稣生平真实情况的历史地可信的细节没有了，福音书故事大部分变成了同时代人对于弥赛亚观念的传奇性沉积物，这种弥赛亚观念也许还部分地受他所特有的个性、教训和命运的影响。耶稣的言论的一大部分，特别是第四福音中关于他的崇高身份的言论，也被当作较晚情况和思想的虚构产物而弃置不顾。这样，福音书所表现的，从来被认为即使不是 35
一个完全的轮廓，也似乎是坚实而明确的基督形象就隐没于虚无缥渺中了。

的确，从现在起没有人能够再认为单凭一种将个别故事用拼嵌花纹的方式拼嵌起来就可以造出耶稣本人和其生平的形象了。在这样一种方式中，唯一的问题是怎样把不同的部分调整得互相适合，特别是如何把约翰的资料和前三福音书作者的资料调整得彼此适合的问题。按真实情况来说，福音书故事的任何单独部分都不可能再被认为是严格历史性的了；必须把全部都扔进批判的坩埚中去，以便看一看在掺进来的杂质分析出来之后，剩下来历史的黄金是什么。

这种处理方法及其结局的后果，正像所有严肃的批判所产生的后果一样，是令人感到自己仿佛被弄得穷困起来并似乎遭受了掠夺，因不得不承认自己原先幻想拥有的许多财富实际并不存在而产生一种不满的印象。如果可以将小的事物和大的事物进行比较，则在知识的有限领域中就出现了像在康德的“批判”问世时所出现过的同样现象。当时的沃尔夫形而上学（Wolffian Metaphysics）显得多么丰富有力，而纯粹理性批判在这个幻想的先验

知识的丰富存货中作了多么无情的清扫！然而人们拒绝承认这个缺欠，仍然毫不当心地挥霍他们幻想的财富，终使破产迫在眼前。同时，康德已经指出了哲学获致正当的可靠知识的一条狭小途径；他的门人们循着他所指示的途径前进，只要他们不偏离这条途径，他们的辛劳就有所收获。福音书批判的结果也是同样。大多数神学家们不肯放弃他们幻想的财富；他们把批判的推论当作完全不关重要。但从这一观点而写的一切有关耶稣传的著作都好
36 像无纪律的散兵游勇的行径一样，只有满足于正当的收获，遵循批判所指明的狭小途径而前进的人，才能在这个题目上获得真正的进展。

8.反动与妥协——尼安德尔，艾布拉德，瓦塞，艾瓦尔德——最近新增的尝试：凯姆，芮南

尼安德尔的《耶稣基督传》[①]是特为答复我的《批判的耶稣传》而写的。这里称号的增加是有意义的。在人的名字之上又增添了表示弥赛亚职位或尊严的名称[②]；它似乎表示：由其有限的名称和消极结果所显示出来的，到目前为止，在耶稣传的处理方面所采取的总的唯理主义方向，现在是应该用正统派的反动予以对付的时候了。

在尼安德尔的《耶稣基督传》的前面附有三句分别采自阿塔纳西乌斯（Athanasius）、巴斯卡（Pascal）和柏拉图的格言；在这末世

---

① 第一版，1837，第五版，1852。

② 《耶稣基督传》在“耶稣”这个名字之外，又加上“基督”一名，“基督”是希伯来文“弥赛亚”（受膏者或救世主）的希腊文译名。——译者

灾难的日子里他呼吁神学和哲学的所有已死的大人物给他以援助，只是还差一个格言，那就是既完全切合情况而又有来源于圣经的优点的《马可福音》第 9 章第 24 节的话，“主啊，我信，但我信不足，求主帮助！”在尼安德尔那里，批判的攻击遭到了像一半倾向于要投降而且部分已经答应缴械的卫戍部队那样的不坚定的抵抗。他的一般立场是和逻辑相对立的感情主义，是信仰基督为神对人的绝对启示；但他并不缺乏哲学修养，只是有些古怪罢了；在他对教会历史进行广泛研究的过程中，他感到有运用历史的批判方法的必要，此外，他还具有一种天生的老实性格，这种老实性格虽然 37
未必总能保证他免受虔诚的自欺和党派感情的影响，却使他远超过那些为了不使对手占到便宜，即使他们内心所认为是公正的让步也吝不给予对手的人们的卑鄙手法之上。在这种情况下写出来的尼安德尔的《耶稣基督传》是可能引起我们的同情的，作者本人在序言中说它带有“它产生于危机、孤立、痛楚和阵痛时期的标记”。

凡是可能的地方，尼安德尔总是倚仗那个“伟大的神学者”——施莱马赫；但我们已经有机会使自己相信，特别是在有关耶稣传这一方面，这是一种多么脆弱的支柱；对于那些倚仗他的人，它是多么容易给予伤害而不是给予帮助。像尼安德尔那样有浪漫性质和幻想倾向的神学家，当然会对第四福音书比其他福音书更为喜爱；还由于有“伟大的神学者”和一般刚直的批评家站在他的一边，他就认为自己的立场非常牢固，不怕放肆的怀疑者的袭击了。总的说来，他认为福音书的作者们是在灵感下写作的，但这种灵感是脱离他们作为人的教育发展的灵感，它所涉及的，不是他们记述的故事的历史部分，而是其宗教部分；仿佛历史和宗教不是

不可分割地联系着似的。由此就产生了一种为了能够更好地捍卫残留下来的历史的真实性，反对神话的解释，而把一切从现代眼光看来最矛盾和最讨厌的部分弃置不顾的折衷的处理法。通过区分一般的自然和更高的自然，并通过指出还有未被发现的自然律，将来可借这些自然律对神迹加以说明；使耶稣的神迹更接近于现代概念；迦拿的变水为酒是把自然原素提高为具有酒的性质的完全
38 的矿泉水，至于以饼饱众的神迹，尼安德尔对于自然解释法所作的充分描述，表现他自己有采用这种解释法的强烈倾向。同一倾向也可从他一般地对于约翰的爱好中还杂有偶然的对于马可的偏袒这一点上看出来。他常赞美马可的所谓："生动"，而其满意的真正原因则是由于马可对于几个神迹的唯物主义的、连续的描述，似乎给他提供了对它们作自然主义解释的方便。

这样的不坚定态度给予批判的攻击以一种无可争议的好处；敌人既在要塞的大门内获得了立足点，不久就必然会成为全要塞的主人。因为如果承认路加在其凭自己的智能处理历史问题时，把耶稣诞生伯利恒归因于户口调查可能是错误的话，那么，耶稣在伯利恒诞生还能有什么确实性呢？如果复活记事的重要部分仅仅在于基督离世升天并没有经过死亡，那我们就不禁要问，既然不相信故事中所说耶稣离世是因其上升天庭，我们又怎能确实知道他并没有经过死亡呢？

从这一观点看来，有些神学家放弃这种犹豫不决、不能令人满意的妥协态度而回复到相信绝对神迹倒可算是明智了。我们对于神迹，要么就是接受，要么就是拒绝；如果我们接受它们，就没有权利再对它们加以区别，承认那些和自然进程相类似的，而把其余的

作为魔术弃置不顾。一切的神迹都必然是魔术性的，因为它们暗含着最高原因对一系列有限原因的直接干预，而在和自然进程相类似这一点上只能是外表的、偶然的。的确，当这一类的类似，例如在医病的事例中出现的时候，当实际所发生的不过是在其他场
合中，人们所熟知的精神能力对身体的不健康幻想和疾病的支配 39
作用的一个比较显著的例证的时候，人们就很容易自欺欺人地以为是在相信神迹，而其实不过是在以破灭的自然幻影自娱罢了。在另一方面，当例如在以饼饱众和变水为酒的神迹中，和自然进程没有类似之处的时候，（在这期间，我自己的批判已经使神学家们从奥尔斯豪森的"加速的自然进程"的错误设想中省悟过来）在现今的时代里，一个人居然能够挺身而出承认对于神迹的默信，的确需要不小的勇气。当格弗洛勒尔（Gfrörer）[①]关于在毕士大（Bethesda），医治残废者或从远处医治加利利大臣儿子的事宣称，他把这些事看为简直就是神迹的时候，我们把这理解为：他是在给哲学批评者的怀疑主义一记耳光，或者是他在酒吧间演说时在桌子上的重重一击。但从他力图仿效保罗斯运用自然主义解释法，把另外一些神迹弃置不顾的事上，我们就会看出他究竟有几分诚意了。迈尔在他的《福音书注释》里，在接连不断地对关于神迹的所有其他解释进行驳斥以后，仍然默认有必要把它们当作真正的神迹看待。一般说来，注释家决意接受作者的简单论据，本是好事，但在这里却成了他自认无能的表现。

另一方面，艾布拉德特别针对我的批判的耶稣传而写的著

① 《原始基督教史》（5卷本），1838年。

作[①]，表现了正统派反动的极端狂妄。他在这里寸步不让；神迹就是神迹；福音书的作者绝对无误，从来也不彼此矛盾；批判必然是完全错误的，或者是建立在虚伪的假设上的；即使不能将其驳倒，至少也应痛加贬斥，艾布拉德说我认为约翰福音所记耶稣的临别
40 谈话没有历史性是儿戏，令人讨厌；他认为我提出的关于客西马尼园痛苦[②]的非难性抗议是亵渎；不是针对真实的耶稣或任何一个福音书作者所描述的耶稣，而是针对那些坚决主张把前三福音书关于客西马尼园痛苦的记述和约翰福音所记漫长的，插入语性质的祝圣讲话混同起来的神学家们所虚构出来的人物；然而这位好吹毛求疵的批评家在答复我和别人所提出关于从鱼口得钱(《马太福音》第 17 章第 27 节)的矛盾事实的疑虑时却表示可能在彼得撑开鱼嘴看的时候鱼就从它的食道里把钱吐出来。的确，作者提出了这样的论证不可能是严肃认真的，他在说这些话的时候仿佛是在使鬼脸地说，“我知道它们是蹩脚的论证，但对于你们这些人却是够好的，岂仅如此，只要有人给教会捐献好东西，只要我们这些教会议会中人有志愿入教者可以审查，它们对一切问题都是够好的。”由于这种诡辩伎俩，艾布拉德的批判的批判甚至在虔诚的神学家中也伤害了一些比较有思想的人们的真实感情。当布利克(Bleek)在艾布拉德的《科学的批判》问世后，表示希望他的气质和才华不久将会对绅士们的教会和神学的科学(theologische wissenschaft)作出杰出贡献的时候，这就证明了批判的内容怎样从一

① 《福音书历史的科学的批判》，1842 年第 1 版，1850 年第 2 版，还有奥尔斯豪森的《圣书注释》，艾布拉德 1853 年修订版。

② 《耶稣传》，英译本，第 3 卷，第 191 页。

开始就刺激了正直的人们了。他对后者所作的贡献，今天的神学的科学年鉴已不再有什么可说的（直译为：已再无所知了），但他对于前者的功迹，则皇室领地的福音派教会长时期也说不完[①]。

瓦塞对于我的《耶稣传》采取了不同的态度。他是最初给这本书写唯理主义批判的人们中的一个。不久他还出版了他自己写的 41
一部《福音书历史》[②]，在这部书里，对第四福音书的非历史性及其和其他福音书的矛盾，他特别表示同意我的看法，此外，他还用补充论证，证实了我自己这种看法的理由。至于他的对于这部福音书的不合逻辑的偏袒，以及他怎样试图借助于区分其中的使徒部分和非使徒部分而自圆其说，我不久即将谈到。他对马可福音的偏爱（韦尔克〔Wilke〕差不多同时在一篇煞费苦心、巧妙构思然而并没有说服力的论文[③]里以马可为最初的福音书作者）也许像尼安德尔一样，是因为马可福音对于某些医病神迹作了似乎是自然

① 按此处德文原文为："Durch diese rabulistische Haltung hat die Ebrard' sche metakritik das Wahrheitsgefühl aller Besserdenkenden selbst unter den gläubigen Theologen verletzt, und es ist nur ein Beweis, Wie gereizt durch den Stoff der Kritik anfangs auch billige gemüther waren, wenn ein Bleek über einen Ebrard nach dem Erscheinen seiner wissenschaftlichen Kritik die Hoffnung aussprechen Konnte, er werde bei seiner Gesinnung und seinen Gaben bald Vorzügliches für die kirche des Herrn und die theologische Wissenschaft leisten. Was er für letztere geleistet, davon wissen die Jahrbücher der Wissenschaft schon heute nichts mehr; was aber für die erstere, davon wird die evangelische kirche der Pfalz freilich noch lange zu sagen wissen."（见德文原著第 43 页）。

英译本将"theologische wissenschaft"（神学的科学）中的"theologische"略去而径译为"science"（科学），致令意义含糊，令人费解。这里的中译文是根据德文原著译出。——译者

② 《批判的、哲学的福音书历史》，1838 年。参看《目前阶段的福音书问题》，1856 年。

③ 《最初的福音书作者》，1838 年。

主义的描述。瓦塞和哈斯一样,承认在耶稣里面有一种自然的,经常使用的医病能力;因而福音书作者所反复确言的耶稣治好许多病人,应该认为是绝对正确,而个别医病的铺张叙述则常带有虚构及超自然主义色彩。神迹故事中的非历史性成分的根源我自己曾把它主要地归因于当时人们以旧约的言论和事例为根据的对于弥赛亚的期望;但在个别事例中,例如在枯干的无花果树那件事中[①],则是由于人们对耶稣的比喻性言论的误解。瓦塞采用了后一种的转化理论,明显夸大地把它应用到福音书中的一切神迹上面;照他看来,每一事例的实质都在于耶稣所说的寓言或比喻性谈话,在辗转传述之中,变成了外在的神迹事件。瓦塞对于最高的神迹复活——我可以说,这不仅是耶稣传的试金石,也是基督教本身
42 的试金石——是和我自己站在同一立场上处理的,他不承认钉十字架的耶稣真有复活这回事,无论是神迹的也好,自然的也好,只承认这是门徒所看见的一种幻象;同时他也力图排除这样一种异想天开,不可思议的思想,即以为这是由于他们已逝世的夫子之灵或上帝自己造成的。我们在这里所看到的仍然是和表征瓦塞的一般立场,特别是给他的《福音书历史》打上文学古董的烙印的同样的犹豫不决,同样的把幻想癖性和真正批判混淆不分。

正如我在另一个地方所指出的*,艾瓦尔德的《基督的历史》[②]

① 参看《新约·马可福音》第11章第13、14、21节。——译者

* 《乌尔利希与胡滕的对话》,序言,XXXVIII—XLIV页。

② 《基督及其时代的历史》,——他的《以色列民族史》的第5卷(1855年,1857年再版)。参看他的《使徒时代历史》,即上述历史的第6卷,1858年版。还可参看,《前三福音书译解》,1850年版;及《约翰的著述》,1861年版。

也具有同样性质。他对耶稣的人格及其所行神迹医疗的见解部分是施莱马赫的，部分是保罗斯的，至于其他的神迹，他的理论按实在说是神秘主义的，不过没有明显地这样标榜罢了；关于复活，艾瓦尔德的长篇夸大的辞令简直没有丝毫的思想不是我自己在《耶稣传》的相应部分里所已经更为清楚地说过的，尽管我的文字不及他的流畅。艾瓦尔德在叙述这些事件时所用的华丽而炫人的辞令正像是所有这一类等待判决的神学的穷途末路的不吉征兆，只有在矫饰的冗长辞令的朦胧中才可能把明晰思维所必然要显示的不可避免的批判结果隐藏起来。

最近几年中出现了两本较好的书。第一本是凯姆《论基督的人性发展》的那本篇幅虽少而内容丰富的著作[①]；另一本是最近讨 43
论得很多的艾尔纳斯特·芮南的著作[②]。这两本书——一本只是一个德国神学家的一篇概略的论述，另一本则是一个世界闻名的法国人精心结构的有声有色的描绘——尽管很不相同，它们都有一个重要的共同点，而且即使它们的不同处也有加以比较的必要。他们的共同点是前一作者最初自以为是他所独有而后来他以评论家的身份承认也为另一作者所共有的努力：写出一部真实的自然主义的符合心理学和历史学严格规律的耶稣传来。凯姆公正地承认，对于耶稣的人格及其生平的这样一种处理方式是我们这个时代的要求，而且现代文明只能容许这样一种在公认的人性规律和类比的基础上建立起来的历史。不过，对于事物的这一观点，现下

① 《耶稣基督的人性发展》，凯姆博士的一篇学术讲演（1861 年）——参看芮南在 1863 年第 258—260 期《总汇报》(*Allgemine Zeitung*)的评述。

② 艾尔纳斯特·芮南著：《耶稣传》，1863 年。

是不是被整个神学界有意识地或无意识地执行着，以及它是否或能否被凯姆本人所充分体现，那完全是另一个问题。

凯姆的确具有一种最不可少的见解，而且由于这种见解在特别以“批判的”名义标榜的学派之外很为罕见就显得难能可贵，这就是，只要还把第四福音书看作是比其他福音书优越或与其他福音书并列的历史文献，则在对于以耶稣为人的耶稣传的处理上甚至就不可能达到接近于一种可理解的历史的发展。在这一方面凯姆比一般的耶稣传作者甚至比一方面斥第四福音书的论述为和可理解的传记不合而另一方面却仍然以为该福音书的记事比其他福音书更为可信的芮南本人要进步得多。然而，如果说这位德国神学家在这方面比这个其知识似乎仅限于德国人对这一题目的研究

44 成果已经译成法文为限的法国人优越的话，我们将会看到在另一方面，他假定第一福音书出自使徒之手并有始终一贯的性质，而且认为只要单纯地依照它的次序和指引，就可以探索出耶稣生平发展的所有连续的阶段来，却未免假定得太多了。

但在另一方面，从这个法国人和这个德国人的不同处来看，却显然是前者比后者更为优越。德国人责怪法国批判家把耶稣当作许多人中的一个，尽管是第一个；而不是作为全人类所倚靠的唯一中保。在另一方面，他却否认把耶稣看成是人类的一个有机的个体或者人类的代表的概念；只应把耶稣当作真正是在上帝的怀中，远超于现实的人类，远超于代表人类的最伟大的英雄人物。凯姆的浮夸的辞令已经把他自己明白承认的他的作品的感情主义色彩表现出来；换言之，他承认自己是在自愿地并有意识地附和他所认为符合科学利益的基督教神学的幻想。但没有一个现实的人会是

这样绝对的独特和高超，以致他不是在某种程度上属于一定的阶级；也没有人会是这样地高超于他所从属的阶级，以致他不会把这个阶级的其他成员所有的缺点暴露出来。如果从历史上能够明确地证明在某一特殊部门里有这样绝对完全的事例；或者能说明为什么这种独特的完全只能存在于宗教界，我们就会承认耶稣既绝对独特而同时还完全是一个人。没有一个决心以现实人类为自己研究范围的人能够在这一工作上超越于这个世界主义的法国人之 45
上；承认真正的宗教是从耶稣开始，像哲学是从苏格拉底开始，科学一般地从亚里士多德开始那样，只是在这样的条件下才有可能，即：在这些巨匠之前已经有了许多的尝试，而在他们以后，不仅已经有，而且还可能有重大的改进，但这一切并无损于这些公认的原始奠基人的卓越的地位。

如果凯姆能写出一本详细的《耶稣传》，则以为可能把耶稣有完全人性的主张和耶稣为一个超越于人类之上的独特的幻想人物的主张调和起来的错误就会更加明显；然而即使在摆在我们面前的这篇概略的论述里这种错误也已经够明显了。凯姆在描绘耶稣的见解的进步发展中，指明其既有赖于外界思想的制约，也有赖于他自己的观察和经验，说明他一生经历的登峰造极的行为是他的一系列内心斗争的结果，尽管我们对凯姆所表现的这种大胆和智慧感到非常高兴，但在另一方面，却无法理解他为什么认为“也许婴儿时期的神迹”会有助于唤醒弥赛亚思想，或者为什么在接受神迹医病的心理的解释之后，却因为“施于自然界的罕见的神异能力事例”而感到困惑，同时还说，关于它们，科学并没有得出确定的结

论。当将这些神迹[1]和科学进行对比的时候，说没有得到必要的证明是很容易的事情：其实，把这些神迹当作事实，就已经把科学的性质本身都推翻了。而在叙述耶稣对于即将到来的苦难与死亡的预感之外，还说他对于自己的复活有经常的确信，而这种确信却又不具绝对超自然性质，但我们却不能不说，这种确信和事件本身同样都是超自然的；即使是自然的，对于这样绝对超越于一切预计
46 范围之外的偶然事件，也不可能自然地预先知道。凯姆肯定地并没有清楚说明他自己对于复活的看法。在驳斥了芮南所暗示的幻象和一般地在他对这一题目的处理中排除了超自然主义之后，除了生气中止一说外，再没有其他的假设了。若果如此，他就是陷于重蹈施莱马赫覆辙的明显失败之中了；而他的雄心壮志本来是想在历史的正确性方面超过施莱马赫的见解的，但人如果不明确地放弃理想与历史、自然与超自然能够在一个人的身上结合起来的念头，如果不放弃一个真正的人同时却又能超越于一切真实人性之上的念头，他就决不能逃避施莱马赫所遭的非难。

① 以饼饱众的神迹，在海面行走的神迹和变水为酒的神迹。

绪论——第二部分 47

论作为耶稣传原始资料的福音书

甲、福音书的来历及其古老性的外在证明

9. 一般的评述

从以上一系列的尝试中已经说明并清楚地指出，只要还把福音书当作是严格历史性的，就不可能有对于耶稣生平的历史的见解。不过是不是不可避免地必须这样承认它们呢？难道1500年的传统，一直上溯到使徒时代的最古老的证明还不足以令我们确信它们有些是信实可靠的亲自见过基督的人的写作，有些是这些人的伴侣或门徒的写作吗？承认后一假定也许并不是一般结论的充分保证；因为即使是一个目击的见证人，由于知觉作用的不正确或其写作目的的非历史性，也可能作出不正确的报道来；但我们姑暂承认它是如此而就有关福音书年代及来历的证明的性质及其可信性加以考察。

首先，我们对证明某一著作是由某一个别作者得来的意义必须有明确的理解，在这种情况下我们很容易先从文件本身寻找证

据并立即承认它就是它的标题页上所写明的某某人的著作。但这仅是一种临时性的处理办法；如果对所提出的由来的正确性发生任何疑问，我们立刻就会开始想到以假名发表的著作是多么常见的事，而原来匿名发表的著作结果往往被误认为是由某某人所写；
48 我们就会另寻其他证据。一篇标明为一个活着的当代人写的著作，由于考虑到著者本人的默认以及无人否认，我们就会相信该书确系某人所写；因为他自己或别人，表面的作者或真实的作者，在抗议欺骗这件事上都有直接的利害关系。但即使在这一种情况下，除非双方都知道该书的著作人是被弄错了，否则错误的发觉也还是不能确定的，如果作者已死，则问题就更复杂了。死者当然不可能再提出抗议；至于别人能不能或愿意不愿意这样做，那就要看情况而定。该作品可能或多或少地和我们从其他来源所知道的该作者的情况相符，因而就给其本身的真确性提供了相当完备的内在证据；但是如果拿不出原稿来，则只有在作者本人的信件或其死后遗留下来的其他便笺中明确提到该著作，或作者的亲密友人明确地告诉我们知道作者曾从事该项著述或确已完成该著作的情况下才能使人确信该作者的身份；而这一切总还要以对所提出的证件或对见证人的信用、资格或动机没有疑问为条件。

一部署某人姓名的著作由古代传给我们其情况实质上也是一样。只有在该作者本人的毫无疑问的著作或其同时代人的真实记录中提到时才能使人确信它的真实性。例如，西塞罗[①]在他的信

---

① 西塞罗(Cicero，Marcus Tullius，106—43. B. C.)，古罗马雄辩家，政治家，哲学家。——译者

札里在从布鲁土斯[①]到凯撒的注释里，在不同情况下提到了他的各项著作；维吉尔，贺拉西和奥维德在较晚的著作里提到了较早的著作；小普利尼在他的一封信里给他的朋友塔西图斯（Tacitus）正在写作的一部[②]历史提供了塔西图斯所要论述的某些详细资料；在另一封信里他列举了他的伯父老普利尼的著作，提到了它们的 49
次序和细目[③]。后一点是很重要的，而且描述必须精确；以便对作者的身份提供令人满意的证明；因为作者或其熟人所证明的真实著作可能已经遗失，后来被人以另一著作代替。只有当一个与之接近的同时代人，在谈到该著作时引用了尚存在于该著作中的一段话，像普利尼引用了马歇尔的警句[④]那样，他的见证才是达到可能达到的最高确实性。但当一个同时代的或较晚一些的作者，说到另一人为具有某某内容及标题的著作的作者，而没有引证署有该标题的现存著作中的任何一段的文字时，这样的见证就不够充分；反过来说，如果作者引用了另一作者所用的同样辞句或说法而没有言明引自何人或是否引语，这样的见证就更不充分了。因为在这里有双重的可能性——或者两个各自无关的作者，都引用了第三作者的话，或者这些话是在某一时期某一圈子内所惯用的辞令，两个作者虽都引用了这种说法，却没有任何书面前例可资证明。

这样，从事情的性质本身看来，很明显，对真实性的外在证明，

① 第 75 章。

② 《书信集》，L. VI，16，参 20。

③ Li6. III，5.

④ III，21，参看《马歇尔警句》（*Mart*，*Epigr*）X，13。

没有由于该著作符合于时代的情况，符合于该假定作者的特性而
产生的内在可能性的支持与佐证就能令人满意信服的是罕见的；
而当上述外在可能性显然属于相反的一边时，这种外在证明就更
50 少说服力了。最动人的外在证据结果被证明为毫无价值和骗人
的，完全不足以建立它们所要建立的真实性的这样显著的例证是
很多的。试从我自己最近的经验举一个例子。公元 1591 年在复
活节集市里出现了一篇标题为“伟大的圣克利斯多弗尔(St Chris-
topher)的生平，游记*等，博学鸿儒尼哥底母·弗利希林(Nicode-
mus Frischlin)著”的德文诗；这个不幸的尼哥底母，在上述日期的
前几个月，就因试图从狱中逃跑而丧失了生命。他的一个老仇人
和劲敌克鲁西乌斯(Crusius)在这位被假定的作者逝世前，在一个
记载他和弗利希林交往事件的记录本子里，给这篇诗写了一个题
辞，“非为辞世诗，而是鸦雀鸣。”当然这是在这著作一披露的时候
的事情，因而他还没有能够看到它；但在他看过这诗之后，对于著
作人的身份资格如有什么疑问，他也没有像在他的其他现存手稿
中所常有的那样，作过什么补充声明。也许可以说，克鲁西乌斯把
这样一种充满恶意的和不名誉的著作说成是他所怀恨的劲敌所
写，尽管他心中对这事真正有所怀疑，但由于深仇宿怨，也只好隐
蔽不谈了；但是，弗利希林的弟兄在一部特为表白弗利希林而写的
著作里，竟也对此未加只字的否认。就这样，“圣克利斯多弗尔”的
诗一直到最近为止，都被认为是弗利希林的遗著，在德国文学史中

* 一作“Christophel”，关于这位传说中的圣人的生平，没有人确实知道。慕勒(M. Müller)教授在一篇最近的讲演中曾以这为口传神话的一例。——英译者

也是这样称呼。我曾以这位不幸的诗人的传记作者的身份，惊异地提到在他的许多信函中，特别是在他的一生的末期被囚禁阶段所写的那些信函中，全然没有提到这部著作；但由于这篇诗和弗利希林的平常文体并无多大不合之处，我并未敢对作者的身份加以
论难。然而，两年以前，赫赛(Hesse)的一个牧师，在达马斯达特 51
(Darmstadt)发现了一些文件，根据这些文件，该诗的真正作者毫无疑问地是在汉瑙(Hanau)的伊森布格(Isenburg)区的一个牧师，而弗利希林除了主持出版，并在这里那里作了一些校改之外，与之毫无关系[①]。

另外，一些人对于有关新约的文献问题也发现有同样的情况。英王查理一世(King Charles I)被处死后几天，出现了一篇以现在为人所共知的ἐικὼν βασιλική[②]标题的著作——据说是查理一世被囚期中写的一篇谢罪文。这篇文章受到群众的热烈欢迎和绝对相信，查理一世死后在英国人民中间获得了尊荣的殉难者称号就是以此文为其主要原因。早存1649年弥尔顿就在他的《偶像破坏者》(*Iconoclastes*)中大胆地提出了该文的真实性问题，现在这篇文章已被认为是伪作，是爱克西特尔(Exeter)的主教[③]写的；然而，在同一世纪的末期，自然神论者托兰德因在他的弥尔顿传中同意这种怀疑却受到了他的国人的严厉非难。的确，他的同意伴随有

① 参看《德国古代知识学报》1861年第10，11期内贝尔(W. Nebel)的论文。(此处英译本为“1161年”，根据德文原著改正。——译者)

② ἐικὼν βασιλική 王的形象。——译者

③ 高登博士(Gauden)；参看托兰德(Toland)的《弥尔顿传》，第71页以下，及基佐(Guizot)的《英国革命回忆录》(*Collection de Memoires ralatif à la Revolution d'Angleterre*)第12卷，第113页。——英译者

某些和正统的以及忠于王室的偏见不合的说明性暗示，但对当前的目的来说选择这一例证却是特别合适。托兰德说[①]，“当我认真地考虑到这一切为何在四十年内发生于我们自己中间，在一个学术文明极其昌盛，双方都互相注视着对方行动的时代，而且部分地由于相信这部书，引起了多么大的革命的时候，我对于在原始时代，当使人相信这类书具有非常的重要性，当欺诈盛行容易使人相互指责，而同时商业又不像我们现在这样发达，迷信的黑暗弥漫着
52 大地的时候，在基督和其使徒以及其他伟大人物的名义下，发表并认可这么多的伪作，就不再觉得奇怪了。我反而怀疑可能有更多的这一类伪书，由于年代湮远，有关人物的死亡，和提供真实资料的文献的毁失，迄今还未被人发现；尤其如果我们考虑到由较弱的一方来揭发他们的敌人的欺骗（尽管这些欺骗非常严重）是多么的危险，何况当权的一方还确曾下令焚毁或制止一切他们所不满意的书籍。”[②]

这个自然神论者认为，既然在他本人的时代学术上的伪作是可能的，这就大大地增加了在黑暗而无批判的基督教初期出现这类伪作的可能性，这种推测的确是有根据的。基督诞生的直前和直后的几个世纪正是最富于这种伪作的世纪；而包括某些最博学的教父在内的最早的基督徒们则是最容易把这些伪作信以为真的人们[③]。例如，经典的《犹大书》的作者（14 节）提到了被认为是“亚

① 《弥尔顿传》，第 77 页。

② 参看赖希勒尔（Lechler）著：《英国自然神论的历史》，第 201 页。

③ 参看蔡勒尔（Zeller）教授发表于冯·西贝尔（Sybel）的《历史杂志》，第 4 卷，第 90 页起的富启发性的论文。

当的七世孙”以诺的一个预言，这个预言现在在伪经《以诺书》中仍然可以读到，这表示他和特透连(Tertullian)以及其他教父一样，完全相信这部书的真实性，而其实这部书只是对《但以理书》的一本脆弱的摹仿，现在认为其年代至多也不超过公元前第一世纪。公元前第二世纪，亚历山大的一个犹太人阿利斯托布勒斯[①](Aris- 53
tobulus)就曾经为了向希腊人介绍犹太教而搜集或捏造了一些古代希腊诗人的诗句，想借以显示一神主义和犹太教义是他们自己有权威的诗人所亲热地传授过的。这个犹太人竟胆敢令欧非乌斯(Orpheus)讲到亚伯拉罕、摩西和十诫，令荷马讲到在七天内完成创造工作并奉安息日为圣日，即在我们今天，对他的这种厚颜无耻也很难理解，但阿利斯托布勒斯知道他的读者比我们知道得更好；他的同胞的民族虚荣心保证了他们对于这种逢迎其心理的事情的信任，而即使像亚历山大的克利门(Clement of Alexandria)和尤西比乌斯(Eusebius)那样博学的教父们竟也以盲目的信心援引了这种伪造的篇章。

另一个同类事例是希腊神谕集(Sibylline Oracle)，这是一些产生于从公元前第二世纪到公元第三世纪的假托的预言集，教父们竟当真地把它们认为是传说中和塔尔坤奴斯·普利斯古斯王(King Tarquinius，Priscus)和特罗亚战争同时代的异邦女巫的真实言论[*]！这个女巫不仅熟悉伊甸国中的老蛇和巴别塔，而且还极为详尽地预言了耶稣一生的神迹奇事，医治病人和使死人复活，

① 参看格弗洛勒尔(Gfrörer)著：《菲罗和亚历山大神智学》第2卷第71页起，蔡勒尔著：《希腊哲学》，第3卷，第2篇，第573页起。

* 参看菲利德里布(Friedlieb)著：《希腊神谕集》引论，1852年。

在海上行走，使五千人吃饱，荆棘冠冕，醋和苦胆，钉十字架和三日复活，不仅如此，还巧妙地运用了一系列离合体诗的第一字母把组成基督全名及其称号的字母表示出来，而这一切真情竟都瞒过了引用它们的教父们的耳目。阿利金（Origen）在回答赛尔塞斯
54 （Celsus）讲到希腊神谕集是伪作的时候，要求把真的原作拿出来[①]；拉克坦俠斯（Lactantius）在答辩基督徒篡改文件的诘难时则诉之于瓦罗（Varro）与西塞罗，这些人虽然在公元前就死了，却还暗示到埃里思里安（Erythrean）[②]和其他的女巫们；但关于我们所谈到问题，即关于基督的预言，值得注意的是这些古圣先贤们却只字未提。

像犹太人同样地参加了伪造神话集的基督徒们，在他们和犹太人的争论中，很快地发现了篡改旧约圣经的希腊文译本也是很方便的事情。这么一来就把基督的十字架引进了诗篇中，把耶稣下到阴间引进到耶利米书中[③]；当犹太人坚持说在他们的抄本里没有这几段话的时候，这些基督教的教父们竟厚颜无耻或愚昧天真地回答说犹太人阴险狡猾地从他们的圣书中隐匿或涂抹了这些指控他们的证据。当然，对基督徒们来说，证明耶稣的确按照弥迦书第5章的预言诞生于伯利恒是很重要的事情；而为了使这事向罗马人显得可信，贾士丁乞援于罗马的第一任犹太巡抚居里扭

① 《驳赛尔塞斯》（*Contra Cels*）5，61。

② 古代人把阿拉伯海、红海、波斯湾合称为埃里思里安海。——译者

③ 参看《诗篇》第96篇10节，对照贾士丁（Justin）的对话，第73章第298页和第72章，并参看刊载于蔡勒尔的《神学杂志》（1850年），第9卷第390，391页希尔根菲尔特的《论贾士丁的旧约引文》。

(Quirinus)所做的户口调查记录[①]。但居里扭从未当过犹太巡抚而只是作过叙利亚总督;他的确曾以这一身份在犹太主持过户口调查,但根据福音书的记载和贾士丁本人的叙述这乃是在耶稣诞生9年后的事情;因而不可能有他所作的记录表示马利亚的儿子出生这回事情;如果有这样的记录的话,它也只能是和贾士丁在讲到有关耶稣钉十字架的情形时所引证的伪经《彼拉多行传》(*Acta* 55
Pilati)同一性质的东西[②],这个现在以改头换面的《尼哥底母福音书》的形式呈现在我们面前的冒名的《彼拉多行传》,我们现在知道是一些基督徒的伪作,他们为了使耶稣受审,钉死和复活的故事显得格外可信和感人,假借一种由彼拉多向罗马皇帝提庇留(Tiberius)汇报的形式,把主要得自福音书的故事,用各式各样的粉饰辞令和荒诞传说,加以渲染扩大。

尤西比乌斯自称引自叙利亚原文[③]的伪托的基督和以得撒(Edessa)王阿布嘎鲁斯(Abgarus)的通信,是人们多么容易把每一有教益的东西当作真事的又一惊人的例证。幼发拉底河彼岸的小国王阿布嘎鲁斯患了不治之症,他听了耶稣的神异的治疗,打发一个名叫阿拿尼亚的使者携信去见耶稣。他说耶稣所行的事情证明他要么就是上帝的儿子,要么就是上帝本身,他要求耶稣来医治他的病并和他同住,借以挫败犹太人的恶意和阴谋。耶稣通过使者给他写了一封回信如下:“没有见过而信我的阿布嘎鲁斯啊,你是有福的。因为有关于我的话写着说:那些看见我的人都不信我,

① 贾士丁:《护教文》,1,34,参看特透连:《驳马西安》(*Against Marcion*),4,17,19。

② 《护教文》,1,35。

③ 尤西比乌斯:《教会历史》,I,13。

好使那些没有看见我的人相信而得救。[①] 关于你希望我到你那里去一事，我必须先在这里完成我的使命，完成这些使命后我还要被接到差我来者那里去，在我被接去以后我将差我的一个门徒去医
56 治你的病，并把生命赐给你和属你的人。”我们知道基督教传到以得撒是在第二世纪，因此我们就能很容易理解这件事被指为是发生在基督在世时期如何与历史不合；尤西比乌斯是最早的教会历史家，应当指出他的见证是福音书被信为真实的主要根据之一，他如何会对这样一种笨拙的伪造的真实性质竟毫不觉察，那就更难理解了。

10. 有关前三福音书的最古的见证

从这些作为序言所必不可少的一般性叙述，让我们进而谈一谈关于福音书的存在及其真实性的最古老的见证[*]。可以肯定的是，在接近第二世纪的末期时，和我们现在仍然拥有的同样的四部福音书已经为教会所公认，并被三个最卓越的教会导师——高卢(Gaul)的哀利尼斯(Irenaeus)，亚历山大的克利门，和迦太基的特透连——多方面引证为是署名的使徒及其门人的作品。的确，总还存在着相当数量的其他福音书：希伯来人福音书和埃及人福音书，彼得，巴多罗买，多马，马太的福音书，和十二使徒福音书，这些书不仅异端教派使用，有时连正统传道师也引用它们；但在那个时

① 这里是耶稣讲到《约翰福音》第 19 章第 39 节和第 20 章第 29 节的话，仿佛他们业已存在着似的。

* 特别参看寇司特林(Köstlin)著：《共观福音书(Synoptic Gospels)的起源及其组成》(1853 年)；希尔根菲尔特著：《新约的经典和批判》(1836 年)。

期以及在那以后，这四本书则被认为是基督教信仰的特别可靠的基础。

如果我们问，为什么不多不少地只是这四部福音书呢，哀利尼斯对此是有答复的[①]。福音书是教会的支柱，教会散布于全世界， 57
而世界有四方，所以有四部福音书是很适当的。还有，福音书是神的生命的气息，或者说是人的生命之风；世界上有四种主要的风，因而也就有了四部福音书。换一种说法，创造性的道是以基鲁伯[②]为宝座的，而基鲁伯是有四个脸的，所以道也就给了我们四重的福音。不应把这种奇突的论证方式理解为哀利尼斯之所以不多不少地接受了四部福音书是由于这样的情况；相反，这四部书在当时致力于维护公教统一性的公教圈子内已经占有卓越的，被人相信的地位，哀利尼斯正是按照他的时代精神给这种已经占有的地位进行辩护；而我们正是从这一说明中看出了和我们本身的时代——理智的或理性的批判时代——完全背道而驰的精神。但即舍此不论，这种见证的时期既较署名的福音书著者中最后的一个可能生活的时期还晚一个世纪，这种见证自然就不能令人满意。我们就不得不为福音书的起源寻找更为古远的记录。在这样做的时候我们不仅不得不把前三福音和第四福音加以区别，而且应当把前三福音的各部分别加以考察。

首先，关于马太福音尤西比乌斯给我们保存了帕皮亚斯(Papias)的以下的见证。帕皮亚斯在第二世纪的前半期是弗吕加

① 《驳异端》(*Adv. Haeres*)，iii，11，8。

② "基鲁伯"是希伯来人传说中的一种天使。——译者

(Phrygia)的希拉波立城(Hierapolis)的主教,他从最年老的教友
58 的口中搜集了有关使徒们的传说。* “马太用希伯来文记下了(主)的言论,而每个人都竭其所能地将它们翻译(interpreted)出来。”马太是用希伯来文,这就是说,用当时的亚拉米方言(Aramaic dialect)写了他的福音书,后来的传道师对此曾加以重复申述,并且很自然地补充说他之所以这样做是为了住在巴勒斯坦的基督徒们。尤西比乌斯对这句话又作了更明确的说明,说马太当时想离开这些希伯来人到其他的人们中间进行访问,所以才采取了这一办法,为的是想借书面文件来弥补他本人不能和他们在一起的缺陷。希拉尼姆斯(Hieronymus)[①]补充说,“不知道是谁把这部本来用希伯来文写的福音书译成了希腊文”。[②] 因此,帕皮亚斯认为是由马太所写的这部著作,就被一般地理解为是我们现在所有的马太福音的原本,而我们现在的《马太福音》则被认为是由某一不知名的译者从前者译成希腊文的。这里奇怪的是,帕皮亚斯在我们所援引的、可能是其他一切说明的基础的那段文章中,提到马太只是记下了耶稣的言论。[③] 因而施莱马赫按字面把它理解为马太的希伯来文作品并不是一部完全的福音书,而只是一篇言论集。[④] 但当施莱马赫进一步把帕皮亚斯所说的“每个人都竭其所能地把它们翻译出来”理解为不是翻译而是通过补充一些说这些话时的

* 《教会历史》,iii. 39,16。

① 即圣耶罗姆(St. Jerome,340? —420),基督教学者。——译者

② 《论光荣的人》(*De Vir*:*Illus.*),3。

③ τα λόγια 言论。——译者

④ 论帕皮亚斯关于我们前二福音的见证,著作集,论神学,ii,第 361 页往后。

历史情况对耶稣的 dicta（言论——译者）进行阐释的时候，他就肯
定地走得太远了。因为当一个用希腊文写作的人讲到是 interpre-
ting 一部希伯来文记录的时候，除了把它理解为翻译以外不可能
作别的理解。此外：如果帕皮亚斯所讲马太记下的言论不是指绝 59
对意义的言论而是意谓着言论与行为两者，在他看来以言论最为
重要，那么，通过记事来补充言论就是不必要的了。帕皮亚斯的意
思不过如此，这是从尤西比乌斯前所引用的他的关于马可的[①]见
证中清楚地看得出来的，在那里，在提到了彼得的通译者记录了基
督的“言论与行为”之后，他立即称这部记录为“主的言论集”。还
有，帕皮亚斯只证明使徒马太著述了一部希伯来文的福音书；他并
没有说我们的希腊文《马太福音》就是该书的译本，而在他所说“每
个人都竭其所能地把它们翻译出来”。那句话里，似乎还含有这些
译本彼此各不相同的意思，与其说它们是翻译还不如说是释义。
因此，当希拉尼姆斯说不知道是谁把《马太福音》译成希腊文的时
候，他本有充分理由再进一步全面承认不知道我们现在的《马太福
音》究竟是不是该希伯来文本的译文，因为这部书的语气令人认为
它本来就是用希腊文所写而不是用希伯来文所写。其实，有一个
时期希拉尼姆斯的话表示好像他发现了《马太福音》的希伯来文原
本，这就是所谓的拿撒勒人的希伯来文福音，这本书也被另一些人
认为就是马太福音的原本；但由于他后来把这本书译成了希腊文，
如果我们的《马太福音》已经是这样的译本的话他就不会认为有这
样做的必要了；由此可以推知他一定深信实际情况并非如此。其

① “关于马可的”是根据德文原著加上的。——译者

实，他和其他教父们从该希伯来文福音书所引用的章句有的或者是和我们的马太福音出入很大，有的则是他从前所全然不知道的。其实从这些部分地表现了较晚时期的过分夸大的章句中很明显地
60 可以看出希拉尼姆斯所译的福音书绝不是《马太福音》的原本。反之，如果根据传说，就必然要认为它是和它有联系的，必然是比我们现有的马太福音更晚的对于原本的一种释义。

现在我们已经获得了考虑这部福音书的正确观点。从不同的释义中我们看到有一个原本，根据帕皮亚斯的记述，这个原本可能来自一位使徒。这些释义之一就是希伯来人福音书，其另一则是我们的马太福音，我们以后还会碰到其他的本子。这种对于传统福音资料的释义乃是随着时间而增长的一种继续不断的工作，因而不仅所谓的希伯来人福音书在不同时期和不同的人们中间以不同的形式出现，就连我们的《马太福音》也显示了不是一时产生，而是逐渐产生，因而是屡次改刊的产物的明显痕迹。不过在我们考察了这一有连带关系的书组的其他两部福音书之前，却不必再朝这个方向继续下去。

我们由之获得关于《马太福音》资料的同一帕皮亚斯，在关于马可福音方面也有人引证了他。作为来自主的一个门徒(可能不是一个及门弟子)①长老约翰的传说，他告诉我们：②“马可是彼得的一个译员，他就他所能记忆的，但并不是顺序地，把基督的言行精确地记录下来。他本人不是一个亲聆主的教诲的人，也不是一

① 参看希尔根菲尔特：《福音书》，第339页，注④。

② 载尤西比乌斯：《教会历史》，iii，35，15。

个侍立在主的左右的人；但据说在后来他却和彼得发生了这两种关系(即亲聆彼得的教诲并侍立于其左右。——译者)，彼得是随时机的需要而安排其讲演，并非有意想编述一部主的言论集。因此，如果马可是把他所领受的一些事照样地记述下来，他就不应受到任何的非难。因为他只有一个目的，那就是毫无遗漏地或毫无
虚伪地把他所听到的表达出来。”帕皮亚斯的这种原始资料，由教 61
父们加以更为明确的重复申述，但他们的申述非常矛盾，令人一见即知他们本人对这件事并没有确定的或独立的认识。例如，按哀利尼斯说[①]，马可在两位使徒即彼得与保罗逝世以前，并没有作任何记述。反之，根据亚历山大的克利门[②]，他甚至在彼得还在罗马传道的时候，就应彼得的听众的要求，写了他的福音书；当彼得听到这事的时候，他既没有帮助也没有阻止。在另一方面，尤西比乌斯说[③]，当彼得听到这事的时候，他对民众的热情感到非常高兴，并批准了向会众宣读所写的文件。为了证明这件事，尤西比乌斯诉之于克利门的同一著作，即在较晚的一个时期他从之引用了上述引文，说彼得对此事未置可否的那部著作。然而这部福音书需要有充分的使徒的权威，把它的著述放在使徒逝世以后的时期，作者既不可能向使徒有所咨询，就不足以满足这个要求；但如果是在使徒生前所写，为什么使徒对它那样地漠不关心，而不是相反地像所应有的那样，急切地把它介绍于会众呢？既然摆在我们面前的明显地是为适应某些需要而逐渐安排的说明，我们就被迫不得不

① 《驳异端》，iii，1，1，见尤西比乌斯著：《教会历史》，V，8，2。

② 载尤西比乌斯著：《教会历史》，VI，14，6。

③ 《教会历史》，ii，15，2。

回到帕皮亚斯的陈述，对它作更为精确的考虑。

他说马可是在回忆彼得的讲演中记录下了主的言论与行动，
62 但并**不是顺序地**；首先，问题是对这后一说法应当怎样理解。如果帕皮亚斯的意思是说**并非按照正当的次序**，那么，问题就是，在他看来，什么是正当的次序呢？如果说正当的次序是《约翰福音》的次序，这的确是和马可的次序不同的，并且是和所有的共观福音书的次序都不相同，但我们不久即将看出，帕皮亚斯还不知道有《约翰福音》，更不可能把它当作其他福音书的标准。从另一方面来说，我们已经看到，他知道有一部马太的希伯来人福音书和其希腊文释义，但《马可福音》的安排和我们的《马太福音》的安排并没有重大的不同，无论如何总不足以令帕皮亚斯因此就否认它有正当的次序。总地说来，当帕皮亚斯因马可以被设想为仅是随时机需要为耶稣作证的彼得的讲演为依据而说明马可的著作缺乏秩序的时候，他的意思不仅是否认它有正当的次序，而且是否认它有任何历史性的布置。但这种情况不仅在《马可福音》里少有，就是在任何其他福音书中也是同样地少有，因而如果我们把这句话理解为这种意义，则摆在帕皮亚斯面前的就不可能是我们现在所有的《马可福音》，他所谈到的必然是完全不同的另一著作。即使在其他方面，我们的《马可福音》的一般性质也并没有表示其作者和彼得有任何特殊关系，因为彼得的个性在《马可福音》里并不比在《马太福音》里更突出地表现出来，而是相反地更少地表现出来，而其所一贯指出的倒是作者利用了后者，但一个可能从彼得的讲演中吸取资料的作者决不会这样经常地仰仗后者。因此，帕皮亚斯关于《马可福音》的叙述既不适用于我们的《马可福音》，其所描述的情况性

质又是我们的《马可福音》所不能说明，我们就不能根据他的见证对于第二福音作出任何结论。

至于《路加福音》，我们并没外在证据证明它的年代是这样的古老。但它在序言中有一个值得注意的自证。（第 1 章第 1—4 63
节）①作者在这篇序言里说："提阿非罗大人哪，有好些人提笔作书，述说在我们中间所成就的事，是照传道的人从起初亲眼看见，又传给我们的。这些事我既从起头都详细考察了，就定意要按着次序写给你，使你知道所学之道都是确实的。"从这篇序言我们看出：第一，在第三福音的作者作书的时候，已有相当数量的福音书文献存在，他从批判的观点提到了它们。第二，既然他把"好些人提笔作书述说在我们中间所成就的事"和"传道的人，从起初亲眼看见又传给我们的"加以区分，这似乎表明他并不知道有任何由使徒直接著述的福音书。第三，由于他说他的意思并不是想在资料的独占性来源方面以为由某一使徒所传授之类，超过他的前人，而是在于这些事他"从起头都详细考察了"，这就显得摆在我们面前的并不是一位使徒的侣伴，尽管从很早的时候起，第三福音的作者就被认为是这样的一个人。

在上面援引的关于马可的那段话的之后，哀利尼斯接着说："保罗的侣伴路加，也把保罗所传的写成了一本福音书。"在这里，仍然和帕皮亚斯关于马可的见证一样，我们可以假定，这些话所指的全然是另一本书，因为肯定地保罗所传的福音，既不是也不像我 64

① 关于这篇序言，请参看寇斯特林（Köstlin）著：《共观福音的起源与组成》，第 13 页起。

们现在所有的第三福音或任何其他福音，因为无论是使徒的传讲，或者一般说来，最古的基督徒的传讲，都不是耶稣生平的详细历史，而是根据旧约圣经，简短地证明他的弥赛亚的身份和从死复活，并按着情况的需要，补充说明他的死的救赎能力，设立圣餐的经过，并使听众回忆起耶稣所说过的这一或那一重要言论。最难想象保罗会使他的讲演具有历史的面貌：作为耶稣的一个非及门弟子，很难认为他会熟悉耶稣生平的一切详细情节，而且他似乎也不注重这些。因此，根据希拉尼姆斯的见证，有好些人谨慎地认为路加福音并不是单单得自没有亲自和耶稣在一起过的保罗，而也是得自其他的使徒。因而在这里，也和马可的情况一样，我们发现有一种令人安心①的说明，即保罗对他的侣伴所写的福音书作过证明性的评述。当保罗在《罗马书》第 2 章第 16 节，《提摩太后书》第 2 章第 8 节说，“照着我所传的福音”的时候，人们竟立即以为这句话是指路加福音而言，其实这句话绝不是指任何书本而言，而只应理解为是指使徒所口传的福音而言。

这样，第三福音对保罗的关系也和第二福音对彼得的关系一样，归根结底只等于零而已。不过前者的情况是有点不同的，因为在这里说明不仅是以教父们的陈述为根据，也是以该书本身的内
65 容为根据。人们都熟知，第三福音仅是一部较大的完整著述的第一部分，“使徒行传”是其第二部分；在这第二部分里，作者不仅有时以保罗的侣伴的身份出现（这一点我们在下面将会谈到）并且显然对这位使徒以及其在原始基督教会所占有的地位还特别关心。

① 根据英译本“正误”改。——译者

但当我们谈到该福音书的内在特征的时候，我们将会不得不承认其也有同样的趋势，因而至少到目前为止，似乎应该承认教会传统所说第三福音和保罗的关系，比其所说第二福音和彼得本人的关系，更具重要性。

11. 前三福音书的补充证据

当我们从基督教最古①的文献中探索前三福音的其他迹象时，除了以上所引的保罗的言论以外，还可像其他人所做过的那样，假定在新约的其他章句中，也提到了这几本福音书。但对于《哥林多前书》第11章第23—25节与《路加福音》第22章第19节之间的的确引人注目的符合一致以及其后关于设立圣晚餐的叙述，则不应在假定使徒引用了福音书的基础上来予以说明，而应相反地从福音书的作者的记述是取材于他所熟知的使徒的书信的基础上来说明。另一方面，在《希伯来书》(第5章第7节)里，提到了 66
所有共观福音书都记载了的一种情况，即耶稣在客西马尼园的苦痛。但这里的辞句是非常一般性的，因而不可能确定，是著作日期还不能确定的《希伯来书》的作者取材于这几本福音书中的一本呢，或者仅仅是根据了当时流行的福音传说。同样，我不怀疑《彼得后书》(第1章第17节起)是指耶稣登山变像而言，这里所引用的天上的声音和《马太福音》所记载的完全相同，可能《马太福音》的话就是根据彼得或彼得所用的资料而写的；但《彼得后书》在我

① 关于这个题目，除寇斯特林和希尔根菲尔特的巨著外，请参看蔡勒尔的《使徒行传，其内容及起源的批判的考察》，第6页起。

们的经典著作中是最晚的几部之一，因而这个证据所证明的日期很难早于第二世纪末年。

次于新约圣书经典著作的是《使徒时代教父们》[①]的著述，即所谓使徒的门徒们所写的那一类的著作，但它们的真实性非常有问题，因而，在有关福音书的来源的问题上，对我们并不能提供什么确实可靠的根据。毫无疑问，在这些著作中，在所谓的巴拿巴书信，罗马人克利门的书信、伊格那休斯（Ignatius）和帕利卡普（Polycarp）的书信以及所谓的赫马斯（Hermas）“牧羊人”书中，有时看到了和我们现有的前三福音相雷同，有时则提到了前三福音的语句或记事。所谓雷同，我是指这些著作和我们的福音书符合一致的事例而言，在这些事例中，尽管没有说明那是基督的一句话，或见于某一记载中，所用的都是同一句话，或非常类似的语句。例如，当所谓的伊格那休斯在他给罗马人的信的第6章说：“我宁

67 可为基督而死，也不愿在全世界执掌王权，因为一个人如果赚得全世界，但却失丧了自己的生命，又有什么益处呢?”[②]或当巴拿巴在其有些和保罗书信中的语句雷同，有些则在新约中毫无类似的语句中，也有这样的话：“凡求的就给他”（第19章），毫无疑问，在前者的思想中，已经有了我们在《马太福音》第16章第26节看到的基督所说的话[③]，在后者的思想中已经有了《路加福音》第6章第

① 参看希尔根菲尔特：《使徒时代的教父们》（1853）。

② 这里基督所说的话是：“人若赚得全世界，赔上自己的生命，有什么益处呢?”——译者

③ 《路加福音》第6章第30节，“凡求你的，就给他”，《马太福音》第5章第42节，“有求你的，就给他”。——译者

30 节;《马太福音》第 5 章第 42 节的话;至于这些语句是否直接采自我们的福音书,甚至是否采自书面资料抑或口头传述,则是单凭这一类的暗示本身所不能解决的问题。并且就连这些对于基督言论的明确的引述,也并不能使我们对解决问题有任何进展。当帕利卡普在他给腓立比人的信第 7 章中说,“祈求无所不见的上帝不要叫你们遇见试探,正如主所说过的,‘心灵固然愿意,肉体却软弱了,’”的时候毫无疑问,他引述了基督的劝告(《马太福音》第 26 章第 41 节)并暗指了在主祷文中的一句话;至于这两句话是否作者得自我们所有的同一资料,那却是个疑问。无论如何,当巴拿巴(第 4 章)引述“被召的多,选上的少”这句话之后,又加上了“正如所记”的时候;或当克利门后书在引述了加拉太书所用的以赛亚书的一段话之后接着说(第 2 章)“另一处圣经说,‘我本不是召义人,乃是召罪人;’”第一例中的圣经,毫无疑问指的是伪经以斯拉书[①];第二例则是把福音书的记载和旧约的一部书一同称为(圣经),这就是该书信著作日期很晚的证据之一。不用说,在这里我们也同
样不能确实肯定所用的书面资料是否的确是我们的福音书之一 68
(《马太福音》第 20 章第 16 节;第 22 章第 14 节;第 9 章第 13 节)。

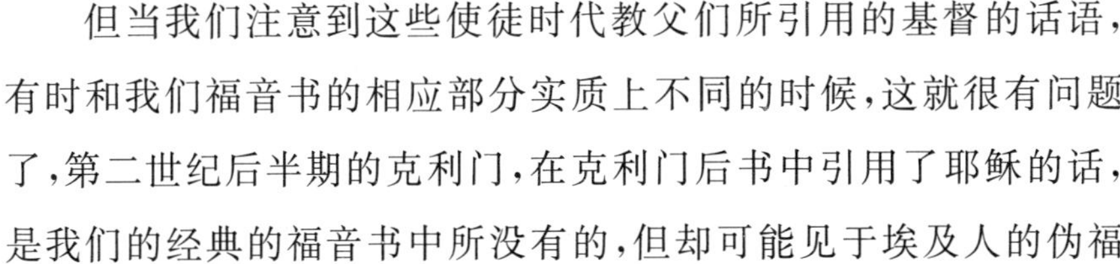

但当我们注意到这些使徒时代教父们所引用的基督的话语,有时和我们福音书的相应部分实质上不同的时候,这就很有问题了,第二世纪后半期的克利门,在克利门后书中引用了耶稣的话,是我们的经典的福音书中所没有的,但却可能见于埃及人的伪福

---

① 《以拉斯四书》第 8 章第 3 节,参看伏克马尔(Volkmar):《伪经引论》,ii. 290;希尔根菲尔特:《先知以斯拉和但以理》,第 70 页。

音书中，这且不谈。就是被认为属于第二世纪初期的克利门一书，在劝人谦逊和蔼的一段话中（第 8 章），引用了主耶稣“在教训人节制和忍耐时所说的，他的话是这样。”“你们要怜悯人，使你们也可蒙怜悯；要饶恕人，使你们也可蒙饶恕；你们怎样待人，人也要怎样待你们；你们怎样给人，人也要怎样给你们；你们怎样论断，人也要怎样论断你们；你们怎样以恩慈待人，也要怎样蒙人以恩慈相待：你们怎样量给人，人也要怎样量给你们。”这里毫无疑问，是暗指《马太福音》第 7 章第 1 节①和以下的一段话；但这段大大扩展了的形式却和马太所记的很不相同，因而不可能是采自我们的《马太福音》，甚至也不可能采自路加福音，尽管路加在相类似的一段文章中，（《路加福音》第 6 章第 37 和其以后的几节）以一种不同的方式，扩展了马太的记述。就这样，另一福音书记载似乎给了他以一种不同的形式，而克利门书的作者则引用了这个形式，也许所谓的帕利卡普（第 2 章）又从他引用了这个形式。这些书信中，个别的
69 福音事实记得不多，大多数却记在以伊格那休斯命名的书信中，但实际上这些书信是在第二世纪中叶才出现的，所以，我们这里除发现关于耶稣为童女所生的上帝的儿子和大卫后裔；受难和替死赎罪，复活升天的一般叙述之外，还看到有关于他诞生时有星光出现（《以弗所书》第 19 章）、受洗的动机是为了完成诸般的义（《士每拿书》第 1 章），复活时有《旧约》圣徒从坟墓中醒来（《马格尼书》第 9 章），复活后和门徒一同吃喝（同上，第三章）等详细记述，就不足惊异了。这里的前三件使我们想到《马太福音》第 2 章第 1 节及其以

① “你们不要论断人，免得你们被论断”。

下几节,第3章第15节,第27章第52节,最后一件使我们想到《路加福音》第24章第39节;和《使徒行传》第10章第41节。

对于贾士丁·马特尔[①],我们有比较可靠的根据,这是因为对于他的最重要的著作的真实性没有疑问,而且他作为作者而活动的全盛时期,无论如何,总是在安陀尼奴斯·皮乌斯在位时期(公元138—161年)。在他的著作里,我们首先看到了在使徒时代教父们的著作里所几乎完全没有的情况,这就是,他提到了他所写的耶稣传里面耶稣言行所根据的书面资料,但他并没有说这些资料就是我们的福音书或其中的任何一部。他通常称他的资料为,《使徒记事》,他所用的这个希腊字,毫无疑问,是从他所知道的色诺芬(Xenophon)的苏格拉底的"记事"[②]得来的;他说过这些"记事"叫做福音书(原文为复数。——译者),但这是在被认为经过后人篡改而受到攻击的一段话[③]里;由于他在别的地方也用单数的福音这个字,因而就有些想到色诺芬的复数"记事"只表示一部书的人 70
们认为,他所讲的只是一部福音书,另外有些人则以为他所用的单数"福音"这个字是指所有福音书集成而言。他更明确地说这些记事是耶稣的使徒们和他们的同伴所著述的,这和教会对于我们的福音书的起源的概念正相一致;至于他怎样知道这一点的,是不是仅仅根据这样一种明显的推测,耶稣的记事只能由那些和耶稣本

① 关于这个题目请参看希尔根菲尔特:《贾士丁福音书的批判研究》(1810年);伏克马尔:《贾士丁·马特尔时代批判的研究》(载蔡勒尔的《神学年鉴》,1815年,第227页以下,第412页以下)。

② 按即一般所称的《苏格拉底回忆录》或《师门回忆录》。——译者

③ 贾士丁的这段话,在所有的新约圣经引论中都提到了它,因此我在这里不再细述。

人在一起过的人编写出来，我们并不知道。

至于说到第一，贾士丁所用的记事故事内容，则我们发现从我们前所涉及的同样渺茫中出现的，几乎是我们在自己的福音书中所发现的同样的历史面貌，从大卫或甚至从亚当以来的家谱，天使的宣告和超自然的怀孕，东方博士，逃到埃及；接着就是作为先锋的施洗约翰，耶稣受洗与受试，挑选并差遣门徒，神迹与服务，和税吏交友，受法利赛人攻击；最后，预言死的方式，进耶路撒冷，洁净圣殿，设立圣晚餐，被捕与被钉十字架，复活与升天。但和这些一起，贾士丁还描述了一些我们的福音书中所没有的事情。他说耶稣诞生于伯利恒城的一个洞里，后来帮助他的父亲做木匠和车匠的工作，在约旦河受洗时燃起了一把火，同时有天上的声音响起了诗篇2篇7节的话，“你是我的儿子，我今日生你。”至于说耶稣钉十字架以后，他的所有门徒都离开了他并否认了他，这是把我们的福音书作者关于这一情况的记述，作了过分的夸大，和巴拿巴书信中所说耶稣的门徒们，在他们被耶稣召选以前，都是些罪大恶极的人，差不多有同样的情形。关于这些不符合一致之处，有些其实可认为

71 是贾士丁自己的编撰，无需乎假定其另有资料来源：例如，当他把马可福音（第6章第3节）拿撒勒人的问题：“他不是木匠的儿子吗？”不是单纯作为马太福音的形式来理解，而是理解为“他不是木匠吗？”的时候，很可能就是他自己作出了这样的结论，耶稣作为儿子，帮助他的父亲做他本行业的工作。同样，在他违反路加的正确记述，把居里扭从一个叙利亚的总督变成为一个犹太巡抚的时候，这很可能就是由于有人把犹太的户口调查说成是这个官员所作，而他因疏忽就陷于这一错误之中。同样，当他说东方博士直接从阿

拉伯而来的时候，我们可以认为这只是他自己对于马太的这句话的解释。但当他把这一资料重复了不下十次之多，并且至少有三次说施洗约翰住在约旦河畔的时候，我们却不妨说这样的坚持定见似乎表示他有一定的资料来源：这就是伯利恒的洞和约旦河畔的火本身所必然会引起我们得出的推论，当我们从艾皮法尼乌斯[①]（Epiphanius）得知伊比奥尼派人所用的希伯来人福音书同样说在耶稣受洗的地方有火光普照，并且在天上有声音说了我们福音书所有的“这是我的爱子，我所喜悦的”这句话以后，还有我们在贾士丁的书信中所看到的另一句话“我今日生你”的时候，就显然可以假定，他的福音的这些特征是取材于希伯来人福音书的一个版本。

贾士丁依照其《使徒记事》所记述的耶稣的言论比他所记述的事实，更和我们的福音书符合一致。固然，只有很少几处字句完全
符合一致，但这些差异，通常都是不仅是一个通过回忆而记述的 72
人，也是一个不细心的抄书人所易于造成的错误。只有当这样的差异和贾士丁在别处的写作互相一致的时候，或这种差异的形式也见于其他作者的著作中的时候，假定其有和我们的福音书不同的另一种资料来源才有较大的可能性。例如，贾士丁在引用耶稣登山训众[②]（《路加福音》第 6 章第 36 节）的话：“你们要慈悲，像你们在天上的父慈悲一样”的时候曾篡改说：“你们要仁爱并慈悲，像你们在天上的父仁爱并慈悲一样”，单这件事并无重大关系，但他两次这样做而且两次是在不同的作品中，这就立刻使得有更大的

① 《论异端》（*Haeres*），XXX，13。

② 登山训众是指耶稣有一次在山上教训门徒的事而言，除载于《路加福音》第 6 章外，还载于《马太福音》第 5—7 章。——译者

可能性，他所引用的这句话在他所依据的原本中的确就是有这种形式。同样，当我们看到耶稣的话（《马太福音》第 11 章第 27 节；《路加福音》第 10 章第 27 节），“除了父，没有人知道子，除了子和子所愿意指出的，没有人知道父，”在贾士丁的著作里，以双重不同的形式加以引用，第一，通过子而知道父是放在通过父而知道子之前，第二，知道[①]用的是过去时，这可能是对我们的《马太福音》和《路加福音》的这一段话的自由引用；但当我们看到这句话的同一不同的形式，而且是屡次地以这种形式出现于伊比奥尼派的一部伪经，《克利门的说教》[②]中的时候，我们就不得不假定其有一种特殊的来源了。贾士丁常把在我们的福音书中分别出现的话合并在一起；但他所认为是耶稣所说的一句话，“我在哪里发现你们，就要在哪里审判你们，”在我们的福音书中却无论如何也找不到与此类
73 似的句子，这就很难把它解释为只是把耶稣的话合并在一起，（《马太福音》第 24 章第 37 节及其以后的几节；《路加福音》第 12 章第 35 节及其以后的几节；第 17 章第 26 节及其以后的几节），而似乎有另外的出处。

如果我们更仔细地研究一下贾士丁的引证和我们的各个福音书（总是把第四福音书除外）的关系，我们就会发现在这些引证和我们的《马太福音》之间存在着大体的一致。贾士丁所引用的耶稣的话和在马太福音所记的同一句话的形式最相类似，就是那些仅

① οὑδείς ἔγνω，不是 ἐπιγινώσκει，《卫道篇》(apol)，i，63。（οὐδεις 是希腊文“没有人”，ἔγνω 是“知道了”（γιγνώσκω 的过去式），ἐπιγινώσκδι 是 ἐπιγιγνώσκώ（知道）的现在式。——译者）

② 《说教篇》(*Homil.*)XVii，4；XViii4，11，13，20。

仅出现于《马太福音》中的话，在贾士丁的著作中也常重复出现。然而，在某些章句中，和《路加福音》的符合一致也是毫无疑义的，不过没有马太那么多罢了。以利沙伯的长期不孕，上税，耶稣 30 岁开始传道，差遣 70 门徒，给他们权柄践踏蛇和蝎子（只是贾士丁还加上了蜈蚣），在客西马尼园时耶稣汗下如雨，彼拉多把耶稣作为囚犯送给希律，贾士丁提到了这一切的细节，而且部分地用了和路加所用完全同样的词和句。对于这两位福音书的作者从不同假设出发的那些地方，他还试图将他们加以调和。例如，尽管路加已描绘天使加伯利宣告了马利亚的怀孕，他却表现约瑟因其未婚妻的情况而感到为难，只是因得梦才感到满意，正如马太，不知有天使宣告的事所不得不做的那样；接着，他以路加为根据，说约瑟只是因为上税才偶然地离开本来住处拿撒勒到伯利恒去，而在从埃及回来之后，却说他打算在伯利恒住下，其实，根据路加的上税说法，他在那里已无事可做了，只有按照马太的说法，他一直就住在那里，这样的打算方为合理。贾士丁之所以和马可少有一致之处， 74
是因为马可的记述很少有他自己的特点，但就连马可的一个特点，即在给西庇太的两个儿子，起名为半尼其或雷子[①]那件事，贾士丁也提到了，这是在我们的福音书作者中，只有马可一个人提到的事情（《马可福音》第 3 章第 17 节）。

如果我们问，贾士丁福音书资料的这种形式应如何说明，并从此能得出什么关于我们的福音书的推论，说贾士丁手头只有我们

① 半尼其（Boanerges）是希腊文（βοανεργές）的译音，译意为“雷子”，耶稣因他的两个门徒，即西庇太的两个儿子，彼得和约翰，性情急躁而给他们起的名字。参看《马可福音》第 3 章第 17 节希腊原文。——译者

的福音书而没有其他，只是他自由地引用了它们，并根据自己的想象或流行的传说加以补充，这种假定，对于解决我们目前的问题来说，和相反的假定，认为他全然不知有我们的福音书，而是用了一种虽然和我们的福音书有相当的一致性，却是和它们判然有别的福音书，是同样不能令人满意的。从他的叙述有时带有调和性质的情况看来，他很可能有好几种福音书，而我们方才所作的比较已经证明这些福音书中的一种，实质上和我们的《马太福音》相同，另一种和我们的《路加福音》相同；至于在这些以外，他必然还有一种或更多种的其他福音书，从以上所说的看来，也似乎是同样地明显。所以我们看出，在差不多第二世纪中叶，福音资料已经发展成不同的传说，其中有一部分和我们现在的福音书一致，有一部分和它们不一致，例如像伯利恒城的洞和约旦河畔的火所呈现在我们眼前的，仍然是未被熄灭的福音传奇之诗的激情。

克利门的《说教篇》中的福音书引证，其情况亦复相同，这是一部伊比奥尼派的著作，可能比贾士丁的主要著作还晚十到二十年[①]。那些引证也多半常和《马太福音》一致，较少与路加和马可一致，而同时由于它们常重复一些特殊语句，例如也常见于古代教
75 父著作中的耶稣的话，“应当做聪明的商人”[②]，就说明了可能也是贾士丁所用的另一种资料来源。若干福音书，其中毫无疑问也有我们的《马太福音》和《路加福音》，是非犹太哲学家赛尔塞斯[③]所熟悉的，约在二世纪中叶他写了反对基督徒的著作，利用他们彼此

① 根据英译本“正误”改。——译者

② 克利门的《说教篇》，ii，51，屡见。

③ 阿利金《驳赛尔塞斯》(Orig. C. Cels)，ii. 27。

的不同，例如有关复活的不同说法，作为反对基督教真理的证据。在他这样做的时候，他说有些基督徒任意改造或改编福音的原来形式，想借以摆脱其中所存在的矛盾，除了尖刻的用意之外，他的这种说法的确也含有不少的真实性。因为至少前三福音书，我们愈对它们进行考察，就愈会看出它们是同一原始资料的变形和不同的说法，甚至作这些改变的动机，有时是护道性质的，有时是教条性质的，也很难完全隐藏得住。

关于我们的福音书的著作顺序，作为教会首脑的一种传说，我们有来自亚历山大的克利门的资料，说有家谱的马太和路加，写于其他福音书之前[①]，并且我们将会看出，这种说法和它们的内在性质是符合一致的。阿利金说首先写作的是马太。其次，他和克利门不同，说路加写作是在马可之后；但关于这种说法我们不能确定，很可能除了假想的使徒彼得和保罗在教会中的相对地位外没有其他原因的福音书的经典排列顺序，是否对作者的意见有所影响。但这两个作者在宣称约翰福音写作最晚这一点上是一致的， 76
而他们这样做对历史的真实性确乎是符合一致的。[②]

这样，从所有这一切讨论中我们可以得出关于前三福音的如下结论来。即使我们承认帕皮亚斯关于马太和马可是这两部福音书作者的见证的正确性（我们不久就会看出，对其可信性我们仍有提出异议的可能）按我们现有的形式第一福音，决不是使徒马太的著作，第二福音也决不是使徒的助手马可的著作。这些书都不是

① 尤西比乌斯：《教会历史》，Vi，14，5。VI，25，5 起。

② 尤西比乌斯：《教会历史》，Vi，14，Vii，25，6。参看 iii，24，7。

帕皮亚斯所说的著作；我们对于我们的《马太福音》和该使徒的实在著作间的关系毫无所知，我们既不知道后者受到了怎样的增补，经过了怎样的改动，同样，关于我们的《马可福音》，我们不能说它和帕皮亚斯所说马可的著作是否有任何的联系。根据路加福音书编者本人在其序言中所说的话，我们知道他写作的时期较晚，而且作为第二手的作者他详尽地研究了一些更早的资料。我们将会看到使徒行传中那些表示保罗的侣伴发言的部分中，和这种说法并无冲突。在将近二世纪的中叶以前，我们并看不到前三福音有按其现在的形式而存在的确实痕迹，这就是说，在主要历史事件发生后约整整一百年之久我们没有看到前三福音有按其现有形式存在的确实痕迹，没有人能够合理地主张，这个时期太短了，把非历史成分强加于福音历史的各个部分中是不可能的或不可想象的。

77 12.《约翰福音》的证据

就这样，这个结论在所有还未从神学领域中完全排除批判的地方，是在各方面被相当普遍地承认的。第四福音更被坚定地认为是一个亲见的使徒的著作，是原始基督教历史的可靠基础。这样的信念一定有其所依据的主要内在根据；因为，关于外在证据[①]方面，如果第四福音的情况和前三福音相同，那么对第四福音来

① 关于这一点请参看布莱施奈德尔(Bretschneider)：《或然性》(Probabilia)，第178页以下，鲍威尔：《经典福音书的批判研究》，第349页以下，蔡勒尔：《关于第四福音存在和来源的外在证据》，载《神学年鉴》，1845年，第159页以下；及其在该年鉴上所刊载的另一些评述，1847年，第136页以下，希尔根菲尔特：《福音书》，第344页以下，《贾士丁的福音书》，第292页以下。

说，倒是好事。帕皮亚斯关于马太至少说过这一些话，他编写了一部希伯来文福音书，不过他并没有说这部书和我们的希腊文福音书有怎样的关系。据我们所知，他并没有说过有一部由使徒约翰所写的福音书。因此我们只是从尤西比乌斯才知道帕皮亚斯说什么；但由于他写“教会历史”的计划就是为新约的各部著作搜集最古老的证据，而且他曾经为约翰第一书引帕皮亚斯为证，他之未提帕皮亚斯为《约翰福音》作过任何证明，就几乎无异于帕皮亚斯本人没有说过什么话一样。由于帕皮亚斯不仅明白地表示过他热忱地研究了关于约翰的传说，而且作为小亚西亚的主教和一个熟识约翰的门徒帕利卡普的人，对于在以弗所度过其晚年的使徒约翰他会很自然地有一些关于该使徒的资料，他在对使徒约翰为一部福音书的作者这方面的缄默，就更具重要的意义。

但看来不管帕皮亚斯愿意不愿意，人们还是使他给约翰福音作了证明，如果不是直接地也是间接地作了证明。在上面所提到 78
的帕皮亚斯给约翰一书所作的见证中，由于考虑到根据所有的内在表示，必须认为该书的作者也就是《约翰福音》的作者，人们就以为《约翰一书》所作的证明，也就必然地包括了为《约翰福音》的证明在内。对《约翰一书》的证明，是以尤西比乌斯的叙述为根据[①]，因为帕皮亚斯曾经引用过《约翰一书》为证，像他引用过彼得前书为证一样。如果我们必须理解这句话的意义是说帕皮亚斯从我们现在的《约翰一书》中引证了几段话，明白地说这些话就是使徒约翰的话，的确就可说这是他为《约翰一书》所作的见证。在另一方

① 《教会历史》，iii，39，17。

面，如果说尤西比乌斯只是从帕皮亚斯著作中的这一或那一句话或思想和约翰一书中相应的话或思想相类似而得出了结论，认为帕皮亚斯熟悉这部书信并且必然承认这部书信，他的这一结论就很可能像现今神学家的类似的结论一样，是错误的。同时，即使我们按极其严格的意义来理解尤西比乌斯的话，以为帕皮亚斯当真地引证了《约翰一书》作为使徒约翰的著作，其第二点，即书信和福音书必然有同一个作者这一点，仍然没有得到证明。固然，在文体和笔调方面，以及在某些主要思想方面的联系是没有疑义的，但与此同时还有明显的不同，书信的思想和语句所表示的作者，较之福音书的思想和语句所表示的作者，显著地柔弱。

但人们以为第四福音本身，较之帕皮亚斯的著作或《约翰一书》，对其自身起源于使徒，具有无可比拟的强有力的证据。据说，这包含在该书结论的补充语句里，《约翰福音》第 21 章第 24 节。
79 在这里这个补充语句的作者或作者们说，“他”（即在此以前所提到并被描述为耶稣所爱的那个门徒的人）“就是为这些事作见证并且记载这些事的人，而这些补充语句的作者们，也知道他的见证是真的”；据说，只有那些亲自熟识使徒并且为该福音书最初出现地以弗所教会所认识的人，例如像阿利斯提昂（Aristion）和长老约翰，才能这样说话；因此，我们在这里所有的这种证明的历史可信性，只有那些最极端的历史怀疑主义才能要求*。如果补充语句的作者们自己署名为认识使徒的人，而且我们也无理由怀疑他们的意图，我们所有的的确就会是这样的作品。但他们并没有这样署名，

* 陶陆克（Tholuck）：《福音书历史的可信性》，第 276 页。

不仅如此，有极大可能性在这里是和该福音书作者或者至少是和该书末章的作者完全不同的另一个人在说话，而且当蔡勒尔说不管这句话是否出自该福音书的作者，这个证据都是毫无价值的时候，他的话的确说得不错；因为如果是前者的情况（即作者本人的话。——译者），那只是作者给自己作的见证，因而就毫无作为证明的力量；如果是后者的情况（即非作者本人的话。——译者），那很可能就是一个篡改者的保证。我们可以看一下，在类似的补充语句情况下，如果要有所证明，提出这样的证据需要有怎样的条件。在《高卢之战》第 8 卷的引言里作者说，“我已经”（这段文章在这里尽管是讹误很多，但至少这一点是清楚的，他意思是说他已经），“完成了关于我们的朋友凯撒的高卢功迹的评述；”接着他讲到了他和其他和他同样的人对于这部著作的赞赏和一般群众对其赞赏的原因是多么不同，因为他们，不仅像群众一样，知道凯撒如何值得赞赏地，撰写了这部著作，而且也知道他如何迅速地、轻而 80
易举地，完成了这项工作。在这里该书的完成者和证明其真实性的人固然也同样地没有道出自己的姓名，但他是向凯撒的密友巴尔布斯（Balbus）说话，他清楚明白地提到“关于我们的朋友凯撒的功迹的评述”，他明确地宣称，“我们知道他如何轻而易举地并迅速地撰写”，和《约翰福音》续篇的作者的窃窃私语，以及其“为这些事作见证的门徒”，和“我们知道他的见证是真的”，是不可同日而语的，而且这种不同对后者是不利的。当一个和斯维陀尼乌斯（Suetonius）* 的陈述相一致的手稿提出这个补篇的作者是凯撒生前的挚友，后来成了共和国的一位将军，在凯撒被杀一年后阵亡于慕提

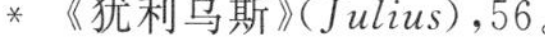

* 《犹利乌斯》（*Julius*），56。

那(Mutina)的 A. 希尔休斯(Hirtius)的时候,这样的见证其本身就足以向我们证明,凯撒是“高卢之战”前七卷的著者;但同时,对比之下,却使我们感觉到,根据《约翰福音》第 21 章第 24 节那一段的含义,实在无法证明约翰就是该福音书的作者。

从前面的一句话里可以看出,《新约》里面为《约翰福音》而提出的另一证据的价值。人们提出了彼得后书作为《共观福音》中关于耶稣登山变像以及在附于《约翰福音》的一章(第 21 章第 18 节)中所提到的预言彼得之死的方式的真实性的佐证。假想中的该书信的作者(第 1 章第 14 节)说他知道他脱离这帐棚的时候快到了[①],正如主耶稣所指示的,可以承认,这段话是指《约翰福音》中的记述而言,尽管如此,《约翰福音》的存在和被教会所公认,的确是在接近第二世纪末期的事,彼得后书的著作日期不会比这更早。

81 此外,有人还乞援于《马可福音》,说《马可福音》有和《约翰福音》的章句非常近似的地方,这只能从假定马可引用了约翰的话来说明;甚至那些这样做的人们也很坦率地承认,任何人也可从相反的假定[②]来对这种近似加以说明,这就是说,第四福音的编者引用了《马可福音》。这一点我们以后还要加以考虑。

严格地说,使徒时代教父的著作,只有伊格那斯休的作品属于考虑之列[③]。在伊格那休斯的书信里有些被认为是和第四福音的

---

① “帐棚”在这里是指人的身体而言,“脱离帐棚”就是说死去。——译者

② 布利克:《对福音书批判的贡献》,第 200 页以下。

③ 在所谓《帕利卡普的书信》里没有提到第四福音,这一事实的确就是反对第四福音为约翰所写的决定性论证,当然,这只是在假定该书信真正是约翰的门徒帕利卡普所写的基础上。不过,如果假定该书信是在帕利卡普殉道后不久所写,而被误以为是他所写,也是值得注意的。

语句相同的话；例如，他称耶稣的肉为天上的粮和生命的粮，称他的血为天上的饮料，称耶稣本人为到父那里去的门，关于圣灵他说，他知道他是从哪里来，往哪里去，而且他惩罚隐藏的罪恶①。即使这些话不能用当时教会通用的语言来说明，伊格那休斯书信的著作日期也仍然不可能早于第二世纪中叶；如果《约翰福音》在第一世纪末就已经在教会中被认为是使徒的著作，它对于第二世纪的这一著作以及其他著作的影响一定会更无比地大，而且其表现方式也会比这种表面雷同更多。

在贾士丁·马特尔方面也完全有这样的情况。贾士丁的著作
和前三福音有许多毫无疑义符合一致的地方，只有很少几处，而且 82
还是有问题的地方，和《约翰福音》符合。固然，在《新约》引论里提出了三十多处这种符合一致之处，但这样众多的数目毋宁反而证明：贾士丁的思想范围和第四福音的思想范围既然如此广泛地一致，那么，如果他知道而且承认这就是使徒的思想，他一定会更无比明确地在他的著作中提到它。因为贾士丁是熟悉逻各斯(Logos)* 教义的，而且像约翰一样，把它理解为在上帝和万物之间的中间实体(intermediate essence)；但应用于这一实体的那个名称，对他来说，只是许多名称中的一个，因为他也把它称为荣耀或上帝的智慧，天使或使者，(天使的)领袖。与此关联的事实是，在贾士丁的著作里，逻各斯虽然是上帝按特异的方式所生，他一般地只称之为"首生的"(first born)，只是在和《诗篇》第 22 篇第 19 节以下

① Ad Rom. 7；Ad Philad, Vii, 9，参看《约翰福音》第 3 章第 8 节，第 6 章第 32 节以下，第 10 章第 9 节，第 16 章第 8 节。

* 此字希腊文为 λόγος，在中文《圣经》里译为"道"。——译者

的那一段有关的地方才称之为“独生的”(The only begotten);在其他地方,也称为“上帝的仆人”。从此可以看出,在贾士丁的著作里,逻各斯一词的概念,一方面没有第四福音那么明确,另一方面也不那么尊贵。在另一方面,贾士丁著作中所常有的逻各斯自父而出的思想,不可能是他采自《约翰福音》,而一定是采自别处,这就是说,采自当时的哲学,因为它是由菲罗(Philo)[①]的思想所形成的。固然,在贾士丁的著作里,也和在《约翰福音》里一样,逻各斯是在基督里的神的本质;在另一方面,他并没有像在《约翰福音》里那样,把逻各斯的教义和圣灵的教义那样严格地加以区分,而且在第四福音里耶稣给即将被差到门徒那里去的圣灵起名为保惠师[②]这个非常值得注意的名称,也全然未见于贾士丁的著作中。

83 复次,如果我们研究一下通常所据以推论出贾士丁熟悉《约翰福音》的那些段落,则显然非出偶然的一致,极大多数都可以用一种显而易见的假设加以充分的说明,这就是说,双方都采用了共同的资料,即当时亚历山大的宗教哲学和犹太基督教的象征论(typology)。其实,唯一重要的一段文章是在贾士丁的《卫道篇》里说,“因为基督说过,如果你们不重生,你们就不能进入天国;但大家都清楚地知道,回到生我们的人的腹中去是不可能的事。”[③]这里指的是耶稣和尼哥底母对话里的一段(《约翰福音》第3章第3—5节)

① 菲罗(Philo, Judaeus, 20? B. C.—50? A. D.)亚历山大城的犹太人哲学家。——译者

② παράκλητος,路德译为“安慰师”;最好译为“中保”。(按德文原著第83页是:“最好译为辩护士、代言人”。——译者)

③ 《卫道篇》,i. 61。

似乎是毫无疑义而且不可否认的。我们发现，在《克利门的说教》里也引用了这一段话的第一部分，那里说，“如果你们不是奉父，子和圣灵的名由生命的水而重生，你们就不能进入天国”。[①]这里我们可以注意到贾士丁的著作和克利门的说教与《约翰福音》的不同点，这两者都不是用《约翰福音》所用的“从上面而生”，[②]而是用的与之不完全相同的说法“重生”，不是用《约翰福音》的“上帝的国”，而是用的“天国”，不是用的“如果一个人”而是用的“如果你们”，不是用的“能看见”或“进入”，而是用的“你们要”或“可以进入”。最后的三种说法，特别是末了的一个，在这两位作者的作品中完全相同，而和《约翰福音》不同，这句话也见于《马太福音》第18章第3节，当门徒问耶稣在天国里谁最大的时候，耶稣把一个婴孩放在他们当中说，“我实在告诉你们（在约翰福音里是，我实实在在地告诉你们），你们若不回转，变成小孩子的样式，断不得进入天国。”很明 84
显，摆在我 们面前的是同一句话的不同形式；人所不可能完成的事，在《马太福音》里被表现为变成小孩的样式，在贾士丁的著作里被表现为重生，克利门的话将其表现为由受洗而重生，《约翰福音》则将其表现为由圣灵从上面而生，接着很自然地就是精神诞生和身体诞生的对比，作为那段话的引言，不久又作为由使徒们传下来的话[③]，我们在克利门的说教里真的发现了这种关系的说明性例证，而且很容易设想，不可能真的回到母亲腹中去这一说明，就是属于这个例证里面的。很可能这个例证原来就包含在希伯来文福

① 《说教》，XI. 26。

② 此处作者是以希腊文为根据，和中文《圣经》译本略有出入，下同。——译者

③ 根据英译本“正误”改。

音书里，如果真的是这样的话，那么，贾士丁在这方面和第四福音的吻合，就不必用假定前者（贾士丁。——译者）直接引用了后者来说明，而单单设想双方面都采用了一个共同资料就行了。

据说最近发现的所谓“阿利金哲学”（Philosophumcna Origenis）给第四福音的很早就存在提供了一个有力证明，因为据说这部书清楚地显示最古老的诺斯替教派[①]（Gnostics）就熟悉并利用了这部福音书。[②] 无可争辩地是《约翰福音》里的一些话，例如《约翰》第1章第3节，第3章第5节，在拜蛇教[③]的一部著作里被发现，这的确是真事，但没有人告诉我们，而且我们也不知道，这部书有多么古老。但在同一著作里，关于诺斯替教的巴息利迪斯（Basilides）说，“他说，这就是福音书里所说的，那光是真光，它照亮了一切生在世上的人”（《约翰》第1章第9节）。巴息利迪斯似乎在
85 125年左右就已经知道并承认了《约翰福音》。但这种引用公式，“他说”（he says or says he）在《阿利金哲学》里是一个应用得非常广泛的公式，在并没有什么作者或前面所提到过好几个作者的场合中，也应用了这一公式。例如，在描述伐伦丁派（Valentinians）的诺斯替教体系的开始，所谓的阿利金，就用了这几个字：“伐伦丁（Valentine）[④]，赫拉克利昂（Heracleon）[⑤]，和托利密（Ptolemy），以

① 诺斯替教派，公元一、二世纪时的一个教派，其思想为希腊哲学，东方神秘主义和基督教思想的混合体，不强调信仰而强调：“灵知”（γνωσις）。——译者

② 参看蔡勒尔：《论“阿利金哲学”中引自第四福音书的引文》，《神学年鉴》，1853年，第444页以下。此处德文原著为第144页以下。见该书第84页注。——译者

③ 拜蛇教是第二世纪的一个教派，亦属诺斯替派，说蛇引诱夏娃吃禁果而引出了救主，是有功于人类，故拜之。——译者

④ 公元三世纪的基督教圣人，在罗马殉道。——译者

⑤ 公元二世纪诺斯替派基督徒。——译者

及他们的整个学派说；”接着他继续说“他说”，“他们说”，完全混淆在一起，使我们看出“他”是指作者刚刚引用的一个学派的作者而言，至于究竟是哪一个作者，是不是学派的创立人或者是他的一个门徒，我们并不知道。的确，有人认为伐伦丁熟悉《约翰福音》，因而《约翰福音》一定是在第二世纪中叶就已存在，即使不谈这一证据，也已经得到了证明。因为特透连说伐伦丁似乎使用着一个完全的工具(《新约》)[①]。但是，特透连是不是一个细心的研究家，我们可以信任他比所谓的阿利金能在创立人和学派之间作更精确的区分呢？凡是熟悉他的著作的人都知道实际情况正是相反；因而当他说只是在他看来，似乎伐伦丁已经有了一部完全的《新约》的时候，我们只好不管真假姑妄听之，不能予以过多的估价。就如尽管是不很确定地，他也提到了马西安，说马西安不接受《约翰福音》，从而他一定知道有这部书[②]；但如果在这个诺斯替教派面前有《约翰福音》，而《约翰福音》在许多方面又和他的反犹太的二元论更为接近的话，他就不必那样固执着他必须从其中抛弃许多东西才能使之适合自己目的的《路加福音》了。同时，关于伐伦丁也
有人以为从他给他的最卓越的“伊昂”[③](aeons)起名为逻各斯，独 86
生子，生命，恩典，真理等这一类见于约翰福音序言中的名字这件事上，就可以证明他是熟悉第四福音的，如果真是这样的话，那么，哀利尼斯在叙述伐伦丁教派的“伊昂”教义所以为根据的《新约》经

① 《论异端教派的败诉》(*De praeseript, haeret*), 38

② 《驳马西安》(*adv. Marcion*). iv. 3, 5。《论基督的肉身》(*De carne Christi*), iii。

③ “伊昂”(Aeon)根据诺斯替派教义，伊昂是从至高存在发射出来的一群永恒生物，他们在至高存在和世人之间起一种中介作用。——译者

文的时候，从《共观福音》和保罗的著作里提出了许多，却没有从《约翰福音》里提出一条，只是在关于托利密的补充叙述中而不是在这以前，才提出了《约翰福音》的经文，又是多么古怪呢？[1] 因为伐伦丁的这个晚年门人知道《约翰福音》是使徒的著作，我们从他给弗罗拉(Flora)的书信中已经知道，而且这个学派的一个成员赫拉克利昂还给它写了第一篇评述；但不拘他们两人中的任何一人，都未必能在第二世纪的最后十年之前，写出这样的东西来。

关于蒙塔尼教派[2](Montanists)也有同样的情形。有人以为蒙塔尼教派关于保惠师(Poraclete)的思想是从《约翰福音》得来，从而就保证了《约翰福音》的较早存在。但如果我们察看一下尤西比乌斯[3]关于教会与这些热忱宗教家最早来往的记述，就会看出在蒙塔尼教派的著作里，既没有"保惠师"这个词(仅有"灵"这个词)，也没有任何提到第四福音的地方，所以这个教派和伐伦丁教派一样，其最初的产生似乎与尚未存在的《约翰福音》毫无关系；而是当《约翰福音》出现之后，在诺斯替—蒙塔尼运动期间，热切地抓住了它并利用了它。

13. 对《约翰福音》的承认与否认

但在晚期的诺斯替教派和蒙塔尼教派时期，我们看到《约翰福音》已被知道并被承认。在只是在最近才发现的克利门的《说

① 《驳异端》(adv. haeres.)，i. 8，1—4。

② 蒙塔尼教派是公元二世纪小亚西亚的一个教派，其创始人蒙塔尼斯(Montanus)自称有圣灵住在他里面。——译者

③ 《教会历史》，V. 16—19。

教》[1]的结论里，毫无疑问地暗示到关于生来瞎眼的人的记事，《约 87
翰福音》第 9 章；也许在另一段[2]还暗示到《约翰福音》第 10 章第 3 节；在下面我们将要讲到希拉波立主教阿波里那利斯（Apollinaris）的假定第四福音存在的一句话，还有在阿波里那利斯的另一段文章里论到基督说，“他的神圣的肋旁被刺伤，从那里流出了救赎的两种手段，水与血，也就是说，逻各斯与灵；”[3]这里暗示到《约翰一书》第 5 章第 6 节起的那一段，或《约翰福音》第 19 章第 34 节，或者两者。同时代的护道者，泰提安（Tatian）和阿泰那戈拉斯（Athenagoras），尽管没有点名，也毫无疑义地提到了第四福音；最后，安提阿（Antioch）的提阿非罗（Theophilus）（约纪元后 180 年）曾用以下的话按适当方式，引证说。[4] “所以，圣经和包括约翰在内的所有被灵感的作者都教训我们说，‘太初有道，等等’”。但提阿非罗并没有告诉我们，他怎么知道，他引证了其中第一句话的福音书，就是约翰所编著的。奇怪的是，连在年轻时代就认识了帕利卡普，而且听过他讲到他和约翰谈话的哀利尼斯，（约翰在谈话中向他讲论了主耶稣）竟也没有说过任何足以证明《约翰福音》著者的话。的确，哀利尼斯说过约翰在小亚西亚的以弗所时写了《约翰福音》，但他并没有说这是他从帕利卡普听来的，而在说明约翰写的启示录时，他却提到了那些亲自看见过约翰的人们。当然，

① 《说教》，XIX. 22。参看伏克马尔：《新发现的约翰福音见证》，载于《神学年鉴》1854 年，第 441 页以下。

② 《说教篇》，iii. 53。

③ 《逾越节记事》（*Chron. Paochal. al.*），第 14 页，丁道夫（Dindorf）编。

④ 《驳奥托卢》（*ad. autolye*），Xi. 22。

人们促使我们注意到，如果哀利尼斯没有通过帕利卡普而知道使徒约翰所写的一部福音书，如果他没有看到过这样署名的一部著
88 作，他就不会认为这是约翰所写的；他既然承认我们的第四福音为使徒约翰的著作，这就证明帕利卡普一定已经把这个意思对他说过了。

但让我们照哀利尼斯自己所描述的样子对情况加以更精确的考虑。当他还很年轻①的时候，他在小亚西亚看到过帕利卡普；到了老年，他还准确地记得他的容貌、生活方式、谈话时所坐的地方，他向人们作的演讲，他所讲的一切关于他和约翰以及其余曾经亲自看见过主的人在一起时的情况，他们的谈话和关于主的传说。如所共知，哀利尼斯后来从东方迁居到西方；由于帕利卡普直到公元 169 年是住在士每拿(Smyrna)，而哀利尼斯告诉我们他看见他的时候自己还是个很年轻的人，而不是后来，他一定在很早时期就迁居了。因此，即使《约翰福音》可能在帕利卡普的晚年到了哀利尼斯的手里，他是不是有时间或有机会从里昂差人到士每拿就这个问题去请教这个使徒时代的人物，是很有问题的；不过如果这部福音书是在帕利卡普逝世之后才到他的手里，即使他记不起在幼年时代听过的普利卡斯的谈话中，有关于一部《约翰福音》的话，只要它在其他方面符合他的先入之见，当然就未必能阻止他承认它

① 在尤西比乌斯：《教会历史》，V. 20. 5. 引用的“给弗拉利斯(Floris)的信”里作 πα ϊs ώ́ν ἔτι(还很年轻)。(弗拉利斯德文原著作弗拉林〔Florin〕。——译者)在《驳异端》(ad. haer)iii. 3. 4. 和尤西比乌斯：《教会历史》，iV. 14. 3. 作 ἐν τῆ πρώτη ἡμῶν ἡλικία(当壮年时期)。

(这里的英译本标点混乱，中译文系根据德文原著(第 87 页)的脚注释出。——译者)

是使徒的著作。

因此，我们认为，哀利尼斯承认《约翰福音》，对我们并没有约
束力，因为他并没有援引那些认识约翰的人的见证，特别是帕利卡
普的见证，来支持这种承认。但即使他这样地援引了他们的见证，
难道我们就认为自己必须受它的约束了吗？或者说，即使哀利尼 89
斯援引了那些认识使徒们的人的见证，难道就使我们有承认这一
切为真的使徒传说的义务了吗？他在一段文章里这样说，“古时[①]
认识主的门徒约翰的人们，记得曾听他讲到在那些日子里主教导
他们说，日子将到，每颗葡萄树要长出一万根枝条，每根枝条要长
出一万根分枝，每根分枝长一万个蔓，每个蔓上结一万串，每串上
结一万颗葡萄，当压榨葡萄的时候，每一颗葡萄要出产二十五容量
（约六大桶）的酒。如果一个圣徒抓住了这样的一串葡萄，另一串
会喊叫起来说，我是更好的一串，请抓住我并通过我来赞美主吧。
同样，一粒麦子要产生一万个穗子，每个穗子有一万颗麦粒，每一
粒出产十磅纯白面粉；其他水果、种子、蔬菜也都有同样的情况。”
听见了约翰的话并和帕利卡普交谈过的帕皮亚斯——帕皮亚斯是
古代教会的一位传道者——在他写的第四卷书里（他一共写了五
卷）也给这事作了书面的见证（在以《主的言论评注》为标题的那一
段里）。如果我们有哀利尼斯这样明确地援引使徒本人朋友的言
论，支持约翰为第四福音著者的见证，却拒绝相信，那我们就要被
称为最恶毒的怀疑主义者；然而，对于这个见证，尽管它明确地支
持耶稣关于乐园里的巨大葡萄的讲话，却没有一个人相信，甚至连

① 《驳异端》(ad，haer，)，V. 33，3。

尤西比乌斯也不相信，反而因这个和其他与此类似的故事称帕皮亚斯为理解力非常薄弱的人[1]。我们拒绝相信这个故事，因为我们知道，如果耶稣的教训是像犹太人所希望的由这一类荒诞无稽的胡言乱语的拉比神话（Rabbinic fables）所构成，他们就不会把
90 他钉在十字架上了。我们拒绝相信这个故事，因为我们不能把任何像这样绝对荒诞的事情归之于约翰，即使作为《启示录》的著者也不可能，更不用说作为第四福音的作者了；因此，我们这样拒绝相信这个故事，是基于历史的理由的。在另一方面，尤西比乌斯认为这个故事不可信，和哀利尼斯认为可信，都同样有其教义上的原因，因为这个故事所从属的基督在地上作王一千年的教义，尽管哀利尼斯认为可信，尤西比乌斯却认为完全不可信。从此我们看出，对于这些古代教会的传道者来说，教义上的理由常是决定一切的；如果一个故事或一段圣经，从其语调和实质上来说，和他们的意见符合一致，他们会把其不完全的外在证据也看成是完全的，如果和他们的意见不一致，即使是最充分的证据也会被他们作为一种误会而解释掉。很晚时期才出现的《约翰福音》，却受到了很快的，普遍的接受，其理由不外是因它提供了一种使每个方面都满意而又不那么激烈的东西，提供了既投合一方而又不致得罪另一方的东西，从而在教义上来说，各方面都能接受。

然而，这部福音书也并未能完全避免反对。其实，看来似乎正是由于耶稣在第四福音里讲的保惠师同样还有《启示录》里的异象给予了蒙塔尼教派预言体系以推动，在接近第二世纪末期的时候，

---

① 《教会历史》，iii，39，13。

引起了小亚细亚教会一派人对于约翰著作的反对，以致好诙谐的
异端制造者艾皮法尼乌斯[①](Epiphanius)就因他们拒绝逻各斯福
音[②]的缘故，给他们起了一个阿逻各(alogi)(没有道理)的浑名；因
而他们单纯基于教义理由的反对，通常就被毫不踌躇地搁置一边。
但他们也提出了一种具有批判—历史性的完全正确的理由。他们 91
说这部以约翰命名的福音，既然和其他福音书不合，就是假的。因
为它在讲了道成肉身并住在我们中间之后，接着就讲到加利利迦
拿的婚筵，而没有(我们可以假定他们想补充说)像马太和路加那
样，提到耶稣幼年的事迹。没有逃过他们的观察的还有在《约翰福
音》里关于耶稣受洗和其紧接着就前往加利利的连续叙述，并没有
给前三福音的作者所介绍的四十天的试探留下余地；最后，根据
《约翰福音》，耶稣在其传道期间，守过二次逾越节，而根据其他作
者，则仅有一次。赞成第四福音的人们：试图用弥补疏漏的说法来
解释最后一种的差异。他们说[③]，当一向满意于口头传说的约翰
看到马太、马可、路加三福音的时候，尽管他承认他们的记述的真
实性，但也注意到他们所记耶稣最后一年的事情只是从施洗约翰
被囚开始；因而在他的著作里，就越过了这一年而回到了较早的时
期。但我们后面将会看出，这个矛盾并不能从这一说明而得到解
决，因为这个说明甚至并没有正确地理解事情的真实情况。

① 《驳异端》(Haeres)，ii. 4，18，32；参看哀利尼斯：Iren. adv. haer. iii. 2，9。

② 逻各斯福音(Logos Gospel)指约翰福音而言，因在这部福音里作者称耶稣为逻各斯(道)。——译者

③ 希拉尼姆斯：《论光荣人》(*Hieron. De Vir ill.*)，IX；参看尤西比乌斯：《教会历史》，iii. 24，7 起。

不过，所谓的阿逻各，由于他们基于教义上的理由，在反对《约翰福音》的同时也反对了约翰的《启示录》，就使自己丧失了反对约翰福音的最有力的根据。无论在精神或形式方面这两部著作都是极不相同，连阿利金的一个门人也揭露了它们之间的根本差异①，近代批判主义者认为，作为这一差异的最确定的结果之一，如果使
92 徒约翰是福音书的作者，他就不可能写出启示录来，反之，如果他写了启示录，他就不可能是福音书的作者②。认为这两部著作出自同一作者之手，无异于说《弥赛亚》为莱辛（Lessing）所作，或说《拿单》（*Nathan*）是克罗普斯托克（Klopstock）的作品。首先，从宗教观点来说，这两部著作的任何一部都和我们所看到的《新约》其余各卷作者的观点处于相反的一极：《启示录》是《新约》中最富犹太观点的著作，而福音书则是最少犹太观点的著作。固然，对马太来说，和对《启示录》的作者一样，耶路撒冷是个圣城（《马太福音》第 4 章第 5 节；第 27 章第 53 节；《启示录》第 11 章第 2 节）；但马太说这个城将和圣殿一同被毁灭，异邦人将代替硬着颈项的犹太人而被选召，而根据《启示录》则圣殿将被保留，圣城也只有十分之一被毁，大多数的居民都将悔改得救。如果说，《启示录》的作者比马太更富犹太人气味，福音书的编者则甚至比保罗还更少犹太人气味。对保罗来说，外邦人无条件地进入天国是他所努力争取的目标，而对《约翰福音》的作者来说，则是一件已经完成了的工作。外邦人的使徒③对其本国同胞仍然怀抱的同情，在第四福音

① 亚历山大的迪阿尼休斯（Dionysius of Alexandria），见尤西比乌斯：《教会历史》，Vii，25。

② 迪维持（De Wette）：《新约引论》，第 6 版 § 189。

③ 指保罗而言。——译者

里竟变成了最完全的疏远①。例如，不可能想象有比这更明显的对立了：一方面，启示录的作者把耶路撒冷作为基督千禧年王国的中心，而在另一方面在福音书里，则宣称耶路撒冷和基里汛（Gerizim）如果和用心灵和诚实敬拜上帝比较起来，则可说前者实际上 93
已被扬弃②；一种情况是外邦社会所代表的反基督教原则，而另一种情况则是以犹太主义为特殊的不信王国。

由于观点的不同，连带着这两本书在语调和精神上也很不相同。当人们称约翰为爱的使徒的时候，他们只是在想到《约翰福音》和《约翰一书》；因为，如果看一看《启示录》，他们就必然要称他为愤怒或复仇的使徒了。固然，主张和不虔敬分子划清界限的严肃精神在福音书里也很占优势，但福音书的作者总是一贯地喜欢不厌其详地论述基督和圣灵的救赎、集中和团结工作；与此相反，《启示录》的作者则以描述向不虔敬的世界执行上帝的惩罚为乐事。在《启示录》里还有一个犹太特征，那就是在故事的进程中表现了一系列来自上面的外在激变，而福音书则已经提高到，尽管还不很完全，上帝的王国是从内部逐渐发展的思想。《启示录》的幻想的性质、复杂的天使机构和体制，虽然荒诞，却是道地拉比式的，这一切和福音书的纯朴感情与神秘语调对比起来，固然可以说是由于作者在这一和那一时期所选用的写作体裁不同所致；但很难想象，同一作者，在启示录的体裁中，能那样悠闲自适地运用思想，而在性质如此相反的福音书中，竟也能同样无往而不适地运用思

① 关于这一点请参看费希尔（Fischer）的佳作《论约翰福音中 ὁ Ἰουδαῖοι 的说法》；载图宾根（Tübinger）《神学杂志》，1840 年，第二期。

② 参看德文原著第 92 页。——译者

想。最后，一个年近花甲（因为在这以前不可能写出《启示录》来，而当写作《启示录》的时候，使徒必定已是即将六十岁的人了）而仍然以拙劣和不完全的犹太式希腊文写作《启示录》的人，不可能在其老年竟在福音书里采用那种虽不纯全！却很惹人爱的流畅的希腊文体。

94 如此根本不同的两部著作不可能出自同一编撰者之手。特别以施莱马赫及其门人为代表的近代新约批判主义，当他们还没有意识到有人会反对他们的小前提，“但约翰是福音书的作者”的时候，认为这个大前提是毫无疑问地正确。但图宾根学派竟然这样做了，他们甚至把《启示录》放在小前提中作为使徒的著作，代替福音书的地位。然后得出结论说，福音书不可能是使徒的著作。自从在论争中发生了这样危险的转变之后，神学家们对于大前提又怀疑起来了。现在则或者认为从启示录到福音书只是前进了一步，对同一个人来说是可能的[①]；或者认为在福音书中遭到阻遏的青春火焰，当予以机会的时候，后来在《启示录》里又爆发了[②]。后一说，即《启示录》的编撰是在福音书之后的说法，可以说是在心理上不可想象的事，而前一说则是把没有丝毫可能性的事假定为可能。但如果承认两者可以择一的话，那么，图宾根学派所作的转变，倒是最有力的根据，这就是说，如果两部著作必须有一部以使徒为其作者，则以《启示录》为约翰所著倒比以福音书为其所著有更大的可能性。

① 哈斯：《图宾根学派，给鲍威尔的信》，第 30 页。

② 路特哈尔特：《约翰福音的特点》，I. 67.（英译本没有“I. 67”，这里是根据德文原著第 93 页脚注补上。——译者）

大家都知道，在《新约》所有的经典著作里，约翰的《启示录》这部书的著作日期我们可以根据内在证据作最准确的决定。在讲到以兽的七头为代表的七王的时候，它说头五个王已经倾倒了，一个还在，第七个即将来到，但不会长久留存，而且七个中有一个将要 95
作为第八个回来（《启示录》第 17 章第 9—11 节）。头五个已经倾倒的王显然指的是从亚古士督（Augustus）到尼禄（Nero）的五个罗马皇帝；尼禄在那时已经死了，他就是那受伤而死的头，但这伤口却又医好了（第 13 章第 3 节），这是因为尼禄的死是被人怀疑的，或者，从基督徒方面来说，他们期待着他神奇地复活过来，作为一个敌基督者（Antichrist），从人们所以为他退隐的东方回来[①]。因此，著书时在位的第六个皇帝，除了只从公元 68 年 6 月到 69 年 1 月在位的革尔巴（Galba）外，不可能是别人。使徒约翰很可能在这个时期还活着；但在福音书里却有各式各样的证据证明几乎不可能有耶稣的任何一个门徒还活着；至少的确没有一个能够编写像第四福音这样的书的人还活着。

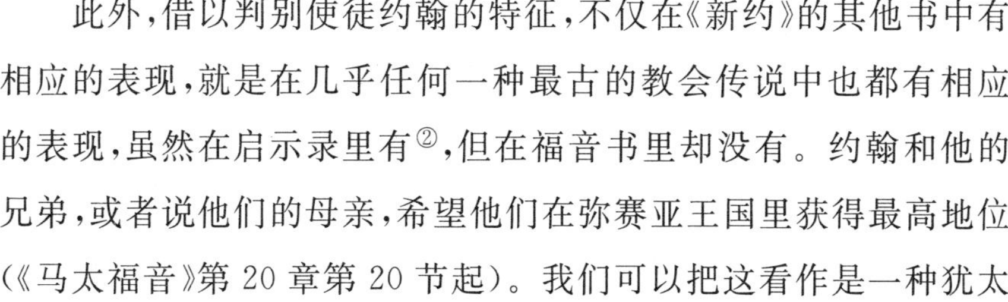

此外，借以判别使徒约翰的特征，不仅在《新约》的其他书中有相应的表现，就是在几乎任何一种最古的教会传说中也都有相应的表现，虽然在启示录里有[②]，但在福音书里却没有。约翰和他的兄弟，或者说他们的母亲，希望他们在弥赛亚王国里获得最高地位（《马太福音》第 20 章第 20 节起）。我们可以把这看作是一种犹太

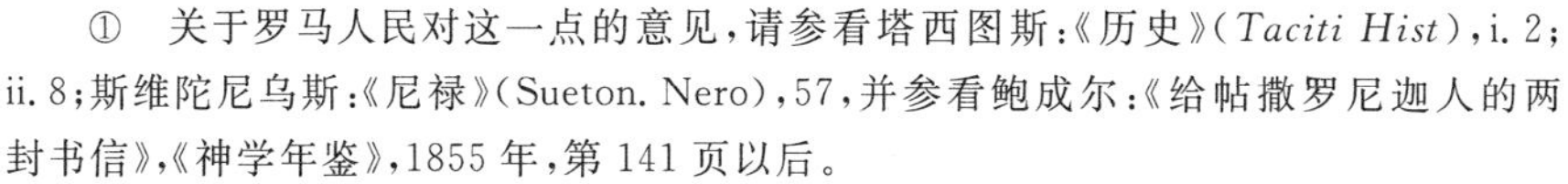

① 关于罗马人民对这一点的意见，请参看塔西图斯：《历史》（*Taciti Hist*），i. 2；ii. 8；斯维陀尼乌斯：《尼禄》（Sueton. Nero），57，并参看鲍成尔：《给帖撒罗尼迦人的两封书信》，《神学年鉴》，1855 年，第 141 页以后。

② 根据德文原著第 94 页补上。——译者

人的观点，在耶稣死了之后，约翰可能已摆脱了这种看法。但当我们读到这两个弟兄想使天火降在一个不接待耶稣的撒马利亚城市
96 （《路加福音》第 9 章第 54 节）的时候，一方面给他们起的半尼其或雷子的称号（《马可福音》第 3 章第 17 节）似乎指明这种火急的性情是这两个弟兄所经常有的一种特征，另一方面，我们从这样一种心情所看出来的，正是启示录的作者的愤怒的碗和硫磺海所表现的性情。约翰在其对一个奉耶稣的名赶鬼而没有跟耶稣的门徒在一起的人所施的攻击，（《马可福音》第 9 章第 38 节以下；《路加福音》第 9 章第 49 节以下）更是表现了非常排外的性质，如果尤西比乌斯根据帕利卡普的传说所讲他对异端派赛林图斯[①]（Cerinthus）所表现的疯狂行为有真实性的话，那就似乎表现即使在很老的时候，他的这种褊狭的嫉妒心仍然没有减少。在给加拉太人的书信里（第 2 章第 9 节）我们看到约翰和彼得与主的兄弟雅各一起，是保罗也许带有几分讽刺意味地所谓的“被称为教会柱石”的三个人中的一人，这三个人和这位外邦人的使徒相对立，代表了犹太化的倾向，只是由于保罗的坚定和环境力量的影响，才不得不部分违反他们初衷，容许保罗给真理作见证。其实，《启示录》作者在作为其作品序言的给小亚西亚教会的信（《启示录》第 2 章第 7—14 节）中所说的话，和这样的人的品格完全符合一致。作者在尼哥拉党和巴兰的教训的名义下，把保罗的倾向描述为这些教会的败坏行为而对之加以攻击，说“他们自称为使徒而其实不是”（《启示录》第 2

---

① 《教会历史》，iii，28，6。在另一方面，希拉尼姆斯《致加拉太人书》（*Hieron.* in ep. ad. Gal. 6）中关于所谓约翰遗言的记述（莱辛的最美妙的小型著作之一就是由之而产生）就是基于对《约翰福音》和《约翰一书》的考察而得来的。

章第 2 节),他所指的可能就是建立这些教会的保罗和他的门徒们;在《加拉太书》所提到的这些犹太化的**柱石使徒**和以外邦世界 97
为传播基督教的适当园地的福音书作者之间存在着一种非经努力不能逾越的鸿沟;但在福音书里我们却没有发现有发展这种努力的丝毫迹象。

小亚西亚的一个古老传说[①],也大大地增加了以使徒约翰为第四福音的作者的困难。第二世纪下半期在亚西亚的基督教会和在有多数东方教会与之站在一边的罗马教会间所发生的关于守复活节的争论中,亚西亚教会的人们主张以使徒约翰为榜样,而约翰福音所守的节日则与使徒约翰所守的正好相反。亚西亚的基督徒习惯于在犹太人吃逾越羔羊的日子,或者像在圣殿被毁灭以后那样,在尼散月的 14 号晚上,守耶稣所立的圣晚餐,因为根据共观福音书所记,基督设这个礼就是在这天晚上。在另一方面,罗马教会的领袖们则主张基督徒不应受这个日子的约束,因这个日子可能落在一个礼拜的任何一天上,应该把复活节晚餐推迟到作为复活日的次一礼拜日举行。争论最初是在公元 160 年左右,当士每拿主教帕利卡普到罗马来的时候,发生于他本人和罗马主教阿尼赛图斯(Anicetus)之间。帕利卡普在争论的时候,援引了这样的事实,即他和主的门徒约翰,以及他所与之一同生活的其他使徒们,总是在这一天守这个节[②],借以支持亚西亚教会在尼散月十四日,

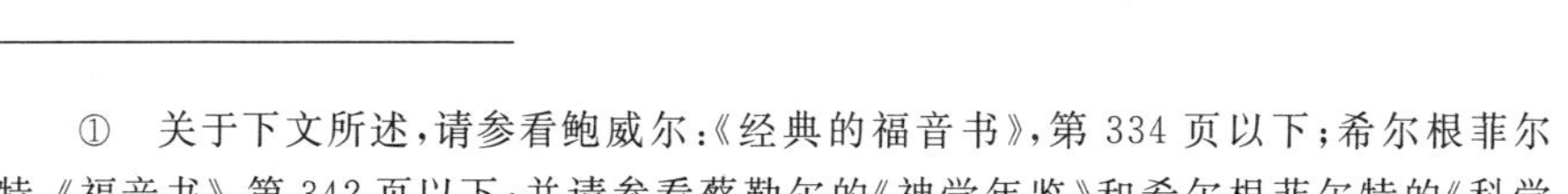
① 关于下文所述,请参看鲍威尔:《经典的福音书》,第 334 页以下;希尔根菲尔特:《福音书》,第 342 页以下;并请参看蔡勒尔的《神学年鉴》和希尔根菲尔特的《科学的神学杂志》里所刊载的一系列文章。

② 见《帕利克拉提斯致维克多的信》,载尤西比乌斯:《教会历史》,V,24,16。

98 犹太人的逾越节守复活节晚餐的习惯。根据第四福音，耶稣在其逝世前，全然没有吃逾越节筵席，而是在前一天，即 13 日和他的门徒在一起预备了最后晚餐(The last supper)；那里并没有提到设立晚餐礼的事。因此，这个福音书的作者没有理由把复活节晚餐定在根据他自己的记述，耶稣并没有吃什么而仅是受难而死的那一天上。帕利卡普所证明的使徒约翰的习惯，倒是证明了前三福音的记述，而与此相反，第四福音的记述，则似乎出自一种不仅希图把基督教和犹太教加以一般的区分，而且是想通过描述耶稣并没有吃犹太人的逾越节，而是作为真正逾越节的羔羊，使犹太人的象征性的羔羊告一结束，而在预定羔羊应被牺牲的日子，受害被杀，从而把基督徒的复活节和犹太人的逾越节区别开来。没有听说罗马的主教在和帕利卡普争论的过程中曾经援引过第四福音，反之，在十或十五年以后，当这个争论在老底嘉重新发生的时候，我们就发现有第四福音存在的迹象，因而很可能它就是在这个期间产生的，而且和这个争论不无关系。因为当希拉波立主教阿波里那里斯说那些坚持守尼散月 14 日的人们(所谓的十四日派)认为马太就是按这个意义表述这一问题的，但他说，这样看来，福音
99 书之间就彼此冲突了；[①]这只能理解为阿波里那里斯从第四福音

① 在上面所引的《逾越节纪事》(Paschal Chronicle)那一段文章里——καὶ στασιάζειν δοκεῖ κατ' αυτοὺς τά εὐαγγέλια，我以为除了把 στασιάζειν 解释为 inter se pugnarc(自相纷争)外，任何追随斯维格勒(Schivegler)和鲍威尔解释这个字的企图都是一个失败。阿波里那里斯在争论中似乎是在想强使前三福音和第四福音一致而证明四福音书的一致性，而没有想到他的对手通过强使《约翰福音》和《共观福音》一致而得出同样一致性的结论，从他们的观点来说，当他对约翰福音的解释和他们不同的时候，他们也能同样地对他加以反驳。

把耶稣的最后晚餐放在 13 日晚上，死于 14 日的纪事出发，然后（像目前许多神学家所做的那样）又毫不迟疑地根据《约翰福音》来解释《马太福音》的记事。

这样，从我们对于使徒约翰所理解的任何一点出发，我们所遇到的情况，都和我们在第四福音里所看到的不相称，反之，从第四福音出发，我们所看到的也是使徒约翰身上所没有的事情。作为一个在犹太体制存在时期诞生于巴勒斯坦，并且至少在那里生活到成年时期的人，使徒约翰必然会理解这个国家和其一切制度。但福音书的作者却不是这样。只要举一个例就足以证明。且把一切可能有疑问的其他问题搁置一边，例如，说在约旦河边有一个伯大尼，第 1 章第 28 节，这在别处是连一点影子也没有的，关于毕士大池子的荒唐描述，第 5 章第 2 节以下；对于西罗亚名称的错误解释，第 9 章第 7 节；杉树溪而不是汲伦溪，第 18 章第 1 节，唯一其他用这个词的地方是在《撒母耳后书》第 15 章第 23 节的希腊文译本里，从此就说明它是起源于亚历山大的，如此等等；让我们单就“那一年的大祭司”第 11 章第 51 节；第 18 章第 13 节，[①]这个词来加以考虑。尽管有各式各样的解释和回避，一个不怀成见的人从这种说法里所能看到的除了福音书作者认为做大祭司的人是一年一换以及这一次是从亚那换成该亚法的观念以外，不可能有别的想法；而作为一个使徒，一个巴勒斯坦的本地人，他应该知道得比这更好，特别是应该记得该亚法已经作大祭司好几年。该福音书作者所明确表现的精确的旧约知识，并不必然证明他是巴勒斯坦

① 根据英译本“正误”改。——译者

本地人，甚至也不能证明他是一个犹太基督徒，因为，基督教既然起源于犹太教，而《旧约》作为新信仰的基础又极具重要性，即使不
100 是一个犹太人，就如我们从贾士丁·马特尔的例子可能看得出来的，也可能愿意并有条件获得这样的知识。而在另一方面，很难相信使徒(约翰)会有福音书作者所表现的对于亚历山大，特别是对于菲罗思辨哲学[①](Philonic Speculation)的知识。除了根据前三福音，约翰是个出生微贱的加利利渔夫(只有在真实性现在成了问题的第四福音里说他是个认识大祭司的人)这一事实外，就我们从保罗书信和使徒行传所能知道的，他也似乎是没有这样知识的人，因而不可能在较晚的时期中，也许在他迁居小亚西亚之后，得到这样的知识。但使徒约翰于公元68年在小亚西亚写了启示录，不仅在这本书里所显示的精神和福音书完全不同，而且在其中连一点亚历山大哲学的痕迹也找不到。说他在此以后，在年纪很老的时候，还有意而且能够使自己和一种新的和他一向的思想境界相距很远的思想方式完全同化，同时还能使之形成如我们在福音书中所见到的一种特殊的，首尾一贯的形式，这种假设是没有丝毫可能性的。

这样，关于前三福音书证据的检查结果是：在第二世纪开始后不久就已经有它们存在的迹象，即使不是按目前的形式，仍然具有其相当大量的内容，而且充分表现了这些内容的主要部分[②]是出自作为表演这些事件的舞台的国家。在另一方面，对于第四福音

---

① 菲罗(Philo Judaeus)的哲学思想。——译者

② 根据英译本“正误”改。——译者

考察的结果则远不如对前三福音考察的结果有利，证明它在第二
世纪中叶以前尚无人知道，还充分证明了它是在一个异国土壤上， 101
在和耶稣生活在一起的那群人当时所不知道的哲学势力的影响下
产生的。在事件发生时期和将其按目前形式加以记录之间，的确经历了好几代的时间，有传奇性和非历史性的东西掺杂其中并非不可能；它完全可能是一种哲学的和有意识的虚构的混合物。

乙、从其内在特征和相互关系看福音书

14. 关于前三福音相互关系的不同假设——莱辛、艾希豪因(Eichhorn)、胡格(Hug)、格利斯巴赫(Griesbach)、计色勒(Giesler)、施莱马赫

如果我们从四福音的外在证据转而检查他们的内在性质(因为我们还没有在讨论时顺便提到这种性质)和其相互关系[①]，我们将会从这一观点看出，前三福音也是自成一类并和第四福音形成对照。后者有其独自的方向，只在有关福音历史的几个主要问题上和其他福音书一致，但在言论和表现方法上则很少一致。前者尽管在内容的安排与选择方面相互之间有一些差异，但总的说来却是互相类似，因而使得对它们可以有一种共同的，系统的观察

① 关于以下各点。请参看鲍威尔：《经典福音书的批判研究》，《引论》，第 1 页以下。《作为神学科学的新约引论》，《神学年鉴》，1850 年，第 463 页以下；1851 年，第 70 页以下，第 222 页以下，第 291 页以下，希尔根菲尔特：《福音书事件进程的考察》，《科学的神学杂志》，1861 年，第 1—71，第 137—204 页，《新约的经典与批判》，第 125 页以下。

(共观,共观福音即由此得名)。

102 前三福音彼此间的关系是特殊的而且在全部同类作品中是无前例的。首先引起我们对它们进行比较深入考察的就是这一点,但在研究它们对第四福音的关系前,这种考察不可能获得令人满意的结果。就前三福音而言,问题是:三个作者为什么能够这样完全一致,甚至在他们所用的词句方面也是如此;同时他们却能有如此重大的不同。只要还假设圣经各卷是由圣灵感动而写,他们的一致性是容易说明的。当然咧,这部集体福音书的真实作者是圣灵,福音书的作者们只不过是他的执笔人,唯一令人惊异的是这些著述并非全部一致,或者说圣灵所口授于一个执笔人的并不是和口授于另一个执笔人的完全一样。这种情况是试图这样解释的:圣灵部分地迁就了福音书作者的特殊性情,部分地迁就了各部福音书的读者对象的需要,这种迁就就足以使人理解为什么一个作者把另一个作者所传达的省略了,或者为什么在叙述同一情况时一个作者比另一作者表述得更为详尽。在另一方面,当以不同的细节描述同一事件的时候,或者一个作者把它列在耶稣一生中的一个较早时期而另一个作者把它列在较晚时期的时候,当对耶稣的一篇言论有时作了不同的理解,有时放在不同的位置的时候,在这一类的情况下只可能有一个正确的说明,那就是不能想象圣灵会以不正确的事感动他所感动的任何人。从而发生这种不同情况的两个作者,只能在假定每个人所描述的是不同的事件的基础上,例如,耶稣两次被拿撒勒人抛弃,一次是在他开始传道的时候,另
103 一次则在稍后的一个时期,在圣殿里做买卖的人受到两次的驱逐,一次是在耶稣第一次进耶路撒冷的时候,另一次是在他最后一次

进耶路撒冷的时候，每个福音书作者所描述的只是这些事件中的一次而省掉了另一次。但由于为了使圣灵免除对任何不真实或不正确负责，为了对每一件事按照字面来理解，就必须为了细微情节中的任何一点微小的差异，把它们作为两个不同的事件来看待，其后果是：重复产生了只有些微不同情节的完全同样的事件，就使福音书历史具有一种和任何其他著作不同的性质。但人们已不再能说服自己同意这类的事情：在迦百农有两个百夫长，在不同时期有两个患病的仆人，而这两个病仆都由于耶稣从远处的一句话而得到医治；两个管会堂的两个小女孩都死了，并且都被耶稣使之复活过来，在到一家去的路上两次都遇到了有血漏的妇人并都由于摸到耶稣而得医治；这么一来就只好承认，这些福音书的作者们也能够有错误和不正确的地方，尽管是在次要的情节上；这实际上就是把他们和人类的其他作者放在同一地位。

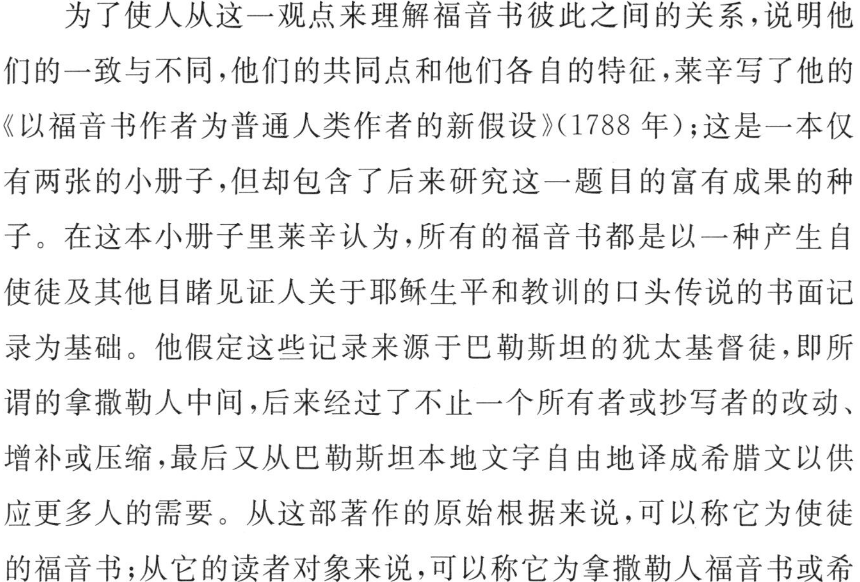

为了使人从这一观点来理解福音书彼此之间的关系，说明他们的一致与不同，他们的共同点和他们各自的特征，莱辛写了他的《以福音书作者为普通人类作者的新假设》(1788 年)；这是一本仅有两张的小册子，但却包含了后来研究这一题目的富有成果的种子。在这本小册子里莱辛认为，所有的福音书都是以一种产生自使徒及其他目睹见证人关于耶稣生平和教训的口头传说的书面记录为基础。他假定这些记录来源于巴勒斯坦的犹太基督徒，即所 104
谓的拿撒勒人中间，后来经过了不止一个所有者或抄写者的改动、增补或压缩，最后又从巴勒斯坦本地文字自由地译成希腊文以供应更多人的需要。从这部著作的原始根据来说，可以称它为使徒的福音书；从它的读者对象来说，可以称它为拿撒勒人福音书或希

伯来人福音书，而且毫无疑问，在最古老的教父著作中，这些名称常被用来指称同一部福音书。在译成希腊文之后，它就被称为马太福音，因为照莱辛看来，并不是像帕皮亚斯所误说地那样，马太写了一部希伯来文福音书，后来各人尽其所能地译成了希腊文，而是因为马太给原来用希伯来文写的拿撒勒人福音书换上了希腊文的服装。就其本身来说，拿撒勒人的福音书对于许多人可能显得不够明确，从而就产生了希伯来文原本的几种新的意译本，其中之一就是我们的《路加福音》。《路加福音》的作者作了和《马太福音》不同的选择和安排，并努力把它写成较好的希腊文，而马可的著作，则似乎根据了一部不很完善的希伯来文原本。依莱辛看来，约翰也知道并利用了这个原本，并且也利用了选自这个原本的一些福音书，特别是我们的前三福音书，不过不应当把他的福音书看为是属于他们一类，而是自成一体。约翰不满意于那些较大的福音书和由它们传播的关于基督的思想，因而他并不力图在内容方面补充他们的不足(他的福音书所给人的印象和一部补篇所给人的印象完全不同)而是对基督的能力作了更高的观察，不仅像其他福音书那样，把他表现为最伟大的先知，或者按犹太人的弥赛亚观念
105 把他表现为上帝的儿子，而是按照形而上学的意义，把他表现为上帝和人中间的中保。只有这样一种表现方法，才能防止基督教也像其他犹太教派一样，随着时间的进展而消逝。只有《约翰福音》才给予了基督教以一贯性和持续性。这样，马太和约翰就作为肉体福音和精神福音而形成对照，站在前者一边的还有其他两本福音书，这么一来，肉体的福音就得到了三重的表现，或者说，从这一类为数众多的福音书中，在马太福音之外，只有马可和路加得到了

教会的公认。照莱辛看来，这一情况可以从这两部书在许多方面补足了马太和约翰之间的许多缺陷这一事实予以说明；而且因为一部的作者是彼得的门徒，另一部的作者是保罗的门徒。这也是福音书在我们经典著作中排列次序的原因，因为并不能证明，这种排列次序就是它们写作时间的次序。

莱辛对前三福音的起源与联系较之对第四福音的特点给予了更多的注意。艾希豪因[①]曾在相当长的时间内把有关说明前三福音彼此关系的方式提到批判讨论的首要地位。正如已经提到过的，两个需要说明之点就是他们的一致和不同。照艾希豪因看来，我们在前三福音中看到的词句和事实方面的一致，各别思想及整个事件序列的接近，只能从他们都用了书面记录来说明。两种情况都有可能性。要么就是一个福音书作者用了另一个作者的记录，或者所有的作者都用了一种共同的资料。艾希豪因认为不应 106
采用第一种假设，因为它虽然能说明一致，却不能说明那许多的不符。假使马可写作的时候有《马太福音》摆在他面前，或路加写作时有马可或马太与马可摆在他面前，为什么后一作者把前人所告诉他的许多事都略而不谈呢？为什么把许多事按另一种方式排列和表现呢？为什么似乎毫无理由地常常改变说法呢？在另一方面，如果假设他们三个都采用了一个共同的书面资料，他们双方面的相互关系似乎就能得到满意的说明。他们都用了同一福音书原本，所以才相互一致，但他们并不是直接地用了这个原本，而是一

① 艾希豪因于 1794 年在他的《普通百科全书》第 5 卷里第一次表述了他的意见，接着于 1804 年在《新约引论》里就这个期间对它所提出的反对意见，作了更详尽的说明。

个作者通过一种意译，另一个作者通过另一种意译，所以他们彼此之间就有了不同。艾希豪因以为当他把三部福音书中彼此不同之处都勾消了而剩下他们所共同的东西的时候就发现了福音书原本。他似乎以为这个福音书原本只是一部草稿，是基督教最初传道人用亚拉米语编写福音书的一个线索，后来这本书经过不同人之手而加以增补，并意译成了希腊文。如果情况是一个福音书作者用了一种意译本，另一个用了另一种意译本，我们就可以明白为什么另一作者所没有的许多事情而这一作者有了，或者把它放在不同的地方。这就是因为在这一作者所用的原始福音书的意译本里没有这个资料，或者它的排列方式和另一作者所用的意译本不同。同样，根据作者们用了不同的希腊译本的假定，就可以说明为什么在其他方面相同的故事在希腊语的表现方面有所不同。另一方面，当两个或者甚至三个福音书作者在运用一种纯属偶然的希腊语词而彼此一致的时候，可以从假设有一种从原始福音书译出未经增补的希腊文本存在，不同的意译本的译者们偶尔地参考了这个译本来予以说明。

我们立刻就看出，每一个新的事例，不同时期观察这些福音书
107 彼此间许多关系所用的每一观点，都需要一种新的假设，整个事情变得愈来愈复杂和不自然，同时，在以这些假设和理论为一方和以福音书产生时代的简单情况与人物为另一方之间的矛盾也愈来愈显著。因而施莱马赫曾经宣称，为了证明关于原始福音书的假设不可能被接受，只要设想一下：在我们的简单的福音书作者面前必须摆着不同语文的、敞开着的、四、五、六本抄本和书卷，而且，这些作者们时而翻看着一本，时而翻看另一本，根据这一切来编写就够

了；他说，这样一种方法使我看到的景象，与其说是原始基督教的诞生时期，毋宁说是一个十九世纪的德国制书工厂。连赫尔达也对艾希豪因的这种说明有反感，因为它似乎是提出了关于使徒工作室的一种无聊思想，而且是更多地支持了莱辛的想法。他所给它们加上的东西，写得既很草率，意义又极不明确，很难算是一种永久性的收获，不过他对于以口头的福音宣传为福音书来源这一点的重视，后来却并不是没有成果的，他把马可与路加放在马太之前的排列方法也不是没有附和的人。

原始福音书的理论特别有容易受攻击的两个弱点，事实上它也不是从这方面受攻击就是从那方面受攻击。一个弱点就是它的非此即彼的理论，要么就是前三福音书作者之一利用了其他两本，要么就是三个人都根据一个共同的资料。艾希豪因毫不迟疑地拒绝了前者。胡格[①]问道，一个福音书的作者利用了另一作者的著作为什么是这样不可置信呢？难道是因为在故事中有许多重要的差异吗？根据利维(Livy)[②]自己的承认，他曾利用了帕利比乌斯 108
(Polybius)的著作，但他和帕利比乌斯岂不同样是有许多的不同吗？难道一个作者有另一个作者的著作在跟前就必须逐字逐句地照抄吗？如果由于更广泛的研究，用了更多的参考资料，或者由于不同的观点使他对于事物的看法和他的前人不同，尽管有前人的著作在跟前，难道就不可以大胆地不落前人窠臼吗？所以，假定一个福音书作者利用了另一作者的著作并无可反对之处，重要的是

① 《新约圣经导言》，(1808 年)。

② 利维(Livy)59 B. C.—17A. D. 古罗马历史学家。——译者

研究各自的计划，各部著作的目的，借以发现这一著作和另一著作表现法不同的原因。的确，照胡格看来，在福音书作者的彼此关系中，一切都只是为了彼此的改进和完全，其结果是对于真理的四重保证。马可既然有了得自使徒彼得传授的有利条件，就对马太的著作从次序和时间的排列方面加以修正，同时还加上了一些更适当的润饰；路加是见多识广的人，对两个前人的著作作了新的鉴别和订正；最后，熟悉前三人作品的约翰，使他们的作品得到最后的圆满与完全。但是，对于前人的每一更正，就是假定他有不正确之处，而一个人的作品由另一个人加以完成的结果，也只能使作品被完成的作者处于极其不利的地位。如果第四福音的作者说耶稣在最后一次到耶路撒冷之前已经经常到过那里，在那里教训人并工作，那么，不知道这一切早先的旅行和逗留的第一福音书的作者，
109 就不可能是耶稣的一个同伴，不可能是使徒马太。同样，第二福音书也不可能是按照使徒彼得的传授写的，因为他一定不会不使作者特别注意到第一福音书的那个根本缺点，并促使他加以改正。而最后一个校订者约翰，既然相反地把他从前人著作中所看到的省略了那么多，我们又怎能知道这就是意见一致呢？从其本身看来，这很容易就是否定，只有从那种笼统地认为在这方面除一致外不可能是其他观点的人，才能认为它有一致的表现。

这种护教的观点，这种对于教会传统的默认，在胡格的身上也暴露出来，因为他在关于这几位福音书作者所用的时间、次序和彼此校改的问题上，毫不迟疑地赞成它们在经典中的排列次序，尽管莱辛已经巧妙地指出，这一排列次序的原因很可能完全不同于它们彼此在时间上的先后顺序。关于这个问题，在胡格之前已经有

人提出了一种理论，但胡格却根据不充分的理由对它加以攻击，而
其实这个理论比他自己的理论更符合于实际情况。两部福音书有
许多一致处，同时也显示许多各自独立的特征，各有其独有的整段
的特点，即使其所共有的材料，也有某种程度的次序安排的不同，
在这两部福音书之间另有一部福音书[①]，从内容方面来说，几乎没
有什么是它自己所特有的东西，而在其16章书中，只约有半章的
材料不是其邻近的两部福音书所共有，在排列方面，它有时和前一
福音书一致，有时和后一福音书一致，有时则似乎是根据其他二者
所用的表现法而编写。这样的情况使我们自然而然地得出这样的
一种假设，即从时间方面来说，这部书并不是居于其他两部之间， 110
而是以其他两者为业已存在的资料，随后根据它们编写出来的。
这一见解曾经由格利斯巴赫[②]提出，由于从其中得出了看来很清
晰的说明，被认为很有说服力，直到最近，一直在神学家中间很为
流行。

前三福音书的作者——这是以上所解释的不同理论所根据的另一种说法——必然或是一人用了另一人的著作，或是各人都用了一个共同的资料，至于这个资料是一种书面资料则是一般的假定。最后，这一假定也发生了问题。据说，原始的福音宣传，无论如何，总是口头的；至于有关耶稣生平的资料，在相当长时期内，也

① 作者在这里指的是《马可福音》，《马可福音》在《新约》里位于《马太福音》与《路加福音》之间，共有16章。——译者

② Comment. qua Marci Evang. totum e Matt. et Lucae Commentariis decerptum esse monstratur，1789 u. 1790，Opusc. 11，第385页以下，参看索尼尔(Saunier)：《论马可福音书的来源》，1825年。

是口头传播的。考虑到使徒的教养和环境部分地从其本身来说，这是很有可能的，部分地从使徒保罗的书信中没有在当时已存在一部福音书的迹象，也可资证明。另一方面，这种口头传说，即所谓的福音书作者在阐明耶稣生平的最重要情节时的表现方式，在选材、布局甚至在表达方法上，不久就采用了固定的形式，也完全是可能的事。这就是计色勒[①]所提出，和艾希豪因的成文福音相对立的以口头形式存在的原始福音，他以为根据这种口头福音就可以不亚于艾希豪因，说明前三福音为什么不完全一致，并能比那
111 些假定一个福音书作者利用了另一人作品的人更好地说明它们之间的不同。计色勒想象，在前三个福音宣传者和荷马史诗赖以流传但同时也经历了许多变化与渲染的希腊史诗吟诵者之间有相似之处。这样的一种类比使这一理论迎合了一个力求深入钻研古代精神以便更生动地理解诗歌与宗教起源的一代人的心理。在纯粹口头传说之中，福音历史成了一种活的东西，有生长力，枝干繁茂，花叶丛生，这么一来就给对福音历史实质的更为自由的解释打开了大门。

尽管如此，次一问题，即说明各该福音书间的相互关系问题，仍然不能认为已经得到了解决。它们之间的许多不同点，固然可以从假定它们共同有一种简单的口头资料而得到相当充分的说明(即使有更大的不同也不足令我们惊讶)，但这并不能说明它们之间许多一致的地方。为什么它们不仅在总的选材与布局方面有一致，而且还不止一次地在时间上显然并不衔接的两件事情，由一个

① 《论最古时期成文福音的起源和命运》。

福音书作者偶然地把它们依次安置在一起，其他两部福音里竟然也有同样的情形，绝对一致的表现法，有时甚至还扩展到最特殊的希腊语词用例方面，又是什么缘故？

对吟诵有韵律的诗歌的荷马史诗吟诵者来说，形式与表现法是很重要的，但对宣传福音者来说，当然并不是如此；或者即使是重要的话，也只有在他们重述耶稣言论时才是如此。在其他方面，故事的实质才是重要的事情，不可能假定词句形式的刻板一致是经过规定的，因为我们并看不出有这样做的必要。但当我们的第 112
三福音书作者自己在他的序言里说，在他本人的时代就已经有了好几本福音著作，而且在他的福音书里他不仅采用了口头传说，还有采用了这些成文本作为其资料来源的明显痕迹，我们还要什么呢？

的确，不应当理所当然地假定第三福音作者跟前所有的就是我们的前两本福音书，或者把最初的福音记录理解为全都是包括耶稣整个生平的著作。为了说明前三福音书作者彼此间的关系，有人作了新的尝试。施莱马赫[①]在直接反对艾希豪因时说，当我们问，在一篇包括耶稣整个生平的衔接的，但却是空洞的记录（像艾希豪因的原始福音书）和关于个别事件的许多详细记录之间，我们会以为哪一种更可能是福音文献的原始资料时，我们将毫不迟疑地决定是后者。因此，照施莱马赫看来，我们应该假定，写基督教历史的最初诱因，并不是忙碌的使徒们或最古时期积极活动的

① 《论路加的著作》（1817），参看他的根据讲演而编著的《新约引论》，《施莱马赫文集》，第一部，《神学》，第 Viii 卷，1845 年。

门徒们的自由冲动，而是那些没有亲自见过耶稣而相信，现在想进一步对耶稣生平的一些比较精确的细节有所理解的人的好奇心。

在基督徒的公共集合处这种好奇心会偶然地但少量地得到满足；当一个传道人提到基督的某些值得纪念的言论并必然叙述一
113 番说这些话的历史场合的时候，这些好奇的听众通过秘密的交谈和特殊的探问，就会获得知识。这样，许多个别的事实就被讲到并听到，但其中大多数并没有被记下来。然而，不久，也有不少被记下来了，部分是传说者本人所记，更多的则是探询的人，特别是那些不可能常和告诉他们这些事的人在一起，却很喜欢把它们转告许多别人的探询人所记。这样，个别的事件和个别的言论就被记录下来，这些记录产生得愈来愈多，当基督的原来同伴大多数因逼迫而分散的时候，对于这些记录的要求就愈会迫切，尤其是当第一代基督徒逐渐死去的时候。然后，这些个别记录的作者们和收藏者们，又开始对它们进行补充，并各从所好地成了它们的搜集人。也许一个人只收集了关于神迹的记述，另一人只收集了言论，第三人则以为基督一生的最后几天或者复活的情景最属重要，另一些人，由于他们没有一定的爱好，就把他们所能得到的都收藏起来。这一类收藏品的个别部分，其来源既不同，价值也不一样，而且并不都是第一手，有的还是第二手或第三手；有些部分甚至还来源不正，经过了不完全的回忆，偏见或好奇心的改动，施莱马赫认为，我们的前三福音，连马可也不例外，都是由这些书面的个别故事编写成的，他还明白地，尽管是艰难地并迟疑地，驳斥了格利斯巴赫关于马可的见解。

如果我们问，为什么三个收藏者，各自独立地从大量的故事中

选择资料，能够对多数故事如此惊人地选中同一部分，施莱马赫试
图对这种情况加以说明，他指出，这一方面是由于准备大量复制的 114
作品所必然包含的内容；另一方面是由于以为这些部分对福音的宣传有特殊重要性，但这种说明非常令人不能满意。因为，如果像我们的福音书所说的那样，耶稣医好了好多的人——瞎子、瘸子、长大麻疯的，赶出了如此多的鬼，为什么前福音书的作者从这么多的故事中，恰好挑选了相同的十来样，除了少数的，也许只是表面的例外，却都同样地听凭其余的故事简单掠过，无人知晓呢？因为在其中一定有不少作为神迹来说同样有说服力的故事(我们只要记住约翰所作不同的选择就够了)。我们问，如果每个人都是各自独立地选择，怎能有这种事发生呢？关于耶稣的言论也可提出同样的问题来，由于前三福音的题材安排，总的说来都是一样的，就不可能用施莱马赫的观点加以解释。

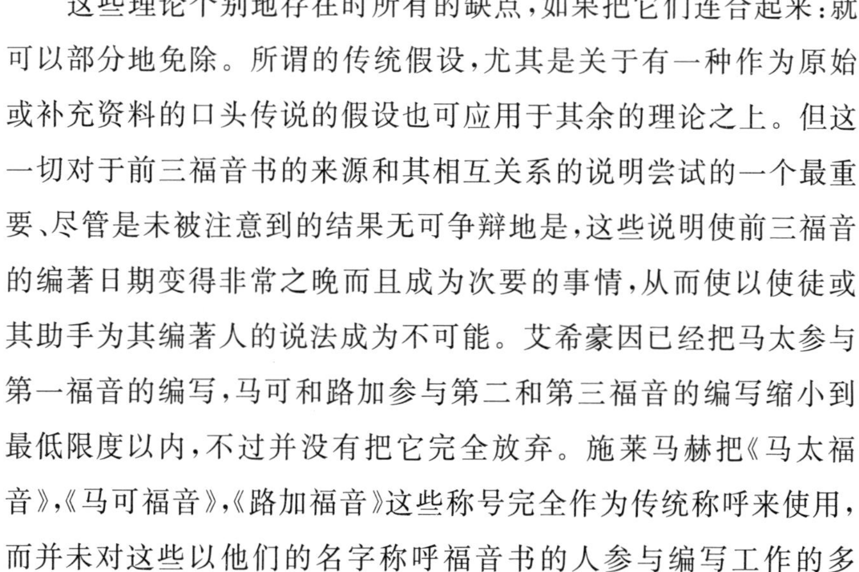

这些理论个别地存在时所有的缺点，如果把它们连合起来：就可以部分地免除。所谓的传统假设，尤其是关于有一种作为原始或补充资料的口头传说的假设也可应用于其余的理论之上。但这一切对于前三福音书的来源和其相互关系的说明尝试的一个最重要、尽管是未被注意到的结果无可争辩地是，这些说明使前三福音的编著日期变得非常之晚而且成为次要的事情，从而使以使徒或其助手为其编著人的说法成为不可能。艾希豪因已经把马太参与第一福音的编写，马可和路加参与第二和第三福音的编写缩小到最低限度以内，不过并没有把它完全放弃。施莱马赫把《马太福
音》，《马可福音》，《路加福音》这些称号完全作为传统称呼来使用， 115
而并未对这些以他们的名字称呼福音书的人参与编写工作的多

少，或者甚至全未参与这个问题，表示任何意见。

15.《约翰福音》：布莱施奈德尔、施莱马赫

尽管人们容许批判的怀疑主义对前三福音书有这样最广泛的活动范围，但却毫不迟疑地假定着第四福音的可信性及其来源于使徒的说法，一开始由于总以为其有可靠的历史支持[①]，就放手对前三福音采取了自由的怀疑态度；终于为了使愈来愈显著的前三福音和第四福音之间的矛盾不致使后者(第四福音。——译者)蒙受不利，就使前三福音的可信性降到最低限度。如果前三福音和第四福音的起源于使徒的主张是彼此对立的，它们关于耶稣本人及其生平的记述是不可调和的，那么，第四福音就很可能也像前三福音一样，有放弃其主张的必要。反之，如果前者(前三福音)的主张给后者让路，那么，后者就无可置辩地具有使徒著作的价值了。

在和较少科学性的前人有了各式各样的小规模较量之后，特别是布莱施奈德尔在他的《或然性》[②]一书里反对《约翰福音》的真实性和可信性；之后，保守的神学家就采取了这样的立场；布莱施奈德尔是以前三福音书的历史可信性为根据和支柱的，由于他发现不仅在个别叙事方面，而且也是在第四福音有关耶稣本人及其
116 工作的总的观察方面都和前三福音不相调和，他就断定第四福音不可能是一部可靠的历史记录，因而也就不是使徒约翰的著作。布莱施奈德尔说，假使由于偶然的原因，1000 多年来一直没有人

---

① 参德文原著第 113 页。——译者

② Probabilia de Evangelü et Epistobarum Joannis Apostoli indole et origine(1820 年)。《使徒约翰的福音书和书信的性质及起源的或然性》(1820 年)。

知道有这部约翰福音，现在它忽然在我们的时代里在东方被人发现了，每个人一定会认为这部福音书里的耶稣和马太、马可、路加三福音书里的耶稣是完全不同的人物，关于同一个人的这两幅图画不可能都是真的。现在大多数人或者没有注意到这个不同，或者，无论如何，对它并没有清楚地理会。但这，与其说是明确的意见或坚决的信念，倒不如说是长期的习惯和根深蒂固的成见偏信第四福音的真实性的结果。

布莱施奈德尔看到，在《约翰福音》和《共观福音》之间的这种根本不同，特别存在于言论方面。前三福音显示给我们的是一个作为真正的人民导师的耶稣，他向那些存在于其同胞中的反对真正虔诚和真正道德的错误倾向，特别是向崇奉外表的法利赛精神，作了斗争，坚决主张精神的纯洁，主张努力效法上帝并对人类实行友爱，而且他讲授这些教义是采取了一种就其明晰和单纯，热情与广博来说，无论对哪一类人都是可理解的、有吸引力和激动人的形式。他说，在第四福音里，把这位实践的、孚众望的导师变成了一个诡谲的形而上学者：他的言论不是以敬畏上帝和正义为关键，而是绝对地以他自己不是按照犹太人对于弥赛亚观念的民族主义形式，而是按照亚历山大哲学的逻各斯学说的意义所想象的他本人的高贵品格为关键，这种逻各斯学说被第四福音的作者在其序言 117
中提了出来，他的表达方式是如此的暧昧和模糊，他的表白是如此的冷酷、虚伪并充满重复，他的全部行为是如此的粗暴，以致他的用意所在似乎不是吸引人民而倒是拒绝人民。他说，关于耶稣的这两种不可调和的表现方法，第一种有利于它的内在可能性和对于情况的外在符合一致，而第二种则以相反的情况同样程度地暴

露了其本身之为虚构。除了他在这些言论中所发现的主要的怀疑根据外,布莱施奈德尔还力图从第四福音的故事、从作者谈到犹太人时所表现的无知,从许多关于地点的不正确的叙述和其他各种资料,证明第四福音的作者,不仅不是一个使徒或目睹的见证人,甚至也不可能是巴勒斯坦的居民或犹太土著,而必然是一个受过哲学教育的外邦基督徒。在他看来,书中明白地提到较晚时期的异议和教义上的论争,指明其著作时期当是第二世纪中叶,其和亚历山大诺斯替派的联系,指明其著作地点当是亚历山大,至于其编著的特殊目的,则似乎是保卫基督教以防止犹太人的攻击,并将其介绍给希腊世界。

对于第四福音的真实性和可信性的这样猛烈攻击,虽然在大多数神学家中引起了极大的注意,却未给他们留下多大的印象。这是不足奇怪的,因为固执教会传统的情况非常普遍而顽固,而批判的研究精神则同样程度地非常稀罕。连布莱施奈德尔本人以后也宣称,由于他的《或然性》所引起的讨论,他的目的已经达到、他的疑虑也已经解除。这是完全可以理解的,因为他的神学观点本
118 来就没有使他认识到拒绝《约翰福音》的一切后果所必须具有的深度。但当像施莱马赫[①]这样的人感到自己并没有为布莱施奈德尔的怀疑所动,尽管他表示了一种意见,认为这些问题得到讨论很好,但他也说它们并不重要,一点也没有使他感到为难。这只能证明这位在其他方面眼光非常敏锐的批评家,对于这个问题的成见是何等的深,以及他的全部批判主义体系已经变得多么主观。他

① 见施莱马赫著:《新约引论》,第 315 页以下。

不顾最值得尊重的见证，宣称约翰的《启示录》不是约翰的真正作品，因为它在内容和形式方面都与他的意见冲突；至于在《约翰福音》方面，他竟能对重要的怀疑根据轻轻放过，则是因为他自己有完全相同的看法。《约翰福音》里的基督，知道父在他自己里面，他和父原为一，除了父吩咐他说和做的事以外，他自己并不说或做任何事情，这和施莱马赫的宗教思想，即一种神的意识很一致，这种意识毫无阻碍地运行，就仿佛上帝住在人里面一样，所以《约翰福音》就成了使施莱马赫的现代虔敬和基督教连结在一起的工具，而随着这种支持的愈益必要，他也就愈益不愿倾听怀疑《约翰福音》真正表现基督的有效性的意见了。

值得注意的是，关于耶稣历史的来源的这种无批判的错误和他关于苏格拉底历史来源的同样错误正相类似。施莱马赫在他后来的评述中，本打算审慎地限制或修改他在讲演中的过分夸大的话，但很明显，由于受到布莱施奈德尔对他心爱的福音书的攻击的激怒，他竟至任性地说，他情愿让我们在拒绝《约翰福音》为约翰所 119
写的假设基础上来说明[①]，一个只有某些仁慈观念和某种像苏格拉底那样的道德，能行一点神迹，或者至少别人以为是神迹，并能够讲一些动听的警句和比喻的犹太拉比（因为除此以外再也没有别的了，而且可能还有一些我们必须对他加以原谅的过失哩），怎能建立起一个新宗教和新教会来，因为如果他只有这些而此外什么也没有了，他就远不配和摩西与穆罕默德相比。读者将会因他对《共观福音》里的基督的这种攻击而感到不快，尤其是因他这种把一切简单、自然、不模棱两可、不带“伤感”和“嘲弄”意味的事情

① 《宗教演讲录》，第3版，第442页。

都看成非常平凡和庸俗的离奇的偏爱而感到不快。但读者一定会立刻想起施莱马赫如何由于同一种偏爱曾经贬低了色诺芬著作里的苏格拉底而相对地重视了柏拉图著作中的苏格拉底。在他那著名的《论作为哲学家的苏格拉底的价值》[1]的文章里他说，如果苏格拉 底的言论仅以色诺芬《回忆录》(*Memorabilia*)的内容和范围为限，尽管在形式上更为美妙华丽，人们也不可能理解，为什么在如此多年间，竟没有由于人们害怕和他在一起而使商场、车间、道路和学校的人为之一空，为什么在如此多年间，他竟得使像阿锡拜阿迪斯[2](Alcibiades)、克里提阿斯[3](Critias)柏拉图(Plato)和欧几里得[4](Euclid)那样的人感到满意。总之，为什么他竟能成为雅典哲学的创立者和典范。从这个观点看来，施莱马赫没有担心仅仅由于《共观福音》里所表现的耶稣就可能使加利利的海滨和四周犹太会堂的人为之一空，这可说他已经是很审慎了。但长久以来，比较富于历史感的批判家，都表示色诺芬所作关于苏格拉底的描
120 述必然是对于这个哲学家的历史概念的基础，而对柏拉图关于他所作的描述，则仅能小心谨慎地当作个别补充性资料。这一事例在解决这个福音书问题时，颇有启发意义。

但施莱马赫在其对于《约翰福音》所采取的立场方面并不是孤

---

① 按此处德文原著(第 116 页)为“bekannten abhandlung über den werth des Sokrates als Philosophen”，英译者误将“werth”(价值)当作 werk(工作)以致误译成“on the work of Socrates as a philosopher”。——译者

② 阿锡拜阿迪斯(Alcibiades，公元前 450—404 年)，雅典政治家和将军。——译者

③ 克里提阿斯(Critias)，柏拉图的叔父，雅典三十僭主之一。——译者

④ 欧几里得(Euclid)，希腊数学家。——译者

立的，有许多和他同时代的人，不是那些头一批在受到他的《教义》的教育后接受了他的基督的人们，而是在浪漫主义和费希特(Fichte)及谢林(Schilling)的哲学中成长起来的整个一代的人们，他们发现，神秘主义理想的《约翰福音》比历史现实主义的前三福音更适合他们的见解。正是由于《或然性》的作者违反了这个潮流趋势，他的书才遭到了不幸的命运。布莱施奈德尔，从其所受的教育和其思想情调来说，是属于旧的康德的唯理主义学派的，前三福音的实践的道德精神及其明晰而单纯的形式对他非常合适，而与此相反，第四福音的思辨哲学的浮夸和神秘主义的晦暗则令他非常反感。他明确地引人注意到前者，以致他和施莱马赫对比起来，就似乎是个不合时代的人了：他并没有隐瞒这一点，这使他显得好像是个没有能力领会这部福音书的深度的人。对于一切被施莱马赫的精神所感染的人，例如对于卢克(Lücke)①、哈斯、尼安德尔以及诸如此类的人们来说，《约翰福音》的使徒来源，仍然是他们的神学基石，而《或然性》则是一个流产的理论；只有迪·维特采取了保留态度，但最终他也只好让他的批判意识被他所接近的思想潮流吞噬下去。

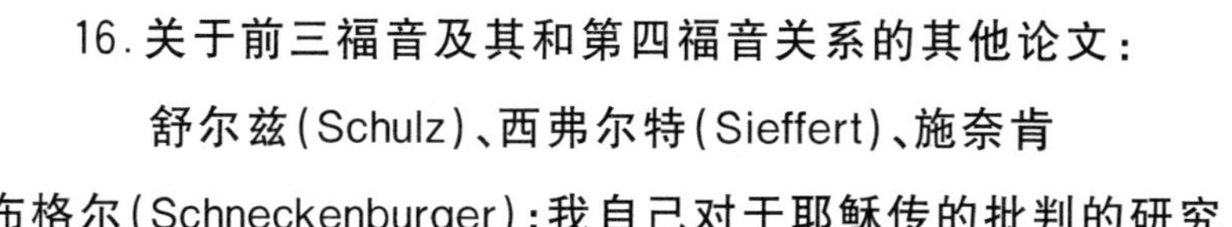

16. 关于前三福音及其和第四福音关系的其他论文：舒尔兹(Schulz)、西弗尔特(Sieffert)、施奈肯布格尔(Schneckenburger)；我自己对于耶稣传的批判的研究 121

在这段无结果的插曲之后，《约翰福音》的地位似乎比从前更

① 按德文原著(见第117页)作“Lücke”，没有末尾的“s”。——译者

为巩固了。对于前三福音的研究，则更为自由地继续进行下去，而其中的一部，像以使徒命名的第四福音一样，逐渐地不为人所喜欢。施莱马赫在他论路加的一篇论文里，从一个天才作家对于他所分析的题目的偏见出发，认为他发现在《路加福音》的不同段落里，有时在叙事方面，有时在排列方面，都比马可更好。对于另一位自由主义神学家来说，福音书作者中只有马太一个人在叙述耶稣设立圣餐前所插入的赦罪的话，令他很有反感，他在一部论述后者的作品的附录里，罗列了一系列他对《马太福音》真实性的怀疑①。一些青年批判家在这方面更前进了一步②，以致在有一段时期中好像第一部福音应该变成最后一部福音已是肯定的事情，好像从起源和真实性来说，所谓的《马太福音》不仅应在《约翰福音》之下，而且也应在使徒的两位助手，《马可福音》和《约翰福音》之下。

他们提出了一些迹象，以为根据这些迹象就可以推定这部福
122 音书的作者不可能是耶稣的伴侣和目睹见证人。这些迹象中的第一个是作者在叙事方面缺乏生动性和细节。连施莱马赫，在他的《新约引论》讲演中，也曾就这点作了很好的评述③。他说，在《马太福音》第 9 章里，叙述了耶稣如何召马太为使徒，以及后者如何跟随了他，这就是说，作了他的正式的从者。可以推定，如果叙述

① 舒尔兹：《圣晚餐的教义》(1824 年)。

② 西弗尔特：《论第一部经典福音书的起源》(1832 年)；施奈肯布格尔：《论第一部经典福音书的起源》(1834 年)：请参看我在《科学的批判主义年鉴》(1834 年)里所发表的关于这两部书的书评里所作的评述。该文也收集在我的《特征与批判》(第 239 页以下)里。

③ 据英译本“正误”改。——译者

这件事的福音书作者，真地就是当时被召的使徒，应该可以看出，在他被召前后的叙事方式方面必然有所不同；从他亲自参与一切事起，他的叙事就应该更为生动，更为真切，更为详细。但并看不出有不同的迹象来，他在以后的描述方式仍然像从前那样简略，在时间和地点的记载方面仍然像从前那样不确定。即使不将《马太福音》和其他福音进行比较，也必然会明显地看出，这不是一个目睹的见证人的做法，而是一个根据流行传说而写作的人的做法；在另一方面，当批判家们想通过指明其他福音书作者在叙事方面一般地更为详尽并更为生动，借以加强他们否定马太的证明时，问题是究竟这真的是一个目睹的见证人的生动描述呢？还是一个想借渲染烘托来使其所得来的简单传述显得鲜明活泼的作者的手法。

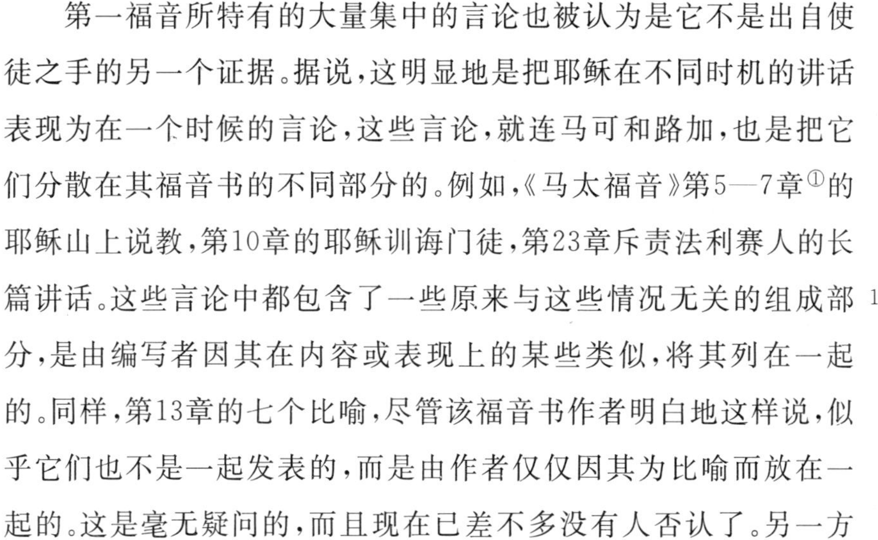

第一福音所特有的大量集中的言论也被认为是它不是出自使徒之手的另一个证据。据说，这明显地是把耶稣在不同时机的讲话表现为在一个时候的言论，这些言论，就连马可和路加，也是把它们分散在其福音书的不同部分的。例如，《马太福音》第5—7章[①]的耶稣山上说教，第10章的耶稣训诲门徒，第23章斥责法利赛人的长篇讲话。这些言论中都包含了一些原来与这些情况无关的组成部 123
分，是由编写者因其在内容或表现上的某些类似，将其列在一起的。同样，第13章的七个比喻，尽管该福音书作者明白地这样说，似乎它们也不是一起发表的，而是由作者仅仅因其为比喻而放在一起的。这是毫无疑问的，而且现在已差不多没有人否认了。另一方

① 英译本译为第5章第7节，显然是错误的，根据德文原著（第119页）更正。——译者

面，即使在这个例子中，求助于被认为把这些言论安排得较好，并说明其大致发生时机的马可，并不具有决定性的意义，因为可以证明，尤其是马可常把马太按固定次序排列的言论弄得完全颠倒混乱，而路加则从马太所记耶稣的较长言论中取出的许多话，直截了当地为之编造了一些时机。如果因马太所记耶稣的集中言论而对之加以攻击，为什么这些批判家们对于那些更容易引起疑问的《约翰福音》里的基督长篇言论却熟视无睹呢？把在不同时机发表的言论汇集起来在一起发表，和布莱施奈德尔已经证明的，第四福音把一种较晚时机的哲学知识放在耶稣的口里，或者把所谓的耶稣的话和福音书作者自己的思想混淆得令人无从分辨究竟是谁在说话，比较起来，是一种容易犯的错误，而且对一个听者来说，有更大的可能性。

还有，有人反对第一福音的作者，说他把人和事都增加了一倍——两个瞎眼的、两个麻疯病患者、两个被鬼附的，而马可和路加只有一个，两个奇迹的宴会，而路加和约翰所知道的也只有一个。的确，这很明确地证明，有两种资料在跟前的第一福音作者，看到了排列不同，而且讲述情节也略有不同的同一故事，而因这种
124 不同的原故就把这些故事看成是各别的历史，因而把两者都采用在他的福音书里，这是一种只有本人未亲历其境的作者才容易犯的错误。另一方面，并不能从此得出一种想当然的结论，以为像路加和约翰那样当心不犯这种明显错误的作者，就是一个目睹的见证人或者得到了一个目睹见证人的传授。

在关于言论方面，第四福音作者比第一福音作者可能受攻击的地方更多，这种攻击就是，他把先知书里的一些特点，（有时是他

对它们误解的结果)和历史的故事混淆不分。马太把耶稣表现为骑着两条驴(驴和驴驹子)进入耶路撒冷,就是由于对《撒迦利亚》第 9 章第 9 节的一种误解。约翰从第 19 章第 23 节起,和其他的福音书作者不同,把为耶稣的里衣拈阄和分他的外衣加以区分,也同样是由于对《诗篇》第 22 篇第 18 节①的误解。

最后,被认为对反对《马太福音》有决定意义的是,有许多作为一个使徒所必然知道的事他竟不知道,例如拣选 70 个门徒,眼见着耶稣升到天上,几次过节的旅行,使拉撒路复活等。但关于头两件事约翰也和马太同样不知道;至于其余两件,约翰的确知道一些,问题是它知道的是不是比实际所发生的还多,这就是说,是不是这两个故事都是没有历史性,而是可以从第四福音著作日期距离事件的遥远以及作者的特殊倾向予以说明。

从这一点看来,对所有四部福音书进行比较,就显然是必要的了。不应该像一直对于《约翰福音》所做的那样,把任何一部福音书先假定为真实的、使徒的著作,而是应该毫无成见的,就它们的 125
记录本身来加以鉴别并互相比较,根据情况决定这些记录中是否有,以及如果有的话是哪一个起源于使徒,或者至少是起源于使徒时代。我刚才在评述关于《马太福音》的几篇文章时所提到的方法,曾在我的耶稣传中试图予以实行,而其结果对四部福音书都是否定的。这就是说,这些故事从头到尾都应该认为不是目睹见证人的叙述,而只是生活于离发生事件时期很远的人们的零碎记录,尽管他们也记下了许多真实的资料和言论,但同时他们也收集了

① 此处德文原本和英译本都作第 22 节第 19 节,和中文圣经不同。——译者

各式各样荒诞的传闻，而且还部分地用他们自己的虚构加以粉饰。

我这样做所采取的方法，并不是鲍威尔所反对的那种先借《约翰福音》以推翻《共观福音》，然后再借《共观福音》以推翻《约翰福音》，终于使人无从分辨福音书历史中到底什么是真，什么是假的方法①。我的目的是反对以上所提到的那些批判家，证明《马太福音》是最有历史价值，而在另一方面，作为历史来说约翰福音最不足置信，在该书里，对于福音书资料进行了理想主义的最深远的修改，无论是对于神迹的概念或是对于基督的概念，都有最大的夸张。这样，我就给鲍威尔后来也采取的立场准备了根据。鲍威尔
126 不满足于仅仅不同程度的可信性（这种不满足是正当的），而希望发现区别各个福音书的绝对标志。因此我在耶稣传的不同篇章里，正如在我以前的人们所已经略微做过的那样，使人注意到马太的预言的实用意义、路加的历史性、前者把传说的耶稣言谈和大量的言论合并起来的倾向，后者给个别的言论提供虚构场合的倾向，马可的浮夸作风和牵强描绘，等等；特别是我把约翰福音表现为一方面是福音神秘化的巅峰，另一方面是不同于其他一切的一部特殊作品。尤其在《约翰福音》所记载的耶稣言论这一方面更使我不得不采取这一观点。前三福音作者满足于把传给他们的言论资料按各自的方式加以划分和排列，有时还加以改变或插入一些他们自己的东西；而对《约翰福音》中耶稣言论进行考察的结果则是使我看到它们都是该福音书作者的虚构，顶多也只能是以耶稣的某

① 《经典福音书的批判研究》，第 71 页。《十九世纪教会历史》，第 397 页。参看凯姆(Keim)：《学院开业式讲演集》，第 12 页。

些实际言论的大意为根据的虚构,不过就连这些大意,也因受到亚历山大哲学精神的影响而变质了。

第四福音在叙事方面所特有的牵强虚伪:犹太人总是大大地并且反复地误解耶稣和他的门徒的话,从耶稣幼年时即着手的对于他的生命的谋害,一再地遭到了失败,这一切在我看来,也都是一些虚构的东西;尼哥底母是一个虚拟的人物;为了偏重约翰而故意地改变彼得和约翰的关系;我曾指出,撒马利亚妇人在雅各井旁的场面绝对是一种诗意的虚构;以及没有可能性的拉撒路复活的 127
故事,这一切都证明这本福音书不属于历史性著作之列[①]。虽然我欣然承认鲍威尔在这些方面已经取得了较为肯定的成果,他的研究已经成了我的研究的必要的补充,在某些方面,甚至还矫正了我自己工作的缺点,但很显然,他只是继续了我所开始的工作,而并没有把我所未做的工作承担起来。他批评我说我只是批判了福音的历史而没有批判福音书。不管正当或不正当我也可同样指责他只批判了福音书而没有批判福音的历史[②]。无论如何,关于最后一点他所作的一般性评述总是不能令人满意的:反之,由于他对福音书批判所已经做的工作,就有必要对福音历史本身进行新的批判。

① 在两件事上我没有敢在《共观福音》和《约翰福音》的陈述之间作出决定来。第一件是决定耶稣死的日子的问题。但这只是在这样的意义上,即两种陈述都可能是非历史性的。第二个是耶稣在其公开传道期间是一次或几次上耶路撒冷的问题。在这个问题上我和鲍威尔一样。同意前三福音的作者。但这是在我现在比他更令人满意地把从前我所认为最有利于《约翰福音》的一点抛弃之后的事。这件事以后在适当的地方我还要提到。

② 《经典福音书的批判研究》,第 41,71 页。参看《十九世纪教会历史》,第 399 页。

17. 从第四福音书中发现真实和非真实成分的尝试：瓦塞、施维策、芮南

我在对耶稣传的批判的研究中，对四部福音书进行了比较和考查；暴露了矛盾，并证明了一切想将它们加以调和的尝试都是不
128 能容许的；在福音历史的每一个别问题上我都对它们的可信性的多少作了评价。这种评价的结果几乎每次都是对第四福音不利。因而从前对第四福音书的信心就大大地动摇了。不可能在将来也像以前那样，在使约翰和前三福音作者对比的时候，总把他认为是一个毫无问题的目睹的见证人，而不对的总是前三福音书的作者。那些仍然企图这样做的战士们，不仅不可能使人恢复他们从前对于该福音书的信仰，而且连他们自己也没有这种信仰，这是从卢克在他的第三版《约翰福音注释》中所采取的立场上最明显地看得出来的。这个作者，徒然想通过对特别记载在《约翰福音》里的耶稣言论作最广泛的让步来使其他方面得到巩固，终于连他自己也不得不承认，正是第四福音而不是其他福音书，有许多问题引起了其本身所特有的困难。

然而，并不能像批判所要求的那样，把问题完全搁置起来。在这本书里有某种吸引人的东西——某种据说在人的心灵深处认为是圣灵的见证的东西，因此，就有了一种把它作使徒所传的上帝的话来接受的倾向。所以在同一部著作里，存在着吸引人和拒绝人的两种东西，某种不能接受的东西和某种不可缺少的东西。值得试试看是否可以把这两种组成部分彼此区分开来，把一部分归之于目睹的见证人使徒，把另一部分归之于没有人承认其权威的一

个较晚的作者。固然，在此以前，捍卫和反对《约翰福音》使徒起源的双方，都一直认为它是从一个模型铸出来的著作；但关于前三福 129
音书，人们从前也是这样看法。但现在对于前三福音书，尤其是对于马太和路加的流行见解，则认为它们是由不同组成部分所构成，而且是经过屡次的润饰才有了现在的形式。因此，把原来看《约翰福音》只有一个起源的见解认为是一种成见是很合理的，如果进行更彻底的考察得出了不同的结论，就不必受其拘束。

瓦塞说[①]，应该提出的问题不是：《约翰福音》是不是真实的？而是，究竟其中哪一部分是真实的？对于这个问题他的回答是：这本书表现的观点和方式是和根据外在证据被证明为使徒约翰的著作的《约翰一书》联系着的。关于风格方面，首先，瓦塞发现，在书信和福音书的教义的或沉思的部分之间有一种联系，这种联系不能从模仿来说明，而只能从假定其有同一作者来说明。至于在福音书的叙事部分没有这种联系，在他看来，即使一个没有成见的人也可发现，因为在书信中并没有叙事部分可以比较；但他补充说，在书信和福音书的叙事部分之间存在着一种关于思想方式和对内容看法的矛盾，这就说明这些最后的组成部分是另一作者的手笔。他认为在书信里，以及在福音书的序言和耶稣的较长言论里，完全没有我们所抱怨在福音书叙事部分对于神迹的那种感性的超自然 130
主义的信仰，其中所一贯充满的，只是对于基督和在他里面的圣灵的能力的一种精神的、理想主义的想法，特别还有书信里所提到的

① 《福音历史》(1838 年)，《目前阶段的福音书问题》(1856 年)，另参看他的《哲学的教条主义》。

基督复活，和在《约翰福音》第20章里既被精神地理解又被物质地理解的耶稣的临别讲话。

这使我们立刻可以看出这种有区别的批判的纯粹主观主义的动机来。为了使自己具有客观性质，它求助于约翰书信，而约翰书信的真实性是和《约翰福音》同样有问题的，当风格不足以为标准的时候，它就坚持教条主义的见解，其实倒很可以不用书信而单单根据似乎存在于《约翰福音》的言论和叙事之间的对立。对于这种显然具有不同性质的两个组成部分，批判者是不喜欢叙事部分的，这的确部分地是由于和一般地似乎具有历史性的《共观福音》的对比，但主要只是由于它突出地提出了关于神迹的超自然主义思想。还有，他不喜欢对话式的言论，这一半是由于那种令人难以置信的误解而产生的许多方面的荒谬，一半则是因为它们和以之为其诱因的神迹故事是分不开的；在另一方面，他喜欢福音书的教义内容，不仅喜欢福音书作者的见解，也喜欢基督的较长的言论，这样，就自然而然地把教义部分当为是由使徒而来，叙事和对话部分则被认为出自较晚作家之手。我们也认为后者的性质和作者为目睹见证人的可能性不符：唯一的问题是：使批判者把该福音书的其他部分和这些加以区别并说那些部分出自使徒的原因是什么。正如他所说的，他喜欢这部福音书的教义部分，是因为它含有神圣的逻
131 各斯在拿撒勒人耶稣身上成肉身的这种纯理想主义的教义，它不仅完全没有《共观福音》书所作的神话式的[①]补充，也没有该福音书的较晚编者对于神迹的那种超自然主义的信仰。

① 根据英译本“正误”改。——译者

但是，这种神圣的逻各斯、太初就和上帝同在而且其本身就是
上帝的创造万有之道的化身成人，它在其寄居人世的短暂期间仍
然没有忘记它在万世之前和上帝在一起的光荣存在，而且还希望
不久就要恢复那种存在的教义，难道不是纯粹超自然主义吗？一
切个别的神迹故事，不管怎样彰明昭著，和它对比起来岂不是可理
解的吗？瓦塞回答说，不然；因为根据使徒的教训，这种化身成人
并不是把一个已经以一种有限形式和天父同在的神圣人物神奇地
具体表现于一个人体之内，而恰好不多不少地是神的有生命的个
性和个人的心灵的完全同一化，从而使这个人的外表发射出这种
个性的荣光来。《旧约》教导我们要把神性中的个性和其人格的自
我加以区别，但却不可把前者和后者分成两个不同的人物。所以
事实上《约翰福音》的教义内容，按其客观形式来说，在我们的艺术
爱好者用自己的口将其加以塑造以前是并不能令他满意的，而经
他塑造之后则几乎已成为不仅是读者不理解，可能连他自己也同
样不理解的东西了。所以，如果瓦塞是个更好的阐释者的话，这就
是说，如果他不是那么容易用任意的解释来使客观地存在于他面
前的东西变得对他自己来说圆滑而整齐的话，同时如果他是个更
好的哲学家，这就是说，如果他的哲学家本身能够独立存在而不必
仰仗宗教的拐杖的话，他就一定会对《约翰福音》的教义像对其历 132
史的记述那样同样地起反感并且会完全听凭前者受其批判的命运
的支配：他现在所以只是部分地这样做，完全是由于主观的原因。

至于瓦塞见解的进一步贯彻，则是假定使徒约翰在其晚年，为了保存他对于老师的容易消逝的回忆起见，部分地把自己对于老师的回想，部分地把耶稣的言论记了下来；但在后一方面，他所记

下的只是经历若干时间后残存于他本人心中，由他自己的思想和表达方式修改了的耶稣言论。接着是使徒逝世后，他的一个门徒尽力(尽管在技巧方面不很高明)把使徒所留下的笔记加以修饰补充，使其成为一篇福音故事。他这样做部分地是根据他所回忆的使徒口头教训，部分地采用了增添了的福音传说，因为他完全生活在约翰的门徒圈圈之内，并不知有我们的《共观福音》。这种理论并不新颖，因为在这以前，阿蒙(Ammon)莱提希(Rettig)等人早就把编者、校者和作为这部福音蓝本的笔记的撰写人使徒约翰加以区分了。瓦塞在他1838年发表的《福音历史》里已经就在现有福音书中，哪些部分应属于这两类编撰人中的这一类，哪些应属于另一类的问题表示了初步意见，但他自己认为这篇论文是急就章，缺乏科学价值而把它搁置起来。当时他曾想将来会有一种更为正确的作品，但他缺乏使他能够从经过润饰的福音稿本中完全地、逐字逐句地把使徒约翰的真正著作恢复过来所必须具有的洞察力。不过，瓦塞并没有把这种失败归之于他自己思想的悖谬，而是诿之于他自己的增补意见插入于使徒约翰原始记录中的假想的编撰人的不负责任的行为，而且，这个编撰人还不以此为满足，又部分地
133 修饰了，部分地更改了那个记录，并还在他所插入的叙事部分中掺入了他自己的零碎笔记，人们很自然[①]地不禁要问，既然一方面底本已经经过了篡改者多次的改动；另一方面，使徒写的部分又被认为就包含在这些被篡改了的材料之中，瓦塞怎能从这种篡改过的作品里把使徒的底本辨认出来呢？但瓦塞却远不能见到这点，反

① 根据英译本“正误”改。——译者

而竭尽其力之所能，致力于这种甄别理论的研究。

使徒约翰的笔记据说是部分地由耶稣的言论，部分地由他自己的回忆所组成。就这样，瓦塞在福音书的前几章里发现有后一种的成分，而在较后的几章里又发现有记录前者的迹象。他尤其认为，福音书的序言是采自使徒笔记中的沉思部分。别人从这篇序言里自始至终所感到的困难是：无法理解这个加利利的渔夫，犹太基督教派的使徒和柱石，怎么懂得了亚历山大的逻各斯哲学论题以及由之而成为可能的精神的完全自由的发展。但瓦塞却欣然自得地承认头五节所包含的思辨的说明是使徒的著作，因为他能够使这和他自己的哲学理论在表面上符合一致。在序言的第 6—8 节那部分里明显地提到了在福音书里作了更详尽叙述的施洗约翰，照瓦塞看来，这不会是一个作为使徒并曾经做过施洗约翰门徒的人所写，他就认为这几节不是使徒的手笔，而必然是编者所篡改。第 9—14 节，接着又是思辨，我们的哲学家认为这是使徒在说话；第 15 节又提到了施洗约翰，这是篡改者；第 16 节里说话的似
乎是一个目睹见证人，于是又被认为是使徒了。但紧接着在以下 134
几节里，提到了摩西和他的律法，这和在排除了施洗约翰之后的纯思辨性的序言不相称，所以就记在编者的账上了，而最后一节，第 18 节，则又被认为是使徒的话。这样，《约翰福音》的序言在一个不怀成见的人看来，是按最好的次序和最严格的联系所写，毫无疑问地包含着一个单纯的基本思想，当然更是一个作者的思想——这样的一个成品，就被分割成据说是由两个不同的人轮番所写的七小块，这种结果本身就断然地证明了它所从出的假设的不正当。

以下的一半叙事，一半对话的部分，因其被认为是编者所加而

被和回忆和较长的言论割裂开来。关于第一部分，他要求读者自己注意到言论和回想不可能本来是与它们联系着的，其实很明显的是，像 5，6，9 等章所记的最重要的言论，不外是以列在它们之前的叙事为题所发挥的议论而已；关于对话部分，他向我们保证说这是很容易分开的，但却丝毫也没有证明这样的分法是必要的和合理的。同时他还不断地告诉我们说：并不能认为，把这些加过插入语的作品加以分割就会恢复使徒的原来著作，因编者既能放肆地对原作加进插入语，也可能更为放肆地对使徒的记录本身加以篡改，但这种情况并不能动摇这一事实，即原来的确有出自使徒之手
135 的记录存在着。对于这种自认其不足取和无根据，而同时还不肯放弃其目标的伎俩，我们只好愤然不顾。

在这种以失败告终的分裂尝试之后，似乎除了要么就承认约翰福音完全是使徒的著作，要么完全不是之外，再没有别路可走了。但这种分裂尝试的动机是和当时广泛流行着的一种精神非常紧密地联系着的，因而当我们看到另一些人以为贯彻执行这一要求所需要的只是对它作更为巧妙的处理的时候，就不必惊异了。照施维策[①]看来，瓦塞将被认为是使徒所写的言论和被认为由较后之人所增加的叙事和对话对立起来的办法是不会成功的，因为极大多数言论都和其前面的对话不可分割地联系着，而这些对话又和叙事不可分割地联系着。但施维策也认为他在这部福音书里发现有出自两人手笔的作品，两种处于较高见解和较低见解关系

① 《根据其内在价值及其对耶稣传的重要性，对约翰福音的批判研究》（1841年）。

的精神互相对立着、他也由于福音书的一部分里所出现的那种对于神迹的夸大的观念和似乎与福音书其余部分的理想精神不符的更为客观的理解方式而有反感，他也以为划分使徒的和非使徒的分界线，除了某些插入语之外，包括含有理想精神的较长言论在内；不过他的分界线并不像瓦塞所划的那样，排斥一切叙事和对话部分。施维策会把后者当作无可异议的部分来处理：他在像给门徒洗脚[①]，以香膏膏耶稣[②]和受难历史[③]的那些叙事部分里发现有 136
决定性的目睹见证人的烙印，即使在关于神迹的叙述中，他认为也只有一部分可能不是来自使徒。

根据施维策的发现，第四福音里所叙述的神迹有两个很不同的种类。他说，除了那些不能认为是真正神迹的以外，一种是那些真正神秘的，实际上难懂的，但有时仍可用假定其由于一种物质的或精神的原因所造成。例如，耶稣看到拿但业[④]在无花果树底下很可能就是一件完全自然的事情；撒马利亚妇人生活方式的发现[⑤]，对于一个熟悉人类心理的人来说，也很可能就是由于对她的举止作自然观察的结果；毕士大池旁的病人[⑥]，可能就是因被鬼附而瘫痪，约翰只是因为照顾到他的希腊读者才没有道出他的正确名称，因为对于被鬼附的人，即使批判主义者也承认有通过精神治

① 参看《约翰福音》第 13 章第 1—11 节。——译者

② 参看同上，第 12 章第 1—8 节。——译者

③ 参看《约翰福音》第 18，19 章。——译者

④ 参看同上，第 1 章第 47—49 节。——译者

⑤ 参看《约翰福音》第 4 章第 1—29 节，特别注意第 17—19 节。——译者

⑥ 参看《约翰福音》第 5 章第 2—9 节。——译者

疗而得痊愈的可能；就连那个生来瞎眼的人：①我们也并不是非完全排除其自然疗法不可。但当这部同一的福音书告诉我们说，耶稣把水变成酒，把少量食物变成大量食物，在迦拿说一句话就把一个在迦伯农躺着的病人治好，在海面上行走的时候，对于这些事例不能想象其有什么合理的原因，于是它们就是魔术性的，超自然的神迹了——其实施维策倒很可以说他本人信不下去——但他的确说过第四福音里记述耶稣言论的作者不可能写出这样的话来。

当他对事件作更精密的考察的时候，他发现非常值得注意的是，凡批判者所认为可信的神迹都发生在耶路撒冷和犹太，而一切不可信的神迹都发生在加利利，这么一来，他的在此以前被认为是
137 主观的批评，就得到了一种客观的支持。现在他立刻感到很明显，原来使徒著作的计划，只是要这样表现耶稣在加利利以外的传道工作，使其按节期年表来看，耶稣的确有三次回到了加利利，但编辑人却完全没有提到在那里所发生的事情，而只是当耶稣在过节期间重新离开加利利的时候，才继续叙述了他的故事。至于这样重视耶稣在犹太传道工作的作者，其本身是否不一定是一个犹太人，以及从福音书所表现的他所受的教育来看，对他来说，是不是比对一个加利利的渔夫更有可能性，这一问题本身不能不引起批判者的注意，而且他也没有完全加以否定；不过他说，设想西庇太的儿子是作者也并不是不可能的事，尽管他是一个在犹太地区以外跟随耶稣的人，但无论如何，他总是一个目睹的见证人。接着他说，这个原始记录的作者毫无疑问地是把它从一个东方地区移转

① 参看《约翰福音》第9章第1—12节。——译者

来的，而在他死后，一个对他的精神没有充分领会的门徒感到有必要在犹太与撒马利亚故事之间穿插一些加利利故事，使其适应流行于较西地区的加利利传说。

但耶稣在迦伯农会堂所发表的言论（第 6 章第 26 节以下）也是在施维策所认为是出自处于较低地位的次要人物之手的那些加利利故事之中，这篇言论对生命之粮和吃人子的肉喝人子的血作了解说，毫无疑义它在《约翰福音》的神秘主义中属于最高的类型。而另一方面，在那些犹太的故事中，也就是说，在施维策认为是可信的和出自使徒之手的故事中，也记叙了拉撒路从死复活的神迹，但无论从物质或精神方面来说，这个神迹都和施维策所拒绝并认为出自较晚的编者之手的任何一个神迹故事，是同样地难懂，同样 138
地难以说明。所以关于这篇言论，他极端任性地认为它实在是耶稣在耶路撒冷的圣殿里发表的，是第五章的言论的继续，而拉撒路从死复活则被认为是自假死中自然复苏过来，和耶稣坚信其祈祷已蒙垂听正巧符合一致。像这样地解释神迹，已经令人不再能看出那些最有魔术性的加利利神迹会给人什么困难了；果然，施维策暗示了一种对于耶稣在海面上行走的自然解释法。这么一来，问题就在于在《约翰福音》里，那些被认为可信而且出自使徒之手的加利利以外的神迹，比那些和他们不同的加利利的神迹的优越性究竟在哪里了。偏见是从以下情况产生的，加利利的故事，正如已经暗示到的那样，是在唯理主义的基础上遭到反对的，对超自然知识的神迹，塞进了自然的观察，对毕士大池旁病人的神迹，把他的三十八年病症认为是福音书作者无根据的假设而弃置一边；拉撒路复活仅是一种假死，对生来瞎眼的人则假定其情况仅需有一个

高明的医生就可将其完全医好。像这样一种求助于和疾病的破坏力相类似的秘密医疗力量的手法，——这种秘密医疗力量已经存在若干世纪而并没有产生任何值得注意的效果，现在在莫名其妙的情况下忽然重新出现——这种把耶稣的医疗力量和遗传病相比的做法，一方面既无此必要；另一方面也只是一种借口而已，因为施维策说过，他试图将其加以区分的动机，并不是因他不愿承认神
139 迹。他和他的从者自称只是害怕那些魔术性的或绝对的神迹，但这意味着正是那些真正的神迹，不能用任何心理的或自然的方法加以解释的神迹，也就是说，是这一类的神学家们到目前为止还不能认为是自然的那些神迹。但照施维策的这种做法，一切的神迹都可这样来解释，所以即使从他自己的主观见解来说，为了《约翰福音》中一部分的神迹故事（因为如果没有这个主要的怀疑根据，他所有关这部福音某些部分的其他怀疑，肯定很快就会得到解决）而作这样的区分也是不必要的。

但是，最后，当在这部福音书和耶路撒冷有关的部分中，也就是说，在根据假设认为是使徒著作的部分中，批判者碰到了和他在别处绝口赞扬为使徒记录的一切理想和精神情调完全相反的叙事的时候（特别是在关于复活的叙事中）这全部行动还会有什么意义呢？我们的意思是指复活后的耶稣首先把手和肋旁指给门徒看，然后又吩咐多疑的多马伸手探入他的伤处的那一段叙事而言，这里似乎表明耶稣复活是按照物质的或身体的方式，而这正是施维策所不愿承认的方式。他很天真地说，“如果这段不是约翰所写，许多困难就会迎刃而解了。”接着他试图减少这段叙事和其前一段的联系，但始终不敢宣称它是一个篡改。这样，由于这段叙事推翻

了他的使徒记录具有纯粹精神和理想性质的理论，从而破坏了他的区分尝试的动机，这一整套解决《约翰福音》之谜的方法，就不了了之。

像芮南那样精明的作者在最近还勇气十足地试图增加这种不 140
幸的区分尝试，只能从这一情况来予以说明，即他并不直接了解在德国已经进行了这些尝试和它们的失败后果。即使他知道了这些，他一定还这样想——任何采取和瓦塞相反的假设的人决不会走错。因为，瓦塞的态度是把第四福音里的沉思部分和基督的较长言论都认为是使徒的著作，而把叙事部分认为是较晚的编述，芮南和他正相反，他讨厌那些抽象的形而上学的讲演（他对《约翰福音》里的耶稣言论就是这样称呼）反而把福音书中的叙事部分看为极端重要，所以他倾向于，尽管犹豫不决地，即使这些言论不是西庇太的儿子[①]所写，但其总的历史计划以及福音书中一连串的个别陈述则可能直接或间接地来自使徒[②]。如果说不可能性也有程度的不同的话，那么，约翰福音里约翰的言论的真实性，的确在某种程度上比其历史叙事更为不可思议，这就是说，每个有健全理智而且能够领会历史真实性的人都会从言论上最直接地看到有关第四福音晚期起源的曙光，然而，使芮南和其德国先辈处于共同立场的仍然是它的可分性，而这也就使他的假设彻头彻尾地维持不住。只是由于从一开始他就没有正确地注意到第四福音的叙事部分中

① 西庇太的儿子即约翰。——译者

② 《耶稣传》(*Vie de Jesus*)，第 XXIV 页以下，第 156 页以下。关于第四福音的来源及性质的远为正确的意见可参看顾斯塔夫·德·艾希达尔(Gustave d'Eichthal)著:《福音书》(*Les Evangiles*)(1863 年)，第 XXV 页以下，第 9,19 页以下。

的神迹故事，他才认为这部分尚属可取。固然，他不可能不提拉撒路从死复活的事；但因他不愿和神迹纠缠在一起，所以他就以它为一个谜，因而德国批判主义者就给他起了一个第二文图里尼的称
141 号；关于这一点令人不得不感到惊讶的是，这竟未能使他看出这种结论所从出的假设的错误。

18. 续论鲍威尔的《〈约翰福音〉的研究》

让步和区分就到此为止。并不是批判主义者放弃了他们任何一部分的主张，也不是福音书对其任何一部分内容的使徒起源不再有所要求。具有显著特点的全部不可分割的福音书仍旧巍然存在，并向批判者提出一决胜负的挑战。只要这部福音书还存在着，批判者就有义务或是完全粉碎它的武器，使它向它的敌人缴械，或者迫使它取消它的一切历史确实性的要求。批判者有义务使得可能设想，这部记录是后使徒时代的产品，正如在这以前不可能设想它是使徒时代的著作一样。发动这场斗争并将其进行到批判斗争前所罕有程度的正是伟大的鲍威尔博士①的不朽光荣。他不仅借用了前人的许多武器而且也为自己创造了不少武器，他非常巧妙地、有力地、耐心地运用了这一切武器，使斗争的形势断然对批判有利。当然，这不是在神学家的法庭之前，而是在科学的法庭之前。

鲍威尔比布莱施奈德尔特别有这个优点，他不是对他的对象

① 《论约翰福音的组成和性质》载于《神学年鉴》，1844 年，改正后收在《经典福音书的批判研究》里，1847 年。参看刊载于《神学年鉴》中的关于约翰福音的各种论文，和《基督教和头三世纪的基督教会》，第 2 版，1860 年，第 146 页以下。

仅仅采取了消极的立场。我们已经看到，后者对《约翰福音》有反 142
感，不仅有其历史的原因，也有教义上[①]的原因；这部书的整个思辨倾向和神秘主义方法对他的严肃心情是陌生而不可理解的。相反，正是在这一方面，对于约翰福音的哲学深度和其诺斯替教派实质，鲍威尔感到一种自然的同情，尽管他力图证明不可能把它当作历史资料看待，但他也同样热切地力图把它的理想精神和艺术技巧显示出来。这位否定的批判家，像最热心于进行辩护的信徒可能做的那样，是把第四福音当作他心爱的福音书的。他在这样做的时候，有时犯了他在发挥新约著作以及教父和宗教改革家的著作的教义意义时所一般易犯的同样错误，把福音书作者的思想转化成近代思辨哲学形式，从而对它们加以理想化。他的这一做法不啻太阿倒持，予其对手以可资利用的武器，但这对他关于这部书的非历史性质所作证明的正确性，并无不利。

在我对耶稣传的批判研究中，我是先研究了前三福音然后才研究第四福音的。我试图从前三福音开始并由此类推地来理解它。鲍威尔则是直接从第四福音开始，根据它所固有的特性、它和其他福音书的不同，试图对它加以观察。对于福音书中的非历史成分：我的基本见解是对于神话的见解，我把它们理解为原始的基督教思想，在传说中不知不觉地被赋予了类似历史的外衣。

我不得不把这一可直接应用于前三福音书非历史部分的公式
也引伸到第四福音的几处叙事上来，认为其中有自由的、无拘束的 143

---

① 这个词英译本作 domestic（家庭的或国内的），显然是德文原著（第 136 页）dogmatisch 之误。——译者

和有意识的虚构。这种终于使一个批判家不得不接受的见解，正是另一批判家[①]考虑第四福音的出发点。在后者看来，这部福音书是一本自由描绘的宗教故事，它的基本思想是试图把作为黑暗因素的犹太人的不信和表现于耶稣身上的光明与生命因素加以对比，把这两个因素的斗争，作为逐步前进的历史进程突出地表现出来；这也是他在试图说明这一福音和其他福音在组织、福音内容的选择和修改方面不一致时所根据的基本思想。这个见解使这位批判家在更彻底地理解第四福音方面具有无可否认的有利地位，但在考虑前三福音时却有时对他不利，因为这使他假定在这些从不同资料汇编起来的非常简单的作品中，存在着比较一致的计划和完全确定的目的，但这一点如果不加牵强附会，是不可能证明其存在的。

鲍威尔在对于第四福音的理解上超过其前人的第二点是他更正确地指明了时间和发展的关系，而我们不得不承认，第四福音正是这种时间和发展关系的产物。那个时代是最强烈的动荡时代之一，一方面有诺斯替教派的兴起；另一方面有蒙塔尼派的建立，而教会则努力避免这两个极端。从教义的观点来看，这种动荡也是由于把逻各斯概念应用到耶稣身上引起的，从教会的观点看来，它又是由关于复活节的争论引起的。正如鲍威尔所试图证明的，第四福音和这个时代的这一切特征与争论都有关系：它立足于当时各种对立的势力之中，但它本身并不带有任何时间或地方对立的
144 明确色彩。它的确处在一个中间地位，但这个中间地位并不太显

① 另一批判家在这里是指鲍威尔而言。——译者

著:同时它也没有为了谋求调和而产生的无原则性:但它仍然以更高的一致性把对立的特征联结起来,只要记住这一点,我们就会看出这部福音在其一出现之后就迅速、普遍地受到各方面支持的原因。

最后,鲍威尔指出,由于这部福音书作者深信自己对于基督教和基督的真正精神比受到犹太主义影响的前三福音书作者们理解得更好,他就可以心怀坦荡地根据其时代精神来改变福音历史,把相当于他自己的进步的基督教观点,假耶稣的口说出来。他还指出,一个感觉到自己已经领悟了基督的内在光荣并将其公布于世的人很可能会这样想:即使不明说自己是耶稣所钟爱的、躺在他怀里的门徒、让别人这样明白的推想也心安理得。所有这一切鲍威尔文章的结论,充分证明了它是一种深入透彻的批判主义,应该在每一个懂得怎样跟踪前进的人的心里,留下深刻而真正富有诗意的印象来。

寇斯特林(Köstlin)在他的《论最古基督教会的假名文献》[①]里,给鲍威尔的第四福音的研究作了宝贵的补充。他已经在其《论约翰的教义》一文里,从许多方面给这项工作的基础作好了准备,
寇斯特林宣称,第四福音作者给自己规定的任务,是从前进了的时 145
代精神中使福音历史恢复其本来面目,这个任务的制订是因他深信唯有这样,才能发现这个历史的原来基础。摆在编者面前的有丰富的资料,一部分是关于耶稣的口头传说,一部分是带有犹太和保罗倾向的成文福音,它们彼此之间在许多方面都有所不同,而且

① 《神学年鉴》,1851 年,第 149 页以下。

都还没有被确认为经典；在另一方面则是编者自己，他对基督教的唯一真实性和神圣性有极其深刻的信念，但他本人也是在起源于亚历山大学派和诺斯替教派的思想中培育起来的，他尤其意识到，关于基督教的全部最高尚的观点必须以逻各斯概念为拱石。他看到在他周围彼此直接对立着的一切，老的和新的，犹太主义的基督教和外邦的基督教，文字和精神；他也看出了那些较老的福音书是前者的最有力的支柱，因而就想在它们自身的领域里打败它们——写一部新的福音书使过去本身为圣灵和进步作证。要这样做，就必须从早先几本福音书的不同内容里把它们的精华提炼出来，从这些历史故事的躯壳里把它的灵魂抽引出来；把纯属于伦理的东西作为外表弃置一边，把神秘的东西作为秘传而予以推崇，不仅从耶稣身上把一切带有犹太色彩的东西分开，而且要全面地把一切在人看来，低下和有限的东西都分出来，使无限和神圣在一切方面都能通过他而放出光彩，连他的受难与死亡也要显得是自甘情愿。这个福音书作者认为，他自己这样的创举是合理的，因为根据早先的福音书，耶稣曾经应许给予他的门徒以圣灵的支持。照他的理解，凡爱耶稣并遵守他诫命的人(《约翰福音》第 14 章第 22 节以下)不会没有这个圣灵的；圣灵不仅要使相信的人想起耶稣所说的一切话(第 14 章第 26 节)，也要在他们身上使他得到光荣，使
146 耶稣在世时仅被不完全理解的事情得到正确的理解(第 16 章第 13,14,25 节)。由于有了这个圣灵，这个福音书作者感到自己不仅适合，而且能够对耶稣及其教义和事业作正确的表述。既然圣灵教导他神圣的逻各斯在耶稣里成了肉身，那么，前几部福音书的历史记述就不可能是正确的了，耶稣所遭遇的情况一定是另一种

情况，是逻各斯概念在和经过淘汰，修改和补充后的前此存在的福音资料相结合的基础上所产生的情况。当然，在这个理论的基础上矛盾是不可避免的。圣灵给门徒，这就是说，未来的信者，提供更高的知识是在将来而不是在以前。但作者不仅根据这种更高的知识写他的福音书，而且也是根据这种更高的知识使他所表述的基督说话。因此，圣灵所给予信徒的，在未给予他们以前，早就存在于基督里面了，这样，福音书作者的回忆和耶稣的话就没有分别，而两者之间很难，或者竟完全不可能，划分界线。

即使像鲍威尔和其门人[1]关于这种见解的这样有力的解释，
对于那些基于内在的或外在的理由，认为《约翰福音》的真实性和
可信性是必要的人来说，仍然没有说服力。这明显地从他们试图
驳斥这一结论而为自己辩护所表现的缺乏科学重要性上看得出
来。他们力图削弱作为鲍威尔理论基础的一切证据的力量，想通
过他在推理方面所还留下的一些漏洞来逃避那威胁着他们的结
论。单是鲍威尔根据约翰对逾越节问题所采取的立场而反对第四 147
福音起源于约翰的论证就引起了一大堆的文章。鲍威尔在对其题
目的处理上所一贯表现的概括的做法，给那些想规避的人们提供
了很好的借口，他们以为他的结论既然是从概括的综合批判得来，
他一定会断然拒绝聆取根据个别章句或资料所提出的任何反对它
的意见。如果他确认这样的孤立事例不可能有任何重要性，迅速
处理了事，粗暴地将其搁置一边，所有这些批判的小贩们就会大嚷

① 请特别参看施维格勒：《后使徒时代》(1846 年)第二部分；希尔根菲尔特：《根据其教义解释约翰的福音书和书信》(1849 年)；《论福音书》，第 229 页以下。

特嚷说这个总批发商的账目有错误——其实，如果考虑到他所处理的数字的巨大，这种错误是完全不值重视的。

当然，最大的叫嚷是针对鲍威尔的见解，即第四福音作者的欺骗性而发的，由于这一文字骗局产生了基督教的最贵重的宝石[①]之一。一个著名的狂热者[②]叫嚷道："如果《约翰福音》是不真实的、伪造的，那么我们的爱就会变成如火如荼的恨；对我们来说，它就不再是像对亚历山大的克利门那样的精神福音，不再是像路德所认为的唯一，亲切、真实、最主要的福音；而是一个狂人或骗子手所杜撰的最讨厌和最危险的作品。"其实，这些说法是欠考虑的，因为讨厌、荒谬等等是适用于著作本身的一些名词，和作者并没有关系；害怕发现一部著作讨厌的人，就是承认这部著作对他来说已经是讨厌的，不过由于对假想的作者的尊重，没有让这种感觉表现出
148 来罢了。《约翰福音》并不欢迎那些只因它带着这个名称而崇拜它的人，一旦这个名称没有了，他们的赞赏不仅会消逝无踪，而且还会变成憎恶。它宁可得到那些真正知道怎样重视它的人的赞赏，不管这种赞赏是从谁而来。

还有一个问题。怎能想象，像这样一部严肃作品的作者，具有这样崇高的精神，浸透着这样极其深挚的虔敬，会是一个骗子手和诈欺者，从而是一个坏人呢？这个问题曾经以一种修改了的不过仍然和前一问题具有同样旨趣的方式表现出来：怎能想象，像第四福音作者这样一个能够作出其时代最伟大业绩的人，如果他以真

---

① 这里是指《约翰福音》在基督教内所占的重要性而言。——译者

② 施奈德：《论〈约翰福音〉的真实性》第一篇（1854 年）。

面目出现，竟会低下到如此地步，采取这种欺骗手法来把他自己的思想偷运到世上来呢？[①] 在前一个问题里看来像是一种欺骗，像是对使徒的一种不公正，在第二问题里则被看做是作者自身的不必要的弃权。其实，这种假他人之名而发表自己著作的行为，在那个时代的人看来，倒的确是一种弃权，不过并不是不必要的[②]，而是值得称赞的。现在认为已经被证实的是，公元前最后一世纪的新毕达哥拉斯学派，就曾把六十部著作部分地说成是创建人所著，部分地说成该学派的老学者所著，为的是在这块招牌之下，使他们的哲学表述具有老师那样的权威；给毕达哥拉斯作传的新毕达哥拉斯派学者称颂了这些作者，因为他们肯把原属于他们的荣誉归于学派的老师。第二世纪的一个基督徒写了一篇关于保罗[③]和特克拉(Thekla)的传说；他被判了捏造的罪名，但他说他这样做是为了热爱保罗的原故，教会还是使用了他的著作并且根据它制定了一个纪念这些圣徒的节日。这就是关于整个古代，特别是关于近古时期这种做法的意见，因此，就有了这样多，有时还是非常宝贵的著作摆在我们面前，他们都是真正的作者假托名人之名而发表的。除了那些最狂热的正统派人士外，没有人把《但以理书》当作真正是但以理的著作，更没有人把《所罗门智慧书》(The Book of the Wisdom of Solomen)认为是所罗门的著作，但这并没有使我

149

① 尼安德尔：《耶稣基督传》，第 11 页。

② 关于这一点，请参看寇斯特林：《最古教会的假名文献》，载于蔡勒尔的《神学年鉴》，1851 年，第 149 页以下；《图宾根历史学派》，载于冯·西贝尔(V. Sybel)的《历史杂志》，IV，第 121 页以下；希尔根菲尔特：《新约的经典和批判》，第 73 页以下。

③ 根据英译本“正误”改。——译者

们对于那些不用自己的真名发表这样严肃而有重大意义作品的作者减低尊敬。在那个异教衰微、犹太教变质，基督教出现，想象力活跃的时代里，在所有受宗教运动支配的圈子里，人们已经完全丧失了历史的欣赏力。凡有建设性的都被认为是真实的，凡有启发性的都被认为是古老的，凡似乎和使徒相称的都被认为是使徒的，没有人会认为这是得罪使徒或者甚至得罪了基督本身，相反，每个人都认为当他把他所知道的最好的东西假他们之口或笔发表出来的时候，这正是把他们所应得的归给了他们[①]。因此，如果第四福音作者认为自己已经有了基督的真精神，他就不怕让基督按这种精神来说话，如果他认为耶稣在异象中向其显示未来秘密，从而表示他是耶稣的知己和心爱的使徒的人就是这种精神，他就认为让自己和这个使徒在精神上同一化，把自己的福音作为这个使徒的著作来发表，就是很正当的事情。

150 ## 19.对于前三福音书的回顾：《马太福音》

在对第四福音书的理解达到了这样的观点之后，让我们再回头看一下前三福音书[②]。这里不得不使我们注意的一个主要问题是，我们把前三福音书和第四福音书等量齐观是不是正当。大家知道，鲍威尔的见解是，只要我们能证明哪怕是一本福音书不仅

① 所谓的《所罗门智慧的摩拉托利残篇》(*Muratoric Fragment of the Wisdom of Solomen*)据说就是这样一部出于友爱感情尊崇所罗门的著作。(ab amicis Salomonis in houoram ejus scripta)。

② 关于以下问题请参看鲍威尔：《经典福音书的批判研究》；施维格勒：《后使徒时代》；寇斯特林：《共观福音书的起源及其组成》；希尔根菲尔特：《福音书》。

是一部单纯的历史记事，而且也是一部有倾向性的著作，那么，在我们进行批判的时候就应该根据这个观点来考虑所有的福音书。

没有一本福音书是单纯以叙述历史为目的而写的。它们都是为了证明一些事情，讲授一些事情，并通过讲授而进行宣传，而且这种目的对于历史的描述不会没有影响。因而它们都是一些有倾向性的作品——这种见解和对于这些著作的高等批判[1]是同样的古老。还有一个自然的结果，虽然这个目的在所有的福音书中总的说来是一样的。这就是说，都是为了证明耶稣是弥赛亚，[2]但在各部不同的福音书中仍然可能有所不同，因而在每部福音书里，在对弥赛亚概念可能容许的不同理解范围内，它们对于历史的改动是不同的。但当像所谓撒克逊无名氏(Saxon Anonymous)那样，更进一步主张这些福音书里的每一个字，甚至是最不重要的字，都是经过作者有意的挑选，而且都有一种完全特殊的意义的时候，这就只能是对鲍威尔见解的一种讽刺了。甚至鲍威尔本人，是不是 151
有时对于只是由于疏忽、任性或偶然造成的不同，也从福音书作者彼此的直接不同目的来考虑，似乎也还是一个问题。鲍威尔的前辈以前三福音为根据对于第四福音的倾向性有时看得比实际所有者为少。可能鲍威尔陷入了另一个极端。他把前三福音书的目的和用意，看得比实际多了一些。

人们都熟知，在《使徒行传》里对于保罗悔改的事共讲了三次；

---

① 高等批判是运用考古学，文学批评，比较宗教学等的方法和发现对圣经各卷的作者、著作日期、意义等进行研究的一种学问。——译者

② 弥赛亚即救世主之意。——译者

一次是作者讲述的(第 9 章第 1—25 节),其余两次是在不同情况下使徒本人讲述的(第 22 章第 1—21 节;第 26 章第 4—23 节)。在这些叙事中存在着重大的不符之处。根据一种叙述,当光从天上照下来的时候,保罗跌倒在地上,而他的从者仍然站着;根据另一种叙述,他们都跌倒在地上了;在一次的情况中,从者只听到声音却没有看见人;在另一次情况中,他们看见了光却没有听见声音,还有,在第二次叙述中提到了在耶路撒冷圣殿中的魂游象外,在第三次叙述中加上了耶稣显现时的重要讲话。如果我们在三部不同的著作里读到了关于同一件事的这三种叙述,我们敢说,不仅是撒克逊无名氏,就连鲍威尔也会把所看到的这些不一致归之于这些作者的不同立场和目的,现在由于这些不同叙述是出现在同一部著作里,我们只能说这是由于叙事人的疏忽了。每当他重述这个故事的时候,他只是自由地根据自己的想象来讲述,并没有想一想他从前是怎样写的。

可是在反对那些把《马可福音》和《路加福音》(不管是两者或
152 其中之一)列为最古老的福音书的批判家方面,我们却和鲍威尔的意见完全一致,我们和鲍威尔都一直认为,而且现在仍然认为,《马太福音》是最古老的原本,并且比较地来说,是最可靠的。尤其是关于耶稣的言论这方面,尽管对于个别之点还有疑问,任何人都得承认,第一福音所记虽然并不是没有掺杂着较晚的补充和改动,仍然比任何其他福音书具有比较纯正的形式。在一切关于事实方面,总的来说,第一福音书也似乎比其他福音书具有最单纯的形式。固然,在马太福音里有它所特有的记事,这些记事的可信性特别是有疑问的；例如，彼得在海面上行走[①]，从鱼口中取钱[②]，彼拉多夫人的梦[③]，耶稣死时圣徒复活[④]，看守耶稣坟墓的人[⑤]等。但这些极大多数都是后来的福音书作者由于其自身的写书动机可能将其省略去的历史部分，因而不应该根据它们来推定《马太福音》是在较晚的时期写的。《马太福音》和其他福音书作者所共有的记事，一般来说，他都是以最简单的形式叙述的，而且他的叙事方式似乎显出其他两部福音书作者的描述只是对他的叙述的一种润色或修改。如果读者根据这个见解先把耶稣受试探和变像的历史加以比较，然后再将大多数神迹故事加以比较，就会很难拒绝这个主张。

第一福音书比其他福音书带有更多的犹太民族性的烙印，这也是它的首创性的特征之一。当然，随着时间的前进和基督教愈益广泛的传播，这个特征就愈来愈消失了。对第一福音书的作者来说，耶路撒冷是“圣城”，圣殿是“圣地”，而其他福音书的作者则仅仅提出个名字，并没有加上其他称号。其他福音书作者也没有像他那样对于耶稣对摩西律法、犹太习俗和教派的态度作出那样精确的叙述；而且在叙述这些事的时候马可所认为必须加以解释的马太则假定其已为人所熟知。他看到耶稣的行为和遭遇自始至 153
终都是旧约预言的应验，而这种符合一致对他来说，就是基督徒承

① 参看《马太福音》第 14 章第 22—33 节。——译者
② 参看《马太福音》第 17 章第 24—27 节。——译者
③ 参看《马太福音》第 27 章第 19 节。——译者
④ 参看《马太福音》第 27 章第 52 节。——译者
⑤ 参看《马太福音》第 27 章第 62—66 节。——译者

认耶稣为所应许的弥赛亚的正确性的主要证明。在《马太福音》里连耶稣本人似乎也和犹太教有最密切的联系。在任何其他福音书里都没有像《马太福音》那样常称耶稣为大卫的子孙；其他福音书也都没有像《马太福音》那样把耶稣出生于大卫和亚伯拉罕的家系列在其他一切之先；其他福音书也都没有像它那样表示耶稣非常强调他来不是要破坏律法而是要成全律法。

但尽管有这一切标志，表示第一福音书的写作年代较早，它的作者仍然只是个第二手的作者。在他的福音书里所记述的耶稣言论，很可能是从更古老的记录中采用来的，他所描述的事实和情况至少有一部分显然是这样。有好些故事在他的福音书里出现了两次：例如，神异地使众人吃饱①，要求耶稣显个神迹②，指责耶稣靠别西卜赶鬼③等。关于这种情况的唯一令人满意的说明是在作者跟前有几种这类故事的记录，它们对于情节的叙述有部分的不同，因而被作者认为是完全两回事情④。同时，据此可以看出作者似乎是一个很缺乏批判的判断力或分辨力的人。

同时，在第一部福音书里还必须认识到：得自不同来源的部分，其彼此间的关系也绝不是完全同一的复本关系。相反，它们常
154 常是互相矛盾的。耶稣第一次打发十二门徒出去时所给他们的训

---

① 参看《马太福音》第14章第13—21节，第15章第32—38节。——译者

② 参看《马太福音》第12章第38—42节，第16章第1—4节。——译者

③ 参看《马太福音》第9章第34节，第12章第22—29节。别西卜是鬼王的名字，指责耶稣靠别西卜赶鬼就是说他靠鬼王的力量赶鬼，是和鬼同类，并不能证明他是上帝的儿子。——译者

④ 我之所以不能同意希尔根菲尔特的见解，认为必须在《马太福音》里对原始文献和修订作品加以区分，其原因也就在这里。原始文献只能有一次众人吃饱的事，很难想象编者会根据自己的想象再加上一次。

示，禁止他们转向外邦人和撒马利亚人，正如他在山上说教中已经警戒过他们，不要把圣物丢给狗：不要把珍珠丢在猪前一样，他还给他们一个希望，说在他们还没有走遍以色列各城市以前他就会来到（第7章第6节；第10章第5节，第23节以下）。但与此相反，在同一福音书的其他章节里，他不仅恫吓那些不信的犹太人，将要召选外邦人来取代他们的地位（第13章第11节起；第21章第43节）说在福音书传遍世界各国以前他不会回来，（第24章第14节）而且他还极其明白地命令使徒们通过简单的洗礼仪式，毫无差别地把万民吸收到他的教会里来（第28章第19节）。在关于加伯农百夫长（第8章第5—10节）和迦南妇人（第15章第21—28节）的两篇叙事中也有同样的情形，在第一种情况下耶稣毫不犹疑地允许帮助这个外邦人，而在第二种情况下则是经过长时间的拒绝之后才例外地答应了这个外邦妇人的强求——我说，这两个故事显然是彼此矛盾的。有人假定这是由于耶稣的信念有一个发展过程，想借此来对这种矛盾加以调和。① 可能的确有这种情况，但这在《马太福音》里是找不到的；如果真有这种情况的话，百夫长的事件就应该发生在迦南妇人之后，而且耶稣也不可能在预言选召外邦人以后还禁止门徒到他们中间去。很明显，我们从这里可以看出最古基督教的两个不同时代和两个不同的发展阶段来。一种言论和故事是在尚未接纳外邦人进入弥赛亚的新教会时期，并从这一观点来记述的；另一种言论和故事是在一个较晚时期，当保罗的精神和工作已经收效，当向外邦人传道已经被认为是耶稣的本意时所记述的。这里 155

① 特别是凯姆就是这样：《耶稣基督的人性的发展》，第40页以下。

同时我们也可以看出最古的福音书是怎样形成的。内容比较广博的福音书是根据各式各样的简短而不完全的记录编写出来的，但就连这些，也并没有被认为是已经完全了，而是随时用新的插入和增补使它们丰富起来。但这些插入或增补部分并不仅是福音书编者所遗漏的、到那时为止以口头传说或书面记录方式保存下来的耶稣真实言行，而是也包含了随着时间的推移所产生的一些思想，所出现的一些见解，这些思想或见解似乎是基督教原则的不可避免的结果。这样，人们就把耶稣一定说过这一类话或做过这一类事认为是理所当然，首先是在口头宣传时提出，接着就引进福音书里来，于是关于耶稣的新的故事和他的新言论就产生了。施维格勒引人注目地说，[①]“神学精神每前进一步，福音书也就随之而有所改动，陈腐的或讨厌的部分被删掉，有时甚至许多较晚时代的口号也被引用进来，教会不断地从事福音书语言的制造，直到最后在我们的共观福音书得到普遍承认和公教建立起来的时候，福音书的改造工作才达到终局阶段”。

《马太福音》所经过的最后润色是在一个相当晚的时代，这是从所谓的洗礼制度（第28章第19节）上可以看得出来的，这个制度的完全公式就是：“奉父、子、圣灵的名施洗。”但在《使徒行传》里则仅仅是奉耶稣的名施洗，这就说明《马太福音》的完全公式带有较
156 晚时期教会仪式的味道。像这一类的个别改订可能是单纯施于《马太福音》的，因为即使在有了其他两部《共观福音》之后，《马太福音》在教会里仍然是一部使用得最广的书。关于青年财主的故事

① 《后使徒时代》，i，第258页以下。

(第19章第16节起)马可(第10章第17节)①和路加(第 18 章第 18 节以下)所记耶稣答话的措辞是“为什么称我是良善的?除了上帝一位之外,再没有良善的。”必定是原来的措辞;马太福音的措辞是“你为什么以善事问我呢?只有一位是善的”,②后一改动,毫无问题是由于诺斯替教派对这一段经文的滥用和宾辞“善”的否定似乎和对基督的崇高概念有矛盾。

为什么这部多半是在加利利基督教会传说的基础上产生的,后来为了适应教会内部人们的进步观点又经过润色的福音书,竟被直截了当地认为是马太的著作,这的确很容易用假定马太是原始基本记录的编撰人来说明。但马太是这样的编撰人远不能从帕皮亚斯的资料得到证明,尽管没有这一假定就很难说明情况,也并不足以证明这个假定就是正确的。福音书本身并没有在什么地方标明它是马太的著作,的确,在十二使徒的名单中,只有这本书把耶稣从税关上召选的人称为马太(第 9 章第 9 节)而其他两部福音则称之为利未,但他在这里并没有什么突出的表现,反之,倒是彼得在这本书的各处比在其他福音书更显得是使徒的领袖。同时,
由于根据一些教父的记叙,马太被认为是向犹太人传福音的人,此 157

① 德文原著及英译本均作“第 10 章第 17 节”,但在中文圣经里是“第 10 章第 18 节”。——译者

② 这里所指的希腊原文和我们通用的版本不同。这个不同版本的原文是 τι με ἐρωτᾷς περὶ τοῦ ἀγαθοῦ; εἷς ἐστιν ὁ ἀγαθός(你为什么以善事问我呢?只有一个是善的)。——英译者

以上是英译者注,这是因英文圣经是根据另一种希腊文版本,所以英文圣经这里是:“Why callest thou me good,there is none good but one,that is God”(你为什么称我是善的呢?除了上帝以外,没有一个是善的)。中文圣经是根据施特劳斯在这里所引的希腊版本译的,所以中文圣经的译文和他所讲的正相一致。——中译者

外，由于他是前任税关职员，也很可能被认为是特别有资格写书的人，尽管他没有实际参加编写工作，把他的名字和这部福音书联系起来也是可能的。

20.《路加福音》

《路加福音》有些内容和《马太福音》是共同的。另有几乎同样多的部分是它所特有的。尽管在排列、选材和表达方面它们之间有许多不一致之处，但它和另一部福音书一样，也是描述了耶稣从受洗到离开加利利的公开传道工作，以及从进入耶路撒冷起的遭遇。在耶稣婴儿期的历史方面，路加的故事和马太的完全不同，只是在某些基本假定方面和后者一致；在从加利利到耶路撒冷的旅行方面它按它所特有的方式对事情作了引伸叙述，并主要用自己的材料加以润色；在耶稣受难史方面，它也讲了不少别处没有讲过的事，在复活史方面尤其是这样。

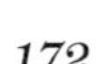

在路加和马太所共同的部分里，甚至在措辞方面都完全相同，如果后者是在先的话，那么，路加在写书时必定有马太福音书在身边，或者有他所用的同一资料来源摆在自己面前。甚至两种情况都有，也是可能的；因为根据路加在其序言中所说的，在摆在他面前的许多福音著作中，很可能其中也有《马太福音》和《马太福音》所根据的一两种原始记录。如果他的山上说教是采自《马太福音》的话，很难说明他为什么把“虚心的人”[①]改成真正“贫穷的人”，把

① “虚心”如果根据英文和希腊原文直译都是“在心灵里贫穷的人”，而在路加福音里则把“在心灵里”几个字删掉，所以译成中文就成了“贫穷的人”。——译者

“饥渴慕义的人”改成真正“饥饿的人”；更难说明的是，如果他不是 158
在他所用的资料中发现的话，他怎么会把《马太福音》所没有的（第23章第34节）“神的智者”那几个意义不明的字加进耶稣指责那些杀害先知的犹太人的话（《路加福音》第11章第49节）里去？还有，在讲到耶稣来到拿撒勒的时候，路加提到耶稣说那里的人指望耶稣把他在迦伯农所行的事（第4章第23节）也在那里行出来。路加把这件事放在耶稣刚开始传道的时候，但这种话在这个时候是没有意义的。如果路加不是在他所用的资料中看到了这句话，他一定不会引用它；但在那个资料里一定也像其他两部共观福音书一样，是把这件事记在较晚的时候，不过这个记录一定和其他两部共观福音书所用的不同，因为在他们那里没有提到耶稣说这句话。

在其他方面路加和马太间的不一致，部分地可用它们各自的文学性质来说明。正如从他的序言中可以看得出来的，路加的希腊文造诣较高，作为一个较晚的作者，他会把他的福音书写得更生动、更多样化、更富于文学之美。单这一点就可使他决定把马太的长篇言论分开，并给每个部分作了说明缘由的引言。马太在叙述耶稣诞生史的时候，提到了约瑟心中的疑云，这种对于马利亚贞操的疑念，即使是暂时的，也很可能令路加感到很不愉快，因而使他宁愿作事实的描述，从一开始就把疑虑解除掉。为了成全先知的预言，他让耶稣降生到伯利恒来，他还可能想炫耀自己的学问，显示自己关于居里扭作户口调查的知识，就像他在《使徒行传》第5章第37节再度做的那样。这一切都是文学的卖弄，想超越他的前
人，使自己的著作和他们的对比起来显得具有特色，而且可能更胜 159
一筹，但严格地说，这在他的福音书的历史描述方面并不是明确

的、占主导地位的基本思想和目标。

人们以为这位所谓的保罗的伴侣，贬低了犹太人，把十二使徒当作犹太人的使徒与外邦人和外邦人的使徒对比，总之，他有一种普世主义[①]的倾向。他们以为从此就能说明，例如，他为什么在叙述耶稣受难的历史上和马太不一致，把彼拉多表现为比他的前任更慈悲、更公正、好把致耶稣于死的罪责完全推到犹太人的身上。但与这正相反，在这件事上，马太一方面按照他自己的特点，描述了彼拉多洗手[②]和他的夫人做梦[③]的事，明显地为这个外邦人开脱了致耶稣于死的责任；另一方面，只有他记述了犹太人叫喊，让流耶稣血的罪归到他们和他们子孙的头上，从而非常严肃地把罪责转移到犹太人身上，以致无论路加在这方面怎样想超过马太，他也总归是失败了。

把贬低十二使徒的倾向归之于路加，在许多地方也是不正确的。正像鲍威尔所主张的那样，并不能证明，根据《路加福音》，耶稣在使睚鲁女儿复活（第 8 章第 54 节）的最后时刻，赶走了他所带的三个门徒；至于当耶稣的母亲和兄弟来看他的时候，耶稣没有像马太所记的用手指着门徒[④]（第 8 章第 21 节）和其他段落比较起来（第 5 章第 9 节；第 10 章第 23 节），也不是重要的事；除非是牵强附会，也不能从路加福音对于撒种者比喻的解释上，找出暗含归

① 德文原著是 universalistisches（第 152 页），英译本作 Catholic 而且 C 用了大写体，很容易令人误以为是指公教即天主教，其实这是不可能的，因为那时根本无所谓公教。——译者

② 见《马太福音》第 27 章第 24 节。——译者

③ 见《马太福音》第 27 章第 19 节。——译者

④ 参看《马太福音》第 12 章第 49 节。——译者

罪于十二使徒[1]的话来(第 8 章第 16 节起)。

耶稣来到拿撒勒的故事,马太和马可一样,是放在他的福音书约居中间地位,和耶稣在加利利传道的中期(第 13 章第 53 节起)。相反,正如上面已经指出的,路加却是放在耶稣一开始传道的时 160
候,紧接在受试探以后。这样做的直接原因是为了给耶稣为什么没有选择拿撒勒住家而是选了迦伯农提供说明;这种选择的动机就是因为他在前一地方遭到了不好的接待。不过,如果我们注意到路加如何在其叙事的开始就非常强调弥赛亚所提供的救恩,而在最后,在犹太人证明自己不配接受之后,却选了一个外邦的百夫长和寡妇作为救恩如何临到外邦人的榜样,我们不禁想到,他之所以改动这个历史,很可能还有另一个目的,那就是把耶稣的狭义的家作为他的广义的家的预表,把拿撒勒人的不信作为一般犹太人的不信的先例,把耶稣从拿撒勒移居迦伯农,作为弥赛亚的救恩移向外邦人的榜样,由于他认为这种榜样的意义很重要,所以他想,把它作为一个信号放在耶稣传道工作的开始是适当的。

这样,我们就有了保罗式的普世主义倾向,这种倾向的存在,还可从《路加福音》和保罗书信之间两个值得注意的联系中推测出来。第一个是大家都熟知的,路加(第 22 章第 19 节起)和马太与马可不同,在叙述设立圣晚餐的语言中,用了和保罗(《哥林多前书》第 11 章第 24 节起)一致的语言,这种语言的一部分是“如此行,为的是纪念我,”这是其他两部福音书所没有的,另一部分是这样一种奇特的表达法,“用我血所立的新约”,而不是其他两福音书

① 根据英译本“正误”改。——译者

161 所用的“我立约的血”；这个一致，正如在上面已经说过的，只有在假定这部福音书作者熟悉保罗书信的基础上才能说明。但还有一个一致令我们推想他和保罗书信的关系不仅是一个熟悉的问题。这个一致是和路加所特有的一段叙事联系着的。在所有的福音书作者[①]中只有他熟悉耶稣在十二使徒以外，还拣选并委派了七十个门徒的事；如果从最早的时期起，这七十个门徒就被正确地认为是表示世上的七十个国家，正如十二个使徒表示以色列的十二支派一样，这决不是件偶然的巧合，而是表示了路加本人把耶稣差派这七十个人看成是后来差人向外邦人传道的预表，他在叙述耶稣差他们出去以前所给他们的训示中，假耶稣之口逐字逐句地说了保罗给哥林多基督徒的同样的忠告，叫他们逗留在外邦城市和人家时，如果外邦人给他们摆上什么，他们就吃什么（《路加福音》第10章第8节；《哥林多前书》第10章第27节）[②]。

和这有关的另一点是，在《马太福音》和《马可福音》里不仅耶稣自己避开撒马利亚，而且还吩咐十二个门徒要避开撒马利亚的城市和外邦人的道路，在《路加福音》里，他不仅自己多次和他们接触，而且还好几次在谈话中郑重地提到他们；马太是把耶稣传道工作的中心放在加利利，但路加却把它分为在加利利和前往耶路撒冷的旅行（在《路加福音》里使这次旅行部分地经过撒马利亚）两个部分，把他所特有的关于耶稣的教训和行事的最重要部分都放到

---

① 此处英译本误作“在所有的使徒中”这显然是错误的，因为路加并不是使徒，这里已根据德文原本第154页改正。——译者

② 哥林多前书：πᾶν τὸ παρατιθέμενον ὑμ ιν ἐσθίετε，凡给你们摆上的，你们就吃。路加：ἐσθίετε τὰ παρατιθέμενα ὑμῖν，你们就吃那些给你们摆上的东西。

这次的旅行里，仿佛在他看来，把耶稣表现为一直快到临终都在加 162
利利工作还不够，他想表现耶稣对于被认为和外邦人处同等地位的撒马利亚人毫无成见，借以消除当时犹太基督徒对外邦人的偏见。我们从《路加福音》看到的这两种努力，在《约翰福音》里达到了完善的地步，耶稣和撒马利亚妇人谈话中所表现的对于撒马利亚人的友谊及其后果，在耶稣多次上耶路撒冷过节的旅行中，以这次到耶路撒冷的内容最为丰富。

从这个观点来看，路加所没有记的一些事情也就显得有意义了。有些作者的确在这方面做得太过火，对于偶然性和文学上的卖弄没有给予足够的考虑；但像当彼得作为第一个承认弥赛亚身份的人受到了耶稣的祝福并被称为教会奠基石的时候，路加却将这一切完全略而不提(第 9 章第 20 节；参看《马太福音》第 16 章第 17 节起)；[1]他这样的做法，和他在叙述伽南妇人的历史的时候，把耶稣宣称他被差遣不过是到以色列家迷失的羊那里去[2]的一段话和在这位保罗的门徒看来认为不适当的(至少从耶稣最后的照顾看来是不适当的)那段把外邦人和狗作严酷比较的话略去的做法都不是偶然的。同样，在《马太福音》的稗子比喻里(第 13 章第 24 节以下)路加可能因用了伊比奥尼派人用以描述使徒保罗的名词(敌人)，以及把比作稗子的人用当时适用于保罗派基督徒身上的“作恶的人”的说法而起反感，这些词他在别处也避免使用(第 13 章第 27节参看《马太福音》第 7 章第 23 节)[3]，因此他就把

① 中文圣经译作“房角石”。——译者

② 参看《马太福音》第 15 章第 24—28 节。——译者

③ 路加所用的词是 ἀδικία(错误，过失)，马太用的是 ἀνομία(不法)。

它们略去了。[1]

但要彻底了解第三福音作者在处理资料时所采取的方法就必
163 须记住路加福音书只是他的著作的一部分，而《使徒行传》则是它的后一部分。经过几次初步探索之后，最近已由蔡勒尔氏[2]的彻底研究确实证明了这部著作的编写目的是为了赞扬耶路撒冷原始教会和作为其领导人的使徒们；这部书已经过润色和充实，其目的是使保罗式的基督教和犹太式的基督教调和起来；一方面使保罗与最初的使徒特别是与彼得，具有同等尊贵的地位；另一方面要不符合实际地表现保罗更像彼得，彼得也更像保罗[3]，正如他们实际上的情况那样，使他们彼此的关系完全没有对立或敌意。据此，作者也很可能在其著作的第一部分里采取了同样的方针，不是否定关于耶稣的最古的犹太教传说，而是试图部分地用保罗的精神将其改变，部分地从保罗的著作里采用若干部分，使不同的意见得到平衡。例如，路加在叙述耶稣婴儿时期故事的时候突出地表现了约翰是一个犹太祭司的儿子，并且强调在孩童耶稣身上成全了洁净的法律和割礼，这些不仅一般地带有犹太教气味，而且肯定比马太的犹太教气味更浓；因为马太记述东方博士朝拜耶稣，无疑地是

① 请参看拙作《肥沃田地的比喻》一文，载希尔根菲尔特的《科学的神学杂志》，1863年，第209页以下。

② 《使徒行传其内容及起源的批判的考察》。按此著作物名称在德文原著第155页和第67页完全相同，均为“Die Apostelgeschichte nach ihrem Inhalte und Ursprung Kritisch，untersucht，”明显是一本书，而英译本却一处译为“Acts of the Apostles，critically examined as regards their matter and origin”（第65页），另一处译为“The acts of the apostles critically examined in reference to its subject and origin”（第163页），仿佛是两本书，显然错误，兹根据原著更正。——译者

③ 根据英译本“正误”改。——译者

象征了外邦人的归顺。但路加叙述耶稣婴儿时期历史，也把耶稣描述为照亮外邦人的光，是他母亲的苦难从而是个受苦的弥赛亚（《路加福音》第2章第32，34节以下），并且还把耶稣诞生日期的习惯称法，希律王的日子（第1章第5节）（参看《马太福音》第3章第1节）和作为世界帝王的亚古士督通谕报名上册的事相提并论，164
描述耶稣诞生后天使宣告和平与善意归于全人类（第2章第14节），借此和带犹太教气味的马利亚与撒迦利亚的颂歌[①]相对比，使根据犹太教精神而写的耶稣家谱居于远景地位，将它延伸到亚当和全人类的父上帝（第3章第23—38节），他想通过这一切使双方都满意，把属于一方的归给他们，另外也把另一方所要求的给予他们。

从这一观点出发，遍阅全部福音，如果我们不去转弯抹角地寻求目的，我们就可以对全部书的组成从头至尾加以说明。这位福音书作者的特殊方法正在于他将对立双方的意见兼收并蓄，所以他才没有像第四福音的作者那样，认为自己有资格去把福音传说投入坩埚加以重铸，而是以通过分析、加减和改造，使之改变面貌为满足，只要我们记住这一点，所有表面的矛盾就会消逝无踪了。例如，让我们试从这一观点来研究一下，他所采用的对山上说教的处理方法（第6章第20节）。上边我们已经提到过，马太福音记述山上说教的形式，单从其文学性质来讲，在路加看来也是太冗长太单调，所以甚至单单基于这一个理由，他也可能将它分开。而这一

① “马利亚和撒迦利亚的颂歌”，请参看《路加福音》第1章第46—55节，第63—79节，这两首诗都带有浓厚的犹太教气味。——译者

说教和摩西律法的反复的、明显的联系，它发表在山上，因而使它类似于第二次从西乃山颁布律法[①]，对路加来说，都可能认为是太过火；所以他就把这些联系撇开不谈，把山上发表改为在平地讲演，把时间也放得稍后，但对于作为其特殊标志的引言和结论，则未加更动，不过看来这个福音书作者在重述引言时似乎更多地采用了他和马太所共有的另一种资料。他的确是把耶稣宣称他来不是要废掉律法而是要成全律法（《马太福音》第 5 章第 17 节）那一
165 段话删掉了，但“天地要废去，律法的一点一划也不能废去”——尽管据说用“耶稣的话”代替“律法”是马西安的篡改——这句话，如果他不是故意将它插进谈到律法的两句话一句说律法已经陈腐，另一句说它还可修改[②]之间，无论如何，他至少是使它脱离了和耶稣山上说教的联系，而将其塞进了一堆乱七八糟的零星言论里。就是在这同一地方，另一句话也有了显著的改动，在《马太福音》（第 11 章第 12 节）里耶稣说，“从施洗约翰的时候到如今，天国是努力进入的，努力的人就得着了”，这句意义暧昧的话有应用到保罗身上的可能，也许正是因为这个原故，路加就将它改变成，“从此上帝国的福音传开了，人人（正如开筵席的比喻里所说的，从路上和篱笆那里来的人，也就是说，外邦人，《路加福音》第 14 章第 23 节）努力要进去”了。同样，在山上说教里提到那些在那一天喊叫“主啊，主啊”，想求助于他们曾经奉耶稣的名，说预言、赶鬼和行神

① 摩西律法是犹太教的基础，据说最初是在西乃山上颁布的，作者在这里的意思是说路加因不愿让“山上说教”带过多的犹太气味，把耶稣的山上说教拆开，改为在平地所讲。——译者

② 参看艾希塔尔：(G. d'Eichthal)《福音书》(*Les Evangiles*)，ii，第 230 页以下。

迹而被耶稣斥为他所不认识的不法的人(《马太福音》第7章第21—23节)[①]的那句话,可能就是那位犹太基督教记录的作者为了反对和律法对立的保罗主义而编造出来的,但如果我们研究一下路加表现耶稣在另一情况下(第13章第24节以下)怎样说了这句话;在那一天犹太人会求助于他们曾经和耶稣同吃同喝,说耶稣在他们的街上教训过人,但耶稣将称他们为(不是“不法的人”,而是)“作恶的人”而斥退他们,当他们看到从东从西从南从北有人来和 166
亚伯拉罕、以撒、雅各[②]一同坐席,而他们自己反被赶到外面的时候,他们就必然哀哭切齿;我们就会看出路加能够多么巧妙地把一个犹太基督徒的反保罗的言论变成一个保罗派的,反犹太的言论了[③]。

运用这种办法,这部福音书的作者对于那些取自比《马太福音》更有决定意义的犹太主义性质的资料也能够应付裕如。他一定有这样的资料在他跟前,这是可以从上面所讲的山上说教的开始论福的部分里看得出来的。但因贫穷人之为贫穷人和饥饿者之为饥饿者而赐福与他们,并把他们表现为未来幸福的继承人,相反,定富足的人为有罪——这本是古老的、艾森尼派犹太基督教徒的教条,他们(像《路加福音》第4章第6节所说那样)使作为这个世界主人的魔鬼和作为未来世界主人的基督形成强烈的对照,认

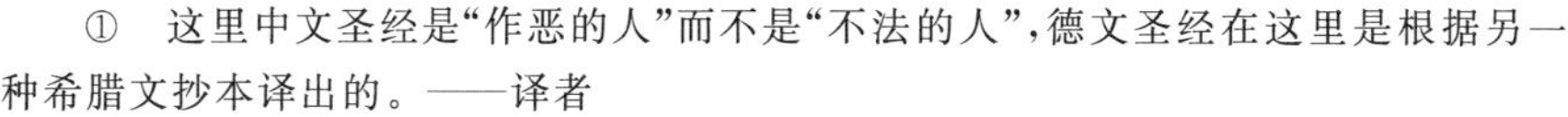

① 这里中文圣经是“作恶的人”而不是“不法的人”,德文圣经在这里是根据另一种希腊文抄本译出的。——译者

② 亚伯拉罕、以撒、雅各都是犹太人的祖宗。——译者

③ 希尔根菲尔特:(《福音书》第194页)正确地强调了这段圣经对理解《路加福音》的关系。

为凡在魔鬼世界的好东西上有份的人就一定在未来世界的好东西上无份；相反，在这个世界上受穷受苦，倒是享受未来世界福祉的最可靠的保证。财主和穷人拉撒路比喻，也正是以这种思想为其基本思想(《路加福音》第 16 章第 19 节起)；但我们在这里同样看到，尽管这个比喻完全是在伊比奥尼派原则上编造出来的，这个福音书的作者却能通过加上第 27 节的话，将它终于变成反对犹太人和反对他们不信耶稣复活的言论。在《路加福音》里，明确地使耶稣和魔鬼处于对立地位，后者在试探耶稣之后，就暂时离开了他(《路加福音》第 4 章第 13 节)，后来进到犹大里面，想对其他门徒加以筛选，耶稣被捉拿，正是魔鬼掌权的时候(第 22 章第 3,31,53 节)，但耶稣看到他像闪电一样从天上坠落下来(第 10 章第 10 节起)，特别从赶鬼的事上证明他有胜过魔鬼的能力，这种强烈的对
167 比，固然也带犹太教气味，但它也可能就是这位福音书作者自己的信念，因为它有利于把耶稣抬高，使他具有超人的品格，令人肃然起敬，这种对耶稣神迹所产生的印象的看法，路加曾屡次地提出来(第 5 章第 8,26 节；第 7 章第 16 节；第 8 章第 25,37 节)；一般说来，他的神迹概念是比较偏重于物质的(第 8 章第 45 节起)，他对神迹故事的描述也比马太更为生动而引人注目。

如果上边的观察是正确的话，那么，路加和马太比起来，就必然是个较晚的福音书作者；但即使撇开以上所讲，这一点也是可以证明的。在马太所记耶稣最后一次重要讲演的引言里(第 24 章第 3 节)门徒向耶稣提出了下列问题："什么时候有这些事，你降临和世界的末了有什么预兆呢？"他们问了两个问题，即耶稣刚刚谈到的耶路撒冷毁灭和基督再来结束世界的现阶段，在他们的心目中，

以为这两个都是即将发生的事情。但在《路加福音》里(第 21 章第 7 节),他们不是这样问法而是同语反复地问:“什么时候有这事呢?这事即耶稣刚刚预言的圣殿毁灭将到的时候有什么预兆呢?”从而,这里把“再来”的问题删掉了——很明显,这是因为作者在这期间已经懂得了圣殿毁灭与基督再来和世界末日并不是像第一福音书作者所想象的那样紧密地联系着的。和这种看法符合一致的还有这两个福音书作者在记述耶稣以下的言论时,从一件事过渡到另一件事的描述方式。《马太福音》里说(第 29 节):“那些日子
的灾难(毁灭)一过去,日头就变黑了,月亮也不放光……那时,人 168
子的兆头要显在天上。”所以在马太看来,这两件事的间隔是很短的。在另一方面,路加在相应的章节里(第 24 节起)不仅删去了“一过去”的“一”字,还使耶稣说出了耶路撒冷将要被外邦人践踏,直到外邦人日期满了的预言;因此,他一定比《马太福音》作者看到圣殿被毁灭后已有较长时期过去,因而他写福音书一定相当的晚,但仍然在海德利安(Hadrian)[①]皇帝在位时的犹太人叛乱以前,不然的话,就应该从他的描述中看出那次叛乱的痕迹来。

既然这部福音书的著作年代是一个已几乎不可能还有什么保罗的侣伴活着编书的时代,为什么把它归之于路加这样人物的问题就产生了。问题的起因在于使徒行传;因为在其后一部著作的某些部分里,叙事者显得是保罗的一个同伴(第 16 章第 10—17 节;第 20 章第 5—15 节;第 21 章第 1—18 节;第 27 章第 1—28 节)。由于这种同伴关系一直继续到罗马,而且在被认为写自罗马

① 公元 76—136,罗马皇帝(117—138)。——译者

狱中的保罗书信里，路加和另一些人一道，表现为保罗的密友（歌
罗西书第 4 章第 14 节；提摩太后书第 4 章第 11 节；腓利门书第 24
节），所以就假定路加就是那个同伴，同时并假定这个同伴也就是
福音书和使徒行传这两部著作的作者。但这两个假定中的第一个
是武断的（且把保罗狱中书信的真实性撇开不谈），因为正如已经
说过的，路加绝不是其中所表现的保罗派的唯一人物，另一个假定
则是根据了这样一个错误的结论，以为在使徒行传的一些地方把
自己和使徒包括在“我们”一词之内的叙事者，一定同时也就是全
169 部著作的作者，但即使单就第二部分，使徒行传来说，这也是没有
必然的联系的，相反，如果这些地方的说话人同时就是全部著作的
作者，他几乎不可能不在每一情况中告诉我们他从何处来并往何
处去。“我们”这个词的时而出现和时而消失的非常现象，只能从
假定这一较晚的编撰人把保罗一个同伴的札记部分地编入了故事
里面来予以说明，这个同伴的姓名我们不知道，但这位编者的手法
不很高明却是显然的。至于这部书的编撰地点，《使徒行传》的结
尾语表明是在罗马写的，为了教会的统一而调和犹太基督徒和保
罗主义的对立的趋向，以及对保罗在小亚西亚宣教活动的详细描
述和确定的小亚西亚的希腊主义精神[①]，似乎也都指向这个世界
都市；无论如何，它们所指的总是巴勒斯坦以外的一个地方，和摆
脱了犹太基督教狭隘心理的一群人。

① 此句英译本错漏，兹根据德文原本补正。请对照英译本第 169 页，德文原著第 161 页。——译者

21.《马可福音》

《新约》批判的最难问题之一是《马可福音》的适当地位问题；由此而产生的后果是，晚近以来，几乎没有一个地位不曾给予过它，而且还不仅一次[1]地这样做了。我们以为我们在这里无需考虑那种认为这部福音书是原始福音书的理论，因为这个理论的拥 170
护者已经承认在我们现有的《马可福音》里这个原始福音书的本来形式已不复存在，它已经经过了多方面篡改，删节，自我扬弃，因而我们只能把"鲜花的芳香"留待天才的鉴别者，别称十九世纪的巴尔特[2](C. F. Bahrdt)的可尊敬的鲍威尔(F. Chr. Baur)[3]、和头脑混乱的机敏的逻辑学家芮马鲁斯[4]去赏识了。施维格勒[5]倒是相当中肯，他说，《马可福音》的原文和马太的比较起来，平淡而空洞，没有丝毫特色，寇斯特林说[6]，第二福音书属于福音历史的晚期著作，特别是它和第一福音书的关系，就像在一切文学著述中，那些原来构思平淡无奇，但正因这个原故倒急于想在个别情节方面标

---

① 关于这部福音书请参看希尔根菲尔特:《马可福音书》(1850)；鲍威尔:《马可福音书》(1850)；希尔根菲尔特:《马可福音书的新研究》,《神学年鉴》,1852,108页以下,259页以下；鲍威尔:《马可福音书的最近研究评述》,《神学年鉴》,1853,54页以下。

② 巴尔特(1741—1792),18世纪德国极端怀疑主义神学家,这里作者的意思是说鲍威尔也是怀疑主义者,他不啻是十八世纪巴尔特复生。——译者

③ 英译本误作 T. Chr. Baur,根据德文原注改正。——译者

④ 德文原著第162页为 Reimarus,和英译本第12页的 Reimarus(芮马鲁斯)完全相同,但英译者在这里竟译作 Reimar,一个人变成了两个人。——译者

⑤ 《创造性原始福音书作者的假设》,载于蔡勒尔的《神学年鉴》,1843年,第217页。

⑥ 《共观福音书的起源及其组成》,第328页。

新立异,粉饰词藻的作品和那些比较早期的古典作品的关系一样。[这句话说得也相当中肯]。

连施莱马赫[①]也提到了这个福音书作者,在叙事方面,常为追求生动活泼而作牵强附会的绘影绘声的描述。他说,与这联系着的是有些地方还有一种极不自然的夸张,毫无理由地引进一些思想感情,把人们安排到一起,几乎令人有不知其从何而来之感;一种把事情弄得神秘起来的企图,施莱马赫在这里除了提到把病人带到一边外[②],还提到了对于他们的一些处理手法和耶稣在行神
171 迹治疗时应用了物质资料,这很容易被错误地理解为对自然主义解释法有利。这种以不充分手段作生动描绘的尝试,这种以浮夸和人为美为目的的努力,施莱马赫认为是《马可福音》比其他两部共观福音书经过了更多润饰的证明,不仅如此,他还认为就这方面讲,它在形式上接近了伪经的性质。

每个不怀成见的读者都会不得不承认这些话,可能自己还有一些要加上。较晚作者的特点,常会表现于他对前人所简单叙述的事情总想加上一个动因;马可在这样做的时候常常是弄错了,例如,他在说明无花果树不结实的原因时(第 11 章第 13 节),或者在说明彼得在耶稣变像时所说的不智慧的话时,(第 9 章第 6 节)[就都有这种情形]。马可有时为了使描绘更为生动,例如在叙述无花果树枯萎[③]、毕士大池旁瞎子得医治(第 8 章第 24 节起)的时候,总是把它们表现为一种渐进的事情,这也是较晚时代自炫博学的

① 《新约引论》,第 313 页。

② 请参看《马可福音》第 7 章第 33 节。——译者

③ 参看《马可福音》第 11 章第 12—21 节。——译者

一种表现，其实，作为证明上帝有能力只说一句话就使事情成就的神迹，应该被理解为是一种忽然的事情，较早的神迹故事总是这样表现的。马可想把较早福音书作者的许多大胆的表现加以限制和缩减，这是多么贫乏可怜。在《马太福音》里，耶稣不许他的门徒在他们传道的路上带口袋、拐杖和鞋①。马可却认为拐杖是不可少的，他虽没有提到鞋，但至少却准许带拖鞋②(第 6 章第 8 节起)。马太记叙门徒在渡海时有一次忘记带饼。马可认为这样大的疏忽未免形容过甚，他说他们在船上至少有一个饼，不过别的没有了(第 8 章第 14 节)，反之，他认为鸡叫一次和彼得三次不认耶稣相形之下，未免太少，他又编造一次(第 14 章第 72 节)。

在这一切事上，总的说来，马可暴露了自己是一个较晚时期的 172
作者，证明马太在马可之前比较证明路加是一个早期著作更为容易：例如，马太未加引言就直接叙述了法利赛人因耶稣门徒不洗手吃饭而不高兴(第 15 章第 1 节起)，相反，马可(第 7 章第 1 节)却认为有必要在这方面对犹太人的风俗习惯先作长篇的介绍。任何人都会说后一方法，尤其是如果考虑到他的枯燥的、第二手的做法，指向一个较晚的时期。如果我们避免下断语的话，也可说它只是说明写作福音书的地点是一个远离巴勒斯坦的地方，我们可以用像《马可福音》第 9 章第 1 节这一类地方和《马太福音》第 16 章第 28 节进行比较。马可为什么在这里(路加差不多也是同样，第 9 章第 27 节)不像马太所做的那样，让耶稣说，“有人在没尝死味

① 请参看《马太福音》第 10 章第 10 节。——译者

② “鞋”和“拖鞋”在中文《圣经》里都译作“鞋”但在希腊文、德文和英文里都是有分别的。——译者

以前，必看见人子降临在他的国里”，而只是说，“必要看见神的国大有能力临到”呢？显然是因为，耶稣同时代的人都已经死去了，虽然由于基督教会的传播和建立耶稣的国已经临到，但耶稣本人却还没有来。为什么只有马可一个人，使耶稣在其劝勉门徒儆醒的一段话里，用“我对你们所说的话，也是对众人说，要儆醒”（第13章第37节）做结束语呢？显然是因为，如果把这些话只限于门徒已经没有意义，因为他们已没有一个人还活着等耶稣再来，为了保全这些劝勉的效用，所以就把它引伸应用到当时活着的和以后的一切基督徒身上了。

最后，当我们在《马太福音》里，读到耶稣最后的重要言论（第24章第20节）“你们应当祈求，叫你们逃走的时候，不遇见冬天，或是安息日”而发现在《马可福音》里（第13章第18节）却把最后
173 几个字删去的时候，我们很明显地看到，在第一福音书和第二福音书的著作期间，安息日在基督教会里，已经失掉了它的重要性。

关于《马可福音》和《路加福音》的关系，几乎凡路加所特有的不同于马太的那些部分，在《马可福音》里都没有，对于这种情况的最好说明是假定在马可跟前只有《马太福音》，他对路加首先给马太所加的那些丰富的补充毫无所知。因为如果马可也有《路加福音》在他跟前，我们想不到他会有什么理由不加以采用。可是，一方面路加所独有而马太所没有的一些资料，《马可福音》里却是有了；另一方面，马可也把摆在他面前的《马太福音》里所有的许多资料都删除了；假使他这样做是有理由的话，那我们可以推想，他对《路加福音》里更多的资料未加动用，也会是有理由的。

如果我们寻找更确定的证明，有决定意义的问题是，是不是能找出一些只有在假定马可利用了路加的基础上才能说明他们之间关系的章句，如果作相反的假定就不能加以说明。我们看一下马可叙述耶稣受试探的情况吧（第 1 章第 13 节）。大多数人一定会承认，其本身如此混乱而难以理解的叙述，只能假定作者看了一篇较长的记述，匆匆忙忙地加以节略来说明，但是，有关野兽的那种古怪情节，却是他自己加上去的。这只是提供证明以说明两种叙述彼此间所必须有的关系的一个实例；因为这里从故事的末了天使来服事耶稣的事上证明，马可所利用的，显然就是马太的故事。但在复活的历史上，马可和路加彼此间所处的关系，恰好正和这种关系相类似。马可说（第 16 章第 12 节）：“这事以后，门徒中间有两个人，往乡下去，走路的时候，耶稣变了形，向他们显现”没有人
会认不出这就是在路加（第 24 章第 13 节以下）所记的两个门徒到 174
以马忤斯去的故事，而且几乎也没有人会看不出来，如果不是因为有在《路加福音》里有的那一长篇而重要的故事，像这样简短而无意义的叙述就不会出现。耶稣在结尾处的应许，（第 16 章第 17 节）也有同样的情形，在这里似乎可以假定，有采自使徒行传的一段故事，特别是《使徒行传》第 2 章第 28，3 节起；但由于这些例子是取自真实性尚在讨论中的《马可福音》的一部分，它们作为证明是不够充分的。

但有些例子，从马可的文字看来，它有时透露出单和《路加福音》有关，有时则和马太与路加都有关系。马可的使徒名单（第 3 章第 14 节起）是这样开始的：“他就设立十二个人，要他们常和自己同在，也要差他们去传道，这十二个人有西门，耶稣又给他起名叫彼得，还有西庇太的儿子雅各，和雅各的兄弟约翰。”从相距很远

的动词“设立”和“差遣”来说明这些受支配的直接目的格[1]不如从假定其采用了一个从一开始就把使徒名称放在直接目的格的资料来源那样容易。《路加福音》里的使徒名单就是这样表现的(路加第 6 章第 14 节以下)。在其他例子中马可的用语似乎是由其他两部《共观福音》用语所合并组成。例如《马太福音》(第 3 章第 11 节)表现施洗约翰的话说“那在我以后来的，能力比我更大，我就是给他提鞋也不配”。在《路加福音》里(第 3 章第 16 节)他说，“一位能力比我更大的要来(没有“在我以后”)我就是给他解鞋带也不配”。当我们在马可里读到(第 1 章第 7 节)“有一位在我以后来的，能力比我更大，我就是弯腰给他解鞋带，也是不配的”的时候，我们会看出他的表达形式“能力比我更大”是得自路加，“在我以
175 后”，得自马太，他的“解鞋带”也是采自路加，但他没有用“提鞋”，不过他加上了“弯腰”作为他自己描绘的词藻。同样，在《马太福音》的另一个地方(第 14 章第 1 节起)，希律宣称耶稣是施洗约翰从死里复活，所以这些异能从他里面发出，但没有提到人民的意见。在《路加福音》(第 9 章第 7 节起)里，相反，提到这是人民的意见，而且还有一些别的意见；希律只说他斩了约翰，“这却是什么人，我竟听见他这样的事呢?”，这句话并没有表示确定的意见。但在《马可福音》(第 6 章第 14 节起)里，完全和马太一样先使希律说，这是施洗约翰从死里复活了，所以这些异能从他里面发出来；

[1] 希腊文和许多其他外国语，名词及代名词随着其在句中和其他词的关系常有不同的格的区分，不同的格常用不同的词形表现出来，这在汉语中是没有的，所以我们在这里单从中文看可能不明白作者的意思，但如果从希腊文来看就会很清楚。——译者

接着，又完全和路加一样，把人民对于耶稣的不同意见提了出来，并且又提到了希律想起他斩约翰的事，但并没有像路加那样，附上一个和他的回忆有关的问题，而是断然地像马可一开始已经说过的（也是马太说过的），宣称，这就是从死复活的施洗约翰，因此，《马可福音》里这种叙事的重复，是完全没有意义的。这里，如果在马可跟前没有《马太福音》，他在一开始就不会那样写法，如果在他跟前没有《路加福音》，他就不会那样接着写下去，如果他跟前没有《马太福音》，他也不会那样结束。在表达方面的相类似的符合一致在“天晚”[①]（第 1 章第 32 节）那件事上，在医治患麻风病人[②]的事上（第 1 章第 42 节）和其他许多地方都可以看到。另一方面在引述《路加福音》（第 4 章第 1 节起）耶稣受试探的历史的时候，在四十天的试探和其后的三个个别行动的联系上，把在后面的放到前面，这一切都证明第三福音对于第一和第二福音书的双重倚赖。但由于版本和结构的不确定，这方面还有疑问。

最后，在《马可福音》里我们看到一系列的小的增添，其唯一目
的是想使描绘显得更生动些，就如“弯腰”（第 1 章第 7 节）；“四面 176
观看”（第 3 章第 34 节；第 10 章第 23 节）；“耶稣怒目周围看他们”（第 3 章第 5 节）；“看着他，就爱他”（第 10 章第 21 节）；“叹息”（第 7 章第 34 节）；“动了慈心”（第 1 章第 41 节）；“抱起他来”（第 9 章第 36 节；第 10 章第 16 节）等；这些增添都是其他两部《共观福音》里所没有的。至于如果问，哪一种更可能，是马太和路加，在这些

① 参看《马太福音》第 8 章第 14 节；《路加福音》第 4 章第 40 节。——译者

② 参看《马太福音》第 8 章第 1—4 节；《路加福音》第 5 章第 12—15 节。——译者

有关叙事方面都发现了《马可福音》所有的这些特点，但却没有把它们记下来呢，还是马可看到了他们的记录，为了使自己的描述显得有声有色而加上去的呢，一个不怀成见的人一定会同意后一个假设更有可能性。

既然马可编的福音书，很可能就是取材于其他两部福音书，我们不妨问一下，他这样做的目的是什么呢？显然，第一个目的就是节略，或者说试图以较前二著作更少的篇幅来完成这项工作。此外还有一个目的。格弗洛勒尔[1]所说并非没有理由，马太福音书和路加福音书的不同是极其不方便的，特别是因这两部书都在教会里通用。于是有一个基督徒想出了一个主意，把他所认为在这两书中的重要材料用第三部书综述下来。其次，如果我们考虑到教会里哪一些人欢喜读《马太福音》，哪一些人欢喜读《路加福音》，我们就可以更明确地说，马可的目的就是要出版一部既令犹太基督徒满意又令外邦基督徒满意的福音书。这样，第二福音书的倾向性就可能与第三福音书的倾向性符合一致了。但仔细考虑起来有这样的分别，路加想要用增补和对比完成的，马可则是力图借省略和删减来完成。因而两人之间目的不同又可以这样来说，路加
177 想为容纳保罗思想敞开大门而不得罪犹太基督徒[2]，相反，马可则以一种消极的态度想写一本使双方感情都不受损害的福音书。因此，他避免一切可能使任何一方受侮辱或用作口号的极端；避免一切直到第二世纪中叶还在扰乱教会的争论问题。毫无疑义，正是

① 《神圣传说》，ii，第124页。

② 此处英译本误作“gentiles”（外邦人），根据德文原著第168页更正。——译者

由于这个原故他略去了耶稣降生和婴儿时期的故事。因为例如家谱，尽管老派犹太基督徒对之非常引以自豪，但正如我们从克利门的《说教篇》所看到的，他们中也有一部分人，由于对战争和爱情英雄的大卫的憎恶而对之有反感，同时也是外邦人不感兴趣的。还有耶稣的超自然诞生，外邦基督徒可能认为合适，但一部分犹太基督徒和老诺斯替教派的赛林图斯(Cerinthus)和卡波克雷提斯(Carpocrates)则对之有争论；同样能引起反感的有东方星学家的来朝和婴儿弥赛亚逃往偶像和魔术国家埃及。在另一方面马西安则更前进一步，从他的福音书里把论到施洗约翰和耶稣受洗、受试探的事都删去了，看来我们的福音书作者走的是一条中间路线，因为他把婴儿时期的历史略去，把界线划在耶稣受洗的那段故事的前面，并冠以这样的几个字："神的儿子、耶稣基督的福音的(正式)起头。"(第1章第1节)

我们可把它作为一个平衡单来看待，把相等的总数从两边勾销。凡是略去一个犹太主义特征的地方，也一定略去一个普世主义的特征。例如，马可为了不伤外邦基督徒的感情而牺牲了耶稣所郑重申说的律法永远有效、禁止门徒转向外邦人和撒马利亚人，
允许他们将坐在十二个宝座上审判以色列的十二支派；彼得的祝 178
福和高升；但他为了保全犹太人的体面也同样略去了施洗约翰的严厉的讲话(第1章第7节起)[①]，说上帝能从这些石头中给亚伯拉罕兴起子孙来[②]，在葡萄园园丁的比喻(第12章第9节)里也没

① 英译本误作第1章第74节。——译者

② 参看《马太福音》第3章第9节。——译者

有把它应用到犹太人身上，明确说出上帝的国要从犹太人夺去[①]，而且由于其结尾语，威胁着要把犹太人排除掉，把外邦人召进来(《马太福音》第 8 章第 12 节)的原故，把迦伯农百夫长的全部故事，和路加所记带有保罗派色彩的旅途中的长篇言论，就如浪子的比喻，好撒马利亚人的故事[②]和感恩的撒马利亚人的故事[③]等统统略去了。有一次我们看到他和路加进行了人物的交换，这是在像他们目的这样相同的人中间很自然的事情。路加是一个知道如何通过改变故事的内容或地位而摆脱困难的人，因为耶稣在迦南妇人的故事中曾申言他只是到以色列家中来并且把外邦人和狗作比较，他就宁愿完全不提这件事。马可则力图通过删掉耶稣的话和在讲到狗的那一段话之前插进一些缓和的话、说不管怎样，在拿东西给他们吃之前总应当先让孩子们吃饱，这就是说：无论怎样应该先邀请犹太人来承受弥赛亚的救恩，在没有为这件事尽了一切可能之前就先把饼给狗吃，先让外邦人进入弥赛亚的国是不对的。这位福音书作者可能认为已经充分照顾到犹太人的优先权，从那时起就不应该再把接纳外邦人的事拖延下去。

和这种以节略为目的并把一切可能引起争论的问题都省略掉
179 的趋势联系着的还有这样一种情况：马可或是把像山上说教那样的长篇言论都省略掉，或者将它们大加缩减，例如，给门徒的训示，责备法利赛人的言论，和关于末日的言论，因为这些言论，尤其是山上说教中，都有党派所争论的原则性问题。从这里我们更可以

① 参看《马太福音》第 21 章第 43 节。——译者

② 参看《路加福音》第 10 章第 28—36 节。——译者

③ 参看《路加福音》第 17 章第 11—19 节。——译者

看出一个较晚时代的标志来，因为在较晚的时代里，被主要地当作神迹历史理解的耶稣的历史比他的言论变得更为重要。最初，当人们开始一般地回忆耶稣生活和工作中的某些特殊部分时，是把他所常说的言论看作最重要的事情，甚至我们从上面所提到过的帕皮亚斯用以描述福音书的《主的言论》的这种说法里也可以看出这种情况来。例如在《马太福音》里，言论就是他的历史的最重要部分；就连在《路加福音》里，尽管他不断努力把长篇言论加以划分，想在言论和行动之间建立起一种平衡来，这两者之间的关系，总的说来，仍然没有改变；只是从马可把长篇言论加以缩短，把叙事特别是神迹故事，加以延长，增加新的渲染上，才第一次显示出他认为后者比前者更为重要。在最后的一部福音书即《约翰福音》里，又偏重到言论成分方面。但他这样做的原因是因为他又引进了一个新的关于教条的观点，必须用联系着的关于教条的言论来予以说明。反之，对于马可的目的来说，只要有一些简短的言论和

以神迹施行者姿态出现的耶稣联系着就够了。所以在他像路加同 180
样坚决主张耶稣以这种角色在群众和门徒心中留下印象的同时，他还通过他所爱好的记述耶稣神异言论的方式，诸如那些在阿拉米语原文中具有咒文形式的言论（第 5 章第 41 节，第 7 章第 34 节）[①]，比路加更为突出了神迹故事，马可还记述了在其他福音书里所没有的两个神迹治疗，这两次治疗有一个共同的特点，那就是耶稣把病人从群众中带出来并使用了唾沫（第 7 章第 31 节以下；

---

① 芮南把这看作是独创性的标志似乎是一个很大的误会。在这方面艾希塔尔(Eichthal)的看法更为正确，《福音书》(*Les Evangiles*)，i. 67，注。

第 8 章第 22 节以下)。

如果我们问,马可所特有的这些以及其他一些特点是从哪里来的,这两个故事很可能就是他根据《马太福音》(第 9 章第 32 节;第 12 章第 22 节)[①]的材料而编造出来的,他又按照自己对于神迹的看法而加上了一番润色。在另一些地方他还记载了他所特有的各种人物名称,例如已经常提到的西庇太的两个儿子的名字,税吏利未父亲的名字,耶利哥瞎子和他父亲的名字,古利奈人西门的两个儿子的名字;最后,当耶稣被捕的时候,一个少年人赤着身子逃跑的故事。不能确实肯定他的这些特色是从一种或者更多的文字资料得来,是口头的传说或者仅是出诸他自己的编造和幻想,可能有时是由于一种原因,有时则是由于另一种原因。

但我们也不应完全忽视《马可福音》和《约翰福音》的关系。从事情的性质来说,其他两部《共观福音》和这本福音书是有一些接触点的,部分是在叙事方面,部分是在耶稣的某些言论方面;但在马可与约翰之间有些地方的符合一致却是如此地密切,以致可以确认在他们之间有一种互相倚赖的情况,从护教论的观点来看,可能是马可倚赖了约翰。如果我们把这里所考虑到的经文搜集在一
181 起,一个作者有另一个人的作品在自己跟前肯定是有高度可能性的。至于谁有谁的作品在跟前则是一个除了根据各人对于这两部福音书的来源和自然关系的总看法来决定外,无法加以解决的问题。在马可(第 2 章第 9,12 节)的患瘫痪的病人和约翰(第 5 章第 9 节)毕士大池旁病人的事例上,我们看到在完全不同的情况下,

① 英译本误作第 32 节。——译者

耶稣所说的话却是一字不差:“起来,拿你的褥子走”,而且提到褥子也不是很常有的事情,至于应该把这两种叙事中的哪一个看为更早一些,除非我们假定这一值得注意的言论一定保存在传说中,单从这些话的本身是看不出来的。在使众人吃饱的故事里,只有马可(第 6 章第 37 节)和约翰(第 6 章第 7 节)提到了二十两银子,同样,在伯大尼膏耶稣的事上,也只有他们提到了三十两银子,前一数目是为买足够的食物用,后一数目则可能从卖香膏得来。此外,在后一故事里,这两个福音书作者的符合一致还表现在一个特殊的句型结构上,在一个非常罕见的字上,这个字是如此的稀罕甚至解经家们对于它的意义究竟是“真纯”呢,还是“可饮”呢,都有争论(《马可福音》第 14 章第 3,5 节;《约翰福音》第 12 章第 3,5 节)[①]。这里关于第一个一致有人注意到:马可以为二十两银子够买足够的食物,而在约翰却夸大其辞地说叫各人吃一点也是不够的,从这种夸大上他们发现了约翰福音的记述是较晚的记述。但这种假定却被另一种事实所粉碎,因为在另一个故事里情况恰好相反,马可不满足于约翰对香膏的三十两银子的估价,以为它可以 182
卖得更多的价钱。在耶稣的受难史上也有一些次要的相似,但在复活的故事上马可与约翰在记述耶稣首先单向抹大拉的马利亚显现,而不是像马太所记向抹大拉的马利亚和另一个马利亚显现,却是符合一致的(《马可福音》第 16 章第 9 节;《约翰福音》第 20 章第 11 节起)。如果我们对这件事以对待两个门徒下乡去的同样标准

① 这里的希腊文原文马可是,Ἀλάβαστρον μύρου νάρδου πιστικῆs πολυτελοῦs,约翰是,λίτραν μύρου νάρδου πιοτικῆs πολυτίμου.(πιστικῆs 这个字可能有两种解释,一是“真纯”,一是“可饮”。中文圣经译作“真拿达香膏”是采用了第一种解释。)——译者

来衡量，马可的简短叙述似乎是约翰的详细叙述的一个节略。当然，有这样的不同，有关人所熟知的抹大拉的马利亚的叙述，不管怎样简短，总是相当重要的，而在另一方面，关于两个无名门徒（在马可福音里他们是无名的）遭遇的叙述却只有通过道出其较详细的情节才能显出其重要性来，马可虽然提到了一些情节，但如果不看到更详尽的叙述，单从其本身是不容易理解的。但这两件事都是记在马可福音的末尾，有几个老的抄本上没有，从批判的观点来说是有问题的。

我们的这部福音书怎么会以马可来命名，在《使徒行传》里（第
12 章第 12 节）说他的母亲是彼得的朋友，属于耶路撒冷的最早的
基督教会，后来有相当时期他成了保罗和巴拿巴的侣伴（第 12 章第
25 节；第 15 章第 37 节起），在彼得前书里又是和这位使徒一伙，可
能就住在罗马，在教会的传说里说他是彼得的译员，这一点，根据
上面所说过的一切，是容易加以说明的。保罗在福音书作者中有
他的朋友路加为代表，因而彼得也不能没有一个类似的代表，为这
一目的而选择马可，可能是考虑到这一部福音书的中立性质，以一
183 位曾经先后和保罗与彼得有过密切关系的人作为它的编者似乎特
别合适。但由于派系的调和、两个伟大使徒的名称的和平结合，只
能在把彼得列于保罗之上的基础上达到，所以在经典著作的排列
中，保罗的从者就不得不让位给彼得的从者，因而就把《马可福音》
列于第二位而居于处在第三位的《路加福音》之上。关于《马可福
音》首先出现于两个争论派系达成和解、两个伟大[①]使徒的名字和

① 根据德文原著（第 173 页）添上。——译者

平地结合在一起，从而使公教得以奠定基础的城市中，或者无论如何，出现于罗马西方的推测，从在《马可福音》里比《新约》的任何其他著作有更多的拉丁语式这一点上，也可以得到进一步的证实。

22.四福音书的比较评价

在共福音书的初步研究结束的现在，如果我们问，哪一部书对于有关耶稣、他的人格、计划和命运的历史知识贡献最大，那么，根据上面所已经讲过的一切，优势显然属于《马太福音》方面。我们有一切理由假定，在所有福音书中，以这部福音书最能把基督这个人物在最古教会中生活的情形，以最原始的形式，呈现于我们眼前。

并不是说它是《新约》著作中的最古老的著作。毫无疑问，真正的保罗书信，无论如何是比它更古老的。但保罗几乎没有亲见过耶稣，当我们读到保罗对于自己在神异地蒙召之后，经过整整三年才去会见他唯一能以从之获得关于耶稣生平的更精确知识的较老的使徒(《加拉太书》第 1 章第 17 节)的时候，我们就会看出他对 184
这事是如何满不在乎，较老的使徒的基督，和呈现在保罗心中的基督比较起来，这也就是说，历史上的基督和保罗自己的基督观比较起来，在他看来，是属于次要的。关于耶稣生平的细节，在保罗的书信中(《哥林多前书》第 2 章第 32 节以下；第 15 章第 3 节以下)只提到了人所共知的他被钉十字架和复活的事实，此外，还有设立圣晚餐。连约翰的《启示录》也比《马太福音》更古老，但从《启示录》里我们明白地看出，最古基督教会的眼光如何有一种向前展望的趋势，而这是和回顾基督在世生活的方向正相反的。耶稣在世

的生活是突然由于横死而结束的，他在世时对于那些连他的最有本领的门徒们也不能完全摆脱的民族愿望愈是不能满足，一切人的心情愈是迫不及待地期望着他的再临。这种再临被认为迫在目前的，是他已逝去的人世生活的光荣的复本，它将会把后者所没有的一切东西，丰丰富富地带来。因此，就连在《启示录》里，把耶稣的死和复活作为关于基督教的根本思想而提出的地方也很少，预言的热情的想象完全指向着期待中的未来。在一定程度上，让这些对于未来的期望冷静下来，让那位已经离开他们的暂缓回来，使人们能以有片刻时间从对于耶稣过去高贵品质的迹象的回顾中，求得对于未来的保证，是完全必要的。

著述活动从趋向于书信中的现在和《启示录》中的未来，转向
185 耶稣过去的生活和福音书中关于其生活的描述是件幸运的事情。在耶稣传过道的地带流传着很多他的值得纪念的言论和讲话，尽管它们和原来产生这些言论的情况已经部分地隔绝并失掉了内在联系，有些还按照后来的情况而有了改动，但它们表面上总还带有耶稣精神的真正烙印。至于耶稣生活的事迹却是另一种情况，当撰写福音书的动机发生时，作者所记住的显然只是这些事迹的最一般的轮廓，从对于这位即将从天驾云降临者的想象而对这些轮廓加以充实和润色就是很重要了。因而仿佛从《启示录》的火山口落下来了冷却的熔岩一样，大量的神迹故事就产生了；像耶稣受洗、变像、复活等一系列的光辉事件就产生了，人们以为在这些事件上，他们所期待从天驾临者的未来荣光，就通过他的卑微的尘世生活而透露出来。

这一切都以特别独创的形式出现在《马太福音》里，不过正如从所说过的一切可以看得出来的，这仅是相对而言，甚至在这部福音书里，时间的距离也使一切变得模糊起来，有许多各式各样的中间思想和事件都已经遗失了，耶稣的许多重要言论和重要行动都已经被遗忘了；在另一方面，也可能给耶稣的形象加上了不少东西，可能有许多他所从没有说过的话，从来没有做过的事，从未遇到过的事情都给加上了，同样，福音书中有许多事可能都经过了篡改，色彩也变得模糊了。总而言之，我们从历史上看到，厚厚一层犹太派的偏见阻碍了人们对弥赛亚观念的正确理解，就连耶稣最杰出的门徒也在所难免，而且这种阻碍并没有随着导师的离开而
一同离开。可以想象，正是在这本最老的福音书中这种偏见发生 186
了效力。因而我们必须从马太所描述的耶稣形象中抽去许多犹太色彩，把它们记在我们观察这个形象时所必须通过的中间体的账上。

因此，尽管我们给第一部福音书以一切相对优越的地位，其它福音书在某些特定的细节方面仍可能比它更优越。首先，他们可能提供许多第一福音书所没有的资料，这可能是因为第一福音书取材的传说圈子里就没有这些资料，但它们在另一些圈子里却被保存下来，也可能是编者们有意或无意中把它们遗漏了。路加就给我们提供了这样的补充资料，我们如果仅仅因为《马太福音》里没有就认为他所提供的这些资料没有历史性而加以拒绝那就不对了。其实，从路加所特记的许多言论中倒可以使我们对于耶稣的知识更加丰富起来：甚至在他的《使徒行传》里，路加还把他在福音书里所忘记的耶稣的一句话提了出来，“施比受更为有福”，我们至少可以说这句话和耶稣的精神是完全相称的。不仅如此，单由伪

经福音书所保留下来的也可能有一些真正是耶稣的话，古代教父们所常引用的“你们要做聪明的生意人”①就是一个例子。另一方面，根据以上所说也可以演绎地推测出来，耶稣的许多言论行为在传说中自发地产生出来也不是不可能的事，它们可能是为了服务于某一种思想和目的而有意编造出来的；例如，拣选和差派七十个门徒的事，或者复活的故事在《路加福音》里比在《马可福音》里经
187 过了更多的改动，特别是在《路加福音》末了的升天的故事，似乎是在编写《路加福音》和编写《使徒行传》之间的一个时期中成长起来的。

马太所详细描述而其他福音书作者没有记载的言论或事件的事例中也同样有这两种可能性存在。不过在这种情况下，对第一福音书的历史真实性不利的可能性比较相反的情况为少，因为马可为节略的原故可能把很多的事略去了，而且马可和路加都可能单由于教义的原故把其他一些事也略去了。如果这种教义上的顾虑是针对那些仅由于教义的成见而产生的记载的话，他们所除掉的，尽管是偶然地，就可能是耶稣形象中的一些非历史性的特征。例如，路加和马可从耶稣给十二门徒的训示中把禁止他们转向外邦人和撒马利亚人的那段话略去，他们这样做肯定是对的，因为很可能，第一福音书记载这个禁令仅是出于犹太基督徒的成见。

关于《约翰福音》，近代批判主义的结论是：《约翰福音》给福音

---

① Γινεσθε τραπε ζιται δόκιμοι. 在克利门的《说教篇》里引用过，ii，51；iii，50；XViii，20；亚历山大的克利门，《斯特朗姆》(杂录)，i，28；阿利金，希拉尼姆斯等，也都引用过。可能这句话原属于分银子的比喻，就如在《希伯来福音书》(Hebrew gospel)里所记的，参看希尔根菲尔特：《希伯来人福音书》，载于《科学的神学杂志》，1863 年，第 368 页。

历史带来的那种著名的丰富只是表面的而不是真正的，它所含有的一切真正有历史价值的东西都是从其他福音书取来的，所有超出这个限度的东西都是出于纯粹臆造或者经过了改编。从这个结论很难再减去什么，至于从这部福音书对于基督的观点来说，我们是不是能从其中看出一些对于较老福音书的改正来，那就是另一个问题了。第四福音书精神思想的比较自由的语气，的确是以一种非耶稣所固有的方式表达出来的，但是不是也有这样的情况，例如，一个较晚时代的哲学家对于一篇诗词或一个宗教，由于中间插 188
进了诗人或宗教创立者自己所不知道的一些思想，使他对之有了正确的了解这类事呢？如果我们假定（这一假定不仅有对其有利的历史的类例，同时在这件事本身也有明确的迹象可寻）最初的门徒们对耶稣并没有充分的理解，最初教会的观点是落在他自己的观点之后，我们的较老的福音书作者，特别是马太，也是以最古教会的观点为根据，那么，第四福音书的作者，借助于从亚历山大[①]借来的梯子，上升到一种更为崇高的，更接近于耶稣本人的观点，就是很可能的了；如果我们把《马太福音》所记耶稣关于律法的一点一划也不能废弃的言论和《约翰福音》所记应当以心灵和诚实敬拜上帝的言论作为两个最对立的极端来看待，我们可能很难决定究竟这两种观点的哪一种和历史上的耶稣本人的观点更为接近。

但在我们克服了假定在《约翰福音》和其他福音书间的完全一致的成见之后，还必须警惕，不要把这两方面在精神和观点方面的裂口扩大得太多了：当鲍威尔称《约翰福音》在所有福音书中为最

① 作者在这里暗指第四福音的思想是从亚历山大诺斯替教派得来。——译者

属于精神的福音书但同时也是最非历史性[①]的福音书的时候，他的后一论断并不因我们上面的讨论而受到任何真实的限制。但当他进一步对前者作更精确的规定、说这部福音书把我们带进纯粹精神领域[②]时，在这句话中，就包含很多不正确的成分了。连鲍威尔本人也没有对它作字面的理解，因为他曾指出，在这部福音书里有一系列绝不能算是纯粹精神的特征存在着。但他并没有把这些
189 特征像他对相反的特征所做的那样，连结成为一个完整的思想，因为他的全部论文趋向于指明约翰福音书的精神方面，而在他这样做的时候，却常常有忽视另一方面的意向。但只有当我们把这部卓越的福音书一方面作为最精神的看待，而在另一方面又作为最物质的看待的时候，我们才能对它有完全的理解。它的作者从对于神迹的象征性的理解开始，剥去其所有属于物质的一面，把基督第一次和第二次的来临理解为精神的来临，把复活和审判理解为现今不断完成着的事情；但他中途而止，复陷于物质的神迹之中，从物质方面抬高了它的地位，正如他从精神方面使它更为重要一样；他把耶稣带着伤痕物质地显现和他在保惠师里面精神的再临并列齐举，把未来的外在审判和已有的内在审判并列齐举，他的神秘性质就在于他使两者同时进行——把一个放在并想象为就在另一个里面。正如我们从上面已经看出来的，有些近代人几乎不能想象约翰福音书的这两个方面是联合着的，以致由于他们所假定的不可调和性，他们竟认为把他们从这两部分所看到的精神的观

① 《作为科学的新约引论》，载于《神学年鉴》，1851 年，第 306 页。

② 《前三世纪的基督教》，第 170 页。

点和比较带有物质烙印的观点加以区分，以一种为使徒的，另一种为非使徒的做法是正当的，他们的这种企图，证明他们对《约翰福音》的真正性质还没有理解，然而就在他们跟前就有一个具启发性的类比。属于亚历山大犹太教派的《智慧书》(The Book of Wisdom)对于安排并管理世界的“智慧”的解释应该和上帝的全能的“道”为它们自身的原故而加以比较，以求得对于《约翰福音》的理解，这就给我们指出，一方面一种非常精神的、明显的哲学观点却
带着一种极其离奇的、对于神迹的信仰，例如，降给埃及的灾难[①] 190
竟用出埃及记里所从未有过的极其荒诞的奇迹加以过分的渲染。不应忽视的是在菲罗的著作里也有一种类似的矛盾。柏拉图主义里也有；任何一种通过想象而起作用、把批判的理解置诸背后的现代哲学体系都有；从谢林派哲学史和老黑格尔派哲学史中也能举出完全相类似的例子来。

正是《约翰福音》的这种性质才使它成了我们时代的人所喜好的福音书。教会的真正福音面包，基督历史和教义的营养食品，总是取自前三福音书，至于第四福音书它只是当作调味品来取用。路德偏爱第四福音书，是和他的称义的教义联系着的，《约翰福音》里的耶稣的崇高人格是这种教义所欢迎的，同时路德性格和教育中的神秘成分也是他偏爱《约翰福音》的原因。我们时代的人偏爱第四福音书则是由于另一种原因，这个原因可以这样来描述，人们

① 旧约圣书里讲到上帝的选民犹太人在埃及遭受迫害，上帝想通过摩西把他们领出埃及，但埃及王法老却不让他们走，于是上帝给埃及人降了十大灾难，法老终于让他们走了。这里作者是说这些亚历山大的犹太教派，又用连出埃及记所没有记载过的，极其荒诞的神迹故事，对这些事情加以过分的渲染。——译者

认为前三福音书的性质是淳朴的，第四福音书则是感情的；前三福音书是古典的福音书，第四福音书则是浪漫的福音书。席勒[1](Schiller)关于淳朴诗人的描述，说他像在树林里的狄安娜[2](Diana)女神那样严正而怕羞，他所用以处理他的题材的枯燥的真理常是缺乏感情的，他被他的对象所完全占有，以致他本人却退处于其作品的背后，躲开了寻求他的人：但由于他用真理把他的对象活活地描绘在我们面前，即使在主题非常凄恻的情况下，他的作品所给我们的印象也总是很愉快、纯净和宁静的——这一切话用在我
191 们的前三福音书上都非常合适。席勒接着用下面的话描述了淳朴诗人和多情诗人的区别：前者的力量在于艺术的局限性，后者的力量则在于艺术的无限性。然后他又对最后一句话加以说明说：多情的诗人把他的对象所留给他的印象反映出来，这种反映只是他自己心旷神驰的原因，同时也是他使我们心旷神驰的原因；他把他的主题和一种理想联系起来，他总是被两种对立的概念和两种感情所占有，他的理想是无限的，而现实则是个界线，因此，他所激起的感情总是一个复杂的感情，他所产生的印象总是既鼓舞人而又令人过度紧张的印象。每一个读了这段话的人都会看到他如何突出地描绘了《约翰福音》所给人的印象以及产生这种印象的原因。席勒说，淳朴的诗人本身就是自然，而多情的诗人则是自然的寻求者。我们似乎可以这样说，《共观福音》作者们在表现基督方面所有的冷静、清晰和客观性是因为他们并不需要创造一个基督，而是

---

① 席勒(Johann Christoph Friedrich Von Schiller，1759—1805)，德国剧作家和诗人。——译者

② 古罗马人崇拜的月亮和狩猎的童贞女神。——译者

只需主要地按照基督教会的概念对他加以理解;在另一方面,约翰福音书的动人的奔放、主观的情绪、脉动着的感情是从这样的情况中产生的:作者首先必须把他的理想的基督从天上带到人间,赋予他以历史的形式。并把他介绍到信徒的思想中。

正是由于这个理由,《约翰福音》及其所描绘的基督形象,就比《共观福音》和他们的基督形象更博得现今一代人的同情。后者是在教会的安静的、坚定的信仰的影响下写出来的(即使是第一福音的自由犹太基督教和第三福音的温和的保罗主义的对立,比较地来说,也和理解基督的人格和本质的方式没有多大关系),它自然 192
地和那个安静的、坚定的信仰世纪相适应;前者紧忙地努力使新思想和现有的传统调和起来,把主观上确定的东西表现为客观地可信,它一定和这样的一个时代精神相适应,这个时代的信仰已不再是那么宁静坚定,而是一个不断地挣扎,极力想使自己信得比所真正能信下去的更多一些。从《约翰福音》给现代基督教会所留下的这方面印象来说,也许我们可称它为浪漫主义的福音书,当然,就其本身来说,它决不是一个浪漫主义的产品,现代信徒的不安静的、动荡的感情是由于竭力想在接受不可避免的新的见解的同时还把老的信仰保持住的情况下产生的,《约翰福音》作者的情况恰好相反,他竭力想把旧的传统提高到新思想的水平、竭力使它和新情况相适应;但两方面的不安定、挣扎、眼花缭乱,以及所产生的形象的不稳固却是一样的,所以近代基督徒就感到自己特别为《约翰福音》所吸引了。《约翰福音》的基督总是在描绘自己中不断地超越自己,他是近代信徒的典型,他们为了做信徒,也必须不断地超越自己,必须不断地把《约翰福音》的神迹解释为精神的神迹,但同

时又要将其夸大为外在的神迹，用各种方法加以讲说和宣告，然而它们并不是信仰的真正基础，它们既是神迹又不是神迹；可以相信它们，但没有它们仍然可以相信，正如在矛盾中消磨着自己的心不专一，虚弱无力、萎靡不振，对于宗教问题希望获得明确的理解并作出有决定意义的发言而不可能的现代人一样。

第四福音书的作者是一个卡内基俄[1]（Correggio），是明暗配
193 衬法的大师。他的描绘常是不正确的，但色彩的反映、明暗的配合却产生了最大的效果。《共观福音》的描绘既比较正确也比较有力，但在光线与环境方面则配合得不是那么巧妙；因而在我们这个时代看来就显得是苛刻而冷酷，而对第四福音书来说，则认为它的一个优点可以遮盖其他一切的缺点。

但正如艺术家常用最简单的技法取得最高的效果，我们可以把第四福音书作者所运用的方法看为是这类事物的一个实例。我只想请读者注意到一个这样的手法，尽管我所认为对说明我的立场有用的比较会遭到异议。歌德关于《奥尔格拉斯》[2]（*Owlglass*）曾经这样说过，该书主要的诙谐在于，书中的每一个人都是按比喻意义说话，但“奥尔格拉斯”却对它们作字面的理解。《约翰福音》对话部分的主要效果是以相反的情况为基础，这就是说，耶稣是按比喻的意义说话，但所有其他的人都对他所说的作字面的理解。当一群人当中只有一个人不理解某一件事的时候他就会显得可笑，但如果一群人当中只有一个人理解他就会显得是高出于众人

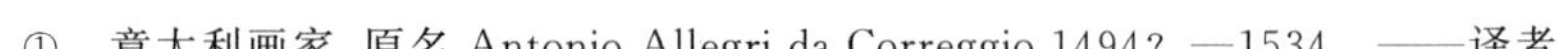

① 意大利画家，原名 Antonio Allegri da Correggio 1494？—1534。——译者

② 书名，亦可译为《枭镜》，原是德国中古时期的一个诙谐家，德文原名为奥伦斯比格尔（Eulenspiegel），他周游各处愚弄人民，被认为是近代恶棍的典型。——译者

之上。[①] 如果在第一个例子里那些理解的人只不过是些普通人，因而这种理解并不具有什么特殊意义，那个唯一不理解的人就会显得只是半个人一样。反过来，如果在那些不理解的人中包括最有学问和最聪明的人在内，那么，那个唯一理解的人就一定会显得像半个神一样。如果在前一种事例中有时有浮夸的情况，不可能 194
想象有不可理解的事，这也不是一个缺点，因为它正可增加所要达到的诙谐的效果；如果在后一事例中有浮夸的情况，则这种浮夸就成了一种缺点，因为它有害于故事历史的可能性，把崇高的事表现为仿佛可笑的事。

丙、对以下研究的准备性考虑

23. 回顾

从这个引论的第一节里我们看出一切对耶稣生平作历史表述的企图由于下列原因之一都失败了：他们或是紧紧根据福音书的记载，假定耶稣有一种人格，他的生活中有一种活动的能力是任何历史上所从来没有过的，或者他们虽然放弃这种假定，但却自始至终仍然以福音书为历史资料的来源，以致不得不对它们作一种极不自然的解释；或者，最后动摇于这两种观点之间，让步妥协，甚至对福音书的彻底历史性的信仰也有了动摇，但又不能完全摆脱，失

① 例如在《约翰福音》中，尼哥底母不懂耶稣所讲的重生的比喻，和迦伯农人对耶稣所讲吃他肉，喝他血的隐喻起很大反感之类。

掉一切坚定的科学根据。在第二节里我们研究了作为耶稣历史资料根源的福音书，首先考虑了它们的外在证据，然后又考虑其内在性质，发现它们的外在证据远不能证明这些著作来自目睹的见证人或来自与福音书本身日期接近的人，或者来自与福音书所记述的事件相接近的人，相反，在那个日期和编写这些著作之间隔着一
195 段时期，许多非历史事件可能被引进来；福音书的内在性质和其彼此间的关系完全是那些在较晚时期相继从不同观点写出的书的性质和关系，它们所叙述的事实并非完全本来面目的事实，而是由于这段较晚时期的思想和斗争及其各种倾向性变了形的事实。由于这些原始资料所告诉我们的耶稣生活和我们在任何其他人生活中所发现的不同，因而使过去一切对耶稣生平作历史表述的尝试都归于失败，我们以后将不再认为自己必须受这些著作的权威约束，假定这些事是真正这样发生的，或者，如果不能这样做的话，无论如何，仍然把它们认作是历史上可信的，对它们加以一种不自然的解释，而是就我们来说，把这些著作中的神迹，当作纯粹的神话看待。在福音书关于耶稣的记述里，神迹是那种不可能按任何历史方法处理的异质成分；我们借助于神话观念就可以使它和我们的对象区分开来，而使对于耶稣生平的历史观成为可能。因此，在我们继续往下讲之前，必须对于这两个观念讲几句话。

24. 神迹观念

神迹[①]通常是指一种不可能用有限的因果作用和联合作用加

① 关于以下叙述请参看我的《教义学》，i § 17，第 224 页以下；(蔡勒尔)，《图宾根

以说明的事件而言，它似乎是最高无限原因或上帝本身的一种直接干预，其目的在于证明上帝在世界上的存在和其意志，特别是把一位神圣的传教士介绍到世界上来、保全他的生命、引导他的行动，更要紧的则是向人证明他是被委派来的。这种神迹作用有时 196
是作为一种一劳永逸地给他作证明的能力，其效验只需要行神迹者向上帝呼吁即可表现出来，有时上帝自己为他的原故突破自然事件的连锁而使产生一种超自然的事态；就如耶稣诞生是为了把他引进世界；婴儿期神迹是为了向世人宣告他的来临并把他保全在世上；施洗的神迹和变像的神迹是为了使他获得光荣；升天的神迹是为了把他带出世界到从那以后他所应居住的地方去。

只要让历史研究按照其固有的规律行事，它就决不会承认这一类的事情；在另一方面，到处我们都看到宗教信仰在作这样的假定，当然，每一事例都是联系着信者本人的宗教立场的，所以从基督徒来说就认为犹太人和基督徒的原始的历史上的神迹是可信的，但印度、埃及、希腊神话上的神迹都是荒诞无稽和可笑的，犹太人承认旧约的神迹，却否认新约的神迹，如此等等。现在基督教要求科学也做同样的事情，并不是要它完全否定神迹，而是要让它在基督教圈子里存在，特别是要承认它在原始基督教圈子里存在过。然而科学是以普遍性为其原则立场的，它不可能答应这样狭隘的要求，它说，我要么就承认神迹在一切宗教历史领域内都是可能的，要么就承认它都不可能；不管向它作这样要求的是犹太人或基

历史学派》，载于冯·西贝尔的《历史杂志》，iv，第101页以下(同上)，《历史的批判主义和一般神迹》，同上，vi，第364页以下。

督徒，它都会拒绝为犹太人、基督徒或任何别人的利益而做科学特别是做历史研究。上面所说的要么，并不表示科学有意对基督教
197 特别严厉，它表示如果允许神迹在一个宗教里存在，就必须允许它在所有的宗教里存在，其原因是，如果不这样做的话，就无异于放弃自己的职守。历史研究的任务不仅是要发现实在发生了什么事情，而且也是发现一件事由另一件事而产生的方式。如果历史承认神迹的存在，就无异于放弃了它的后一最光荣的任务，因为神迹是妨碍事物间的因果关系的。

所以，一个历史研究者作为历史研究者，从他自己的观点来说，是有充分理由拒绝承认福音书历史中的神迹的；但由于他不仅是一个历史研究者，而且还是一个普通的科学家，或者说至少应该假定其如此，他讨论历史的方式就应该以对人类和世上事物的一般观察为依据，而这种见解，虽然未必以严格的哲学形式出现，总还可以称之为这个历史研究者的哲学。决不能说一个历史研究者不应该有哲学；只能这样说，由于哲学体系很多，献身于一种哲学体系的人，一般地总是拒绝其他的体系，所以以哲学理由而否认神迹的人，就失却了使他的方法获得普遍承认的机会。

但幸运的是，关于我们在这里所讨论的结果，所有的哲学理论，只要它们自认是哲学的话，都一致同意。如果所谓的教条主义体系一致认神迹为不可能，则怀疑主义和批判主义体系至少认为它是不可辨认、不可证明的。关于第一类的体系，唯物主义认神迹为绝对的非实体，这是自明的。但泛神主义也没有一个高居世界
198 之上的上帝，因而就没有谁能从高处来干预这个世界的秩序；自然律就是自然的本质，上帝的意志和它是同一个东西，是这个本质的

不断现实化；主张上帝能任意违反自然律，在泛神主义者看来，等于主张上帝能够违反他自己本质的规律而行动。也许我们很容易认为对有神主义(Theism)来说，神迹总是可以想象的也是可以接受的，因为有神主义主张有一位和世界分离的有人格的上帝。其实，这种主义固然有它承认神迹为可能的通俗形式；但当它真正作为哲学而出现的时候，它总是表现自己和神迹是不能调和的。因为有神主义者不可能不看到如果上帝在一个时候行一个神迹，另一个时候又行一个神迹，从而在一个时候施展一种活动，另一个时候又让它停顿下来，那样，上帝就将是一个受时间条件限制的存在者(Being)，而不是一个绝对的存在者了；因此，应该把上帝的作为当作一种永恒的作为来看，对他自己来说，是简单的、始终一致的，只是从世人这方面来看，才表现为个别的、连续的、神圣行动。所以莱布尼兹把神迹看作仿佛一粒种子，是上帝在创造世界的时候种下的，当神迹在上帝所种的因果发展过程中起作用的时候，就是这个种子在生长出来，无需乎上帝另外再加以干预；神学家们认为，根据这个理论，上帝对这个世界的个别的、直接行动就被破坏，他们这样看是正确的。沃尔夫[①]更明确地宣称：上帝对自然进程的每一神迹样的干预，就是对创造工作的一种修正，从而就证明了创造工作是不完全的，这就一定会给上帝的智慧投下阴影，芮马鲁斯[②]在其反对圣经历史和教会教条的战役中，曾以这为他的主要支点，这已是众所周知的了。

① 参看库诺·费希尔：《莱布尼兹及其学派》，第529页。
(沃尔夫，Friedrick August Wolf，1759—1824，德国古典学者。——译者)

② 根据德文原著第188页改正。——译者

199 在怀疑主义和批判主义哲学家中，休谟的神迹论特别具有普遍的说服力，以致可以认为这个问题实质上已经解决了。如果我们根据证据来考察一件事是否真正发生，当然，我们首先要鉴别这个证据的可信性。我们考虑它是不是根据目睹见证人，或者是远处人的陈述，是多数人还是少数人，这些人的陈述是否一致，他们是不是诚实的、爱好真理的人，告诉我们这件事的作者本人是不是一个目睹的见证人等。但即使假定证据满足了我们对其可信性所作的一切要求，仍然还有一个它所证明的事件的性质问题存在。罗马人有一句俗语：这个故事即使是凯陀(Cato)[1]告诉我的我也不会相信，意思是说，有些事情本身就是极不可信，而这种不可信性能使一个在其他方面最可信的见证人的见证失效。假定(休谟可能用过这个例子)摩西五经的第四卷真的是摩西所写，或者是巴兰自己写的，甚至假定我们亲自在场看见他刚从驴上下来，听见他有声有色地告诉我们驴子用人的言语向他说话，而且我们也知道他是个诚实人，这一切都会毫无用处，我们会坦率地告诉他他是在开玩笑，他一定在做梦，即使我们不怀疑他的诚实，并谴责他是在绝对说谎。在我们自己的心里我们应该平衡这两种可能性，考虑一下哪一种可能性更大，是一个看来最可信的见证人会欺骗我们呢，还是和我们过去一切经验相违反的事会发生呢。在这种情况
200 下，尽管事情不平常，但却是在自然的范围以内，例如(这个例子休谟本人曾经用过)有一个凯陀向我们作证说有一个费比乌斯(Fa-

① 凯陀(Marcus Porcius Cato，公元前95—前46)，罗马政治家，斯多葛派哲学家。——译者

bius)[①]曾鲁莽行事，在这种情况下也许这一方面和另一方面可以平衡，而我们就处在一种犹疑莫决的情况。如果我所根据证据要相信的是一件超自然的事，是一个神迹，事情就不一样了。现在情况是这样。有过这样的事，目睹的、诚实的见证人所作的最可信的见证竟是假的。这些事例可能很稀罕，但的确是有过的。不过，除了可信性有问题的以外，还没有什么可能证明其与自然律相违反的事例。这一点是我们福音书的神迹所不具备的，福音书里的神迹没有一个是目睹的见证人的记录，相反，他们都是得自别人的传说，而且从他们的著作的整个倾向性看来，这些作者并没有对他们所得来的传说加以批判的考验的意向。有无数事例证明这些见证人是受欺骗的，因而如果把这些见证和事件的巨大不可能性加以比较，放在天平里衡量一下的话，它们的对比就可能像鸿毛与千钧一样。同时，即或舍此不谈，承认见证人具有最好的品质，一个历史研究者无论如何也绝对不能想象，他所要处理的是一个神迹而不是一个不真实的记述。

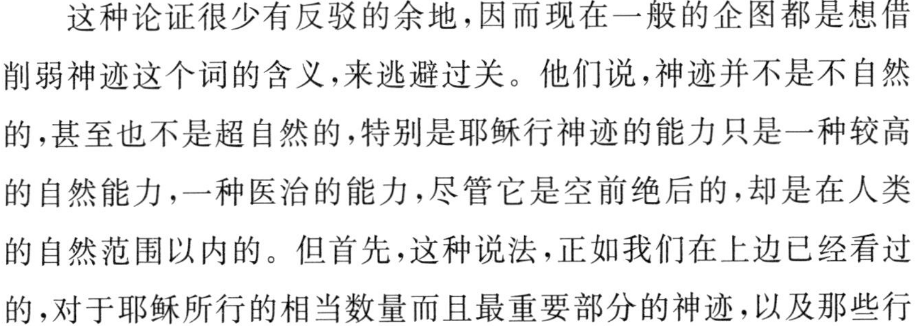

这种论证很少有反驳的余地，因而现在一般的企图都是想借削弱神迹这个词的含义，来逃避过关。他们说，神迹并不是不自然的，甚至也不是超自然的，特别是耶稣行神迹的能力只是一种较高的自然能力，一种医治的能力，尽管它是空前绝后的，却是在人类 201
的自然范围以内的。但首先，这种说法，正如我们在上边已经看过的，对于耶稣所行的相当数量而且最重要部分的神迹，以及那些行

① 费比乌斯（Quintus Fabius Maximus Verrucosus，公元前？—前 203），古罗马将军兼政治家，在第二次迦太基战争中击败汉尼拔（Hannibal），以机智沉着英勇善战著名，是一个绝不会鲁莽行事的军人。——译者

在他身上的神迹，都不能说明；如果有的话，我们倒情愿得到一把能把全部神迹打开的钥匙，而不要这样敷衍了事、只解决一部分问题的办法。其次，这样削弱了的神迹已丧掉一切证明的力量。一种天赋，事实上也就是一般所谓的才能，它和一个人的道德价值只处于一种偶然性关系中，最好的人可能没有它，最坏的人倒可能有它；如果耶稣的较高的医治能力，像一般主张这种见解的人所认为的那样，完全和磁力相类似，那它就是一种完全形而下的东西，不可能从它得出基督教的教义是真理、基督具有超越人格的结论来。即使耶稣有这种能力，他可能只是一个热情人，而就他关于自己尊严的宣告来说，可能还是一个骗子和欺诈者。

25. 神话的观念

在我前一部著作里，我提出了神话的观念作为打开福音书中神迹故事和另外一些反历史观点的一把钥匙，我曾说过，像指引东方博士的星，山上变像和以饼饱众之类的故事，试图把它们想象为自然事件是徒劳无益的；既然不可能想象这类不自然的事真的会发生，我们就应当把所有这类故事当作传奇来看待。如果问，在我
202 们所谈到的福音书著作时代，为什么人们会编造出关于耶稣的这类传奇来，我曾指明，这首先是由于当时流行着一种期待弥赛亚降世的思想。[1] 我曾说，当首先少数人，接着越来越多的人，认为耶稣就是弥赛亚的时候，他们会认为，凡是根据旧约的预言、预表和他们流行的解释，可能期望于弥赛亚的事情，在耶稣身上一定都与

① 《耶稣生平批判的研究》，第 1 版，i，第 72 页以下；第 4 版，第 91 页以下。

之符合一致。虽然全国远近都知道耶稣来自拿撒勒，但作为弥赛亚，作为大卫的后裔，他一定得降生在伯利恒，因为弥迦[①]曾经这样预言过。尽管耶稣曾经严厉地责备过他那些想看神迹的一部分国人，而且这些话可能还在流传着，但摩西，人民的第一位拯救者曾经行过神迹，耶稣既是最后的拯救者，弥赛亚，必然也行过神迹。以赛亚曾预言过，“那时，(即弥赛亚的时候)瞎子的眼必睁开，聋子的耳必开通；那时瘸子必跳跃像鹿，哑巴的舌头必能歌唱，”[②]因而，耶稣作为弥赛亚所必然行过的神迹，就已经详细地被人们知道了。就这样，在最古教会的记载中，神迹就产生了；其实他们不可能不被编造出来，而且那些编造它们的人，很可能并未意识到自己是在编造。

我所作的假设，即基督教徒们从当时业已存在的犹太神学里发现了他们认为在耶稣身上现实化了的弥赛亚概念，不仅在大概的轮廓方面，而且还有了更精确的规定，是和较早的神学一致的，但对于这种假设正如大家所熟知的，并不是没有反对意见的。在
鲍威尔(Bruno Baur)看来，弥赛亚思想大约是在施洗约翰时候才 203
产生的，而不是比那更早，甚至到编写我们的福音书的时候，它的某些特征还没有完成，只是从那个时候起并且是在基督教圈子里才完成的[③]。伏克马尔的意见没有到这种程度，他承认在基督以前很早，犹太人就期待着借助于上帝所差来的他们所称的弥赛亚，这就是说，上帝所膏立[④]或封立的上帝国的国王，他们可以从外邦

① 弥迦和以赛亚都是旧约时代犹太国的先知。——译者

② 参看《以赛亚书》，第35章第5，6节。——译者

③ 《共观福音书福音历史的批判》，i.第181页，第391—416页。

④ 古时犹太人立王是用膏油浇在头上的仪式，所以称之为膏立。——译者

人的轭下解放出来，只是应该从这些前基督教成分中把后来拉比们[①]所增添的区别开来，这些增添部分是为了和基督教对比并且是在基督教以后加上的，在一定程度上具有怪妄的性质[②]。我们看到这里只是一个程度问题。只有像鲍威尔那样的人才能主张在基督教以前没有明确的弥赛亚思想。但我从来没有说过这种思想在其一切特征方面都是清楚明确的。[③] 格弗洛勒尔可能做的太过分，他像耶稣时代所流行的那样，把弥赛亚分成四种类型，随着构成类型的特征是根据古先知，或是根据但以理或是以摩西为预表，或是把弥赛亚理解为神秘意义的第二亚当的不同而彼此互有区别：但在这个理论里至少有这一点是正确的，这就是出自不同来源的特征在弥赛亚概念里都汇合在一起，其必然结果就是一定程度的不确定性，可能对之作不同方式的理解和不同的结合。例如，在弥迦书那一段里（《弥迦书》第 5 章第 1 节）[④]从一种弥赛亚的意义来理解，发现有大卫类型，这就是第一和第三福音书关于耶稣降生
204 历史的根据。另一方面，在这两部福音书里，在“人子”的称呼方面，在关于第二次从天降临方面，也采用了但以理的说法。在《使徒行传》里（第 3 章第 22 节；第 7 章第 37 节）虽然屡次提到了关于有一位像摩西的先知的应许（《摩西书》第 5 卷，第 18 章第 15 节）[⑤]

---

① 拉比是犹太教法律家的名称。——译者

② 《耶稣的宗教》，112 页以下；《伪经引论》，ii. 第 398 页以下。

③ 《救恩世纪》，II. 第 219 页以下。

④ 在德文圣经里这句话是在《弥迦书》第 5 章第 1 节，但在中文《圣经》里却是在第 5 章第 2 节。——译者

⑤ 按德文圣经和中文圣经的书名不同，这里的《摩西书第 5 卷》在中文圣经的名称是《申命记》，所以这里就是《申命记》第 18 章第 15 节。——译者

应验在耶稣身上，从而引进了摩西类型但并未放弃大卫类型或《但以理书》中的弥赛亚。在《马太福音》(第 11 章第 4 节)和《路加福音》(第 7 章第 22 节)，耶稣向施洗约翰差来的人指明他就是那位要来使瞎子看见等的那位。这样，福音书的作者们从耶稣所指的以赛亚书那段话里就看出已经记载着弥赛亚所要行的神迹了。最后，当《路加福音》(第 4 章第 25 节起)把先知以利亚和以利沙向外邦人行善事作为预表并将其和耶稣受本国人弃绝联系起来的时候，在耶稣的历史中我们看到也照抄了这两个最伟大的先知所行的神迹就不感到奇怪了。我所提到的关于弥赛亚行动纲领的引自旧约的拉比著作[①]，尽管它们的年代可能较晚，但还是正确地表现 205

① 两个主要的章篇是，第一，《米德拉施·柯希莱特》(*Medrasch Koheleth*)F. 73.3(论传道书第 1 章第 9 节：已有的事，后必再有等)：拉比贝莱加(Berechia)奉拉比以撒(Isaac)的名说：正如第一位救主(摩西)，后来的救主(弥赛亚)也是那样。圣经里关于第一位救主是怎样说的呢？摩西书第 2 卷，第 4 章第 20 节："摩西就带着妻子和两个儿子，叫他们骑上驴。"后来的救主也是这样，撒迦利亚，第 9 章第 9 节，"谦谦和和地骑着驴。"你知道第一位救主是怎样的呢？他曾使吗哪从天上降下来，正如在摩西书第 2 卷第 16 章第 4 节(此处原书及英译本均将第 16 章第 4 节误作第 14 节。——译者)所说的，"我要将粮从天上降给你们。"同样，后来的救主也要使吗哪从天上降下来，正如在诗篇第 72 篇第 16 节所说的，"在地上五谷必然茂盛。"第一位救主怎样呢？他曾使泉水涌出来。同样，后来的救主也要使泉水涌出来，根据约珥书第 4 章第 18 节，(此处德文原书及英译本将第 3 章第 18 节误作第 4 章第 18 节。——译者)"必有泉源从耶和华的殿中流来滋润什亭谷"。第二，《米德拉施·谭朱玛》(*Medrasch Tanchuma*)(英译本误作 Tarchuma，根据德文原著第 194 页注改。——译者)f. 54. 4：拉比亚甲(Acha)奉那赫曼的儿子拉比 R. 撒母耳的名说：神圣而光荣的上帝在将来(弥赛亚)时代所要做的事，他在现今(前弥赛亚)时代已经假义人的手先做了：上帝要使死人复活，正如他从前借以利亚、以利沙和以西结所做的那样。他要使海变干，像摩西所做的那样。他要睁开瞎子的眼睛，正如他曾借以利沙所做的。上帝在将来要眷顾不生育的人，像他从前眷顾亚伯拉罕和撒拉那样，——参看所哈尔(Sohar)：《出埃及记》，iv. 6，格弗洛勒尔：《救恩世纪》，ii. 第 318 页起。

了关于这方面的犹太思想的特色，甚至伏克马尔也和我一样，在他的《耶稣生平的福音历史》里，提到了发现有模仿大卫、撒母耳，摩西和两个先知的历史情况。但这种以旧约人物的特征，装饰弥赛亚形象的做法，一定不是从基督徒团体开始的，而是在晚期的犹太教徒中就有了，即使在前一种情况下这类福音故事的神话观点也是不可否认的。

很大一部分的新约神话是由于把犹太人对弥赛亚的期望转移到耶稣的历史中而产生，这个假设曾经遭到人们的反对，他们认为根据这种假设，则最早的基督教会本身对于神话的产生将不起作用，而仅是采用了由外在原因而产生的结果。但根据我们所作的假设，原始基督教会的独立自主的活动并受不了多大的限制。因为，首先，并不是所有被认为是神话的福音故事都是这样起源，基督教会及其最古的作者们，尽管他们喜爱得到这些波看作是神话历史的旧约原型(autitype)的支持，但他们也有自己的新思想和新经验。其次，即使在那些从那个起源产生的故事里，基督教的新精神也并非无所表现。因为，在旧约摩西和先知的许多神迹中，为什么被模仿的只是那些表示仁爱和慈惠的神迹而不是那许多报仇泄恨的神迹呢？岂不是因为基督精神和摩西、以利亚的精神有所不同吗？我们所看到，和新约的神迹治疗故事交织在一起的关于信
206 仰、赦罪和真正遵守圣安息的教义，从使死人复活的事上得出来的死仅是一种睡眠的思想，都不外是作为一种更新更好的精神而放进这些故事中的基督教思想，不管其题材是取自旧约，或取自犹太人对于弥赛亚的期望。

根据这种见解，原始基督教神话产生的基础是和我们在其他

宗教发生史中所看到的一样。其实，近代神话学科学[①]的成就正在于它把神话的原始形式理解为不是由某一个人有意识的产物，尽管在起头它是由某一个人陈述的，但它所以得到信仰，其理由正是因为这些个人仅是表达这种普遍信念的喉舌。它并不是某一聪明的个人，为了广大的无知群众的利益，将在他自己心中所产生的思想装在一个封套里，而他本人，也只有在按这种形式讲述的同时，才能意识到他所不能全然这样理解的思想。魏尔克尔（Welcker）说，神话在人心中产生，就像一粒种子从土里生长出来一样：形式和内容是同一的，历史就是一种真理[②]，但是，福音神话越是显得，至少部分地显得，仿佛是新近独立形成的，则对于这类故事的作者怎能不意识到他们是在把一种并没有真正发生而是由他们编造出来的故事当作真正发生了的事情来讲述，也就越难理解。第一次讲述耶稣诞生于伯利恒的人可能是真心诚意地这样讲的，

因为根据弥迦，弥赛亚应当出自伯利恒，耶稣既是弥赛亚，当然一 207
定是生在伯利恒了。相反，第一次说在耶稣死的时候圣殿的幔子裂为两半的人（《马太福音》第 27 章第 51 节），看起来他一定知道自己既没有看见过这件事发生也没有听见过别人讲述，而是自己杜撰出来的。但由于这件事可以使听者对于我们从像《希伯来书》第 10 章第 19 节起那一类比喻性的语言形式容易按字面来理解，即耶稣之死给我们打开了一条通过幔子进到至圣所的道路，他就

① 这里英译本为“The science of theology”，译成中文应是“神学科学”，但德文原著（第 195 页）则为“die Wtissenschaft der Mythologie”（神话学科学），英译本显然错误，兹特改正。——译者

② 《希腊神话学》，i，77。

完全不自觉其为杜撰了。同样，耶稣选召四个门徒做得人的渔夫，可能有时是在把耶稣召他们做的渔夫工作和他们原来收入微小的职业对比起来好处多得多的情况下讲的，很显然，在辗转口传的过程中，网着很多鱼的神迹故事(《路加福音》第5章)就可能产生了。同样，乍看起来，那些旨在证实耶稣复活的故事似乎如果不是真实的历史一定就是有意识的伪造；但任何一个设身处地地考虑问题的人就会感觉其并非如此。在辩论这个问题的时候，一个犹太人可能说："无怪乎坟墓空了，因为你们一定把他的身体偷去了。"一个基督徒反驳说："我们偷去了！你们一定安置着看守的人，我们怎能把它偷去呢?"因为他这样假定所以他就这样相信。在他以后讲说这个故事的另一个基督徒，更加强调了坟墓有人看守，上面还有但以理书上所说的封条，但以理的狮子洞，当然就是耶稣的坟墓的预表，死亡不能为害耶稣，就像狮子不能为害但以理一样。也许
208 一个犹太人说："可能他是向你们显现了，但那是从阴间出来的离开身体的鬼魂。"基督徒回答说："离开身体的鬼魂！他当然有身体(这对基督徒说来是当然的事情)而且还把他钉十字架的钉痕指给我们看了呢!"后来讲这个故事的人认为既然指给他们看了，一定也容许他们摸过，于是这一类故事就这样好心诚意地造出来了，但仍然并不是自认为就是历史。

不过尽管我们这样指明无意识的捏造的可能性远比我们一般的想象大得多，但我们并没有意思说，有意识的虚构在福音书神话的形成方面完全未起作用。特别是第四福音书的故事构造得那么有秩序，讲述得那么详细，如果不是历史，显然只能是有意识的、故意的虚构了。在概述耶稣和撒马利亚妇人在雅各井旁的情景时，

第四福音书的作者一定会像荷马同样地意识到他所描述的他们两人之间的对话是他自己的自由创造，和荷马描述尤利西斯（Ulysses）[①]与卡利普索（Calypso）[②]的会见或阿基里斯（Achilles）[③]和他的神母会见一样。但当荷马这样做的时候，他一定同时也意识到他的描述的真实性，他相信自己是在完全按照他们的真实性情，按照他们说话行事的必然方式，表现他的神和英雄们[④]，相信自己是在给同时代的人们关于这些存在者的一种真实而充分的概念。怎么样呢？难道不可以假定第四福音书的作者也有同样的意识吗？他的耶稣知道自己不是单为这个圈的羊来的[⑤]，不可能也像犹太人那样，和撒马利亚人断绝往来，他既然来到了撒马利亚，他的言谈方式和效果就不可能不是这个样子；使徒们后来所继承的工作，一定是老师所已经创始了的。同样，关于拉撒路从死复活，我们也 209
可提出和批评者相反的意见，即如果除了在《路加福音》的一个比喻里所说的以外，根本没有拉撒路这个人，特别是没有被耶稣使之复活了的拉撒路这个人。第四福音书作者一定会意识到在这整篇叙述中，他是在向基督教徒们讲述一个虚构的故事。撇开这一事实不谈，即我们不知道在写第四福音书之前，传说是不是已经把比

---

① 尤利西斯（Ulysses）即希腊神话中的奥德修斯（Odysseus），是荷马所作史诗《奥德赛》中的主人公。——译者

② 卡利普索（Calypso）是荷马史诗《奥德赛》中的海上仙女，曾将奥德修斯留在她的海岛上达七年之久。——译者

③ 阿基里斯（Achilles），荷马史诗《伊利亚特》（*Iliad*）中的主人公，其脚跟为其身上唯一致命的弱点。——译者

④ “英雄们”，英译本作“天堂”，根据德文原著（第 197 页）改正。——译者

⑤ 英译本有误，根据德文原著（第 197 页）更正。——译者

喻中的拉撒路变成了一个真的拉撒路，就如即使在目前，在有些基督徒的想象中这两个还是联系着一样，至少有两件事是该福音书作者认为确定了的：第一，耶稣就是复活和生命；第二，当他在世的时候，他一定象征性地把这一特点表现出来过，正如他曾把他的光荣表现出来过一样。因为那些只记述耶稣使刚死的人复活的较早的福音书似乎还不足以表示这样的一种象征，这样一种对于那些老早腐坏了的人在将来一定还会复活的保证，所以至少必须有一个已经开始腐坏了的死人从死复活过来；这是他的故事的基本思想，福音书作者在他本人的耶稣概念里一定早就对之深信无疑了。他一定知道这个故事的详细情节，正如撒马利亚妇人故事里的一样，都是他自己想象地增添上去的；然而即使在这种细节的增添中，他仍可能深信自己所讲的是真事；因为他所努力表达的并不是按字面理解的真理，或者说他并不是在讲述真正发生的事情，而是在使一种思想完全充分地表现出来：他是照基督在他自己心里讲话的样式使基督讲话；照基督在他自己想象中生活行动的样式使他生活行动；他像他所借名发表的那个使徒一样，是在写一部启示
210 录，仅是他不像后者把他内心的形象投射在一块未来的云幕上，而是投射在过去的稳定的墙壁上。

可能有人会问，是不是不仅前三福音书中所常见的无意识的传说文学，而是连我们不能忽视其存在的第四福音书中或多或少地有意识的虚构，都应当用神话这个词来描述。人们清楚地知道，直到最近，在希腊神话学（神话这个词就是由希腊语得来）方面，对于这两者并未加以区分，而是把所有非历史性的宗教故事，不管它是怎样产生的，都称之为神话。海涅（Heyne）以前的较早的神话

学者更是这样，因为他们并不知道神话的起源方式有什么不同，而是把所有的神话，连最古老的也不例外，都当作是个人有意识的、故意的虚构，只是在人们意识到这种区别之后，才产生了是否在名称方面也应该有所区别的问题，是否应该把神话（Mythus）这个词专门应用在那些原始的、无意识的虚构上，因它是由于自然的必然性而产生的。有些近代神话学者，特别是魏尔克尔在他的《希腊神话学》里，曾表示赞成这种意见。那些不同意把福音书中这么多的故事看作是有意识的虚构的人当然可以引这样有权威的人来为自己辩护了。但可能魏尔克尔在他自己的专门领域里完全正确，而想要模仿他的神学家们却完全错误。专攻希腊神话学的人是在一个其产品被断然假定为只有思想价值而没有历史价值的领域内工作，因而他可以作更细微的区分并加以不同的名称。相反，研究福
音书批判的神学家们是在一个其所包含的一切都被假定有历史价 211
值的领域内工作。当他违反这一假定，想在其内部另划一道圈子，像希腊神话学一样，使在这圈子内的事物只具有一种思想的效力的时候，由于它们之间所具有的内在联系，我想最恰当的称呼莫过于神话了。和较古老的神学对于这些故事所一贯要求的历史价值比较起来，每一故事产生方式的细微区分就算不得什么了；主要问题并不是一个故事是有意识地或无意识地虚构出来的，而是它究竟是历史还是虚构，如果是虚构的话，从神学的观点看来，更精确的区分只是一个次要的问题。

鲍威尔对于《约翰福音》的批判，在关于迦拿神迹这件事上，在否定了类如对神迹作自然的解释或从福音书本文中将其删去的一

切托辞之后，他提出了一个问题[1]，我每逢读到这个问题的时候它总在我心中留下一个奇怪的印象：“为了使神迹保留其绝对权力，难道我们就不得不采取一种神话的观点吗？”接着他回答说，“到目前为止，这也已经被每一个受过教育的人所拒绝了。”我想当一个虔诚的神学家读到这里的时候，他一定会欢喜得松一口气，以为自己在鲍威尔这个批判者身上已经找到了一个反对福音书的“神话观”的同盟者，因为在那时这种对福音书的神话观被认作好像是在田野间到处翻腾的艾利曼提(Erymanthian)野猪[2]一样，凡是能够荷枪执杖的人都应该起而反对的。但当我们好心的神学家再往下
212 读去：“只有联系到福音书作者的根本思想才能对它有更确定的理解，”他终于发现我所解释为神话的，鲍威尔则称之为福音书作者的纯粹虚构，我仿佛看到我们的读者从残酷的欺骗中觉醒过来，摇摇头，放下书，对于故事是从福音书作者的思想得来，和从旧约的象征得来完全不是一回事的保证，就置若罔闻了。历史的还是非历史的？真的还是假的？这对他来说是主要的问题。有人大胆地说，故事的历史不真，固然使他感到困惑，但另一些人向他保证，故事是编造出来的，也不能给他多少安慰。

鲍威尔对为什么像迦拿的神迹和使拉撒路复活这类故事不应采取神话的看法提出了以下的理由：凡是如此显然地经过沉思默想，其表现的整个轮廓又秩序井然地指向一种确定思想的故事，假定其为神话肯定是不恰当的。根据艾瓦尔德的见解，福音书中最

① 《经典福音书的批判研究》，第121页。

② 艾利曼提野猪见希腊神话，这个野猪出没在亚该亚的艾利曼提山一带，为害人畜，后来被赫尔古利斯(Hercules)生擒。——译者

重要的神迹只是一些沉思默想和精神印象，必须先把它们所反映的思想抽象出来，才能对它们加以说明。正是根据这个原因，鲍威尔说他实际上采取了神话的观点，只不过是不肯承认神话这个名词罢了。[①] 的确，艾瓦尔德不仅对于一定类型的故事，而是对于圣经批判的整个部门，都不赞成用“神话”或“神话的”这类说法；他说这并不是因为怕人的原故（对于哥丁根七君子之一的艾瓦尔德来说可以认为这是当然的事情）[②]，而是因为神话的性质和异端是等同的，这个词本是一个外来语，这就是说，它应用到福音书上不是由艾瓦尔德而是由于别人[③]，鲍威尔并没有把神话思想完全排除 213
于福音历史之外，相反，他承认特别可以把它应用在马太福音的福音传说所根据的基本资料上[④]，但他总是尽可能地避免这个词，并且总是把“神话观”作为和他自己的见解不同而对照地使用。不过当他说，后者和我的意见比较起来[⑤]更具有保守性的时候，他何所根据而说它具有这种性质，就不大容易看出来了。因为鲍威尔用以代替在我的理论中常用的神话观念的“倾向性”观念，或者一种

① 《图宾根学派》，第二版，第 158 页。

② 哥丁根七君子，指 1837 年因反对国王奥古斯特（Ernst August）违背宪法而被革职的七教授，艾瓦尔德是七教授之一。——译者

③ 《圣经科学年鉴》，ii. 66。R. W. 马凯在其巨著《图宾根学派及其先行者》一书，第 345 页中说，艾瓦尔德教授，对艾瓦尔德教授来说，任何不是出于他自己的意见如果有了名，这件事本身就已经构成对它加以申斥和反对的充足理由了等。同一作者在第 343 页补充说：“艾瓦尔德以意义模糊的夸张语气把他自己的长处掩蔽起来”；第 351 页的注释说，他的原则是，“用莫测高深的词句，痛斥敌人所说的话，然后再略加改头换面地采纳他的建议”，我们很满意地看到，我们的哥丁根伟人，已经很正确地闻名于海峡的彼岸了。

④ 《经典福音书的批判研究》，第 603 页。

⑤ 《十九世纪教会历史》，第 399 页，参看《批判的研究》，第 72 页以下。

历史的描述随着倾向性的大小而减少其历史性的规律，也同样是一种非历史要素的标准。[①] 在那些并看不出有什么特殊倾向性，而只具有自由发展的传说的一般性的故事中，神话观仍然有存在的余地，鲍威尔在其对福音历史的研究中，如果没有比我更多地宣称其非历史性的话，这种情况，肯定也并不是他自己的原则的缘故。

在我这部对耶稣生平的新的研究中，我已主要地根据鲍威尔的意见，对于有意识的、故意的虚构的假设，比从前给予更多的地位；但我看不出有对名词加以改动的理由。在另一方面，如果有人
214 问，把个人的有意识的虚构称之为神话是不是恰当，尽管在对这一问题已经进行了一切的讨论之后，我的回答仍然是：只要这些虚构一经获得人们的信仰并进入到民众或宗教流派的传说中，当然就可以称它们为神话，因为它们之所以能够这样，同时也就证明作者不仅表达了他自己的意见，而是联系了大多数人的意识。凡宗教团体认为其神圣起源的组成部分是它的全体成员的感情和概念的绝对表现的每一非历史的故事[②]，都是一种神话[③]；尽管希腊神话学可能对把神话的这种广泛概念和一种较狭隘的概念加以区分感到兴趣，但和所谓的信徒相反，批判的神学所感兴趣的，是把它所认为只有一种思想意义的所有这些福音故事都在神话的共同概念下归纳起来。

① 《批判的研究》，第 76 页。

② 德文原著第 202 页作“Unhistorische Erzählung”，英译本竟译为“historical narrative”，显属错误。——译者

③ 《耶稣传》，第四版，第 96 页；如利安(Julian)，第 64 页。

26.写作计划

除了使神迹消失于神话中这种特殊设想外，福音书的历史批判当然也还会利用一般历史批判所必须用的一切方法和设想，但因为这是所有的历史批判所共有的，在这里就没有必要特别提出来。

在这些方法的应用上，在批判程序的安排上，我在早先对于耶稣传的研究都是采用了分析法，这就是说，我进行工作是从外向内，从表面向核心，试图从表面地层钻到原始的岩石中去。批判从
说明并理解某些福音书故事的不同方式开始，试图撇开那些不可 215
能接受的而达到真实的东西，对所讨论的故事的起源和形成随时加以说明，最后则指明什么是可能形成其历史核心的东西来。在对于这些时代的批判论文中不可能采取别样办法；因为在这以前福音书历史的基础一直是被认为神圣不可侵犯的，批判工作必须逐步展开，仿佛手拿武器为自己打开从海岸通向内地道路的武士那样。这的确是一种麻烦而曲折的方法。但曲折这一事实本身也自有它的好处。不打破神学上的偏见、不揭露教条上的谬解、不纠正注释上的错误，就不可能前进一步。对于那些遵循这一批判路线前进的人来说，它是一个良好的学校，循着这一路线而进行的工作必然总是对新老神学家同样最有启发的工作。然而这一方法也并不是没有明显缺点的。第一，当我采取从外向内的路线，从上层深入到底层的时候，批判的进程总是恰好和事物本身的自然发展相反。批判是从最晚的开始以便达到实际上最早存在的东西。第二，批判是从个别的福音书故事开始，只有在检验了每一故事之后

它才能指出除了增补的神话部分以外还有多少具有历史性的东西留存下来。的确，有些故事是有少量这样的剩余的，但无法把它们总结起来，得出一个结论，显明从严格地历史的观点来看，基督的人格和历史真相究竟如何。

216 为了完成早先的程序，同时根据在这期间科学的进展，在目前采取一个和先前相反的、综合的途径，似乎是有利的。自从耶稣传的作者开始从这一领域的海岸向其首府深入以来，他已经得到了非常强有力的武装部队的支持，可以认定（首府的）夺取和这一领域中心要塞一劳永逸地攻占都已经有了保证。无论如何，我们现在已经确定地知道耶稣不是什么和他没有做过什么：这就是说，并没有什么超人的或超自然的事情；这就使我们益发有可能按照福音书的暗示，发现他的自然的和人性的方面，从而至少可以概略地证明他是什么和他的目的是什么。因此，我们这一次将从耶稣历史的可能假定的核心开始，这是在前一著作里从来没有作为一个统一体表述过的。我们将承认门徒对于耶稣复活的信仰是他的为人的第一个效果；但当我们这样做的时候我们将会发现对于他的这一观念竟达到了这样高的温度，以致它不得不使一个比一个更为神妙的许多非历史的故事像雨后春笋那样生长出来，受灵感的大卫后裔变成了无父而生的上帝的儿子，上帝的儿子变成了肉身临凡的创世之道；神妙的医生，人类的朋友变成了使死人复活、自然和其规律的绝对统治者；人民的贤明教师、洞察人心的先知变成了无所不能的上帝的第二自我；那位在复活后升到上帝那里去的本来就是从上帝那里来的，他从太初就与上帝同在，他的尘世生活仅是他为了人类的利益在他和上帝的永恒的共存中引进来的一个

短暂的插曲。这一次我们的批判将随着事物的进程，这就是说，随 217
着对于耶稣所形成的概念的逐渐发展，和以越来越具理想性的特征丰富了的耶稣生活的历史而逐步开展。它首先将使人注意到最初的非历史性的沉积物，然后指明在每一层沉积物之上怎样又形成了新的一层，每一层怎样只是这个时代和其成长圈子的早先概念的沉积物，直到最后到了《约翰福音》就达到了休止点，比这更进一步和更高的精神化已不可能而且也没有必要了。这一阐明对于检验我们关于福音历史性质的见解不仅具有历史的价值而且也具有教义的价值。当一个作者否定一部被一般承认的历史的历史有效性的时候，不仅可以公正地向他要求说明他的见解的理由，而且也可以要求他说明非历史性故事的产生方式。这一说明我将在我的第二卷书中提出。

当我们这样按照事物的进程进行研究的时候，对于那些和我们见解不同的其他神学家的见解和说明，从其本身来说，就没有操心的必要了。在本书中我们将完全避开前一著作所从出发并被我们认为是主要问题之一的问题。我们这样做特别恰当，因为那些神学上的说明和调和，一般说来不是别的，只是一些想把批判引离正路，使它纠缠在护教诡辩中的企图，一经陷入这些诡辩就无法脱身，无论如何，总是浪费时间。此外，甚至在前著出版的时候就已经有了不少这样的护教的遁辞，现在的数目可就更多了，它就好像在干燥的秋天里对待田鼠一样：你踏闭它的一个洞，它会打开六个
来。当人读到像蔡勒尔的《论使徒行传》那样内容充实的著作时， 218
他以值得佩服的博学和耐心，注意到甚至每一个最庸劣的神学上的遁辞，答辩每一个毫无根据的批评，堵塞住狡猾的敌人的每一逃

路，令人不禁想提出一个科学家是否应该“和这样一群乌合之众相断杀”从而妨碍自己在科学批判的大道上前进的问题来。即使从证据和证明的说服力来看，一部著作为了全面反驳各种反对的见解而经常地打断题目发展的线索，是否害多利少，也是一个值得研究的问题。对于神学家们的叫嚣，说他们的对手使得事情容易处理，因为他们对正统信仰根据的理由置之不理，这就是说，认为他们的纸上堡垒无一击之价值而只将其绕过，在一篇并不是为神学家写的，而是为各种行业的各式各样的受过教育的和有思想的人们写的论文里没有费神予以注意的必要。但即使为开玩笑起见，我也不会自视过高而全然不屑如此。不过就目前来说，除非过程直接引向的地方，即在那可能有所收获，害虫繁殖最盛的地方外，我将仅略作停留，借以向读者证明，对于那些用我们的批判方法可能自然地解决的问题，当今的神学家们却在为之极尽牵强歪曲嬉笑怒骂之能事而煞费苦心。

第　一　卷

耶稣生平的历史轮廓

第一卷　耶稣生平的历史轮廓 221

27. 前言

为了证明承认神迹在基督教领域内是不可避免的，通常总是说基督教起源本身就是最大的神迹。据说，不信宗教的科学家劳精费神，想从基督教直前的时代里指出产生基督教的原因是徒劳的。两种情况之悬殊是如此之大，就如最初发生有机生物或人类的起源一样，不假定有神的创造力直接干预，就不可能说明问题。

毫无疑问，如果我们能够历史地指出使基督教产生成为可能的所有情况，而且能够干得很完满，以致原因和结果都相互符合一致，那么，那种从基督教的发生中看到有神迹存在的观点就会被推翻，因为这么一来就会证明神迹是多余的，一种多余的神迹即使从相信神迹的立场来说，也是不足取的。但尽管我们还缺乏这样指明原因的手段，也并不能从此得出结论，以为我们非承认神迹不可，因为作为产生基督教的原因的情况，虽然已不再为人们所知晓，但这和说这些原因从来就没有存在过究竟还是两回事。另一方面，我们还清楚地看出，虽然这些原因存在过，为什么我们现在却知道得 222
很少。关于巴勒斯坦犹太人的教养情况，我们直接从耶稣时代以前的世纪所得的资料是非常不完善的。我们的知识的主要来源是新

约和约瑟弗(Josephus)的著作。前者是以耶稣和对他的信仰为中心,只把他理解为只能用陈腐观念来解释的一种超自然现象,对于我们所要求的,只是附带地,而且可说是在无意中,给我们一些提示。约瑟弗的两部主要著作,《犹太战争》和《犹太古事记》,是耶路撒冷被毁以后在罗马写的,他详细地论述了这一时期犹太的政治和王朝的情况,关于犹太人的教养情况,我们所有关于犹太三个宗派的极为精确的资料,也是从他而得。但在对我们的目的来说最为重要的关于他的同胞的宗教见解,他们对于弥赛亚的期待这一方面,为了避免引起罗马人的政治猜疑(他们对于这种期待的猜疑是不为无因的),他却偏偏给盖上了一层幕布。另一和这有连带关系的事实是,关于基督教及其创立人,他或则竟只字未提,或则如果那一段有名的言论是真的话,也是很不能令人满意的。[1]亚历山大犹太人菲罗[2]的著作比这还早一些,可能部分地和耶稣时代重叠
223 着,对于那时埃及犹太人的教养情况,很有启发意义。但如果据以推测他的祖国情况就不见得可靠了。相反,塔尔默德[3]按其基本

① 《犹太古事记》,xviii,3.3。但这一段话肯定在各方面都是经过篡改的,即使不是这样,归根结蒂,也只是一种无意义的资料,因为不能设想,作者怎么会中止他的记述把这一段引进来,因为 xviii,3.4 和 xviii,3.2 是密切地联系着的。我把这整个一段(也见于尤西比乌斯(Eusebius)的《教会历史》,i 11,7 以下的言论),看做是基督徒的篡改,为支持我的这种见解起见,不妨请读者注意同书 xviii,5.2,第 166 页论施洗者那一段所给人的很不同的印象。

② 菲罗(Philo)是纪元前 25 年生在亚历山大的犹太哲学家。出生于富有的贵族家庭,他的哥哥是亚历山大犹太居留民会长。菲罗精通《旧约·圣经》和希腊哲学。他的著作分两个部分,一部分是关于宇宙发生学,一部分是关于律法。——译者

③ 塔尔默德(Talmud),犹太教法典,共分两部分,一部分叫米施那(Mishnah),即正文,另一部分为格马拉(Gemara),即注释。——译者

组成部分来说，固然起源于巴勒斯坦，而且毫无疑问其中含有直到基督以前那一时代的记述；但其结论写作的日期很晚，不可据以为凭。至于从前常被认为是有关基督以前两个世纪的资料来源的那些启示性的著作，以斯拉书第四卷和以诺书，最近已发生了问题，认为他们多半是基督诞生以后第一，二世纪的著作。最后，关于希腊和罗马作家，他们对于在巴勒斯坦所发生的事情既不关心，而且知道的也很少，因而他们对于那些给基督教准备道路的情况并没有给我们提供什么资料；关于基督教本身，在它越过巴勒斯坦边界很久以后，即在其主要特色已定型以前，他们是没有确切知识的。

然而，根据我们在一方面关于基督出现以前那个时期犹太民族的特殊情况所仅有的知识，以及在另一方面我们对于那个时期一般民族的文化情况比较广泛的资料来看，我们已有足够的论据，使我们几乎可以毫不含糊地认识到，基督教的兴起，正像历史上任何时期的艺术、科学、宗教生活或政治生活一样，主要乃在于人的因素，在于那注定了的有才能的个人的出现；当足够的燃料已经齐备的时候，他们把星星之火投入其中，就使它发展成燎原之势。

我想以为基督教有怎样了不起的超自然的起源，未必比试图根据历史的研究来证明它是那一时期以前人类大家庭的各个支派
的崇高精神努力的成熟产物，对它来说，更有尊荣。关于这方面， 224
我们已经说过，为了理解基督教起源，我们不应单看到犹太教一方面：毫无疑问，基督教是在犹太教的土壤里成长起来的，但这乃是在这块土壤已经被外来成分所渗透和饱和之后。我们不妨这样说，如果在基督教的起源和最初形成期中，不是已经有西方和东方，有希腊罗马精神和犹太精神共同参与其中，它就决不会成为西

方和东方的共同宗教，特别是在后来成了西方特有的宗教。犹太主义必须在历史的研钵里经过痛苦的研磨，以色列民族必须一再地分散到世界各其他民族中去，通过各种敞开的渠道，使外国文化进入其祖国里来，它才能获得能力，产生像基督教这样的产物，尤其是必须先有西方和东方在伟大的马其顿王所造成的局势下的结合，这种结合的新婚床铺在亚历山大巩固地陈设起来，基督教这个现象才有受孕的可能。如果没有亚历山大在先，也就不会有基督在后，这一说法在神学家的耳朵听起来可能似乎亵渎，但一当我们意识到即使是一个英雄也有他的神圣使命的时候，一切愤怒就会释然了。

如果我们暂时按照通常的表达形式把犹太教和异教当作必须先互相结合起来才能产生新的世界宗教的两个因素来看，在前者方面我们也是把那些曾经在被掳时期和被掳以后对犹太教起过影响的东方宗教特别是波斯教估计在内的，在异教因素方面我们首
225 先想到的是希腊文明；其次是当耶稣降生时犹太国家和民族所从属的罗马帝国的坚强的组织。这样，我们仿佛就有了由其自身努力而引伸出来的两条直线，但这两条直线却是注定要在一点上会合的，这一点后来成了新宗教起源的中心。如果我们以简短的公式来描述这显然互相对立而最终却在同一点会合的两条直线，我们可以说犹太教在其发展的一切阶段所追求的是上帝，而希腊教所追求的则是人。

28. 犹太教的发展

和埃及人与巴勒斯坦人以可感知的方式崇拜许多可感知的神

相反，当犹太教徒意识到一位精神的、无形无像的耶和华的时候，他们就以为自己已经找到了上帝。在世界各民族中，只有他们有这样的意识因而这样被认识了的上帝就成了他们的上帝，以色列就是他所特有的产业[①]，并且在这个民族和其上帝之间发展了一种盟约关系，根据这个盟约条款，前者承担了按仔细规定的仪式进行礼拜的义务，后者则承担了如果这一民族按仪式礼拜，他就以他的威力保护他们免受其他民族的侵犯，并将他所特有的祝福赐给他们。对于这位唯一真上帝的这种认识，并不是整个民族都有，只是他们之中少数有崇高思想的人才有，而群众却在继续不断地像他们的邻居一样，眷恋着向走兽和偶像献祭的多神教式的崇拜。在另一方面，耶和华向以色列所应许的特殊保护，也极少迹象可
寻，世界上几乎没有一个民族像犹太选民那样差不多经常地遭遇 226
那么巨大的困难。的确，这种情况曾经被这位唯一上帝的祭司们和先知们说成是因人民的背逆而遭受的一种谴罚；但在另一方面，人民也可以指出这种曾经应许给他们的特殊保护没有兑现而作为他们不愿崇拜这样的上帝的借口。

犹太教的创立人承袭了他们周围民族献祭的风俗习惯并将其保存了下来。这样做法不仅是自然的，而且还是有益的，因为犹太人民既很难使自己适应一种无形无像的上帝的思想，则他们也就决不会老老实实地接受一种没有献祭的崇拜形式。尽管如此，以一种牺牲流血的献祭方式来敬拜一个看不见的上帝，究竟还是一

① 参看《出埃及记》第 19 章第 5 节，这里“属我的子民”英文圣经译为“peculiar treasure”（特殊的宝贝）。——译者

个矛盾，因为感性崇拜对于一位超感性的上帝既不适合，而且还会有引诱人民返回到崇拜那些更适合于他们本性的感性偶像的危险。这个民族中有较崇高思想的人们，既然能够设想到这位唯一的上帝是外在自然的创造者，他们也就更应该会接受这一真理的启发：即作为一种精神实体和道德力量，崇拜这位上帝的真正方法，不在于献祭形式或其他外表行为，而在于内心与生活的纯洁。

如所周知，这正是那些号称先知的人们所达到的见解，特别是他们当中那些从十支派王国分裂时起一直到从巴比伦被掳归回时为止相继出现的人们，他们还把这种思想深深地铭刻在人民的心里。耶和华借先知阿摩斯的口说，“我憎恨，我厌恶你们的节期，你们虽然向我献燔祭，我却不悦纳，我不听你们弹琴的声音；惟愿公平如大水滚滚，公义如江河滔滔。”①他又在《何西亚书》中说（第6
227 章第6节），“我喜爱良善不喜爱祭祀，喜爱认识上帝，不喜爱燔祭。”以赛亚到处作同样的说教，弥迦还问道（第6章第6节以下）：“我朝见耶和华，在至高上帝面前跪拜，当献上什么呢？岂可献一岁的牛犊为燔祭么？耶和华岂喜悦万万的油河么？世人哪，耶和华已指示你何为善，他向你所要的是什么呢？只要你行公义，好怜悯，存谦卑的心，与你的上帝同行。”最后，耶利米甚至还使耶和华明明白白地对人民说（第7章第22节以下）：“我将你们列祖从埃及地领出来的那日，燔祭、平安祭的事我并没有题说，也没有吩咐他们：我只吩咐他们这一件，你们当听从我的话，我就作你们的上帝。”

然而说这一切话的用意，并不是要把宗教精神化推行到极端，

① 参看《阿摩斯书》第5章第21—24节。——译者

以致只采取道德崇拜方式，而废除献祭制度或仪式崇拜。即使是
以赛亚书后半部那位有才华的作者，他虽曾要求作为和禁食的正
当结合，不是要把头垂下，表示出忏悔的样子，而是要行怜悯和仁
慈，但他也要求实行禁食（《以赛亚书》第 58 章第 3 节以下），[①]特
别还强调了遵安息日为圣的重要性（第 56 章第 1 节以下；第 58 章
第 13 节以下）。被掳以后，犹太人民鉴于自己处在不断在他们四
周所形成的世界列强对他们施展压力的情况下，为了保持自己的
纯洁性和独立性，除了勉强遵守他们的宗教传统仪式中的这些节
期之外，实没有其他方法。因此，从这个时期起，我们看到他们已
不再以沉溺于异邦的偶像崇拜为乐，然而，整个说来，我们也看不
出与此同时，他们在宗教上有任何精神化，而与此相反，却看到他
们对于充分满足崇拜的外表形式，有日益增长的关切。当西流西 228
底[②]王朝的时候，由于亚历山大为希腊文明所开辟的通向东方之
路的畅通，希腊思想方式和希腊伦理似曾一度在巴勒斯坦犹太人
中引起了反响，但那时犹太人民的宗教的和民族的特性还有足够
的力量，能够借助马克比人起义，[③]驱除这种外来成分；在此以后，
犹太民族就更加顽固地并更加保守地把自己关闭在其自满自足的
礼拜仪式之中。因而在后来的犹太教中，如果我们把它和被掳以

---

① 参看《阿摩斯书》第 5 章第 21—24 节。——译者

② 西流西底（Seleucidæ）是在大亚历山大逝世后，统辖其帝国一部分领土的一个王朝的名称，其所辖领土，包括小亚西亚的一大部分，叙利亚，巴克提里亚（Bactria），索格底阿那（Sogdiana），波斯和巴比伦等东方省。——译者

③ 马克比是犹太一个家族的名称，正确的称呼应该是哈斯模尼人（Hasmoneans）他们在公元前 175—前 164 年当西流西底王朝以皮非尼斯·安提欧库斯四世（Antiochus IV Epiphanes）强迫犹太人敬拜偶像时曾经英勇地起来反抗，事载犹太历史家约瑟弗的《犹太古事记》。——译者

前和被掳期中先知们的观点进行比较，就毫无疑问会看出一种倒退的步调来，犹太教在对其所寻求的上帝趋向于外表的崇拜方面，以及趋向于繁文缛节和节外生枝的礼拜仪式方面，和那些从人的心灵中，从正义和人类的友爱中看到上帝临格的先知们比较起来，已经愈离愈远了。

但是在先知书里，这种使宗教精神化的趋势，还有另一种趋势伴随着。他们把提高以色列人的真正虔敬作为恢复更好时光不可少的条件：耶和华首先要借刑罚来提炼并筛选他的百姓，熔去他们的渣滓，洗净他们的杂质（《以赛亚书》第 1 章第 25 节以下；第 4 章第 3 节以下；《玛拉基》第 3 章第 2 节以下），然后，在那新的和更幸福的时代开始以前，他要将他的灵倾注在那些皈依他并洗净了罪孽的人们身上，和他们订立新约，把他的法律铭刻在他们的心上（《耶利米》第 31 章第 31 节以下；《以西结》第 11 章第 19 节以下；第 36 章第 26 节以下；《约珥书》第 3 章第 1 节以下）。但在这样根据人民在大卫统治时期所享有的美好时光描述未来美景的同时，还伴随着一种期待的心情，希望从大卫的后裔中，出现一个像大卫那样的统治者，把他的人民从目前的水深火热中拯救出来，达到一
229 种甚至远超过古时大卫的威权和繁荣的境地。当十支派王国被亚述人所灭，犹太王国也受到他们的威胁的时候，先知以赛亚（第 11 章第 1 节往下）曾应许他们说，一时威风凛凛的敌人不久将会对他们无能为害。然后，从耶西的本要发出一条、从他的根要长出一枝，耶和华的灵要落在一个君王的身上，他要以正义和权力在内心实行统治，实现黄金时代，恢复以色列国，并终止以色列与犹大之间的历史悠久的争吵，当他们的权力这样统一起来的时候，他们就

会征服周围的列国；和这些联系着的是列国将皈依耶和华的宗教（《弥迦书》第 4 章第 1 节以下；《以赛亚》第 18 章第 7 节；第 19 章第 17 节以下；第 60 章第 1 节以下）。后来，在被掳到巴比伦的初期，当刑罚即将临到犹太人的时候，耶利米预言了（第 33 章第 1 节以下；第 14 章以下）在大卫苗裔的统治下，荒废的国土将要复苏，他用以前以赛亚所用同样的词句描述了这位苗裔的统治。在巴比伦预言的以西结（第 34 章第 23 节；第 37 章第 24 节），又把它转变为大卫自己，他作为一个善良的牧者，将哺育复兴而统一了的人民。

但是，尽管有在以祭司和先知为一方、君主为另一方的对立贯穿着以色列人民的全部历史，对于弥赛亚的期待却并不只是从大卫开始，而是从摩西就已经有了。生活于约西亚王时代的《申命记》作者，曾借这位即将逝世的立法者之口，应许耶和华将从人民当中给他们兴起一位像他那样的先知来（《申命记》第 15 章第 15 节）；虽然这一应许曾被一般地理解为是先知职位的继续，然而，正如我们从马克比一书（第 4 章第 46 节）和《新约》（例如，《约翰福音》第 6 章第 14 节；参看第 4 章第 19 节以下；《使徒行传》第 3 章
第 22 节）所看到的，后来却被理解为是指像弥赛亚那样的一个先 230
知而言。以后我们将会看出这种摩西型的弥赛亚对于福音书中耶稣历史的编造有什么影响。生活在被掳以后的先知玛拉基，不是把对于未来的希望和这位立法者联系着，而是把它和那位驾云升天，在可怕的审判日以前，为了使人民转变，耶和华还要打发回来的先知以利亚联系起来（《玛拉基》第 3 章第 23 节[1]；参看《西拉

① 按即中文圣经旧约《玛拉基书》第 4 章第 5 节。——译者

书》第48章第10节以下[①]);在《新约》里把对于大卫后裔弥赛亚的期待和盼望以利亚作为弥赛亚的先锋回来联系在一起。

在以西结书的那一段里,大卫这个名称被按字面理解为那位已逝去的君王重又复活过来。这么一来,所期待的人就变为一个超自然者了;早期先知书中许多重要的辞句(如《以赛亚书》第11章第5节以下),也可以作同样的解释。但在大约写于马克比时代的但以理书里所作的描述(《但以理书》第7章第13节以下),则显然支持把这一意义加于弥赛亚观念之中。在代表到那时为止世界四大帝国的四兽受审之后,先知在异象中看到一个形状"仿佛像人子的"驾云而来,他被带到上帝面前,由上帝授予他永远统治万民的权柄。(根据第27节)作者的意思很可能只是要把这个人的形象作为以色列人民的预表,就如兽的形象是到那时为止统治世界的野蛮民族的预表一样。然而这里明显是指弥赛亚而言,这一点却是不容忽视的;尽管关于最初作这样的描述是在什么时候,以及以斯拉四书和以诺书[②]的著作年代,晚近曾有争论。

① 中文圣经无此书。——译者

② 在这两卷伪经里,认为但以理书中那段话是指弥赛亚而言,以及弥赛亚预先存在于超自然世界中的那种设想都显然可见。

在《以斯拉记》里先知在异象中看见他以人的形象从海中升起,驾云飞行(第13章第1节以下,伏克马尔〔Volkmar〕版);在《以诺书》里,他带着人脸的形状和亘古常在者一同显现并屡次被称为人子,男人之子或女人之子(第46章第1节;第48章第2节以下;第62章第5,7节;第69章第27,29节;狄尔曼版)。在《以斯拉记》说他和那些带肉身升天的(以诺,摩西,以利亚,在上层乐园中)和上帝同住了很久;终于为拯救受造之物并统治选民而出现(第13章第2节以下;参看第5章第28节,第12章第32节);在以诺书里说他的名字甚至在创世以前就被求告了:上帝把他和自己隐藏在一起,只将他显示给选民看,将有一天要使他坐在他的荣耀宝座上审判万民(第48章第2节以下;第626节以下)。我并不妄想决定这两本书是著于前基督教时期或后基督教时期的问

弥赛亚(希腊文,基督)或受膏者这个名称,什么时候开始被用 231
来表示所期望的救赎者也不明确。在《旧约》里,除了关于君王、先知或祭司外,从未用过这个名称(《利未记》第 4 章第 3 节;《撒母耳上》第 24 章第 7,11 节;《诗篇》第 105 篇第 15 节;《但以理书》第 9 章第 25 节以下;参看第 28 章第 41 节;《撒母耳上》第 10 章第 1 节;《列王纪上》第 19 章第 16 节);但这一名称用在最高意义的先知王身上特别适合,上帝将把神的才能赐予他,这是从来没有人有
过的,除了新约以外,这一名称也曾被用于《以斯拉四书》和《以诺 232
书》①。

立刻可以很清楚地看出,在这样奇妙地构成了的弥赛亚形象里结合着一些什么不同的成分。固然,道德宗教成分,就其净化民族的作用来说,部分地作为弥赛亚出现的一个条件,部分地也是作为这个被期待的统治者所产生的效果,并没有被忽视;但这里不仅存在着一种政治成分(它很自然地被群众以一种极其粗暴的形式

题,这个问题已经有人就双方面作过博学的和深刻的论证(在一方面主要有希尔根菲尔特在《犹太启示书》第 91 页以下,第 185 页以下,《先知以斯拉和但以理》(1863 年),以及《科学的神学杂志》刊载的各种论文里;在另一方面有伏克马尔在《伪经引论》教本(1863 年),《德国东方学会杂志》、《以诺书释义论丛第二集》,1860 年,第 87 页以下)。但是,关于《以斯拉四书》的著述日期约为公元 97 年,根据书中提到鹰的脸一事,在我看来已经是肯定的了,至于《以诺书》,两个主要争论者都同意其著述于后基督教时期,不仅如此,关于以上所引的那一段和其他类似的篇章,还认为是出自基督教人士之手。同样,在所谓《女巫预言集》里,凡谈到弥赛亚的预先存在(pre-existence)和其较高本性的篇章都毫无疑问属于晚期搜集的作品;在前基督教时期那些部分,例如,打发王从天下降(iii,第 286 页以下,弗利德里布版)。不朽的王(iii,第 48 页)(来自太阳的王),(iii,第 652 页以下),一部分所指不明,一部分即使是暗指弥赛亚而言,也不超过犹太人的一般夸大的说法。

① 《以斯拉记》第 5 章第 28 节;第 12 章第 31 节以下。《以诺书》第 48 章第 10 节;第 52 章第 4 节。

所理解，即选民将根本铲除，或至少征服所有异邦民族），而且还混杂着热情与狂信因素，这种热情与狂信，随着对这位未来的救赎者所抱的超自然主义概念的增长而增长。对于弥赛亚的期待，一方面不断地愈来愈成为一种特殊的民族观念，成为一个不幸失势的民族的最后凭借；另一方面，这个观念的性质却非常暧昧不明，很难决定它是作为一种可能的救法而赐予百姓的呢，还是打算把他们完全送到覆亡的深渊里去的。除了耶稣本人所从事的工作对于民族没有好处以外，在犹太国的最后年代里，由弥赛亚这个观念所产生的结果，只是一些破坏性的冒险和以对他们自己的危害和损失而结束的对于罗马统治的反抗。

在犹太民族作为独立国家而存在宣告结束以前，他们长时期宗教发展的结果所显示于我们的，是在耶稣时代非常有势力的三个[①]教派[②]的兴起，这些教派的成长，至少它们的比较圆满的发展，

233 是属于马克比人起义以后的一段时期的事。没有疑问，他们是为了反抗安提欧库试图强加给他们的希腊异教教义而团结起来的以色列人民中最优秀的有生力量。但即使在这种斗争幸而成功以后，也没有排除逐渐僵化为令人讨厌的法利赛主义的可能性。从我们自己的经验中，我们也看到了在那肯定是健全的、使我们摆脱了法国枷锁的运动以后，产生了浪漫主义的日耳曼主义，这种趋势对德国人天性的关系，和法利赛主义对犹太人的关系很相类似。当一个民族抗拒在政治上、道德上、从犹太人的事例来说，也是在

---

① 德文原著第219页为“drei”，英译本译为“those”。——译者

② 约瑟弗在《犹太战争》，ii，8，2—14，和《古事记》，xiii，5，19，xviii，1，2—5 叙述了这些教派。

宗教上、强加于它的外国因素、从而突出了本民族特性的时候，它也会很容易对外国民族性中的好的东西一概加以拒绝，加强自己的排外性，竭力发展一切在其外表生活中使本民族与其他民族划分开来的各种形式，这样，这个民族，或者更确切点说，那些在其已完成其历史任务以后仍然保持这种倾向的人们，就变成了外表主义下的牺牲品。这种外表主义精神，只是热情地强调形式而忽略了实质。在这一类人中，和这种心情结合着的还有一种顽固的反抗态度，不肯抛弃任何一个民族要求，不肯对变更了的时代情况作任何牺牲，而总是倾向于背叛和反抗统治者，因为这些统治者的地位正是由这些环境造成的。这个法利赛教派，如果能够把一种新的精神灌输到人民中间，使他们从内心在道德和虔诚方面有所提高，就可能使这些民族要求得到满足：但这正是这个教派所不想做的，因为他们通过自己的全部行为，使人民错误地以为，只要有外
表就够了；以为只要他们严格遵守崇拜仪式，满足这些外表要求， 234
上帝就一定会注意到、并差派弥赛亚来帮助他们达到最高的繁荣，达到超越世界其他国家的境地。

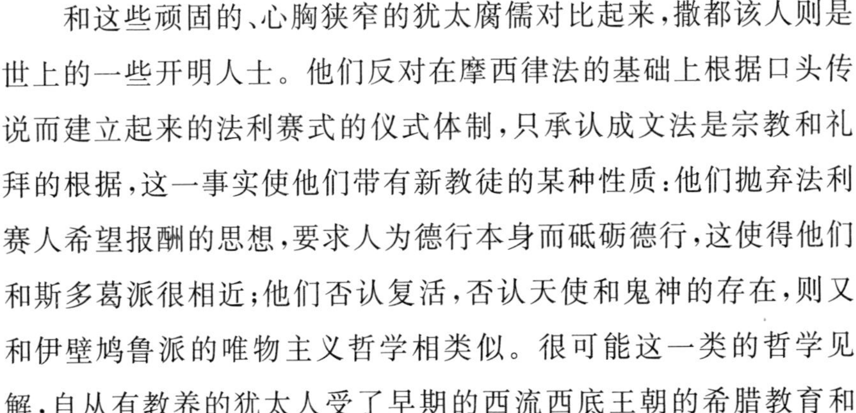

和这些顽固的、心胸狭窄的犹太腐儒对比起来，撒都该人则是世上的一些开明人士。他们反对在摩西律法的基础上根据口头传说而建立起来的法利赛式的仪式体制，只承认成文法是宗教和礼拜的根据，这一事实使他们带有新教徒的某种性质：他们抛弃法利赛人希望报酬的思想，要求人为德行本身而砥砺德行，这使得他们和斯多葛派很相近；他们否认复活，否认天使和鬼神的存在，则又和伊壁鸠鲁派的唯物主义哲学相类似。很可能这一类的哲学见解，自从有教养的犹太人受了早期的西流西底王朝的希腊教育和

浸染了希腊风气之后，就经常出现在他们的心中；不过传道者所罗门也曾发表过类似的训言。无论如何，这类思想方式不可能在犹太人民中间流传很广，但由于撒都该人不仅列席高级议会，而且还常充当大祭司之职，因而我们看到它在高级人士之间是流传着的，但在对人民的影响方面，撒都该人却不能和法利赛人相比，尽管后者冷酷而拘谨，追求报酬并伪装虔诚，却和前者同样以促成以色列人民的新生为目的。

在上帝的古老人民中所有深厚的宗教和道德力量，或者说这
235 种力量的残余，看来在这一时期都潜藏于艾森尼教派[①]中，但在基督教最古老的文献里并没有提到这个教派，这大概是因为这一教派的教义和基督教义非常接近的原故。它也很可能只是那位教会历史之父，把艾森尼派的埃及分支（或派系），即所谓的“特拉布特苦行者”当作一般基督徒[②]而造成的离奇的混淆。然而，这个教派和最古形式的基督教之间的关系是如此之密切，以致它一直总是引起了人们的思考。两方面的社会组织很相似，财产公有，由选举而产生领袖，拒绝起誓，重视贫困和独身，圣洗与进餐次数、的确，在艾森尼教派中他们还带有一种强烈的禁欲主义色彩，例如，

① 约瑟弗特别在《犹太战争》，ii，8，2—13，《古事记》xviii，1，5 里论述过这个教派；菲罗（Philo）在《一切美好的都是自由的》（*Quod omnis probus liber*）和在《论沉思生活》（*De vita conemplativa*）中论特拉布特（Therapeuts）苦行者时也论到过这个教派。参看格弗洛勒尔（Gfrörer）：《圣所与真理》（*The Sanctuary and the Truth*），第 355 页以下；蔡勒尔：《希腊人的哲学》（*Philosophy of the Greeks*），iii，2，第 583 页以下，和《论艾森尼教派和希腊成分之间的关系》，载《神学年鉴》（*Theological Annual*），1856 年，第 401 页以下；希尔根菲尔特（Hilgenfeld）：《犹太启示书》，245 页以下；《福音书问题》，载《科学的神学杂志》，1862 年，第 40 页以下；鲍威尔：《头三世纪的基督教》，第 19 页以下。

② 尤西比乌斯：《教会历史》，ii，17。

他们在共同进餐时不用酒而只用水，不仅禁酒而且还禁荤，只用素食。这些特征，一方面使我们想起了施洗约翰，他和艾森尼派的关系似乎和中世纪的隐士（hermit）和僧侣集团的关系一样；另一方面也使我们想到那位绰号公正的雅各，他被最古老的基督徒作者描绘成完全像是一个艾森尼派圣徒①，古老的伊比奥尼派犹太基督徒和他有密切关系，而这一派和艾森尼派的亲密关系是很显然的。

从艾森尼派和特拉布特苦行者身上我们看到了一派不满意于本国人民的传统公共礼拜仪式的以色列人，他们不参加国民在圣殿里举行的献祭仪式，并尽可能不和一般人交往以免被污染。他 236
们结合的目的是为了把心灵从身体的奴役中解放出来；这一教派只把慈善和仁爱行为留给个人的自由判断的严格纪律认为对于这种禁欲生活是有助益的。此外，这个团体还有不同的支系：除了按成员加入团体的时期规定了四个等级以外，约瑟弗还把那些结婚的艾森尼教徒和那些严格遵守规章的教徒加以区分，菲罗也把那些度一种纯粹静思生活、专门从事默想和虔诚的沉思的埃及特拉布特苦行者和那些虽然按这个教派的规章度社团生活，但同时又从事农业与和平交易的巴勒斯坦艾森尼教派加以区别。后者由于和普通平民生活接触较多，特别适宜于把这个团体的宗教原则传播于这个教团的排他的圈子以外。

如果我们问为什么犹太教竟然取得这样一种和它的一般性质

① 海格西普斯（Hegesippus）的话，尤西比乌斯在他的《教会历史》里曾加以引用，ii，23，4，以下。

不同的性质，则时代的需要、犹太教中和艾森尼教禁欲主义相类似的拿撒勒派制度以及晚期先知们的清心寡欲的实例都对艾森尼派的退隐生活提供了说明；但他们的思想和生活方式的其他一些特征，特别是他们那种把太阳当作最高光明的样板而加以崇拜，从犹太人观点看来认为讨厌的行径——作为他们的禁欲主义根源的精神与物质的二元论——，和相信灵魂预先存在的信仰联系着的他们把身体当作灵魂囚牢的见解，这些和其他一些见解，显然都是超出了犹太教范围以外。这个团体体制的系统化，志愿参加者所必须经历的考验年限，对于前辈的尊敬，应承严守缄默、弃绝流血的
237 祭祀，禁用酒肉——这一切都令我们想到起源于奥尔菲-毕达哥拉斯传统和柏拉图与斯多葛思辨相结合的当时的新毕达哥拉斯学派。我们从这个学派里发现了所有这些特征，部分地作为关于创立人和其所创立的团体的传说，部分地作为约瑟弗所明白地拿来和艾森尼教派相比较的所谓毕达哥拉斯派生活方式的真实特性。在希腊人中间成长起来的心理倾向，如何进到了犹太人中间，这可在某种程度上由以上所提到的，在侨居埃及的犹太人中间的这个明显的同一教派，又以特拉布特派名义而重被发现的事实来予以说明。因为这样，尤其是当我们知道特拉布特派主要是居住在亚历山大四周的时候，犹太成分和希腊成分的接触，以及它们彼此间的相互混合，立刻就得到了说明；既然侨居埃及的犹太人和他们祖国同胞间有不断的交往，这个教派就会很容易移植到犹太本土；除非我们宁愿设想由于在西流西底王朝所发生的教育与文化的混合，奥尔菲-毕达哥拉斯体系已经在巴勒斯坦有了回响，并且只是由于以后和埃及特拉布特教派的接触，这一倾向才得到了巩固和

进一步发展。

在基督教以前的最后两个世纪中，在这个教派之外，在亚历山大的犹太人中发展了一种和这有关的思想方式。描述了这一倾向的高潮的同一人物，犹太人菲罗，是我们关于这一教派的知识的主要权威之一。的确，在亚历山大从事哲学活动的犹太人，还没有使自己从崇拜摩西的仪式中解放出来，他们同胞的一些神圣著述，尤其是摩西的书，在他们中间受到很大的尊重；但是，像艾森尼教派一样，他们对于那些他们对摩西书中的教训在许多方面抱不同见
解的问题，非常圆滑地对这些书作一种寓言式的处理。这些不同 238
特别关系到对于上帝的概念方面，因为旧约里用以表述上帝拟人性格的说法人们对之常怀有反感，例如：说上帝能说话，有手、发怒、懊悔、休息、下降等等。他们常把神性抬高到一切有限地位之上而超出于世界的崇高位置。从这样的高度上帝只能以俯就的姿态和屈尊照顾的行动方式来对这个世界施加影响。在这个概念里犹太人关于天使的教义就和柏拉图的理念学说融合一致了。同样，在一切中介能力汇集而起作用的神圣理性的"道"里面，以犹太人关于上帝的灵和上帝的智慧的教义为一方，和以斯多葛派关于上帝理性渗透到世界各处为另一方的思想也就结合到一起了。除此以外，还有奥尔菲-柏拉图见解（Orphico-Platonic view）以身体为灵魂的牢狱，以对上帝出神入迷的冥想为其最高顶点。菲罗在描述艾森尼派和特拉比特派时对他们表示赞叹之词正是在这个体系和艾森尼派相互联系的基础上作出的。

我们现在可以考虑这些倾向的每一种，特别是三种主要教派的见解，对于上面所提到的犹太人问题，有些什么发现。关于法利

赛派，我们只能得出一种消极的结论，即根据他们所采取的路线决不能发现上帝，也不能使人取得一种令人满意的对于上帝的关系。法利赛教派以之为原则性的东西既然只是原始希伯来宗教的一个片面，即外表的礼拜、仪式和礼节成分，而且是以和旧希伯来宗教用以补充这些成分的一切完全脱节的片面方式接受下来的，则这种倾向所导致的人民对宗教事物的麻木不仁，即足以充分证明它
239 所强调的决不是宗教的有生力量的一面，而是相反，这种力量的过分发展将会导致宗教的毁灭。就连法利赛人对于弥赛亚希望所采取的政治的和排它性的犹太形式，由于其在民众中所引起的狂热以及由之而产生的连续不断的不幸的起义，即在当时，已经对真正的宗教精神造成极大的危害，后来则更是如此，对于人民本身也具有同样的危害性。如果要使对于上帝的概念和礼拜，以及对于弥赛亚的概念和礼拜，真正对于民族和人类本身有利，就必须对它们作完全不同的理解才行。

至于撒都该教派，我们所有关于他们的记述过于贫乏，使我们不可能对于他们解决上述问题的贡献作明确的表述。法利赛教派路线的消极影响——这一事实和导致这种事实的原因——决非正确，这一点对于具有撒都该教派倾向的人是看得很清楚的。但他们并没有能够提出足以取代这一相反体系的任何积极的东西，他们反对上帝预定论，强调人的崇高的自由意志，反对来世报应论，强调人类德行的自给自足性，似乎说明凡持这种观点的人，对于宗教虔诚成分的注重不如注重遵守伦理习惯那样强烈，因而使他们在犹太教的圈子内，必然处于一种孤立的地位。

菲罗关于艾森尼派曾说过：他们敬拜上帝不是通过献上牺牲，

而是通过努力使他们的心灵成为上帝所悦纳的祭物。这样我们就看出，他们和法利赛人正相反，在敬拜上帝方面采取了一条他们自己的路线，而这条路线是以宗教本身为基础的。的确，约瑟弗曾表示过：艾森尼派所用以代替摩西法律中所规定的礼仪的，不仅是心 240
灵的纯洁状态，他们也还有一套诸如祈祷、洗涤、苦行、斋戒、节期等类似的外在实践。不过这些实践的最主要目的乃是为了摒除或克制情欲，或者像在敬拜太阳或亮光这类事上那样，其象征性面纱非常稀薄，较之摩西所规定的繁文缛节，更容易透过它们看出其精神的和道德的意义来。因此，在艾森尼教派这方面，先知们所努力要求达到的目标：即应当用纯洁的心灵和高尚的行为，用正义和仁爱来崇拜上帝，的确在一方面是已经实现了；但在另一方面，从两种观点来看，则实现得非常不够。首先，由于艾森尼派是和苦行主义和一整套思想褊狭的礼节联系着的，这就使得其本身为正确的东西和狂热的行为混杂在一起表现出来。其次，艾森尼教派是一个秘密结社，其主要戒条认为必须禁止和世俗人交往，借以保持其本身的纯洁性；而其实，真正的虔诚和良好的行为准则必然要通过深入世界，用自己的精神使其和世界的关系神圣化，从而保存自己的力量。但这种制度几乎从来没有过任何重大的成就。凡不属于这个社团范围的人，连普通的犹太人，也都被认为是不洁净的，艾森尼教徒就都远离他们，不同他们接触。因此，艾森尼教派宣称，单凭是一个犹太人，并不真正就是上帝的选民，必须进一步采取措施，洁净自己才行。这种情况的直接后果是，他们的圈子越来越小，因为从来还没有一点迹象表示，艾森尼教派结纳过一个非犹太人做他们的成员，但这对于犹太人的民族骄傲确是一种打击，这就

为在较远的未来为战胜犹太人的排他主义做好了准备。

241

29. 希腊罗马文化的发展

和犹太人的宗教倾向性相反，希腊人[①]把他们的全部努力运用在改善一切真正人性事物方面。一般说来，这种情况并不需要任何证明，因为摆在我们面前的希腊人的政治学和伦理学、诗歌和美术就是一个公认的事实。印度人、埃及人、亚述人，他们的神都不是按照纯粹人性形象塑造的。其原因并不单纯由于这些民族缺乏艺术技巧和爱好，最主要的事实是，他们并不认为他们的神就是单纯的人。不管希腊人的神祇是不是部分地由国外引进来的，或者是由他们本土祖先传留下来的，作为一个希腊人，他所从事的特殊变革乃在于，他总是把原始的自然象征主义转变为对于人类生活的一种关系；不是把它们作为宇宙力量的典型，而是作为人类思想和社会制度力量的代表，与此相联系的是，使它们的外形也几乎和人的形象完全相似。

毫无疑问，一种能够凭人的理想产生出像阿波罗、雅典娜、宙斯那样神的形象的虔诚，较之那种不能使其神祇在外表方面摆脱兽类形态，在内心方面抛弃自然力的野蛮、繁殖和破坏作用的虔诚要高强得多，但在希腊神祇的人性成分中，除了和其原始的自然含义、这些想象形象化时期的文明情况和群众心理相适应以及其伦
242 理的一面外，还非常显著地有其肉欲的一面，因而，一当人们的伦

① 关于以下所述，请参看蔡勒尔：《希腊人的哲学》(1856年，第二版)；及同一作者所著：《希腊人中一神论的发展》(1862年)，第一卷。

理思想得到启发的时候，对于诸如克洛诺斯[①]的狠毒，宙斯[②]的淫秽和海尔梅斯[③]的偷窃等等就不可能不产生反感。所以，较晚时期的诗人就给予这些令他们反感的神话以一种道德的色彩；但较早时期的个别哲学家们，尤其是埃利亚学派始祖色诺芬尼（Xenophanes），抛弃了荷马和赫西俄德（Hesiod）所描述的关于神的一般人性概念中的卑鄙成分。如所周知，柏拉图把荷马排除于其理想国之外，正是基于这种理由。但即使撇开这种道德上的绊脚石不谈，人们也很快发现多神论和神的本性是不可调和的，因为神既然是最可能的完善，是万物的最高原因，他只能是不可分的一；所以在有教养的希腊人中就越来越多的以一神论取代了多神论，或者至少以各别的神严格从属于一位最高上帝的方法使之和一神论思想调和起来。就这样，希腊人在这方面逐渐地提高自己达到了希伯来人最初就有的观点，而且由于前者的一神论概念是以一种哲学方法获得的，它在后来同犹太教的一神论接触的时候，就能对后者在旧约圣经里仍旧保留着的许多关于上帝的拟人的特征起到一种净化的作用。

---

① 根据希腊神话，克洛诺斯（Kronos）是天神乌拉诺斯（Uranus）最小的儿子，宙斯（Zeus）的父亲，他推翻了他父亲乌拉诺斯的统治以后，预感到他有一个儿女也会起来反抗他，推翻他的统治，因此当他的儿女出生时，他就一个个把他们吞进肚里去。宙斯是他最小的儿子，因有母亲的救护，幸免于难，长大后，战胜了他父亲，自己成了掌管上界的天神。——译者

② 宙斯妻妾无数，子女众多，他和自己姊姊赫拉（Hera）生了战神、火神、青春女神等；和墨提斯生了智慧女神雅典娜；和玛亚生了海尔梅斯；和勒托（Latona）生了太阳神阿波罗；又和凡人结合生了许多半神半人的英雄。——译者

③ 海尔梅斯（Hermes）是神使，他在阿尔卡狄亚的一个山洞里刚生下不久，就爬出摇篮，偷走了阿波罗的五十头神牛。——译者

但在这一切方面，希腊人所塑造的人的概念，他的性格和责任，较之荷马的理想的神远为先进，而且是在犹太土壤上所不可能发生的。魏尔克尔（Welcker）说，“人道主义决不可能从希伯来人
243 的超自然主义[①]产生，因为人们对这种思想的领会越认真越高超，则一神的权威和法律，对于人的一切力量和快乐以最优良和最高尚形式借以表现的人类宗教自由的抑压也必越甚”。正是由于希腊人所面临的不是一个以强制的法律形式表现的神，他就不得不迫使自己成为自己的法律；正是由于他不像犹太人那样，认为自己的整个人生是由一种宗教法令为自己一步一步规定好了的，他就不得不在自己的内心里探索出一种伦理规律来。希腊民族经过了一段最光辉灿烂的历史时期以后，由于当时的诡辩派以任意专断方式混淆了一切理论概念，重复陷于道德腐败的境地。由此可知，这是一个非常困难的问题，解决这一问题所经历的道路是很危险的道路。对他们来说，正如普罗塔哥拉斯[②]格言所表示的，人就是万物的尺度：没有什么按其本性是好的或坏的东西，只有个人所不必受其约束的人们任意制定的一些规则，既然这些规则是人们为自己的利益而制定的，个人就可以随便根据其对自己合意或有用而称其为好并将其付诸实践。以论证方式证明这类行为有理，动摇现有的一切宗教和伦理原则，“强化比较软弱的事业”，也就是说，把不是说成为是的艺术，正是诡辩派所教授和传播的，但实际上他们所做的一切不过是把在他们周围的人们所已经实行的东

① 根据英译本“正误”改。——译者

② 根据英译本“正误”改。——译者

西，归纳成为一个有条理的形式而已。

大家都知道，希腊人的这种不受伦理约束的做法以及诡辩派为之所作的辩解，正是苏格拉底所反对的。苏格拉底不能像希伯来人的先知那样，援引上帝的成文法，其实，对于他的那些早就倾向于宗教怀疑主义的同胞来说，这样做也是不会有什么好处的；因此，他就也像他所力图与之作斗争的对手一样，把问题限于人事一 244
面；从某种意义来说，对于他，人也是万物的尺度；但这并不是说，人可以任性或照着自己所喜好的去做，而是说，只要人努力追求认识自己，并按照严格合乎规律的思想方法，了解到自己的真正幸福所在，他就会是这样的人。凡在任何时候都按照这种真正的认识行事的人，则他所行的一切，就会都是正确的，而这种正确的行为就总会使他幸福。这就是苏格拉底伦理体系的实质，为了创建这一体系他并不需要上帝的命令；尽管在上述使其民族的多神论和合理的一神论调和起来方面关于上帝的本性他曾发表过很纯正的见解。苏格拉底的这些学说并不是在一个排它的小圈子里以经院的方式发表的，而是可以说当众人面前社会地发表的，作为一个崇高的榜样，他同时在自己的生活和行为中实践了自己的教导；最后，由于他们在精神上和道德上的崇高地位①，他受到了他的国人的误解，成了自己的信仰和努力的殉难者。所有这一切使他和基督非常相似，这一直是众所周知的。其实，尽管由于双方面在民族和宗教体制上的对立存在着很大的不同，但在基督教以前的整个古代时期，连希伯来人的古代时期也不例外，找不到一个比苏格拉

① 参看德文原著第230页。——译者

底和基督更相近似的人物。在苏格拉底以后，在提高希腊文化的风格，使之可以和希伯来宗教相颉颃，从而为基督教做好准备方面，也没有一个希腊人比苏格拉底的弟子柏拉图做得更多的了。照柏拉图看来，一切事物中最真实的东西就是理念，这就是说，他认为，对于事物的一般看法，并不仅仅是在人们心中对于该事物的概念，而是真实的、超感觉的存在。最高的理念就是善的理念，这是和上帝本身同一的；柏拉图还把理念称之为神（Gods），从这里
245 我们可以看出，柏拉图的哲学，一方面既可以和他的同胞们的多神论相调和，另一方面又可以和犹太人的一神论相调和，因为理念对于前者来说可以看作是下级的神或魔鬼，对于后者来说，又可以看作是从属于最高理念即唯一神的天使。柏拉图宣称，外在世界是由理性和非理性混合而成，是由理念进入其对立面（即所谓的物质，但柏拉图则比较消极地将其描述为无形象、不确定的非存在）而成。在这方面，柏拉图用一种神秘的语言称人的身体是灵魂的锁链和牢狱，是灵魂从其早先纯粹沉思理念的无形体状态堕落到的境地。他认为，哲学所要解决的问题就是如何把灵魂从身体终极地解放出来。从所有这一切我们立刻可以看出，柏拉图哲学是和早先出现于基督教的艾森尼派和诺思替派思想观点联系着的：但其主要中心原则，即认为不是看得见的，而是看不见的，才是真实的存在，不是今生而是来生，才是真正的人生，其和基督教关系之密切，令我们不能不看出，它是在给基督教做准备，或者说，以希腊人为人类的代表，给基督教做准备。最后，柏拉图不仅像苏格拉底，认为德行是获致幸福的唯一正确手段，而是认为幸福就在于作为灵魂的正确状态、和谐和健康的德行本身，他这样做就是认为德

行就是其自身的报酬、完全独立于一切不纯洁的动机之外，甚至为求来世报应也不例外，尽管这也是他所强调教诲的。这样，柏拉图的德行观就比基督教的德行观还要高超，就像真正哲学家的观点比普通的宗教观点高超一样，只有第一流的基督教教师，在这方面堪与柏拉图相比拟。

在一切实质性问题上亚里士多德都忠于柏拉图关于人类道德 246
目标的崇高理论，但由于他对外在经验的倾向性，他更多地强调了外在的善和恶，可能成为人类道德努力的帮助或障碍。斯多葛派，部分地出于反对亚里士多德建立的逍遥学派在原则上比较不够严格的动机，将其伦理学说的主要基础建立在德行[①]的自给自足上，认为单单德行本身就有使人幸福的能力，其他一切皆不足道。按照斯多葛派学说，应当认为德行就是唯一的善，恶行是唯一的恶，其他一切，尽管其对于人类情况可能有很大的影响，皆属于无足轻重的范畴。健康与疾病，富足与贫困，连生与死本身，都是既非善亦非恶，而是纯粹中性的，人们既可以使之转变为善，也可以使之转变为恶。在这里不能忽视的是，它和较晚时期基督教观点以及其对外在事物漠不关心态度之间的联系；当斯多葛哲学将其智者置于一个完全而毫无所缺，像神那样的崇高存在的地位时，看起来似乎和基督教的谦逊不相容，但由于斯多葛哲学认为其智者的优点仅仅在于使自己按照宇宙规律行事，使自己适应世界的普遍理性，这种不相容就得到了补偿。斯多葛派主张把命运当作上帝的旨意而听之凭之，个人意志应当服从上帝意志，这种宣传方式令我

① 英译本原作“自然”，根据其“正误”改。——译者

们立刻想起基督的教诲来。

斯多葛派还有一种观点也是为基督教铺平道路的。不仅在犹太人中,也是在希腊人和罗马人中,在世界大帝国建立起来以前,
247 其古代的思想方式都是根据各民族的孤立情况而具有排它和局限于其本民族的特点。犹太人认为只有亚伯拉罕的后裔才是上帝的百姓,希腊人认为只有希腊人才是真正的人,或者说才有被称为人的完备资格,至于野蛮人,也像犹太人自以为高过异族人一样,具有同样的排它性。就连像柏拉图和亚里士多德那样的哲学家,也还不能完全摆脱民族偏见,从人类都有理性官能的共同性推论出人类都基本相似并互相联系的首先是斯多葛学派。

首先把所有的人都看作是一个伟大共和国公民的是斯多葛派,这个共和国的每一个州对于全国的关系就像一个城镇的各所房屋对于全城镇的关系一样,他们就像一个生活于共同的理性法令之下的家庭一样;世界主义思想,作为大亚历山大南征北战的最美好的成果之一,是首先从柱廊[①](the porch)产生的;不仅如此,首先说出"四海之内皆兄弟也"这句话的也是斯多葛派,因为他们认为大家都有一个共同的父亲即上帝。关于上帝的概念,斯多葛派以对于宇宙的泛神论见解为基础,在通俗的多神论与哲学的一神论之间作了调和;由于他们把宙斯看作是宇宙的普遍精神,为原始的存在,而其他神祇则是他的部分和表现,他们在描述逻各斯即"道"的概念的时候,把宇宙理性描述为自然的创造力,他们就为后

① 柱廊,希腊语为 στοά,即"斯多葛"译音所从出,原意为"带柱的廊子",斯多葛派创立人芝诺(Zeno),最初在雅典的柱廊下讲学,斯多葛即由此得名,此词往往用作斯多葛派的代名词。——译者

来成为基督教义最重要基础的概念做好了准备。同时,由于他们为了从荷马和赫西俄德中的神祇及希腊神话历史中得出自然哲学的思想,他们对之作了寓言式的解释,这样,他们就给亚历山大的犹太人和后来的基督徒在他们研究旧约以及后来研究新约中,遇到他们不喜欢其字面意义的时候,指出了一条随他们高兴赋予以另一种意义的门路。

一种以享乐为最高的美并剥夺神祇对于世界和人类事务的全 248
部干预的理论,尽管看起来同帮助为基督教铺平道路的精神发展路线相差很远,然而,即使在伊壁鸠鲁学说中,也并非完全缺乏和基督教相似之点。首先,特别是在哲学里,两种极相对立的倾向,如果彻底执行起来,往往会发生联系,因而,伊壁鸠鲁派的最高的善和斯多葛派的最高的善也并非像乍看起来那样的悬殊。因为伊壁鸠鲁派所理解为最高之善的享乐并非指最高的肉欲的享乐,而是指需要抛弃许多昙花一现的享受,忍受许多容易发生的痛苦的那种持久的精神宁静而言;而伊壁鸠鲁派的精神宁静乃是和斯多葛派的不动心密切联系着的。的确,伊壁鸠鲁主义者的德行本身并不是他所追求的目标,也不是借以达到和它有分别的幸福的手段,但手段是必需的而且是充分的,既不可能离开幸福而设想德行,也不可能离开德行而设想幸福。尽管对于人生外在的美好事物伊壁鸠鲁派并不像斯多葛派那样过分拘谨,但他们仍然表示,人们的真实需要是很简单的,把生活保持在这些需要的范围以内是有好处的,反之,他们也表示,如果运用理性和冷静态度,痛苦和不幸都是可以克服的。在这方面,伊壁鸠鲁派通过他们的消极方法几乎可以达到斯多葛派运用积极方法所达到的同样地步,而对于

后者，当斯多葛派的严肃变为苛刻和无情的时候，前者还可以起到一种相辅相成的作用。斯多葛派不懂得什么叫同情和宽容，伊壁鸠鲁派则劝勉他们要以怜悯和宽大为怀；伊壁鸠鲁派的原则是，赐予别人以好处比受人赐予更好，这和耶稣的教训“施比受更为有福”完全符合一致[①]。

249 希腊哲学家的这两个学派是互相对立和斗争的，通常这一派所主张的那一派就反对，这一派认为它能够维持的那一派则认为它能够驳倒，由此终于产生了一种对于一切真理是否能够被认知和证明的怀疑态度，哲学的怀疑主义和实践的怀疑主义就这样发展起来了。在这方面，人们从事哲学研究和群众的宗教信仰之间似乎比乍看起来还存在着更大的距离。但人类意识在哲学方面所寻求的最后支柱的倾圮，使之更容易接受一种想象的上帝的新的启示。当基督教兴起时甚至在希腊罗马世界的比较有教养的阶级中也可能觉察到的迷信的增长，以及被认为可能使人同神直接接触的神秘主义和新颖的礼拜仪式的采用，都是不仅旧的宗教不能满足人们的要求，而且就连当时的哲学也不能满足这种要求的结果。由于这种需要得不到满足，在公元第三世纪就产生了所谓的新柏拉图主义哲学，这是大家都知道的，但就连在公元前一世纪，我们也已从以上所述新毕达哥拉斯主义对于犹太人的特拉布特-艾森尼教派的影响中看到了这种倾向的先例。不管是在犹太人或异族人中，当时的时代精神都感觉到在和神联系方面需要有一种新的方法，在天与地之间需要有一种新的结合，作为满足这种需要

① 参看《新约·使徒行传》，第20章第35书。——译者

的一系列尝试之一，基督教产生了，它所受到的重视，说明它有一种较之人为地设想出来的新毕达哥拉斯主义和新柏拉图主义思想体系或特拉布特派和艾森尼派的秘密联盟更为符合众望和更富独创性地满足这种需要的能力。

和希腊人在为基督教铺平道路方面所做的相比，我们将对罗 250
马人所给予的支援试图从两方面加以描述。第一点是，即使在基督诞生以前的一世纪中，罗马人已将当时所知道的全部古代世界包括在一个巨大的帝国统一体之中。在这方面亚历山大在罗马人以前已经作出了先例，但亚历山大的王国，除了没有把当时的真正西方包括在内以外，它也没有作为一个统一体继续存在下来，而是土崩瓦解地分成了几个部分，而且在这些部分之间也从来没有停止过流血斗争。在世界规模的罗马帝国到来以前，世界主义思想，把人当作人看待而不是单纯地作为希腊人、犹太人等看待的思想，不可能深深地扎下根来，同样，还必须把各部落和民族的许多不同的神祇在这个伟大的人民思想交流中联合起来，才能使关于这些神祇的概念变成关于唯一至高上帝的概念，才能使各民族的许多宗教变成一个世界性宗教。和这种变化密切地联系着的是宗教的精神化。唯一的上帝不可能是一个物质的上帝，因为对于一个一切民族的上帝来说，这一或那一民族所习惯于用以敬拜其自己神祇的仪式再也不合适了。由于罗马帝国统治通过其对于教育和制度的同化以及其在各民族和国家之间建立起来的交通上的方便，使各地区更密切地联系起来，因而基督教一旦兴起，就能够迅速而不受阻碍地传播开来。这一传播只是在此以前所发生的一切在外表方面的进一步体现。至于这一统一的另一方面则是各个民族在

其独立存在、按照各自的法律和古代传统生活时所享有的幸福与
251 舒适遭受破坏，他们不得不忍受外国统治的压力，在罗马共和国后期，特别是内战时期所施行的许多不公正的待遇。人们今世生活的痛苦加剧了，对于反抗罗马压迫的一切自然援助终于失望了，他们的心灵就转向来世，盼望获得像犹太人所希望的弥赛亚那样神迹般的援助，而从精神方面来说基督教正像是这样的指望。

另一点我们可以认为是罗马人为基督教铺平道路所作贡献的是罗马人民注重实际的性格。即使是像斯多葛派和伊壁鸠鲁派那样晚近的希腊哲学流派，他们也是更喜欢致力于道德理论的探索，但在对单纯空论或一般经院哲学思维很少兴趣的罗马人看来，哲学完全是实际的和民众的事情。在民众的理解中，不同流派和体系间的对立已不复存在。其结果是，特别在罗马人中形成了以全世界都知晓的西塞罗为其最著名代表的折衷主义，尽管他在人类进步史中的真实功勋和重要性在晚近已被忽视。虽然塞尼卡[①]是站在斯多葛派立场上，但他也不是没有折衷主义思想，从这两个人的著作中我们发现有关于独一上帝、上帝意识深植于人们心中以及人的神圣本性、其堕落及恢复等思想，其思想和表达之纯洁令人惊异，它们和基督教教义的近似，尤其是塞尼卡，曾引起了他和保罗有过联系的传说；当时各方面的一切情况都说明，基督教的出现就在眼前。

① Lucius Annaeus Seneca，公元前 4(?)—公元 65 年，罗马哲学家、政治家和著作家。——译者

30. 施洗礼者 252

在我们考虑了这些预备性事件之后，我们即将进一步考虑那位即将解决那个纷纭扰攘的时代之谜的人物[①]，这一任务原是为他保留着的。但在半路上我们又碰到了施洗的约翰，《新约》里一方面把他表现为耶稣的先驱，另一方面又说他比先知还大(《马太福音》，第 11 章第 9 节)，这就是说，达到了当时发展阶段的犹太教的一切好的东西都集中表现在他一个人身上了。在上面我们已经说过，上帝的古老人民中还保留着的最虔诚和最有道德的人们都在艾森尼教团里隐蔽起来，据我们所知，约翰和这个教团的特点似乎有非常密切的联系，以致我们不免总想把两者相提并论，认为基督教从犹太教发展出来正是先通过艾森尼教派然后则通过施洗礼者约翰这两个媒介。

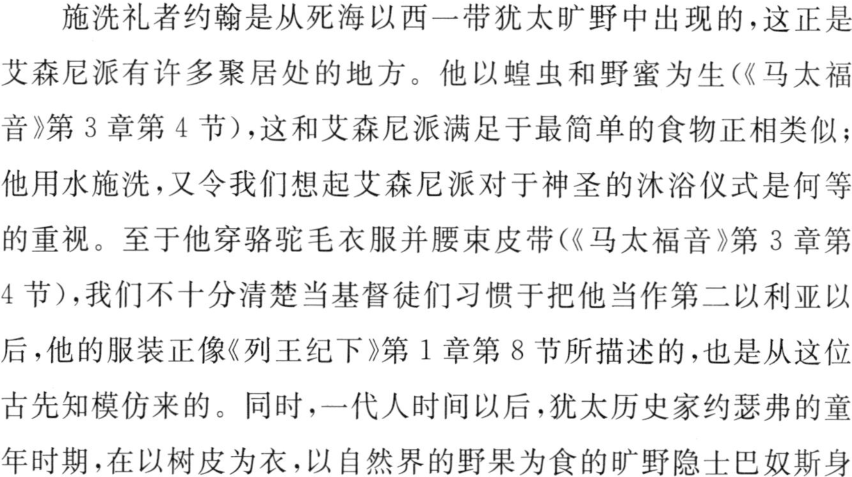

施洗礼者约翰是从死海以西一带犹太旷野中出现的，这正是艾森尼派有许多聚居处的地方。他以蝗虫和野蜜为生(《马太福音》第 3 章第 4 节)，这和艾森尼派满足于最简单的食物正相类似；他用水施洗，又令我们想起艾森尼派对于神圣的沐浴仪式是何等的重视。至于他穿骆驼毛衣服并腰束皮带(《马太福音》第 3 章第 4 节)，我们不十分清楚当基督徒们习惯于把他当作第二以利亚以后，他的服装正像《列王纪下》第 1 章第 8 节所描述的，也是从这位古先知模仿来的。同时，一代人时间以后，犹太历史家约瑟弗的童
年时期，在以树皮为衣，以自然界的野果为食的旷野隐士巴奴斯身 253

① 指耶稣。——译者

上，我们又看到了完全相似的现象，他和约翰一样，也是和艾森尼派有联系的[①]。的确，《路加福音》序言关于施洗礼者约翰的诞生及其早期生活的记载，描述了他的苦行者生活方式，清酒浓酒都不喝，只是一个普通许了愿的犹太教拿撒利人，但他所施行的悔改的洗礼，正如约瑟弗告诉我们的，则是艾森尼派认为比按律法献祭更为可取的净身礼之一，至于他所说如果必要的话，上帝能够从这些石头中给亚伯拉罕兴起子孙来，则和艾森尼派的精神完全符合一致，因为他们也认为如果仅仅是一个以色列人而不履行他们教团的圣洁仪式，就还是一个不干不净的人。

约翰对聚集在其周围的人群所作教诲的实质，马太在他的福音书第 3 章第 2 节作了同其他两本共观福音书符合一致的概括：“悔改吧，因为天国临近了。”这一劝告的前半部分，在《路加福音》第 3 章第 10—15 节是在一系列特别劝告中对于不同阶级的人们提出来的，它涉及诚实、仁爱、恩慈、同情等方面，但在《马太福音》第 3 章第 7 节往下，施洗约翰的说教，像后来耶稣传教时一样，是针对以法利赛和撒都该两个占支配地位的教派为主要对立势力提出来的。这位严厉的悔改之道的传教者认为，他们来到他面前想要受洗，实际上是要的一种花招，其目的是想要通过一种单纯的外表的礼式，逃避那正在威胁着他们的上帝的惩罚，但如果没有以道
254 德行为为证明的内心的转变，这种企图是不会成功的，特别是他们夸耀自己是亚伯拉罕的子孙，也不会对他们有丝毫帮助。所以，约翰要求那些受他施洗的人承认他们的罪过，继此而来的在河里的

① 约瑟弗：Vita，2。

洗礼，只是表明从上帝方面来说，这些罪过将会被赦免，从人的方面来说，就应该将其抛弃而不再重犯。在这里很可能是对施洗约翰的观点过分地按照西方精神作了理性主义的理解，因为毫无疑问，根据艾森尼派精神，他同时也认为，水有一种神秘的洁净和赦罪的能力。

[1]约瑟弗关于施洗约翰传教活动所作的描述，尽管是为希腊人和罗马人写的，因为听起来有点异样，但在主要之点，和这些福音书的记载是符合一致的[2]。犹太历史家约瑟弗说，约翰是一位勇敢的人，他劝勉犹太人通过洗礼在实践德行和正义方面彼此联合起来，以虔诚态度转向上帝，因为只有在他们首先通过公义，使灵魂得到洁净，然后又利用水使身体得到圣洁，而不是仅仅为了除去个人的瑕垢（即礼仪上的不洁净），这种洗礼才能蒙上帝悦纳。从这种描述中我们可以很清楚地看出，施洗约翰一方面根据艾森尼派精神用洗礼反对利未记的洗涤仪式，另一方面又像后来耶稣那样，从外表转向内心，从身体的洗涤转向精神的净化，也许正是为了这个原因，他以洗礼作为有必要一劳永逸地更新气质的象征，一劳永逸地取代了和各种外表污染相对应的频繁的洗涤仪式。

是该遵从这种劝告悔改的时候了，其原因就包含在公式的第
二部分。马太把约翰的说教概括为：听众应当悔改，因为天国临近 255
了。对于那些像法利赛人那样，拒不听从劝告，或者仅在外表方面表示听从的样子的人，这个天国将带来可怕的惩罚（《马太福音》第

① 按德文原著另起一段。——译者

② 《古事记》，xviii，5，2。

3 章第 7 节；《路加福音》第 3 章第 7 节）他们就是弥赛亚降临时要用簸箕和麦子分开并将其焚烧的糠粃、是弥赛亚要砍下来扔在火中的不结果子的树（《马太福音》第 3 章第 10，12 节；《路加福音》第 3 章第 9，17 节）。正如我们从上面所看到的，在先知中早就有人提到过，耶和华将亲自或者派在他前面的使者把百姓放在熔炉中提炼（《撒迦利亚书》第 13 章第 9 节；《玛拉基书》第 3 章第 1 节往下），只有那些符合条件的人才能分享弥赛亚将要带来的美好时光的幸福，那些顽固不化的将要首先受到上帝审判的清除。那些现在愿意受约翰洗礼并在生活中证明确已悔改的比较正义的人们，在弥赛亚降临时将受圣灵的洗礼（《马太福音》第 3 章第 11 节；《马可福音》第 1 章第 8 节；《路加福音》第 3 章第 16 节），因为先知们早就预言过（《约珥书》第 3 章第 1 节往下）在弥赛亚时代圣灵将要倾泻下来。

关于约翰说教的第二部分，即关于弥赛亚这一方面，约瑟弗没有明白提出，但凡熟知约瑟弗如何惯于把其国人为罗马人所疑忌的全部思想和怀念置于背景地位的人，是会从字里行间看得出来的。如果说，约翰号召犹太人通过洗礼联合起来指的只是一种不明确的同盟或联合，那么，约瑟弗所讲，由于约翰说教的结果，犹太
256 人都联合到一起，以及希律王杀死约翰的动机是因他害怕革新和起义，就毫不含糊的指明，那种作为犹太人造反的无穷尽泉源的关于弥赛亚的思想，并未排除于约翰的说教之外，尽管约翰本人未必对这事作政治的理解，他也可能是受到误会，像耶稣后来被误会一样，但他号召把道德上的转变作为一个条件，也并不排除当条件具备时耶和华就会照他们所期望的使他们在政治上获得拯救。

约翰可能认为,根据时代征兆,所期望的救赎者兼审判官之来临,已为期不远了。他也可能认为,像古代先知一样,他是负有神圣使命的,尽管路加关于当时情况的陈述以及他列举了一系列统治者的名称(《路加福音》第 3 章第 1 节往下)似乎是从耶利米预言的引言部分模仿而来。至于约翰所宣告即将来临的弥赛亚,照福音书作者所表述,施洗者认为肯定就是指的耶稣,这种推想,从基督徒的观点看来,的确是很自然的,但它不仅没有任何历史根据,而且是与确定的历史事实相矛盾的。如果他承认耶稣就是弥赛亚,那么,姑不说他的本分应该停止他的说教和施洗,因为他也许认为这样做对准备群众来说还是必要的,但无论如何,他应该把那些受了洗的人介绍到耶稣那里,使他们接受他的进一步的教导。据共观福音书所记,他不但没有这样做,而且当他在狱中的时候,还打发他的两个门徒到耶稣那里去,不是要他们跟随耶稣,而是要提出一个表明在约翰的心目中,对于耶稣究竟是否即弥赛亚,一点也不清楚的问题来(《马太福音》第 11 章第 2 节往下;《路加福音》第 7 章第 18 节往下)。虽然在第四福音书记载,由于他关于耶稣的讲话,他有几个门徒跟随耶稣去了,但他并未对所有的人都这样 257
讲,而是自己作为一个学派的领袖,同耶稣一道工作下去(第 3 章第 23 节往下),这种迹象,我们不仅可以从共观福音书看到,也可以从使徒行传中看到(《马可福音》第 9 章第 14 节;第 2 章第 18 节;《路加福音》第 5 章第 33 节;《使徒行传》第 18 章第 24 节往下;第 19 章第 1 节往下)。这个学派根据他自己的榜样和安排,以和耶稣在其自己的门徒中建立的很不同的形式继续存在下去。约翰的门徒和法利赛人共同的地方是他们都有经常禁食的习惯(《马太

福音》第9章第14节)，而如果单单因为法利赛人所犯与之有联系的错误，耶稣对之也是反对的，此外，耶稣还认为这些都属于外在宗教制度的形式，他自己的使命就是将其废除掉。这两个人物生活方式之间彼此的关系也和这种情况符合一致。约翰由于节制饮食.这就是说，由于严格苦行主义的行为所招致的反感和诋毁，和耶稣由于相反原因所招致的同样多，前者招致这些也是由于他的阴郁的与世隔离，后者则是由于他高兴与各阶级的人交往(《马太福音》第11章第18节往下;《路加福音》第7章第33节往下)。看起来似乎很不可能，一个目光如此狭隘短浅的人，一个仍旧深深陷于苦行主义偏见中的人，会承认一个完全抛弃这些偏见的人为自己的上级，是自己为之宣传的对象。尽管还缺乏他和艾森尼教团有外在联系的迹象，但不管是在他所做的或所不做的事上，施洗者似乎都是一个真正艾森尼教徒。耶稣在取得了艾森尼教团在思想和目标方面的一切真实和善良的东西之后，却把这个教派的所有狭隘偏见全部抛弃了，因而在约翰看来，他既可能是一个堕落的门人，也可能是一个优良的夫子。

258

31.耶稣，他的出身

关于这方面，当约翰在约旦河下游施洗的时候，所有福音书的作者都说，耶稣来到他那里受他的洗。从这里再往上追溯，历史的线索就中断了。从有关耶稣的婴儿和幼年时期错综复杂的一团传说中，只有两三点可以认为具有历史性，因此，我们将把清理这团乱丝的工作留待以后来考察。

第一点，耶稣是从加利利的一个小小城市拿撒勒出来的。在他的一生中，他一直被称为拿撒勒人、加利利人(《马太福音》第26章第69,71节;《马可福音》第1章第24节;第14章第67节;《路加福音》第18章第37节:《约翰福音》第1章第46节，第7章第41节，第19章第20节)，甚至在他死了以后，通常还继续以后一名称称呼他(《路加福音》第24章第19节;《使徒行传》第2章第22节，第3章第6节，第4章第10节，第6章第14节，第22章第8节，第26章第9节)，这一名称还连续用到了他的门徒们身上(《使徒行传》第24章第5节)。马太和路加说耶稣是在拿撒勒长大的，他们宣称，他的诞生地是犹太的伯利恒(《马太福音》第2章第1,22节往下;《路加福音》第2章第4,39节，第4章16节)。但这些福音书作者一开始所记述的关于他父母原来住处的相反的假设说明，他们这样做并不是根据任何历史性权威，而仅是依照从先知《弥迦书》第5章第1节得出来的一种武断的结论。

第二点，耶稣的父亲十有八九很可能是一个木匠，因而是属于社会的低下阶级的。根据福音书的记载，他被他的拿撒勒同乡们称为“木匠的儿子”，有时甚至直接称为“木匠”(《马太福音》第13章第55节;《马可福音》第6章第15节);贾士丁·马特尔说他以
制犁、轭或平衡木为业，这本是一种寓言性暗示，指他为人正直和 259
勤奋而言，从新约里是找不到这种迹象的，但它也不足以证明，关于耶稣历史的这一方面是杜撰出来的。至于他的父母的名字，约瑟和马利亚，特别是后者，在新约里出现很多，我们只能认为它是传留下来的真正历史资料。根据耶稣的生平历史，甚至直到他死后，他的母亲似乎一直活着(《马太福音》第12章第47节;《约翰福音》第19章第25节;《使徒行传》第1章第14节);而他的父亲，自

从他的婴儿时期以后就一直没有提到过，似乎可以认为，或者他的父亲死得很早，或者同他儿子以后的传教工作没有任何关系，但由于教义上的原因，这个被认为并不是耶稣真正父亲的人，在传说中被撇开，也不是不可能的。

关于耶稣的其他家庭关系，我们知道他兄弟姐妹都有(《马太福音》第 13 章第 55 节；《马可福音》第 6 章第 3 节)。他的兄弟的名字被提到的有雅各、约西、西门和犹大，关于他的姐妹，只提到过当耶稣公开传道时她们还住在拿撒勒。有一次当人们告诉耶稣说他的母亲和弟兄在外面等着他要同他说话的时候，据福音书记载，耶稣说："谁是我的母亲和我的兄弟呢?"他指着他的门徒说，凡听了他的话而遵行的人就是他的母亲和兄弟，或者，凡遵行他在天上之父的旨意的人就是(《马太福音》第 12 章第 46 节往下；《马可福音》第 3 章第 32 节往下；《路加福音》第 8 章第 19 节往下)，这种说法本身，并不证明在耶稣同其家庭之间存在着任何隔膜；无论如何，只有在《马可福音》里记载了一段不礼貌的话，暗示耶稣的亲属来找他是想要得着他，因为他们认为他是疯了(第 3 章第 21 节)。
260 但约翰明白地说，连他的弟兄也不相信他(第 7 章第 5 节)。的确，这种说法是和该福音书的小圈子主义倾向联系着的，把耶稣的同胞兄弟作为不信者而弃置一边，为的是使作者可以在十字架下，把马利亚的真正儿子，耶稣精神上兄弟的地位，给与他所爱的那个门徒，不过，从耶稣死后不久，所谓主的兄弟雅各所占有的重要地位来看，我们可以肯定，如果不是因为他当时还是一个众所周知的不信者，至少在耶稣的门徒中还不算是核心人物的话，他在我们的共观福音书里是会占有比较卓越的地位的。耶稣死后情况就不同了，他的兄弟和使徒们以及他的母亲，在教会里成了核心人物（《使徒行传》第 1 章第 14 节；《哥林多前书》第 9 章第 5 节），特别是上述雅各，成了教会的三大柱石之一，不仅如此，还成了当时耶路撒冷教会的正式首脑人物（《加拉太书》第 1 章第 19 节，第 2 章第 9，12 节；参看《使徒行传》第 15 章第 13 节；第 21 章第 18 节）。根据使徒保罗所述，这位雅各是具有严格犹太教倾向的人，在教会传说中，说他的一生是一个完全艾森尼——伊比奥尼派圣人，他的苦行主义行为，与其说是像耶稣还不如说更像施洗约翰。也有人根据下述事实，说他并不是耶稣的亲兄弟而是一个表兄弟，因为拿撒勒人所称之为耶稣两个兄弟的雅各和约西，马太在另一个地方却说他们是另一个马利亚、即约翰（第 19 章第 25 节）称之为耶稣母亲的姊妹的两个儿子[①]。的确，在圣经语言里，有时表兄弟也称为兄弟，但在这些人同耶稣的关系上连一次也没有把据认为更正确的称呼讲出来，而且还是反复地和稣耶的母亲一起提到他们，所有这一切表示，这样的假设[②]可能性是较小的，而怀疑其出自教条的偏 261
见的可能性倒比较大。

《马太福音》和《路加福音》两个家谱的作者认为，耶稣的兄弟和耶稣的关系无论如何只能是同母异父的兄弟关系，因为他们认为耶稣是由圣灵而生而不是由约瑟所生。但我们在这里是把福音书所讲耶稣的超自然出身完全弃置不顾的，我们不能把说他是出自大卫家系这件事看作具有历史性。因为这和说他诞生于伯利恒

---

① 此处英译本另分一段，但德文原著是连着的，这里从原著。——译者

② 按即认为雅各、约西是耶稣的表兄弟而不是亲兄弟的假设。——译者

的立足点完全相同。它是以所希望于弥赛亚的教条主义结论为基础，是以假定耶稣为弥赛亚他必然会怎样为基础；另一方面，由于这两个家谱之间的矛盾(《马太福音》第1章第1节往下；《路加福音》第3章第23节往下)，以及耶稣以讽刺的口吻谈论弥赛亚为大卫子孙这一概念(《马太福音》第22章第41节)，它的历史性是成问题的。有人曾认为，以耶稣为大卫子孙更容易说明弥赛亚意识在他里面的成长。与此相反，我们将会看出，耶稣对于弥赛亚观念的看法和普通理论不同，这一点从耶稣并不认为自己按肉身说是大卫子孙这一假设上，更容易予以说明。

32. 耶稣的教育，他和施洗约翰的关系

关于耶稣在其准备时期所用的思想和精神发展的手段，根据现有资料我们几乎毫无所知。就连路加，虽然他记载了耶稣十二
262 岁时出现在耶路撒冷圣殿的博学鸿儒之间(第2章第41节往下)，
但他一点也没有表示他从这些人学到了点什么，而是相反，这位神童反倒能够对于他的同胞们的最有学问的领袖有所劝告。不过这段记载既然仅是一种教条假设的产物，看来在历史上是没有多大价值的。在叙述这件事的时候所说他的父母每年都到耶路撒冷守节那句话，部分地只是为了引进耶稣出现在圣殿中博学鸿儒之间的情节，部分地也是为了突出耶稣的父母遵守法律的虔诚行为，这和路加所记耶稣幼年时期的全部历史是符合一致的。

福音书里没有提到过耶稣受过任何正常的教育。我们可以把这种缄默归因于他们基于教条原因的企图，想把耶稣表现为除了上帝的教育外，没有受过任何别人的教育，正因如此我们反倒倾向

于认为，他的确受过这种教育，特别是我们曾设想，他在早年曾帮助过他父亲做工，我们说“特别是”因为根据犹太人的风俗习惯，正如我们从使徒保罗身上（《使徒行传》第 18 章第 3 节，第 22 章第 3 节）所看到的，这样一条道路并不排除一个人能成为一个有学问的人。不过，在另一方面，别人和门徒，甚至文士们给予耶稣的拉比或博士的称号，并不证明耶稣就受过这种教育。因为当一个人实际上已处于教师地位的时候，这种称号的运用并不是很严格准确的。如果我们假定耶稣有一定的才能，那么，他所教的道理和他的作风，就没有什么不能以下述假设予以充分解释，即：他曾刻苦认真地学习旧约，并曾和他的有学问的同胞有过自由的交往，特别是
三个主要学派的成员。另一方面，正如我们从很有才能的异邦人 263
的使徒身上明显地看得出来的，独创性、新颖、完全摆脱迂腐思想，在耶稣身上有过独立的发展则更有可能。耶稣出身于加利利，对于这样一种发展更为有利。我们知道这一地区特别是其北部的居民是和异邦人混居杂处的，正是因为这个原故，这一地区曾被称为“外邦人的加利利”（《马可福音》第 14 章第 15 节；根据《以赛亚书》第 8 章第 23 节）。除此以外，在加利利省和犹太省之间还隔着一个撒马利亚，犹太人以其信仰自豪，而加利利人则被轻侮，被认为没有资格享受犹太人的全部特权；所有这一切情况对于发展一种比较自由的宗教倾向性都有帮助。

至于耶稣和施洗约翰的关系，根据路加所记（第 3 章第 23 节）是在耶稣三十岁以前不久发生的，所有福音书的作者们都没有提到过这种关系对于耶稣的思想发展有何影响。照他们看来，约翰不过是尽自己的本分给耶稣施洗并宣扬他是弥赛亚而已，不仅如

此，他们所描述的情况是我们不能从历史的观点予以处理的，我们在以后探讨另一个问题时将会回到这方面来。但如果因此就对耶稣曾受过约翰的洗这一简单陈述也不承认，像最近有人做的那样，在我们看来，又未免太过分了。一百年以后，在犹太人中流传这样一种期望，认为根据马拉基预言，弥赛亚的先锋以利亚将用膏油的方法，使后者就任其职位，但因此并不能得出结论，说耶稣受洗这段历史是为了适应这种期望而杜撰出来的。从问题的本身来看，并没有充分理由不承认这种记载，从而割断帮助我们从一位先行者引出耶稣及其任务的线索。

264　由于听到了约翰所做的一切而引起了耶稣动身前往约旦河是很自然的，因为他自己对于当时的宗教制度也感到不满，并怀有一种渴望更好景况会出现的生动而强烈的愿望，而且，正如我们从他以后的行动所看出的，约翰所指出的悔改的道路，在他看来也是唯一正确的道路。他接受了在河里受浸的仪式，这是一种象征性地表示承认有罪的仪式，是约翰向凡要受他洗礼的人所要求的(《马太福音》第 3 章第 6 节；《马可福音》第 1 章第 5 节)，至于福音书作者对于当时情况的另一种说法，只是一种从教条上考虑的结果，没有任何历史的重要性。如果我们不是从对于一切历史的考虑都是毁灭性的假设出发，即认为耶稣是无罪的话，这样做也是丝毫没有困难的，因为即使是最善良最纯洁的人也不免有许多令他感到内疚的罪孽、疏忽和鲁莽行为；而且，一个人在道德上愈纯洁，则其对于自己道德动机的丝毫不纯洁、对于道德理想的丝毫偏离，感觉也就愈敏锐。的确，耶稣自己在回答那个称他为“良善夫子”的青年财主的时候也明确地否定了这种称号，认为只有上帝是良善的

(《马可福音》第 10 章第 17 节往下;《路加福音》第 18 章第 18 节往下)。

没有理由认为，凡受过约翰洗礼的人都继续做了他的从者，因为有很多接受了这种仪式的人，在朝觐了新先知之后，又回到了他们的社会关系之中;但我们从福音书作者的一致记述中也看到有些核心门徒经常聚结在他跟前，就像他们后来聚结在耶稣跟前一样。现在的问题是，我们是不是也可以假定，耶稣在一定时期内也做了施洗者的从者呢？福音书作者的缄默，并不能证明他没有这样做过，因为他们由于教条上的原因，总是避免提及耶稣对于施洗 265

者哪怕是短暂的从属关系。但从这件事的本身来说，尽管没有家庭或社会上的必然联系，耶稣对于这位同他自己的目标有如此密切关系的重要人物，不仅是作了一种短暂的密切交往，是完全可能的。我们现在是完全立足于人性和自然的观点上，从这种观点出发，很明显，即使单从耶稣将要做一位人民教师来考虑，更不必说约翰所具有的强大的道德影响力，他也很可能从约翰学到了不少东西。同时，他也一定会越来越多地意识到，在他和施洗者之间有许多不一致之处，存在着重大的区别，即使不是在目标方面，至少也在他们所认为最容易达到这些目标的手段方面。

他们两个人的目的都是要提高国民的道德和宗教水平，建立一个除了以亚伯拉罕子孙为夸耀之外还有许多更重要的特权可夸耀的社会，使他们可以有资格接受那位他们所希望来临的弥赛亚。但特别根据马太的记载，施洗者[①]所用以达到这一目的的手段主

① 英译本原作“弥赛亚”，根据其“正误”改。——译者

要是通过严厉的谴责和关于上帝惩罚的恫吓。从耶稣的全部精神性质来说，他对于这种方法是不会同意的。尽管在必要时他也会运用惩罚的语言，但仁爱和慈悲的方法却是更合他的心意：他感觉自己受到一种和以利亚不同的精神所鼓舞，原来当时的人们同耶稣自己都是把施洗者和以利亚相比拟的（《路加福音》第 9 章第 54 节往下；参看第 1 章第 17 节；《马太福音》第 17 章第 12 节往下）正如我们已经看到的，施洗者认为，为了使人民成为圣洁，把他们从
266 其所陷溺的道德败坏中提拔出来，各式各样的身体的苦行，特别是经常禁食、戒酒、禁止尘世娱乐都是必要的。这种苦行主义同利未记的法律制度差不多，在耶稣看来，只是使宗教形式化的另一方式，其中包含着离开道德目标的新危险；他也不可能把这种苦行主义所带来的阴郁不安的精神看作是道德生活成长所必需。对于他们努力的最终目标，即以悔改为条件的弥赛亚救赎，两人的看法究竟有多大不同，现在还无法证明，但就是在这方面，他们两人思想体系之不同，也是很明显的。

马太所依据的传说（第 4 章第 12 节）把耶稣在公众面前露面和施洗约翰被囚联系在一起，这是否正确我们现在无法决定，但第四福音书所作相反的叙述肯定并不足以使该记载变得不确定起来。因第四福音书的作者在叙述了耶稣已经在不同场合在加利利和耶路撒冷出现以后，明确地说（第 3 章第 24 节）那时约翰还没有被下在牢里，他一定还逍遥自在，以便后来能够自动地放下武器向耶稣投降，但这既然一方面是不大可能的，另一方面却是第四福音书的全部计划所必需，很可能并不具有历史性。关于该福音书作者所说，但不久他自己又一半取消的话，即耶稣在其还活着的时候

就借用了施洗约翰的洗礼仪式，也有同样的情况（第 3 章第 22 节；参看第 4 章第 1 节以下）。其他福音书作者都表示，洗礼仪式是在耶稣复活以后才设立的（《马太福音》第 28 章第 19 节；《马可福音》第 16 章第 16 节）。这就使得这样的假定很有可能：即在最古的教会里并没有施行洗礼，而是在耶稣死后才有的，但它也像后来的许多仪式一样，却被认为是耶稣亲自设立的。

马太记载，当约翰引退时，耶稣却在另一地区出现，这是从他 267
一开始就把耶稣说教的内容，用概括约翰说教内容的完全同样语言来表达这一事实得到支持的，即：“你们要悔改，因为天国近了”（第 4 章第 17 节；参第 3 章第 2 节）。把两者综合起来看，就会显出耶稣不过是要取代约翰的地位而已；但从这些话里我们可以特别注意到，耶稣说这些话，也和施洗者一样，并不表示说话者本人，要求人们承认他自己就是所应许的弥赛亚。此外，在两个门徒被召以后的历史中（《马太福音》第 4 章第 18 节往下）耶稣是仅仅作为一个先知而出现的；他以后所行的一切神迹（《马太福音》第 7 章第 9,11 节）在人民群众眼中，并不使他有比先知更高的地位；不错，魔鬼们脱口道出了他是弥赛亚的秘密（《马太福音》第 8 章第 29 节）但他斥责了它们，使他们沉默了（《马可福音》第 1 章第 25—34 节）。耶稣医治又聋又瞎的被鬼附的人并在海面上行走，也曾使旁观者认为他一定就是弥赛亚（《马太福音》第 12 章第 23 节，第 14 章第 33 节），但耶稣既然在稍晚以后还问门徒说，人说我是谁，人们以为我是谁，这就表明，当时耶稣并没有这样一种持久的信念（《马太福音》第 16 章第 13 节往下）。前三福音书的作者一致把这段记载放在耶稣以饼饱众的神迹以后，登山变像以前；前两福音书

作者还准确地描述了这件事发生的地点是该撒利亚腓力比；此外，在这以后，他们还都提到了第一次宣告耶稣受难；以后不久，耶稣就离开加利利到耶路撒冷去。根据鲍威尔的敏锐观察，所有这一切都是一个准确的历史备忘录的清楚明白的标志。在这整个时期内，耶稣被迷信的人民认为他的确就是一个先知，尽管他们可能认
268 为，他是超自然地从死里复活的，像以利亚、耶利米，或者像刚被处死不久的施洗者一样，但他也只是弥赛亚的一个先锋而已，并不是弥赛亚本人。尽管彼得对耶稣问题的回答使耶稣感到新奇惊讶，门徒们也不可能认为他比先知更大；就连耶稣本人也没有说过他比先知更大，因为如果他本人早就告诉过他们他是弥赛亚，现在他就不可能再问他们以为他是谁了。所以，当我们的福音书在登山说教(《马太福音》第 7 章第 21 节往下)以及对门徒的训言(第 10 章第 23 节往下)里那样早就说耶稣宣称自己就是即将回来审判世人的弥赛亚的时候，这些言论以及上述被鬼附者等人已经承认他为弥赛亚等事件，纵然假定它们有任何历史性，在历史的顺序上也一定是记得太早了。

仍旧存在的问题是：是不是在较晚时期耶稣才开始认为自己就是弥赛亚呢？或者，耶稣本来就自信是弥赛亚，但认为到较晚时期把这件事向门徒及人民公开宣布为好，当我们考虑耶稣对于他的国人的弥赛亚观念所抱的态度时，还会回到这个问题上来。

33. 耶稣的宗教意识，不可能从第四福音书发现

施莱马赫在他关于这个问题的讲演中说得好，耶稣所特有的
269 自我意识的发展，不是从关于弥赛亚的预言，或者他自信自己就是

弥赛亚开始，而是相反，是从他自己的自我意识开始才认为关于弥赛亚的预言，除他自己以外不可能指别人；所以，从耶稣的一般自我意识来看，他意识到自己是弥赛亚，不是第一，而是第二，不是原始的，而是派生的意识。施莱马赫的这个意见，像他关于耶稣本人所说的其他一切一样，完全是从主观意义而不是从历史意义说的，但它仍然是一个聪明的意见，而且是可以历史地予以证实的。

哈斯说①，“在耶稣的一生里，他一定对关于弥赛亚神权政治的希望作过一次考虑并战胜了这种思想，”但我们还可以加上一句，如果不是在他把弥赛亚观念应用到他自己身上以前，先用一种基本的宗教观点修改了那个观念并使之摆脱其物质的和民族的组成部分的话，他肯定就会继续保持那个观念而且也不会战胜它。我们可以假定，由于外在的情况，由于考虑到他的家世，他所诞生和成长的小圈子里的人们的希望，他青年时期的环境和发生的事情，甚至在他的宗教意识发展以前，他就已经抱有他自己就是弥赛亚的思想，而这种思想也就必然是他的自我意识所赖以发展的当时流行的弥赛亚观念。在这种情况下，他的自我意识就只能按在他同时代人中所有的形式发展，就如我们在他的一生中从他的门徒身上所看到的：他必定把自己看作是一个借助于耶和华的神奇的援助，注定主要地和专门地要在道德上和宗教上提高以色列人
民的地位的人，要把他们从异邦人的压迫下拯救出来，使他们成为 270
一个堂皇大国，如果他在获得他自己和这种观念相反的宗教意识以前就把它应用在他自己身上，那它就会对他有很难摆脱的影响；

① 《耶稣传》，§410。

如果与此相反，我们发现在他的一生行为中这种观念是受到压抑的，那就很可能在他能借助于一种使他坚强的特殊宗教意识战胜它以前，他并没有这种思想。

如果我们想知道，耶稣的这种不受民族弥赛亚观念影响的特殊宗教意识是什么，那么，不仅教会的传统观点，而且当前的神学趋势，都主要地使我们转向约翰福音书，在这本书里，那位躺在耶稣胸怀的门徒，仿佛是把这个胸怀的最深处的秘密，耶稣关于他自己的本性以及他和上帝关系的最深奥的启示都给我们描绘出来了。在这方面旧神学自由自在地放手工作，把耶稣在第四福音书关于他自己所说的一切加以解释，诸如耶稣是上帝的独生子、是世界之光、他本来就在上帝里面，人类通过他就看见了上帝，他是从天上来的，还要回到天上去等在第四福音书里所明白记述的一切，部分地作为这位福音书作者的学说，部分地作为耶稣关于他自己的见证，这就是说，他是人格化的、神圣的创世之道，他从永恒就和上帝同在，为了救赎人类，暂时成人来到世间，当拯救人类的目的完成以后，还要回到天上的上帝那里去(第 1 章第 1 节以下；第 14 章第 3 节；第 13 章第 16 节；第 6 章第 62 节；第 8 章第 58 节，第 17 章第 5 节)。根据这种学说，耶稣的自我意识就是：他原是一位神，暂时采用了人的身体，也许还有一个人的灵魂，但同时还对他的早
271 先情况保持着一种清楚的回忆。约翰所描述的这位耶稣，尽管他说自己倚靠父，但这种依靠并不是像人对神的倚靠，而是一位创造世界的下级的上帝对最高意义的上帝的依靠。

一个具有这样性格的耶稣，正是古老信仰的神学所需要的，但近代信仰的神学却与之毫无关系，而由于这样的耶稣正是出现在

神学所钟爱的一本福音书里，难题就发生了。施莱马赫在他的《耶稣生平》的演讲中说，“我们一旦承认耶稣的前世意识是他的真实回忆，则他的真正人性意识就不复存在了。”因此，耶稣在《约翰福音》里讲话的意义，就不应当按字面来理解；在这里所暗指的，不是一种回忆，而仅仅是一种设想，即从一开始神的意图就是要他做一个救世主。但当一本福音书以这类的命题开始，说太初有道，道与上帝同在，道就是上帝，世界是借着它造的，后来它在耶稣里成了肉身；接着就是耶稣出来向我们保证说，没有亚伯拉罕以前就有了他，还说到他在世界以前和上帝同在的光荣，这样，我们就是听到了永恒的创世之道在肉身里清楚地对我们说话，他回忆了他在创造人类以前的存在，我们应当把任何关于他的话的其他解释看作是歪曲和不真实的，就像目前的辩解神学不断产生的许多事例一样[①]。

对我们来说的确不可思议的是，任何活在肉身中的人能够回忆起他前世的事来，尽管在当前的事例中这个前世被认为是远在 272
创世以前的一种神圣的存在。我们之所以认为不可思议，因为根据可靠的历史从来没有发生过这样的事情。如果有任何人说他能回忆起这样的事，我们就会认为他是个白痴，或者不然的话，就是一个骗子。鉴于耶稣所产生的影响，以及在可信的记载中给我们

① 参看卢克：《注释》，第三版，1，第368页往下，和关于约翰福音书序言中的教义内容的《补论》，以及有关不同经文的解释，特别是卢特哈尔特的《约翰福音书的特点》，第203页往下，第280页往下；瓦札克：《论约翰福音书中的基督对他本人的见证》，载《德国神学年鉴》，ii，i，第154页往下；另见希尔根菲尔特：《约翰福音书及其近代解释》，载《科学的神学杂志》，ii，3，281页往下。

保存下来的关于他的言行的记录，我们既难相信耶稣是白痴，也难相信他是骗子，同样，根据上面所讲的一切，我们也很难相信第四福音书作者在这里是根据亚历山大体系的原则谈论耶稣。所以，我们并不吝惜按这些话的字面意义予以解释，同样我们也不容许自己把它当作真正是耶稣所说的话。

但即使撇开任何所谓的耶稣的前世不谈，我们也很难从耶稣在第四福音书里关于自己所说的话想象出他究竟有什么样的一种自我意识。一个成了人的上帝是不是会像《约翰福音》里的耶稣那样行事，是不是他的言论会那样强烈地不断地坚持自己为神，向那些认为从人的嘴里以神的第一人称说话简直不可容忍的人们的反对一再地提出挑战，是不是一个成了人的上帝会认为让自己的神性间接从他的人性的光辉中照耀出来倒是一个更聪明更适当的办法。关于所有这一切，由于它们完全属于想象的领域，不可能作出明确的答复。但是不管是谁，只要一个人的头脑和思想还健全的话，他就不可能说出像第四福音书用耶稣的口说出关于他自己那样的话来，更不用说还是具有远在时间以前之永恒的显著特点那样的话了。在这本福音书里耶稣关于他自己的言论，实际上就是
273 一曲连续不断的赞歌，不过是把第二人称换成了第一人称，把对另一个人的称呼变成了关于自己的言论罢了；其所以到今天还被认为有启发作用，只能用人们已经习惯于把它们变换为第二人称这一事实来予以解释。当一个热忱的基督徒称呼耶稣为主，认为他已经上升天庭、他是世界之光，凡看见他的就是看见了父，他自己就是上帝的时候，我们是会原谅这些浮夸之词的。但当他像第四福音书作者那样，把他自己的那些热情的礼赞之词以耶稣谈论自

己的形式放在耶稣口中的时候，这样的礼拜就是很危险的了。

任何人对于臭名昭著的 l'état c'est moi[①] 这句话都有反感，因为它把属于大家的东西据为他一个人所有。特别是在这个事例中，说这句话的好大喜功的法王，专门炫耀外表，更毫无理由把自己看作是他所统治的国家的化身。假使说这句话的是一个比较有权利这样说的人，是一位腓特烈或华盛顿，我们从他们的口中听到这样的话也会为之感到遗憾，其实我们会肯定像他们这样的人绝对不会说出这样的话来，说国王不过是国家的第一位公仆的腓特烈大帝是光荣的，而说朕即国家那样傲慢话的路易十四则是可耻的。我们认为前者对于什么是国家以及尽管是居最高位置的个人，把自己和国家对比起来，说他一个人就可以代表国家意味着什么，是有深刻认识的。当耶稣谦逊地说，“你为什么称我是良善的呢？除了上帝以外没有人是良善的。”(《马可福音》第 10 章第 18 节；《路加福音》第 18 章第 19 节)这句话的时候，他就是相当于这样的人物。正是因为我们对于说了这样话的耶稣表示尊敬，对于约翰假耶稣之口说“凡看见我的就是看见了父”(第 14 章第 9 节)， 274
或“我与父原为一”就不能不感到愤慨，或者至少认为是不可理解的。我们认为(我们在这里是完全从人的观点看问题)不管一个人对于他自己就代表了最完全的宗教观念和在他里面人的自我意识与神的自我意识已经和谐一致有多么强烈的自觉，他总还会记住(而且他的宗教感觉越敏锐，他记得还会越牢)，在这两者之间是有一条不可逾越的鸿沟的，他对于什么东西能够在人们心里唤起真

① 法语，“朕即国家”，法王路易十四的话。——译者

正的虔诚理解得越深刻，就越会对作这样的断言采取慎重的态度。没有一个怀有真正虔诚感情的人能够说出“凡看见了我就是看见了父”这样的话来，只有一个较晚时代的热情的崇拜者，在他自己习惯于把耶稣看作是一个成了人的下级上帝之后，才可能让耶稣说出这样的话来。

在《约翰福音》的基督关于他自己的这些言论中，从人的观点看，可能看作是真实可能的，不外乎是第四福音书和前三福音书所共有的东西，即耶稣把他和上帝的关系看作像一个儿子和父亲的关系一样。不过在前三福音书中，这种观点是有其广泛的理性基础的。在道德的完善方面模仿上帝的人，特别是对好人坏人不作区分一律以恩慈相待的人，都被称为上帝的儿子(《马太福音》第5章第45节；参看第9节)，就像从上帝对人的有远见的和原谅人的爱来考虑，称上帝为父，为在天之父一样(《马太福音》第5章第45，48节；第6章第1，4，6，8，36，32，第7章第11节)，凡是已经提高了自己的直觉水平，对上帝的真性有这样认识的人，在祷告中都应这样称呼他。

有一次耶稣独自称上帝为父，为天地的主，感谢他把对于他的
275 教义的理解向聪明人隐藏起来，向婴儿却显示出来(《马太福音》第11章第25节往下；《路加福音》第10章第21节往下)。他这样做似乎就是把他自己放在任何一个好人这样称呼上帝为父的共同基础之上。但当他接下去说(第27节)：“我父已把一切都交给了我：除了父没有人知道子；除了子和子所愿意指示的没有人知道父”的时候，我们就被移置于一种完全特殊的关系之中，说这些话的人在这里意识到自己和上帝处于同等地位，当《约翰福音》里的耶稣对

父说：“凡是我的都是你的，你的也是我的”（第 17 章第 6，10 节）；又说：“父认识我，我也认识父”（第 10 章第 15 节）的时候情况也是一样。在第四福音书所有这一类的言论都是以所谈到的耶稣的崇高性格为基础：上帝的创世之道人格化了，他差遣他以人的形象来到世上，不仅把人类置于他的特别保护之下，而且由于所有受造之物没有一样不是借着他造的（第 1 章第 3 节），万物就都是他和父上帝所共有的了。但这种基础正构成了一种理由，为什么从历史的观点来说，我们同第四福音书里的耶稣这些言论没有办法打交道。从历史的观点来考虑，一个论到自己能说这样话的耶稣是不存在的。在前三福音书里，关于所引用的这些话是没有这种基础的；从他们的观点看，耶稣的确是从圣灵而生，但并不是成了肉身的创世之道；而且天上地下所有的权柄也仅是在他从死里复活以后才给他的（《马太福音》第 28 章第 18 节）。因此，我们应该研究一下，马太和路加所记的那些言论是不是可以从人类都是上帝的儿女这样一种概括性原则来予以解释。当然，我们可以这样设想，耶稣置身于一个只知上帝为主，他们自己都是他的仆人的民族之中，竟能从他心中产生一种上帝为父的认识，而这种认识是在他把自己的自我意识和上帝意识之间的一切形式的对立排除之后产生 276
的，因而他感到自己和上帝有一种完全特殊的关系，他感到除了自己以外没有人对上帝有正确的认识，即认识到上帝为父，而他自己对于别人则成了传播这种知识的媒介。但他为什么又加上一句说，除了父没有人认识子呢？难道子，即耶稣自己，是那样的神秘，以致只有上帝才能认识他吗？如果他是一个人就不会有这种情况，只有他是某种形式的超人才能如此；这句话在第一和第三福音

书里是完全孤立的，和第四福音书里的原则很相似，因此，看来是后加上去的，为的是提高关于耶稣的概念，使之高出于常人之上，比在那几本福音书别处所讲的，更高一筹。

34. 根据前三福音书：耶稣的宗教意识

所以，如果想要对耶稣的自我意识有一种清楚的认识，我们就既不能从第四福音书，也不能从和它的奇特性质有关系的共观福音书的上述一段行文中获得稳固的立足点，除了完全转向共观福音书外无其他出路。耶稣的山上说教从来一直被正确地认为是基督在共观书中的言论核心[①]。就连在其引言部分，基督的崭新世界观也像沛然而降的春雨那样滋润着人们的心田。所谓的“八福”
277 （《马太福音》第 5 章第 3—10 节）自始至终贯彻着基督的和犹太人及异邦人传统思想截然不同的似非而实是的论点。有福者不再是吃喝玩乐的富人，而是贫穷、哀伤、饥渴的人们；通向幸福和富裕的正确道路已不再是暴力斗争、严格主张自己的权利，而是仁慈、和平与忍耐。同旧世界对比起来，这是一个天翻地覆的世界，在这个世界里我们不像在旧世界那样，从外表和以为外表与内心符合一致的假定出发，而是认为内心是绝对重要的，它处于一种超过对立的外表的地位，并且宁愿与内心发生最亲密的关系。

人们都熟知，马太和路加在这里是有区别的，后者（第 6 章第 20 节往下）的“贫穷”是绝对的，而前者则是“心灵里的贫穷”，一个是指忍受（真正）饥渴的人，另一个则是指饥渴“慕义”者而言。我认为路

① 凯姆称山上说教为“全部真实（记述）中最真实的（记述）”。

加的比较简单陈述是更为原始的，而马太的增加部分则是后来为了防止误解所采取的措施，以免人们会认为耶稣的祝福只是因为外在的贫乏，和内心的作用无关。路加所陈述和理解的“八福”，对于那些在今世遭遇外在不幸的人们应许来世给予幸福，而与此相对照，呼吁降“祸”则是为了预示今世幸福的人来世将受惩罚，这一切都强烈地令我们想起晚期伊比奥尼教派的主张，不过它们也可以从耶稣当教师的经验中予以充分说明。如果耶稣在较高阶级的人民中发现过他们的高尚欲望曾因肉欲的享受而受到窒息，而在遭遇个人不幸的贫苦人中这种欲望则常保持活跃，当他出现在受 278
压迫的加利利群众中的时候就很可能由于发现他们有相应的心情而宣告他们为有福。任何一种革命（基督教的兴起就是最猛烈的革命之一）通常总不是那些生活富裕的人而是穷苦不满的人予以支持。但耶稣宣告贫穷、饥饿等人有福并不是因为这些外在不幸本身的原故，所以，马太的增加也并不意谓着他对耶稣的言论作了错误的解释，肯定地说，他比那些对苦行作过分的夸大后来又认为拥有任何尘世财物其本身就是罪的伊比奥尼派要正确多了。

耶稣把他对现在受贫困和受压迫的人所应许之福的实现放在来世和天堂。他的这种做法是和他那时代和人民的观点一致的，我们不必试图予以取消。以对于高尚事物的敏感性为其组成部分的内在超感觉幸福似乎是一种未来的奖赏；内心和外表的矛盾必须予以解决：人类新觉醒的精神生活必须和外界世界情况相适应，这是会自然地逐渐地产生的，但不可能在今生完全实现，只有借助于宗教表象期待其作为神迹般的调节在来世获得实现。

山上说教引言部分即第一部分所宣布的关于律法的解释，和强调外表行为的法利赛教派解释相反，强调了精神的唯一必要性，就是出于由外表转向内心的考虑。不仅是杀人，就连愤怒和仇恨，不仅是奸淫，就连不洁的念头，也都在禁止之列；不仅是假誓，任何
279 誓言都和朴素真理不相称而必须予以抵制。耶稣在把对古人，即对接受摩西律法的人所说的话和他自己现在对门徒所说的话作对比的时候，就是表示他自己是精神的立法者，和仅仅是外表行为立法者的摩西处于对立的地位，或者毋宁说，他比摩西更高，因为他要把摩西所立的字面法律提到精神完善的高度。在这样做的时候，他使忍耐和爱仇敌的准则同真正希伯来人的也是真正古代人的严格补偿性的爱朋友恨仇敌(《马太福音》第5章第38节往下)的原则对立起来。接着他用以下的话作为山上说教的这一部分的结论："使你们可以成为你们在天之父的儿女，因为他用太阳照好人也照歹人，降雨给义人也给不义的人。"如果说在新约里有真正从耶稣口说出的话，那么这肯定就是他所说的话，而不是后来由别人假借他的口说的话；因为直到编写我们的福音书的这整个期间，由于人们的思想狂热、争论不休、头脑发热、见解褊狭，使我们没有理由把这样光明磊落、心胸宽大的言论归之于这个期间的人们。因此，我们在这里看到了耶稣的虔诚的基本特点，他感到天父就是这种无偏袒的仁慈的化身，正是由于他对上帝所抱的这种见解，他才特别喜欢称上帝为他的在天之父。

耶稣对于上帝的这种基本直观，不可能是从旧约圣经得来。旧约里的耶和华是一个愤怒和妒忌的神，他严格地而且过分严格地执行报应和惩罚。这种思想尽管在晚期的先知书里有了缓和，但从未完全消失过。像在以利亚出现以前所说的上帝不在暴风

雨、地震和烈火中，而是在平静、微小的声音中（列王纪上 19 章 12
节）这类的话是很罕见的。在至少对于异邦人把上帝表现为一个 280
惩罚和报仇的神的排它主义犹太教里，想对上帝抱一种比较温和的见解也是有困难的。尽管以色列人被称为耶和华之子，作为上帝设立的总督和被保护人的以色列君王也有这样的称呼，但把上帝对一般人的关系看作是父子关系的这种思想对于旧约圣经来说则完全是一种外来的思想。耶稣使上帝为父的思想成为对上帝同人的关系的一种基本看法。他这样做只能是出自他自己内心的意见，是在他自己的天性中有无偏袒的仁慈这样一种独创性原则的结果。他意识到自己在这方面是同上帝协调一致的。这种原则是从他的内心深处流露出来的，像善于忍耐的父上帝那样，决不让自己的沉着镇静被人类的邪恶所破坏，而是要以善胜恶，以善行战胜仇敌。耶稣劝勉其门徒要以这样的行为证明他们真正是天父的儿子；他劝他们要完全像他们在天之父完全一样（《马太福音》第 5 章第 48 节）。在我们看来，所有这一切都表示，耶稣从一种道德的观点设想，上帝就像他自己宗教生活最崇高时刻的精神一样，而这种理想又转过来使他的宗教生活得到了加强。但在耶稣的意识中，他的最崇高的宗教精神就是那种以善胜恶的广阔的爱，因此，他就把它作为上帝本性的一个基本原则。

人类既都是上帝的子女，他们彼此之间的关系就都是兄弟的关系（《马太福音》第 5 章第 22 节往下），是彼此平等的关系，我们的本分就是在对待别人方面不要和对待自己有什么不同，不要责
人严而责己宽（《马太福音》第 7 章第 3 节往下），在任何时刻和任 281
何场合下我们都应该对待别人像我们希望别人对待我们自己一样

(《马太福音》第 7 章第 12 节)。耶稣的这一训诲一直被强调为基督教的一条特殊的道德原则是理所当然的,它包含着人类的一个基本观念:所有的个人都必须服从人类的共同理想,这一观念存在于所有人的心中,任何人都必须这样承认它、尊重它。

由于耶稣受人类爱精神和从这种精神所产生的行动的鼓舞,战胜了人生的一切障碍和局限,感到自己同天父原为一,这就在他里面产生了一种幸福,任何外在的喜乐忧苦同这种幸福比较起来就都失却其重要性。面对衣食问题他能够无忧无虑地谈及上帝给百合花以穿戴并喂饱了麻雀(《马太福音》第 6 章第 25 节);对于一种经常没有枕头地方的飘流无定的生活他能够感到满足(《马太福音》第 8 章第 20 节);由于意识到自己是向人类传达上帝旨意的旗手和使者他能够对外来的荣辱泰然处之。他热爱儿童,因为儿童的天真无邪、不骄不怨,最接近于这种神圣的爱的精神,在另一方面也使他们成了这种爱的最明显的对象(《马太福音》第 18 章第 3 节往下;第 19 章第 14 节往下)。人打了他的右脸,他欣然把左脸也转过来;人强逼他走一里路,他宁愿同他走二里路(《马太福音》第 5 章第 44 节往下);对于触犯他的弟兄他不仅是饶恕七次而是七十个七次(《马太福音》第 18 章第 21 节往下)。

耶稣既然养成了这样一种和上帝同样的愉快心情,把全人类理解为弟兄,就实现了先知所预言订立一种将律法写在心中的新约的理想(《耶利米书》第 31 章第 31 节往下);他已经,用诗人的话
282 来说,“把神性吸收到自己的意志之中”,因此对他来说,“神已从其宇宙宝座降临,鸿沟已被填平,可怕的现象已经消逝”;人类在他里面已经从奴隶地位获得了自由。我们可以把这种愉快而宁静的基

调，这种由高兴快乐的光辉精神所发出的行动方向称之为在耶稣里面的希腊文化成分。但这种内心的冲动以及与之相一致的耶稣的上帝概念在他里面都是纯粹精神上的和道德上的。希腊人只能借助于哲学到达这种境界，而在耶稣里面则由于他所受的摩西律法的教育以及先知著作的熏陶，成了一种很自然的天赋。

如果我们问，耶稣的这种和谐的性格是怎样产生的，摆在我们面前的关于耶稣生平的记述并没有提示它是由任何思想斗争而产生。的确，大家都清楚知道，除了关于耶稣婴儿时期的传说外，这些记述仅仅包括耶稣公开传道的短暂一段时期，而且是从排除他有任何人类犯罪可能性的观点写的；因而人们可以料想，在耶稣的这段愉快一致的生活以前，可能有过一段阴郁的斗争时期，也许还有过许多越轨的行为。但除非所有类比对我们都有欺骗性，我们总应该能够从耶稣后来的生活中发现有这类情况的迹象，而关于他的后来生活我们是并不缺乏资料的。凡是经历过斗争和剧烈的突破才获得净化的人们（试设想一下像保罗、奥古斯丁、路德那样的人吧），都会永远留下这类经历的伤痕[①]，在他们的一生中总会有某种苛刻、严厉和阴郁的东西紧紧地跟着他们：但在耶稣里我们却一点这类的迹象也找不到[②]。耶稣从一开始就是作为一个完美 283

① 英译本“The shadowy colours of this”，德文原著（第 264 页）为“die Narben”，即伤痕。——译者

② 有人以为在耶稣受试探的故事里可以找到这类斗争的线索。但这种想法是完全以对于这段记述的近代人的歪曲为根据的，关于这段记述的真实意义，正如我们在适当地方会看到的，不可能有任何误解。即使是喀西马尼园里的极度痛苦，历史地理解起来，也只是为保持一种早已成为习惯的心理状态的斗争，而不是为了获得这种状态的第一次努力。

的人而出现的，只需从其本性作自我发展，使他越来越明确地意识到自己，越来越坚定起来，而不必需要作任何改变或开始一种新的生活：这种情况当然并不排除个人的疑虑和错误，需要不断作出严肃认真的努力来战胜自己、克制自己，正如上面所提到过的，耶稣曾拒绝把“良善”一词用在他自己身上。至于《马太福音》第 19 章第 17 节所表现的另一种含糊其词的说法，和《约翰福音》里的挑战：“你们哪一个能定我有罪呢？”一样，肯定都是出于后人的篡改，仅仅是《约翰福音》的逻各斯基督的一种表现而已。耶稣的内心发展总的说来是很稳定[1]的，尽管不是不需强大的努力，但并没有剧烈的转折点，这也就是耶稣无罪的教义的真实意义，这同把它作为一种纯粹消极概念理解的严格的教会意义毫无共同之处。正如以上所暗示到的，才能出众的外邦使徒在这方面和他的夫子并不一样，即使是后来基督教的两位伟大的改革家，奥古斯丁和路德，在这方面也只是更像保罗而不是更像基督，然而，如果真有一位近代宗教天才从一开始就成为肉身，就像耶稣时代的天才在他里面成为肉身一样，这样的人似乎也不大会像那些被制服过的人那样，依靠前人来维持自己，而是会以一种独立自主的精神，将其工作发展下去。

35. 耶稣和摩西律法的关系

通过纯粹精神的手段，耶稣使自己和谐的宗教生活、在上帝里
284 的安宁和与上帝的结合臻于完善，因此，他也就和他的同胞试图借

---

① 参看德文原著第 264 页。——译者

以达到这种境界的外表手段发生了一种特殊的关系。他一定认为，这些手段只是些迂回曲折的道路，至少对他自己来说已不再是必要的了。那些不能跟他走这条捷径的人也许认为他们需要另一条道路，也可能真是如此，但存在着这样的危险，他们可能沿着这条迂远的道路一直走下去而终于达不到他们的目的。

耶稣在回答文士们律法的最首要的戒律是什么这个问题的时候说，尽心尽力爱上帝又爱邻舍如同自己这一准则就包含着律法的核心和精髓(《马太福音》第 22 章第 35 节往下;《马可福音》第 12 章第 28 节)。马可借文士的口所添加的话，即遵守这一戒律就比献燔祭和其他祭物更好，毫无疑问，是他自己的附加语，尽管这句话在说明耶稣的意义方面是完全正确的。犹太人祭礼的一个主要部分就是为所犯的错误和罪过献赎罪祭;因此人们就认为，如果不献上这些祭物，罪过就得不到赦免。在另一方面，我们看到当耶稣一看到人有真诚的悔改、信仰和爱心的时候，他就出于自己的充分的宗教意识立刻赦免他们的罪(《马太福音》第 9 章第 2 节往下;《路加福音》第 7 章第 47 节往下)。对于犹太人和先知们所认为非常重要的安息日耶稣也是抱这种态度。的确，在安息日耶稣自己是不做普通工作的;但当发生真正的需要或有更高的义务要求作出外在努力的时候，他就毫不迟疑地自己作出努力或者让他的门徒这样做。在人们所熟悉的关于摘麦穗的记述里，马可借耶稣的口说:“安息日是为人设立的，人不是为安息日设立的”(第 2 章第 285
27 节);但马太还让耶稣说:“如果你们知道‘我宁要仁慈而不要献祭’这句话是什么意思的话，你们就不会定无罪的人为有罪了”(第 12 章第 7 节)。这是和我们上面所引述的希伯来先知们同样的见

解；但耶稣作了非常尖锐的阐明，以致我们可以很明显地看出，他不是逃避人对他在安息日工作的指责而是勇敢地对抗了这种指责，毫无疑问，他不仅认为所有这种外表的崇拜和内心的虔诚对比起来是毫无价值的，而且还努力想方设法让他的同胞们也看到这一点。

还不很清楚耶稣的见解朝这个方向走了多远。毫无疑问，他的大部分论战性言论是针对较晚时期的教师们对于摩西律法的增添部分的，法利赛人坚持这些增添部分应该和律法的戒条同样得到遵守。律法对于各式各样真正的和假想的污染如碰着死尸，分娩的女人等规定了一些洗礼仪式；但对于拉比们所增添的饭前洗手的规定耶稣和其门徒则不受其约束(《马太福音》第 15 章第 1 节往下)。耶稣之所以特别讨厌法利赛人遵守这类规定，正如在上面所已暗示到的，是因人们如果继续走在这种迂回曲折的道路上就有忽视内在虔敬，甚至道德义务的危险。有一个人由于想为他的许愿准备祭物，就把应该给予父母的必要赡养也剥夺了(《马太福音》第 15 章第 5 节)；另一个人遵守给利未人献十分之一地上之果实的规定甚至连律法所没有要求的大茴香也献上了，但却忽视了律法所要求的道德戒律(《马太福音》第 23 章第 23 节)。的确，耶
286 稣关于这类事仅仅说，这些是应当做的，那些也是不可不行的，这就是说，当人已经认真努力遵行律法的道德戒律的时候，再努力执行礼仪条文是完全值得称许的，但却决不应该为了后者而忽略前者。在耶稣这段反法利赛人言论的前几句话里，他劝勉人们按照文士和法利赛人的戒律行事，但却不要效法他们的榜样，因为他们并不实行自己所教导的(《马太福音》第 23 章第 3 节)，也就在这同

一地方，耶稣还说这些人把难担的担子加给别人；在另一场合，仿佛是和这作对比似的，他说他的担子是容易的，他的轭是轻省的（《马太福音》第 11 章第 30 节）。当耶稣的门徒忽略了洗手的时候他说，凡不是我父栽种的树都必要连根拔出来（《马太福音》第 15 章第 13 节），很明显，他认为这种由拉比们立的规章制度是累赘的、讨厌的、是没有更高权威根据的，人们可以容忍其于一时，但其废除是指日可待的。

但耶稣是否还超过拉比们的这些增添部分，连摩西律法的礼仪部分，也想连带予以攻击，从我们所有资料来源的性质来看，则很难置答。当人们因为他的门徒不洗手而吃东西指摘他的时候，耶稣要他们了解说："不是入口的能污秽人而是出口的能污秽人"（《马太福音》第 15 章第 11 节），如果不是他没有觉察到自己说话的意义，这就意味着他认为当时人们非常重视的摩西律法对于各种食物的禁止是不重要的：不仅如此，在反对只要丈夫向妻子提出休书就可以休妻的这条规律（《申命记》第 24 章第 1 节）的时候他
说，任何离婚，如果不是因为奸淫的原故，其本身就是奸淫，还说， 287
这条规律的提出是因为考虑到犹太人心地刚硬的一种临时措施（《马太福音》第 5 章第 31 节[①]往下；第 19 章第 3 节往下）他宣称，即使撇开其礼仪的局限性不谈，摩西律法也是有改善余地的，因而在涉及人与人之间的道德和社会关系的条例方面，是不完全的。

然而，关于这一问题的任何进一步揣测，已被耶稣自己在山上说教中所作的声明杜绝了：不要以为他来是要废掉律法和先知，他

① 英译本误作第 5 章第 3 节。——译者

来不是要废掉，而是要成全：因为尽管天地都要废去，但律法的一点一划也不能废去；所以，凡破坏律法的最小条例又教导别人这样行的人，他在天国里将是最小的，凡遵行律法条例又教训别人遵行的人他在天国里将是大的（《马太福音》[①]第 5 章第 17—19 节）。如果在这段经文里所谓的最小条例和律法的一点一划是指礼仪条例而言，那么，耶稣对于律法的这一部分就不仅是承认有必要予以容忍，而是承认了其在任何时代的神圣不可侵犯的有效性。

但如果以这种假设为根据，则耶稣的计划和其整个立场就成为绝对不可理解的了。因此，许多注释家都认为，所谓的天地要废去就是一个真正的界限，根据当时的思想，在不久的将来，即在所希望的弥赛亚回来审判世界以后，天地即将废去。只要这个世界还存在，律法的一点一划将继续有效，但所希望的新世界一经来到，它就不再有效了。不过，与此相反，每一个不怀成见的读者都

288 会对耶稣的话作像路加那样的理解，路加是这样记述的（第 16 章第 17 节）：天地废去，比律法的一点一划废去还容易哩，这就是说，这个和那个都将无限期地存在下去。关于这里文字的运用，可参看《约伯记》第 14 章第 12 节；《诗篇》第 72 篇第 7 节；《巴拉巴书》第 1 章第 11 节。所以，另外一些人的猜测可能更正确些，他们认为这里的话是为了有利于较晚时期的犹太基督徒而后来加在耶稣话里的。我们还可以从“凡破坏律法的最小条例又教导别人这样行的人，他在天国里将是最小的”这句话中看到有影射使徒保罗之意，保罗曾自称他在使徒中是最小的（《哥林多前书》第 15 章第 9

① 英译本误作“马可福音书”，根据德文原著第 286 页更正。——译者

节)。

我不准备为这些猜测的后一种进行辩护,但关于前一种猜测,我想,通过指明令人感到困难的18,19两节明显地是一种篡改这一点,是可以进一步得到确证的,当然,不是对我们目前的《马太福音》本文的篡改,而是对耶稣所说的话,也许是对耶稣言论的早期报道的篡改。在19节,凡破坏这些戒律中最小的一条又教训别人这样行的人,都受到了将在天国里处于最小地位的威胁;在另一方面,凡遵行这些戒律而又教训别人遵行的,则应许其将在天国里居高位。在20节接着又说:"我对你们说,如果你们的义不胜过文士和法利赛人,断不能进入天国。"这两种断言是互相矛盾的。因为这里所说的胜过法利赛人的义,应该照从21节开始的解释所阐明的意义来理解,即,关于摩西律法所禁止的杀人、奸淫和起假誓,成全律法不仅在于文字而是在于精神,不仅要防止恶行,而且也要防止相应的性情;不仅要防止杀人,同时还要防止仇恨和报复的念

头;不仅要防止奸淫,同时还要防止肉欲的最初冲动。如果按照目 289
前的行文顺序,即使是最小的礼仪条文也必须认为是神圣不可侵犯的,那就无论如何也不可能胜过法利赛人了。如果我们更仔细地看一下这里的连接惯用语,"因为我对你们说"共出现了两次:一次(用"实实在在"字样加强了语气)是在18节的开头,然后又在20节的开始;如果我们把第20节放在惯用语第一次出现的地方(这个惯用语在其目前位置对那一节是不合适的),我们就得到了上下文之间可能得到的最好的衔接。因为这样耶稣就说明了他的使命的目的即成全或完成律法的意义,不像目前马太所描绘的那样,突然转向律法的文字方面,说它一点一划也不能废掉。当耶稣

说,“我来不是要破坏,而是要成全”的时候,那正是因为法利赛人的所谓成全律法是一点好处都没有的,他们只注重形式而忽视德行,虽然避免了外在行动,却在内心紧紧抱着罪恶的性情不放——如果我们认为这就是耶稣的思维过程,语言的逻辑联系就完全了,而且这也是同耶稣的全部经历的精神完全符合一致的。耶稣言论的原始报道,不管是口头的或书面的,可能就是采取了这种形式,当遵守摩西的礼仪律法在犹太基督徒中间毫不动摇地贯彻着的时候,人们对它并没有任何反感。但当随着使徒保罗专向异邦人传道而免除了基督徒遵行(摩西)律法的义务,根据保罗自己的书信并部分地根据使徒行传的记载,我们知道就在犹太基督徒中间引起了混乱,于是耶稣所讲的这种很容易按保罗的意见解释的话就遭到了反对,或者还认为耶稣言论的完整的原始形式本来就是明
290 显地有利于维护摩西律法的。就这样,18,19 节的陈述就插进去了,而原应紧接着 17 节的 20 节,倒放在后面了。

耶稣本人明确地意识到他的教训的新颖性及其对旧犹太制度的格格不入,这是从他有一次关于禁食问题的发言中明显地看得出来的(《马太福音》第 9 章第 14—17 节)。人们对他没有像施洗者那样,强迫其门徒禁食感到惊异;原来在犹太人中,就像法利赛人和艾森尼派那样,凡争取成为特别圣洁的人都试图通过在律法规定的每年赎罪日禁食(《利未记》第 16 章第 29 节)之外,还实行各种自动的禁食来表示他们的这种志愿。自鸣得意的法利赛人在一个比喻里(《路加福音》第 18 章第 12 节)就夸耀了他们一个礼拜禁食两次。耶稣在这里不仅像过去那样,指出了法利赛人禁食的虚伪性,甚至也不满足于声明,只要他还和门徒在一起,这种凄惨

阴郁的苦行主义生活对他们就不合适，而且还讲了人们不把新布补在旧衣服上，不把新酒装在旧皮袋里以免衣服撕裂，酒流到地上（第 16 节往下）。耶稣在这里似乎表明了他的信念即，一般说来，在他所主张的关于内在性情的原则和旧的礼仪制度之间没有调和的可能，否则的话，如果硬要把不可能连合的两者结合在一起，则其互不相容很快就会暴露出来。

耶稣并不认为献祭制度仅仅是一种附带发生的事情（《马太福音》第 5 章第 23 节往下），根据福音书记载，他明确地指示他所治好的麻风病患者为其获得洁净献上（《马太福音》第 8 章第 4 节；《马可福音》第 1 章第 44 节；《路加福音》第 5 章第 14 节）摩西所规 291
定的祭物（《利未记》第 14 章第 10 节往下）。另一方面，最常被人忽略的是，根据福音书的记载，耶稣本人除了逾越节羔羊外，没有参加过任何犹太人献祭的事。除了为洁净和罪过献祭外，一个虔诚的以色列人在适当的时候还要献燔祭、肉祭和感恩祭。在所有场合都还为穷人规定了一些不花多钱的祭物，但我们却没有发现耶稣或其门徒献过任何这类祭物的迹象。的确，关于这一点，文献的缄默并不是一个充分的证明，但我们也不应忘记，根据共观福音书记载，耶稣只有一次到过耶路撒冷，而且在那里停留的时间很短。但福音书记载过耶稣的一次行动，这行动表明他的内心是不大赞成献祭这种制度的。我们在这里指的就是四个福音书作者都记载过的所谓洁净圣殿这件事情（《马太福音》第 21 章第 12 节往下；《马可福音》第 11 章第 15 节往下；《路加福音》第 19 章第 45 节往下；《约翰福音》第 2 章第 14 节往下）。耶稣在耶路撒冷的圣殿里（这就是说，在通向圣殿的一个院子里）看到有做买卖的人，据约

翰记载，特别是卖鸽子的人，还有卖牛羊的人和他们所卖的牲畜，兑换银钱的人，认为是亵渎圣所而大为不悦，他推翻了他们的桌子，把他们都赶出去了。芮马鲁斯[①]解释道：只要摩西的律法还继续有效，就必须把外国人过节用的各种牺牲带到圣殿里来，尤其是在过逾越节的时候。为了这个目的，还按照法律规定收拾干净了圣殿的最外面的院子，即所谓“异邦人的院子”，以供使用。如果带
292 来出卖的牲畜多，还被认为是一种虔诚的表现哩。在这里兑换银钱的人也是必不可少的，他们给上来过节的人提供方便，使他们能够把他们的普通钱币换成圣殿里通用的钱币。当耶稣说不应当把祈祷的殿变成贼窝这句话的时候，看来他对做买卖和兑换银钱时的欺骗行为特别有反感。他还引用了不愿听到耶和华的圣殿被弄成凶手藏身之所的先知耶利米的话（《耶利米书》第 7 章第 11 节）和称圣殿为祈祷之殿的先知以赛亚的话（《以赛亚书》第 56 章第 7 节）。因此，人们认为，所有这一切和精神的献祭相对立的物质的献祭制度在耶稣看来都是讨厌的。艾皮法尼乌斯论到伊比奥尼派人[②]时说，在他们自称的《马太福音》里有耶稣说的这样一句话：“我是为了废除献祭来的，你们如果不停止献祭，（上帝的）愤怒也将不停地降在你们身上。”这里表达了伊比奥尼派人和艾森尼派人所共同具有的对于流血献祭的恐惧心情。这种心情以及艾森尼派的禁绝肉食都是以该教派所特有的苦行主义和对于世界及人生的二元论观点为基础的。耶稣同这种观点毫无共同之处：但他深信，

① 参看施特劳斯编：《芮马鲁斯》，第 195 页往下。

② 《论异端》，xxx. 16。

同上帝和解只有通过纯粹内在手段才能获致。因此，他对于十足唯物主义献祭制度的不满就越发是很自然的了，尤其是如果这是他第一次在圣殿里看到这种禽兽市场的话，则由于义愤而激发出这种具有先知激情的行动就更不足怪异了。

然而，耶稣对于整个犹太人圣殿礼拜制度所采取的立场，似乎并不完全像福音书所描绘的那样温和无害。如所熟知，作为约翰福音书所描述的同共观福音书不同的关于耶稣历史真实性的证明之一，人们常断言，一个虔诚的以色列人，像前三福音书所记耶稣 293
做的那样，竟让好几年的时光消逝，而不遵照律法规定，去耶路撒冷守一个重大节日，是不大可能的。另一方面，也有人举出好几条理由来为这一疏失作解释。如果能够证明耶稣事实上并不是那样一个虔诚以色列人，这种解释就将会是最令人满意的了。芮马鲁斯发现，在福音书作者所记述，由大祭司为了定耶稣为有罪所召集的有假见证人作证的高级会议中，有歪曲事实真相之处，因为对耶稣进行控诉已有足够的理由，单是他把做买卖的人从圣殿赶出去这一件事就足以构成对他起诉的理由了[①]。但关于作假见证的人把耶稣赶走做买卖人这一大胆行动的精神用简单而大胆的话表现出来，说他曾说，他能拆毁上帝的圣殿又在三天之内把它建立起来(《马太福音》第 26 章第 61 节)又怎么样呢？如所周知，约翰把耶稣洁净圣殿的事放在他公开传道的开始，说他在那一场合下说了这样的话，而且是把它当作耶稣真正说过的话，并不是作为控告他的假见证。在约翰看来，其虚伪处仅在于他们对耶稣的话作了错

① 《论异端》，第 208 页。

误的理解，如他所说，这原是指耶稣的死和复活而言，但犹太人却以为是指建造圣殿(《约翰福音》第 2 章第 19 节往下)而言。马可(《马可福音》第 14 章第 58 节)认为假见证人说的话是(他们曾听见)耶稣宣称他要拆毁这个“用人手建造”的圣殿并要建立起一个“非用人手建造的”圣殿来。但这仅仅是他把自己的解释假耶稣之
294 口说出。同使徒行传的记载对照起来，这种说法倒很可能比《约翰福音》牵强附会到耶稣的复活更符合耶稣的原意。在使徒行传里(路加在其福音书里略过了这个假见证，仿佛他有意将其留待第二部著作[①]中讨论一样)，反对司提反的假见证人也说他曾宣称，拿撒勒人耶稣将要毁坏这个地方(即圣殿)并改变由摩西传授的习惯做法(《使徒行传》第 6 章第 14 节)。在这段经文里只提到了毁坏圣殿而没有提到重建的事，仅加上了改变摩西传授的礼拜方法这一点。很明显，所谓重建就是指引进对上帝的精神崇拜而言，毫无疑问，这也正是马可所暗指的，尽管对于“不是用人手建造的圣殿”一词，他也可能按字面理解为将有一座神迹般的建筑物自天而降。在报道司提反事件时也说这些见证人是作假见证的，但司提反本人也并不承认上帝真的住在人手建造的圣殿里(第 7 章第 48 节)。这确实是一种古老的见解，是从希伯来人的上帝观中自然地产生的，早在旧约圣经里这种思想就曾假所罗门之口道出过(《列王纪上》第 8 章第 27 节)。但从犹太人对于司提反和整个年轻的基督教会那种怒气冲冲的情况来看，司提反说这话一定不是像古代先知那样地温和无害，使上帝得到更大的光荣，而是似乎确有所指，

① “第二部著作”在这里是指使徒行传而言。——译者

因而触犯了他们。由此人们得出了这样一种假定，认为司提反的确说了这些人说他说过的话，因而他们所作的并不是假见证。司提反所说的可能是这样的意思：当耶稣从天降临的时候，他要毁坏这个圣殿并废弃与之有关的摩西的礼拜仪式。既然我们发现对耶稣本人也有同样的指控，那就很可能说明其虚伪处仅在于它误把
圣殿的毁灭与重建当作是真正的物质的毁灭与重建，但很可能连 295
这种误解也是不真实的，因为犹太人清楚地知道耶稣革新的目的何在，而且正是由于这个原因他们才想控告他并定他为有罪。

耶稣的门徒由于害怕这些后果，放弃了他们夫子所采取的危险立场而后退几步，根据我们目前所有的文献，连使徒中也没有一个人充分理解耶稣的心意，这就使得后退越发容易。从其名字可以肯定他是诞生于希腊某处的犹太人的司提反，对耶稣说话的真意似乎理解得比巴勒斯坦的使徒们更清楚，他预料到圣殿的崇拜仪式即将被废除并因此而遭受了共夫子所受的同样命运。在耶路撒冷的犹太使徒和犹太基督徒更是坚持继续走这种不仅是比较安全而且也更符合他们理解程度的行动路线。基于这种精神他们改编了耶稣的历史，除了像假见证人历史这类几乎难以了解的痕迹外，凡涉及耶稣早先立场的事都消失了。正如上边所指明的，在这样的范围内我们可以承认，《约翰福音》所表述的耶稣关于对上帝的精神崇拜不再受特殊地域限制的言论（《约翰福音》第 4 章第 21、23 节往下）比马太福音书关于律法的一点一划也不能废去的思想，更符合耶稣的真实心意和观点，这并不是说，除了第四福音书作者由于其所受亚历山大教育达到了耶稣由其宗教思想的自由精神所达到的境界外，我们有任何优越的历史资料。

296 36.耶稣对于非以色列人的立场

如果耶稣已经看出摩西敬拜上帝的仪式不符合宗教的精神实质，而想通过谨慎地传播自己的观点实现犹太宗教制度的改革，那么，他对于非以色列人的立场这个问题就似乎已经得到解答了。因为摩西的礼仪崇拜制度其主要明确目的既是想把以色列人同其他民族隔离开来，随着这种制度的废除，隔离犹太人和异邦人的墙垣也就被摧毁了。然而这一点仍有特别探讨的必要。因为在历史上从来没有一个人会自然而然地仔细考虑其原则的全部后果，即使耶稣曾这样考虑过，仍可能由于审慎的动机，在对待非以色列人的行动方面有所保留。

在绪论里我们已经顺便提到过在福音书记述的耶稣言行方面关于这个题目的不同观点有一种有规律的变化层次。在一个地方记载说耶稣吩咐门徒不要转向外邦人或撒马利亚人，因为我们必须把这些杂种人民放在和异邦人同等的地位。在另一个地方耶稣说了许多有利于撒马利亚人的话，对于异邦人的接近表示了最愉快的感情，最近还吩咐门徒向两种人都要宣传福音。在一个地方我们看到他小心翼翼地避开了撒马利亚人的地方，在另一个地方又毫不犹豫地进入这一地区，不仅如此，他还在这块地上做了一件特别令人愉快的事情。在一个地方一开始是拒绝帮助一个异邦女人，在另一个地方却非常甘心乐意地对一个异邦男人施加恩惠，因为他有信心，竟把他抬得比犹太人都高，还加上一句警告说，迟早
297 总有一天，异邦人要被召进天国，而顽梗不化的犹太民族倒要被抛在外边。准确地察看一下不同的段落，我们发现在《马太福音》第

19 章第 1 节，和《马可福音》第 10 章第 1 节，他避开了撒马利亚的土地，在《路加福音》(第 9 章第 52 节；第 10 章第 33 节往下；第 17 章第 11 节往下)却毫无畏惧地进了这块地方并说了一些有利于撒马利亚人的话；在《约翰福音》(第 4 章第 5 节往下)他在撒马利亚成功地做了为人民服务的工作；在《约翰福音》第 12 章第 20 节往下，当异邦人临近的时候他心里预感到自己遭难的时刻将到；《马太福音》(第 10 章第 5 节)他吩咐门徒不要到异邦人那里去，而在同一福音书(第 28 章第 19 节)以及《马可福音》(第 16 章第 15 节)和《路加福音》(第 24 章第 47 节)又吩咐把福音传给他们；在同一福音书(第 8 章第 5 节往下)，的迦伯农百夫长的故事里，表现了对异邦人的友好精神，而在迦南妇人的故事里又把异邦人和狗相提并论(第 15 章第 21 节往下)。在这样的不同层次中，总的说来，我们既不能把耶稣及其对异邦人的态度放在最高层，又不能放在最低层。关于撒马利亚人，第四福音书所记耶稣在雅各井旁和撒马利亚妇人相会的故事，从其本身看来，显然部分地是一种诗意的描绘、部分地模仿了雅各和拉结(Rachel)，以利以谢(Eliezer)和利伯加(Rebecca)的情节(《创世记》第 24 章第 29 节)，还部分明白无误地是作为后来使徒们在撒马利亚传道的榜样(《使徒行传》第 8 章第 4 节往下)以及异邦人将来的皈依而编撰的，它也部分地和该福音书所特有关于耶稣几次的过节旅行有密切联系，并没有可靠的历史依据。我们还有外邦人出现的场面，他们的出现引起了耶稣内心的深刻激动，成了耶稣发表他将获得光荣和一粒麦子必须先死了然后才能结出许多子粒的言论的诱因、但这种场面是以约翰福音所特有的方式，从两部共观福音书关于耶稣登山变像及喀西

298 马尼园痛苦的记述编撰而成，不值得予以历史的考虑。至于耶稣要他们教诲万民并给万民施洗的最后命令，是在耶稣复活之后借其口说出来的，其是否成立将视复活是否成立为转移。但即使撇开这一点不谈，如果耶稣曾坚决而郑重地要他们向异邦人宣传福音，而随后关于这个问题竟引起如此激烈的争论，尤其是那些较老的、曾经侍候在耶稣左右的使徒们，竟从一开始就站在反对向异邦人传福音的一边，就是不可思议的了。

在另一方面，耶稣曾明确地吩咐宣教的门徒说，不可走异邦人的路也不可进任何撒马利亚人的城，他们只能把自己限制在以色列家迷失之羊的范围之内。诸如此类的命令，特别是指向异邦人传道说的不可把圣物给狗，不可把珍珠丢在猪前的那段经文（《马太福音》第7章第6节），如此显著地属于犹太教的言论，像关于律法的一点一划将永远存在下去的应许一样，竟出诸耶稣之口，就不能不令人对于耶稣的真意和目的有莫名其妙之感了。的确，人们是把这作为一时慎重之计来理解的。据说，为了取得先向犹太人传福音的稳固的立足点他不得不先迁就犹太人对异邦人的成见并给予门徒必须这样行的一种深刻印象。但门徒既然已经充满了犹太人的成见，特别是对异邦人和撒马利亚人怀有反感，哪里还有什么给他们以深刻印象的必要呢？对他们来说这样的禁令完全是多余的。如果耶稣真正下了这样的禁令，他必然是真心实意这样做的，而如果他真的这样做的话，那他的全部目的和职责，对我们来说就是一个不可解之谜了。

299 在另一方面，福音书作者关于耶稣对待非以色列人的这些言行，其意义介乎两个极端之间是可以历史地理解的。加利利边区

的居民非常混杂，耶稣在那里一定常常碰到一些异邦人。他在那里也一定注意到个别异邦人作为他的听众其感受性和对他的公开信任以及他们深信有开始新生活的必要性，都比怀有成见并狂妄自负的亚伯拉罕子孙更大。根据他的特性使自己向有这样印象和经验的人自由开放是完全很自然的事，他一方面利用他们来激起其同胞的羞愧或热切之情，另一方面也一定会注意到后者的无感受性和恶意的证据越积越多，很可能在他心里逐渐形成了这样的思想：在他所要建立的教会里，不是亚伯拉罕的子孙而是异邦信徒将占大多数。在迦伯农百夫长故事的末了记载着耶稣的有这样旨趣的一句话，的确，那里记载的是一种神迹故事，但在与其他很自然的场合有联系的叙述中也证明异邦人有更多开明信仰的精神，关于迦南妇人的故事也是一个神迹，其结果是耶稣对这个异邦妇人信心力量之大表示了惊异。在引言部分，当把这两个故事对照起来看的时候，耶稣对罗马军官是从一开始就准备答应他的祈求，而迦南妇人则遭到了两次从犹太观点的拒绝、只是由于她的坚持不懈深信不疑的祈求，困难才得以克服。《马可福音》(第 7 章第
24 节)在解释为什么在有了百夫长的前一事例之后竟然会对迦南 300
妇人这么严厉的时候说，这是因为耶稣在那个接近腓尼基边界的地方不愿让人认出自己的原故。但这明显地只是作者自己对故事的可憎性想减轻责任的一种尝试。如果耶稣真地这样做了的话，我们可以采取以下的两种解释之一来予以说明：一种可能是事情发生得较早，在耶稣传道的开始，而福音书作者竟把它记在很晚的时候，另一种可能是耶稣并不是真的从犹太人心理出发，对妇人的祈求表示拒绝，而是想要试一试她的信心并从而使她的行为更可

以成为犹太信徒的榜样。然而更明显的是，这一段目前具有神迹形式的记述不可能是纯粹历史性的，而是福音宣传以后将要采取的方针的一种神秘的象征。异邦世界进入基督教会是通过他们坚韧不拔的信心努力战胜顽梗不化的犹太人偏见而取得的。就这样，耶稣本人一定在经过开头的一再拒绝之后，为这个异邦妇人坚持不懈的谦逊信心所打动，不得不将其祝福倾泻在她的身上。

耶稣同耶路撒冷圣殿及其礼拜仪式并无多大联系，这一事实使他更容易战胜犹太人反对撒马利亚人的成见。犹太人之所以刻毒地仇恨撒马利亚人其主要原因之一正是由于在基里讯山上存在着一个敌对的圣殿。在第四福音里已经记述了(第 4 章第 21、23 节)耶稣说过，时候将到，现在就是了，人们敬拜上帝既不在这个圣殿也不在那个圣殿，而是要用心灵和诚实来敬拜。尽管这句话的形式肯定并不具有历史性，而是完全由于这个较晚的作者所抱的
301 宗教哲学见解，但它也很可能同耶稣自己所抱的见解相距并不很远。我们不妨这样设想，当耶稣上耶路撒冷过节的时候，他照顾到犹太民族的成见，连同跟随他的一些其他加利利人，不是走近路穿过撒马利亚，而是像马太和马可所说的迂回经过约旦河东岸。无论如何，路加的记述(第 17 章第 11 节)，说他经过撒马利亚，是非常含糊混乱的，有些地方还颠倒了时间的顺序，很少有任何历史佐证；因为他所记的和撒马利亚人的来往，除了安排住处这一点外(第 9 章第 52 节往下)完全很可能是发生在上耶路撒冷过节以前，是在较早的另一次接近撒马利亚边界时发生的。然而，《马太福音》所表述的，也很可能出自这部福音书原来所从产生的犹太小圈子的成见，而且本来就是为他们写的，而《路加福音》，尽管在内容

细节方面有混淆，但总的说来，还可能保持了正确的东西。无论如何，关于感恩戴德的撒马利亚人的描述(《路加福音》第 10 章第 30 节往下；第 17 章第 12 节往下)和关于百夫长和迦南妇人的故事一样，都教导我们，由于耶稣有了这种对撒马利亚人和异邦人的经验，就不能不使他把他们同他的犹太同胞作对比从而使后者感到羞愧。不可否认，像这类有利于撒马利亚人的故事很可能是后来为了对一般异邦人表示好感而编造出来的，假托是耶稣所做并收集在有保罗化倾向的《路加福音》里。从感恩戴德的撒马利亚人故事所具有的神迹性质更可清楚地看出，难免有虚构者插手其间。但故事中所表现的耶稣对于撒马利亚人的感情，从历史角度来看， 302
也并不是不可能的，它仅仅出现于第三福音书这一事实本身，从其基本原则来说，并不足以使我们认其为不可置信。

所有这一切都可以使我们在一定程度上假定其为耶稣观点的推广[①]。我们可以假定耶稣从一开始本是把他的号召限于他本国人民中的，他和他们不仅一般地在一神教思想方面，而且在对待旧约的启示方面都有同一立场。随着时间的推移，他和异邦移民，邻国人和靠近加利利边界的撒马利亚人交往的经验越多，对他们感受性之大就越发感到惊异，而对犹太人的顽梗不化则越发感到痛苦，从而他就不断地越来越多地把前者纳入他的计划之中，并期望他们终有一天会集体地加入他所要建立的团体中来。不过他并没有为此作直接的安排，而是把未来的一切留待时间的衍化和自然形势的发展。

① 在这方面我同意凯姆的见解，见前引书第 40 页。

37. 耶稣同弥赛亚概念的关系

到目前为止，我们已经一方面从耶稣对摩西律法所持的立场，另一方面从他对异邦人和撒马利亚人的态度试图显示耶稣所特有的宗教意识，而尚未涉及他对其人民关于弥赛亚概念所采取的态度。但希望读者不要误会，以为我们有意暗示在这里所讲到的他
303 的各种思想和见解在他还未确信自己就是所应许给犹太人的弥赛亚之前就已经发展得很完备了。他必然有一种他所特有的宗教特性的基本原则、理想主义、内省的倾向性，一方面想要使宗教同政治分开；另一方面又要使宗教同仪式分开，必然要欣然确信自己既能够在纯粹精神意义上与上帝和好又能获得内心平安。但这些都是我们假定他在使自己和弥赛亚概念等同起来以前所已经具备而且成长到一定成熟和一致程度的，唯有具备了这些性格我们才能说明他为什么对弥赛亚概念有那样独立的和特殊的理解。[①]

耶稣对于犹太人弥赛亚概念所采取的态度是在特殊情况下采取的，这从他对于自己的特殊职务的描述方式就可以肯定下来。除了基督即弥赛亚一词外，根据福音书记载，在当时犹太国还有两个通用的名称：同一个人，有时根据相信他就是比大卫王更大的大卫的后裔而称他为大卫的儿子，有时又根据以色列民族本身和他们最好的国王从最高的意义称他为上帝的儿子。有些求他帮助的人，如耶利哥的瞎子和迦南妇人（《马太福音》第 9 章第 27 节，第 15 章第 22 节，第 20 章第 31 节）称他为大卫的儿子；在他医治了

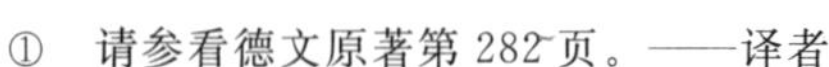

① 请参看德文原著第 282 页。——译者

又瞎又哑的被鬼附的人以后，人们问道："这不是大卫的儿子吗？"（《马太福音》第12章第23节）当他进耶路撒冷时他们也是这样称呼他（《马太福音》第21章第9节）。在这些场合中人们这样称呼他，有多少次具有历史真实性是这里无法解决的问题，但至少这一点是明确的，那就是大卫的儿子这个称呼在那时的犹太人当中是普通流行的应用于弥赛亚的一种称呼。但耶稣从来没有自己这样称呼过。其实，有一次他对这种称呼还几乎表示了一种否定的意见。他问法利赛人道，"你们以为弥赛亚是谁的儿子？"（《马太福音》第22章第41节往下）并没有明确地说这里的弥赛亚是指他自 304
己而言。他们根据当时民间流行的说法回答说"是大卫的儿子"。他又问道："人们既认为他是大卫的儿子，那么，大卫为什么在诗篇第110篇又称他为主呢？"他们对这个问题回答不出来。在这样的事上只有两种之一的情况是可以想象得到的。一种是耶稣有一种没有说出的解决办法可以解决弥赛亚是大卫的儿子这种低级称呼同大卫称他为主这种高级描述之间的矛盾，但这只有假定弥赛亚具有一种更高的性格才有可能，即按肉体或按律法说他是大卫的子孙，但按精神说却是一位直接从上帝而出的更高的存在者。然而前三福音书的作者从来没有一次借耶稣之口发表过这样的见解，从而我们也就没有理由对当前的叙述作这样的看法。唯一的另一个假定是他认为这种矛盾是实在无法解决的，所以他就明显地站在诗篇的一边，既然根据通常的解释，大卫（这并不是说这篇诗篇就是他作的）称弥赛亚（在《诗篇》里也没有明确地这样称呼）为主，这就意谓着耶稣不承认弥赛亚是大卫儿子的这种理论。所以，在耶稣看来，弥赛亚比大卫更高，正如他在另一场合描述他自

己比所罗门或约拿更大一样(《马太福音》第 12 章第 4 节往下);他想要松开在犹太人心目中的弥赛亚同大卫之间的紧密联系,因为犹太人在对于弥赛亚的希望中所有的一切世俗的和政治的因素都是以这种联系为依据的。我们可以认为,耶稣的这种说法,如果真是出自他口的话,就是对于犹太人所抱弥赛亚观念的这种因素的一种否认。

305　在福音书里弥赛亚的另一种流行称呼,其实这也就是耶稣对他自己的一种特殊尊号,就是“上帝的儿子”这个名称。在旧约里曾对以色列人这样称呼过(《出埃及记》第 4 章第 22 节往下;《何西亚书》第 11 章第 1 节;《诗篇》第 80 篇第 16 节),犹太人民的统治者,像大卫和所罗门那样蒙上帝宠爱的人(《撒母耳后书》第 7 章第 14 节;《诗篇》第 89 篇第 27 节)以及他们可尊敬的继承人(《诗篇》第 2 篇第 7 节)都有过这样的称呼。正如我们在新约里所看到的,以后这个名称就成了犹太人所盼的大卫后裔中的伟大统治者弥赛亚的正常称谓。在耶稣受试探的故事里,魔鬼曾假定地这样称呼耶稣(《马太福音》第 4 章第 3、6 节),犹太人在十字架下讥笑耶稣时也是这样称呼他(《马太福音》第 27 章第 40、43 节);格拉森[①](Gergesenes)的魔鬼(《马太福音》第 8 章第 29 节),其他的鬼(《马可福音》第 3 章第 11 节),以及当耶稣在海上行走时船里的人(《马太福音》第 14 章第 33 节)都曾这样称呼他。当他受洗的时候(《马太福音》第 3 章第 17 节),和他在山上变像的时候(《马太福音》第 17 章第 5 节)上帝自己也曾这样称呼他;当他受审时大祭司曾就

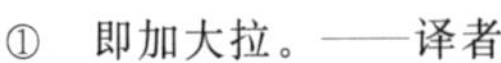

① 即加大拉。——译者

这一点讯问过他，在这次是把“上帝的儿子”、“基督”和“弥赛亚”明显地等同起来。的确，耶稣对于弥赛亚的这种称呼并没有像对另一种称呼即大卫的儿子那样间接地予以否认，但如果我们把第四福音书作者不置于考虑之列的话，他也没有为自己的原故直接地把这称呼用在自己身上过。对于大祭司起誓提出的他是不是上帝的儿子基督这个问题，他回答说，“你说的是”，这就是说，他承认了；当耶稣问门徒，尽管犹太人对他是谁作了犹豫不决的回答，他们即门徒认为他是谁的时候，彼得高兴地回答说，“你是基督，是永生上帝的儿子，”耶稣祝福了他并称赞他说，这种认识是他的天父直接启示他的(《马太福音》第16章第15节往下)。但值得注意的是，他立即认为有必要制止这种想法。在彼得承认之后，所有三部共观福音书都立即记载了耶稣首先吩咐他们不要告诉人他是弥赛 306
亚，并第一次宣称他将要受难(《马太福音》第16章第20节往下；《马可福音》第30章往下；《路加福音》第11章第21节往下)。难道这岂不意谓着，耶稣好像是对门徒说：“是的，我是弥赛亚，但并不是你们大卫王的儿子；我是上帝的儿子，但远远出乎你们意料之外，他将要通过我的受难与受死来荣耀我。”①

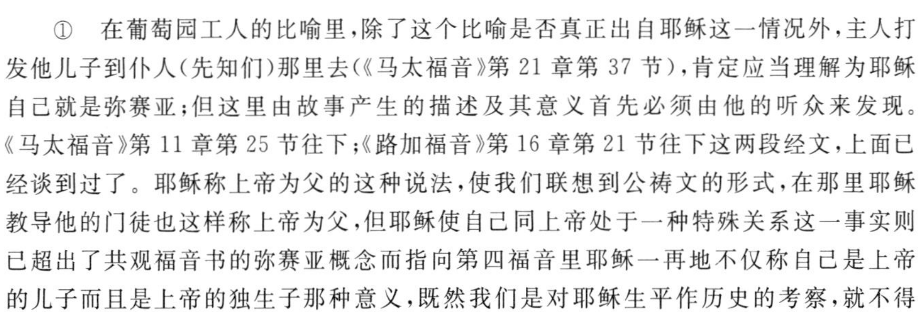

① 在葡萄园工人的比喻里，除了这个比喻是否真正出自耶稣这一情况外，主人打发他儿子到仆人(先知们)那里去(《马太福音》第21章第37节)，肯定应当理解为耶稣自己就是弥赛亚；但这里由故事产生的描述及其意义首先必须由他的听众来发现。《马太福音》第11章第25节往下；《路加福音》第16章第21节往下这两段经文，上面已经谈到过了。耶稣称上帝为父的这种说法，使我们联想到公祷文的形式，在那里耶稣教导他的门徒也这样称上帝为父，但耶稣使自己同上帝处于一种特殊关系这一事实则已超出了共观福音书的弥赛亚概念而指向第四福音里耶稣一再地不仅称自己是上帝的儿子而且是上帝的独生子那种意义，既然我们是对耶稣生平作历史的考察，就不得不对这种情况拒绝予以考虑。

耶稣是大卫儿子这个称呼，是弥赛亚的两个流行称呼之一，耶稣自己从来没有用过，而且有一次甚至还对之采取了几乎是讥讽的态度。另一个称呼，即他是上帝儿子这种称呼，尽管当人们这样称呼时他的确接受了，但他总是警告他们不要误解。他最爱用以描述自己的一种称呼是“人子”，不过他是否要借这个称呼表示自己是弥赛亚，[①]却不那么容易解答，而且各人的解答也不一样。从诸如《诗篇》第 8 篇第 5 节；《约伯记》第 25 章第 6 节这类经文来看，人们都知道它是作为同必死的人的同义语用的，在《马可福音》第 3 章第 28 节也是这个意思。不过这里还明确地附带有将人的
307 卑微软弱同上帝白赐之恩相对比或者说人毫无理由自命不凡的意思。这种附带意义在以结书里尤为明显，同时这种说法并非用来表示一般的人性而是表示一个个别的人。耶和华每次在异象中向先知显现或每逢对他有所委托时都称他为人子（第 2 章第 1，3，6，8 节；第 3 章第 1，3，4，10，17 节等）。如果我们考虑到第一次选用这个词的情况，就会看出它是联系语言的传统用法，为了突出表现先知的软弱人性和他所受到的崇高启示之间的对比。当一个人要跟随耶稣而耶稣却对他说人子没有枕头的地方的时候（《马太福音》第 9 章第 6 节）；当他说人子来不是要受人的服侍而是要服侍人，并且要舍命作多人的赎价的时候（《马太福音》第 20 章第 28 节）；当他屡次描述说人子必须要受苦死的时候（《马太福音》第 12 章第 40 节；第 17 章第 12，22 节；第 20 章第 18 节；第 26 章第 2 节），

① 关于以下所讲，请参看鲍威尔论文：《ὁ υἱὸς τοῦ ἀνθρώπου（人子）这个词的意义》。载希尔根菲尔特的《科学的神学杂志》，iii. 3，第 274—292 页。

他的意思只能像以西结那样，表示自己虽然受到上帝委以崇高的启示，但仍然不过是一个必死的人，所以必须准备忍受各式各样的损失和痛苦。当耶稣说他作为人子有赦罪的权柄（《马太福音》第9章第6节）并宣称人子是安息日的主的时候（《马太福音》第12章第8节），甚至当他在稗子的比喻里说撒好种子的就是人子的时候（《马太福音》第13章第37节），单就这几段经文本身来看，可能只意味着他虽然仅是一个必死的人，却被上帝委以如此的重任。

但在最后这段经文里就不能作这样解释了，因为在说了撒好
种的就是人子以后（第41节）接着又说到了世界末日的时候，人子 308
将差派他的天使来把好人同坏人分开，赏奖前者而惩罚后者；照犹太人看来，这种权柄除了属于耶和华外，只能弥赛亚才有。因此，在所有讲到人子将要在他自己或天父的荣耀中或国度里降临并且要坐在他的宝座上审判万民的时候（《马太福音》第10章第23节；第16章第27节往下；第19章第28节；第24章第27，37，39，44节；第25章第13，31节），无论如何也只能是指弥赛亚而言。既然从这些经文里我们肯定地看出这种说法是指弥赛亚说的，从另一些段落里我们也能看出有同样的意思。当耶稣有好几次说人子将要驾云降临的时候，以西结的人子称号就不能对这种情况有所说明（《马太福音》第24章第30节，第26章第64节；参启示录第1章第7节），但我们看到在上面已经提到过的《但以理书》（第7章第13节）四兽的异象中，在最末一兽覆灭之后，有一个形状好像人子的驾着天上云彩[①]来到上帝宝座面前，他被授予了永远统治万

① 英译本漏译，根据德文原著第287页补上。——译者

民的权柄;这一段经文,如果原来不是指弥赛亚,也很容易解释为指他而言。

接下去的一个问题就是对但以理书这段经文的这种解释,最早是在什么时候作出的,这也就是说,称弥赛亚为人子的这种称呼,是什么时候在犹太人中流行开来的。正如前面说过的,由于对于这一点[①]没有其他可靠证据,我们只能努力根据福音书本身来解决这个问题。不应当说既然耶稣用这称谓来表示他自己就是弥赛亚,那就说明在当时人通行的语言中,这个词已经有了这种意思。因为耶稣是不是从一开始就有意声称自己是弥赛亚还是一个
309 问题,如果他不是从一开始就有这种意思的话,那么这个尚未被接受为弥赛亚称谓的词,对他倒是最为适用。如果我们以第四福音书为根据,就可以看出情况远非如此,当耶路撒冷人听到耶稣说人子必须从地上被举起来时他们问道:“这个人子是谁呢?”(12 章 34 节)。其实这只是这部福音书建立在无知基础上的虚构问题之一,而且就拿福音书作者说这话的意思来说,它也有一半意谓提这问题的人是在装模作样,因为根据前文所载,人们已经知道得很清楚这是指弥赛亚说的。但在《马太福音》里,耶稣问门徒说,“人说我人子是谁?”接着还问道:“但你们说我是谁?”然后又提到了耶稣因为彼得答复说他是弥赛亚而祝福了他(《马太福音》第 16 章第 13 节往下)。所有这一切都表示“人子”这个词在当时并不是对弥赛亚的一种通行称呼,甚至连门徒本身都不知道这种情况。因为如

① 参看上文第 28 节,不管怎样,犹太拉比称弥赛亚为“云人”(Anani)的事,是在以后发生的。

果是那样的话，则耶稣在发问时所用的字眼，就意味着已经把正确答案告诉了他们，而且以后也不能对彼得说，他所一直以人子的名称认识的那位就是弥赛亚，这一真理是上帝启示给他的了。因此马太所报道的是正确的，那时人们并不是照后来所习惯的那样，[①]对于“人子”一词按照但以理书那一段的想法，而是一直到那时为止，连门徒也是按照以西结书的意义理解，以为是一种谦逊的说法，表示耶稣认为自己不过是上帝启示的一种软弱容器罢了。

但是耶稣的全部意义仅止于此呢？还是在他采用以西结书表达方式的同时，也想到了但以理书中所说的驾云降临的人呢？对于这个问题的答复，要看对于另一个问题即他说人子将要在他的 310
荣耀里、国度里、也就是说，将要以一种超人的形式再临的那些经文是否认为真实而定。这一点将留待以后加以讨论。同时我们将满足于问，耶稣选择一个尚未被一般采用为描述弥赛亚的词来描述他自己，其动机究竟何在？最确实的动机肯定就是在他公开传道的开始还未确信自己就是弥赛亚。这种解释是同上面所阐释的观点一致的，那就是耶稣的先知意识发生在他的弥赛亚意识之前。尽管耶稣已充分确信自己就是弥赛亚，但在对待别人方面，为了不从外面对他的门徒和人民施加压力，而是让他们认识他是弥赛亚的信念在他们心里自然地成长，他选择了一个尚未被确认为弥赛亚合格称呼的词来描述自己，也是可以想象的。因此，当他至少从和他最接近的一个朋友中看到了对他品格的正确见解的萌芽的时候，他就情不自禁地欢欣鼓舞起来。

① 根据英译本“正误”及德文原著改正。——译者

耶稣之所以倾向于选择这种方法，也很可能是由于他深恐如果他从一开始就宣称自己是弥赛亚，就会刺激犹太民族有关于弥赛亚的各种政治希望，而这些希望是同他自己心目中弥赛亚的意义背道而驰的。而如果把自己描述为人子则和这种意义非常符合一致。同弥赛亚作为上帝的儿子以及与之相联系的追求神迹的狂热对比起来，人子这个词包含有温柔谦逊、人情味和自然而然的因素在内，同弥赛亚作为大卫的儿子以及与之相联系的民族骄傲、排他精神、和政治野心等腐朽思想对比起来，另一种称号则具有普遍
311 性、人道精神和道德性的特征。人子没有枕头的地方；他来不是要受人的服侍而是要服侍人；他将要被交在人的手里、受虐待并被处死：这样的经历同上帝儿子的光荣道路对比起来相差何止天渊之别！人子是播种好的道种之人；他有在地上赦罪的权柄；他以寻找并拯救堕落的人为自己的天职：这种天职同犹太人所习惯于认为大卫儿子的天职又是多么不同！在相当一段时期内耶稣在他的门徒和同胞面前执行了这种天职，他显示了自己是人的儿子和人的朋友，他从未小看过属于人的事情，从未把人的事情看作是在他关心的范围之外，他从未轻视过人的天真无邪的娱乐，当人生的忧苦梗阻在他履行其天职道路前的时候他也从未闪躲过。直到他做完了这一切，他才认为揭开面纱，至少在他的朋友面前承担起弥赛亚这一职称的时候到了。但就连在这个时候，正如他吩咐门徒不要把他们对于他为弥赛亚的信念张扬出所证明的（据《以赛亚书》第42章第1节往下；参看《马太福音》第12章第16节往下，假定这是历史性的，而不是单纯为了给人以耶稣谦逊的印象编造出来的），他还不认为人民大众对于他是弥赛亚的意义有了成熟的了

解。和他承认自己是弥赛亚联系着的关于他将要受难的宣告，说明他认为使门徒深刻牢记他是上帝的儿子同时又是人的儿子，这一点决不会强调得过分。

鲍威尔①把耶稣的自我意识区分为两个因素，一个是普遍人性因素，其实质是在上帝和人之间的纯粹道德关系，其本身是真实 312
的，不受任何虚伪活动手段的影响，另一个是由犹太人的弥赛亚观念所形成的排它的民族因素：为了把两者历史地结合起来，他认为应该把前者无限的理想精髓充实到后者的有限形式中来，以便使其能够传达到全世界。这种说法就其本身来说是完全正确的，但听起来好像意味着耶稣本人的信念是倾向于前者，而仅仅是使自己适应了犹太人的弥赛亚观念。鲍威尔肯定不是这个意思。他像任何人一样知道，像耶稣那样在历史上明显地起到无可估量作用的人格，决不是什么适应的问题，扮演一种角色的问题，仿佛在他的意识中还有什么空白处没有被这种起推动作用的观念充满的问题——其实，像这样的人格，其浑身的每一处一定都是充满了这种信念的，不过从他的描述方式上看不出来罢了。在这方面施莱马赫的表述倒更为恰当：从耶稣自我意识的最深处他一定深信犹太人圣经中关于弥赛亚的预言，除了他自己外，不可能指任何别人。

根据上面对于旧约圣经中，不管其正确与否，被认为有关弥赛亚预言的分析，耶稣很可能早就深信在这些经文里包含着两个可以区分的组成部分，即：现实的和理想的，宗教政治的和宗教道德

① 《图宾根学派》，第二版，第 30 页往下，参看《头三世纪的基督教》，第 35 页往下。

的。由第一个组成部分在犹太人中所引起的每一运动，其结果总是归于失败。在耶稣婴儿时期由高罗尼人[①]或加利利人犹大发动的反抗罗马人调查户口的起义(《使徒行传》第 5 章第 37 节)，像在以前以及以后犹太人反抗罗马权势的所有尝试一样，不幸以失败
313 而告终；尽管这个犹大的这种基本原则的狂热追随者一直存在到犹太国的末期并制造了不少纷乱。政治地理解的弥赛亚观念，成了所有这些叛乱的真正动机，因为狂热者们相信，唯有耶和华才是选民的合法君王，到了一定时期，他会打发一位看得见的受膏的弥赛亚来拯救他们，因此，他们拒绝效忠于任何其他统治者。很明显，这类关于弥赛亚预言中政治因素毁灭性结果的经验，一定在耶稣心中产生一种理想的效果使他决定性地倾向于弥赛亚预言的另一方面即宗教道德方面。别人认为人民真正的虔敬和道德的提高只是弥赛亚来临施行拯救的一个条件，而耶稣则认为是最主要的事情。他不认为作为他们这种改进的报酬，耶和华将神迹般地把世界关系颠倒过来，使犹太人变成统治者，使过去压迫他们的人受他们的支配，给予他们以丰盛的财物和各种感性的享受，而是认为这种精神的和道德的提高，将使他们同上帝发生一种新的关系：不再是主仆而是父子了。他们将会认为幸福本身就值得羡慕，但同时一切外在好处和物质福利也就包括在其中了。从这意义来说，他们的首要任务就是追求上帝的国，其他一切好东西将会加给他们(《马太福音》第 6 章第 33 节)。

① 高罗尼人(Gaulonite)。——译者

38. 导师和受苦者弥赛亚

的确，在弥赛亚的预言里、主要是把弥赛亚描述为一个强有力的君主，这是同犹太人渴望大卫统治时期的民族幸福得以再现的愿望符合一致的。但在另一些经文里也提到弥赛亚不是一个军国主义者而是和平统治者，而且还说他仅仅是上帝要打发到他百姓 314
中来的一个先知。因此，根据以上的解释，在真正有关弥赛亚的经文里，除了弥赛亚将制胜仇敌外，同时在人民中还有希望他给他们带来更美好心情的一面。

尽管本来等同于弥赛亚观念的战士和君王形象从未完全在犹太土地上消失过，但在旧约里还含有关于这个人物的另一种因素即导师和受苦者的概念，其结果是强有力的君主概念终于由这一因素所取代。很显然，以赛亚书第二部分所提到的[①]耶和华的仆人本来是和弥赛亚没有关系的。耶和华在这里称之为他的仆人的，清清楚楚是指亚伯拉罕的后裔以色列人而言（《以赛亚书》第41章第8节往下；第44章第1节往下，21节，第45章第4节，第48章[②]第20节），他们是他要从世界各地召选来的，他决不会丢弃他们。在被掳时期被分散在陌生的拜偶像民族中，只由于其坚守耶和华的宗教而得到巩固的以色列人，自认他们才是真正是上帝所拣选的仆人，他们在其沦陷的民族中，由于双方的相互作用，有时候成了他们的导师，有时候又成了他们的受害者。

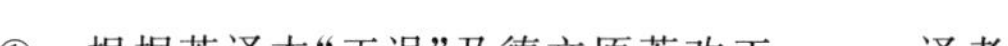

① 根据英译本“正误”及德文原著改正。——译者

② 英译本误作43章，根据德文原著第292页改正。——译者

在一方面，也像弥赛亚观念一样，以武力报复的思想也有所表现，耶和华将要使压迫和虐待他们的人蒙羞受辱并归于消灭，而使犹太人成为新的锐利的打禾工具，要把一切东西都压成齑粉（第41 章[1]第 11 节往下，第 15 节），但同时人民在被掳时期也意识到，
315 不仅他们的宗教比巴比伦迦勒底人的宗教优越，而且尽管一般地说来他们受到憎恨，在特殊情况下他们对于其他民族的良知也具有一种吸引力，因此，他们就以在异民族中宣传耶和华的宗教为他们的职责：他们是受上帝灵感的仆人，是外邦人的光，是向全世界宣扬真理与正义的宣教者，这个宣教者既在被掳期间经受了坚忍与逆来顺受的锻炼，就会耐心地、安静地、勇敢地一往直前，直至达到其目的，完成其崇高使命为止（第 42 章第 1 节往下）。

肩负着崇高使命的以色列人民，在被掳期间受到占强大优势的异邦人的虐待；雅各是虫，是待在牢笼中的人民（第 41 章第 14 节；第 42 章第 22 节）；但这并不是因为耶和华已经弃绝了他，而是因为上帝为了他的不忠要处罚他，并通过处罚使他回转过来，以便有可能饶恕他的错误行为（第 42 章第 23 节往下；第 43 章第 21 节往下）。或者根据对于事物进程的另一种大胆的看法，与其说以色列人是为其本身，毋宁说是为其他民族而赎罪（或者说，其比较好的忠诚于耶和华的核心为其堕落分散的群众而赎罪）。耶和华把应该落到不虔诚的民族以及变成同他们一样的一部分以色列人头上的处罚降在他仆人的身上，仆人为这种和解工作而受苦，耐心地等候恩赦时刻的到来，以便带着更大的荣耀，回到自己的国家，并

[1] 英译本误作第 44 章，根据德文原著第 292 页改正。——译者

恢复其政治地位。

的确，在以赛亚续篇这段经文里，所有专指个人的词语（如疾病、伤痛、死亡、埋葬等）有时又以大胆预言格式互换为讲话者及听话者，在好些地方还用了神秘的语言。在这种情况下，必须紧紧抓住原先的线索，对耶和华的仆人和以色列人民作明确的比较。否 316
则就有丢失线索被引入歧途的危险，以致认为有些段落，特别是52和53两章那段主要经文里的耶和华的仆人不是指人民而是指个别人而言。然而，那位犹太学者肯定是完全正确的，他和教父及对那段经文的基督教解释相反，主张该段经文是指犹太人集体而言，他们在被掳时被分散，受惩罚，为的是使更多的人皈依犹太教[①]。希腊文七十人译本[②]对于该段经文的“上帝的仆人”一词，也是自始至终这样理解的。在第42章第1节，原文仅是说，“我的仆人，我所拣选的”他们都译成“雅各我的仆人”，“以色列我的选民”，第49章第3节也是同样译法。

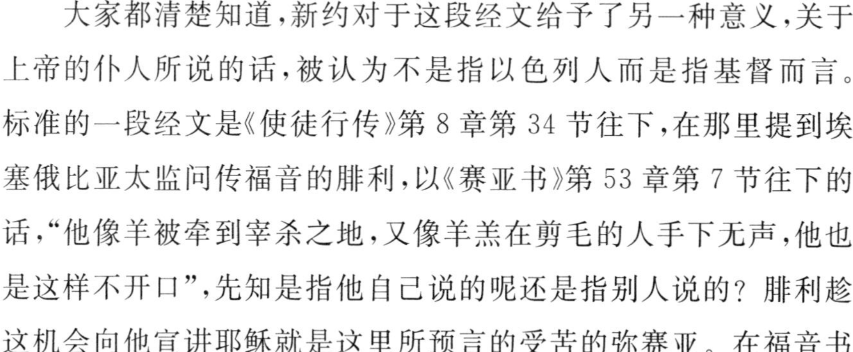

大家都清楚知道，新约对于这段经文给予了另一种意义，关于上帝的仆人所说的话，被认为不是指以色列人而是指基督而言。标准的一段经文是《使徒行传》第8章第34节往下，在那里提到埃塞俄比亚太监问传福音的腓利，以《赛亚书》第53章第7节往下的话，“他像羊被牵到宰杀之地，又像羊羔在剪毛的人手下无声，他也是这样不开口”，先知是指他自己说的呢还是指别人说的？腓利趁这机会向他宣讲耶稣就是这里所预言的受苦的弥赛亚。在福音书

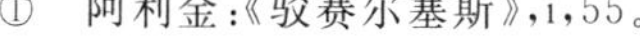

① 阿利金：《驳赛尔塞斯》，i，55。

② 据传说，这是一本由七十二个巴勒斯坦犹太人在七十天内从希伯来文译成希腊文的旧约圣经。——译者

里记载耶稣在十字架上被钉在两个犯人之间，说这也是应验了《以
赛亚书》第 53 章第 12 节，“他被列在罪犯之中”（《马可福音》[①]第
15 章第 28 节往下；参见《路加福音》第 22 章第 37 节），耶稣不声
317 不响地为人民服务就应验了上帝的仆人不喧嚷不扬声的预言（《以
赛亚书》第 42 章第 1—4 节；《马太福音》第 12 章第 18 节往下）；耶
稣医治病人就应验了《以赛亚书》第 53 章第 4 节的话（《马太福音》
第 8 章第 17 节）。最后一段经文先知的话被篡改了，因为他并不
是在说上帝的儿子除去或抛弃而是像《彼得前书》第 2 章第 22—
24 节所说的“担当了别人的忧患”。《以赛亚书》第 53 章第 4—6
节那段话在这里被应用在耶稣为救赎工作而受苦的意义上。

据说耶稣曾把以赛亚书续篇关于上帝仆人的预言应用到自己身上，因为在最后晚餐之后（《路加福音》第 22 章第 37 节），去橄榄山之前，他曾对他的门徒说，“他被列在罪犯之中”这一预言也要应验在他身上。但这段经文并不足以证明这一点。因为一个福音书作者似乎假耶稣本人之口所说的话而另一个作者（《马可福音》第 15 章第 28 节）则是作为作者自己的援引。由于《路加福音》第 4 章第 16 节往下记载耶稣把《以赛亚书》第 61 章第 1 节那段话应用到他自己身上，我们也就为同样的原因处于无法肯定的境地。但在这段经文里说的并不是上帝的仆人，而是先知以自己的名义讲说他将要把快乐的消息传给贫穷和被掳的人们。耶稣复活以后，还说到他根据圣经，特别是根据先知书教导门徒，说弥赛亚必须先受苦受死才能获得荣耀（《路加福音》第 24 章第 25 节往下；第 44

① 英译本误作《马太福音》，据德文原著第 294 页更正。——译者

节往下)。的确,这里所指的是以赛亚书这部分的全部,但所谓耶稣复活以后的谈话对于支持一个历史的证明并不合适。

同时在较晚期间,犹太人中发展了一种解释圣经的方法,认为以赛亚书里所讲的耶和华的仆人就是指弥赛亚而言。毫无疑问,
在旧约圣经里,不仅是上帝的百姓,而且连摩西以及其他敬畏上帝 318
的人,特别是大卫,都被称为耶和华的仆人(《诗篇》第 18 篇第 1 节;第 36 篇第 1 节,第 89 篇第 4,21 节[①])。很明显,这种区别性称呼又从这些人转移到弥赛亚身上。在一种据信其作者大约生活于耶稣诞生时期的所谓《约拿单的塔尔根》(*Targum Jonathan*),即旧约圣经一部分书的迦勒底文意译本里,就暗示《以赛亚书》第 52 章第 53 节是指弥赛亚而言。他在每一场合都避而不谈受苦的特征,把对耶和华仆人出现时的悲惨容貌感到惊异解释为是对于他的来临的期待;把他为代人赎罪所受的痛苦变成为一种单纯的代求;把他的气貌不扬弃置不顾,说这是意味着人民在被掳时所受的苦难。其实,在以赛亚续篇关于耶和华仆人的阐述里,存在着两种互相区别的成分,从犹太人对于弥赛亚概念的观点看,对之也就可以采取两种相应的不同态度。把导师的职责归之于弥赛亚是可以接受的,因为在这一概念里有些和弥赛亚概念相一致的地方,至于受苦和殉道者的性质则似乎和通常以弥赛亚为君王和英雄的概念不相调和,因此,在塔尔根里避免谈及前者就是容易理解的了。

大概在耶稣本人所形成的关于弥赛亚任务的概念中,就欣然地吸取了前一描述的特征。不仅如此,很可能在耶稣吸收到弥赛

① 按这里在中文圣经中应是《诗篇》第 89 篇第 3,20 节。——译者

亚概念中的诸如《以赛亚书》第42[1]章第1节往下的关于耶和华的仆人作为导师的那种谦逊而坚持不懈地为人民服务精神，还对
319 于使这一概念应用到他自己身上起了不小的作用。特别值得注意的是，关于耶和华的仆人是异邦人之光的描述(《以赛亚书》第42章第6节，第49章第6节)很可能从一开始就有助于把耶稣的眼界扩展到犹太人民范围之外，但导师的职责是和耐心分不开的，诲人不倦的导师也必须接受忘恩负义作为其任务的一部分，通过恒久忍耐来战胜顽梗不化。在希伯来先知的历史中，用殉道者死难的事实来印证他们对于其所宣传和维护的耶和华宗教的信仰的就不乏其例。这样，其结果就自然地和耶和华仆人必须忍受特殊痛苦、折磨、虐待甚至被处死的形象特征相接近了。很可能耶稣在一开始是几乎绝对坚持第一描述特征的，他希望在弥赛亚为导师的意义中作为一个安静而耐心的教师，但当他在其自己的人民中经历越来越多的缺乏同情和反抗，越来越多地看到上层人士所激起的对他的仇恨，他就越来越多地有理由把《以赛亚书》第50章、52章、53章所描述的早先先知的形象特征(《马太福音》第23章第37节；《路加福音》第18章第33节往下)采纳到弥赛亚概念中来，不仅使他自己，而且也使他的门徒，准备好忍受极度的压迫、定罪和处死。他也很可能采纳了《以赛亚书》第53章献出他的生命作为“为许多人赎罪”(《马太福音》第20章第28节)和把他的死作为一种赎罪祭的思想。因为这些思想的一般形式同犹太人的思想范围是非常接近的。

① 英译本误作第62章。——译者

根据历史的理由，我们前三福音书的作者很可能对于这些关于将要受苦的宣告起先并无所知，他们是在耶稣走上多事的耶路 320
撒冷之行前不久才知道的(《马太福音》第 16 章第 21 节往下；第 17 章第 12,22 节往下；第 20 章第 17 节往下，第 22,28 节和其他类似的经文)。同样不大可能的是，在《约翰福音》里，关于耶稣受苦受死的预言，不仅在耶稣一开始传道时就借耶稣之口说出(《约翰福音》第 2 章第 19 节往下，第 3 章第 14 节)，而且在耶稣出现于公众以前，就借施洗者之口说出了。在这本福音书里耶稣预告自己之死所用的语言没有共观福音书那样确定，但这种情况并不使约翰的描述具有任何优越性，因为，如果耶稣真正说过人子将要像铜蛇那样被举起来的话(《约翰福音》第 3 章第 14 节，第 12 章第 32 节)，他就必然预先意识到他自己将要死在十字架上，尽管根据共观福音书所记他直接说到这事是在一个晚得多的时候。比较明确的特征，例如宣告他的死将要通过被钉十字架而实现，是作为耶稣讲话的后续部分而提到的；另一些特征，例如关于吐唾沫在他脸上的事(《路加福音》第 18 章第 32 节)，则是取自《以赛亚书》第 50 章第 6 节的预言，不管是耶稣自己提到的，或者更可能是福音书作者提到的。

还有一种非常可能的情况是，耶稣第一次向他的门徒启示这类事情，门徒对之是很不高兴而且有反感的。例如《马太福音》第 16 章第 22 节告诉我们彼得叫喊道：“主啊，万不可如此，这事必不临到你身上！”因为他们对弥赛亚概念的想法和普通人一样，直到这时为止，耶稣只是间接地想在实质上改变这种想法而没有明确地对它进行斗争。对于这种想法来说，弥赛亚受苦并像罪人那样

死去简直是很难想象的事。尽管耶稣指责了这位使徒反对他受苦
321 的这种世俗之见，并愤怒地斥责说这是撒旦试图使他偏离正道，并利用一切机会向门徒指明这一结局是不可避免的，但在门徒领会这种思想之前，由于他们并没有思想准备，一开始他们一定很为沮丧。

福音书作者经常把耶稣预言三日后要复活同他宣告自己的死联系在一起，这情况可就不大一样了。关于复活，我们在这里可先讲几句，有三种情况是可能的。可能把它看作是一桩神迹，或者看作是一件自然发生的事情，也可能把它看作只是一种信念，并没有发生过任何相应的客观事实。根据最后一种情况，如果它根本没有发生过，那耶稣也就根本不可能作这种预言；第二种作为预先没有料到的偶然事件，其可能性也是很小的；如果是第一种情况，预言当然不能算比事件本身是更大的神迹，但既然复活就是中断自然界的因果关系，如果假定其为真事，那就等于放弃对耶稣生平作历史的考虑，而我们所做的正是要对耶稣生平作历史考虑，因此就不可能接受这一点。在关于耶和华仆人受苦的那段经文里，说他从活人之地被剪除，与恶人同埋葬，献本身为赎罪祭，还要看见后裔，并且延长年日(《以赛亚书》第53章第10节)；如果耶稣认为自己就是耶和华的仆人，那么，他把这种特征作为一种神迹意义的复活应用到自己身上倒是可以想象的。基于这种观点，他期待自己将会从死里复活并作出了相应的预言，在结果产生之后又被加上了确定的三天时间。但关于"后裔"这一点，以及随后所说(第12
322 节)他将要与强盛者均分掳物等话，如果能够应用到他身上的话，那他也只能对于这全段经文采取一种象征的意义，把它理解为是

来世的一种报偿或荣耀，或者像第 10 节所说的，耶和华的旨意将在他手中亨通，这也就是说，他的事业在将来必获得成功。因此，如果我们把耶稣的生平当作历史来考虑，则他所说的将要复活的话，也只能是一种比喻的意义，而不能是说他被害的身体真的复活过来。

39. 弥赛亚的再临

耶稣在福音书里不仅讲到了他要在第三天复活，而且还讲到了人子的降临，这就是说，他本人在不远的将来要第二次在上帝的荣光里，由天使陪伴着，驾着天上的云彩再临，使死人复活并审判活人和死人，建立上帝的国或天国（《马太福音》第 10 章第 23 节；第 13 章第 41 节；第 16 章第 27 节往下；第 24 章第 27 节往下；第 25 章第 31 节往下；参看第 7 章第 22 节往下；《约翰福音》第 5 章第 28 节往下；第 6 章第 29 节往下）。

在这里我们面临一个决定性的论点。古代教会按其字面意义坚持耶稣这部分的教义，而且严格地说，古代教会就是建立在这一基础之上的，因为如果不是由于期待基督将在近期降临，就不会有任何基督徒产生。与此相反，对我们来说，耶稣要么就是全然不存在，要么就只是一个人。作为一个人来说，他在这里关于自己所作的预言是不可能发生的。如果他本人真的作了这种预言而且期待其实现，那对我们来说，他就只能是一个狂热者：如果他本人根本没有这种信念而竟说出了这样的话，那他就是一个牛皮大王和骗
子手。在这种预言和借他之口所说关于他预先存在的话之间的差 323
别是非常微小的。凡自以为能够记得他诞生以前的、没有别人会

记得、连他自己也不会记得的前世生活的人(不仅像柏拉图那样，认为存在于他心中的某些理念只是关于前世的回忆)，而在我们看来，就是个疯子。凡期待自己，像没有别人做过的那样，死后还会回来，在我们看来，虽不算是个完全疯子，因为对于未来想象力多少是能起作用的，但仍然只能是个彻头彻尾的狂热者。

关于以上所说的话，我们完全能够使耶稣对于所谓他说过前世存在的话不负任何责任，这样做并不同明确的字义有任何抵触，也不是由于歪曲这些词句的自然意义，而是由于考虑到只有在那一部福音书里才记述耶稣说了那样的话，该福音书作者所给我们描绘的并不是真实的耶稣，而只是他自己想象中的耶稣。至于关于耶稣说他还要第二次降临的话，疑问就比较多了。这些话在四部福音书里都有，而且在我们所认为记载着比较多的真实历史传说的前三福音书里还比第四福音书更详尽更明确。那么，在这里应该怎么办呢？难道我们可以容忍对这些言论的意义作不自然的解释吗？或者我们能说大概耶稣全然没有说过这些话吗？最后，我们是不是可以让他担负起这些话全部意义的责任，从而不得不承认他是一个狂热者而且还不是一个普通的狂热者呢？在这种情况下我们是不可能把最后一种设想认为完全不可想象而予以排除的。

这样的设想对于我们的基督徒思想习惯来说在感情上会是很痛苦的；但如果这是历史研究的结果，我们的思想习惯就必须让路。也不能说一个狂热者不可能产生像我们在上面所分析的耶稣
324 所产生的那样历史效果，不可能有那样健全而崇高的见解。一个骗子手可能有这种情况，对于这样的人物我们将完全不去理他。

但有高尚精神才智和道德秉赋而沾有一点狂热成分的人这种现象在历史上是屡见不鲜的，而且我们还可以绝对地主张，如果没有狂热精神，历史上连一个伟大人物也不可能产生。

根据福音书记载，耶稣认为他的再临非常接近，因而他对门徒说站在他周围的人中“有人在未尝死味以前，要看见人子降临在他的国度里”(《马太福音》第 16 章第 28 节)，“这一代还没有过去，这些事都要成就”，这就是说，人子再临及其有关的一切准备工作就都要发生(《马太福音》第 24 章第 34 节)。他特别表示，正如他刚刚预言过的那样，在耶路撒冷被毁灭之后，这一最后巨变就要立即发生(《马太福音》第 24 章第 34 节)。总而言之，他对于日期问题是大大地弄错了，因为不仅那一代人已经过去，而且在 1800 年[①]之久，一代又一代人都已过去，他所预言的再临还未发生。但所有这一切在我们看来并没有使情况变得更坏。因为要证明一个人关于其驾云再来的预言毫无根据，我们并不需要非有它到某时为止还没有发生的经验不可。我们更不需要试图像有些神学家所做的那样，对于经文的词句作牵强附会、互相矛盾的解释，以为所谓一代人没有过去，是指犹太人而言，有时又以为是指基督教会而言，或者所谓的“这一切事”都要发生，是指耶路撒冷被毁灭而言，或者以为“都要成就”只是指一个过程的开始而言，而我们现在仍是生活在这一过程之中。

如果福音书作者对于耶稣在这些段落里所说关于他再来的话 325
是对我们作了正确的报道，我们也就不能把他的再临理解为是一

① 本书著于 19 世纪中叶，故作者有此说法。——译者

种无形的、逐渐的发展，也就是说，是一种由于他在世上的行动效果而产生的一种自然发展，而只能把它理解为是一种看得见的、突然的、神异的巨变。甚至在早先关于上帝惩罚一些特殊国家的事例中，先知们就预言过太阳和月亮将要变暗，群星将要坠落的情况（《以赛亚书》第 13 章第 10 节，第 34 章第 4 节；《约珥书》第 3 章第 4 节，第 4 章第 15 节；《阿摩斯书》第 8 章第 9 节）。但这并不证明这些情况只能按象征的意义来理解，与此相反，先知们倒是的确期待在发生这些历史事件时真的有这类自然现象作为预兆而伴随着发生的。但当耶稣在《马太福音》那段主要段落里（第 24 章第 30 节往下，第 25 章第 31 节往下）说在群星发生这些现象以后“人子的兆头要显在天上，地上的万族都要哀哭，他们要看见人子有能力，有大荣耀，驾着天上的云降临。他要差遣使者，用号筒的大声，将他的选民从四方，从天这边到天那边都招聚了来，他要坐在宝座上审判万民，有的要被送到永火里去，另有一些要获得永生”的时候——这样的一种描述就不可能仅用象征的意义予以解释，正如基督教会一直按照字面意义对这些词作理解一样，如果这些话真是耶稣说的话，他的意思也一定是照字面意义而言。

不可忽视的是，关于这一问题的言论在较晚时期一定经过了各式各样的修改。有一次耶稣对门徒说，在他们还没有走完以色列各城市宣传弥赛亚以前人子就要回来了（《马太福音》第 10 章第
326 23 节）；另一次他又说在福音没有向世界万民传开以前他不会再临（《马太福音》第 24 章第 14 节）。这是两件完全不同的事情；因此，耶稣一定在第一次预言和第二次预言之间改变了他的见解，或者更可能的是，一种预言明显的是在弥赛亚国度被认为只限于以

色列人的圈子里时借他的口而说出的，而另一种则是从选召异邦人进入他的国度已经是既成事实的观点发出的。在关于耶稣再临的长篇言论中（《马太福音》第 24 章；《马可福音》第 13 章；《路加福音》第 21 章）很明显有许多情况是在耶稣死后相当长的时间以后加进去的。末日以前的饥荒和地震，战争和关于战争的谣言，民族与民族、国家与国家之间的对抗，也就是说，耶路撒冷的毁灭可以很准确地指出是指克老丢和尼禄时期而言，这些事在塔西图斯的《编年史》和约瑟弗的《古事记》和《犹太战争》中都有相应的描述[1]。不能不注意到关于犹太和异邦当权者虐待和杀戮基督徒的叙述（《马太福音》第 24 章第 9 节；《马可福音》第 13 章第 9 节；《路加福音》第 21 章第 12 节）就是间接地提到了基督徒在耶路撒冷所受的第一次迫害和尼禄的大迫害。基督徒受万民的憎恨（《马太福音》第 5 章第 9 节）在罗马历史家的著作[2]里则被说成是基督徒对全人类的仇恨。由于罪恶增多而致的基督教会“爱心渐渐冷淡”（《马太福音》第 24 章第 12 节）令我们想起启示录作者（第 2 章第 4 节）指责以弗所教会离弃其起初爱心的事。在耶稣关于假先知和自称为弥赛亚的人的言论（《马太福音》第 24 章第 5 节，第 11 章
第 23—26 节）同较晚时期所发生的特殊事件之间有极其引人注目 327
的相似之处。例如《使徒行传》（第 5 章第 36 节）所记载的当克老丢在位时出现的丢大，除了日期错误外，说他“自夸为大”，这就是说，自称为先知，或者甚至自称为弥赛亚，附和他的有约四百人；还

① 请特别参看寇司特林的论文，《共观福音的起源及其组成》第 18 页往下。

② 塔西图斯：《编年史》，XX，44。

有所谓的埃及先知，驻耶路撒冷的罗马千夫长误认使徒保罗就是这个人(《使徒行传》第 21 章第 38 节)，他自称是第二个摩西，从埃及向旷野进军，想作为第二约书亚，偷袭耶路撒冷，据约瑟弗记载，附和他的有三万人，还有约瑟弗所记的另一些人，他们自称受了上帝的灵感，想颠覆政府，实现革新，在人民中引起了一阵混乱①。在所有这一切中，有一件很奇异的巧合：耶稣曾告诫他的门徒说(《马太福音》第 24 章第 26 节)，当有人对你们说弥赛亚在旷野里时，你们不要相信他们，同样，约瑟弗说，不仅那个埃及人，在晚近还有各式各样的假先知，甚至连那个要来毁灭耶路撒冷的人，他们都引诱百姓到旷野去，说在那里要显示大的神迹给他们看。

关于耶路撒冷被围困，被毁灭及其后果的描述，至少《路加福音》关于在该城四周筑起土垒、被士兵围困、变成废墟、犹太人被掳到万国的记载(第 21 章第 20，24 节；参第 19 章第 43 节往下)，是从提多②毁灭该城及其以后所发生的真实情况得来的。就连马太与马可(《马太福音》第 24 章第 2 节；《马可福音》第 13 章第 2 节)以一般词句所描述的圣殿将被拆毁到根基一事同启示录比较起来也显得很为奇突。在启示录里并没有提到(第 11 章第 1 节往下，第 13 节)圣殿被毁的事，至于城市，也仅提到有十分之一由于地震
328 被毁，并有七千人由于同一原因而丧生。如果耶稣的讲话是真的，而启示录又是使徒约翰的著作，这种话就是特别不可理解了。即

① 《犹太战争》，ii，13，4，X，7，11，2；《古事记》，XX，5，i，8，6。

② 原名 Titus Flavius Sabinus Vespasianus，公元后 39？—81，罗马将军和皇帝(79—81 年)。——译者

使承认该书是在革尔巴[①]时期的一个犹太基督徒所写(看来这是肯定的),也很难理解像这样的人所说的话怎么能和耶稣如此明确而详细的预言有这么大的不同,如果那时真有这种预言存在的话。所以,这些关于耶路撒冷被围和被毁的预言,很可能是从犹太基督徒圈子里产生的,而且是在围困已经进行并有了结果以后,为了使耶稣和旧约先知,特别和当时已被广泛传诵并应用的但以理处于同等地位,假耶稣之口说出来的。

然而,所有这一切本身都还没有接触到我们在这里所关心的问题。关于耶路撒冷被毁灭以及在其以前所发生的事情的预言,可能是在较后一个时期假耶稣之口说出来的,也可能不是这样。尽管如此,耶稣仍然可能说过关于他很快即将驾云再临的预言,而基督徒[②]们在耶路撒冷被毁灭以后比其未毁灭以前很可能更确定地期待其应验。

耶稣曾应许要在他的国度里再临(《马太福音》第 16 章第 28 节),现在的问题是,在其他场合,他是怎样谈到这个国度的,特别是他认为这个国度当他在世时就已经建立了,还是要等他再临时才开始呢,当他像施洗者那样,最初只是宣传天国近了(《马太福音》第 4 章第 17 节);当他教导门徒祈祷"愿你的国降临"(《马太福音》第 6 章第 9 节)[③]的时候,这个国度当时还不存在,而是要到将

① 革尔巴(Galba),公元后 68—69 年罗马皇帝。——译者

② 德文原著(304 页)在这里有"die christen"字样,英译者将其漏去了,以致"and might have expected"没有主语,或者仅能以句首的"he"为主语而致意义不通,今根据原著补上。——译者

③ 应是第 6 章第 10 节,德文原著及英译本都误作第 9 节。——译者

329 来才有。在另一场合他说:凡称呼我主啊主啊的人,不能都进天国,而把决定谁能进天国一事推迟到“那日”,即当他来审判万民的日子(《马太福音》第7章第21节往下)。在最后晚餐时耶稣对他的门徒说,从那以后,他不再喝这葡萄汁,直到他在他父的国里同他们喝新的那日子(《马太福音》第26章第29节)。另一次在同一部书里他还说他要从东从西召许多人来,在天国里与亚伯拉罕、以撒、雅各一同坐席(《马太福音》第8章第11节)。从此可以更清楚地看出,他期待天国的实现,不是在这个世界,而是在另一个世界,由上帝以超自然手段,促其实现。

但在另一方面他说,从施洗约翰的时候到如今,天国是努力进入的,努力的人就得着了(《马太福音》第11章第12节),或者,像路加所说(第16章第16节),从那时上帝国的福音传开了,人人努力要进去。接着,在法利赛人指控他靠别西卜赶鬼时他回答说,他不是靠别西卜而是靠上帝的灵赶鬼,这就是上帝的国临到他们了(《马太福音》第12章第28节)。当法利赛人问他,上帝的国什么时候来到的时候,他回答说,上帝的国不是眼所能见的,而是就在他们心里(或者,已经在他们中间)(《路加福音》第17章第21节)。在这些段落里表现了上帝的国现在就在这里,是耶稣在世生活时所开创建立的。但如果我们进一步把芥菜种比喻,特别是如果把面酵的比喻作比较(《马太福音》第13章第31节往下),我们就会看出天国在地上是像一团面酵逐渐发起来一样,那么耶稣所设想的天国的发展就是一种完全自然而逐渐的发展。

330 但一种见解和另一种见解并不是互相排斥的。在田间稗子的比喻里(《马太福音》第13章第24节往下),好种和坏种是逐渐长起来的，然后到收割时才忽然地把它们分开，而收割是指世界末日而言。假定所要描述的就是上帝国的发展所要采取的两种进程，那么，在这个世界的目前阶段它的发展并不是单纯只有其本身，而是在许多方面同世界混杂在一起的。在将来的弥赛亚时期，当它发展成熟的时候，就要开始把好的同坏的区分开来。《马太福音》(第 28 章第 20 节)所描述的正是同一情况，当耶稣和门徒最后分离的时候，他向他们保证，他将要同他们在一起，直到世界目前阶段的末了；不过这个末了早就已经(第 24 章第 3 节)和耶稣的再临重合起来了。因此，这里就有必要把他的这种看不见的来临同他的看得见的再临区分开来，前一种上帝国的来临是处于一种准备和发展的不完全情况，而后一种则是未来的完满实现。

耶稣把作为准备时期的目前同作为完成时期的未来区分开来，把作为服务时期的今生同作为报酬时期的来生区分开来，他还把完成时期的开始同上帝对世界所要进行的改变联系在一起。如果我们假定福音书有任何历史的有效性的话，则这一点不仅在所有福音书里是最清楚不过的，而且我们还可从历史的类比中假定其如此。这不仅是耶稣同国人的一种盛行的想法，就像耶稣已经摆脱的以为弥赛亚有世界权力的想法一样，而且其基本原则还是已经达到某种超感觉认识的整个古代社会对世界发展所能设想的
唯一形式，因此，柏拉图主义和犹太主义就在这里互相会合了。但 331
如果耶稣已经达到了这样的信念(当然他已达到了)，如果他对目前地上的存在和将来在上帝国的存在作了区分，不管这个上帝国是在天上或者在更新了的地上，如果他认为上帝国的开创是由于上帝的一种神异的行动，则他认为这种行动会在未来或迟或早地

实现就无关宏旨了。如果他期待其在最短可能的耽搁之后即将实现，并为安慰门徒而对他们作了有关这种期待的宣告，至多也只是一种人所易犯的一种错误罢了。何况我们还不能说是不是他的门徒在他第一次离开后的艰难岁月中，为了自我安慰，把这种幸福的世界体制很快即将来临的预言，假他的口而说出的呢？

在所有这些言论中只有一点是令人感到困难的，那就是耶稣竟然把他本人同那种奇迹般的改变，那种理想的赏罚状态的开始联系到一起，竟然宣称他自己就是那位将要由众天使陪同，驾着天上的云彩降临，使死人复活并审判万民者。期望在自己身上发生这样的事情，这和对于这类事情的一般期望完全是两回事。在我们看来，期望这类事在自己身上并且为了自己而发生，不仅显得自己是个狂热者，而且也是一个人（我们在这里所说的一切都是从以耶稣为人这一点出发）竟把自己放在所有其他人之上，成了他们的未来的审判者，这样一种不可容忍的妄自尊大。如果耶稣这样做的话，那他就是一定忘记了有一次他曾否认自己是良善者这种称呼并说只有上帝才是良善者。

的确，如果耶稣确信自己就是弥赛亚，而且认为但以理书的预言是指弥赛亚而言，那他就一定会根据这一点期望自己将在某一
332 个时候驾云降临。如果我们仔细考察那段经文，我们就会看出那里并没有说审判将由驾云降临的人子执行，而是将由亘古常在者即耶和华自己执行。同样，在约翰的启示录里（第 20 章第 11 节往下），按照希伯来人的古老习惯，坐在宝座上审判万民的乃是上帝。同时我们也发现使徒保罗援引原始教会的一种传统概念说圣徒即基督徒将要审判世界，甚至还要审判天使（《哥林多前书》第 6 章第

2 节往下)。在共观福音书里记载,耶稣应许十二门徒,他们将要作为他的陪审员,审判以色列十二支派(《马太福音》第 19 章第 28 节;《路加福音》第 22 章第 30 节)。由此可见,甚至在耶稣时代以前同耶和华作为万民的唯一审判者概念在一起,以弥赛亚为耶和华代表而代行审判职务的概念就早已存在,耶稣不过是将其作为弥赛亚概念的附属物而加以采用罢了。他已经向人类宣传了上帝之道,他们将照这道受审判。如果是这样的话,自然的推论就是这道的宣传者本身将参与未来审判的主要部分;播好种的人将要派他的天使来做收割工作,并把稗子拔出来烧掉(《马太福音》第 13 章第 37,41 节)。的确,在第四福音书里曾记载耶稣本人否认他将执行审判,而只是说他所宣讲的道将要审判他们(《约翰福音》第 12 章第 47 节);但该福音书作者之所以作这种说法,乃是由于他的逻各斯(Logos)概念排除了一切消极,定罪和毁灭的性质,因此,我们不能把它作为反对共观福音书中耶稣关于审判的言论的真实性的证据。

40. 耶稣公开活动的场所和期间 333

现在,让我们考察一下耶稣为了在地上建设上帝的国所采取的工作方式:马太(第 4 章第 23 节,第 9 章第 35 节)说他走遍了加利利的各城各乡,在各会堂里教训人,传天国的福音;路加(第 23 章第 5 节)描述了指控耶稣的人在耶路撒冷对彼拉多说,他煽惑百姓,在犹太遍地传道,从加利利起直到耶路撒冷。福音书作者在这里以及在各处描述的耶稣生活是一个巡回教师的生活。的确,他在加利利海边的加伯农有自己的住所,这里是他的一些杰出门徒的家乡(《马太福音》第 4 章第 13 节,第 8 章第 5、14 节,第 9 章第 1 节;参看第 11 章第 23 节;《路加福音》第 4 章第 23 节),但他经常是由一些亲信门徒陪着周游各地的,还有一些富有的妇女为他们一群人提供物质的需要(《路加福音》第 8 章第 1—3 节,第 13 章第 49 节;《马太福音》第 27 章第 55 节往下;《马可福音》第 15 章第 40 节往下)。他经过这一带,有时在安息日出现在会堂里(《马太福音》第 12 章第 9 节,第 13 章第 53 节;《马可福音》第 1 章第 21 节,第 3 章第 1 节,第 6 章第 2 节;《路加福音》第 4 章第 16,31,33 节,第 6 章第 6 节,第 13 章第 10 节;《约翰福音》第 6 章第 59 节);有时从高处向露天的广大群众讲话(《马太福音》第 5 章第 1 节)或在湖边从船上教训人(《马太福音》第 13 章第 1 节往下;《马可福音》第 2 章第 13 节,第 3 章第 7 节往下;第 4 章第 1 节;《路加福音》第 10 章第 1 节往下),在耶路撒冷圣殿里劝导人民,并同有学问的人辩论(《马太福音》第 21 章第 23 节,第 23 章第 39 节;《马可福音》第 11 章第 27 节,第 12 章第 43 节;《路加福时》第 20 章第 21 节;《约翰福音》第 7 章第 14 节,第 8 章第 20 节,59 节,第 10 章第 22 节往下),人们听到他在被热情邀请或有长期友谊的亲戚家里讲有学问和有教益的谈话(《马太福音》第 9 章第 9 节往下,第 26 章第 6 节往下;《路加福音》第 5 章第 27 节往下,第 7 章第 36 节往下,第 10 章第 38 节往下,第 11 章第 37 节往下,第 14 章第 1 节往下;《约翰福音》第 2 章第 1 节往下,第 12 章第 1 节往下),正如苏格拉
334 底到处利用机会散播他言论的种子,希望这里那里总会有些话落到合适的土壤中一样。

关于耶稣活动的外表方式(我们现在还未谈到他的教义部分)

所有的福音书记载大体上都是符合一致的。至于他活动展开的场所,则在前三福音书作者和第四福音书作者之间有重大的不同。的确,双方都说耶稣公开活动是从他在犹太地接受约翰洗礼以后从加利利开始一直到耶路撒冷为止。但在这两个界限之间,第四福音书描述耶稣活动的地点大多和其他福音书不同。根据后者,从他受约翰洗礼返回直到他最后一次上耶路撒冷,从未越过巴勒斯坦北部边界,而是在加利利海东西一带地方和约旦河上游,希律的儿子安提帕斯和腓利普作为罗马的藩属的辖区之内活动,从未向南到过撒马利亚以及同一方向更远的犹太地和耶路撒冷,也就是一般地说,受罗马直接管辖的地区。而在这些界限之内,耶稣的主要活动场所则更多地是在直接靠近约旦河及提比里亚海西岸即加利利一带地方。据我们所知,只有三次短暂地到过海的东岸(《马太福音》第 8 章第 18 节,第 9 章第 1 节,第 14 章第 13—14 节,第 15 章第 39 节),两次也是不很久地到过这个境界的北边即该撒利亚腓立比(《马太福音》第 16 章第 13 节)和腓尼基的城市推罗和西顿(《马太福音》第 15 章第 21—29 节)。因此,根据前三福音书,耶稣在上耶路撒冷过节遭遇横死以前从未到过犹太地和耶路撒冷。但根据第四福音书在他最后上耶路撒冷以前他已经四次去过那里,一次过逾越节(第 2 章第 13 节),一次没有特别言明的节期 335
(第 5 章第 1 节),一次住棚节(第 7 章第 2—10 节),还有一次修殿节(第 10 章第 22 节,看来这回在两个节期之间并没有离开该城及其附近地区),除此之外,还有一次在首都附近的伯大尼,而且他还在犹太地逗留过相当长的时间(第 3 章第 22 节往下),在经过撒马利亚的时候,也在犹太旷野附近的一个小镇市耽搁了一些时间。

关于这一点，每当耶稣在施洗者被囚以后来到加利利又离开的时候，前三福音书作者，特别是马太，总是特别说明这样做是什么原故：其理由可能是由于人群的拥挤而想渡到海那边去（《马太福音》第 8 章第 18 节），或者是为了逃避希律的阴谋而过到那边的旷野里去（第 14 章第 13 节），或者是因为文士们厌恶他的教训而退到推罗和西顿的境内去（第 15 章第 21 节）。恰恰与此相反，每当耶稣离开犹太地而退往加利利或庇利亚的时候，通常约翰也总是特别说明其原因。有时其原因是仇敌们在危险地注意着他（第 4 章第 1 节往下），有时是因他们在阴谋杀害他（第 7 章第 1 节，第 6 章第 1 节；参看第 5 章第 18 节；第 10 章第 39 节往下，第 11 章第 54 节）。所以双方总是从相反的理由出发：前三福音书作者总是假定耶稣在末次上耶路撒冷被害以前其活动领域是加利利，他离开那里总是有特别原因而且只是短暂时间；相反，第四福音书作者则认为，如果不是为了慎重而需要退到边远地区的话，耶稣的正当工作领域总是在耶路撒冷和犹太地。

336 这两种对立的假定中只能有一种是真的。因此，现在大多数神学家们总是很自然地赞成他们所特别喜爱的约翰而反对共观福音书作者。他们说，首先，前者，特别是马太所依据的加利利传说对于耶稣早期上耶路撒冷过节的旅行知道得很少；其次，他们所知道的又早就和最后也是最重要一次的旅行混淆在一起。因此，现在出现于前三福音书中的是一方面由加利利，另一方面由犹太两种成分搅和在一起的大杂烩。但他们说，约翰教导我们这是和事实不符合的，不仅耶稣在加利利的工作由于上耶路撒冷而被中断，而且他在耶路撒冷的言行又被分布在不同的逗留中，因而约翰所提到的旅程一定可以提供容纳其他福音书作者所记述事件的空白处，从而在每两次旅程及其在犹太地的有关事件之间一定可以把一部分的加利利事件安置在其中。但前三福音书作者在他们所记述的加利利事件中从未有一次暗示过耶稣向犹太方向走去的事，而第四福音书作者在他所给我们讲述的有关加利利的事件中，又几乎没有一次与之符合一致的地方，在这种情况下我们又当抱什么见解呢？一切都是任意武断的，在这方面的无数想使福音书一致起来的尝试，只能被认为是许多编造出来的毫无理由的假定而已。

我们必须勇敢地提出这样的问题来：历史地看，哪一种更为可能，是按照前三福音书所说，耶稣先完全在加利利及其附近一带工作了一段时期，直到最后才决定走上去耶路撒冷的多事的行程，并且很快地终于得到了那种决定性的结局呢，或者照约翰所记，从一开始他就把他的活动分散在加利利和犹太两地，甚至在很早时期，特别在耶路撒冷，就屡次触怒于人，终于在最后一次在那里的时候 337
发展成那样的结局呢？

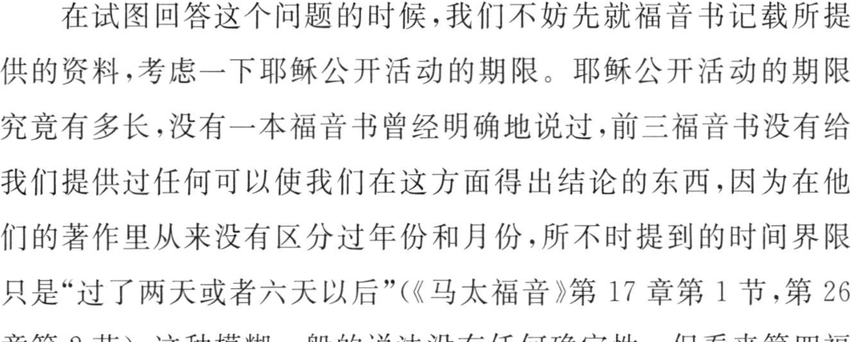

在试图回答这个问题的时候，我们不妨先就福音书记载所提供的资料，考虑一下耶稣公开活动的期限。耶稣公开活动的期限究竟有多长，没有一本福音书曾经明确地说过，前三福音书没有给我们提供过任何可以使我们在这方面得出结论的东西，因为在他们的著作里从来没有区分过年份和月份，所不时提到的时间界限只是“过了两天或者六天以后”(《马太福音》第 17 章第 1 节，第 26 章第 2 节)，这种模糊一般的说法没有任何确定性。但看来第四福音书所借以区别于其他三福音书的经常相同的“上去过节”的提

法，倒很可能帮助我们在这方面得出一个结论来。因为从每年一度的节期中，特别是从一个逾越节到下一个逾越节（假定其记述是正确的话），我们必须当作一个年头来记算。从一直被认为是耶稣公开生活开始的他受约翰洗礼（《使徒行传》第 1 章第 22 节）到他第一次上去过逾越节，看来这位福音书作者认为只有一个很短的间隔（参看第 1 章第 29，35，44 节[1]，第 2 章第 1 节，12 节）；他所描述的耶稣上去过的第二个节日，只用了一种极不明确的“犹太人的一个节期”的说法（第 5 章第 1 节），很难认为就是一个逾越节，因而我们没有作为根据的立足点；另一方面，大约在行以饼饱众的神迹时，曾提到过第二个逾越节，但并没有提到耶稣上去过节。以后在耶稣受难的逾越节以前没有提到过任何别的节日（第 11 章第 55 节，第 7 章第 1 节，第 13 章第 1 节）。由此而得出的是，耶稣公开活动至少有两年，另外还有从他受洗到第一个逾越节的短短一段时间，我们说“至少”是因为古代教会的见解把“犹太人的一个节
338 期”（第 5 章第 1 节）也看作是一个逾越节，因而就成了三年。我们认为，并没有什么证据证明，该福音书作者必然把所有逾越节都已计算在内，或者说，把耶稣所没有去的逾越节都计算在内。有人说，同约翰的计算相反，根据前三福音书作者的记载，看来耶稣的服务期间至多只有一年，但这种说法是不正确的。因为如果耶稣早先并没有去过耶路撒冷的话，那些在他到那里以前一直没有把他们的目光注意到那个方向的福音书作者是不会有机会提到它们的。但是耶稣并非必然每逢逾越节都到耶路撒冷去这一事实，已

[1] 英译本作第 35 章第 44 节是错误的，根据德文原著改正。——译者

经由约翰本人所说有一个逾越节期间耶稣安静地待在加利利所证实了（第 6 章第 4 节；参看第 1 章第 17，59 节，第 7 章第 1 节往下）。因此我们毋宁必须说，从前三福音书作者那里我们绝对看不出耶稣公开活动期间究竟有多久，就他们而言，我们既可说耶稣工作了好几年，也可说只工作一年，如果是前者的话，则他在最后一年以前并没有去耶路撒冷过逾越节。

在古代教会教父和异端派[①]的几篇著作里的确有过耶稣工作期间只有一年的推想，这种推想的唯一根据就是先知关于耶和华恩年的那一段经文（《以赛亚》第 61 章第 2 节），据《路加福音》记载（第 4 章第 18 节），耶稣曾把这一段经文应用在他自己身上，而现在由于双重的误会，又被按字面意义看作是限定他的工作期限了。同样，相反的一种意见也是建立在误会上面的，这种意见在教父的著作里也有所发现，那就是耶稣虽然是在三十岁时受了约翰的洗礼，但在他被钉十字架时已经离五十不远了[②]。这种误会的原因是由于在《约翰福音》书（第 8 章第 57 节）记载犹太人有一次反对 339
耶稣说，“你还没有五十岁，岂见过亚伯拉罕呢？”但这句话的意思很可能只意味着他还没有达到人的完满成熟年龄。如果我们想对耶稣的公开活动期间作最大的估计，就必须也以异邦作者的见证为出发点[③]，即耶稣是在本丢·彼拉多（Pontius Pilate）手下被钉十字架的。这位官员是在公元 25 年在犹太地就任的，36 年他被路修斯·维太卢斯（Lucius Vitellius）派到罗马为犹太人对他的各

① 阿利金：《论原始》，iv，530；克利门：《说教篇》，xvii，19。

② 哀利尼斯：《驳异端》，ii，22，5。

③ 塔西图斯：《编年史》，xv，44。

项指控为自己进行辩护。自他到罗马以后就从未回到过犹太，因此，耶稣钉十字架不可能比这更晚了。如果我们把《路加福音》(第3章第1节)的日期，严格地说就是施洗约翰出现的日期当作同时也就是耶稣受洗和他公开露面的日期，即在相当于公元29年的该撒提庇留在位第十五年以后，那么，从那时起经过七年到本丢·彼拉多离开时为止就是可以接受的耶稣公开活动的最长时间。但既然路加的日期是否正确是很值得怀疑的，很明显这样探讨的结果也必然是很不确定的。

在决定共观福音书和约翰福音书关于耶稣上耶路撒冷过节次数的记载孰是孰非以前解决这个问题是很重要的。如果必然假定耶稣公开活动期间只有一次上去过逾越节，同时也假定这种活动期间只有一年，则由于后一假定的不大可能性将会使我们对前三福音书采取一种否定的见解而宁愿接受第四福音书的记载。特别是芮南正是由于这种考虑才导致为该福音书的历史性进行辩护的。另一方面，如果我们在这个问题上追随前三福音书，我们仍然
340 有为耶稣公开活动期间假定一个较长时间的余地，这么一来，关于耶稣过节次数的问题就可以单就其本身来作考虑，而唯一需要决定的问题就是共观福音书记载或是约翰福音书记载哪一个有最大可能性。

有利于后者的是通常认为，一个虔诚的加利利人至少总会上去过所有的逾越节。但关于这一点，首先并不能证明在那个时候是如此，而且约翰本人也并没有暗示其如此。其次，如以上所说，即使耶稣不是这种按律法而言所谓的虔诚的加利利人，那也没有什么了不起。的确，为约翰辩护的神学家们总是强调前三福音书

作者的证明是对他有利的，而且可以认为，他们所叙述的情况和提到的耶稣的言论都假定他早先曾到过犹太和耶路撒冷[①]。但如果对这种主张加以更准确的考虑，就会看出它是不真实了。认识议会议士亚利马太的约瑟一事曾被认为如果耶稣没有早先到过耶路撒冷就无法解释，其实即使在这个名称的加利利地方没有发现约瑟的住家，在耶稣最后一次到耶路撒冷时结识了这个人也是很容易的事情。关于马利亚和马太我们只是从《路加福音》(第 10 章第 38 节)得知他们住的村庄位于从耶稣在加利利的通常住处到犹太去的路上，因而很可能就在加利利或庇利亚(Perea)；只有约翰说它就是靠近耶路撒冷的伯大尼，而正是他的轻信在这里值得怀疑。反对共观福音书陈述的唯一重要事例是耶稣所说(《马太福音》第 23 章 37 节；《路加福音》第 13 章第 34 节)："耶路撒冷啊，耶路撒冷啊，你常杀害先知，又用石头打死那奉差遣到你这里来的人，我多次愿意聚集你的儿女，好像母鸡把小鸡聚集在翅膀底下，只是你们不愿意。"

如果耶稣在其公开活动期间，在此以前连一次也没有见过耶 341
路撒冷，他就肯定不能像路加所说的，在上耶路撒冷的路上说出这样的话来。就连在耶路撒冷本身之内，在一次住了几天之后，他也不能说已经"多次"毫无结果地试图把该城居民吸引到自己跟前。在这里，一切回避的尝试都是无用的，而且还必须承认，如果这些话真是耶稣说的，那他在耶路撒冷工作的次数和期间一定比共观福音书出现的更多更长。但它们并不是他的话。的确，马太和另

① 布利克：《对福音书批判的贡献》，第 97 页往下。

一个福音书作者是把它们当作耶稣的话说的:“所以我差遣先知和智慧人并文士到你们这里来,有的你们要杀害,要钉十字架……叫世上所流义人的血都归到你们身上,从义人亚伯的血起直到你们所杀撒迦利亚的血为止……”(第 23 章第 34 节往下);但这两处都提到了犹太人虐待上帝的使者这一事实,说明它们很可能原来本是连在一起的。路加,正如他通常所做的那样,把两者分开了,但路加在记述耶稣的后一讲话前还说:“所以上帝的智者说:我要差遣……”(第 11 章第 49 节),等语。首先,我们可以毫无疑义地认为,这一由于其奇特性而被马太删去的增加部分,本是原有的;其次,考虑到两处说法之间的联系,我们有一切理由假定,和其所记耶稣的前一讲话联系着的向耶路撒冷的呼吁,也是属于上帝智者的话的一部分。这里的“上帝的智者”耶稣既不可能是指他自己,福音书作者也不可能是指耶稣,因为这种称呼或引语,耶稣自己从未在福音书别处用过。“上帝的智者”可能被认为是指旧约圣经的
342 灵感而言,但在旧约里从未见到过这种说法。所以,看来很可能是指一特殊著作说的。一个福音书作者说耶稣引用了其中的话,同时还道出了其来源的名称;另一个作者则把它说成是直接出自耶稣之口的他自己的话。这部著作可能是在耶路撒冷被毁灭时一个基督徒所编写,责备了犹太人对上帝的使者们从最初到最后所犯的一连串的罪行,也就是说从杀害亚伯到狂热者[①]在圣殿里杀害巴拉加的儿子撒迦利亚的一系列罪行,司提反在《使徒行传》第 7 章里也以差不多同样的心情讲到了一些事情。但这里的“上帝的

① 约瑟弗:《犹太战争》,4,5,4。

智者"是人格化了的代理人，而"我差遣文士"等说法对于这种人格化比对耶稣亲口说话倒更为合适①。

所以，说前三福音书的这几段经文，只有假定耶稣曾多次到过耶路撒冷才可理解是不正确的。反过来，倒可以指责第四福音书的作者说，如果照他的记述，就很难不把耶稣第一次到耶路撒冷理解为也就是最后一次。根据共观福音书的记述，在耶稣于安息日医治好枯干一只手的人以后，法利赛人就立即商议怎样杀害他（《马太福音》第12章第14节）。在利用由洗手问题引起的争论中耶稣大胆地对他们施加攻击以后，他们就私下窥听，要拿他的把柄（《路加福音》②第11章第53节往后）。所有这一切不管我们把它放在多么早的时期，情况都可能是一样，而且我们还可以理解为什么执行这些阴谋不是那么容易。其理由当然就是统治集团党派的权势还没有强大到能够把像耶稣这样众望所归的人物从拥护他的人群中带走；但一当他进入他们的势力中心耶路撒冷的时候，他们就毫不踌躇地而且毫无阻碍地向他们的目标前进了。《约翰福音》所记的情况就很不相同。在这里从一开始他就屡次冒险进入狮穴之中，而且他在那里的行动方式使我们对他竟能几次脱险而回，不能不感到越来越多的惊异。当他第一次进耶路撒冷的时候他就把

① 参看拙著：《耶稣祈求降祸给耶路撒冷》等论文，载希尔根菲尔特编：《科学的神学杂志》，1863年，第84页往下。

（按这里的《科学的神学杂志》同英译本25页脚注的《科学的神学杂志》在德文原著同为"zeitschrift für Wissenschaftliche Theologie"在那里译作"Magazine of Scientific' Theology"这里又译作"Journal of Scientific Theology"，同一杂志前后译名不统一。——译者）

② 英译本漏去"路加"二字，根据德文原著补上。——译者

做买卖的人从圣殿里赶出去。一方面,他在这样做的时候所采取的方式比共观福音书所记还更激烈更富进攻性(只有约翰提到耶稣赶他们时用了鞭子);另一方面,所得到的热情追随群众的支持却比较少,因为他第一次访问耶路撒冷,并不像最后一次那样,有庄严的行列开路并欢迎。甚至在这里事情竟能进行得那么顺利也令我们不胜惊异,特别是因为与耶稣联系起来的拆毁并重建圣殿的思想[1]是很不适于抚慰群众心理的。当耶稣第二次在未提名的节日访问首都时,犹太人因他在安息日治病想处死他,而他在言谈中把自己和上帝相比越发坚定了他们的决心(第 5 章第 16,18 节,参看第 7 章第 1,19 节)。在以后的住棚节期间,他们又屡次想要捉拿他,甚至打发仆人去逮捕他(第 7 章第 30,32,44 节)。如果我们问,既然他们在首都随时都可捉拿他,他们为什么没有这样做呢?该福音书作者除了说他的时候还没有到以外,并没有给我们提供任何理由(第 7 章第 30 节,第 8 章第 20 节)。当另一次犹太人拿石头打耶稣的时候,该福音书作者说耶稣却躲藏起来,安然无恙地逃进圣殿去了(第 8 章第 59 节,参看第 10 章第 39 节;第 12 章第 36 节)。这就是说,福音书作者求助于神迹,其实,为了把决
344 定再推迟一些,这类事是必不可少的,因为一方面争吵已进行到如此程度,另一方面时机又是如此地有利。我们可以附带说一句,这里存在着明显的矛盾:据说耶稣为了逃避仇敌的阴谋陷害,避免到犹大去,至少在节日之间,避免到首都去(第 4 章第 1 节,第 7 章第 1

① 这里英译本第 343 页第 18 行的第一个“with”应作“which”,否则意义就不通,这里的译文已根据“正误”改正。——译者

节，第 11 章第 54 节）；其实如果他的时候还没有到，而且他又有能力行奇迹，从他们眼前逃走，那他就应该很容易继续呆在那里了。

第四福音书作者，由于其关于耶稣早期过节的叙述，过早地使事情达到了转折点，因而就不得不使之一再推迟[①]，既然损害了事物的自然进程，为了使事情得到悲剧收场，他发现自己被迫在拉撒路复活的事上插进一个虚伪的动机。这种预示事情发生的做法，对于这位福音书作者来说是很通常的事，对他来说，事物总是不可能按自然方式发生，而且一切都已预先存在。在其他福音书里需要经过较长的时间和许多的发展最后那位最有才干的使徒才承认耶稣为弥赛亚，（老实说，从约翰的观点看，这还不够正确。）而在第四福音书里，那位使徒的兄弟安德烈从一开始（第 1 章第 42 节）就清楚地认识到了。至于西门[②]，第四福音书说耶稣一见面就称他为磐石（第 1 章第 43 节），而这在其他福音书则是很久以后的事，还说他第一次过节的时候就宣称自己要死在十字架上并且要复活过来（第 2 章第 19 节往下，第 3 章第 14 节），还说他从一开始就知道谁要出卖他（第 6 章第 71 节）。

由此可见第四福音书作者从始至终都在努力使凡能抬高耶稣身价的事情尽可能地提早发生。这么一来，他为什么为了发挥耶稣精神之光、显示他的高贵品质，证明他既有勇气又有神的能 345
力——这两点自然地是相互排斥的——迫不及待地把他从加利利的偏僻地区带到能够更适于他施展身手的舞台首都来，就是可以

① 参看鲍威尔：《批判的研究》，第 190 页，第 283 页往下。

② 即彼得。

理解的了。主要问题在于：根据第四福音书的根本思想，为了把作为黑暗的犹太人的不信，同耶稣所表现的光明和生命对立起来，必须从一开始就表现这种对抗性，尤其是在犹太人排它主义中心的首都耶路撒冷①。

让我们暂且把部分地由于约翰惯用非历史性的实用主义手法，部分地由于他明显倾向于提早预示事实所引起的对于他有关耶稣几次上耶路撒冷过节的记述的怀疑搁置不谈，单单假定他仅仅是使争论发生得过早，耶稣在最末一次以前的确已有几次到过耶路撒冷，但由于他行事非常小心谨慎而未使他的生命受到严重威胁，即使这样，约翰记述的事实仍然是不大可能的。犹太及其首都是耶稣所要与之斗争的一切事物的活动中心和强大堡垒，在那里法利赛党统治着一群极易激起狂热的人民，在那里大量的祭司人员，华丽的圣殿及其庄严的礼拜仪式都是宗教的形式主义和迷恋献祭制度和洁净礼节的最牢固的堡垒。按情理说，对于有这样趋势的地方，耶稣如不先在这种趋势比较不太显著、人们心理对于他的教导比较开放的地区通过劳动，一方面根据不同阶段及其对于深刻宗教感情的不同程度的感受性对其人民有更准确的了解；另一方面按照情况更明确地制定他本人的计划，赢得更多的拥护者和权力以前，是不会贸然进到那里去反对这种趋势的。实际上，由于耶稣在加利利的长期活动，他已获得广泛人士的响应，而且有一个比较小圈子的知心门徒。但如果他想要进行大规模活动，如

① 此句是根据英译本“正误”及德文原著第319页补，参看鲍威尔：《批判的研究》，第130页往下，第190，238页往下。——译者

果他不仅是想在犹太人已有的宗派之外再加上一个新的宗派，而是想赋予其人民的整个宗教制度以另一种形式，那么，他就不得不先在外省进行适当的准备，最后再到首都作决定性的尝试。根据 346
他对僧侣统治集团顽梗不化、群众愚昧败坏以及即使在同情的人们中间其一时的热情也极不稳定等经验，他很可能早就预见到其结果不会顺利；但事情本身在促使他前进，不前进则等于前功尽弃。另一方面，如果他对最后一步不畏缩后退，则即使结果失败，他也还可指望获得为伟大思想而殉难所必然会产生的效果。

41.耶稣的教育方式

在我们所讨论的活动场所上，耶稣作为教师所发展了的活力，在其教育工作中自然地占有首要地位；既然我们已经对他的宗教观点原则，即他的教义的主要本质，试着进行了一些描述，现在我们就要对其形式方面，也就是他所采取的教育方式方面，马上进行更多的考察。当我们这样做的时候，许多有关本质的问题也会显示出来，可以作为我们前面所讲的补充。

不仅福音书作者(《马太福音》第 7 章第 28 节；《马可福音》第 1 章第 22 节；《路加福音》第 4 章第 32 节；《约翰福音》第 6 章第 68 节)告诉我们，耶稣作为教师获致了非常吸引人的效果，给敏感的心灵留下了深刻的印象，而且这也已由历史后果证实了。如果要问，获致这种效果的原因是什么，贾士丁・马特尔在他的《卫道篇》里写道[①]："他的谈话简短而有说服力，因为他不是一个诡辩家，他

① 贾士丁・马特尔：《卫道篇》，I. 14。

347 的话具有上帝权力。”这些词句不仅描述了耶稣言论所从涌现的宗教感情之渊深，也说明了其形式之自然而质朴。“他不是一个诡辩家”，这位受过希腊教育的教会学者说，如果把这句话翻译成犹太语言就是，他不是一个拉比，他说话不像文士（《马太》第7章第29节）；诡谲的论证非他所擅长，但他那强有力的言辞本身就具有证明的力量。

因此，福音书所记述的那些丰富的警句，那些意义深远的经文，即使不谈其宗教价值，单就其表达的穿透力和它那准确无误的常识而言，也是非常宝贵的。把该撒的物归给该撒，上帝的物归给上帝；没有人把新补丁补在旧衣服上，或把新酒装在旧皮袋里；健康的人用不着医生，有病的人才用得着；如果你的手或你的脚叫你犯罪就把它砍下来丢掉；先把你自己眼中的梁木去掉，然后才能看得清楚，去掉你弟兄眼中的刺，饶恕你的弟兄不是七次而是七十个七次——这些都是不朽的名言，因为每天都在得到新鲜证明的真理在它们里面被赋予了恰好的形式而同时又是普遍可以理解的。

这些明智的经句绝大多数都是耶稣即席发表的言论，例如关于税银的言论是由法利赛人诱惑性问题所引起的，关于饶恕的话是由彼得的一个问题所引起的，关于医生的话是由法利赛人因耶稣和税吏来往而不悦所引起的。另一方面，关于刺和梁木，以及关于砍手的经句在福音书里是和一篇长的言论联系着的（《马太福音》第5章第30节，第7章第3节往下），其中有几部分是耶稣为了教诲或多或少的人们所讲的，福音书把它们保存下来，例如山上

348 说教就是为了以耶稣宗教服务的基本原则启发广大从者而讲的，对十二门徒的训词则是为了委派他们就任福音使者之职而讲的；

耶稣反对法利赛倾向的论战性言论，包括在他发表的反对该教派的大量言论中。这类长篇讲话特别在《马太福音》中有所发现。可以假定，一个公认的事实是，该福音书作者不过是从外表上把原本是耶稣在不同时期发表的言论（如山上说教从第 6 章第 19 节起）好像珠子一样串在一根线上罢了，而且还把耶稣离开以后，根据后来情况，按照耶稣方法所编集的经文也和他本人的言论混在一起了。由于这类经文也可以当作是真实的，它们就形成了一种自然的，然而并不是很有条理的思想线路；这类短小精悍经文的表现形式总是简单明了，意义深长而且条理清楚：取例来自普通生活，形象来自自然界，选择巧妙，且常真正富有诗意。

在比喻里诗的成分就更多，这是耶稣喜欢赋予他的教义的一种形式，部分地是为了用形象来吸引听众，部分地也是为了使他所向之解释的比较聪明的人们有运用他们的理解力和思考的机会[①]。比喻或寓言，是东方一种传统的解释方法，旧约里也曾多次运用过，看来当时人们特别爱用。除了在福音书里见到的以外，不
仅从犹太教法典（Talmud）可以见到，约瑟弗还提到过提庇留皇帝 349
在由于其尽可能少更动各省官吏的习惯而遭受非难时，也曾用比喻来为自己辩护[②]。

马太在其福音书第 13 章串连起来的七个比喻，只部分地出现

① 至于另一方面，耶稣选用这种形式是为了把天国奥秘隐藏起来，好使《以赛亚书》第 6 章第 9 节的预言得到应验（《马太福音》第 13 章第 10—15 节），只是那位根据其经验认识到犹太人总的说来并不欣赏耶稣教义的该福音书作者的意见。这种意见在一定程度上是不健康的，参看希尔根菲尔特：《福音书》第 82 页往下。

② 约瑟弗：《古事记》，XVIII，6，5。

于其他两部共观福音书，但同样可以肯定的是，紧接着山上说教，它们是留传给我们的耶稣言论的最真实内容的一部分。第一个比喻：即撒种者的比喻，出现于所有共观福音书之中，特别具有原始作品的标志。因为，一方面它来自耶稣作为教师的活生生的经验；另一方面，它使我们从人们对于精神印象的不同感受性中，看到一种原始的道德现象。至于只有马太记述的第二个即田间稗子的比喻和第七个即撒网的比喻，是否来自耶稣本人是值得怀疑的。它们是以人们体验到的一种事实为依据的，即不纯成分不可能立即全部从人间社会或甚至从基督徒社会中清除掉。这是一种关于教会存在后较晚时期的理论，尽管我们可能认为其中提到的撒稗子的“仇敌”的说法同伊比奥尼派对于使徒保罗的称呼只是一种偶然的巧合。第三和第四比喻，即芥菜籽和面酵的比喻阐明新的宗教原理的成长。前者将其朴素无华的肇始和其后的巨大成就作了对比，后者则阐明其所具有的深入人类关系一切部分的力量。最后，关于藏宝于田和寻珠的比喻表现了新开放的天国的无与伦比的价值，仅是对这段经文的象征性说明（《马太福音》第 6 章第 33 节）；
350 劝勉人们要先追求天国及其义，对其他一切不必介意[①]。同样，也可把孤立的国王同仆人算账的比喻（《马太福音》第 18 章第 23—35 节）看作是对主祷文第五句话的一种说明（《马太福音》第 6 章第 12 节）。

马太在第 13 章里收集在一起的一组比喻，从发展的侧面对上

① 同时它们令我们想起《箴言》，第 3 章第 13 节往下的一段话：“得智慧得聪明的，这人便为有福，因为得智慧胜过得银子，其利益强如精金，比红宝石宝贵，你一切所喜爱的，都不足与比较。”

帝的国进行了观察。它显示上帝的国如何不知不觉地建立在人们中间，受到不同程度的接受、反对和不纯成分的污染，但它却不断地发展并完善起来，而且参加上帝的国还是人类努力的最珍贵的奖赏。在马太和路加所部分地放到耶稣上耶路撒冷路上和逗留在那里一段时间的另一些比喻里，较多地从其完善及终于圆满成功的角度对教会进行了考察。在这里值得注意的是，根据人们对于教会的关系将决定他们的不同命运。这里还讨论了不同阶层的犹太人的不同情况；由于虚伪地自以为义而变得顽梗不化的法利赛人和文士同虽然深深地陷溺于罪恶之中但因自认有罪而有改进可能的广大群众之间的不同。在后者之中特别提出了由于其崇拜罗马人和金钱[①]而受人憎恨受人轻看的税吏。但发言者并不以犹太人为限，他还用外邦人将受邀请进入上帝国一事而对他们进行恫吓。有时还把主题处理得这样，即当仅仅谈到一个对立面的时候，

另一个对立面，哪怕仅从福音书作者的措辞中，也就显示出来了。351
例如在《马太福音》(第 25 章第 14—30 节)分银给仆人的比喻里所处理的仅是用不用上帝赋予人的才能的问题，但在路加所记这个比喻的较晚一种形式里(第 19 章第 12—27 节)所讲的就不是它连得[②]而是弥拿[③]，那些不承认主为王的国民终于被杀，则是指由于犹太民族拒绝接受耶稣而即将面临的民族灾难而言。同样，在马太(第 21 章第 28—31 节)两个儿子的比喻中，一个儿子答应遵守父亲的吩咐而不执行，另一个儿子的行为恰好同他相反。耶稣指

① 原文作“mammon”，即财神。——译者

② 原文作 talent，古希腊等地的货币和重量单位。——译者

③ 原文 Mina，古希腊等地的货币和重量单位。——译者

出，这一方面是说大祭司和长老们，另一方面是税吏和娼妓。明显与此有联系的浪子回头的比喻，毫无疑问，是暗示着犹太人同外邦人的关系。在马太所持有的葡萄园工人的比喻里，不管是早雇的或晚雇的，都得到了同样的报酬（第 20 章第 1—16 节），暗示犹太和外邦基督徒，并明白表示，前者的优先权要求遭到了拒绝。国王请客的比喻（《马太福音》第 22 章第 1—14 节；《路加福音》第 14 章第 16—24 节）和葡萄园造反工人的比喻（《马太福音》第 21 章第 33—41 节；《马可福音》第 12 章第 1—9 节；《路加福音》第 20 章第 9—16 节）涉及硬着颈项的犹太人终于受到了排斥和惩罚。这里值得注意的是，马太的比喻是以其原始形式出现，而在《路加福音》里则染上了一种反犹太色彩，在请客赴席的比喻里两位福音书作者的情况又倒转过来了。在《路加福音》里，主人仅是一个准备了丰盛筵席的人，被邀的人（即犹太人，特别指骄傲的大祭司们）仅仅拒绝接受邀请并因此而被排除于筵席之外，取代其席位的不仅有城里贫穷和残废者（大概是指税吏之类的人物），还有大路上和篱
352 笆边的人（即异邦人）也被勉强请来赴席。在《马太福音》里，不仅说主人是个国王为儿子摆设婚姻筵席，这明显地指弥赛亚而言，还从作者紧接着在此以前所叙述的葡萄园工人的比喻中带来了一种异质特色，说被请的人除了拒绝接受邀请外，还虐待并杀害了那些邀请他们的仆人，为此，国王命令他的军队除灭他们并焚毁他们的城市。很显然，这种特色是在事件发生之后，即耶路撒冷被毁灭之后，加到比喻中去的。马太所加的结婚礼服是不适当的，因为严格说来，不可能希望贫穷和残废的人会有礼服穿，但不知这里的礼服是不是指割礼或洗礼而言，这两者在异邦人加入教会时都曾强加

于他们，这样可以起抚慰犹太基督徒的作用。

马太的这些晚期比喻，马可只记载了其中葡萄园工人的比喻，路加记载了筵席和弥拿的比喻，我们还可给加上一个警惕的仆人比喻（《马太福音》第24章第45节往下；《路加福音》第12章第42节）和十童女比喻（《马太福音》第25章第1节往下），它们都显示出受到了生手润色和增添的迹象，令我们不能不对其是否耶稣的原话或者更可能地是表达了最早期教会的意识，一般地产生怀疑。十童女比喻是早期教会对于基督再临的期待的真实表现，这种期待在耶稣离开后第一个世纪的基督教会里是非常强烈的。叛逆工人的比喻是以《以赛亚书》第5章的著名寓言为基础的，那里所谴责的犹太人的罪行同《马太福音》第23章第34—39节；《路加福音》第11章第49—51节，第13章第34节往下完全一样，是从耶路撒冷毁灭时期一篇基督徒著作得来的；在国王请客赴筵的比喻里马太所引进的特色暴露出有涉及较后时期所发生事件的情况。353

第三组比喻是路加所持有的，它们又分成两个不相类似的小组。另一些作家已经注意到《路加福音》第16和第18章记载的比喻有出自共同原始资料的特征。这一特征就是对于管家（第16章第8节）、钱财、①（第16章第9节）审判官（第18章第6节）都一律加上了不公正或者更准确地说，不义的管家、审判官等②。除此以外，在后两个比喻以及富裕地主比喻（第12章第16—21节）里，文

① 原文作 mammon。——译者

② τὸν οἰκονόμον τῆs ἀδικίαs（不义的管家）是根据希伯来语习惯用法，表示 τὸν ἄδικον οἰκονόμον，就如下面18章6节，ὁ κριτὴs τῆs ἀδικίαs 即 ὁ ἄδικοs 表示不义的审判官一样。

章转折点的特色都是由主人公的一种独白形成的,叙述者以同样的方式将其引进来。“自己心里思想说”,这是描述那个出产多得没有地方收藏的人所说的话,“说”,这是描述不义管家时所说的,关于不义的审判官同样地说道:“他后来心里说。”甚至在这些独白的头几个词中,富裕地主和不义管家在特殊语言方式方面也有一致性[①]。前者首先说道:“怎么办呢?”……“我要这么办。”后者也同样说道:“我将作什么呢?”……“我知道怎么行。”另一方面,在不义审判官和对懒朋友品质的描述上[②](后者也属于这一组比喻之中)两者都用了共同的措辞,也是毫无疑义的。

354 这些共同资料来源的标志同时也就是一个犹太基督徒,或者更准确地说,一个伊比奥尼派资料来源的标志。在不义管家的比喻里,世上财富本身就被看作是一种不义的东西;在懒朋友和不义审判官的比喻里特别强调了祈求,我们知道在伊比奥尼派中就特别有这种情形。的确,耶稣对于贫穷和祈求两者都是非常重视的,但我们之所以不同意把这些比喻归之于耶稣本人,部分地是由于它们的片面性,部分地由于我们在《马太福音》第13章耶稣的比喻中所看不到的间接性。所谓间接性,我们是指在其应用方面必须把故事的主要特征完全置于不顾而言。懒朋友和只有通过坚持不懈的强求才能软化的不义审判官就是上帝;不义管家因其营私舞弊而受到表扬,这就是说,因他对于非法获得的、其本身就是不义

① 参看,寇司特林:《共观福音书》,第274页。

② 《路加福音》第11章第8节(关于懒朋友):εί και οὐ δώσει αὐτῶ... διάγε... δώσει αὐτῶ,《路加福音》第18章第4节往下(不义审判官):εἰ καὶ τὸν θεὸν οὐ φοβοῦμαι... διάγε... ἐκδικήσω αὐτὴν。

的财富的审慎使用而受到表扬，而营私舞弊在故事中，乃是一种夹带进来的私货[①]。

正如我们所看到的，这类粗暴的做法在那些有极大可能为耶稣自己所讲的比喻中是见不到的。同样见不到的是完全模仿犹太人的那种语言形式，如："怎么办呢？"……"我要这么办。"毫无疑问，第三福音作者由于他坚持把对立的原则调和起来，为了博得当时在教会中有势力的极右派的倾听，他所特有的这个比喻有一半是从伊比奥尼派原始资料中取来的。

另一方面，路加记载的耶稣的比喻，无论是在内容或形式方面，都更多地具有耶稣自己的特色。这类比喻有：法利赛人和税吏（第18章第9—14节），好撒马利亚人（第11章第30—37节）和浪
子的比喻（第15章第11—32节）。最后[②]两个比喻有保罗主义色 355
彩，被树立为榜样的撒马利亚人可以看作是比拟异邦人，浪子比喻中的大儿子是晚期犹太基督教的典型，而悔改的小儿子则是异邦世界归向基督教的预示。很可能这位福音书作者写作时心中就有这样的感情，因而影响了他报道这些比喻的方式；然而比喻本身仍可能是耶稣亲自发表的，因为正如这里所表现的，它们同耶稣的精神完全一致。在路加所特有的这两类比喻之间（如上文所说），还有一个财主和穷人拉撒路的比喻（第16章第19—31节）。这个比喻的性质介乎上述两类比喻之间，因为它的反犹太的寓意似乎是

① 这里英译本译文费解，且与德文原著出入很大，中译文是根据德文原著（第327页）直接译出。（请参看英译本"正误"）。——译者

② 这里的德文原著（第328页）为"bei den beiden latzteren"而英译本竟译作"in the two first"显然错误，中译文已根据原著更正，参看英译本"正误"。——译者

建立在伊比奥尼派基础之上。大概它是以犹太基督教资料为根据而其结论则可归之于福音书作者报道这个比喻所用的表达形式。

耶稣的富有教益的言论常常是由问题所引起。有一次门徒问他谁在天国里最大(《马太福音》第 18 章第 1 节)。另一次彼得问他应该饶恕得罪自己的弟兄几次(18 章 21 节)?另一次施洗约翰的门徒问他为什么他的门徒不像他们自己和法利赛人那样经常禁食(第 9 章第 14 节)?还有一次文士和法利赛人问他为什么他的门徒不遵守规定的饭前洗手的规矩(第 15 章第 2 节)。前三福音书作者还同样地把耶稣的仇敌在其生活的最后一段时期向他所发的问题串集在一起。他们之所以这样发问其用意是如果他回答不出就可以在百姓面前贬损他,另外,还可从他的回答中设法弄到一些不利于他的把柄。马太说,当他第一次离开加利利的时候法利赛人曾向他提出关于离婚的问题(第 19 章第 3 节);接着当他在进

356 耶路撒冷的第二天进入圣殿的时候,大祭司和百姓中的长老们曾问他的权柄从何而来,由于耶稣反问他们施洗约翰的权柄从何而来,他们被驳得哑口无言(第 21 章第 23 节往下)[①]。与此相联系,耶稣讲了好几个比喻,接着,在同一场面,就是他的仇敌向他发了由三个问题组成的一组问题,接着耶稣向他们提出了一个反问题,以后就没有人再敢打搅他了(《马太福音》第 22 章第 15—46 节;《马可福音》第 12 章第 13—37 节;《路加福音》第 20 章第 20—44 节)。耶稣对这些问题所作的回答就是我们在上面所已部分地讨论过的一些简短而难忘的经文,它们是他的言论的基本组成部分。

① 英译本漏掉,根据德文原著补上。——译者

我们之所以在这里特别提到它们是因为它们证明了耶稣是一个圣经解释家。撒都该人把根据当时犹太婚姻法可能有的一种情况放在耶稣面前，想借以对相信复活教义的法利赛人以及也相信复活的耶稣本人加以嘲弄。在回答问题的时候耶稣首先通过对于这项教义的一种比较崇高的见解消除了诡辩的困难，接着就诉诸摩西五经中所常有的一种说法，对复活教义及其所包含的永存不朽思想试图加以证明。在摩西五经里上帝称自己是“亚伯拉罕的上帝，以撒的上帝，雅各的上帝”，耶稣说上帝不可能是死人的上帝，因此，这些人就一定都是活着的（第 23 章第 31 节往下）。关于耶稣的这一类故事同犹太教法典中关于拉比的一类故事颇为相似，因而有人认为这些故事是在犹太基督徒圈子里虚构出来的，为的是使耶稣在辩才方面和犹太名流处于并驾齐驱的地位。其实，这种反驳法利赛人的做法倒大可以不必提出，因为很少人会同意迪维特的见解，以为它是耶稣非常熟悉圣经的一个有力证明。它是一种以拉比方式处置拉比的做法，从这一意义来说，的确是根据对方 357
感情而论证的一个杰出范例，但在真实性方面却并没有客观价值。一个对已故朋友的儿辈和孙辈施加恩惠的人，即使在这样做的时候说明了他之所以这样行是为了同他们的父亲和祖父的友谊，但这丝毫也不表示当他施加恩惠的时候，他认为他们的父亲和祖父是否还继续活着。与此相反，把他的话认为是表示他并不相信永存不朽倒更为恰当。他所说的一切不过是他对死者的友谊，（他的意思是说）这种友谊一直存在到当时，而且还要继续存在下去，并在他心里起作用。摩西书上所讲的耶和华的名称也正是这个意思。当《出埃及记》第 3 章第 6 节的作者运用这个名称的时候，只

是在想到这些先祖们的尘世历史,并没有想到他们当时的情况,而他们的情况,照他的想法,无论是生或死,只不过是在阴间(sheol),即影子王国里的一种羁旅而已。另一方面,根据当时法利赛人想法,已死的圣徒将留在阴间的一个较好处所等待复活(参看《路加福音》第 16 章第 22 节往下);耶稣既然说这些先祖将在弥赛亚王国即复活以后(《马太福音》第 8 章第 11 节)招待完善的圣徒时受到优待,从此可以看出他对他们的继续存在是如何地坚信不疑。他把这坚信也塞进了对于旧约的理解中去,那里原本是没有这种永存不朽的含义的①。他这样做也是很自然的。这种情况对我们这些把他仅作为一个人看待的人来说,对他并无所损。在那个时候,无论是住在巴勒斯坦或其外的犹太人,没有一个懂得按语法的历史的意义解释圣经的;而且即使是像菲罗那样最伟大的天
358 才,在这方面反倒是最为肤浅。没有一个人问一下,“作者写这些话是什么意思?根据当时情况,他们意味着什么,或者,根据当时的概念,它们可能意味着什么?”而是读者以为自己能够从其中辨认出什么真实和神圣的东西,只要能够和作者的话联系起来,那就必然是圣经作者的意思,而且只有那才是作者的意思。即使没有这个故事,我们也不难看出,正如耶稣不知道有哥白尼的宇宙体系一样,他也一定对于当时他同胞们的错误解释有份。但正是从这里我们看到他的伟大,他以一种崭新的精神解释古老的圣经。他是一个先知,尽管他是一个平庸的解经者。

到目前为止,我们在说明耶稣所采用的教育方式时,完全是以前三福音书为根据。其所以这样做的理由,是因为从第四福音书

---

① 参看德文原著。——译者

我们不可能得出关于这方面的任何结论来。即使我们承认该书作者在依照其所受全然不纯教育原则行事的同时，也可能在有些地方接近于耶稣的思想精神，但在关于形式的细节和表达方式上，情况就完全不同了。当其具有真实性标记时，其材料总是取自共观福音书及当时存在的其他资料来源。反之，如果是该作者所独有，则又总带有虚构和非历史性的标记。有些为人所熟知的这类观点，如关于拆毁圣殿又重建起来(《马太福音》第 26 章第 61 节；《约翰福音》第 2 章第 19 节)，先知在其本土不受尊敬(《马太福音》第 13 章第 57 节；《约翰福音》第 4 章第 44 节)，奇异的语词如“起来，拿你的褥子行走！”(《马可福音》第 2 章第 9 节；《约翰福音》第 5 章第 9 节)，以及像“得着生命的，将要失丧生命，失丧生命的，将要得着生命”(《马太福音》第 10 章第 39 节，第 16 章第 25 节；《约翰福音》第 12 章第 25 节)，“学生不能高过先生，仆人不能高过主人”(《马太福音》第 10 章第 24 节；《约翰福音》第 13 章第 16 节)，凡接待门徒的就是接待了他自己，接待他的就是接待那差他来的(《马
太福音》第 10 章第 40 节；《约翰福音》第 13 章第 20 节)，“起来，我 359
们走吧！”(《马太福音》第 26 章第 46 节；《约翰福音》第 14 章第 31 节)第四福音书的作者也曾采用了这些词句，尽管作了部分篡改，但仅从他把有些词句安放在不适当的地方(例如，第 4 章第 44 节，第 13 章第 16 节，第 14 章第 31 节)，我们就可以看出他并不知道应该怎样处理这类题材。虽然他可能从原始素材中把它们剪裁出来，但由于他仅习惯于凭借自己的想象力编造耶稣的言论，并不懂得怎样把传说中的真实言论引进他自己所特有的思想线路中来。尽管他乐于讲述比喻，但共观福音书比喻的调子既和他所认为的

耶稣言论大有径庭，而他自己又没有什么创造。至于他所讲的好牧人（第 10 章第 1 节往下）及葡萄树（第 15 章第 1 节往下）比喻仅能算是寓言而不是比喻，因为它们缺乏比喻所要求的历史要素。《约翰福音》里的基督从来没有充分放下过自我，因而也就不可能讲出具有历史形式的比喻来；比喻的客观形式同这部福音书的主观情调太不相适应了。在共观福音书里也占显著地位的论争形式最适合第四福音书作者的口味，但就连在这方面他也有所更动。前三福音书里的论争是围绕当时的禁食、洗手、守安息日、纳税、复活及弥赛亚等问题进行的，而第四福音书关于最后一个问题则仅记了有关耶稣身份及地位的论争。在共观福音书里，即使是有关弥赛亚身份的问题，耶稣对之也采取了相当客观的态度（《马太福音》第 22 章 47 节往下）。与此相反，在第四福音书里，我们看到，就连关于安息日的问题，尽管其本身是一个客观问题，竟也立刻变成了同《约翰福音》所特有的关于耶稣身份的教义最紧密地联系着的问题了（第 5 章第 17 节往下）。《约翰福音》里的耶稣仿佛是在用密码说话似的，而解释这个密码的钥匙则是该福音书作者的逻
360 各斯基督论[①]，因此，对于凡不掌握这把钥匙的对话者，他的话是不可理解的，而且是讨厌的。如果有一句话被误解了，为了更有力地证明钥匙的必要性，他会接着提出另一句没有钥匙更难理解的话来；从而把论争拖延下去。这种做法，即使对于有了这把钥匙的第四福音书读者有启发意义，对于那些没有这把钥匙而且不可能

① Logoschristology，《约翰福音》作者说耶稣是逻各斯（中文圣经译作道）的化身，无始无终，与上帝同一体，万物都是借他而造，等等，这就是逻各斯基督论的主要内容（参看《约翰福音》第 1 章第 1—18 节）。——译者

获得这把钥匙的犹太人来说，必然是毫无益处。从耶稣一方面来说，这种做法只能使他和人民疏远，阻碍他所要达到的目的。约翰所特有的耶稣的这些讲话，只要把他当作在人面前的一个人来看待，就没有一句可能得到恰当的理解：因此，这些话没有一句是耶稣说的。

42.耶稣的神迹

在第三福音书里，往以马忤斯去的门徒把被钉十字架的耶稣描绘为一个先知，说他“行事说话都有大能”（第 24 章第 19 节）。其实这里所说的行事就是指耶稣行神迹而言，行神迹是他具有先知尊严的一个凭证，所以被放在说话或教训之前[①]。同样，在使徒行传使徒彼得的五旬节讲话里，也说他是一个上帝藉之“施行异能奇事神迹的人”（第 2 章第 22 节）。根据使徒保罗的见证（《哥林多前书》第 1 章第 22 节），犹太民族的一个特性就是要求他们所愿相信其教训的人施行神迹，这也就是说，他们希望在其言论之后，能
有人力所不能做的后果表现出来，借以证明有上帝和他同在（《约 361
翰福音》第 3 章第 2 节）；正如摩西有一次在镇压可拉叛乱以前说过：（《民数记》第 16 章第 28 节往下）“我行的这一切事，本不是凭我自己心意行的，乃是耶和华打发我行的，必有证据使你们知道。这些人死，若与世人无异，或是他们所遭的，与世人相同，就不是耶

① 按中文圣经的“说话行事都有大能”，在希腊文为“δυνατὸs ἐν ἔρνῳ καί λὸγῳ”，英文为“mighty in deed and word”，和中文圣经释法不同，都是把行事放在说话之前，故作者有此说法。——译者

和华打发我来的。倘若耶和华创作了一件新事,使地开口……你们就明白这些人是藐视耶和华了。”

正如在希伯来民族故事中,把他们所视为神圣的经书中所记载的一系列这类神迹归之于最杰出的先知之一摩西一样,他们要求凡自称为先知或者甚至为“人民的最后救主”(摩西为最早救主)即弥赛亚的人也行神迹就是很自然的事了。一个具有其他一切才能的教师,如果没有这种能够证明他是上天打发来的凭证,就不会受到充分的尊敬(参看《约翰福音》第10章第41节)。我们从福音书中读到,每当耶稣不止一次提出只有先知才能提出的要求时,人们总是要求他行出一个足以凭信的神迹来。据前三福音书记载,当耶稣作为一个革新者出现在圣殿里的时候(在这前一天他曾把做买卖的人从圣殿赶出去)大祭司和长老们就问他凭什么权命作这些事(《马太福音》第21章第23节;《马可福音》第11章第28节;《路加福音》第20章第2节)。第四福音书作者把这一要求变成一个问题:“你既作这些事,还显什么神迹给我们看呢?”(第2章第18节)[①]同样,《马太福音》(第12章第38节)说,有一次文士和法利赛人见到耶稣时对他说,我们愿意你显个神迹给我们看,另一次他们更明确要求,“从天上显个神迹给他们看”(《马太福音》第16章第1节;《马可福音》第8章第11节)。

不过对于这类要求,耶稣拒绝应允也是很自然的。据说,古时的先知也曾这样做过。但古代先知是生活在民间传说里,而耶稣
362 当时却是生活在严格的历史现实中,只是到后来,他才像古先知一

① 此处英译本漏译,依据德文原著补上。——译者

样，落进传说的怀抱。据《马可福音》记载(第 8 章第 12 节)，耶稣对于法利赛人要看神迹的要求，直截了当地回答说，没有什么神迹给这个邪恶淫乱的世代看。在《马太福音》(第 12 章第 39 章，第 16 章第 4 节)和《路加福音》(第 11 章第 29 节)他还加上一句说，除了约拿的神迹以外，再没有神迹给他们看。马太还在第 40 节里用人所熟知的附加语作了解释，说这是指耶稣将要像约拿三天在鱼腹中一样，三天在坟墓中而言。路加没有记这种附加语，只是说像约拿为尼尼微人成了神迹一样，人子也要为这世代成为神迹。至于他怎样做到这个地步路加进一步说道：当审判的时候，尼尼微人要定这个世代的罪，因为尼尼微人听了约拿所传的，就悔改了，而耶稣当时的人听了他的话却没有这样做。这就是耶稣所说关于约拿神迹之话的原意，尽管马太本人曾作了不同的解释，他也已证明了这一点。在说了在鱼肚里的话以后，马太像路加一样，接着就说尼尼微人要定这世代的罪，因为他们听了约拿所传的就悔改了(并不是由于看了他在鱼肚里被保存的神迹而悔改)。这两个福音书作者在记述尼尼微人听了约拿的话而悔改的同时还都记述了示巴女王受到所罗门智慧的吸引从地极而来的故事，这一事实说明，这里强调的问题并不是神迹，而是任何给人以巨大印象的事物。约拿传道虽然只有一天，但却给尼尼微居民留下极大印象，以致国王同全体居民都悔改了：上帝给犹太人提供了一个更美好、更有力的机会，使他们听到了耶稣的救恩和讲道，但他们却没有利用这个机会。耶稣死后，发生了对他的复活的信仰，约拿的神迹就被认为 363
是理解它的手段，还把这种见解说成是耶稣的明确的说明，这都是自然的结果。我们已经看到，同马太对比起来路加更多地保存了

耶稣言论的原始形式①。

按文字的严格意义而言，约拿的神迹这种说法，即使是指复活说的，耶稣实际上也是拒绝任何其他神迹，特别是当时所涉及的神迹。但据说，不应该按严格的和一般的意义看待这个问题，这是从所加的限制，即“一个邪恶淫乱的世代”，可以清楚地看得出来的，这也就是说，不是一般地对耶稣同时代的人，而仅是对当时要求看神迹的法利赛人和文士，才不给神迹看。但是，如果耶稣一般地行了神迹，而且照福音书作者所说，绝大多数神迹是行在公众面前的，那就不仅是为别人行，也同样是为文士和法利赛人行了。他们会像别人一样看到这些神迹，而且根据福音书所记，他们也的确不止一次看到了它们。耶稣在这里所谴责的“世代”，像《马太福音》第 11 章第 16 节所记一样，一般地是指那些缺乏感受性而且秉性乖僻的他的同时代人而言，其中法利赛人和文士特别显眼地受到了耶稣的注目。毫无疑问，除了这些大多数乖僻的人以外，还可能区别出少数优良的人，但这决不意味着神迹是单为他们行的，因为
364 根本不可能专门为他们行神迹。与此相反，我们倒应当认为，由于这些少数人的品格，他们既不会要求神迹，也不需要神迹。

的确，耶稣在答复施洗约翰使者的时候，曾要求他们注意他正

① 鲍威尔(《经典福音书的批判研究》，第 513 页往下)发现，约拿的神迹这种说法，按其原始形式，是指耶稣复活而言，因此他认为，不仅马太的这种说明，就连路加所说“除了先知约拿的神迹以外”这句话，都是在(复活的)事实发生以后对耶稣原话的引伸，就其结果而言，马可说耶稣直截了当地拒绝了行神迹的要求是正确的。事实上也都是一回事，不过如果不提约拿，则耶稣紧接着说尼尼微人听了约拿的话就悔改了那句话，就缺乏一种适当的过渡而已。(按英译本这里的注文，同德文原著出入较大，这里是根据原著 335 页脚注译出。——译者)

在行的一系列神迹(《马太福音》第11章第5节;《路加福音》第7章第22节),施行这些神迹就是他的弥赛亚职权的标记,这种态度同这里的拒绝施行神迹似乎是极其矛盾的。在详细叙述任何人都能看到的这些神迹的同时,耶稣还加上一句话,“凡不因我跌倒的[①]就有福了”。这是暗指差人问他是否即所应许的弥赛亚,还是他们要等候别人的施洗约翰而言。约翰一定是在听到耶稣所行的神迹奇事以后才提出这个问题来的。既然约翰在听到这个消息之后提出了这样的问题来,他就不可能因耶稣跌倒,因此,他一定是不相信这些神迹,或者像法利赛人一样,认为耶稣所做的是魔鬼的工作,但根据福音书作者的记述,最后一种假设是不能想象的。唯一他所能怀疑的是,正如旧约里的先知也行神迹一样,现在的这些神迹是否是宣告一位先知的来临,还是一劳永逸地预报弥赛亚的出现。但耶稣不可能把这种可以原谅的怀疑说成是因他而跌倒,看来这句话是针对那些因他没有施行所期望于弥赛亚的神迹而跌倒的人说的。这样一来,耶稣在此以前要求约翰的使者们注意的人所共睹的神迹,就只能按其精神意义理解为是指他的教训的道德效果而言了。他的意思是说,“怎么,你们没有看到我施行所期望于弥赛亚的神迹吗?然而从精神的意义来说,我每天都在使瞎子看见,聋子听见,瘸子行走,并使道德上死亡了的人获得新的生 365
命。凡能够认识到这些精神神迹更宝贵得多的价值的人就不会因缺乏有形神迹而跌倒;只有这样的人才能接受我所赐予人类的救

① “跌倒”这是中文圣经的译法,原意为“被触怒”或“感到不舒服”。下同。——译者

恩，也只有这样的人才配接受这种救恩。”

然而，尽管耶稣否认行了有形的神迹，仍然可以认为，根据当时以及他同时代人的思想方式，不管他愿意与否，总是必须行神迹的。自从他被认为先知的时候（《路加福音》第7章第16节；《马太福音》[1]第21章第11节）——我们毫不怀疑，即使不行神迹，他也像施洗约翰一样，具有先知的品质——人们就认为他有行神迹的能力了。既然把行神迹的能力归之于他，就必然也会见之于行动。从那时起，无论他出现在什么地方，有病痛的人总会拥到他跟前，摸一摸他的衣服，以为这样一做，病就会得到医治（《马太福音》第14章第36节；《马可福音》第3章第10节，第6章第56节；《路加福音》第6章第19节）。在所有这许多事例中，由于兴奋了的想象力以及精神和感觉印象的作用，以致有些疾病不是实际得到消除，或暂时获得了减轻，那才怪哩。人们把这一类的结果统统归之于耶稣行神迹的能力。至于患血漏病妇人的疾病是否也可由想象力兴奋而得医治，那是值得怀疑的，但不可否认的是，在许多情况下，福音书的记载同事实是正相符合的。当耶稣像对这个妇人一样，对那些获得医治的人说，“你的信救了你”的时候（第22节；参看《马可福音》第10章第52节；《路加福音》第17章第19节，第18章第42节），他表达得不可能更真实、更适当、更正确、更明白了。根据福音书作者的记载，即使在他的家乡拿撒勒，由于百姓的不信，他也只是行了很少几件神迹（《马太福音》第13章第58节；《马

---

① 英译本又把《马太福音》误作《马可福音》，据德文原著第336页更正。——译者

可福音》第 6 章第 5 节)，由此不难看出已经失传了的正确观点的 366
线索来。

这种通过激起想象力的治病方式，对于当时犹太人中流行的一系列部分地由于想象而产生的疾病即所谓被鬼附的治疗，有特殊可能性。在今天，从对于灵、鬼新近产生的信仰上，我们也看到了这种病态的再现。神经性和精神上紊乱，在另一种情况下只能以痉挛、阵发性疯癫形式出现，在当时迷信盛行的情况下，却被认为是由于鬼附而引起的疯狂，也只能用对于这种错觉起作用的方法来解除。对于这种疾病的起因，耶稣非常可能和他同时代人有同样的见解；但因它常对耶稣以上帝名义发出的威胁屈服，他就认为这是弥赛亚时代来临的征兆(《马太福音》第 12 章第 28 节)，不过由于他看到别人也能产生同样效果，因而他并不强调这类事对他和他的门徒有任何决定性的重要意义[①]，(《路加福音》第 10 章第 20 节)，而是在这方面毫无偏见地把他们和自己放在同等水平上(《马太福音》第 12 章第 27 节；《路加福音》第 11 章第 19 节)。提到医治这类病人，在前三福音书是屡见不鲜的(《马太福音》第 4 章第 24 节，第 8 章第 16，28 节往下，第 9 章第 32 节往下，第 10 章第 1，8 节；第 12 章第 22 节往下，第 15 章第 22 节，第 17 章第 18 节往下)，但第四福音书则只字未提，这是后者写作日期较晚及其非历史性的最可靠的证明之一。

但靠想象力治病的这类事例，有时随着想象力的消逝，由其所

① 德文原著第 338 页在此有“entscheiden des gewicht”字样，英译本未译出。——译者

激起的生命力亦随之而衰弱，以致旧病复发，也是无法避免的。耶稣在提到这类复发时，不仅指由别人医好的病有这种情况，而是泛指一般情况而言，因此我们可以假定，包括他自己医好的病在内，
367 也都发生了这种情况[①]。关于被鬼附的人，他用鬼又带着更大的力量重新回来予以解释(《马太福音》第 12 章第 43—45 节;《路加福音》第 11 章第 24—26 节)。由此可见，他把致病的原因看作是超自然的，但他自己医病的能力则远不是绝对的。

关于耶稣的行动能力，我们必须以历史的观点在这里划一条界线。这并不是说就福音书所记载的每一神迹是否有历史性以及究竟有多少历史性我们都能够一一加以说明。但我们仍然能够明白表示，由于没有任何历史的类推可寻，以自然律为根据的任何可能的想象业已终止，任何可能性已不复存在。如果我们举最极端的事为例，那就是耶稣绝不可能单凭一次祝福就使食物的营养成分极大地增加起来;绝不可能使水变成酒;他也绝不可能违反地球引力规律行走在水面上而不沉下去;他不可能叫死人复生，除非他同时是个狂热者又是个骗子手，也绝不可能把只发现一个假死者说成是由死复生。同样不可能的是，一个瞎子或聋子，不管是由于自然原因或者其他原因，由他一声吩咐或一次抚摩就会立刻痊愈，或者一个长大麻风的人会顷刻治好。因为这类事只有在寓言或迷信中才能碰到，绝不可能在历史的领域里;的确，这类事有时竟会有人相信，甚至还有人不但为之联合作证，还说他们自己就是受惠者(瞎子自以为曾经一刹那间看见了或者聋子听见了)而其实并没真正发生过。此外，像那些被认为是鬼附的病症，这就是说，那些

① 英译本译文错乱，这里是直接由德文原著(第 338 页)译出。——译者

在福音书里常称之为瘫痪的心理的或神经性疾病，如麻痹、个别肢 368
体或全身的挛缩或歪扭(《马太福音》第4章第24节，第8章第6节，第9章第2节，6节，第12章第10节；《路加福音》第13章第11节)由于精神上受到强烈感动，最容易被认为完全地或部分地，暂时地或长期地得到了痊愈。至少这类治疗的最显著事例已广泛地为人们所知晓，神迹自然解释法大师保罗斯就曾援引原始证明提到过其中之一[①]。使徒保罗所讲，部分地由他自己所行，部分地流行于当时基督教团体中的神迹奇事，也应属于这种部分由于自然原因部分由于想象力以及在宗教圈子里由于强烈感受的自然结果而获得的治疗范畴(《哥林多前书》第12章第28节往下；《哥林多后书》第12章第12节)。

部分地由于对人类的热爱，部分地由于真想在某一方面做些符合于他同时代人所期望的事情，耶稣是否也运用了一些自然的医疗手段——人民的教师也是人民的医师？——显然是一个值得研究的问题。这种见解，在启蒙和理性主义时代曾被充分发挥过，即使在今天(请回忆一下艾瓦尔德的《基督的历史》也还未完全丧失其效力)。

其实，这一理论，在东方风俗及其祭司和先知同时也就是传统
医药知识宝库的犹太人中间，一直就得到了明白无误的支持[②]。 369

① 参看保罗斯：《解经手册》，I.2，第509页，及其所引的《索弗若尼综》(*Sophronizon*)里的通告。

② 我们当可记得，约瑟弗(《犹太战争》，ii，8，6)就说过，艾森尼派曾试行给人治病，尽管他不但说他们用植物根治病，同时还说他们考察石头的性质，也用石头治病，从而赋予这种治疗以一种魔术色彩。

而由于当时人民的极端无知和黑暗迷信，他们竟把明明由自然手段获得的治疗也当作是神迹，这是可以理解的。不过，为了使我们在这方面不局限于单纯的可能性和一般的臆测，我们还应当从福音书的记述中找到可以作为这种假设基础的支持。主张这种理论的人们认为，凡耶稣所行的治疗，除了单纯的命令以外，又利用了外界的物质或亲自按手的事例都可以用这种理论来解释。耶稣在医治一个耳聋舌结的人时，曾吐唾沫抹他的舌头（《马可福音》第7章第33节），还吐唾沫在一个瞎子眼睛上（马可8章23节）[①]，用唾沫和泥抹在一个生来瞎眼者的眼睛上，并吩咐他到一个池子里去洗（《约翰福音》第9章第6节往下）；这个人是在洗后才获得治愈的，但据福音书作者的明确记载，另一个瞎子则是经过两次治疗手续才能看见。从所有这一切可以看出都运用了自然的手段，抚摩及按手（例如《马太福音》第8章第3节，15节，第9章第29节[②]，第20章第34节；《马可福音》第6章第5节；《路加福音》第4章第40节）被认为是外科的处理方法，或者还是手术性治疗。但对福音书作者来说没有什么比这和他们的原意更相径庭的了，福音书作者们相信，按手具有传导祝福的作用，他们认为，通过按手，行神迹者的高尚能力就传达到患者身上，就连唾沫也不能从医药史的角度去理解，而必须从迷信的角度去理解。为了迁就这种心理，甚至当维斯佩仙皇帝路过埃及，该地自鸣得意的长官要把他作为天

① 英译本误译为“looks into the eyes of a blind man”，（看一个瞎子的眼睛）且漏注出处，兹根据德文原著（第340页）补正。——译者

② 英译本误作第59节，其实该章根本没有第59节，兹根据原著（第340页）更正。——译者

之宠儿介绍给亚历山大人民时，竟也不得不吐唾沫[①]在一个瞎子
的眼里，而这个瞎子竟也就当场霍然而愈[②]。我们还不应忽略的 370
是，像吐唾沫和泥等这些最容易令我们想起自然手段的处置方法，并没有出现在最古老最原始的记录里，而是出现在最晚期的并被怀疑为经过篡改缺乏历史性的记录里。这就是说，出现在《马可福音》和《约翰福音》里。在这里我们所考虑的仅是一般的可能结果，并没有进一步作明确的结论。

不过，为了说明耶稣所达到的地位或者福音书关于神迹的记述的起源，我们并不需要这类理论。耶稣所达到的地位是他单纯通过精神手段就可以达到的；而福音书的神迹起源则可以用两种方法予以充分说明。第一，由信仰而产生的神迹，这是完全自然的，对此我们并无任何异议；第二，我们早就熟知的，由人们认为弥赛亚必然会遭遇的或必然会做的事推论出来的神迹，以及人们认为耶稣必然会遭遇和必然会做的神迹，包括这些记述的象征意义，不仅单纯的象征意义，还包括对于基督教较后时期许多倾向的预示。

43. 耶稣的门徒

耶稣行事与教导，其所考虑的不仅是对蜂拥而来又常分散而去的广大而又时常变易的群众的一时效果，而是想要建立一种永久性的事业[③]。的确，我们对耶稣心目中所想象的当时世界将存

---

① 英译本有误，据德文原著(第 341 页)。——译者

② 塔西图斯：《历史》，iv，81；Sueton，Veap。

③ 这是根据德文原著译出。原著(341 页)在这里有“er wollte etwas Dauerndes begründen”，英译本未译出，以致英译文的“Jesus had in view not merely...”没有与之相呼应的下文，意义极其晦涩难解。——译者

371 在多久，何时结束，是毫无所知的。但不管其长久或短暂，耶稣希望其在人类心中所掀起的运动将会具有极大吸引力并在最大可能限度内改造人类，则是毫无疑义的。这一目标如果没有一个比较狭小的门徒圈子，经常同他在一起，比其他群众受到他思想的更深刻启发和他的精神的鼓舞，是无法完成的。同古代希腊哲学家一样，希伯来先知们，以及后来时期的拉比们，都有较小的门徒圈子在他们的周围。耶稣的直接先驱者施洗约翰更是这样。除了那些成群来去的群众之外，施洗约翰经常有一小圈子不变的门徒在他的周围。

关于施洗约翰，我们不知道他的门徒数目有多少。至于耶稣，大家都熟知他有一个由十二人组成的门徒小圈子。他们的名字记载在新约里的四个地方(《马太福音》第 10 章第 2—4 节;《马可福音》第 3 章第 16—19 节;《路加福音》第 6 章第 14—16 节;《使徒行传》第 1 章第 13 节)。名字是一样的，但记载的顺序不同，只有一个名字不一样。这种特殊数目的意义显然在于它暗指希伯来人的十二个支派，即使《马太福音》第 19 章第 28 节和《路加福音》第 22 章第 30 节没有记载耶稣曾应许十二个门徒说，当他再来时他们要坐在十二个宝座上审判以色列十二个支派也不难看出来。马太没有明确提到耶稣召选了十二个人，而《马可福音》(第 13 节往下)和《路加福音》(第 6 章第 12 节)关于这方面的记载看来也只是以当时流行的传说耶稣曾亲自召选十二门徒为依据的他们自己的想象而已(参看《约翰福音》第 6 章第 70 节，第 15 章第 16 节;《使徒行传》第 1 章第 2 节)。另一方面，如果认为确定使徒为十二个人是耶稣死后的事，而且是由于犹太人的偏见才有这种限制，那又未免

做得太过火了。这个数字早就存在了，不仅耶稣死后约三十余年 372
写的约翰启示录承认十二使徒是基督教的一个基本事实(第 21 章第 14 节)，连在耶稣死后头十年内就第一次认识基督门徒的使徒保罗也说当时存在着十二使徒(《哥林多书》第 15 章第 5 节)。耶稣把他的较狭小的门徒圈子定为十二之数这一事实，证明在他的改革计划里他首先想到的是以色列人，尽管他并不想以他们为限。

福音书作者包括那些把拣选十二使徒，描绘为一次行动的人在内，都说这个圈子里的不同成员是在特殊情况下，个别地或成对地跟随耶稣的。从历史的情况看来很可能就是这样。但他们所说的发生这事的不同情况，很明显是来源于传说或自由虚构，对于这事的精确考察，将留待以后进行。在共观福音书明显地有这类历史的有约拿的儿子西门和安得烈(《路加福音》里没有提安得烈的名字)和西庇太的儿子雅各和约翰(《马太福音》第 4 章第 18—22 节;《马可福音》第 1 章第 16—20 节;《路加福音》第 5 章第 1—11 节)。在这些故事里都说他们是在加利利海上捕鱼时被召跟随耶稣的，关于这方面，至少他们都曾在加利利海上做过渔夫，看来是有历史根据的。关于选召税吏也很可能是这种情况(《马太福音》第 9 章第 9 节往下;《马可福音》第 2 章第 13 节往下;《路加福音》第 5 章第 27 节往下)，尽管只有在《马太福音》里提到了他的名字据说就是出现于使徒名称中的该福音书的作者。在《马太福音》和《路加福音》里他被称为利未。第四福音书也记载了安得烈和西门
是怎样跟随耶稣的(第 1 章第 35 节往下)，但那里所记的地点和情 373
况却很不一样;没有提到雅各，约翰也只是按照该福音书所特有的关于其作者或证明人的神秘做法那样暗示了一下。腓力和拿但业

是在同一情况下被召的，他们中只有前者见于共观福音书的名单中，后者根据一种不能确定的推测，认为就是这些名单中的巴多罗买（最近也有认为就是马太的）。有十二个使徒这个数目是人们所知道的，但其中有些人的事迹却很少为人们所知晓，有些特殊的空位被人们用另一些名字来填补，例如：前两福音书作者所提的绰号勒布斯的达太，在路加的两个名单里就由雅各的兄弟犹大所取代；这一发展是合乎情理的。

在所有的使徒名单里，马太明确地把西门彼得列于第一位。在所有福音书的叙事里，无论是在说话（《马太福音》第 15 章第 15 节，第 16 章第 16 节，22 节，第 17 章第 4 节，第 18 章第 21 节，第 19 章第 27 节，第 26 章第 33 节；《约翰福音》第 6 章第 68 节，第 13 章[①]第 6，9 节）或行事方面（《马太福音》第 14 章第 28 节往下，第 26 章第 58 节；《马可福音》第 1 章第 36 节；《约翰福音》第 18 章第 16 节，第 21 章第 3，7 节）他都在别人之先。在所有的记事里耶稣都用矶法或彼得这个名称对他特别加以区别（《马太福音》第 16 章第 18 节；《马可福音》第 3 章第 16 节；《路加福音》第 6 章第 14 节；《约翰福音》第 1 章第 43 节）。很可能耶稣在某种场合下所给予他的名称，被认为是耶稣给予他的一个荣誉称号，否则的话，后来的教会就不会那样称呼他了。但像他那样由后来不认耶稣以及在犹太和异邦基督徒争辩问题上所证明的性情急躁而缺乏坚定性的人，似乎很难配得上一个坚如磐石那样的绰号。给予西庇太两个儿子的半尼其或雷子这个绰号，尽管只有《马可福音》（第 3 章第

① 英译本误作第 12 章，据德文原著（第 344 页）更正。——译者

17 节)[1]予以记述,倒远比彼得的名称更为合适,如果充满雷鸣般怒吼的启示录真是他写的话,那就对约翰特别合适,如果《路加福音》(第 9 章第 54 节)所记当他们这群人在上去过节的路上经过撒 374
马利亚人村庄时因村里人拒绝接待他们而要求从天降火真有历史根据的话,那就对他们两人都合适。由于他们的母亲(根据《马可福音》第 15 章第 40 节就是撒罗米;参看《马太福音》第 27 章第 56 节)是那些经常同耶稣在一起的妇女之一,这两个人和耶稣有特别亲密的关系。据说她曾为她的两个儿子要求在未来的弥赛亚国里占有两个最高的位置(《马太福音》第 20 章第 20 节往下)。彼得、雅各和约翰这三个人,《马可福音》有时还添上了安得烈,这显然是因他是彼得的兄弟的原故(第 1 章第 29 节,第 13 章第 3 节),在共观福音书里在十二使徒中构成了的一个更小的圈子。他们曾被耶稣带进不同的场面,例如登山、变像、喀西马尼园的痛苦,而且根据马可的记载,耶稣使睚鲁的女儿复活时也有他们在场。看来别的使徒们对于这些场面没有足够的理解能力,或者由于这些场面的神秘性,只能展示给少数入了门的人看。共观福音书里的这三个人,其中的雅各在第四福音书里只字未提(只有在第 21 章第 2 节的附录里提到了西庇太的两个儿子);彼得的传统地位虽然没有完全被贬低,但却处处以一种巧妙的手法放在"另一个门徒"或"耶稣所爱的那个门徒"即约翰的后面。这种现象是很难用使徒约翰是该福音书作者这一假设来解释的,而如果用我们关于该福音书来源的理论则很容易解释。这一点以后还要谈到。连在这部福音书

① 英译本误作"第 3 章第 37 节",根据德文原著(第 344 页)更正。——译者

里分配给腓力、安得烈和多马的地位也都显然是任意的，很可能是受了小亚细亚教会传统尊敬这些人的影响，例如，腓力据说就是埋葬在那里的希拉波立城[①]。

375 此外，有一个门徒特别孤立于十二使徒圈子之外，在所有的使徒名单里他都列于末位，那就是叛徒犹大。耶稣怎么让会做出这样事的人在亲近自己的小圈子之内，而且一直待在那里，犹大又是怎么出卖他的老师的，所有这一切从前三福音书看都确实是不可思议的，而从第四福音书看就更是绝对不可思议了。关于耶稣，共观福音书在其他场合也都说他能够看透人的心思（《马太福音》第9章第4节；《马可福音》第2章第8节；《路加福音》第5章第22节）；但关于犹大，直到最后当出卖已经发生的时候，才说耶稣早就知道（《马太福音》第26章第21节往下）。另一方面，第四福音书作者则明确地说耶稣从起头就知道是谁要出卖他（第6章第64节）；据此，按人情来说，他为什么不把他摒除在他的团体之外，简直就是无法解释的了。从共观福音书所载人们出给他的钱数微不足道来看（据《马太福音》第26章第15节是三十块钱，约合三英镑十五先令），犹大出卖耶稣的动机是非常模糊的；但当我们从第四福音书里读到犹大看管这个团体的钱并常偷盗其中款项的时候（第12章第6节）我们就全然不懂为什么为了一次的微末酬金就放弃一个经常有利可图的职位。就前者而言，我们以后将会看到，酬金的数量，是从对一段先知书（《撒加利亚书》第2章第12节）的错误假定得来的。而《约翰福音》里讲到犹大经常偷钱袋里的钱则

① 尤西比乌斯：《教会历史》，iii，31，3。

大概仅是根据他的出卖行为而作的一种推论。同样,《约翰福音》所说耶稣从起头就知道谁要卖他则完全是以该第四福音书关于耶稣为逻各斯基督的概念为依据。

关于犹大出卖其老师的动机曾尝试过各种不同的解释。最普通的一种推测是,由于耶稣未能满足他关于耶稣为弥赛亚的自私自利的名利希望,也许他还发现耶稣对他本人不如对那三个得宠 376
的门徒那样重视[①]。我们对这些推测将不作任何讨论,因为它们在我们的福音传说里是完全没有根据的。另一方面,值得注意的倒是,一种以关于犹大的全部记述及其出卖行为作为一种带有**倾向性**的虚构的解释尝试[②]。这种解释认为,无论是在保罗的著作或约翰的启示录里都未提到过有一个叛徒,两者都绝对肯定了十二使徒的数目,好像他们中没有缺少过一人一样(《启示录》第 21 章第 14 节;《哥林多前书》第 15 章第 5 节),他们还说,在保罗叙述设立最后晚餐的记事中(《哥林多前书》第 11 章第 23 节),本应会提到出卖这件事的,但在叙述耶稣向政府交出自己时所用的词句,同《马太福音》(第 4 章第 12 节)和《马可福音》(第 1 章第 14 节)记述没有出卖事件的施洗约翰被囚时所用的词句一样[③]。这一理论

---

① 最近芮南就有这种看法,参看:《耶稣传》,第 381 页。

② 伏克马尔:《耶稣教及其最初发展》,第 260 页往下,第 285 页往下;《历史上真实的神学》,第 75 页往下。

③ 《哥林多前书》:έν τῃ νυκτὶ ῃ παρεδίδοτο(ὁ κύριος 'Iησνῦs)。《马太福音》:ἀκούσας δέ ὅτι 'Iωάννηs παρεδόθη.(按这里的 παρεδίδοτο 和 παρεδόθη 本是希腊字 παραδίδωμι 的不同时态形式。παραδίδωμι 意为交出,但在《哥林多前书》第 11 章第 23 节中文圣经译为“被卖”,《马太福音》第 4 章第 12 节则译为“下了监”,明显地受了先入为主的影响,严格说来,两处都应译为“被交出”。英文圣经译文也有同样情况。——译者)

的精明创始人还认为，之所以虚构出一个叛徒来，其动机在于，保罗一派的人为了把这位异邦人使徒安置在十二使徒之中，不从原有使徒数目中排除一人其目的就无法达到，因而就把犹太人出卖耶稣之罪转嫁在犹大身上了。他们还说这件事是福音书的原始作者干的，但他的成就仅限于他所用的作为手段的一面，即从十二使徒中排除出一人去，他想把保罗引进的真实目的却被犹太基督徒派击败了，他们没有敢恢复犹大的地位，而是另选了一个马提亚，
377 从而第二次击败了让保罗填缺的企图。关于叛徒的历史的确有很多模糊不清之处，但看来并没有必要为其起源作出这样大胆的假设。对我们来说其所以特别不能接受，是因为我们不能令自己相信，保罗主义对福音传统的原始形式有如此决定性的影响。

在所有福音书里都把十二门徒又称为使徒，但只有《路加福音》（第 6 章第 13 节）明确地讲耶稣本人这样称呼了他们。他之所以这样称呼他们可能是因为他们将成为福音使者，尽管他本人在世时并没有像前三福音书所说那样差遣了他们。是否真正发生了这样的事有不同的理由可以怀疑。第一，根据共观福音书所述，当时被委任的狭小圈子的门徒并没有逾越他们的范围，对他们来说，只要耶稣还活着，他自己的传道活动就够了。第二，正如耶稣自己清楚知道的，当时十二门徒关于弥赛亚王国[①]的思想还完全是犹太人的思想，如果那样差遣他们，其结果只会对耶稣的目的起反作用。第三，所谓耶稣差遣他们时对他们的嘱咐，主要是针对耶稣死

① 德文原著（第 347 页）在这里有“von dem Reiche des Messias”字样英译本漏译，特补上。——译者

后较晚时期的情况而言，其中有一部分曾在有关耶路撒冷被毁灭前末期灾难的大预言中重复出现过（参看《马太福音》第 10 章第 17—22 节，《马太福音》第 24 章第 9—13 节；《马可福音》第 13 章第 9 节往下；《路加福音》第 21 章第 12 节往下）。因此我们不得不认为，这种差遣使徒的事，像其他许多事一样，是在耶稣死后才出现的，首先可能是作为耶稣的最后命令（《马太福音》第 28 章第 19 节），其次则作为耶稣在世时对门徒的一次实习性差遣。同样不可忽视的是，只有《马可福音》（第 6 章第 30 节）和《路加福音》（第 9 章第 10 节）提到了使徒们曾回来向耶稣报告他们的成功。

如果说对于十二使徒我们有理由怀疑他们在耶稣生前曾被差
遣出去过，对于他们曾被选召却是没有可怀疑的。对于《路加福 378
音》所记（第 10 章第 1 节往下）耶稣在十二使徒之外，又拣选并差派了七十门徒一事情况就不同了。对于这种记述有两件事引起了怀疑。第一，只有路加记载了这件事。第二，他所记载的内容，据说耶稣在离开加利利后拣选了七十个人，目的是要差派他们两个两个的到自己所要去的各城各地方去。从此似乎可以看出这和先前（第 9 章第 52 节）所说差派人到撒马利亚村庄为他预备住处是一回事情。

我们不明白为了执行这类的使命为什么要用七十个人，而且他后来对他们的吩咐并不是为这个目的而是为了一次宣教旅行。在他们回来时所作的报告中还提到了赶鬼的事，这同预备住处也毫无关系。同样，在对他们的嘱咐里讲到了在他们的宣教活动中要长期在城市和房屋里教训人的问题，这和我们所知道的在耶稣死后使徒们和其他宣教士们的情况一样。但这和在嘱咐完毕之

后，紧接着就提到门徒们回来并报告他们所取得的成就这一事实是矛盾的。此外，如果差派七十人是真的实有其事而且是和差遣十二使徒不同，耶稣肯定会为他们在路上给予特别劝告，但与此相反，路加在这里却把马太所记耶稣嘱咐十二使徒的一部分话以及同一福音书作者所记耶稣回答施洗约翰使者以后所说的话应用到七十人身上。

正如已经说过的，唯有第三福音书作者提到拣选并差遣七十
379 门徒的事。其记述之所以可疑因为这种做法和他的特殊目的有着最密切的联系。首先，七十个门徒使我们回想起摩西曾拣选七十个长老（《民数记》第 11 章第 16，25 节）。《克利门的回忆》[①]一书的作者用这件事证明耶稣的确就是《申命记》第 18 章第 15 节所应许的像摩西那样的先知。但按照犹太人的想法，七十或七十二也是一个表示世上万国的数目[②]，把七十门徒理解为异邦使徒的典型也是非常符合第三福音书作者的做法的：很可能他从一本犹太基督徒福音书里看到了以七十门徒作为七十长老的复本，而他就按照前一种意义将其记在他的福音书里了[③]。

根据我们部分地从新约，部分地从其他少量资料对于十二使徒的理解作一概括的观察，试问一下耶稣在多大程度上认为他们是合格的、信得过的门徒，则除了叛徒及其他门徒在他们老师被捕和钉十字架的头几天恐怖气氛中的表现外，我们不得不公正地承

---

① I，40。

② 克利门：《说教篇》，xviii，4，《回忆》，ii，42，《艾皮法尼乌斯异端》，li，7。

③ 参看鲍威尔：《经典福音书》，第 499 页往下；寇司特林：《共观福音书》，第 264 页往下；格弗洛勒尔：《神圣传说》，I，第 235 页，《福音书》，第 209 页。

认，据我们从可信资料所得知的他们以后的命运来说，他们是忠贞
而坚定的。但就其对于他们老师的理解能力以及对老师的内在思
想和生活的深入了解而言，就不能作这样的好评了，而且我们对他
们的评价越低，我们对耶稣本人的推崇就越高。在这样一位老师
的教育熏陶下，直到他离开他们那一天为止，他们竟然还能梦想恢
复以色列王国（《路加福音》第 24 章第 21 节；《使徒行传》第 1 章第
6 节），这一事实向我们说明，他们的理解能力是何等之差，他们后 380
来顽固地坚持成见，反对接纳异邦人进入弥赛亚的新国度，至少也
向我们说明他们没有能力，随着情况的需要，根据老师教导的原
则，作出应有的推断。仅是从使徒保罗的书信中我们就毫无疑问
地得知，他们没有后一种推断能力，至于前者，即使他们在耶稣死
后仍然继续怀抱着一种对于弥赛亚的世俗希望，则是从福音书和
使徒行传里才知道的。关于这些，我们也不知道由于作者们想努
力在以十二使徒为一方的缺乏理解力和以耶稣同后来的异邦使徒
为另一方的卓越见识之间作出尽可能强烈的对比，对于他们的记
载的性质起了多大的影响。如果《启示录》真是使徒约翰的著
作——至少从其外表证据来看，比《新约》的任何其他一卷，更足证
明它真的是约翰的著作——则我们从该书所得的印象，连耶稣最
知己的门徒之一，更不用说其为第四福音书所谓的“耶稣所爱的心
腹门徒”，对耶稣的理解之差，实在令人悲伤。我们不需要更详尽
的证明即可看出以下几点：在这本书里很难发现耶稣的真正思想；
它从头到尾都是以耶稣所否认自己具有的一种暴怒复仇的以利亚
精神写的；其所描述的粗暴的犹太人见解和我们从前三福音书所
看到的耶稣本人的见解相距何止万里！

从新约的其他各卷里我们看不到有任何真正的十二使徒的著作。使徒保罗后来所占有的重要地位说明了在耶稣的所有及门弟子中没有一个代表人物能够按照时代发展的要求把耶稣的思想发
381 扬光大起来。在耶稣生前从未和他有过亲密关系而且很可能从未见过他的保罗不得不把这一任务担负起来，这一事实对于基督教的建立具有决定性的影响。耶稣不是在简单的历史真实中向他显现的，而是在他迫害耶稣的从者时从从者的激情所反映的光辉中向他显现的；这种由于受到压迫而高涨起来的激情令他们想到的，不是那位离别了他们的导师，而是行将驾云降临的人子，因而保罗就仿佛在异象中见到了他，这就是说，通过他本人的神魂颠倒了的想象力见到了他；因此对他来说，耶稣从一开始就是一个超自然的天上人物。耶稣的及门弟子们，在他们由于提出了复活概念而战胜了难以忍受的被钉十字架的事实以后，也是这样看待他的。但在他们对于耶稣在世活动的回忆中总还有一缕线索可以把他们对他的思想同他的自然人性联系起来，而这种联系却是保罗所没有的，因此，保罗的想象力就只好像一个没有休止处所的气球一样游荡在太空之中了。耶稣的神化是由不认识耶稣为人的保罗开始的，由那些处境类似希伯来书作者的人们继续下来，最后由在时间和空间方面距他更远的第四福音书作者完成的。

44. 耶稣上耶路撒冷的旅程

当耶稣踏上多事的耶路撒冷之行的旅程的时候，他的计划的形成，特别是关于他在自己周围建立起来的团体的准则准备到怎样的程度，并没有精确的说明。马太表示他在动身之前就已经对

于教会的未来准则拟定了一个纲领。当彼得作为十二使徒的发言 382
人，把自己关于他们的老师就是弥赛亚的信念用言语表达出来的时候，耶稣不仅赠予了他一个绰号，说他要把他的教会像建立在磐石上那样建立在彼得身上，并且还把家主掌管钥匙的权力交给他（参看《以赛亚书》第22章第22节[①]；《启示录》第3章第7节），使他有敞开或关闭天国大门的权柄，或者像在这里用类比的形象所说，有释放和捆绑，也就是说，有命令和禁止的权柄，他还保证说，凡他在地上所规定的，在天上也必照办（《马太福音》第16章第17—19节）。稍后（《马太福音》第18章第18节；参看《约翰福音》第20章第23节），耶稣又把同样的权柄交给一般的门徒，并指定教会为基督徒之间争论的最高仲裁人。这里在教会还不存在的时候竟用了教会（ecclesia）一词，而且关于它的一些明确安排，包括禁用拉比称号在内，也是指向一个较晚时期，把后来逐渐形成的制度说成是耶稣亲自制定的。我们在这里还可看出，把捆绑和释放这两种最高权力，一会儿说成交给了彼得，一会儿又说成交给了一般门徒，明显地反映了在教会的最古老规章的发展过程中的两种不同的阶段和观点。

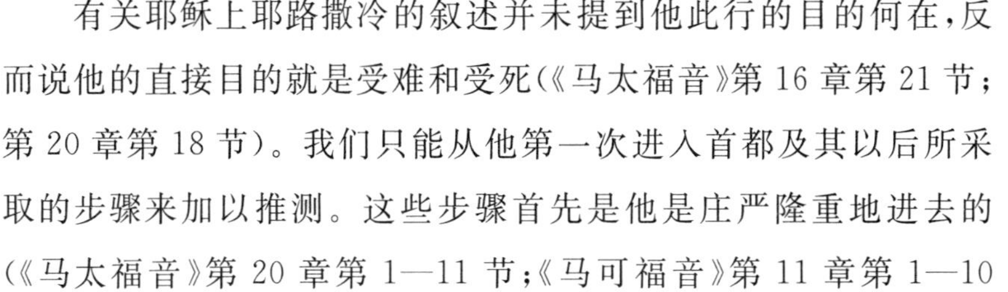

有关耶稣上耶路撒冷的叙述并未提到他此行的目的何在，反而说他的直接目的就是受难和受死（《马太福音》第16章第21节；第20章第18节）。我们只能从他第一次进入首都及其以后所采取的步骤来加以推测。这些步骤首先是他是庄严隆重地进去的（《马太福音》第20章第1—11节；《马可福音》第11章第1—10 383

① 此处英译有错，根据德文原著改正。——译者

节;《路加福音》第 19 章第 29—38 节;《约翰福音》第 12 章第 12—19 节),他洁净了圣殿,关于最后一次洁净圣殿我们已经谈过了,芮马鲁斯曾将第一次洁净圣殿同指控耶稣有政治图谋联系起来,说耶稣想借其同乡的拥护自立为统治者。另一方面,也有人认为这件事的历史性是有问题的,说这个故事是部分地从马太和约翰所引用的撒迦利亚的预言(第 9 章第 9 节)中引伸出来的,部分地是为了同启示录的基督(《启示录》第 19 章第 11 节往下)武装入城形成对比。福音书记载耶稣骑驴进城渊源于先知的预言是可能的,但在群众欢呼和散那的情况下庄严肃穆地进城仍然可能具有历史性。不过还可以设想,并不完全否认自己为弥赛亚的耶稣,为了反对以弥赛亚为可怕的好战英雄的流行见解,希望用表现弥赛亚为温柔的和平之君的撒迦利亚书那段经文来支持自己。这里并不一定暗示有政治含义;一个不带武装的人在不带武装的从者拥护下进入一个城市,只能意味着他已经是一个众所公认的统治者,或者意味着他有意排除使用一切外在武力,使他的庄严进入,表现他已献身于更高尚的教师和改革者职务。根据前三福音书记叙,正是主要由门徒和从者组成的同耶稣一起上耶路撒冷过节的加利利旅行队,在他接近首都的时候,用树枝和衣服铺在路上,并高呼大卫的子孙向他致敬,才引起了全城的骚乱。第四福音书所记述,
384 上来过节的人们在听到加利利先知来到的时候,也出去给他盛大的欢迎,这件事并不是不可能,不过在这里把它同拉撒路复活联系在一起却是值得怀疑的。

耶稣由跟随他的群众队伍簇拥着径直走进了圣殿,并在那里开始明显地干预了同犹太人献祭制度有密切联系的一种习惯,在

紧接着的几天里他发表演说，痛斥占统治地位的党派法利赛人和祭司们的伪善、骄傲和贪婪，号召人民避开他们，并对他们本身发出威胁，说上帝要惩罚他们，召选比他们更忠实的工人进入他的葡萄园(《马太福音》第 23 章，参看第 21 章第 33—41 节)。考虑到这一切，我们就很容易理解这一类的行动怎样会激起那些精神贵族们的忧虑，使他们决心计划消除如此危险的劲敌，而这种计划只是由于仍然拥护他的群众的强大势力才一时未能付诸执行(《马太福音》第 21 章第 15 节往下，第 45 节往下；《马可福音》第 11 章第 18 节，第 12 章第 12 节；《路加福音》第 19 章第 47 节往下，第 20 章第 19 节；《约翰福音》第 12 章第 19 节)。

由于福音书作者们对这问题所采取的立场，以及后来他们的教条主义观点，就使得历史给人以这样一种印象，仿佛耶稣所期待的只是他的努力的失败以及他自己的迅速垮台，使我们对于耶稣逗留在首都时对他的目的打算怎样实现，只能加以猜测。当然耶稣对他的失败可能有所预感，并准备好应付最坏的局面，但作为一个有理智的人，他一定也准备了一种万一成功的计划，尽管这种成功的希望愈来愈趋渺茫。总的说来，我们认为这种计划一定是他
认为可以通过道德的和宗教的教育，逐渐提高犹太人民的水平，使 385
他们日益摆脱外表的礼仪、洁净仪式，也许还有献祭等制度束缚，同时也使自己脱离他们以往精神上司的监护，接受那些受过真正内在虔诚教育的人们的领导。他在本乡在这方面所已经取得的成功，令他认为必须身先士卒，把自己放在同敌对势力斗争的最前列，而且在这样做的时候，由于上来过节的人中有不少是他的加利利同乡，他可以指望得到他们的支持；另一方面还有许多旅居外国

的犹太人，可以给他提供一个把自己的思想迅速传布到很远地方的机会。但不可能设想，他会指望在短短一周的逾越节期间，达到自己的最终目的，改造民族宗教的全部体制。也许他可能希望至少通过自己在过节期间的讲授活动，在首都获得足够的进展，以便在以后期间能够继续工作来完成其目的。他也可能打算节后回到自己的故乡加利利去，让他播种的种子在首都有一段萌芽发育时期，等以后上去过节时再把中断了的工作继续下去，但这里所说的一切都是纯粹的猜想。不过，为了免除一旦我们抛弃福音书观点时，必然会显得耶稣只是一个不成功的革命家，或者只是一个毫无计划的狂热者，设想他可能有这类的想法也是当然的。

386 耶稣逗留耶路撒冷的几天中，他习惯于晚上到城外过夜，有时到伯大尼，有时到橄榄山上(《马太福音》第21章第17节；《马可福音》第11章第11节往下；《路加福音》第21章第31节)。第一福音书作者告诉我们，节期开始前两天，祭司长、文士、长老，聚会在大祭司该亚法的家里，商议处死耶稣(《马太福音》第26章第1—5节；参《马可福音》第14章第1节往下；《路加福音》第23章第1节)。但由于耶稣受到群众的拥戴，他们深怕在节日的首都充满外国群众特别是加利利的朝拜者的情况下采取这样可能引起群众骚乱的步骤是不适宜的；正如"当节的日子不可"这一说法很难理解为是指在节前执行这一重大目的而言，这些统治集团首领们似乎认为当节后别的过节者都回家以后，大概耶稣还会留在首都。

就在这个当儿，根据福音书作者的一致报道，出卖者的作用发生了。正如上面已经说过的，耶稣是习惯于夜间在城外住宿的。其所以这样做的理由可能是因为过节的日子城里住宿处过分拥挤的原故，也可能是由于，特别从他变换住所上看，耶稣想避免遭受仇敌的暗算。尽管敌人迟早总会找到他；但他们也一定会欢迎有一个直接在耶稣身边的人主动献策要把他们雇用的暴徒带领到他当晚住宿的处所(《马太福音》第 26 章第 14 节往下；《马可福音》第 14 章第 10 节；《路加福音》第 22 章第 3 节往下；《约翰福音》第 18 章第 2 节往下；《使徒行传》第 1 章第 16 节)。我们不知道他们贿赂出卖耶稣花了多少代价，因为正如已经说过的，所谓三十块银币一语是从据说是先知书预言犹大出卖耶稣的一段话中引用来的。

前三福音书明确地把阴谋的执行时间放在尼散月[①]十四日，
逾越节的第一天也是最隆重的一天即从该日晚间开始。但第四福 387
音书却同样明确地把它放在该月的十三日、即节期开始的前一天晚上(《马太福音》第 26 章第 17 节往下；《马可福音》第 4 章第 12 节往下)。两者都说耶稣该晚在动身前往其被逮捕地方之前曾同门徒共进晚餐。共观福音书作者称这一餐为逾越节，但根据《约翰福音》则不是，因为十三日的晚餐不可能是逾越节。因此，共观福音书表现耶稣是在纪念逾越节而进晚餐。关于这一点约翰只字未提，他只表现耶稣是在履行另一象征性任务：为门徒洗脚。但两者都在讲同一晚餐却是毫无疑义的。这是从他们不仅都说这是耶稣同门徒共进的最后一次晚餐，耶稣吃了这次晚餐之后紧接着就出发被捕而且还都表示犹大出卖和彼得不承认耶稣都在这次晚餐上预言了的事实明显地可以看得出来的。当然，这两种说法中只有一种可能是正确的，但两者中究竟哪一种正确，从批判和辨明的观

① 尼散月是犹太历的第七月，该月共有 30 日。——译者

点看却是比从历史的观点看更为重要的问题。从约翰福音书的可信性，特别是从其起源来说，答案是有决定性意义的，但如单纯从历史的观点来说，则耶稣被捕和被钉十字架究竟在哪一天，他和门徒共进的晚餐是否即逾越节，并无重大关系，我们在这里且把它搁置一下，等到以后再来弄清楚福音书的这种不同报道，可能是怎样产生的。

45. 最后晚餐和耶稣被捕及被钉十字架

所有福音书作者关于耶稣同门徒一起度过的最后一晚的描述
388 都是以耶稣准确地预先知道即将临到他的一切事情这一假设为根据的(参看《约翰福音》第 13 章第 1 节，第 18 章第 4 节)。这种假设是他们认为耶稣就是神圣地诞生的弥赛亚，或者说就是成为肉身的创世之道的信念充分发挥其作用的自然结果。但从我们的观点来说一切必须以在人情上有可能或历史上有概然性为限。耶稣可能预见到他的末期已临近，他也很可能对他的某一门徒的信心或者某一门徒的坚贞有所怀疑而且毫不隐晦地把这种怀疑流露出来。但是福音书上还说，耶稣当天晚上就明确地预先知道并且宣称他的使命即将完成，明确地指出犹大是个叛徒，并预言在鸡叫以前彼得将要三次不承认他。关于所有这一切中的第一项可以用这样一个假设来予以说明，即在议会中的耶稣的秘密跟从者曾经透露过关于这方面的某些暗示，不过这在文字记述上却无任何迹象可寻。所有这一切，从历史上看是难以想象的，但正如以后我们将会看到的，耶稣的门徒后来之所以认为一切都是按照福音书所记载的那样发生，从心理上看，却是容易解释的。

晚餐制度中的(《马太福音》第 26 章第 26—29 节;《马可福音》第 14 章第 22—25 节;《路加福音》第 22 章第 19 节往下)死的形象,从耶稣对于他当时所处的环境必然有正确的认识和深刻的预感,是很容易想象得到的。他一方面看到自己被强有力的敌人所包围,他们对他非常恼火,疯狂得什么样极端的事都干得出来;另一方面他也看到,即使是他的最知己的朋友,对他也很不理解,至于他已经向人民群众做了相当的工作,使他可以认为他们已被争取到自己一边来,在敌人进攻时可以作为一个可靠的重整旗鼓的集合点,那他们就更不理解了。因此,当他以主人的身份,擘开面 389
包分给从者的时候,在他的心中很可能出现过这样的形象,即他自己的身体也将会在他那些愤怒的敌人手中遭受同样的命运;当他把鲜红如血的葡萄酒倒出来的时候,他也很可能想到;过不多久,他自己的血也将会同样地流出来。在一种预感的精神下,他很可能对他的门徒说,他当时行之于面包和酒的,人们不久也将会施于他自己身上,并希望他们以后每逢吃面包或喝葡萄酒时要纪念他和他对他们所说的话。当他默默地沉思即将临到自己的死亡时,他也很可能把这种死看作是一种献身之死,他的血是为了在上帝和人之间建立一种新约而流出来的,他希望赋予他所要建立的团体以一种活的中心,使这种分面包与酒的制度作为一种庄严的仪式不断地重复下去。

所有这一切都是自然地可能的。但是不是每一件事都照福音书告诉我们的那样真实发生了,那就是另一个问题了。据我们看,第四福音书保持缄默,并不足以证明没有发生过这些事;而在另一方面,使徒保罗的见证(《哥林多前书》第 11 章第 23—25 节),也并

不像一般所假定的那样，断然证明这些事确实发生过。保罗只是告诉我们，当他加入教会时，晚餐制度传统已经存在于教会之中。不过这些传统有多大一部分是根据确实发生过的事实，有多大一部分是由于后来发生的基督教习惯，那可就不大容易决定了。如果耶稣那天晚上分发面包和酒是根据犹太人过逾越节的习惯并和当时威胁着他的暴死有联系，如果后来教会建立的晚餐制度确是为了纪念他的死，那么，借耶稣本人之口来建立这个制度就是很自
390 然的事情。（“你们每逢喝的时候要如此行，为的是纪念我”等）。既然把那次难忘的晚餐中的面包与酒看作是耶稣的身体和血，并把后者看作是立新约的血早就成了教会的习惯，那么，认为这些物质是耶稣亲自指定的，并且到后来，从基督教习惯的观点来看，认为即使像那些参加过那次晚餐的使徒们也可能有这种想法，就是意料得到的事了。但是，即使耶稣本人没有设立这个制度，部分地由于每年重复一次的逾越节，更多地由于艾森尼教徒每周重复一次每七周特别隆重举行的圣晚餐礼，初期基督徒对于这种重复举行的仪式也是很熟悉的。只不过基督徒用同逾越节礼有联系的酒取代了艾森尼教派在进晚餐时和面包同用的水罢了。

关于福音书作者们所记紧接在最后晚餐以后在橄榄山上所发生的情景（《马太福音》第 26 章第 30 节往下；《马可福音》第 14 章第 21 节往下；《路加福音》第 22 章第 39 节往下；《约翰福音》第 18 章第 1 节往下），毫无疑问，如下的事情是有历史性的，即在一个叛徒的带领下，没有经过认真的抵抗，犹太议会的官员们就逮捕了耶稣。而在另一方面，共观福音书所记耶稣在被逮捕以前由马太和马可重复了三次的所谓极度痛苦，路加所记的天使和耶稣的汗如

血点滴在地上，如果不是纯属虚构，至少也是经过幻想极大地夸张了的记述。但其总命题，即耶稣在受难受死以前的那天晚上，感到非常恐惧，只是经过激烈的内心斗争后才制服了这种感情则是从耶稣明确地预见到在即将来临的几小时内等待他的是什么这一假定出发。这种假定是有困难的，因为福音书作者们把这一预见说
成是超自然的，而这是我们所不能想象的。但作为一种自然的预 391
期它又不大可能那样地确定，以致在预感到的事件发生之前竟产生如此的感情激动。也许我们仅可以把如下的情况看作是有历史性的；即，当惨遭横死的思想终于越来越多地压在耶稣的心头时，对于这种思想的恐怖在他的心灵上投下了一片黑影，他需要鼓起全部精神力量，重振对于上帝慈父般爱情的绝对信赖，恢复对于自己使命的意识，在这种极端情况下，保持沉着镇静。

在接着发生的对于耶稣的审判和定罪（《马太福音》第26章第57节，第27章第31节；《马可福音》第14章第53节，第15章第20节；《路加福音》第22章第54节，第23章第25节；《约翰福音》第18章第12节，第19章第16节）中，以下的细节是所有福音书作者们所共有的：耶稣首先在犹太当局前受审并被认为有罪，接着被带到罗马巡抚面前，据说巡抚认可并完成了对于耶稣的死刑的宣判，但对于被告者有罪这一点并未能立即确信无疑，在一再试图为他开脱之后，终于向犹太人的强求让步，下令将耶稣钉死在十字架上。在头两部福音书里，耶稣在犹太法庭前的罪状似乎就在于有人作见证告他（明说这是假见证），说他说过他要拆毁上帝的殿并在三日内把它重建起来，正如上面解释过的，这就意味着他被控攻击当时犹太人的宗教制度。这一点，从认耶稣有意用暴力实现

其目的来说，的确是假见证，但从其具有此目的而言，则并非完全
没有根据。接着又问他是不是弥赛亚。耶稣对此作了肯定的回
答，并引《诗篇》110 篇和《但以理书》第 7 章为证。这句话被认为
392 是亵渎，是一种该死的罪，根据福音书作者们一致的记述，犹太当
局在罗马总督面前利用了这件事的政治方面的含义，即：弥赛亚既
是犹太人的君王，显然被告就是一个煽惑人民反抗罗马权力的罪
犯。尽管彼拉多并未发现耶稣是什么具有政治性危险的人物因而
不易被说服，犹太人的要求还是终于得逞了，在所有这些方面，从
历史上说并非不可能；尽管我们也不能不注意到，福音书作者们特
别强调了彼拉多反对这样干，借以突出在这一方面耶稣的清白无
辜和另一方面犹太人的坚持作恶。在以后的考察中我们将会回到
这个题目上来，同时还要对福音书里的这些情景作更精确详细的
研究。

我们在这里对于福音书作者在记述耶稣被钉十字架时所作的一些描述（《马太福音》第 27 章第 31 节往下；《马可福音》第 15 章第 20 节往下；《路加福音》第 23 章第 25 节往下；《约翰福音》第 18 章第 16 节往下）并不发生任何关系，这些事只是作者们想从圣殿幔子和圣经等自然界和人类社会中发生的一些事件来证明被钉死者的无辜和凶手们的罪恶而已。我们所坚持的只是，耶稣曾被钉于十字架，在被认为已经死亡之后又从十字架上被取下来。作为他确实死去的证明，我们所特别考虑的问题是，在耶稣显然死去之前和之后，他在十字架上悬挂了多久，因为钉十字架这种刑罚，由于钉子的伤痕流出的血是很少的，这并不是一种很快就致人于死的刑罚。设置这种刑罚的目的也不是要它很快就致人于死，而是

有意要通过长时间的苦闷使痛苦更为加剧。所以，第一，如果耶稣
活着悬挂在十字架上的时间越长，则当最终生命的迹象消失时，其
真死的可能性也就越大。第二，他继续悬挂在十字架上的时间越 393
长，则其最初虽可能是假死而终于变成真死的可能性也越大。在
另一方面，如果经过几小时后看起来他已经死了并立即从十字架
上被取下来，他的死就可能只是一种假死，还有复元的可能性。根
据《马太福音》（第 27 章第 45 节往下）和《路加福音》（第 23 章第
44 节）的记载，我们只知道耶稣已经活着悬挂在十字架上三个多
小时，因为他们用不同的语言描述了当耶稣悬挂在上面时所发生
的事情：他们说约当第六时（即中午十二点钟）遍地都黑暗了，这种
情况一直延续到第九时（下午三点钟）接着他们说耶稣就死了。据
《马可福音》记载（第 15 章第 25 节），耶稣是约在第九时[①]（即上午
九点钟）被钉十字架的，这样，他活着悬挂在十字架上的时间就约
为六个小时。另一方面，《约翰福音》（第 18 章第 28 节）说彼拉多
直到第六时，即中午，才宣判耶稣的死刑[②]。据共观福音书均谓此
时天地变暗，耶稣已悬挂在十字架上。把耶稣带走并钉于十字架
必然需要一些时间，而另一方面，在第二天开始之前（按犹太人算
法，第二天是从当晚六时开始），据说亚利马太人约瑟就已经要求
耶稣的身体，并在获准之后将其取走。这样一来，耶稣悬挂在十字
架上到死去的时间，至多只有两三小时，如果把他们做一切的时间
也计算在内那就更少了。

① 中文圣经译作“巳初”。——译者

② 作者在这里的说法同中英文圣经均不一致，是否由于德文圣经有异，因手头没有德文圣经，无法考证。——译者

根据《马可福音》记载（第 15 章第 44 节），彼拉多本人对于耶稣之死的如此之速也曾表示惊异，但他从警卫官员那里得知耶稣确实是死了。另据《约翰福音》记载（第 19 章第 31 节往下），在犹
394 太人请求之下，他派士兵去打断这三个被钉在一起之人的骨头以保证他们确是死去，这才使得在第二天过节的安息日开始之前把他们的身体挪去成为可行。但由于一个兵士发现耶稣已经死了，他仅用枪扎了他的肋旁，就有血和水从那里流出来。有人认为，这一扎就证明耶稣的的确确是死了，但所谓的这种后果不仅是不可能，而且这件事只出现在第四福音书里，是和许多迂腐的神迹、预言、神话交织在一起的，不可能有任何作为历史成分的分量，只能同福音书历史的其余一些非历史性润色之词放在一起来考虑。耶稣之死的真实性，不可能从他被钉十字架这一方面得到充分证明，而只能从他之复活缺乏充分证据予以说明。说耶稣还继续活着是没有历史资料可资证明的，但如果认为他真的死了，那也只好把他钉十字架之死认为是真死了。

耶稣之死的真实性，并不受他是否手和脚都一齐被钉这个问题的直接影响，这一点我们已经从许多不同观点方面研究过了。因为即使他的脚也被钉住，也并不能排除假死的可能性，因为钉脚并不会有大量出血，而据福音书记载，他周游各处，从复活的那天就已开始，先是从坟墓走进城，接着又下乡到以马忤斯，有三个钟头的路程，晚上又回到城里，不久还走到加利利那么远——如果他的脚上有流脓流血的伤痛，按自然之理来说他是不可能走这么远路程的。所以，这是那种把复活看作是从一种假死状态自然地恢
395 复过来的神学，也就是不仅目前公开宣称为唯理主义者的少数人，

还包括许多耻于公开宣称而隐藏了他们观点的那些人所最感兴趣的问题。他们还对决定耶稣钉十字架只是双手被钉[1]特别感兴趣。至于福音书作者们,前两人在这个问题上对我们并无帮助。《路加福音》(第24章第39节)记载,复活了的耶稣把手和脚指给门徒看,借以证明他并不是没有身体的鬼魂,而是他们所熟知的耶稣,并叫他们伸手摸他的伤痕,这令我们自然地想到他的上肢和下肢上仍然看得见的伤痕。另一方面,约翰只提到他的肋旁伤痕和手上的钉痕,从此我们就有理由认为被钉的只是双手。同时代作家约瑟弗,尽管在他的《犹太战争》历史中经常有机会提到钉十字架这件事,对于这个问题并没有给我们提供明确的资料。同样有机会看到人们被钉十字架的教父们如贾士丁[2]、特透连[3]等人,的确说过钉十字架时脚也是被钉的。这可能是由于他们知道十字架的一般习惯是将脚也钉上,或者是因为这样他们才能引用《诗篇》第20篇[4]第17节:"他们扎了我的手,我的脚",在耶稣身上得到应验。最后,在帕拉图斯[5](Plautus)的一段为人所熟知的文章里有手和脚被双重钉住的说法,许多人都认为,这里的加重处罚的威胁性说法并不意谓着脚和手都用双倍的钉子钉起来,而是说和平

① 参看保罗斯的论文:《在唯理主义者的棺材上少两颗钉》。《总教会报》(*General Ecclesiastical Gazette*)第135期的文学论文。还请参看施莱马赫的《耶稣传演讲集》。

② 《同特里夫对话》(*Dial. C. Tryph*),97。

③ 《驳马西安》(*adv. marcion* III. 19)。

④ 按中文圣经,这里应为《诗篇》22篇16节,德文原著(363页)为诗篇22篇17节。——译者

⑤ 《莫斯泰拉利亚》,II,1,13。

396 常的做法单钉双手不同，连双脚也破例地钉起来了。总起来说，最可能的是耶稣的手和脚都被钉了，但既然缺乏确切的证明，我们只好凭问题本身的是非曲直来作判断。早在保罗时期就有这样一种基督教传说(哥林多前书 15 章 4 节)，耶稣被从十字架上取下后即被埋葬。对于这种传说历史上并没有任何相反的资料。尽管按照罗马人风俗，被钉十字架的人一般都要悬挂在那里听凭风吹日晒，飞鸟啄食或腐烂而消亡，但犹太律法则规定要在夜晚之前取下，埋在一个不体面的地方。罗马律法还规定，如果被钉死者的亲友要求，可以将犯人尸首交给他们处理。福音书作者没有一个人说耶稣自己的门徒要求过耶稣的尸体，反之，他们都说一个与耶稣关系相当疏远的富人亚利马太人约瑟作了这样的要求。关于埋葬方式，的确有些令人怀疑的不同说法，将留待以后研究，马太所记在墓旁设置看守人员一事也要在以后加以处理。

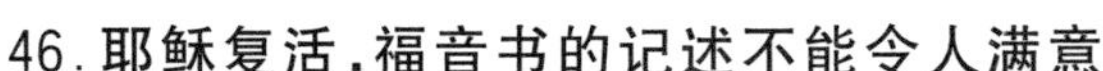

46. 耶稣复活，福音书的记述不能令人满意

根据所有的福音书，耶稣在星期五晚上被埋葬，即安息日躺在坟墓里，星期日天一亮就复活过来(《马太福音》第 28 章第 1 节往下；《马可福音》第 16 章第 1 节往下；《路加福音》第 24 章第 1 节往下；《约翰福音》第 20 章第 1 节往下)。没有说有谁看见了这种情景。连说坟墓有人看守的马太也只是说由于由天下降滚开墓石的
397 天使的耀眼光辉，看守人的眼目被照瞎了，像死人一样伏在地上，因而不能看见天使履行任务以及耶稣从坟墓里出来时的情景。但此后不久，所有福音书作者都说有几个女人来到坟墓前，看见石头已经辊开，并有一个或几个天使告诉她们耶稣已经复活，随后又由

耶稣亲自几次显现而得到了证明。

我们现在正面临一个决定性时刻，在有关耶稣神迹般复活的记述之前，或者承认对于耶稣生平的自然的和历史的观点是不能接受的，因而就不得不撤销我们前面所讲的一切，放弃我们的全部事业，或者下决心把这些记述的可能性弄个水落石出，也就是说，把信仰耶稣复活的起源弄明白而不附带任何相应的神迹。这个问题越是对整个基督教有切肤之痛，我们就越应该注意人们在接受每一不怀成见的言论时的敏感性，甚至还应注意到这些言论对于发表者本人可以觉察到的影响，但论点越是重要，以及在另一方面对于基督教的整个看法越具有决定性意义，则对于研究者排除所有这些考虑，以完全不偏不倚、毅然决然的精神，毫不含糊、毫无保留地发表其研究成果的要求也就越迫切。

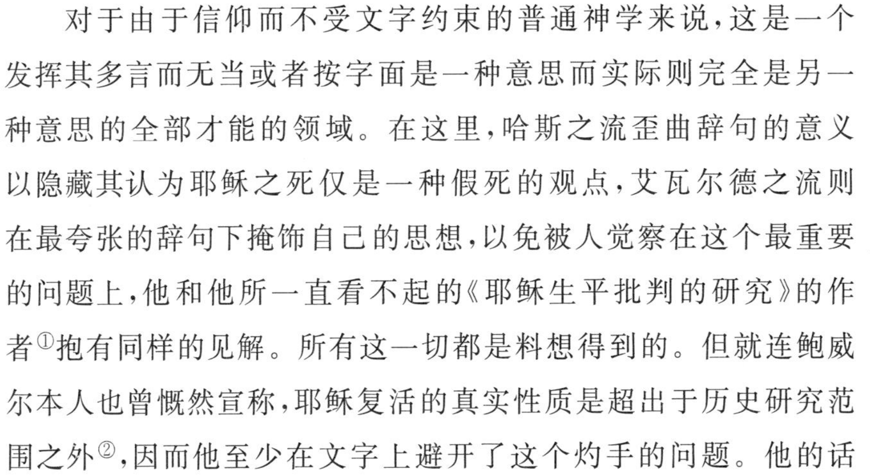

对于由于信仰而不受文字约束的普通神学来说，这是一个发挥其多言而无当或者按字面是一种意思而实际则完全是另一种意思的全部才能的领域。在这里，哈斯之流歪曲辞句的意义以隐藏其认为耶稣之死仅是一种假死的观点，艾瓦尔德之流则在最夸张的辞句下掩饰自己的思想，以免被人觉察在这个最重要 398
的问题上，他和他所一直看不起的《耶稣生平批判的研究》的作者[①]抱有同样的见解。所有这一切都是料想得到的。但就连鲍威尔本人也曾慨然宣称，耶稣复活的真实性质是超出于历史研究范围之外[②]，因而他至少在文字上避开了这个灼手的问题。他的话

① 《耶稣生平批判的研究》的作者即施特劳斯本人，参看本书英译本第202页。——译者

② 《头三世纪的基督教》，第39页。

似乎是说，耶稣复活是否一项客观地自然或神迹般发生的事件，或者仅仅是他的门徒的一种信仰，是不可能历史地发现的，因而它并不是一个历史研究的问题。但这些话至少表示鲍威尔深信这些可供选择的事项中的第一项是没有的事，这也就是说，复活绝非客观事实；因而第二项就是必然的结果了。其保留条款即他之所以如此深信，不是作为一个历史家而是作为一个哲学家，既部分地文不对题，也部分地是一种诡辩之辞。因为仅从历史上回溯一下，他就必须承认新约里关于复活的记述并不足以证明被钉十字架的基督真正从死里复苏过来，但在这里以及别处为反驳神迹所需要的哲学思想对于一个历史学家来说也是不可缺少的，特别是鲍威尔作为一个历史学家就曾随处应用了这一方法。至于鲍威尔在谈到同一题目时以一种真正历史的精神说，对于以后一切所必需的历史先决条件，并不像信仰那样是耶稣复活的真实要素，那就完全是另一回事了。这对于那些想令人相信如果不承认复活，则基督教的
399 起源和兴起就无法解释的卫道士们是一记耳光。这位历史学家正确地说，并非如此。所必须承认的只有这么一些，即：门徒们坚决相信耶稣复活了。这就完全足以使他们进一步的发展和作用成为可理解的了。至于他们信仰的根据是什么，在耶稣复活这件事上什么是真的，则是研究者可以用任何这一种方式解答的公开问题，基督教的起源并不会因之而变得更可设想或更不可设想。

如果我们按照福音书作者所描述的看待耶稣的复活，把它看作是外在发生的神异事件，那么，门徒信仰的起源就是完全可以说明的了。这就是说，如果我们假定耶稣真的死了，由于上帝全能的作为而复生了，或者被上帝带到一个新的更高的生存境界中去，能

够从那里以一种有形的、可以觉察的方式对世上的门徒施加影响，但由于不再受死的限制，很快就上升到天上紧靠上帝的旁边。但由于种种原因我们不可能把这样的观点作为自己的观点。不管我们把一般的神迹看作是可能或不可能，如果我们把这样从来没有听说过的神迹看作是真正发生的，那它就必须以这样的证据向我们证明，即假定这种证据不真实，要比设想所要证明的事物的真实性更为困难。假定任何一部福音书的作者是一个使徒或者是对耶稣生平的一个目击的见证人，根据以上所说乃是未经证明之事。新约中唯一一部我们可以认为其作者可能是十二使徒之一的书即约翰的启示录，但在这部书里也仅仅向我们提供了一般的信仰，即耶稣曾被处死，而现在则永垂不朽地活着（第 1 章第 5—18 节，第 2 章第 8 节等），此外什么也没有了。

以精确的记述告诉我们关于耶稣复活的信仰怎样在门徒中兴
起的最早的作者是使徒保罗。他并不是作为这种信仰根据的原始 400
现象的目击者，而是照他自己所说的那样，把他从别人听到的记述了下来。他告诉他们（《哥林多前书》第 15 章第 3—7 节）他怎样从别人“领受”了耶稣曾经死去并照圣经所说被埋葬，又照圣经所说复活了，曾经向矶法显现，接着向十二使徒显现，后来一次向五百多弟兄显现，以后又显给雅各看，并显给众使徒看。毫无疑问，保罗曾从彼得、雅各和其他有关之人那里（参看《加拉太书》第 1 章第 18 节往下；第 2 章第 9 节）听到了这事。所有这些人，连那五百人在内，都坚信他们曾看到死去的耶稣又复活过来。不过，如果我们像我们应当被准许的那样对于这种从未听到过的事的信仰发问，这些人所确信看到的，怎么不是以一种幻想为基础，那我们的见证人就对我们毫无帮助了。他只能说，复活了的耶稣曾向他们“显现”[①]过，这就是说，他们以为他们觉察到他，而且是在一种可见的形式中觉察到他，但他没有告诉我们他们是怎样有了这种信仰的，他们把这种现象看为是真的，看为的确就是他们死去的夫子的显现究竟有什么根据。他本人对这个问题是否进行过考查也是值得怀疑的。在他自己看见了基督的幽灵之后（关于这个问题以后我们还要作进一步的论述），他对于这件事就非常确信，自以为很满意并得到了充分的指示，过了三年，就从他在其附近看到异象的大马色[②]出发，第一次上耶路撒冷去，以便获得关于耶稣的更多的资
401 料，特别是别人所说他们在耶稣死后看到他的资料（《加拉太书》第1章第18节往下）。我们应当假定，当他较早时期逼迫那些相信这位新基督的人们的时候，他就已经从多方面听到过这些显现了，但同样清楚的是，由于他那时的热烈心情，他是不适宜于对这些事的真伪作冷静的考查的。在他皈依之后，他又感觉不到作这样考查的推动力了，与此相反，足足有三年之久，他能够对于自己以为看到和听到的事感到很满意。这就向我们充分证明，他的全部心情转变的纯粹主观性，一般说来，他是很不适宜从事对客观事实作历史的研究的。其实，他经常夸耀在这次幽灵显现之外他已再无要求，甚至在耶路撒冷，除了彼得和主的兄弟雅各之外他也没有同任何别的使徒谈过话。这两个人可能向他述说了他们所夸耀的见过耶稣显现的事，也许那五百个弟兄之中有一两人也把他们以为

① ὤφθη.（按此字出现在希腊文新的《哥林多前书》第15章第6节，是 ὁράω 的第一过去式，中文圣经译作“显给……看”。——译者）

② 这是圣经译名，现在一般译为大马士革。——译者

自己看到的事告诉了他。但对于一个已经对自己以为看过的幽灵显现深信不疑而同时又在一定程度上对这种主观信念的可采纳性怀抱着多疑善防心情的人，要期望他对于这些陈述作更精确的调查，对它们的根据，它们本身以及彼此之间的一致性进行检验是不可能的。

所以，关于第一点，我们并没有由一个目睹见证人所作的关于相信耶稣复活的原始根据的显现的陈述。第二点，我们可以假定其知识来自目睹见证人之口的使徒保罗，除了说这些人坚信他们见过复活的耶稣之外别的什么也没有告诉我们，如果我们再要得到一点正确的资料，只有回到福音书作者来，而他们当中又没有一个人像保罗那样，我们可以毫不迟疑地假定其所接受的资料来自目睹见证人之口。因此，他们的见证并不具备应该有的由因推果 402
(a priori)的分量，使其可以抵消其所要证明的事实的不大可能性。此外，福音书作者的记述不仅在许多方面同保罗的记述相抵触，而且他们彼此之间也不一致。使徒保罗没有说过耶稣向妇女显现，而这一点在福音书作者中除了路加以外，却居于突出地位(《马太福音》第 28 章第 9 节；《马可福音》第 16 章第 9 节；《约翰福音》第 20 章第 14 节往下)。这可以用一种假定来说明，即他希望只求助于男人的证明，正如《约翰福音》补篇的作者一样，尽管该福音书里曾提到过耶稣向抹大拉的马利亚显现，他却没有把这件事包括在内。《路加福音》(第 24 章第 34 节)同保罗都说彼得是新复活的耶稣向之显现的第一个男人。但马太，甚至连约翰都不知道有耶稣向彼得显现这回事，他们只提到了耶稣向使徒全体显现(《马太福音》第 28 章第 16 节；《马可福音》第 16 章第 16 节；参看

《约翰福音》第 20 章第 19,26 节),而保罗则是把这件事同向彼得显现分开来的。他没有提到耶稣向到乡下去的两个门徒显现,但《路加福音》(第 24 章第 13 节往下)和《马可福音》(第 16 章第 12 节)都提到了。这件事可以用这样一个假定来说明,即在他看来,这件事一方面同向使徒们显现,另一方面同向五百个弟兄显现比较起来都是不重要的。但最后这件事福音书作者们也都不知道,就像他们不知道保罗提到的耶稣特别向雅各显现一样,除了希伯来人的福音书之外,别处也没有关于这事的记载。最后,保罗所列举的最后一项,即耶稣第二次向使徒集体显现,前三福音书作者都未提到,只有在《约翰福音》里说,耶稣第一次显现时多马不在,只
403 有十个使徒在场,八天以后,又向全体十一个使徒显现。在使徒行传序言里,第一次提到复活了的耶稣在地上有四十天之久,的确这对各种可能的显现提供了时间,但其代价是,和这位同一作者在较早的福音书里所记完全抵触,在那里作者说,耶稣复活后最后一次显现毫无疑问地发生在其复活的同一天。

在这里反对者可以认为,无论是保罗或任何一位福音书作者都没有把复活后的显现全部记载下来。但这种辩护对于第四福音书的作者来说是不起作用的,因就第二十一章的作者而言,他列举了直到第三次的显现(第 21 章第 14 节)。这就意味着,向十一个门徒的显现(第 20 章第 19 节往下;多马不在场可以认为并不重要)也就是保罗列举的第二次显现是第一次;向使徒全体显现(第 20 章第 26 节往下)也就是保罗所列举的第五次显现是第二次;向彼得和雅各显现,也就是保罗列举的第一次和第四次显现被略去了,可能有人说这是因为它只关系到一个使徒;但为什么向五百人

显现，而且其中很可能也有十一个使徒在内，竟未提到呢？在加利利海边向七个使徒显现，尽管在保罗或其他福音书作者的著作里都未被提到，却未被认为不重要而不被提及。作者并未说这是最后一次显现，而且他所记耶稣当时说的话也并不意味着耶稣以后绝对不会再显现。但在另一方面，其他三个福音书作者在提到耶稣最后一次同门徒在一起的时候每一个人都明显地将其作为最后的一次，因为他们都提到了耶稣最后的安排和应许，此外，在马可和《路加福音》里，还以耶稣升天作为结束。这最后一次显现，马太（他像约翰一样，都不知有升天这回事）明确地说是在加利利，但路 404
加和马可则显然认为是在耶路撒冷附近。所以，这两种说法之中，无论如何，一定有一个是错误的。

但关于地点的矛盾并不限于最后一次的会见，而是贯穿在复活后显现的全部历史中。使徒保罗在他提到的显现中没有明确说出地点。马太说复活那天早晨耶稣在从坟墓进城的路上只向两个马利亚显现，因此，这是在耶路撒冷附近。通过他们耶稣向门徒发出指示，正如他们在他生前（第26章第32节）从他所领受以及天使所说（第28章第7节）的那样，叫他们到加利利去，在那里他又立即向他们显现（第28章第9节往下，第16节往下），据该福音书作者的意见，无疑这是第一次也是最后一次。与此直接相冲突的是路加说在复活的那天，耶稣不仅向去以马忤斯的两个门徒，向彼得紧接着又向耶路撒冷的全体十一个门徒和其他一些人（可能包括耶稣的弟兄和一些妇女，《使徒行传》第1章第14节）显现，而且还明确地指示他们要留在城里直到他们领受从天上来的能力。据使徒行传的作者说，这件事直至五旬节，即七个礼拜以后才发生（第24章第49

节;《使徒行传》第1章第4节)。像马可所做的那样,说天使先吩咐妇女去告诉门徒他们将在加利利会见耶稣,然后不知什么原故耶稣又在耶路撒冷附近(第16章第7节往下),向他们显现,用这样的方法来调和矛盾是不行的;但如果路加所说,耶稣在复活那天指示门徒留在耶路撒冷是正确的话,他就不可能像马太所说的那样,又在同一天早晨叫他们到加利利去,因为他们是决不会违反他的明确指示到那里去的,因此,他们也就不可能像马太所说和《约翰福音》
405 补篇那章的作者所记,在那里看见耶稣了。反过来说,既然耶稣明确规定加利利是门徒将要会见他的地方,那就不可能想象怎么他又会在同一天在耶路撒冷向他们显现。所以,如果马太是正确的,其他三次在耶路撒冷附近向门徒的显现只能归于子虚乌有。此外,我们还有以下一些次要的矛盾。根据路加(第 24 章第 1 节往下),抹大拉的马利亚、雅各的母亲马利亚、约亚拿和另一些妇女到坟墓那里去,在那里看见了两个天使,回来后就把她们所看见和听到的告诉了使徒和其余的人;根据马可(第 16 章第 1 节往下),只有三个妇女,其中有一个是撒罗米而不是约亚拿,这样做了。她们在坟墓里看到一个天使,后来由于害怕对任何人都没有说什么;根据《马太福音》(第 28 章第 1 节往下),只有首先提到的两个妇女看到有一个天使坐在已被辊开的墓石上,后来在她们回去的路上见到耶稣本人;而根据《约翰福音》(第 20 章第 1 节往下),出去的只有抹大拉的马利亚一个人,她第一次只看到坟墓空着,后来在她第二次去的时候才看到两个天使坐在坟墓里,耶稣本人则站在她的背后。还有,马太和马可都不知有路加所记(第 24 章第 12 节)彼得听到妇女的话以后到坟墓去并发现坟墓空着的事,而根据《约翰

福音》(第20章第2节往下)，其他门徒也和他一同去了。这些以及其他一些次要的不一致之处，我们并没有突出地提出来，因为即使没有它们也足可证明并没有什么充分有力的证明迫使我们相信他们所记的这些从未听说过的事真的发生了，倒不如说，我们可以假定，这些记述本身都是建立在错误的基础之上。

我们谈论福音书中关于耶稣复活后显现的这些记述，仅仅是 406
为了想发现接受这些记述的人，有什么方法可以用来使他们自己确信这些显现是真的。所有这些记述，如果不是想要竭力证明十一个门徒的信仰是值得称赞的，无论如何也是要那些后来听了他们的见证而相信的人对于他们的信仰并非草率从事感到满意。据路加所记，他们认为妇女们所说他们看到的事以及天使传给他们的信息都是胡言(第24章第11节)；据马可所记，当两个下乡的门徒告诉他们耶稣本人向他们显现的时候他们也不相信(第16章第12节)；据马太所记，即使当耶稣最后一次在加利利向他们显现的时候也还有些人不相信(《马太福音》第28章第17节)。这是不奇怪的，因为照马可所说，耶稣对下乡的两个门徒是变了形象向他们显现的。但这就意味着，门徒后来之所以感到满意以及他们之终于相信，纯粹是由于马太和马可所讲的下列原因：耶稣向他们自己显现了，接近了他们并同他们讲了话。据路加记载，他感到有必要更前进一步，据约翰说，他还满足了那个最彻底的怀疑者①。在那里两个到以马忤斯去的门徒刚刚回到十一个门徒中间，后者接待

① 这里的英译文说约翰是最彻底的怀疑者，显然错误，上面译文已根据德文原著第373页更正。——译者

了他们，并告诉他们说耶稣已经复活，曾向彼得显现，在他们还没有来得及述说会见耶稣之前，忽然耶稣站在他们当中。尽管听到了耶稣复活的消息，他们还是很害怕，以为是看见了鬼魂。耶稣把手和脚给他们看，叫他们摸他，使他们相信他有骨有肉，并不是鬼魂。他们正喜得不敢信，耶稣问他们有什么吃的没有，并立即在他
407 们眼前吃了一片烧鱼和一块蜜房(第 24 章第 36 节往下)。这些证据本身可能令人假定耶稣是自然地从死里复活过来的，但他在此以前刚在去以马忤斯的门徒眼前忽然从桌前消失了，这次又忽然地出现在房子里的门徒当中则说明这是一次超自然的进入。但在这里路加所含蓄表示的，约翰则明白无误地道出来了：当耶稣进到房子当中时，房门是关着的(第 20 章第 19,20 节)。第一次他显示自己的手和肋旁，似乎只是让门徒看；第二次他叫多马把手和指头放在他的伤痕上。对此，《约翰福音》补篇又加上了他吃烧鱼和饼的证据(第 21 章第 5 节；第 9 章第 12 节往下)。[①]

在这种情况下，如果吃和摸具有历史真实性，那就毫无疑问，向门徒显现的是一个具有自然生命和自然身体的人的身体；如果指出和抚摸的伤痕都是真的，那也就毫无疑问这个人就是在十字架上钉死了的耶稣；最后，如果真是门关着进去的，那也就毫无疑问这个人的形体是非常奇怪而又完全超自然的形体。这么一来，我们就有两个彼此绝对矛盾的东西同时并存了。一个能够被抚摸因而是具有抵抗力的身体不可能穿过关着的门，这就是说，不可能

① 这里的“第 9 章第 12 节往下”有误，根据德文原著第 374 页，应为“第 21 章第 5 节、9 节、12 节往下”。——译者

同时具有抵抗力；反之，一个不受抵抗能够穿过木板的身体不可能有骨头，也不可能有能消化鱼和饼的任何器官。这些情况是不可能同时存在于一个实体之内的，只有最荒谬的想象才能把它们结
合到一起。福音书为耶稣复活作的见证企图把全部最有说服力的 408
证明都提出来，而在这样做的时候却显得支离破碎而说明其本身只不过是想维持一种教条的愿望的结果，当这种愿望不再存在的时候，其本身也就由于缺乏支持而土崩瓦解了。

47. 耶稣复活不是一种自然的复苏

因此，我们可以基于下列理由拒绝承认耶稣复活是一个神异的客观事件。作为相信这一事件原始基础的福音书见证，远不具备使这一神迹成为可信所该具有的确定性。首先，它不是来自一个目睹的见证人，第二，不同的记述互不一致，第三，他们对于复活后主体性情和活动的描述包含着相互矛盾的成分。

关于最后一点，既然教会对于这个问题的观点要求只能承认神迹的可能性，而这又意味着按人的见解来说，包含着各种自相矛盾的特征，因此，就有人尝试另一种观点，使得对于福音书记述的理解不包含这类的矛盾。根据这种见解，耶稣复活是采取了一种自然事件的形式，他复活以后的情况同复活以前是一样的。持抱这种观点的人，对于福音书记载耶稣复活后的显现，绝对坚持那些似乎说明耶稣有一种完全自然形体的特征：身上的伤痕，可触知性，进用饮食，在这里不仅意味着他有吃喝的能力，而且意味着有
对于营养的需要。在另一方面，他们对于那些说明耶稣在复活之 409
后具有某些精神性质的相反特征，则企图用一种含糊其词的解释，

将其搁置起来。例如福音书里有时记载门徒见到耶稣显现害怕起来（《路加福音》第 27 章第 37 节[①]；《约翰福音》第 21 章第 2 节），他们就说这是可以理解的，因为如果假定他们真的相信他是死了，他们就会认为他们所看到的，是从阴间上来的他的鬼魂。到以马忤斯去的门徒有一段时间没有认出他来。抹大拉的马利亚以为他是看园的。关于前者他们有时解释说，这是由于所受的苦难使他的容貌受到了损害，有时则解释说他没有显著的特征。关于后者则解释说当他从坟墓复活时没有衣服，曾从附近看园子的人那里借了衣服穿。至于当门关着的时候他忽然站在门徒当中，连施莱马赫也认为，不言而喻，在这以前门是为他敞开着的。他们说，从此可以证明耶稣从坟墓出来的身体并不是一个荣耀的身体，而是一个受了严重伤害逐渐痊愈的身体。在复活那天早晨他禁止抹大拉的马利亚摸他（《约翰福音》第 20 章第 17 节），而在八天之后当伤痕已痊愈到一定程度的时候他自己就请多马摸他了，从此可以证明他的健康有了进步。还有，在早晨他还静静地待在坟墓附近，到下午就感到有足够力气走到相隔三小时路程的以马忤斯去，而再过些日子就连加利利也能去了。

就连复活这件事本身，他们说其超自然成分只存在于门徒和
410 福音书作者的思想中，而不存在于事件自身。据他们说，激动的妇女们把空坟里的白麻布衣或穿白衣的生人当作天使并没有什么好奇怪的。不需要天使来把墓石辊开，因为无论是无意或有意人的

① 这里英译本的“《路加福音》第 27 章第 37 节”显然错误，因《路加福音》根本就没有第 27 章。根据德文原著，第 375 页，应为“《路加福音》第 24 章第 37 节”。——译者

手就可以干这件事[1]。最后，在经过了先前发生的一些情况以后，当石头辊开的时候，耶稣怎么能活着从坟墓里出来，就可以很自然地说明。他们认为，钉十字架这件事，即使脚和手都钉住，流的血也很少。它致人于死是很慢的，是由于四肢被牵拉而产生的痉挛或逐渐饥饿而死的。因此，被认为是死了的耶稣，从十字架上被拿下来，在那凉爽的墓穴中，身上又涂着具有医治能力的油膏和浓郁芬芳的香料，经过六小时之后，就很可能从那种仅是假死的晕厥状态中又复苏过来。关于这个问题，人们常援引约瑟弗的记述以为佐证。据约瑟弗记载，有一回他被遣参加一次军事行动回来以后，看到了几个被钉十字架的犹太囚犯，其中有三个是他熟识的，他请求提多把他们给他。他们立刻被从十字架上取下来，受到了细心的照护，一个人真的得救了，但其余两人没有活过来[2]。举出这个例子来为有关的理论辩护不能说是很有利。对于这些被钉十字架的人，我们并不知道他们在上面悬挂了多久，但他们一定还有些生气，因为约瑟弗想挽救他们，他们受到仔细的医疗之后，两个死了， 411
一个活了。由此可以认为，一个被认为确已死了的人被拿下来之后又没有受到医疗，会复苏过来是不大可能的。无疑这里所说的可能性的确是存在的。但如果不能拿出真凭实证显示耶稣在以后还活着，就没有理由认为真正发生了这样的事。但根据我们对上

① 据施莱马赫的意见，园主的工人们，由于他们并不知道耶稣已被埋在坟墓里，只是为了想把石头放到它原来所在远离墓口的地方，以便让新建成的墓穴透风就可以做这事。请参看 1863 年希尔根菲尔特的《科学的神学杂志》第 386 页以下所载的拙著《施莱马赫与耶稣的复活》。

② 约瑟弗：《传记》，75。

面问题的研究，情况并非如此。福音书作者关于耶稣之死的记述是明确的、一致的而且连贯的。而关于据说门徒在他复活以后看到他的记载则是零零碎碎的、充满了矛盾和含糊不清之词。它们只是一些零星个别的显现；有时他在一个地方显现，有时又在另一个地方；有时以一种方式，有时又以另一种方式：没有人能说出他从哪里来，到哪里去，或者待在什么地方。整个事件给人的印象是，并不是一种其自身有连贯性的，客观地被恢复了的耶稣的生命，而是那些自以为看见了他的人心中的主观的想念，是个别的异象，虽然一开始可能出现过，但肯定在较晚的时候经过了各种不同方式的渲染和夸大。

因此，这是自然解释法的一种不必要的努力，为的是把神迹成分从福音书关于耶稣复活的记载中消除掉。其唯一目的就是从事件的实际进程中把这种神迹成分撇开。但福音书作者并没有给我们提供真实的进程；只给我们提供了他们自己关于它的想法，而我们承认有这种神迹成分存在也并不困难。所以我们可以不必费事
412 去把福音书作者说明中的这些不自然成分一一指出来。很明显，当一个叙事者以同一词句两次说“当门关着的时候耶稣进来站在他们当中”的时候，显然说门在这以前已为他敞开着决不是自明的——如果耶稣有自然的形体，他就决不能在以马忤斯的两个门徒面前从桌旁消失了；说耶稣的复元是一种逐步的发展只是一种想象，因为所有叙事者的无可否认的思想都是和说他有受痛苦或人的一般需要的想法相对立的。除此以外，还很明显的是，对于耶稣复活的这种看法，除了有其困难外，甚至也不能解决我们在这里正在考虑的问题。即：基督教信仰弥赛亚复活神迹的起源。一个

处于半死状态，虚弱艰难地从坟墓里爬出来，缺乏医疗，需要包扎、滋补和护理，而且终于因痛苦而死去的人不可能给门徒以他是一个死亡与坟墓的征服者，生命之王的印象，而这种印象正是他们未来工作的基石。这样的复苏只能削弱他生前和死时给予他们的印象，至多也只能使他们为他唱一曲挽歌，决不可能把他们的忧伤变成热情，使尊敬升华为崇拜。

48. 基督向使徒保罗的显现

如以上所说，在我们从使徒保罗得知，他大概可能是得自目睹
见证人关于耶稣复活显现所讲的以后，为了更准确地发现不可能 413
在使徒简短的几句话里搜集齐备的资料，我们就转向福音书作者关于同一题目的记述，以便弄明白这些目睹见证人究竟根据什么相信他们真的看见了复活后的耶稣。但我们并没有发现我们所寻求的。除了我们已经知道没有一个福音书作者确切地说过他们所讲的是得自某一目睹证人的口述或记录外，我们可以说他们所讲的的确比保罗更为详细，但第一，他们的记录是彼此互相矛盾的，第二，他们所告诉我们的本身是极不一致的，我们无法信任他们，使我们只好再回到使徒保罗那里。在我们仔细观察了他所讲的以后，我们也只好不很满意地离开，因为保罗也没有说清楚①。的确，他不仅说耶稣向矶法、雅各、十二使徒和五百弟兄显现，还说“末了也向这个好像未到产期而生的我显现”。(《哥林多前书》第

① 英译本在这里是“we did not allow the Apostle to speak out”，其意义极难捉摸，根据德文原著，应为“保罗的话对我们也没有说服力”。——译者

15 章第 8 节)。关于他所看到的显现,他用了和别人的同样说法,将其放在和别人同样的范畴之内,只是用了“末了”二字,因他认为自己是末了(最小)的使徒,但却是同别的使徒处于同等的地位。就这样,保罗知道,或者以为自己知道,资历较深的使徒们在耶稣复活后不久所看到的,和他自己所看到的一样,只是他看到的时间较晚而已。那么,他所看到的显现,究竟是什么样的显现呢?[①]

414 大家知道,我们在使徒行传里有三段详细的记述(第 9 章第 1—30 节;第 22 章第 1—21 节;第 26 章第 4—23 节),明确地提到一种外在的、感觉得到的显现,有光从天上照下来,使保罗跌倒地上,好些日子什么也看不见,从天上有可理解的声音对他说话,连陪伴他的人也听见了。但在这里并没有像第三和第四福音书所记耶稣向资历较深的门徒显现时耶稣让他们摸他并在他们面前吃东西那种客观真实性的证据。除了眼瞎及后来由亚拿尼亚治好,以及连陪伴的人都看见这个现象外,我们可以把整个事件看作是一种异象,虽然保罗将其归于一种外在原因,而实际是发生在他自己心里。我们不必受使徒行传记载的个别特征的束缚,这可以将保罗本人两次重复叙述语言的实质同作者的话进行比较得到证明;因为作者本人的叙述并不准确,他并不认为这些重复叙述之间或多或少的歧异有什么重要性。正如我们已经顺便提到过的一样,不仅是有一次说同行的人站着惊得目瞪口呆,另一次说他们同保

① 关于这一点,除了鲍威尔在其《使徒保罗和头三世纪的基督教》一文中所作的解释外,请参看蔡勒尔:《论使徒行传》;豪尔斯吞:《基督向使徒保罗显现》(Appearance of Christ to the Apostle Paul)。载希根尔菲尔特:《科学的神学杂志》,1861,iii. 224—284 页; H. 朗(Long)。《宗教人物》(*Religious Characters*),i,ii,页以下。

罗一起扑倒在地；有一次说他们听到声音却没有看见人，另一次说他们看见了光却没有听见同保罗说话之人的声音，在第三次重复的时候，又加上这样一句人所熟知的话，“你用脚踢刺是难的。”至于根据前两次记载，保罗被任命为外邦人的使徒，部分是由亚拿尼亚，部分是在耶路撒冷圣殿中见到的第二次异象里，而最后一次的记载则是放在耶稣第一次显现时的话里，像这类的矛盾那就更不
必说了。没有理由说使徒行传里关于这件事的三种叙述是由于资 415
料来源的不同，即使果真如此，也只能假定说作者在叙述时已经把这些差异调和起来了：但作者并没有这样做，而是不顾自己早先的记载，作了任意的重述，这就证明新约作者在关于这类的细节方面是多么粗心大意，尽管这些事对于一个努力追求历史准确性的人来说是很重要的。

但即使使徒行传作者更为准确地从事记述，他仍然不是一个目击的见证人，几乎连一个从目击见证人的记述中获得其历史资料的作者也算不上。纵然我们认为在使徒行传的不同地方用“我们”二字把自己同使徒保罗联系起来的人是全书的编撰者，在大马色事件发生以前，他也还没有和保罗在一起。在这以后很久，他才在特罗亚参加了使徒的第二次宣教旅程（《使徒行传》第 16 章第 10 节）。此外正如我们从上面所看到的，关于使徒行传作者的假设也是错误的。他只不过把使徒的一个临时伴侣同使徒在一起旅行的备忘录分别编入他的著作的不同段落中而已，所以我们没有理由把那些没有标明“我们”二字的段落的记述者也认为是个目睹的见证人。保罗第一次向在耶路撒冷的犹太人叙述和第二次向该撒利亚的亚基帕和非斯都叙述关于他皈依的事正是在这样的段落

里出现的。最后一次出现“我们”二字的地方是第 21 章第 18 节，提到保罗去访问雅各，此后，直到谈及保罗乘船去义大利[①]时即第 27 章第 1 节，才又提到这两个字。所以，没有什么事能从外面迫使我们假定在这些讲话里有任何亲自听到这些话的人的叙事，以及在它们里面有保罗本人叙述关于他皈依基督时所发生的事情。
416 此外，故事的内在性质。如照耀的光，扑倒在地，神迹般的绑扎和医疗以及相互吻合的梦兆和异象等，完全同当时流行于犹太人及原始基督徒之间的关于复活显现和神迹故事的格调一模一样，特别和使徒行传及第三福音书作者在安排这类情景时所爱用的方式非常类似（试比较《使徒行传》第 10 章第 11 节哥尼流和彼得的故事；《路加福音》第 1 章第 8 节往下关于撒加利亚和天使的故事），因此，我们对于这种基督向保罗的显现只能同早期门徒看见耶稣的显现同等看待。这就是说，在这种情况下，我们被迫从第三级的见证又返回到使徒的见证，而使徒的这种见证不是第二级的见证，而是第一级的见证。

在这里我们不得不抱怨的是，和其他方面的情况一样，即使是关于向他作的第一次显现，使徒的记述也是太简略了。在我们已经引述过的段落里（《哥林多前书》第 15 章第 8 节）他关于自己所讲的一切就是复活的基督曾向他显现过，或者说让他看到过。在另一处他问道：“我不是见过我们的主耶稣么？”（《哥林多前书》第 9 章第 1 节）毫无疑问，在这里他是指同一显现而言。最后，在一段他比别处更详细地叙述了他所做的和所遭遇的一切经文里，他

---

① 即意大利。——译者

只是说上帝乐意(《加拉太书》第 1 章第 13—17 节)将他的儿子启示在他心里,使他可以把他传在外邦人中间。把这些不同的说法结合起来,我们一方面看出使徒深信自己曾经看见过耶稣,从《使徒行传》的记载我们还可加上说,他以为他听过耶稣对他说话,听到从耶稣之口发出的声音。保罗还认为在别的场合他也听到过从上界向他发出的这类言语。但这不能是我们现在所说的显现,而必然是以后的另一种显现。在《哥林多后书》(第 12 章第 1 节往下)他提到十四年以前有一个人被提到第三层天上的乐园里去,听 417
见了人不可说的隐秘的言语。但他又加上说,“或在身内,我不知道,或在身外,我也不知道,只有上帝知道。”从此我们可以看出他并非没有意识到确定这类显现的真实性质的困难。另一方面,当他在致加拉太人书的一段里,描述自己所看和所为是上帝在他里面启示的结果时,他主要强调了内在的因素,把看见和听见基督想象为是在自己内心里真正认识到他是上帝的儿子。的确,他在这样做的时候是把上升的基督看作是真正外在的存在,把其显现看作是完全意义的客观事件:但他所说的决不意谓着要阻止我们(而《使徒行传》里某些记述,如果我们不得不把它们当作严格意义的历史看待,就会产生这样的结果)持另一种不同的见解,即把显现看作仅仅是一种主观的,发生在他心灵的内在生活中的事实。

使徒本人曾告诉我们,对他来说,发生魂游象外的情况并不是稀罕的事。他在写信给哥林多基督徒的时候说(《哥林多后书》第 12 章第 1 节往下):如果他要夸耀的话,他就可以拿自己曾蒙恩看到过大量的异象和启示为夸耀,接着他就提到了我们刚才所引证的有人被提到三层天上的事。“恐怕我过于自高,所以有一根刺加

在我肉体上，就是撒旦的差役要攻击我”。在念到这些话的时候，人们很自然地会联想到的就是他大概患有惊厥症，也许是羊痫风，这种推想由于他在别处提到他身体有疾病，其貌不扬等情况就显
418 得更有可能了(《哥林多后书》第 10 章第 10 节;《加拉太书》第 4 章第 13 节)。说方言[①]一事表明他是一个有神经质的人，保罗说(《哥林多前书》第 14 章第 18 节)他说的方言比哥林多教会众人所说的还多，但这是一种心醉神迷的人发出的声音，如果不由一个翻译者翻出来就没有人能懂。保罗还把他去耶路撒冷和别的使徒交谈的冲动归之于一种启示(《加拉太书》第 2 章第 2 节)，正如鲍威尔已经引人注意到的那样。从这里我们可以清楚地看出，所谓超自然的精神启示是怎样在他心里发生的。除了这个启示以外，他还提出了他同巴拿巴一起上耶路撒冷去的一个很合理的原因，那就是，为了避免使他以前所做的全部使徒工作归于徒然。正在那时出现了一种尴尬的复杂情况。使徒保罗在外邦人中间所获得的巨大成就，开始引起了耶路撒冷原始教会对他的注意。由于以安提阿为外邦人基督教会中心同耶路撒冷处于对立地位这一事实，引起了这个大都会的犹太基督教会的疑忌。这个大教会的教友们来到了保罗的工作地点安提阿，看来他们向那个教会为首的使徒们呼吁，为了使外邦基督徒能够在弥赛亚的救恩上有份，要求他们必须遵守摩西的律法，特别是必须行割礼，凭良心说保罗不可能对这样的要求让步。如果原始的使徒们真正坚持这样做，那么，威胁

① “说方言”是基督教圣经中记载的有些基督徒忽然处于一种入神状态，口中喃喃地说出一种人所听不懂的声音来，他们自称这是说的别国语言，可以通过“翻译”而明白其意义，是基督教神话的一种。——译者

着破坏他们献身工作效果的教会分裂就是不可避免的了。不难想象，保罗对于这样的情况是如何地深为激动，如何地日夜萦绕心怀。考虑到他的这种心情，我们对于终于产生一种启示，一种想象中的基督向他发出命令，不管是在梦中或是在醒的时刻，都是不足奇怪的。

现在让我们把自己置身于保罗皈依基督之前的时期，设想一 419
下像他那样对犹太教祖传制度的狂热者(《加拉太书》第 1 章第 14 节)，当威胁着他们的基督教势力日益增长的时候，必然会多么的激动。那时，他看到他所认为最心爱，最神圣的事物遭受了危险，有一种精神趋向正在毫无阻碍地发展着，使他所认为最最重要的事，即严格遵守一切犹太教法律和习惯变成了次要的事情，特别是对于他凭自己火热的天性最爱慕的党抱着最敌视的态度。的确我们可以想象，由于这样的一种精神状态，最终会有一个幻想的摩西或以利亚，而不是基督，向他显现，但这只是在不考虑问题的另一方面时才是可能的。结果显示，保罗以为凭其法利赛派教徒热忱所追求的义并不能使他得到宁静的满足。这是从他的急躁不安和热切仓猝的行径明显地看得出来的。在他同弥赛亚的新信徒发生接触的不同场合中，我们可以设想，当他首先以一个好争议的辩证家同他们争辩(参看《使徒行传》第 9 章第 29 节)，接着又进到他们的会堂里，把他们作为囚犯拉出去并设法使他们受审判的时候，他不可能不感觉到自己和他们比较起来在两个方面处于不利的地位。他们所依靠的，也就是他们所借以建立其全部不同于他们传统的犹太教信仰的事实就是耶稣的复活。如果保罗是一个撒都该派教徒，在他同他们为他们所主张的事实进行斗争时就会容易些，

因为撒都该人是全然不承认有复活这回事的(《使徒行传》第 23 章第 7 节)。但保罗是个法利赛人，是相信复活的，尽管他所相信的复活是要到世界的末日才发生。但在一种特殊情况，例如一个圣
420 人，它是可以例外地提早发生的——从当时犹太人的思想来说，抱这样的观点并没有困难。因此，就耶稣而言，保罗一定是主要倚仗这样的事实，这样例外的事不可能在耶稣身上发生，因为他并不是一个圣人，相反，他乃是一个伪教师，是个骗子手。但是，在那些相信耶稣的人之前，这种想法一定会使他日益感到有问题。那些相信耶稣的人不仅深信耶稣复活就像深信他们自己的存在一样，而且以公开这样承认为荣，即使是在受苦的情况下，他们也是平静安稳，心情舒畅，使得像他自己那样烦躁不安，内心毫无快乐的迫害他们的人不得不感到惭愧。难道有这样信徒的人能够是一个伪教师吗？难道心灵如此安祥宁静的人能够是伪装出来的吗？一方面他看到这个新教派，尽管受到迫害，而且正是由于受到迫害，其影响反而越来越大；另一方面，作为一个迫害他们的人，他看到他们的安祥宁静在多方面表现出越来越大，而他自己内心的安宁反而越来越少。所以，如果在沮丧失望，内心不安的时刻，他向自己提出:“究竟谁对，是你呢，还是这些人如此热忱相信的那个钉十字架的加利利人呢?”这样的问题，我们是不会感到奇怪的。一旦他达到这样地步，从他的身体和精神特征来说，其结果自然会是在一种心醉神迷的情况下，他看到了一直到那时他还在热心迫害的同一耶稣，以他的门徒所说的非凡光荣向他显现，指出他的悖谬和愚昧行径，并号召他转变立场为他服务。

49. 回顾有关耶稣复活信仰的起源

如果我们关于导致使徒保罗从法利赛派犹太教会转向新建立的弥赛亚教会的基督显现是属于这类性质的想法是对的，如果以 421
相信耶稣即复活的弥赛亚为其特征的向较年长的门徒的显现像其他情况一样也基本属于同一性质，那么，这些显现就是纯属于内心性质，尽管从受显现的主体看来可能认为它们是可觉察的外在感觉，而我们却可以把它们看作仅仅是心理激动的结果，是一些异象。

产生这些显现的原因，使它们成为可能的条件，在这两种事例中都属于同一类型。在后来的使徒[①]心中引起的激动是由于具威胁性的基督教的发展和他本人迫害其信徒的狂热而产生的，相反，早先使徒们心中的激动则是由于犹太人对于耶稣及其从者所发动的迫害而产生的。保罗的印象是从第一个教会及其信徒们在信仰及受迫害时的欢欣鼓舞的心情得来的，而早先门徒们的印象则是从他们回忆耶稣本人的人格以及他们深信他就是弥赛亚得来。

犹太人的弥赛亚概念尽管人各不同，但在这一点上却是一致的，那就是他们都相信，弥赛亚在开国以后，将会继续在一个超越人类自然生命的长时期内，对其从者实行统治。根据《路加福音》第 1 章第 33 节（参看《约翰福音》第 12 章第 34 节），他的国度将是绝对无穷尽的，正如我们从《诗篇》第 110 篇第 4 节；《以赛亚书》第 9 章第 7 节；《但以理书》第 7 章第 14，27 节所看到的一样。在别

---

① 指保罗。——译者

的地方我们看到有时提到一千年(《启示录》第 20 章第 4 节),有时提到四百年[①];有时则认为弥赛亚在世上的统治时期还要更短一
422 些[②]。如果他终于死了,那么,这种死也将临到在世上的一切生命,为的是将其变成一个超尘世的国度[③]。在他没有完成他的工作并执行了一切期待于他的事情以前他决不能死;他也决不会像一个服从上级权力的人,像一个被定罪的囚犯那样死去。但这两样都临到了耶稣,他作为弥赛亚的工作由于犹太人向他施加的暴力甚至在还没有充分开始以前就被中断了。虽然受到阻碍,但这只是表面现象;弥赛亚奉差遣来到的人民表现了他们不配留住他,不配享受他所希望带给他们的福乐。因此,上天终于又把他带回到天上,等到人民变得配接待他的时候上帝就会再差遣他来,这样,早就应许给真以色列人的复兴时期就会终于来到(《使徒行传》第 3 章第 20 节往下)。弥赛亚过早地由于暴力而死这一成分只有在一个条件下才能被接纳到犹太人的弥赛亚概念中,但这一条件并非是不能接受的。这个条件就是把弥赛亚之死看作其灵魂不是降到阴间,而是上升到上帝那里,是进到弥赛亚的荣耀里去(《路加福音》第 24 章第 25 节往下),将来还会在荣耀里回来。

如果带着这种观点去研究旧约,弥赛亚通过死亡与坟墓进入新的更高尚的生命在其中是很容易发现的,因为在旧约里有许多地方讲到和弥赛亚有关的不同的人和事。不妨说,旧约不是的确说过,大卫赞美上帝(《诗篇》第 16 篇第 9 节往下),因为他必不将

---

① 《以斯拉四书》第 5 章第 20 节往下,参看伏克马尔:《伪经引论》,II,61,往下。

② 格弗洛勒尔:《救恩世纪》,II,第 252 页往下。

③ 《以斯拉四书》,同注①。

他的灵魂撇在阴间，也不叫他的肉身见朽坏吗？大卫已经像别人一样死去了，那么，是谁的身体不见朽坏呢？岂不是指这些话所预言的（《使徒行传》第 2 章第 25 节往下），他的伟大继承者即耶稣 423
吗？另外，以赛亚岂不也预言过，耶和华的仆人将从活人之地被剪除，与恶人同埋葬，但在他以本身为赎罪祭以后，他将延长年日，并与强盛者均分掳物吗？（《以赛亚书》第 53 章第 8—12 节）

门徒们很可能记得耶稣本人所说与这些有关联的话，他一方面暗示到等待着自己的受难与死亡，另一方面又提到了他的事业必将胜利，不会因此失败；他们很可能把这些话同旧约里的那几段话联系起来看。《路加福音》第 24 章第 25 节往下，第 32 章[①]第 44 节往下，表示耶稣复活后所做的主要事情之一就是打开圣经，向门徒说明他的受难，死亡和复活都早在圣经里预言过了。但我们并没有发现有这样的迹象，即在耶稣最终离开他们以后，由于翻阅圣经，门徒的信仰才恢复过来。

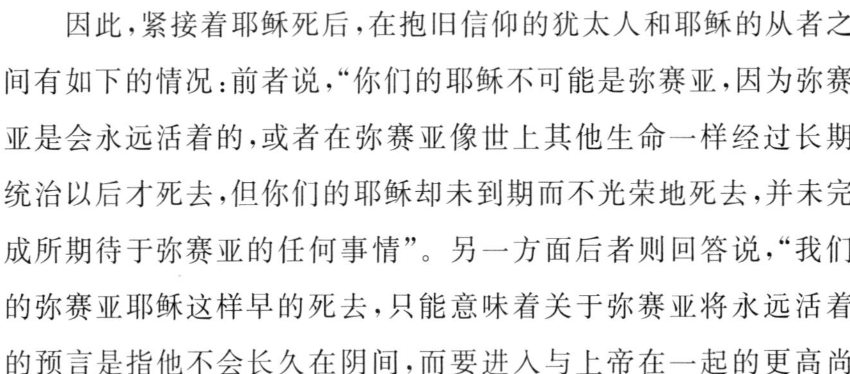

因此，紧接着耶稣死后，在抱旧信仰的犹太人和耶稣的从者之间有如下的情况：前者说，“你们的耶稣不可能是弥赛亚，因为弥赛亚是会永远活着的，或者在弥赛亚像世上其他生命一样经过长期统治以后才死去，但你们的耶稣却未到期而不光荣地死去，并未完成所期待于弥赛亚的任何事情”。另一方面后者则回答说，“我们的弥赛亚耶稣这样早的死去，只能意味着关于弥赛亚将永远活着的预言是指他不会长久在阴间，而要进入与上帝在一起的更高尚

① 英译本原文为“xxxii. 44”，但《路加福音》根本没有第 32 章，显系错误，按德文原著，应为“第 32 节、44 节往下”。——译者

的生活中去，到了他自己的时候他还将从那里再到世上来，完成由于你们的罪孽而未能完成的工作”。

424 如果旧约里的名人，如以诺和以利亚（根据犹太人传说，还有摩西，参看下面）没有经过死亡就同样地升到上帝那里，那他们一定是带着没有改变的身体就升上去的。这看起来似乎是一个实质性的不同，而其实并不是。以诺或以利亚的必死的身体，不可能以其自然的形态进入天上属灵的世界里去，必须首先由上帝将其改变才行。上帝对这些活着的身体所做的，和他对耶稣的死了的身体所做的是一样的，同时也是预示了未来的死人要复活。这种区别同保罗所假定的（《哥林多前》第 16 章第 51 节[①]往下）有人要活到耶稣第二次再来，有人要在那以前就死去的区别一样。前者将要经过改变，后者将要被唤醒，这就是说，前者的身体将要不经过死亡而得到进入基督国度过新的生活所必须具备的必要条件，而后者死去的身体将要被唤醒并经过改变。这种远超过以诺和以利亚的双重神迹已经实现在耶稣身上，只有那些认为耶稣是一个比他们更高的先知的人对此才能相信，这就是说，虽然他死了，他们仍相信他的确是弥赛亚。这是在耶稣被钉十字架以后那些屈辱的日子里门徒必须首先具有的信念。在他们有了这种信念之后，相信他的灵魂不可能在地狱里被死权所拘禁而必然会升到上帝那里就是很自然的事了。当他们考虑到耶稣上升的方式时，从犹太人的没有身体的灵魂只能是一个影子的观点出发，耶稣的身体必须

① 这里英译本的译文又是一个明显的错误，因《哥林多前书》第 16 章根本就没有第 51 节，根据德文原著，应为“第 15 章第 51 节”。——译者

复苏，即复活的概念就在他们心中产生了。

由于没有必要对这种概念下精确的定义，就很容易认为上升 425
的弥赛亚在其新的荣耀里向门徒显现是可能的了。如果他曾被设想在上帝面前处于一个天使的地位，他就一定有显现为天使的权力，否则他的存在甚至并不非是一个看得见的显现不可。当他向保罗显现的时候，根据《使徒行传》的描述，有两件事一齐发生了：有光辉照耀，这被认为是上升的基督的帷幕，还有从天上来的听得见的声音。后者令我们想起从拉比的著作中听到的所谓“声之女”(bath kol)的晚期犹太教的一种听得见的神谕。正如从《约翰福音》(第12章第29节)可以看得出的，这是由偶然发生的如忽然打响的雷声之类自然声音所构成，被认为是一种预兆，并根据其所巧合的情况或有关之人的心情给予一定的意义。如果是保罗自己告诉我们说忽然有光在他周围照耀并听到从光辉中向他发出的声音(不是像《哥林多后书》第4章第6节仅是象征性的)，我们就会毫不犹豫地认为这是和他内心斗争相巧合的一种闪电之光和雷鸣之声，被使徒认为是他所逼迫的耶稣向他显现所发生的愤怒之声。但是由于只有使徒行传记载了这件事，考虑到该书的较晚的出现以及其在许多方面的非历史性质，对于这些描述的特征是否仅是由于传说或诗人的虚构我们就无法确定了。

耶稣复活后的有些显现也不是不可以这样作为完全自然事件予以解释的。据路加记载，在耶稣被钉十字架后的第二天，有两个门徒从耶路撒冷到乡下去，遇到了一个不认识的人用灵感的语言向他们阐明了关于弥赛亚之死的道理，正当这个人在黄昏时刻要 426
离开他们的时候，他们认为这就是他们自己的耶稣。第四福音书

所补加的一章记载，有几个门徒黎明时在加利利海的一条船上，遇见了一位站在岸边的生人关于撒网的问题给他们一些指导，由于他们按照指导得到了惊人鱼获量的结果，他们就认为这个人是“主”，他们当中没有一个人胆敢问他到底是不是。在这些事例中，单从记事的本身来看，假定它们总的说来有历史性，我们就会认为，门徒们由于耶稣忽然死去受到的刺激，以及他们的想象力正在不断地回忆耶稣的为人，使他们很容易认为，在这微明时刻所见到并在他们心中留下深刻印象的生人，就是那位离开了他们的夫子向他们作的一次显现。在这里不妨提一下在类似的环境中发生过的类似错觉的历史事例。我现在引证我本人家乡历史上发生过的一件事。维滕贝格公爵乌尔利希并没有被斯瓦边同盟杀害，而仅是从他的国家被驱逐出去，他的领地被奥地利人占领了，并布置防守不让他回来。一位杰出的历史家①说，“但由于公爵在其领地有许多拥护者，无论是在睡梦中或醒时，他都萦绕在他们心中。由于颁布了不许提及他的命令，他的人身就披上了一种神秘隐晦的色彩，人们的想象力也变得愈来愈富创造性了。连石头和动物也被认为谈论到他。（在其领地的各处）都有人声称看见了他们从前的主人，甚至还说他曾伪装来到过他们的家中。”“心有所思，即有所见”。

427　不可能想象，怀着谨慎和疑怕心情的公爵会毫无保护地在其仇敌中间来往。因此，我们必须把他这样像个幽灵一样出没其领地看作是想象力受刺激的结果，是一种传说，正如敏锐的历史家没

① L. F. 海德：《维滕贝格公爵乌尔利希》，II，第 169 页往下。

有忘记提醒我们的那样:他所描绘的当时环境正是产生那些情况的肥沃土壤。他所谈到的慕辛根[1]的女主人很可能真的把一个投宿在她家的外国人当作是公爵,在这前后,乌拉赫[2]的煤矿工人也很可能把他为之在树林中带路的陌生人当作是公爵。这些故事,添枝加叶地讲起来,还很可能成为编造其他故事的根据,而其实是任何真实性都没有的。

就摆在我们面前的事例而言,当时也很可能流行过一些类似的错觉,但个别人以为他们看到了耶稣头几次的显现,似乎不大可能是属于这类性质。关于耶稣已经复活的思想一旦扎下根来,这类的错误是可能发生的,但由于原来这个问题并不是一个驱逐出境的问题,而是一个由死复生的问题,这种信仰是不可能这样产生的。当保罗说耶稣复活后首先向矶法显现的时候,正如我们在上面已经说过的,这并不排除有些妇女自以为他们已经看到过他。马可所说(第 16 章第 9 节)"耶稣首先向抹大拉的马利亚显现,他从她身上曾赶出七个鬼",是很可疑的。不仅约翰(第 20 章第 14 节往下)马太也同马可一致认为,首先看到耶稣显现的是这个女人,不过马太说(第 28 章第 1,9 节往下)还有另一个马利亚同她在一起。至于说有七个鬼从她身上被赶出来,马可很可能是从路加(第 8 章第 2 节)得来的。家具有这样一个身心素质的女人,从内
心的激动到眼睛见到异象并不是什么难事。从使徒保罗的例子我 428
们已经看到,在那个时代,即使是受过教育的男人,发生这样的心

① Münchingen.

② Urach.

理状态，也不是没有听到过的事。关于彼得，我们可以请那些认为福音书和使徒行传是真实历史的人，注意到在罗马军官哥尼流受洗以前发生的事，尽管不平常，却是很自然，足以证明这位使徒富于幻想的性情。正当中午时分，当他在屋顶上祷告的时候，彼得忽然魂游象外，以为看见了人所熟知的一块布从天上缒下来，里面装满了各样的走兽，还听到了天上的声音。我们把这种历史归之于教会的传说，或者是由于使徒行传作者的实用主义，但我们认为在耶稣死后的那些日子里，在耶稣信徒的狭小圈子里存在着一种共同的气氛，由于思想紧张及神经过敏，个人的特性受到了压抑。在《希伯来人的福音书》里说关于雅各①，传说在他禁食几天之后，复活的耶稣曾向他显现，这种情况如果有历史性的话，就更可以使异象或幻想成为可以理解的了。

路加在提到往以马忤斯去的两个门徒时，说那个陌生人接受了他们的邀请就餐时，拿起饼来祝谢了，擘开递给他们，接着就说，“当他擘饼的时候”，他们就认出他是主了（第 24 章第 30 节往下，第 35 节）。在《约翰福音》补遗的一章里也在类似的情况下提到了由于一个陌生人擘饼和鱼，门徒就认出他是复活的耶稣了（第 21 章第 13 节）。让我们记住，门徒是习惯于用“擘饼”这样的说法描
429 述晚餐的（《使徒行传》第 2 章第 42，46 节，第 20 章第 7 节；《哥林多前书》第 10 章第 16 节）。这样的晚餐是耶稣最后一次以及其他许多次同他们在一起的时候，以主人的身份同他们共进饮食的一种有形的表现。在很古的时候，由于经常的、可能是天天的重复，

① Hieron. de vir. ill. 2.

它已经成了古代教会一小群信徒的强大的安慰和团结的纽带了。如果我们记住这一点，就不难设想甚至在较大的集会里，主要由于这种高涨的心情，很容易使他们对于死去者的怀念，变成为一种想象的显现。

50.使徒们在异象中见到耶稣的时间和地点

如果我们问耶稣的门徒在什么地方和什么时候看到这些幽灵的，那么，正如我们已经提到过的那样，最早的见证人使徒保罗在得出一个结论方面并不能给予我们多少帮助。关于地点，他一点也没有详细说明白，关于时间，也只是提到一些表面的现象。他说(《哥林多前书》第 15 章第 3，8 节)他听人传说按照圣经所说基督已经死了，并且埋葬了，在第三天又复活过来，而且显现给矶法看，给十二使徒看等等。所以保罗说，耶稣的确在第三天复活了。但他并没有说耶稣是否是在第三天复活的当天就向矶法或别人显现。尽管他在提到耶稣复活以后紧接着就说他向矶法显现，但他说耶稣向他自己显现也是在紧接着耶稣向使徒全体显现后就提到的。但耶稣向他本人显现，无论如何一定是在耶稣死与复活之后过几年才发生的事。因此，我们并不知道在不同的显现之间相隔有多久，这也就是说，我们并不知道在第一次显现和第三天复活之间相隔有多久。

另一方面，第三级权威即福音书作者们告诉我们，全部或至少 430
一部分显现是发生在耶稣复活的当天。约翰说，他向抹大拉的马利亚显现是在复活那天早晨靠近坟墓的地方，晚上又向集会的门徒显现。路加告诉我们，他第一次显现是在复活当天向去以马忤

斯的两个门徒显现，接着就向十一个使徒和其他人显现。这种假定也同样适用于马可的简短而混乱的记述。马太虽然说耶稣是在后来在加利利向十一个门徒显现的，但向妇女们显现则是在复活当天的早晨，在她们发现坟墓空着后回到城里去的时候。现在我们可以问，如果第一次的显现不是发生在耶稣复活后的当天，为什么最古老的基督教会就把耶稣死后的第三天定为复活日呢？如果不是因为在这天门徒们得知他们的弥赛亚从死复活的重大事实，我们将怎样解释像使徒保罗和著作约翰的启示录那样早的时候安息日的次日就成了主日，成了基督徒每周的假日（《哥林多前书》第16章第2节；《启示录》第1章第7节）呢？

如果我们把耶稣的复活看作是个神迹，那么它就无论在哪天都能发生：如果是自然的复苏，那就必须发生在死后不很久，否则就决不会发生。在另一方面，既然我们假定使徒们看见异象是由于心理上的变化所致，那就似乎需要较长的间隔才有这样发展的可能。看来，在门徒们对于料想不到之事的发生所产生的恐怖和他们在第一次散开后又重新聚会之间决不仅只是一天的工夫。特别是如果我们假定，门徒们之所以深信耶稣虽然受苦受死，但他仍然是弥赛亚，他通过受苦受死才进入弥赛亚的荣耀中去是由于他
431 们对旧约圣经重新进行了深刻研究的结果，那也需要有较长的时间，所以，看来如果耶稣的显现真是在他死后的第一天①，那就不可能想象这些显现仅是门徒们主观的幻象，而我们关于相信耶稣

---

① 英译本为“the first day after the death of Jesus”，“death”是“resurrection”之误，因为死后的第一天耶稣还在坟墓里，是不可能显现的。根据德文原著第395页，这里应为“在他死后的第三天”而不是像英译所说的“第一天”。——译者

复活的起源的见解由于不可能设想其发生在第三天，也就不攻自破了。

同样，福音书中关于这些显现发生地点的说法，好像对于我们的观点也是不利的。根据福音书作者们的叙述，在安息日后一天的早晨，即钉十字架的耶稣被埋葬那天晚上后的第三天早晨，根据所有的福音书作者，连马太也不例外，当门徒还在耶路撒冷的时候，复活的主的头一次显现发生了。因此，耶稣向门徒显现是在他的身体被埋葬的坟墓的同一地点发生的。连这种情况似乎也使我们处于困境，而关于耶稣复活的其他两个可能的观点都是不能想象的。因为假使耶稣是由于一个神迹或者由于从假死状态自然复苏而复活的，无论是哪一种情况，在坟墓里都不可能有尸体，如果有的话，则可以指着尸体把门徒说他们的主已经复活的话驳倒了。既然耶稣的尸体躺在同一城市的城门外的坟墓里是众所周知的事而且很容易找到，那么，当不到四十八小时后，门徒出来说他已经复活的时候，怎能设想犹太人不会立刻跑到坟墓里，把他的尸体拖出来展示给众人看，从而证明门徒厚颜无耻的 432
断言的虚伪性呢？另一方面，既然门徒很容易到附近的墓穴里察看一下就可使自己确知复活是毫无根据的事，他们又怎能站出来作如此的断言呢？

但是，第一，虽然福音书作者们告诉我们早在耶稣被埋的第二天早晨就向他的门徒显现，却没有一个人说他们向不信的犹太人宣告了耶稣复活的事。相反，所有的记述都说他们从一开始就保持安静，而且路加在《使徒行传》里还说使徒们一直到五旬节，即第三天后经过了七个礼拜才出来宣讲基督复活。此外，还有一点值

得考虑的，那就是耶稣埋在约瑟的石头墓穴里，正如我们已经暗示到的，并没有得到历史的确证，以后我们还要对此作更精确的研究。但如果耶稣像很可能地那样，是和其他罪犯一同被埋葬在一个不光彩的地方，他的门徒从一起头就不会想到那里去寻找他的尸体。如果门徒出来宣称耶稣已经复活是在经过一段时期以后，那他的仇敌就更难找到可以辨认或可作证明的尸体了。何况我们还应记住，犹太人对于尸体是极其恐惧的，它并不像我们今天所想象的那样明显地容易做呢。

关于时间太短促，不能在门徒中发展一种产生异象的心理状态这个难题，也不是不能克服的。通过清晰思维的介入而达到这种心理状态的纯粹逻辑方法在当时还不可能，既然不可能，则在使徒心灵秘密深处发生的反作用只能是一种猛烈的爆炸，是由于过分沉重的郁闷感情突然发泄的火花的一闪。这样的爆炸不会等到
433 思维进程先安排就绪才发生，反之，凡需要经过后来深思熟虑才能弄清楚的，它通过想象力就假定其存在了，凡需要运用悟性才能逐渐理解的，它一下子就认为当然了。因此，即使能够证实早在耶稣死后的第三天，关于耶稣复活的信念就已经在门徒中间建立起来，我们关于耶稣复活的思想，也是远不能被废止的。

同时，许多新约记述本身，对于这种叙事也是有怀疑的。就拿我们已经触及的来谈吧！如果门徒真正相信早在第三天他们的基督就复活了，他们为什么要等到第五十天才让这事公开在群众面前呢？使徒行传说，是因为他们不得不等候圣灵，而圣灵必须到五旬节才降临。但就我们的观点来说，其所以选择这一天作为圣灵降临的日子是因为最早的基督徒认为，第一次宣传福音是应验了

西乃山[①]颁布律法的预示，因此，这种时间的选择并没有历史的根据而完全是基于教条的理由。至于这种叙述是不是也意味着关于宣传基督复活的回忆是在较晚时期才进行的，就像关于基督复活的信仰是比三天更长的时间才发生的一样，那就是另一回事了。

但所有的福音书作者，连马太也包括在内，都一致说耶稣复活
在第三天，并在耶路撒冷或其附近显现。连马太也包括在内，是怎
么一回事呢？第一，他描绘说，在坟墓的天使向妇女们宣告耶稣已
经复活，并吩咐她们赶快把这消息告诉他的门徒，同时耶稣将在他 434
们以先到加利利去，他们将在那里见到他。不仅门徒将在加利利
见到他们复活的主，天使还说，连“你们妇女，也要在加利利见到
他”。紧接着，当妇女们从坟墓跑向城里去的时候，耶稣自己就在
路上同他们会面了，这实在是太奇怪了。如果她们在这里见到了
耶稣，她们就不会像天使所预言的那样，在加利利才第一次见到
他。有什么理由能叫耶稣很快地改变他原先叫天使宣告的计划
呢？妇女们正在准备把这消息告诉门徒，她们自己对此也深信无
疑，因为正如马太所说的，她们既是恐惧又大大欢喜，这都是很自
然的。是不是因天使忘记了一些话耶稣不得不再告诉她们呢？完
全不是，耶稣只是重复了天使所说的话：门徒应当到加利利去，在
那里他们将见到耶稣，像出现在《马太福音》里的这种完全多余的
耶稣第一次显现，不仅从未发生过，而且也从未讲到过，这是较晚
时期的一种篡改，不是对马太原文的篡改，而是对其复活历史所根
据的资料的篡改，但这里他所引进的情况是完全同其自身绝对矛

① 参看格弗洛勒尔：《救恩世纪》，II，第330页往下。

盾的，如果我们把这次显现除掉，他的记叙就完全前后一致了。复活那天的早晨，在靠近耶路撒冷的坟墓那里，只有天使显现并作了初步的宣告，命令门徒到加利利去。根据约定，在门徒和妇女们到了加利利以后，耶稣就向他们显现，而不是在那以前。如果这样，加利利就是复活之耶稣显现的场所了。这么一来，这种显现就要
435 比第三天更晚一些时候，因为门徒决不可能在他们早晨接受命令动身到山地加利利去的当天就到达那里。这种观点是马太记事的主要特征，但正如已经提到过的，这是同路加和约翰的描述直接相冲突的。根据他们的描述，耶路撒冷及其附近才是耶稣复活的当天做宣告的特殊场所，而且如果撇开《约翰福音》的补充一章不谈，还是做这种宣告的唯一场所。后一种想法是和作为马太福音记述主要特征的前一种想法不能调和的。但第一福音书的作者竟作了如此的迁就，虽然他未说耶稣向门徒显现，因为那么一来到加利利去就成为毫无目的之事，但他却说了耶稣向还在耶路撒冷附近的妇女显现。

如果关于耶稣显现地点的这些互相对立的意见，从马太的记述有一个特点是从路加和约翰的记述加上去的这一事实来看，似乎后者就是最晚的。马太的记述除了这个特点之外，是有内在历史可能性的。的确，如果耶稣是由于神迹而复活的，在耶路撒冷或在加利利向门徒显现是完全有他选择的自由的。如果他是由于一种自然方式而复苏的，由于伤痕和体弱的原故，就很可能需要先待在耶路撒冷。但就我们的观点与之发生关系的门徒而言，很显然，在他们的夫子于首都遭受打击之后，是有一切理由尽快地回到他们老家加利利去的。他们不可能知道僧侣统治集团会走多远，他

们是否会由于对他们的夫子已取得了胜利，再进而逮捕他的最出名的门徒。门徒在耶路撒冷是异乡人，面临这样的危险是毫无保 436
护的。在加利利则是处在自己的家乡，有亲戚和同乡的卫护，在这里僧侣统治集团的权势远没有首都那么大。在福音书的陈述里有明显的迹象表明这种观点是对的，尽管它不像另一陈述那样，为马太所特有。头两本福音书说，由于耶稣被捕，门徒都逃跑了(《马太福音》第 26 章第 56 节；《马可福音》第 14 章第 50 节)，其后，我们的确看到，当耶稣受审的时候，彼得还是在场的；但据马太和马可的记载，当耶稣被钉十字架时，十二个门徒中一个也没有出现。《马太福音》(第 26 章第 31 节)记载，耶稣用先知撒迦利亚(第 13 章第 7 节)的预言对他们说，“我要击打牧人，羊就分散了”。这句话由于第四福音书作者所说门徒将各归自己的地方去那句话的意思(第 16 章第 32 节)也相当正确地表达出来。据第四福音书记载(把补充的一章也算在内)门徒回到加利利，至早也在复活的八天之后，马太甚至还说，他们是在听到这件事并接受耶稣叫他们到那里去的命令之后才去的。后者把他们由于恐惧自动干的事说成是由于耶稣的高级命令而做的，这似乎是一种为他们辩解之词。

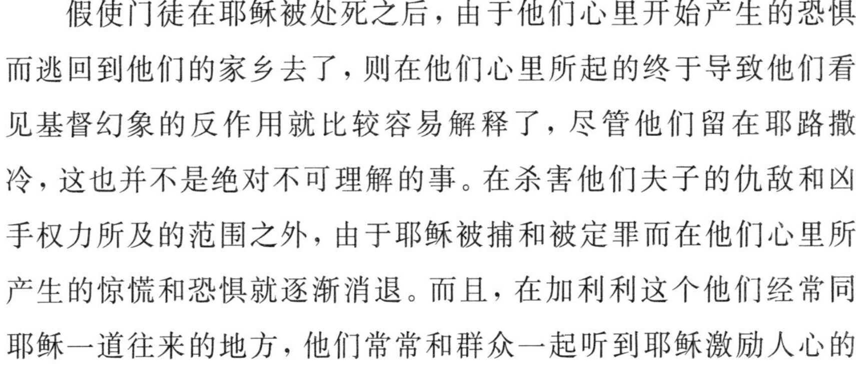

假使门徒在耶稣被处死之后，由于他们心里开始产生的恐惧而逃回到他们的家乡去了，则在他们心里所起的终于导致他们看见基督幻象的反作用就比较容易解释了，尽管他们留在耶路撒冷，这也并不是绝对不可理解的事。在杀害他们夫子的仇敌和凶手权力所及的范围之外，由于耶稣被捕和被定罪而在他们心里所产生的惊慌和恐惧就逐渐消退。而且，在加利利这个他们经常同耶稣一道往来的地方，他们常常和群众一起听到耶稣激励人心的 437

讲话，他们有极多的机会不断回想起他的形象，感觉到他们在不同重要场合看到他在他们中间的情况。甚至连远离坟墓这件事也可以考虑进去，在坟墓附近，至少在一开始，要相信那位埋葬在它里面的人已经离之而去必然是很困难的。既然把显现的地点移到加利利可以免除只过三天门徒就开始相信耶稣已经复活的困难，而由于有了更多的时间，在门徒心中所起的反作用也就更可相信了。

既然关于耶稣复活后显现的地点问题，马太有极大可能性是正确的，那就不难看出，后来所加给他的不公正，而且还有他自己加给自己的不公正，这就是说，终于有人在马太所根据的较早的故事资料上，插进了耶稣在耶路撒冷向妇女显现这件事，是怎么产生的。当然，最明显的是，由于想象力的作用，复活的主被描绘为自己宣告了他已从死复生，这就是说，他必定是在他离开坟墓的地方显现的。而且，门徒在加利利恢复正常，获得了耶稣就是弥赛亚的新信仰以后，的确回到了耶路撒冷，成为教会的创立人。由于耶路撒冷所处的中心地位，这个教会就成了被钉十字架又复活了的弥赛亚的所有教会的中心。使徒曾离开过这个中心点一段时间，被故意遗忘，对于事物进程的描述也起了转变，暗示教会的核心分子从来也没离开过首都，十一个使徒从一开始就聚集在耶路撒冷，由于耶稣复活后在这里第一次向他们显现，使他们醒悟过来重新获得了信仰，所有这一切就都是很自然的了！在较晚的一个时期，特
438 别在耶路撒冷，对于事实形象就是这样陈述的，第三福音书作者也是这样描述的，他主要地利用犹太人和耶路撒冷的传说丰富了最

初的加利利传说[1]。但并不能由此得出结论说，他之所以使他的故乡成为复活之主重现的场所是出于他对加利利的爱国主义，而是因为在他所依据的加利利传说里没有足以改变原始事实使之变得对耶路撒冷有利的理由。

承认作为复活故事基础的关于时间的叙述的非历史性起源，比承认显现地点更难。耶稣是在第三天复活以及复活后曾被人看见过这种最初的明确的说法似乎是很有历史的正确性。但在这方面，当对于耶稣的复活及其显现的信仰发展到一定程度的时候，就不难看出为什么把复活的发生恰恰放在第三天。死亡的权势对于被钉十字架的弥赛亚只能有很暂短的影响这一点是非常必要的(参看《使徒行传》第2章第24节)，他对于死亡和地狱的胜利必须尽可能早地决定下来。一方面他的门徒的信仰对于使他离开坟墓的时刻尽可能接近于他的死和埋葬时刻有很自然的利害关系，另一方面他们也没有走得太远使死的因素好像已完全消失。从肉体方面来说，耶稣死的时间一定要很短，但他必须是真正地死了。根据所有福音书的一致记述(这一点并不受他们关于逾越节的不一致的影响)耶稣被钉十字架是发生在安息日前一天的白天，而他的被埋葬则是在这天的晚上，这正符合他们所努力要实现的目的。
上帝在安息日从他一切的工作休息了(《创世记》第2章第2节、 439
《希伯来书》第4章第4节)，把弥赛亚也说成是在同一天从他人生的一切工作休息并在坟墓里遵守安息日，这该是多么适当的思想呀！加以由于三这个数目本有一种典型的意义，第三天就在一定

① 参看寇司特林:《共观福音书》，第230页往下。

程度上表示一种人所共晓的短暂时间，是自由执行或完成任何事情的时间。忏悔的人民在《何西阿书》里说（第6章第2节）“耶和华过两天必使我们苏醒，第三天他必使我们兴起，我们就在他面前得以存活”。同样，在《路加福音》（第12章第32节[①]往下）里耶稣吩咐告诉希律说“你们去告诉那个狐狸说，今天明天我赶鬼治病，第三天我的事就成全了”。作假见证的人在证词里规定时间说（《马太福音》第26章第61节），耶稣说他能拆毁上帝的圣殿，三日内又把它建造起来，这句话未必从复活故事得来，好像在从前没有说过那样。另一方面，可以和《诗篇》里有关弥赛亚受难的词句相比的约拿继续在大鱼肚里并在那里祈祷一事（第2章第1—11节），则是在较晚时期才提出来的，这就是说，是在后来当星期日早晨被定为耶稣复活之时才提出来的（《马太福音》第12章第40节）。因为根据福音书记载，耶稣在坟墓里只两夜一天，而约拿在大鱼肚里则是三天三夜。就这样，尽管没有历史根据，第三天就被定为耶稣复活的日子了，而且很可能在使徒们还活着的时候就这样决定并被他们所采用了。没有一个人承认自己是看见耶稣从坟墓里出来的目睹见证人，这种关于时间的决定完全是建立在推想
440 上的。唯一确实的推断是，耶稣一定得先从坟墓里出来然后才能向任何人显现，至于复活是在显现前多久，那是无法决定的问题。如果根据由预言所形成的教条的理由来决定，安息日后一天即第三天似乎最为适当，因为无论是一个在复活后第四天，第八天或更晚些时候看到基督显现的人，也像在几年以后才看到他显现的保

① 英译本“xii,32,Ff.”有误，应为第13章第32节。——译者

罗一样，都没有持反对意见的理由[①]。

就这样，由于耶稣的暴死而似乎受到致命打击的以他为弥赛亚的信仰，由于心理的作用，想象力的推动以及神经的激动又主观地恢复了。原来在耶稣里面的，并由于他的言传身教而传给门徒的那种崭新而渊深的宗教生活现在又有了发展的保证。但这种恢复的想象方式，从那时起就继续成为对于思考耶稣的形象、言行以及回忆他的教义的一种标准；他的一生被笼罩在一种不断使他高超于人的要素之上的辉耀的云彩里，但在远离人的要素的同时，也就远离了自然和历史的真实性。建立了对耶稣复活的信仰的经验史，在这种意义上说也经受了一种改变，关于这一点我们在第二卷的结论部分将有所阐述。第二卷的目的就是要对这种受到最古教会想象精神所左右并影响到耶稣生平历史的改变的特征及变迁继续进行探讨。这种精神从许多方面来说也就是回复到犹太教化时期的思想中去。

① 参看第 47 节中所引述的我的论文。

术语、书名对照表

条目均按中译名首字汉语拼音字母顺序排列，每个字母栏内不再细排次序。每一条目先列中文名称，次为英译名，再次为德文原名。如无德文或英文名称，则列拉丁文或其他语名称。地名对照表、人名对照表，均同此例。

译　者

A

埃及人的伪福音书〔英〕apocryphal Gospel of The Egyptians,〔德〕apokryphische Evangelium der Aegyptier

爱森尼派教徒〔英〕Essenes,〔德〕essenischen

《阿利金论哲学》〔拉〕Philosophumena Origenis

阿逻各〔英〕Alogi,〔德〕Aloger

奥尔格拉斯（即《枭镜》）〔英〕Owlglass,〔德〕Eulenspiegel

埃及神话〔英〕Egyptian Mythology,〔德〕ägyptischen Mythologie

安息日〔英〕Sabbath,〔德〕Sabbath

阿基里斯〔英〕Achilles,〔德〕Achilleus

艾利曼提野猪〔英〕Erymanthian boar,〔德〕erymanthischen Eber

奥尔菲一毕达哥拉斯〔英〕Orphico—Pythagorean traditions,〔德〕orphischpythagorischer Ueberlieferungen

阿波罗〔英〕Apollo,〔德〕Apollon

埃利亚学派〔英〕Eleatic school,〔德〕die eleatische Schule

B

不可说明性〔英〕inexplicable nature,〔德〕unerklärlich
变像〔英〕Transfiguration,〔德〕Verklärung
变水为酒〔英〕the change of water into wine,〔德〕Wasserverwandlung
巴别塔〔英〕Babel,〔德〕Thurmbau zu Babel
《驳赛尔赛斯》〔拉〕Contra Cels
《彼拉多行传》〔拉〕Acta Pilata
《驳异端》〔拉〕Adv. Haeres
《彼得后书》〔英〕Second Epistle of Peter,〔德〕Zweiten Brief Petri
《巴拿巴书信》〔英〕The Epistles of Barnabas,〔德〕Briefen des Barnabas
半尼其(意即雷子)〔英〕Boanerges,〔德〕Boanerges
《彼得前书》〔英〕The First Epistle of Peter,〔德〕ersten Brief des Petrus
拜蛇教著作〔英〕Ophitic work,〔德〕Ophitischen Schrift
《驳马西安》〔拉〕Adv. Marcion
别西卜〔英〕Beelzebub,〔德〕Beelzebub
八福〔英〕eight beatitudes,〔德〕acht Seligkeiten
柏拉图主义〔英〕Platonism,〔德〕Platonismus
保惠师〔英〕Paraclete,〔德〕Paraklet

C

超自然原因〔英〕supernatural cause,〔德〕übernatürlichen Ursachen
超自然主义〔英〕Supranaturalism,〔德〕Supranaturalismus
《创造性原始福音书作者的假设》〔英〕Hypothesis of The Creative Original Evangelists,〔德〕Die Hypothese vom schöpferischen Urevangelisten
存在者,存在〔英〕Being,〔德〕Wesen

D

堕落了的人类〔英〕fallen man,〔德〕die gefallene Menschheit

低级冲动〔英〕lower impulse,〔德〕sinnliche Triebe

独生子〔英〕only begotten Son,〔德〕Geist erzeugte Sohn Gottes

道德的动机〔英〕moral motive,〔德〕moralischen Gründe

低层空间〔英〕lower region of the air,〔德〕niedrigere Region

第四福音书(即约翰福音书)〔英〕the fourth Gospel,〔德〕johannes Evangelium

多塞蒂派〔英〕Docetest,〔德〕Doketische

《德国古代知识学报》〔德〕Anzeiger für Kunde deutscher Vorzeit

登山变像〔英〕transfiguration on the Mountain,〔德〕Verklärung Jesu auf dem Berge

登山训众〔英〕Sermon on the mount,〔德〕der Bergrede

《对福音书批判的供献》〔英〕Contribution to Evangelical Criticism,〔德〕Beiträge Zur Evangelienkritik

大前提〔英〕major proposition,〔德〕Obersatz

道德价值〔英〕moral worth,〔德〕moralischen Werth

第二亚当〔英〕the second Adam,〔德〕Zweiten Adam

得人的渔夫〔英〕fishers of men,〔德〕Menschenfischern

《德国东方学会杂志》〔英〕Journal of German Oriental Society,〔德〕Zeitschrift der Deutschen Morganländischen Gesellschaft

多神论〔英〕Polytheism,〔德〕Polytheismus

狄安娜〔英〕Diana,〔德〕Diana

F

法老〔英〕Pharaoh,〔德〕Pharao(古代埃及统治者的称号)

复活〔英〕ressurrection,〔德〕Auferstehung

反动〔英〕reaction,〔德〕Reaction

《福音书注释》〔英〕Commentary on The Gospel,〔德〕Evangelien-Commentar

《福音书历史的科学的批判》〔英〕Scientific Kritique of The Gospel History,〔德〕Wissenschaftliche Kritik der evangel. Geschichte

《菲罗和亚历山大神智学》〔英〕Philo and the Alexandrian Theosophy,〔德〕Philo und die alexandrinische Theosophie

《福音书》〔英〕Gospels,〔德〕Die Evangelien——基督教新约前四本书之一,有时亦简称福音

《福音书历史的可信性》〔英〕Credibility of The Evangilical History,〔德〕Die Glaubwurdigkeit der evangelischen Geschichte

伐伦丁纳派〔英〕Valentinians,〔德〕Valentinianer

复活节〔英〕the festival of Easter,〔德〕Auferstehungstag

菲罗思辨哲学〔英〕Philonic Speculation,〔德〕Philonischer Speculation

《福音书事件进程的考察》〔英〕Examination of The Course of Events in The Gospels,〔德〕Die Evangelienforschung nach ihrem Vcrlaufe

《福音书历史》〔英〕Evangelical History,〔德〕Die evangelische Geschichte

《福音书》〔法〕Les Evangiles

《福音书问题》〔英〕The Question of The Gospels,〔德〕die Evangelienfrage

泛神论〔英〕Pantheism,〔德〕Pantheismus

法利赛人〔英〕Pharisee,〔德〕Pharisäer

G

感性〔英〕the senses,〔德〕Sinnlichkeit

鬼附人身〔英〕demonical possession,〔德〕Besessene

《共观福音书的起源及其组成》〔英〕Origin and Composition of the Synoptic Gospels,〔德〕Der Ursprung und die Composition der synoptischen Evangelien

《哥林多前书》〔英〕I Corinthians,〔德〕I Korinther

《给腓立比人的信》〔英〕Epistle to the Philippians,〔德〕Brief an Philipper

《关于第四福音存在和来源的外在证据》〔英〕External Testimony as to the Existance of the Fourth Gospel,〔德〕Die äusseren Zeugniss über das Dasein und den Ursprung des Vierten Evangeliums

《高卢之战》〔英〕Gallic War,〔德〕gallischen Kriegs

《给帖撒罗尼迦人的两封书信》〔英〕The Two Epistles to the Thessalonians,〔德〕Die beiden Briefe an die Thessalonischer

共观福音书〔英〕Synoptic,〔德〕Synoptische

《根据其内在价值及其对耶稣传的重要性，对约翰福音的批判研究》〔英〕The Gospel of John Critically Examined According to Its Internal Value, and Its Importance for The Life of Jesus,〔德〕Das Evangelium Johannes nach seinem inneren Werthe und seiner Bedeutung für das Leben Jesu kritisch untersucht

《根据其教义解释的约翰福音书和书信》〔英〕Gospel and Epistles of John Explained in Accordance With Their Dostrines,〔德〕Das Evangelium und Briefe Johannis nach ihrem Lehrbegriff dargestellt

高等批判〔英〕higher criticism,〔德〕Höhere Kritik

《共观福音书福音历史的批判》〔英〕Criticism of the Evangelical History of the Synoptics,〔德〕Kritik der evang. Geschichte der Synoptiker

哥丁根七君子〔英〕Sieber of Göttingen,〔德〕einer Gottinger Sieben

H

化身成人的耶稣〔英〕incarnate Word,〔德〕fleisch gewordene Schöpferwort

幻像〔英〕vision,〔德〕Vision

《赫马斯牧羊人的书信》〔英〕"Shepherd" of Hermas,〔德〕Briefen des Hirten des Hermas

《或然性》〔拉〕Probabilia 全名为 Probabilia de Evangelii et Epistolarum Joannis Apostoli indoli et origine

《回忆录》〔英〕Memorabilia,〔德〕Denkwürdigkeiten

化身成人〔英〕humanization,〔德〕Menschwerdung

《后使徒时代》〔英〕Postapostolic Age,〔德〕Das nachapostolische Zeitalter

魂游象外〔英〕ecstacy,〔德〕Ekstase

海尔梅斯〔英〕Hermes,〔德〕Hermes

和散那〔英〕Hosannahs,〔德〕Jubel

J

旧教〔英〕Catholic,〔德〕Katholische Kirche

教会神学〔英〕church theology,〔德〕Kirchenlehre

救赎主〔英〕Redeemer,〔德〕Erlöser

教条〔英〕dogma,〔德〕Dogma

基督无罪〔英〕sinlessness of Christ,〔德〕Sündlosigkeit Jesu

基督传〔英〕life of Christ,〔德〕Biographie Jesu

近代神学〔英〕modern theology,〔德〕neueren Theologie

基督论〔英〕Christology,〔德〕Christologie

加伯列〔英〕Gabriel,〔德〕Gabriel

加速的自然进程〔英〕accelerated natural process,〔德〕beschleunigte Natürprocess

《基督及其时代的历史》〔英〕History of Christ and His Times,〔德〕Geschichte Christus und seiner Zeit

教父〔英〕churchfathers,〔德〕Kirchen Väter

《教会历史》〔英〕History of the Church,〔德〕Kirchen geschichte

基鲁伯〔英〕Cherubim,〔德〕Cherubim

加拉太书〔英〕the Galatians,〔德〕Galaterbriefe

《贾士丁福音书的批判研究》〔英〕Critical Examination of the Gospels of Justin,〔德〕Kritische Untersuchung der Evangelien Justin's

《经典福音书的批判研究》〔英〕Critical Examination of the Canonical Gospels,〔德〕Kritische Untersuchungen über die Kan. Evangelien

《旧约圣经》〔英〕Old Testament,〔德〕das Alte Testament

《基督教和头三世纪的基督教会》〔英〕Christianity and the Christian Church of the First Three Centuries,〔德〕Das Christenthum und die christliche Kirche der drei ersten Jahrhunderte

《教义学》〔英〕Dogmatics,〔德〕Dogmatik

《救恩世纪》〔英〕The Century of Salvation,〔德〕Das Jahrhundert des Heils

旧约原型〔英〕Old Testament Antitype,〔德〕alttestamentlichen Vorbilder

《基督向使徒保罗显现》〔英〕Appearance of Christ to the Apostle Paul,〔德〕Die Christusvision des Apostels Paulus

K

《克利门的说教》〔英〕Homilies of Clement,〔德〕Clementinischen Homilien

《科学的神学杂志》〔英〕Journal of Scientific Theology,〔德〕Zeitschrift für wissenschaftliche Theologie

《科学的批判主义年鉴》〔英〕Annals of Scientific Criticism,〔德〕Jahrbüchern für wiss. Kritik

卡利普索〔英〕Calypso,〔德〕Kalypso

克洛诺斯〔英〕Cronos,〔德〕Kronos

《克利门的回忆》〔英〕Recognitions of Clement,〔德〕Clementinischen Recognitionen

L

理性〔英〕the reason,〔德〕Vernunft

历史概念〔英〕idea of history,〔德〕Begriff der Geschichte

《论前三福音所表现的人类救赎主》〔英〕Redeemer of Mankind as Represented by the Three Frist Gospels,〔德〕Vom Erlöser der Menschen nach unscren drei ersten Evangelien

《论以约翰福音为根据的上帝的儿子,世界的救主》〔英〕The Son of God, the Saviour of the World, According to John's Gospel,〔德〕Vom Gottes Sohn, der Welt Heiland, nach Johannes Evangelium

逻各斯理论〔英〕Logos-Theory,〔德〕Logosbegriff

逻各斯基督论〔英〕Logoschristology,〔德〕Logoschristologie

《论基督的人性发展》〔英〕The Human Development of Jesus Christ,〔德〕Die Menschliche Entwicklung Jesu Christ

《历史杂志》〔英〕Historical Zeilschrift(见英译本 52 页注),〔德〕Histor. Zeitschrift

《罗马人克利门的书信》〔英〕Epistle of Clement the Roman,〔德〕Briefen des lomischen Clemens

路加福音〔英〕Gospel of Luke,〔德〕Lucas

《论异端教派的败诉》〔拉〕De praescript. Haeret

《论"阿利金哲学"中引自第四福音书的引语》〔英〕On the Quotations From the Fourth Gospel in The Philosophumena Origenis,〔德〕Ueber die Citate aus dem vierten Evangelium in den Philosophumena Origenis

《论基督的肉身》〔拉〕De carne Christ

《论马可福音书的来源》〔英〕On the Sources of The Gospel of Mark,〔德〕Ueber die Quellen des Evang. des Marcus

《论最早时期成文福音的起源和命运》〔英〕Upon the Origin and Fortune of The Written Gospels in The Earliest Times,〔德〕Ueber die Entstehung und die Frühesten Schicksale der schriftlichen Evangelien

《论路加的著作》〔英〕On the Writings of Luke,〔德〕Ueber die Schriften des Lucas

《论作为哲学家的苏格拉底的价值》〔英〕On The Worth of Socrates as A Philosopher,〔德〕Über den Werth des Sokrates als Philosophen

浪漫主义〔英〕romanticism,〔德〕Romantik

《论第一部经典福音书的起源》〔英〕On the Origin of The First Canonical Gospel,〔德〕Ueber den Ursprung des ersten Kanonischen Evangeliums

理想主义的〔英〕ideal,〔德〕ideal

《论约翰福音的组成和性质》〔英〕On The Composition and Character of The Gospel of John,〔德〕Ueber die Composition und den Charakter des joh. Evangeliums

《论最古基督教的假名文献》〔英〕The pscudonymous literature of The Most Ancient Christian Church,〔德〕Ueber die pseudonyme Literatur der ältesten Christichen Kirche

《论约翰的教义》〔英〕The Doctrine of John,〔德〕Über den johanneischen Lehrbegriff

《论福音书》〔英〕The Gospels,〔德〕Die Evangelien

《论约翰福音的真实性》〔英〕On The Genuineness of The Gospel of John,〔德〕Ueber die Aechtheit des johanneischen Evangeliums

《历史杂志》〔英〕Historical Journal,〔德〕historische Zeitschrift

历史观〔英〕historical view,〔德〕geschichtliche Ansicht

《历史的批判主义和一般神迹》〔英〕Historical Criticism and Miracles in General,〔德〕Die histor. Kritik und das Wunder

《莱布尼兹及其学派》〔英〕Leibnitz and His School,〔德〕Leibnitz und seine Schule

拉比〔英〕rabbi,〔德〕Rabbiner

浪漫主义的日耳曼主义〔英〕romantic Germanism,〔德〕romantischen Deutschethümelei

《论艾森尼教派和希腊成分之间的关系》〔英〕On the Connection Between Essenism and the Grecian Element,〔德〕Über den Zusammenhang des Essenismus mit dem Grischenthum

理念〔英〕Ideas,〔德〕Idee

M

慕古主义〔英〕antiquarianism,〔德〕antiquarlsch

马太福音书〔英〕Gospel of Mathew,〔德〕Matthäus-Evangeliums(亦称第一福音)

弥赛亚〔英〕Messiah,〔德〕 Messias

马可福音〔英〕Gospel of Mark,〔德〕Marcus

《目前阶段的福音书问题》〔英〕The Question of The Gospels in Its present Stage,〔德〕Die Evangelienfrage in ihrem gegenwärtigen Stadium

《弥尔顿传》〔英〕Life of Milton,〔德〕Biographie Milton

《马格尼书》〔英〕Magn,〔德〕Magn

蒙塔尼教派〔英〕Montanists,〔德〕Montanisten

《弥赛亚》〔英〕Messiah,〔德〕Messias

民族主义形式〔英〕national form(英译本误作 rational form),〔德〕die nationale Form

《弥迦书》〔英〕Micah,〔德〕Micha

《米德拉施·柯希莱特》〔英〕Medrasch Koheleth,〔德〕Midrasch Koheleth

《米德拉施·谭朱玛》〔英〕Medrasch Tanchuma,〔德〕Midrasch Tanchuma

马克比人〔英〕Maccabees,〔德〕Maccabäer

《莫斯泰拉利亚》〔拉〕Mostellaria

弥拿〔英〕Mina,〔德〕Mine

——古代希腊等地货币及重量单位

N

诺斯替教派〔英〕Gnosties,〔德〕Gnostiker

诺斯替—蒙塔尼运动〔英〕Gnostic-Montanistic movement,〔德〕gnostisch-montanistischen Bewegungen

《拿单》〔英〕Nathan,〔德〕Nathan

《尼哥底母福音书》〔拉〕Evangelium Nicodemi

尼散月〔英〕Nisan,〔德〕Nisan

拿撒利人〔英〕Nazarite,〔德〕Nasiräer

O

《偶像破坏者》〔拉〕Iconociastes

P

《批判的哲学的福音书历史》〔英〕The Gospel History critically and philosophically Treated,〔德〕Die evangelische Geschichte kritisch und philosophisch bearbeited

《帕利卡普的书信》〔英〕Epistle of Polycarp,〔德〕Briefen des Polykarp

《帕利克拉替斯致维克多的信》〔英〕The Epistle of Polycrates to Victor,〔德〕Die Sendschreiben des Polykrates an Victor

《普通百科全书》〔英〕General Cyclopaedia,〔德〕Algemeinen Bibliothek

Q

《前三福音书译解》〔英〕The Three First Gospels Translated and Explained,〔德〕Die drei ersten Evangelien übersetzt und erklärt

《启示录》〔英〕Revelation,Apocalypse,〔德〕Offenbarung,Apokalypse

《前三世纪的基督教》〔英〕Christianity of the Three Frist Centuries,〔德〕Das Christenthum der drei ersten Jahrhunderte

倾向性〔英〕tendency,〔德〕Tendenz

R

人子〔英〕Son of Man,〔德〕Menschensohn
人性〔英〕humanity,〔德〕menschlichen Persönlichkeit

S

上帝儿子〔英〕Son of God,〔德〕Sohn Gottes
神性〔英〕divinity,〔德〕göttlichen Persönlichkeit
试探者〔英〕tempter,〔德〕Verführer
撒旦〔英〕Satan,〔德〕Satan
索西尼派〔英〕Socinian,〔德〕Socinianisch(参看本书 26 页译者注)
神一人〔英〕God-man,〔德〕Gottmensch
神迹〔英〕miracle,〔德〕Wunder
神迹概念〔英〕conception of a miracle,〔德〕Begriff eines Wunders
施洗者〔英〕baptist,〔德〕Täufer
近代神秘主义正统派〔英〕modern mystical orthodoxy,〔德〕Mystischen Neuorthodoxen
升天〔英〕ascension,〔德〕Himmelfahrt
《圣书注释》〔英〕Biblical Commentary,〔德〕Bibl. Commentar
《使徒时代历史》〔英〕History of the Apostolic Age,〔德〕Die Geschichte des apostolischen Zeitalters
神学的科学〔英〕theological science,〔德〕theologische Wissenschaft
《诗篇》〔英〕Psalms,〔德〕Psalmen
《使徒行传,其内容及起源的批判的考察》〔英〕Acts of the Apostles Critically Examined as Regards Their Matter and Origin,〔德〕Die Apostelgeschichte nach ihrem Inhalt und ursprung kritisch untersucht
《使徒时代的教父们》〔英〕Apostolic Fathers,〔德〕Die apostolischen Väter
《士每拿书》〔英〕Smyrn,〔德〕Smyrn
《使徒记事》〔英〕Memorabilia of the Apostles,〔德〕Denkwurdigheiten der

Apostel
《神学年鉴》〔英〕Theologic Annual,〔德〕Theol. Jahrbücher
《圣晚餐的教义》〔英〕Doctrine of the Holy Supper,〔德〕Die lehre vou heiligen Abendmahl
《撒迦利亚》〔英〕Zechariah,〔德〕Zacharias
《十九世纪教会历史》〔英〕Church History of the Nineteenth Century,〔德〕Kirchen Geschichte des neunzehnten Jahrhunderts
神秘主义〔英〕Mysticism,〔德〕Mystik
《神圣传说》〔英〕The Sacred Legend,〔德〕Die heilig Sage
上帝国〔英〕the kingdom of God,〔德〕Gottes Reich
赦罪〔英〕the forgiveness of sins,〔德〕Sündenvergebung
神话〔英〕myth,〔德〕Mythus
《圣经科学年鉴》〔英〕Annual of Biblical Science,〔德〕Jahrbücher der biblischen Wissenschaft
《论使徒行传》〔英〕On the Acts of the Apostles,〔德〕Über die Apostelgeschichte
西流西底王朝〔英〕Seleucidae,〔德〕Seleuciden
斯多葛派〔英〕the Stoics,〔德〕Stoiker
僧侣集团〔英〕Monkish orders,〔德〕den Ordensleuten
世界主义〔英〕Cosmopolism,〔德〕Weltburgerthum
撒都该人〔英〕Sadusee,〔德〕Sadducäer

T

特殊性〔英〕extraordinary nature,〔德〕ausserordentlich
妥协〔英〕compromise,〔德〕Vermittlung
图宾根学派〔英〕Tubingen School,〔德〕der Tübinger Schule
《图宾根学派,给鲍威尔的信》〔英〕The Tübingen School,Letters to Baur,〔德〕Die Tübinger Schule,Sendschreiben an Baur
《特征与批判》〔英〕Characteristics and Critics,〔德〕Charakteristiken und Kritiken

《图宾根历史学派》〔英〕The Tübingen Historical School,〔德〕Die Tübinger historische Schule

《图宾根学派及其先行者》〔英〕The Tübingen School and its Antecedents

塔尔默德〔英〕Talmud,〔德〕Talmud

——参看23页注③

特拉布特苦行者〔英〕Therapeut,〔德〕Therapeut

它连德〔英〕talent,〔德〕Talent

——古代希腊等地的货币及重量单位

W

唯理主义〔英〕rationalism,〔德〕Rationalismus

沃尔芬毕特尔残篇〔英〕Wolfenbütel Fragments,〔德〕Wolfenbüttelschen Fragmenter

——参看本书26页译者注

沃尔夫形而上学〔英〕Wolffian Metaphysics,〔德〕Wolfsche Metaphysik

《王的形象》〔希〕εικὼν βασιλική,〔德〕Königsbild

《伪经引论》〔英〕Introduction to the Apocrypha,〔德〕Einleitung in die Apokryphen

《卫道篇》〔英〕Apology,〔德〕Apologie

外邦人〔英〕Gentiles,〔德〕Heide

外表主义〔英〕externalism,〔德〕Aeusserlichkeit

《维腾贝格公爵乌尔利希》〔英〕Ulrich, Duke of Wurtemberg,〔德〕Ulrich, Herzog zu Würtemberg

《乌尔利希与胡滕的对话》〔英〕Dialogues of Ulrich v. Hutten,〔德〕Gespräche von Ulrich v. Hutten

X

新教〔英〕Protestant,〔德〕Protestantische Kirche

新约的基督〔英〕the Christ of the new Testament,〔德〕der Neutestamentliche Christus

象征主义的〔英〕symbolical,〔德〕symbolisch

希腊神谕集〔英〕sibylline oracle,〔德〕sibyllinischen Weissagungen

《新约的经典和批判》〔英〕Canon and Criticism of the New Testament,〔德〕Kanon und Kritik des Neven Testaments

新毕达哥拉斯学派〔英〕Neopythagorcans,〔德〕Neupythagoreer

《希伯来书》〔英〕Hebrews,〔德〕Hebräerbrief

《先知以斯拉和但以理》〔英〕Prophets Ezra and Daniel,〔德〕Die Propheten Esra und Daniel

象征论〔英〕Typology,〔德〕Typologie

《新发现的约翰福音见证》〔英〕A Newly Discovered Testimony for the Gospel of John,〔德〕Ein neuentdecktes Zeugnis für das Johannes-Evangelium

小前提〔英〕minor proposition,〔德〕Untersatz

《新约的经典与批判》〔英〕The Canon and Criticism of the New Testament,〔德〕Der Kanon und die Kritik des Neuen Testaments

《新约引论》〔英〕Introduction to the New Testament,〔德〕Einleitung in das Neue Testament

现实主义〔英〕realism,〔德〕Realismus

《学院开业式讲演集》〔英〕Academical Inauguralion Lectures,〔德〕Akad. Antritts rede

希腊神话学〔英〕Greek Mythology,〔德〕griechischen Mythologie

《希腊人的哲学》〔英〕Philosophy of the Greeks,〔德〕Die Philosophie der Griechen

《希腊人中一神论的发展》〔英〕Development of Monotheism Among the Greeks,〔德〕Die Entwicklung des Monotheismus bei den Griechen

逍遥学派〔英〕Peripatetic School,〔德〕Peripatetiker

希腊主义精神〔德〕hellenistischer Geist

Y

《耶稣传》〔英〕Life of Jesus,〔德〕Das Leben Jesu(施特劳斯著)

因果律〔英〕law of causality,〔德〕Grundgesetz der Causalität

约翰福音书〔英〕The Gospel of John,〔德〕Johanneischen Evangelium

耶稣受洗〔英〕Baptism of Jesus,〔德〕Taufe Jesu

《耶稣传》〔德〕Das Leben Jesu(保罗斯著)

伊比奥尼派〔英〕Ebionites,〔德〕Ebionitische

有限原因〔英〕finite causes,〔德〕endlichen Ursache

《以色列民族史》〔英〕History of the People of Israel,〔德〕Der Geschichte des Volks Jsrael

《约翰的著述》〔英〕Johannean Writings,〔德〕Die Johanneischen Schriften

《耶稣传》〔芮南〕〔法〕Vie de Jesus

《英国革命回忆录》〔法〕Collection de Memoires relatif à la Revolution d'Angleterre

《英国自然神论历史》〔英〕History of English Deism,〔德〕Geschichte des englischen Deismus

《犹大书》〔英〕Epistle of Jude,〔德〕Briefs Judä

《以诺书》〔英〕Book of Enoch,〔德〕Buche Henoch

伊甸园〔英〕Eden,〔德〕Paradies

《耶利米书》〔英〕The book of Jeremiah,〔德〕Jeremias

《伊格那休斯的书信》〔英〕Epistle of Ignatius,〔德〕Briefen des Ignatius

《以斯拉书》〔英〕Ezra,〔德〕Ezrabuch

《约翰第一书》〔英〕First Epistle of John,〔德〕Erste Johanneischen Briefe

《逾越节纪事》〔拉〕Chron. Paschal. al

《约翰福音的特点》〔英〕Peculiarity of the Gospel of John,〔德〕Das Johanneische Evangelium nach Seiner Eigenthümlichkeit

逾越节〔英〕Passover,〔德〕Passah

亚历山大思辨哲学〔英〕Alexandrine Speculation,〔德〕Alexandrinischer Speculation

《以福音书作者为普通人类作者的新假设》〔英〕New Hypothesis about the Evangelists Considered as Merely Human Writers,〔德〕Neue Hypothese Über die Evangelisten als blos menschliche Geschichtschreiber betrachtet

亚拉米语〔英〕Aramaic language,〔德〕aramäischer Sprache

亚历山大哲学的逻各斯学说〔英〕The Alexandrine doctrine of the Logos,〔德〕alexandrinischen Logoslehre

亚历山大诺斯替派〔英〕the Alexandrian Gnosticism,〔德〕alexandrinischen Gnosticismus

雅典哲学〔英〕Athenian Philosophy,〔德〕attischen Philosophie

犹太会堂〔英〕Synagogues,〔德〕die Synagogen

《约翰福音注释》〔英〕Commentary on the Gospel of John,〔德〕Commentar Zum Johannes-Evangelium

《耶稣基督传》〔英〕Life of Jesus Christ,〔德〕Leben Jesu Christi

《耶稣基督的人性的发展》〔英〕The Human Development of Jesus Christ,〔德〕Die menschliche Entwicklung Jesu Christi

异质成分〔英〕heterogeneous element,〔德〕fremdartige Bestandtheil

因果作用〔英〕operation of finite causalities,〔德〕Wirken endlicher Ursächlichkeiten

印度神话〔英〕Indian Mythology,〔德〕indischen Mythologie

有神主义,有神论〔英〕Theism,〔德〕Theismus

《耶稣生平批判的研究》〔英〕Life of jesus,Critically Discussed,〔德〕Das Leben Jesu,kritisch bearbeitet

《耶稣的宗教》〔英〕The Religion of Jesus,〔德〕Die Religion Jesu

《约珥书》〔英〕Joel,〔德〕Joel

《以赛亚书》〔英〕Isaiah,〔德〕Jesaja

《犹太战争》〔英〕Jewish War,〔德〕Über den jüdischen Krieg

《犹太古事记》〔英〕Jewish Antiquities,〔德〕judischen Alterthümer

犹太主义〔英〕Judaism,〔德〕Judenthum

《犹太启示书》〔英〕Jewish Apocalyptics,〔德〕Die jüdischen Apokalyptik

预先存在〔英〕preexistence,〔德〕Präexistenz

伊壁鸠鲁派〔英〕Epicureans,〔德〕Epikureish

犹利西斯(即奥德赛)〔英〕Ulysses,〔德〕Odysseus

雅典娜〔英〕Athene,〔德〕Athene

一神论〔英〕Monotheism,〔德〕Monotheismus

《约翰福音书中的基督对他本人的见证》〔英〕On the Testimony to Himself of Christ in John,〔德〕Ueber das Selbstzeugniss des johanneischen Christus

《约翰福音及其近代解释》〔英〕The Gospel of John and Its Modern Explanations,〔德〕Das Johannes-Evangelium und seine gegenwärtigen auffassungen

以饼饱众〔英〕the miraculous feeding,〔德〕wunderbaren Speisung

《耶稣教及其最初发展》〔英〕the Religion of Jesus and its first development,〔德〕Die Religion Jesu und ihre erste Entwicklung

云人〔英〕Cloud Man(Anani)

Z

自私目的〔英〕selfish aims,〔德〕selbstischem Zwecken

自然主义的〔英〕natural,〔德〕natürlich

注释家〔英〕commentator,〔德〕Ausleger

治疗能力〔英〕sanative power,〔德〕Hejlkraft

最高原因〔英〕supreme Cause,〔德〕obersten Ursache

《总汇报》〔英〕Allgemine Zeitung,〔德〕Die Allgemeinen Zeitung

自然神论者〔英〕deist,〔德〕Deist

中间实体〔英〕intermediate essence,〔德〕Mitlelwesen

宗教哲学〔英〕religious philosophy,〔德〕Religions philosophie

最后晚餐〔英〕the Last Supper,〔德〕das letzte Mahl

《宗教演讲录》〔英〕Orations on Religion,〔德〕Reden über die Religion

《哲学的教条主义》〔英〕Philosophical Dogmatism,〔德〕philosophische Dogmatik

《主的言论》〔英〕Sayings of the Lord,〔德〕Herrensprüche

《作为科学的新约引论》〔英〕Introduction to the New Testament as Science,〔德〕Die Einleitung in das Neue Testament ais Wissenschaft

《智慧书》〔英〕The Book of Wisdom,〔德〕Buch der Weisheit

拯救者〔英〕deliverer,〔德〕Befreier

宙斯〔英〕 Zeus,〔德〕Zeus

自然律〔英〕laws of nature,〔德〕Naturgesetze

《宗教人物》〔英〕Religious Characters,〔德〕Religiöse Charactere

“朕即国家”〔法〕l'etat c'est moi

地名对照表

A

爱克西特尔〔英〕Exeter,〔德〕Exeter
埃里思里安〔英〕Erythrean,〔德〕Erythräischen
埃及〔英〕Egypt,〔德〕Aegypt
安提阿〔英〕Antioch,〔德〕Antiochien

B

伯利恒〔英〕Bethlehem,〔德〕Bethlehem
毕士大〔英〕Bethesda,〔德〕Bethesda
巴勒斯坦〔英〕Palestine,〔德〕Palästina
伯大尼〔英〕Bethany,〔德〕Bethanien
巴比伦〔英〕Babylon,〔德〕Babylonien
庇利亚〔英〕Peraea,〔德〕Peräa
巴克提里亚〔英〕Bactria

D

达马斯达特〔英〕Darmastadt,〔德〕Darmastadt
大马色(即大马士革)〔英〕Damascus,〔德〕Damaskus

F

弗吕加〔英〕Phrygia,〔德〕Phrygien

腓尼基边界〔英〕Phenician border country,〔德〕Phönicischen Gränzgegend

G

该撒利亚〔英〕Caesarea,〔德〕Cäsarea
高卢〔英〕Gaul,〔德〕Gallien
该撒利亚腓立比〔英〕Caesarea Philippi,〔德〕Cäsarea Philippi
格拉森〔英〕Gergesenes,〔德〕Gergesener
戈丁根〔英〕Göttingen,〔德〕Göttingen
橄榄山〔英〕Mount of Olives,〔德〕Oelberg

H

黑门〔英〕Hermon,〔德〕Hermon
汉脑〔英〕Hanau,〔德〕Hanau
赫塞〔英〕Hesse,〔德〕Hesse
亥尔布朗〔英〕Heilbronn,〔德〕Heilbronn

J

迦拿〔英〕Cana,〔德〕Kana
加利利〔英〕Galilee,〔德〕Galiläa
迦百农〔英〕Capernaum,〔德〕Kapernaum
迦太基〔英〕Carthage,〔德〕Karthago
基里讯〔英〕Gerizim,〔德〕Garizim
汲伦溪〔英〕Kidron,〔德〕Kidronbach
迦南〔英〕Canaan,〔德〕Kanaan

K

客西马尼〔英〕Gethsemane,〔德〕Gethsemane

L

莱茵河〔英〕Rhine

里昂〔英〕Lyons,〔德〕Lyon
老底嘉〔英〕Laodicea,〔德〕Laodicea

M

慕提那〔英〕Mutina,〔德〕Mutina
马其顿〔英〕Macedon,〔德〕Magedonien
慕辛根〔英〕Münchingen,〔德〕Münchingen

N

拿撒勒〔英〕Nazareth,〔德〕Nazaret
尼尼微〔英〕Neneveh,〔德〕Nineva

S

叙利亚〔英〕Syria,〔德〕Syrien
士每拿〔英〕Smyrna,〔德〕Smyrna
西罗亚〔英〕Siloa,〔德〕Siloah
撒马利亚〔英〕Samaria,〔德〕Samaria
西乃〔英〕Sinai,〔德〕Sinai
什亭谷〔英〕The Brook Sittim,〔德〕der Bach Sittim
西顿〔英〕Sidon,〔德〕Sidon
杉树溪〔英〕The Brook of Cedars,〔德〕 Cedernbach
索格底阿那〔英〕Sogdiana
苏黎世〔英〕Zurich,〔德〕Zürich

T

他帕〔英〕Tabor,〔德〕Tabor
推罗〔英〕Tyre,〔德〕Tyrus
提比里亚海〔英〕Sea of Tiberias,〔德〕See Tiberias
特罗亚〔英〕Troad,〔德〕Troas

W

乌拉赫〔英〕Urach,〔德〕Urach

维腾贝格〔英〕Wurtemberg,〔德〕Würtemberg

X

希拉波立〔英〕Hierapolis,〔德〕Hierapolis

小亚西亚〔英〕Asia Minor,〔德〕Kleinasien

Y

耶路撒冷〔英〕Jerusalem,〔德〕Jarusalem

亚述〔英〕Assyria

以马忤斯〔英〕Emmaus,〔德〕Emmaus

伊森布格〔英〕Isenburg,〔德〕Isenburg

犹太〔英〕Judea,〔德〕Judäe

以得撒〔英〕Edessa,〔德〕Edessa

幼发拉底河〔英〕Euphrates,〔德〕Euphrat

亚西亚〔英〕Asia,〔德〕Asien

亚历山大〔英〕Alexandria,〔德〕Alexandria

雅典〔英〕Athens,〔德〕Athen

亚利马太〔英〕Arimathea,〔德〕Arimathäa

耶利哥〔英〕Jericho,〔德〕Jericho

以弗所〔英〕Ephesus,〔德〕Ephesus

意大利〔英〕Italy,〔德〕Italien

人名对照表

A

艾瓦尔德〔英〕Ewald,〔德〕Ewald

艾皮法尼乌斯〔英〕Epiphanius,〔德〕Epiphanius

艾希豪因〔英〕Eichhorn,〔德〕Eichhorn

艾希塔尔〔英〕G. d'Eichthal,〔德〕Gustave d'Eichthal

艾布拉德〔英〕Ebrard,〔德〕Ebrard

安陀尼奴斯〔英〕Antoninus Pius,〔德〕Antoninus Pius

——罗马皇帝(86—161)

安提欧库〔英〕Antiochus,〔德〕Antiochus 即安提欧库四世以皮非尼斯〔英〕(Antiochus IV Epiphanes)

——叙利亚西流基王朝十三同名王之一,因迫害犹太人而引起马克比人起义(公元前? —163)

安提帕斯〔英〕Antipas,〔德〕Antipas

安德烈〔英〕Andrew,〔德〕Andreas

——耶稣十二门徒之一,彼得的兄弟。

阿利斯托布勒斯〔英〕Aristobulus,〔德〕Aristobul

阿伯拉罕〔英〕Abraham,〔德〕Abraham

——以色列人始祖。

阿利金〔英〕Origen,〔德〕Origenes

——基督教学者、神学家,诞生于亚历山大(185? —254?)

阿塔纳西乌斯〔英〕Athanasius,〔德〕Athanasius

——基督教亚历山大城主教,阿利安教派的反对者。

阿布戛鲁斯〔英〕Abgarus,〔德〕Abgarus

——以德撒王。

阿拿尼亚〔英〕Ananias,〔德〕Ananias

阿利斯提昂〔英〕Aristion,〔德〕Aristion

阿波里那利斯〔英〕Apollinaris,〔德〕Apollinaris

阿泰那戈拉斯〔英〕Athenagoras,〔德〕Athenagoras

阿尼赛图斯〔英〕Anicetus,〔德〕Anicet

阿锡拜阿迪斯〔英〕Alcibiades,〔德〕Alcibides

——雅典政治家和将军(公元前 450—前 404)

阿摩斯〔英〕Amos,〔德〕Amos

阿蒙〔英〕Ammon,〔德〕Ammon

奥托卢〔英〕Autolyc,〔德〕Autolyc

奥尔斯豪森〔英〕Olshausen,〔德〕Olshausen

奥维德〔英〕Ovid

——罗马诗人(公元前 43—公元 17?)。

奥古斯丁〔英〕Augustine,〔德〕Augustin

——早期基督教教父,诞生于奴米底亚(Numidia)希波(Hippo)主教(354—430)。

奥古斯特〔英〕Ernst August

哀利尼斯〔英〕 Irenaeus,〔德〕Irenäus

B

巴拿巴〔英〕Barnabas,〔德〕Barnabas

巴斯卡〔英〕Pascal,Blaise,〔德〕Pascal

——法国教学家,物理学家兼哲学家(1623—1662)

巴息利迪斯〔英〕Basilides,〔德〕Basilides

巴多罗买〔英〕Bartholomew,〔德〕Bartholomäus

——耶稣十二门徒之一。

巴奴斯〔英〕Banus,〔德〕Banus

——住在旷野的一个隐士，生卒年月不详。

巴尔特〔英〕C. F. Bardt，〔德〕C. F. Bardt

——18世纪德国极端怀疑主义神学家(1741—1792)。

巴拉加〔英〕Baruch，〔德〕Baruch

——中文圣经耶利米36章4—6节将此名译为巴录。

巴尔布斯〔英〕Balus

——凯撒的朋友，生卒年月不详。

巴兰〔英〕Balaam，〔德〕Bileam

——以色列人的一个先知，参看《旧约·民数记》22章。

毕达哥拉斯〔英〕Pythagoras，〔德〕Pythagoras

——希腊哲学家兼数学家，诞生于撒摩斯(Samos)公元前6世纪。

贝莱加〔英〕Berechia，〔德〕Berechia

彼拉多〔英〕Pilate，Pontus，〔德〕Pilatus，Pontius

——耶稣在世时的罗马巡抚(26？—36?)辖犹太、撒马利亚，以杜买亚(Idumaea)三省，判耶稣钉十字架的就是他。

彼得〔英〕 Peter，〔德〕Petrus

——耶稣十二门徒之一，是耶稣最亲近的三个门徒中的一个，曾三次不认耶稣。

保罗〔英〕Paul，〔德〕Paulus

——耶稣的非及门弟子，号称外邦人的使徒。

保罗斯〔英〕Paulus，〔德〕Paulus

布莱施奈德尔〔英〕Bretschneider，〔德〕Bretschneider

布利克〔英〕Bleek，〔德〕Bleek

布伦奈克〔英〕Brennecke，〔德〕Brennecke

布鲁土斯〔英〕Brutus，〔德〕Brutus

——罗马政治家兼将军，谋杀凯撒者之一(公元前85？—前42)。

柏拉图〔英〕Plato，〔德〕Plato

——希腊哲学家(公元前427—前347)。

鲍威尔〔英〕Baur，Bruno，〔德〕Baur

——德国唯心主义哲学家，著名青年黑格尔分子之一，写有许多基督史方面的著作。

鲍威尔〔英〕Baur,F. Chr. ,〔德〕Baur,F. Chr.

C

查理一世〔英〕Charles I. ,〔德〕Carl's

——英王(1600—1649),被斩首。

蔡勒尔〔英〕Zeller,〔德〕Zeller

D

丁道夫〔英〕Dindorf,〔德〕Dindorf

丢大〔英〕Theudas,〔德〕Theudas

但以理〔英〕Daniel,〔德〕Daniel

——以色列的先知。

迪维特〔英〕De Wette,〔德〕De Wette

迪阿尼休斯〔英〕Dionysius of Alexandria,〔德〕Dionytius Von Alexandrien

多马〔英〕Thomas,〔德〕Thomas

——耶稣十二门徒之一。

达太〔英〕Thaddeus,〔德〕Thaddäus

——耶稣十二徒之一。

大卫〔英〕David,〔德〕David

——以色列王,耶稣的祖先。

F

弗利希林,尼哥底姆〔英〕Frischlin,Necodemus,〔德〕Nicodemus Frischlinum

弗罗拉〔英〕Flora,〔德〕Flora

弗利德里布〔英〕Friedlieb,〔德〕Friedlieb

伏克马尔〔英〕Volkmar,〔德〕Volkmar

伐伦丁〔英〕Valentine,〔德〕Valentinus

——公元三世纪基督教圣人,在罗马殉道。

菲罗〔英〕Philo,〔德〕Philo

——亚历山大城的犹太哲学家(公元前20?—公元50?),参看本书第230页注。

非斯都〔英〕Festus,〔德〕Festus

费希尔〔英〕Fischer,〔德〕Fischer,Kuno

费比乌斯〔英〕Fabius,〔德〕Fabius

——罗马将军和政治家,以用兵谨慎著名,在第二次布匿战争中打败了汉尼拔(公元前?—前203)。

费希特〔英〕Fichte,Johann Gottlieb,〔德〕Fichte

——德国哲学家(1762—1814)。

腓特烈〔英〕Fredrick,〔德〕Friedrich

——德王,神圣罗马帝国皇帝(1123—1190),按历史上同名德王不下四人,不知作者究指何人而言。

腓利〔英〕Philip,〔德〕Philippus

——耶路撒冷教会七执事之一,曾向埃提阿伯太监讲道并施洗,参看《新约·使徒行传》第八章。

腓力〔英〕Philip,〔德〕Philippus

——耶稣十二门徒之一。

弗拉利斯〔英〕Floris,〔德〕Florin

腓利普〔英〕Philip,〔德〕Philippus

——希律王的儿子。

G

格弗洛勒尔〔英〕Gfrörer,〔德〕Gfrörer

戈德舍特〔英〕Godsched,〔德〕Gottsched

——德国诗人,生卒年月不详。

格利斯巴赫〔英〕Griesbach,〔德〕Griesbach

革尔巴〔英〕Galba,〔德〕Galba

歌德〔英〕Goethe,〔德〕Goethe,Johann Wolfgangvon

——德国诗人兼剧作家(1749—1832)

歌尼流〔英〕Cornelius,〔德〕Cornelius

高登〔英〕Gauden

该亚法〔英〕Caiphas,〔德〕Kaiphas

——耶稣在世时犹太大祭司。

H

哈斯〔英〕Hase,〔德〕Hase

胡滕〔英〕Hutten,〔德〕Hutten,Ulrich von

——德国人道主义诗人,宗教改革的拥护者(1488—1523)。

胡施开〔英〕Huschke,George Philip Eduard,〔德〕Huschke

——德国资产阶级法学家(1801—1886)。

海革西普斯〔英〕Hegesippus,〔德〕Hegesippus

胡格〔英〕Hug,〔德〕Hug

海德利安〔英〕Hadrian,〔德〕Hadrian

——罗马皇帝(76—138)

海涅〔英〕Hcyne,〔德〕Hcyne(Heine,Heinrich)

——德国革命诗人(1797—1856)。

海德〔英〕L. F. Hcyd,〔德〕L. F. Heyd

黑格尔〔英〕Hegel,〔德〕Hegel,Georg Wilhalm

——德国哲学家,客观唯心主义者(1770—1831)。

贺拉西〔英〕Horace,〔德〕Horaz

——罗马诗人(公元前 65—前 8)

赫斯〔英〕Hess,〔德〕Hess

荷马〔英〕Homer,〔德〕Homer

——古希腊史诗作者,约生于公元前第八世纪,传说《伊利亚特》与《奥德赛》即其所作。

赫尔达〔英〕Herder,〔德〕Johann Gott-fried Von Herder

——德国诗人兼哲学家(1744—1803)。

赫拉克利昂〔英〕Heracleon,〔德〕Herakleon

——公元二世纪诺斯替派基督徒。

赫西俄德〔英〕Hesiod,〔德〕Hesiod

——公元前八世纪希腊诗人。

豪尔斯吞〔英〕C. Holsten,〔德〕C. Holsten

华盛顿〔英〕George Washington,〔德〕Washington

——美国第一任总统(1732—1799)。

何西亚〔英〕Hosea,〔德〕Hosea

——以色列先知。

J

计色勒〔英〕Gieseler,〔德〕Gieseler

基佐〔英〕Guizot,〔德〕Guizot

——法国历史学家与政治家(1787—1874)。

居里扭〔英〕Quirinus,〔德〕Quirinus

贾士丁·马特尔〔英〕Justin Martyr,〔德〕Justin dem Märtyrer

——Martyr 原意为殉道者,实际上已成为他的专名的一部分。

K

可拉〔英〕Corah,〔德〕Korah

卡内基俄〔英〕Antonia Allegri da Corregio,〔德〕Corregio

——意大利画家(1494? —1534)。

卡波克雷提斯〔英〕Carpocrates,〔德〕Karpokrates

克拉夫特〔英〕Kraft

克鲁西乌斯〔英〕Crusius,〔德〕Crusius

克老丢〔英〕Claudius,〔德〕Claudius

——罗马皇帝(公元前 10—公元 54)。

克里提阿斯〔英〕Critias,〔德〕Kritias

——柏拉图的叔父,雅典三十僭主之一。

克罗普斯托克〔英〕Klopstock,〔德〕Klopstock

克利门,亚历山大的〔英〕Clement of Alexandria,〔德〕Clemens Von Alexandrien

克利斯多弗尔，圣〔英〕St. Christopher 或 Christophel，〔德〕St. Christoffel
寇司特林，〔英〕Köstlin，〔德〕Köstlin
凯陀〔英〕Cato〔德〕Cato，Marcus Porcius
——罗马政治家，斯多葛派哲学家(公元前 95—前 46)。
凯撒〔英〕Caesar，Julius，〔德〕Cäsar
——罗马将军兼政治家(公元前 100？—前 44)。
凯姆〔英〕Keim，〔德〕Keim
康德〔英〕Kant，Immanuel，〔德〕Kant
——德国古典哲学创始人，唯心主义者，资产阶级思想家(1724—1804)。

L

利维〔英〕Livy，〔德〕Livius
——罗马历史家(公元前 59—公元 17)。
利百家〔英〕Rebecca，〔德〕Rebekka
卢克〔英〕Lücke，〔德〕Lücke
拉克坦侠斯〔英〕Lactantius，〔德〕Lactantius
拉结〔英〕Rachel，〔德〕Rahel
拉撒路〔英〕Lazarus，〔德〕Lazarus
莱辛〔英〕G. E. Leszing，〔德〕Lessing，Gotthold Ephiaim
——德国剧作者和批评家、诗人及哲学家(1729—1781)。
莱布尼兹〔英〕Leibnitz，〔德〕Leibnitz，Gottfried Wilhehn Von
——德国哲学家兼数学家(1646—1716)。
莱提希〔英〕Rettig，〔德〕Rettig
路特哈尔特〔英〕Luthardt，〔德〕Luthardt
路德〔英〕Luther，〔德〕Luther，Martin
——德国宗教改革家(1488—1546)。
路加〔英〕Luke，〔德〕Lucas
——传说《新约·路加福音》的作者。
朗〔英〕H. Lang，〔德〕H. Lang
赖希勒尔〔英〕Lechler，〔德〕Lechler

路易十四〔英〕Louis XIV,〔德〕Ludwig XIV
——好大喜功的法国国王(1638—1715)。
利未〔英〕Levi,〔德〕Levi
——即马太,耶稣十二门徒之一。

M

马太〔英〕Mathew,〔德〕Matthäus
——耶稣十二门徒之一。
马利亚〔英〕Mary,〔德〕Maria
——耶稣的母亲。
马亚利,抹大拉的〔英〕Mary Magdalene,〔德〕Maria Magdalena
马大〔英〕Martha,〔德〕Martha
马西安〔英〕Marcion,〔德〕Margion
马歇尔〔英〕Martial,〔德〕Martial
马凯〔英〕R. W. Mackay,〔德〕Mackay
迈尔〔英〕Meyer,〔德〕Meyer
米拉波〔英〕Mirabeau, Honre Gabriel Victor Riqueti Lomte,〔德〕Mirabeau
——法国资产阶级政治家兼演说家(1749—1791)。
马可〔英〕Mark,〔德〕Marcus
——传说《新约·马可福音书》的作者。
弥迦〔英〕Micah,〔德〕Micha 71,211
弥尔顿〔英〕Milton, John,〔德〕Milton
——英国诗人《失乐园》作者(1608—1674)。
摩西〔英〕Moses,〔德〕Moses
——以色列先知,曾率领以色列人出埃及进入迦南。
慕勒〔英〕Müller, M
蒙特尼斯〔英〕Montanus
穆罕默德〔英〕Mahomet,〔德〕Muhammed
玛拉基〔英〕Malachi,〔德〕Malachi
——以色列先知,传说《旧约·玛拉基书》作者。

马提亚〔英〕Matthias,〔德〕Matthias

N

内贝尔〔英〕Nebel,W.,〔德〕Nebel,W.

尼安德尔〔英〕Neander,〔德〕Neander

尼禄〔英〕Nero,〔德〕Nero

——罗马皇帝(37—68)。

那赫曼〔英〕Nachman,〔德〕Nachman

拿单〔英〕Nathan,〔德〕Nathan

拿但业〔英〕 Nathanael,〔德〕Nathanael

——耶稣十二门徒之一。

尼哥底母〔英〕Nicodemus,〔德〕Nicodemus

O

欧非乌斯〔英〕Orpheus,〔德〕Orpheus

——希腊神话中的诗人。

欧几里得〔英〕Euclid,〔德〕Euklid

——希腊数学家,鼎盛年约公元前 300 年。

P

帕皮亚斯〔英〕Papias,〔德〕Papias

——弗吕加的希拉波立城主教,约生活于第二世纪。

帕利卡普〔英〕Polycarp,〔德〕Polykarp

——士每拿城主教,基督教殉道者(69? —155?)。

帕利比乌斯〔英〕Polybius,〔德〕Polybius

——希腊历史家(公元前 198? —117)。

帕利克拉提斯〔英〕Polycrates,〔德〕Polycrates

——撒摩斯的暴君(公元前? —前 522?)。

普罗塔哥拉斯〔英〕Protagoras,〔德〕Protagoras

——希腊哲学家，诡辩派主要代表人之一(公元前481？—前411)。

普利斯古斯，塔尔坤奴斯〔英〕Priscus，Tarquinius，〔德〕Tarquinius Priscus

普利尼，小〔英〕Pliny the younger，〔德〕der jüngere Plinius

——罗马作家和政治家(62？—113?)。

普利尼，老〔英〕Pliny the elder，〔德〕der ältere Plinius

——罗马博物学家，作家，小普利尼的叔父(27—79)。

帕拉图斯〔英〕Plautus，〔德〕Plautus

R

芮南〔英〕Renan，Ernst，〔德〕Renan

——法国宗教史学家(1823—1892)。

芮马鲁斯〔英〕Reimarus，Hermann Samuel，〔德〕Reimarus

——德国哲学家和文学家，启蒙时代的自然神论者(1694—1763)。

鲁吞尼克〔英〕Rütenik

S

施特劳斯，大卫，弗里德里希〔英〕Strauss，David Friedrich，〔德〕Strauß，David Friedrich 书名页

——德国哲学家和政论家，著名的青年黑格尔分子之一，《耶稣传》的作者；1866年后成为民族自由党人(1808—1874)。

施特劳斯，威廉〔英〕Strauss，William，〔德〕Wilhelm Strauß

——德国科伦制造商，大卫·施特劳斯的兄弟(？—1863)。

施莱马赫〔英〕Schleirmacher，Frieddch Ernst Daniel，〔德〕Schleirmacher

——德国神学家和哲学家(1768—1834)。

施维格勒〔英〕Schwegler，〔德〕Schwegler

施奈肯布格尔〔英〕Schneckenburger，〔德〕Schneckenburger

施维策〔英〕Schweitzer，〔德〕Schweitzer

施奈德〔英〕Schneider，〔德〕Schneider

施洗的约翰〔英〕John The Baptist，〔德〕Johann der Täufer

——耶稣的开路先锋。

西弗尔特〔英〕Sieffert,〔德〕Sieffert

西塞罗〔英〕Cicero,Marcus Tullius,〔德〕Cicero

——古罗马雄辩家,政治家,哲学家(公元前 106—前 43)。

所罗门〔英〕Solomon,〔德〕Solomon

——以色列王,大卫的儿子,以智慧著名。

所哈尔〔英〕Sohar,〔德〕Sohar

色诺芬〔英〕Xenophen,〔德〕Xenophon

——希腊历史学家,论文家,军事领袖。

色诺芬尼〔英〕Xenophanes,〔德〕Xenophanes

——希腊哲学家。

苏格拉底〔英〕Socrates,〔德〕Sokrates

——希腊雅典哲学家(公元前 470? —前 399)。

司提反〔英〕Stephen,〔德〕Stephanus

舒尔兹〔英〕Schulz,〔德〕Schulz

索西尼〔英〕Faustus Socinus

——意大利人,索西尼教派创立者,否认基督教的三位一体,耶稣的神性,魔鬼的人格,完全堕落,永远苦刑等教义(1539—1604)。

赛林图斯〔英〕Cerinthus,〔德〕Cerinth

赛尔塞斯〔英〕Celsus,〔德〕Celsus

塞尼卡〔英〕Lucius Annaeus Seneca,〔德〕Seneca

——罗马哲学家,戏剧家和政治家(公元前 4? —公元 65)。

斯宾诺莎〔英〕Spinoza,Baruch,〔德〕Spinoza

——荷兰唯物主义哲学家,无神论者(1632—1677)。

斯维陀尼乌斯〔英〕Suetonius,〔德〕Sueton

撒母耳〔英〕Samuel,〔德〕Samuel

——以色列先知(213 页是另一人)。

撒拉〔英〕Sarah,〔德〕Sara

撒迦利亚〔英〕Zachariah,〔德〕Zacharias

索尼尔〔英〕Saunier,〔德〕Saunier

西庇太〔英〕Zebedee,〔德〕Zebedäl

西门〔英〕Simon，〔德〕Simon
——耶稣十二门徒之一，即彼得。
西贝尔，冯〔英〕V. Sybel，〔德〕V. Sybel
撒罗米〔英〕Salome，〔德〕Salome

T

托兰德〔英〕Toland，〔德〕Toland
托利密〔英〕Ptolemy，〔德〕Ptolemäus
特克拉〔英〕Thekla，〔德〕Thekla
特透连〔英〕Tertullian，〔德〕Tertullian
——拉丁教父，诞生于迦太基(160？—230？)。
提庇留〔英〕Tiberius，〔德〕Tiberius
——罗马皇帝(公元前42—公元37)。
提多〔英〕Titus，〔德〕Titus
——罗马将军和皇帝，维斯佩仙之子(39？—81)。
陶陆克〔英〕Tholuck，〔德〕Tholuck
塔西图斯〔英〕Tacitus，〔德〕Tacitus，Publius Cornelius
——罗马历史学家(55？—117？)。
泰提安〔英〕Tatian，〔德〕Tatian
提阿非罗〔英〕Theophilus，〔德〕Theophilus

W

文图里尼〔英〕Venturini，〔德〕Venturini
维克多〔英〕Victor，〔德〕Victor
维吉尔〔英〕Virgil，〔德〕Virgil
维太卢斯〔英〕Lucius Vitellius，〔德〕Vitellius
维斯佩仙〔英〕Vespasian，〔德〕Vespasian
——罗马皇帝，多米仙和提多之父(9—79)。
乌尔利希〔英〕Ulrich，〔德〕Ulrich
乌西雅〔英〕Usia

瓦塞〔英〕Weise,〔德〕Weise

瓦罗〔英〕Varro,Marcus Terrentius,〔德〕Varro

——罗马学者与作家(公元前 116—前 27?)。

瓦扎克〔英〕Weizacker,〔德〕Weizsäcker

沃尔夫〔英〕Wolf,〔德〕Wolf,Friedrick August

——德国古典学者(1759—1824)。

韦尔克〔英〕Wilke,〔德〕Wilke

魏尔克尔〔英〕Welcker,〔德〕Welcker

X

希律〔英〕Herod Agrippa,〔德〕Herodes

——大希律的孙子(公元前 10? —公元 44)。

希尔根菲尔特〔英〕Hilgenfeld,〔德〕Hilgenfeld

希拉尼姆斯〔英〕Hieronymus,〔德〕Hierenymus

——即圣耶罗姆(St. Jerome),基督教学者(340? —420)

希尔休斯〔英〕A. Hirtius,〔德〕A. Hirtius

谢林〔英〕Schelling,〔德〕Schelling,Friedrech Wilhelm

——德国古典哲学的代表人物,客观唯心主义者(1775—1854)。

休谟〔英〕David Hume,〔德〕Hume

——英国哲学家,主观唯心论者,不可知论者,(1711—1776)。

席勒〔英〕Schiller,〔德〕Schiller,Friedrich

——德国剧作家和诗人(1759—1805)。

Y

以诺〔英〕Enoch,〔德〕Hermoch

以斯拉〔英〕Ezra,〔德〕Ezra

以利亚〔英〕Elijah,〔德〕Elia

以利沙〔英〕Elisha,〔德〕Elisa

以西结〔英〕Ezekiel,〔德〕Ezechiel

以利以谢〔英〕Eliezer,〔德〕Eliezer

以撒〔英〕Isaac,〔德〕Isaak
——213页是另一以撒。
以赛亚〔英〕Isaiah,〔德〕Iesaia
——以色列先知。
以利沙白〔英〕Elizabeth,〔德〕Elizabeth
约瑟,亚利马太的〔英〕Joseph of Arimatha,〔德〕Joseph Voa Admathaa
约瑟〔英〕Josepb,〔德〕Joseph
——耶稣的养父。
约翰〔英〕John,〔德〕Johannes
——耶稣十二门徒之一。
约翰,施洗者〔英〕John the Baptist,〔德〕der Täufer
约翰,长老〔英〕John the Presbyter,〔德〕Presbyter
约拿〔英〕Jonah,〔德〕Jonas
——以色列先知。
约西〔英〕Joses,〔德〕Joses
约拿单〔英〕Jonathan,〔德〕Jonathan
约亚拿〔英〕Joanna,〔德〕Johanna
约西亚〔英〕Josiah,〔德〕Josia
约瑟弗〔英〕Josephus,Flavius,〔德〕Josephus
——犹太历史家(37—95?)。
雅各〔英〕Jacob,〔德〕Jacob
睚鲁〔英〕Jairus,〔德〕Jairus
尤西比乌斯〔英〕Eusebius,〔德〕Eusebius
——希腊教会历史家(264? —360)。
尤利乌斯〔英〕Julius,〔德〕Julius
耶利米〔英〕Jeremiah,〔德〕Jeremia
——以色列先知。
耶西〔英〕Jesse,〔德〕Isai
伊格那休斯〔英〕Ignatius,〔德〕Ignatius
犹大〔英〕Judas,〔德〕Judas 耶稣的兄弟 265,高罗尼人 313,出卖耶稣者 372

亚伯拉罕〔英〕Abraham,〔德〕Abraham
——犹太人的祖宗。
亚里士多德〔英〕Aristotle,〔德〕Aristoteles
——希腊哲学家(公元前384—前322)
亚古士督〔英〕Augustus,〔德〕Augustus
——罗马皇帝(公元前63—公元14),亚古士督是中文圣经用的译名。
亚甲〔英〕Acha,〔德〕Acha
亚拿〔英〕Annas,〔德〕Hannas
亚伯〔英〕Abel,〔德〕Abel
亚历山大〔英〕Alexander,〔德〕Alexander
——马其顿王(公元前356—前323)。
亚拿尼亚〔英〕Ananias,〔德〕Ananias
亚当〔英〕Adam,〔德〕Adam
亚基帕〔英〕Agrippa,〔德〕Agrippa